SAPERE

Scripta Antiquitatis Posterioris
ad Ethicam REligionemque pertinentia

Schriften der späteren Antike
zu ethischen und religiösen Fragen

Herausgegeben von
der Akademie der Wissenschaften zu Göttingen

Verantwortliche Editoren
Reinhard Feldmeier, Rainer Hirsch-Luipold,
und Heinz-Günther Nesselrath

unter der Mitarbeit von
Natalia Pedrique und Andrea Villani

Band XXXIV

Über das Glück

Marinos, Das Leben des Proklos

eingeleitet, übersetzt und
mit interpretierenden Essays versehen von

Matthias Becker, John Dillon, Udo Hartmann,
Christoph Helmig, Irmgard Männlein-Robert,
Dominic O'Meara, Stefan Schorn, Benjamin Topp

herausgegeben von
Irmgard Männlein-Robert

unter Mitwirkung von
Oliver Schelske

Mohr Siebeck

SAPERE ist ein Forschungsvorhaben der Akademie der Wissenschaften zu Göttingen im Rahmen des Akademienprogramms der Union der Deutschen Akademien der Wissenschaften.

ISBN 978-3-16-157638-6 / eISBN 978-3-16-158161-8
DOI 10.1628/978-3-16-158161-8

ISSN 1611-5945 / eISSN 2569-4340 (SAPERE. Scripta antiquitatis posterioris ad ethicam religionemque pertinentia)

Die Deutsche Nationalbibliothek verzeichnet diese Publikation in der Deutschen Nationalbibliographie; detaillierte bibliographische Daten sind im Internet über *http://dnb.dnb.de* abrufbar.

© 2019 Mohr Siebeck Tübingen. www.mohrsiebeck.com

Das Werk einschließlich aller seiner Teile ist urheberrechtlich geschützt. Jede Verwertung außerhalb der engen Grenzen des Urheberrechtsgesetzes ist ohne Zustimmung des Verlags unzulässig und strafbar. Das gilt insbesondere für Vervielfältigungen, Übersetzungen, Mikroverfilmungen und die Einspeicherung und Verarbeitung in elektronischen Systemen.

Der Band wurde vonseiten des Herausgebergremiums von Heinz-Günther Nesselrath betreut und von Oliver Schelske gesetzt. Druck von Gulde Druck in Tübingen auf alterungsbeständiges Werkdruckpapier, gebunden von der Buchbinderei Spinner in Ottersweier.

SAPERE

Griechische und lateinische Texte der späteren Antike (1.–4. Jh. n. Chr.) haben lange Zeit gegenüber den sogenannten ‚klassischen' Epochen im Schatten gestanden. Dabei haben die ersten vier nachchristlichen Jahrhunderte im griechischen wie im lateinischen Bereich eine Fülle von Werken zu philosophischen, ethischen und religiösen Fragen hervorgebracht, die sich ihre Aktualität bis heute bewahrt haben. Die – seit Beginn des Jahres 2009 von der Union der deutschen Akademien der Wissenschaften geförderte – Reihe SAPERE (Scripta Antiquitatis Posterioris ad Ethicam REligionemque pertinentia, ‚Schriften der späteren Antike zu ethischen und religiösen Fragen') hat sich zur Aufgabe gemacht, gerade solche Texte über eine neuartige Verbindung von Edition, Übersetzung und interdisziplinärer Kommentierung in Essayform zu erschließen.

Der Name SAPERE knüpft bewusst an die unterschiedlichen Konnotationen des lateinischen Verbs an. Neben der intellektuellen Dimension (die Kant in der Übersetzung von *sapere aude*, „Habe Mut, dich deines eigenen Verstandes zu bedienen", zum Wahlspruch der Aufklärung gemacht hat), soll auch die sinnliche des „Schmeckens" zu ihrem Recht kommen: Einerseits sollen wichtige Quellentexte für den Diskurs in verschiedenen Disziplinen (Theologie und Religionswissenschaft, Philologie, Philosophie, Geschichte, Archäologie ...) aufbereitet, andererseits aber Leserinnen und Leser auch „auf den Geschmack" der behandelten Texte gebracht werden. Deshalb wird die sorgfältige wissenschaftliche Untersuchung der Texte, die in den Essays aus unterschiedlichen Fachperspektiven beleuchtet werden, verbunden mit einer sprachlichen Präsentation, welche die geistesgeschichtliche Relevanz im Blick behält und die antiken Autoren zugleich als Gesprächspartner in gegenwärtigen Fragestellungen zur Geltung bringt.

Vorwort zu diesem Band

Marinos' *Leben des Proklos* ist ein bemerkenswerter literarischer Text des späten 5. Jh. n. Chr., der traditionelle biographische, hagiographische und philosophische Themen und Motive mit zeitgenössischen Diskursen der Spätantike amalgamiert. Dieser griechische Text wird im vorliegenden Band nach den Vorgaben der SAPERE-Reihe in einer zweisprachigen Ausgabe mit ausführlicher Einleitung und begleitenden Essays sowie Indizes vorgelegt. Die Einleitung (außer S. 20-23, dieser Passus stammt von D. O'Meara), die neue deutsche Übersetzung sowie die Anmerkungen zur Übersetzung, die philologische, literarische, historische und philosophische Aspekte beleuchten und entsprechend kontextualisieren wollen, sind von mir erarbeitet worden. Als Klassische Philologin (mit Schwerpunkt Gräzistik) befasse ich mich (neben hellenistischer Dichtung und Themen zu Poetik und Ästhetik) schwerpunktmäßig mit Platon und der kaiserzeitlich-spätantiken Tradition des Platonismus in literarischer, religiöser und philosophischer Hinsicht.

Essays zum vorliegenden Band wurden von Kollegen aus benachbarten, anderen altertumswissenschaftlichen Disziplinen verfasst: Matthias Becker, der zunächst als Klassischer Philologe Monographien über die Sophisten- und Philosophenviten des Eunapios sowie Porphyrios und Hesiod vorgelegt hat, arbeitet jetzt als Theologe im Forschungsfeld Neues Testament und dort vor allem über das Lukanische Doppelwerk und Paulus. In seinem Essay für diesen Band interpretiert er die *Vita Procli* des Marinos vor dem Hintergrund der literarischen Tradition paganer neuplatonischer Philosophenviten. John Dillon, der zahlreiche Monographien und Studien zum Mittel-und Neuplatonismus aus philosophischer Perspektive verfasst hat, darunter *The Platonic Heritage: Further Studies in the History of Platonism and Early Christianity* (2012), beschäftigt sich im Essay unseres Bandes mit der Religiosität des Proklos, der hier als ‚heiliger Mann' inszeniert wird. Der Althistoriker Udo Hartmann, der sich mit kaiserzeitlicher und spätantiker Geschichte des Ostens sowie mit spätantiken Philosophenviten unter historischen, politischen und institutionel-

len Aspekten beschäftigt,[1] legt mit seinem Essay hier einen Beitrag zu den lebensweltlichen Möglichkeiten und Bedingungen spätantiker Philosophen vor, wie sie in der *Vita Procli* greifbar werden. Im Feld der spätantiken Philosophie und besonders der Philosophie des Proklos arbeitet der Philosoph Christoph Helmig. Sein Essay in diesem Band behandelt die in der *Vita Procli* des Marinos erkennbaren, in die biographischen Darstellungen eingewobenen philosophischen Lehren und Meinungen des Proklos. Ebenfalls aus der antiken Philosophie kommt Dominic O'Meara, der vielfach über Plotin und Proklos wie über politische Philosophie der Spätantike publiziert hat (etwa *Platonopolis. Platonic Political Philosophy in Late Antiquity* 2008). Hier legt er, abgesehen von einem in die Einleitung (S. 20-23) eingebetteten Abriss über die neuplatonischen Tugendgrade, einen Essay zur philosophisch basierten Ökonomie, Lebensweisen und politischen Aspekten in der *Vita Plotini* des Porphyrios und der *Vita Procli* des Marinos vor. Stefan Schorn ist Klassischer Philologe, Papyrologe und Althistoriker, dessen Forschungsschwerpunkte im Bereich der antiken Biographie, der Pseudoplatonica sowie der griechischen Historiographie liegen. In seinem Essay dieses Bandes untersucht er die durch kaiserliche wie durch Lokalpolitik gegebenen politischen, institutionellen und administrativen Bedingungen während Proklos' Zeit in Athen und fokussiert dabei Spannungen zwischen Neuplatonikern und Christen. Benjamin Topp ist Latinist und beschäftigt sich mit (neu-)lateinischer Literatur der Renaissance sowie antiker und frühneuzeitlicher Astronomie und Astrologie. Sein Essay hier befasst sich mit dem bei Marinos überlieferten zeitgenössischen Horoskop des Proklos, das seit der Renaissance Beachtung gefunden hat und hier in bereinigter Form neu interpretiert wird.

Im Anschluss an die Essays findet sich ein nach den SAPERE-Vorgaben gestaltetes Literaturverzeichnis, das alle mehrfach zitierten Titel enthält (nur einmal zitierte finden sich vollständig in den Anmerkungen und Fußnoten), sowie ein Index nominum und ein Index locorum, die alle vom Klassischen Philologen Oliver Schelske erstellt wurden.

---

[1] Seine Habilitationsschrift *Der spätantike Philosoph. Die Lebenswelten der paganen Gelehrten und ihre hagiographische Ausgestaltung in den Philosophenviten von Porphyrios bis Damaskios* (Bonn 2018) erschien leider zu spät im Jahr 2018, so dass wir sie im vorliegenden Band nicht mehr angemessen berücksichtigen konnten.

Dieser interdisziplinäre Band hat, wie jedes Buch, seine ganz eigene kleine, in diesem Fall mehrjährige Geschichte. Für die Aufnahme der *Vita Procli* in diese Reihe sowie für konstruktive Hinweise während der Projekttagung in Göttingen 2014 sowie für ihre anhaltende Zuversicht in die Fertigstellung unserer Arbeit sei den SAPERE-Herausgebern und Kollegen Heinz-Günther Nesselrath, Reinhard Feldmeier und Rainer Hirsch-Luipold sehr herzlich gedankt. Für die überaus angenehme Zusammenarbeit im Kontext der Publikation möchte ich Dr. Natalia Pedrique und Dr. Andrea Villani aus der Göttinger SAPERE-Redaktion meinen Dank aussprechen. Ein solches Projekt wäre nicht denkbar, wenn nicht sämtliche Mitwirkende an diesem Buch so unkompliziert, pragmatisch und kollegial gewesen wären. Ganz besonders großer Dank gebührt Oliver Schelske, der mit dem größten denkbaren Engagement und bewundernswerter Geduld nicht nur Literaturverzeichnis und Indizes erstellt, sondern auch die gesamte redaktionelle Vorbereitung zum Druck und den Satz des Bandes übernommen hat. Beim Korrekturlesen in Tübingen haben in den verschieden Stadien der Arbeit höchst tatkräftig und kompetent abwechselnd Xenja Herren, Luca Ferri, Viola Palmieri, Alexander Puschmann, Fabian Raßmann, Christine Rüth, Saskia Schomber und Georg Kozielski mitgeholfen, denen ich sehr herzlich danke.

Tübingen, im April 2019   Irmgard Männlein-Robert

Inhaltsverzeichnis

SAPERE V
Vorwort zu diesem Band VII

A. Einführung

Einführung in die Schrift (*Irmgard Männlein-Robert*) 3
1. Anlass und Autor im Kontext 4
2. Die Vita Procli – mehr als eine Biographie 8
3. Doch eine Biographie des Proklos 9
4. Die Vita Procli: Hagiographie und Kontrastmodell 10
   4.1. Hagiographie 10
   4.2. Kontrastmodell 13
   4.3. Bild und Körper: Ikonizität bei Marinos 14
5. Proklos als Modellfigur – und in einer eigenen Welt 16
6. „Proklos oder Über das Glück": Titel und Programm 18
   6.1. Anmerkungen zu den neuplatonischen Tugendgraden
      (von D. O'Meara) 20
   6.2. Das Glück und die Tugenden des Proklos
      (Fortsetzung I. Männlein-Robert) 23
   6.3. Das Glück, die Tugenden und die ‚Angleichung' des Proklos
      an Gott 24
7. Proklos und die Religion 27
   7.1. Proklos und Athena 27
   7.2. Religiöse Praktiken 29
   7.3. Der ‚göttliche' Proklos: Makarismos 33
8. Proklos und die Welt 35
   8.1. Proklos und die Christianisierung Athens 35
   8.2. Proklos und Asklepios 39
   8.3. Proklos und die Sonne 41
9. Rezeption und Nachwirkung der Vita Procli 44
10. Textänderungen 49

B. Text, Übersetzung und Anmerkungen

ΜΑΡΙΝΟΥ ΝΕΑΠΟΛΙΤΑΝΟΥ ΠΡΟΚΛΟΣ Η ΠΕΡΙ ΕΥΔΑΙΜΟΝΙΑΣ
   (*Text und Übersetzung von Irmgard Männlein-Robert*) 52
Anmerkungen (*Irmgard Männlein-Robert*) 112

C. Essays

Die *Vita Procli* im Kontext neuplatonischer Philosophenviten
(*Matthias Becker*) 195
1. Einleitung 195
2. Neuplatonische Biographien als literarische Gegenwelten 198
3. Biographik im Dienst spiritueller Interessen 206
4. Der Philosoph und die Gesellschaft aus Sicht der Biographen 215
5. Resümee und Ausblick 226

Proklos als *Theios Anêr* (*John Dillon*) 231

Lebenswelten spätantiker Philosophen in der Proklos-Vita
(*Udo Hartmann*) 247
1. Lykien und Konstantinopel 250
2. Alexandreia 253
3. Die Schule des Plutarchos und des Syrianos in Athen 262
4. Der Scholarch Proklos 281

Proklos und die neuplatonische Philosophie in der *Vita Procli*
des Marinos (*Christoph Helmig*) 293
1. Proklos' Ausbildung und Studienzeit 294
2. Das Verhältnis zu seinen athenischen Lehrern Plutarchos und
   Syrian 296
3. Proklos als Lehrer und Autor 304
4. Das Verhältnis von Platon und Aristoteles 306
5. Die zentrale Rolle der philosophischen Theurgie 308
6. Proklos' Bewertung der literarischen Überlieferung 311
7. Schlusswort 314

Philosophos oikonomos. Haushaltsethik in Porphyrios' *Vita
Plotini* und in Marinos' *Vita Procli* (*Dominic O'Meara*) 315
1. Haushaltsethik (οἰκονομική) im Wissenschaftssystem des späten
   Neuplatonismus 317
2. Plotin zu Hause 321
3. Ein prächtiger Hausherr: Proklos 325
4. Proklos und Plotin als Hausherren im Vergleich 327

Kaiserliche Politik und Lokalpolitik des Marinos. Ein Beitrag
zur Geschichte des heidnisch-christlichen Konflikts im Athen
des 5. Jahrhunderts (*Stefan Schorn*) 331
1. Einleitung 331
2. Die kaiserliche Heidengesetzgebung und die Christianisierung
   des Reiches 332

3. Proklos' Zeit in Ägypten 337
4. Plutarchos und die zeitgenössische Politik 342
5. Die politische Aktivität des Proklos als Scholarch und das politische Umfeld in Athen nach Marinos 343
6. Die politische Aktivität des Proklos als Scholarch und das politische Umfeld in Athen: Rekonstruktionen 350

Das Horoskop des Proklos (*Benjamin Topp*) 373
1. Die Daten des Proklos-Horoskopes 375
2. Interpretation der Daten des Horoskopes 383

D. Anhang

I. Literaturverzeichnis.. 399
  1. Abkürzungen 399
  2. Ausgaben, Kommentare und Übersetzungen 399
  3. Sekundärliteratur 401

II. Indices *(Oliver Schelske)* 427
  1. Stellenregister (in Auswahl) 429
  2. Namensregister (in Auswahl) 441

III. Die Autoren des Bandes 449

A. Einführung

Einführung in die Schrift

Irmgard Männlein-Robert

Die *Vita Procli* des Marinos ist ein bemerkenswerter literarischer Text des späten 5. Jh. n. Chr., in dem sich traditionelle biographische, hagiographische und philosophische Motive und Topoi mit zeitgenössischen Diskursen auf eigenwillige Weise mischen.[1] So wird etwa die in paganen Philosophenviten traditionelle Motivik der ‚holy men' mit einem neuen Konzept der platonischen ‚Angleichung an Gott' amalgamiert, zudem wird in der Figur des Protagonisten Proklos ein neues platonisches Glückskonzept als philosophisches Modell vorgestellt. Mit der *Vita Procli* eröffnet sich generell eine auf (neu-)*platonische* Ideale hin perspektivierte Welt, in welcher der Autor Marinos den perfekten Philosophen – Proklos – programmatisch agieren lässt. Trotz aller unbestrittenen hagiographischen Weichzeichnung ist dieser spätantike Text als eine platonische Programm- und sogar Kampfschrift zu lesen, in der ein Zeitgenosse – Proklos – aus hellenischer,[2] also paganer, Sicht mustergültig agierend zeigt, wie man in der aktuell widri-

---

[1] Kritische Textausgaben bieten MASULLO 1985, 57–93 und SAFFREY / SEGONDS / LUNA 2002, 1–44 (mit französischer Übersetzung; Anm. 49–183). Deutsche Übersetzungen mit kurzen Anmerkungen bieten NOË 1938, 5–41 und ORTH 1938, 109–151, die jedoch modernen Ansprüchen an Textnähe und Genauigkeit nicht (mehr) genügen, englische Übersetzungen siehe bei GUTHRIE 1986, 15–55; eine sehr gute englische Übersetzung mit kurzen Anm. siehe bei EDWARDS 2000, 58–115, italienische Übersetzungen siehe bei MASULLO 1985, 97–120 (mit Kommentar 123–149) und FARAGIANA DI SARZANA 1985, 285–319.

[2] Auch wenn im Folgenden der etablierte Begriff ‚pagan' gelegentlich verwendet wird, ist die Bezeichnung ‚hellenisch' im Vergleich zu ‚pagan' der wohl glücklichere Gegenbegriff zu ‚christlich', so mit SAFFREY / SEGONDS / LUNA 2002, XII mit Anm. 2 und J. DILLON, „‚A Kind of Warmth': Some Reflections on the Concept of ‚Grace' in the Neoplatonic Tradition", in: L. AYRES (Ed.), *The Passionate Intellect. Essays on the Transformation of Classical Traditions* (New Brunswick 1995) 323–332, hier: 326; siehe auch EDWARDS 2000, XLV; Ch. TORNAU, „Paganus", *Augustinus–Lexikon* 4 (Fasc. 3/4, 2014) 446–455.

gen Zeit philosophisch leben kann und soll. Anhand der Person des ‚glücklichen' Proklos illustrierte Marinos eindrucksvoll das ethische, religiöse und praktische Potenzial der platonischen Philosophie als universaler ‚Philosophie des Glücks' – und das in Zeiten, die für die Hellenen und Platoniker mehr als unglücklich waren.

1. Anlass und Autor im Kontext

Es ist der 17. April im Jahr 486 n. Chr. in Athen, als Marinos von Neapolis, das seit einem Jahr amtierende Oberhaupt der dortigen platonischen Schule, vor der versammelten Schulgemeinschaft nach vorne tritt und eine rhetorisch fulminante, lange Gedenkrede über seinen Vorgänger, den großen Philosophen Proklos, hält, der auf den Tag genau ein Jahr zuvor verstorben war.[3] Diese Rede wird meistens als *Vita Procli* bezeichnet, da es sich dabei um eine – sehr originell gestaltete – Biographie des Platonikers Proklos handelt, der fast 50 Jahre lang Oberhaupt der platonischen Schule in Athen gewesen war. Bereits im ersten Satz dieser Rede wird deutlich, dass Marinos damit seine eigene Legitimation für dessen Nachfolge bestärken möchte. Es hatte nämlich in der letzten Lebensphase des Proklos und noch nach seinem Tod Diskussionen über mögliche Nachfolger und Zweifel an deren Eignung gegeben und Marinos war damals ein problematischer Kandidat, der sich aber offenbar durchsetzen konnte.[4] Was wir über Marinos wissen, verdanken wir vor allem Informationen seines jüngeren Kollegen und Schülers Damaskios, der in seiner *Vita Isidori* (resp. *Philosophos Historia*), einer fragmentarisch erhaltenen Biographie über seinen Freund und Lehrer Isidoros, vielerlei aufschlussreiche Einblicke in die zeitgenössischen schulinternen Verhältnisse menschlicher, philosophischer und pragmatischer Art bietet (s.u.).[5] Soweit wir wissen,[6] stammt der um 440 n. Chr. geborene Marinos

---

[3] SAFFREY 2005a.
[4] Siehe auch WILDBERG 2017, 5.
[5] Zu Damaskios siehe HOFFMANN 1994; zur *Vita Isidori* siehe die ältere Sammlung der Fragmente und Testimonien bei ZINTZEN 1967, die neuere Ausgabe bei ATHANASSIADI 1999, nach denen in der Einleitung und im Kommentar dieses Bandes zitiert wird.
[6] Zur Person des Marinos, seiner Situation in der Athener Schule, seinen Schülern und Werken siehe SAFFREY / SEGONDS / LUNA 2002, IX–XXXIX; eine

aus Flavia Neapolis, dem heutigen Nablus, in Palästina. Von der dortigen Religion der Samaritaner wandte sich Marinos ab und konvertierte zum paganen Hellenentum[7] – ob das bereits vor oder erst nach seiner Ankunft in Athen um 460 n.Chr. der Fall war, wissen wir nicht. In Athen wird Marinos zuerst Schüler und schließlich 485 n. Chr. auch Nachfolger (διάδοχος) des Proklos in dessen platonischer Philosophenschule.[8] Damaskios prägt das Verdikt, sein Kommilitone Marinos sei eher sorgfältig, eher ein ‚Verwaltungstyp', als intellektuell fähig gewesen.[9] In einer, vielleicht auf Damaskios zurückgehenden, in der Suda[10] überlieferten Episode verbrennt Marinos seinen Kommentar zum Platonischen *Philebos*, da sich sein Schüler Isidoros negativ dazu äußert. Während offenbar Damaskios darum bemüht ist, Marinos als nicht gerade bahnbrechenden Philosophen zu verewigen,[11] scheint Proklos ihn durchaus geschätzt zu haben. Das wird daran ersichtlich, dass er Marinos seinen Kommentar zum Er-Mythos aus Platons *Politeia* widmete.[12] Neben Marinos hatte es mit Asklepiodotos[13] und Isidoros zwei weitere Kandidaten für die Nachfolge des Proklos gegeben. Marinos war also als Diadochos des Proklos in der Athener Schule keineswegs unumstritten, zudem Proklos selbst noch zu seinen Lebzeiten offenbar Bedenken wegen Marinos' schlechtem Gesundheitszustand geäußert hatte.[14]

Dieser Marinos nun hatte es also an die Spitze der aus Stiftungsvermögen finanzierten und privat organisierten elitären, platonischen Schule in Athen geschafft, die sich seit Plutarchos

---

englische Übersetzung des Suda-Eintrags zu Marinos (s.u. Anm. 10) bietet mit Anm. EDWARDS 2000, 55–57.

[7] Vermutlich konvergierte der in seiner Heimat Flavia Neapolis gepflegte Kult des θεὸς ὕψιστος, dem Marinos wohl zuerst anhing (siehe Damaskios, der sich auf Marinos beruft: *Vita Isid.* = *Philos. Hist.* § 141 ZINTZEN = fr. 97A ATHANASSIADI; vgl. M. MEIER, „Samaritaner", in: RAC 19 (2018) 455-475, hier 472f.), mit der platonischen Theologie des göttlichen Einen, wie sie Proklos lehrte, und war vielleicht der Grund für seine Zuwendung zu dessen Philosophie.

[8] Siehe Damasc. *Vita Isid.* = *Philos. Hist.* fr. 38, v.a. 97. 100. 101 C und Anm. 11 im Kommentar dieses Bandes, S. 117.

[9] Damasc. *Vita Isid.* = *Philos. Hist.* fr. 97 / 97A.

[10] Suda s.v. Μαρῖνος p. 324,16–35 ADLER III = Damasc. *Vita Isid.* = *Philos. Hist.* fr. 38A.

[11] Dazu auch WILDBERG 2017, 5.

[12] Procl. *In Remp.* II p. 96,2–4; vgl. ebd. p. 200,30–201,6.

[13] Zu Asklepiodotos siehe GOULET 1989c.

[14] Damasc. *Vita Isid.* = *Philos. Hist.* fr. 98 / 98F und 241; siehe WATTS 2004, 21.

von Athen, also wohl seit ca. 400 n. Chr., ideell – keinesfalls räumlich – in die Tradition der alten Akademie Platons stellte. Deren Tradition wurde seit der Zerstörung des Akademiegeländes durch den Römer Sulla im Kontext des 3. Mithridatischen Krieges (86 v. Chr.) in Form von mehreren privat finanzierten und organisierten Schulen platonischer Philosophen in Athen weiter gepflegt, auch wenn sich die philosophischen Interessen der kaiserzeitlichen Mittel- und der spätantiken Neuplatoniker erheblich von denen der Akademie vorher unterschieden.[15] Die von Marinos nun geleitete athenische Schule war räumlich in der Villa des ersten Scholarchen Plutarchos, aus einer reichen und in religiösen Kulten aktiven Athener Familie stammend, untergebracht und durch dessen Familienvermögen finanziert; sowohl Schulhaus also auch Vermögen wurden von Plutarchos an Syrianos und von diesem an Proklos weitervererbt.[16] Nachdem Mitte des 20. Jh. bei Ausgrabungen am Fuße des Südhangs der Akropolis (neben mehreren anderen) ein großzügiges Haus entdeckt wurde, das genau mit der durch Marinos (*VPr.* § 29,36–39) gebotenen Verortung von Proklos' Schule übereinstimmte, wird diese Villa – mit gewisser Plausibilität, aber nicht mit letzter Sicherheit – heute meistens als ‚Haus des Proklos' bezeichnet.[17] Es könnte sich bei dieser spätantiken Villa also um das Haus handeln, in dem Marinos als Diadochos und Scholarch nach Proklos' Tod mit Schülern und Kollegen lebt, arbeitet und lehrt. Marinos leitet die Schule aber nicht lange, sein Nachfolger im Amt des Diadochos wird Hegias.[18] Als Schüler des Marinos sind uns Isidoros, Damaskios und Agapios[19] bekannt. Wir wissen nicht, wann genau, aber irgendwann nach 486 n. Chr. muss Marinos von Athen nach Epidauros fliehen,[20] da er entweder aufgrund schulinterner Konflikte oder durch christliche Übergriffe, möglicherweise initiiert durch den früheren Gönner der Schuler Theagenes, der aber die Seiten gewechselt hatte,

---

[15] Einschlägig dazu sind GLUCKER 1978; LYNCH 1972; J. M. DILLON, *The Middle Platonists: 80 B.C. to A.D. 220* (Ithaca ²1996).
[16] Siehe *VPr.* § 29,32–39.
[17] Siehe im Kommentar die Anm. 120, S. 137 und 270, S. 177 mit Literaturangaben.
[18] Zu Hegias siehe BRISSON 2008, 33–36. Zur Situation der Akademie seit Marinos siehe ATHANASSIADI 1993.
[19] Siehe GOULET 1989a.
[20] Damasc. *Vita Isid.* = *Philos. Hist.* fr. 101C. und Anm. 152, S. 148.

an Leib und Leben bedroht war.²¹ Wann und wo er gestorben ist, wissen wir nicht. Von den – zumindest Damaskios zufolge –²² nicht eben zahlreichen Werken des Marinos sind über Testimonien sein Kommentar zu Platons *Philebos* (s.o.), ein Kommentar zum *Parmenides* Platons sowie Kommentare zu Aristoteles' *De anima*, zu dessen *Analytica priora*, zum *Almagest* des Ptolemaios sowie ein Kommentar zu Theon von Alexandria bekannt,²³ außerdem haben wir Nachricht von einer Vorlesung des Marinos „Über den Kommentar des Pappos zum Buch V der Großen Syntaxis (sc. des Ptolemäus)".²⁴ Vollständig überliefert sind dagegen nur Marinos' *Prolegomena* aus seinem Kommentar zu den *Data* des Euklid²⁵ und die *Vita Procli*.²⁶ Offenbar hatte Marinos zusätzlich zur in Prosa verfassten *Vita Procli* auch eine poetische Fassung derselben in Hexametern geschrieben, die allerdings nicht erhalten ist.²⁷ Bereits auf Aidesia²⁸ hatte Marinos Ende der 70er Jahre des 5. Jh. einen ebenfalls poetischen Nachruf gedichtet, so dass seine dichterische Version der *Vita Procli* nicht nur dem in der Schule des Proklos intensiv gepflegten Interesse an epischen und episierenden Texten,²⁹ sondern auch einer in der Schule des Proklos üblicheren, freilich besonders ehrenvollen Usance zuzuschreiben sein dürfte. Insgesamt können wir anhand der erhaltenen Nachrichten und Zeugnisse vor allem mathematische und astronomische Inte-

---

²¹ Siehe MILLER 2002, 75 mit Anm. 19; zu Theagenes siehe im Kommentar Anm. 258, S. 173f.; ATHANASSIADI 1993, 22 und dies. 1999, 247 Anm. 273. Innerschulisch motiviert dieses Exil WATTS 2006, 121.

²² Damasc. *Vita Isid.* = *Philos. Hist.* § 144 = fr. 97F.

²³ Siehe SAFFREY 2005a, 283f.

²⁴ Siehe TIHON 1976; NEUGEBAUER 1975, 871.

²⁵ In H. MENGE, *Euclidis Data. Cum commentario Marini et scholiis antiquis. Euclidis opera omnia VI* (Leipzig 1896) 233–257.

²⁶ Die beste derzeitig verfügbare kritische Ausgabe mit zahlreichen Kommentaren und französischer Übersetzung ist die von H. D. Saffrey, A. Ph. Segonds und C. Luna (= SAFFREY / SEGONDS / LUNA 2002). Die älteren deutschen Übersetzungen von NOË 1938 und ORTH 1938, 109–151 entsprechen nicht den modernen Erwartungen an Textnähe und Verständlichkeit.

²⁷ So nach Suda s.v. Μαρῖνος p. 324,12–15 ADLER III = *FGrH* IV A fasc. 7 Cont. 1083 T 1 RADICKE, dazu SAFFREY / SEGONDS / LUNA 2002, X mit Anm. 1. Siehe im Kommentar dieses Bandes Anm. 8.

²⁸ Dazu siehe Damasc. *Vita Isid.* = *Philos. Hist.* fr. 125 p. 107,20–22; SAFFREY / SEGONDS / LUNA 2002, XI; siehe im Kommentar Anm. 8, S. 116f.

²⁹ Wie etwa den *Chaldäischen Orakeln* oder den orphischen Gedichten, siehe den Kommentar zu *VPr.* § 26 und Anm. 223, S. 163.

ressen des Aristoteles-freundlichen, philosophisch offenbar wenig spekulativen, hingegen aber religiösen, auch theurgischen Praktiken besonders aufgeschlossenen Platonikers Marinos konstatieren.

2. Die *Vita Procli* – mehr als eine Biographie

Bei der *Vita Procli* handelt es sich um eine rhetorisch aufwendige, an originellen griffigen Formulierungen und singulären Wortkreationen reiche enkomiastische Rede,[30] die nicht die am Grab des Proklos gehaltene Rede darstellt.[31] Vielmehr handelt es sich hier um die schriftliche Fassung der Gedenkrede, die Marinos am ersten Jahrestag von Proklos' Tod, also am 17. April des Jahres 486 n. Chr. (*VPr.* c. 36), in Athen gehalten hatte: Sie dient zum einen der Erinnerung an die beeindruckende Persönlichkeit des Proklos, der fast 50 Jahre lang in zunehmend schwierigeren Zeiten die Athenische Schule geleitet hatte, zum anderen dient diese Schrift Marinos dazu, seine noch nicht gefestigte Position als Nachfolger des Proklos zu behaupten und zu festigen. Zudem versucht Marinos, seine eigene, durchaus von Proklos abwei-chende, philosophische Grundhaltung diesem eigentlich Proklos fokussierenden Text einzuschreiben, wie die dichte und enge Fülle von Zitaten aus Platonischen Dialogen, vor allem aus der *Politeia* (und dort Buch VI) in Kombination mit Zitaten aus Schriften des Aristoteles (dort v.a. der *Nikomachischen Ethik*) dokumentiert.[32] Wichtig ist, dass Marinos (nicht anders als die Verfasser anderer Philosophen-Hagiographien oder die christlicher Hagiographien) mit seiner *Vita Procli* und seinem Protagonisten Proklos nicht zuletzt sein

---

[30] Siehe z.B. Marinos' Charakterisierung des Proklos als ‚Hierophant des ganzen Kosmos' in *VPr.* § 19,30 und Anm. 184, S. 155; zu den *Hapax Legomena* siehe MASULLO 1980; SAFFREY / SEGONDS / LUNA 2002, XLI–LXIX zur Rhetorik dieser Rede.

[31] Zur Gattung und ihren Topoi siehe SAFFREY / SEGONDS / LUNA 2002, XLI–XLVIII.

[32] Zu den zahlreichen verwendeten Sprichwörtern und Zitaten aus Platon, Aristoteles und auch Plotin siehe die Kommentaranmerkungen jeweils *ad loc.* Zur Biographie als Instrument der Vermittlung für Philosophie siehe EDWARDS 2000, l–lv. Zur Diskussion um das Verhältnis zwischen Platon und Aristoteles bei den Neuplatonikern resp. zur Höherbewertung Platons bei Proklos siehe ausführlicher den Beitrag von C. HELMIG in diesem Band, v.a. S. 310-312.317.

eigenes philosophisches wie religiöses Selbstverständnis zum Ausdruck bringt und wir daher von einer tendenziösen literarischen Überformung und Stilisierung des historischen Proklos ausgehen müssen.[33]

Die *Vita Procli* hat jedoch nicht nur innenpolitische, auf die Schulgemeinde, die Schüler und Kollegen des Marinos selbst gerichtete Implikationen, sondern auch ein ganzes Set an andersartigen und weiterreichenden Intentionen, die diesen Text in verschiedene spätantike literarisch-hagiographische und religiöse Diskurse einbetten und verorten.

3. Doch eine Biographie des Proklos

Auf den ersten Blick betrachtet, bietet Marinos in seiner Prosa-Rede Fakten, Daten und Informationen aus dem Leben seines verehrten Lehrers Proklos, eine biographische Skizze (*VPr.* § 6–36): Demnach wird dieser am 7. oder 8. Februar 412 n. Chr. in Konstantinopel, das Marinos konsequent ‚Byzanz' nennt (s.u. S. 16), in einer aus Lykien stammenden wohlhabenden Familie geboren.[34] Erzogen im lykischen Xanthos wendet sich Proklos nach juristischem und rhetorischem Studium in Alexandria noch dort der Philosophie zu, studiert (aristotelische) Logik und Mathematik (ebd. § 8). Im Jahr 430/1 wechselt er den Studienort und geht nach Athen, wo er Eingang in die florierende platonische Schule des damals bereits hochbetagten Plutarchos von Athen findet. Dieser verfügt über ein großes Privatvermögen, über das er die Schule in seinem Privathaus, am Südhang der Akropolis, finanziert. Durch ihn und seine altathenische Familie verfügt die Schule über exzellente Netzwerke und kommuniziert intensiv mit den städtischen, überwiegend christlichen Eliten in der Stadt. Vor allem dieser Plutarchos, aber auch dessen enger Schüler Syrianos,

---

[33] Vgl. dagegen WILDBERG 2017 *passim*, v.a. 12–15, der die Rolle des Biographen Marinos abwertet und in der *Vita Procli* vor allem exzentrisches ‚self-fashioning' des Proklos vor seinen Schülern sieht, das Marinos lediglich brav kolportierte.

[34] Zu den biographischen Informationen aus dem Geburtshoroskop des Proklos, das Marinos überliefert (*VPr.* § 35 mit Anm. 309, S. 185), sowie zu dessen Funktion einer Mythisierung des Proklos siehe WILDBERG 2017, 7, der sogar den Namen des Proklos (als ‚*proculus*') auf seine Geburt fern der lykischen Heimat zurückführen will.

werden die eigentlichen Lehrer und Wegweiser des Proklos in der platonischen Philosophie. Nachfolger des Plutarchos wird Syrianos, dessen Nachfolger wiederum Proklos, der von 437 bis zu seinem Tod 485 n. Chr. diese platonische Schule in Athen erfolgreich leitet. Soweit einige biographische Fakten der *Vita Procli*.[35]

4. Die *Vita Procli*: Hagiographie und Kontrastmodell

Die *Vita Procli* ist nicht nur ein rhetorisch stilisierter Nachruf, sie ist zum einen eine hagiographische Darstellung des Proklos mit einigen Besonderheiten, zum anderen ist sie als stete und direkte Auseinandersetzung mit einem anderen Text, nämlich der *Vita Plotini* des Porphyrios, zu lesen, also einer vorgängigen Philosophenbiographie, die freilich in vieler Hinsicht Alteritäten aufweist und zu der Marinos im Sinne einer konkurrierenden *aemulatio* tritt.

4.1. Hagiographie

Die *Vita Procli* steht als spätantiker paganer hagiographischer Text bereits in einer gewissen Tradition, die kurz skizziert sei: Wir kennen bereits seit der Kaiserzeit eine ganze Reihe von Philosophenbiographien, genauer: Biographien paganer Platoniker resp. Neupythagoreer, zu nennen wären etwa Philostrats *Vita Apollonii* aus dem 3. Jh., Porphyrios' *Vita Plotini* aus den frühen Jahren des 4. Jh., die zahlreichen *Vitae Sophistarum* des Eunapios aus Sardes vom Ende des 4. Jh., die *Vita Procli* des Marinos oder die (fragmentarisch erhaltene) *Vita Isidori* des Damaskios aus dem 6. Jh. (außerdem: *Vita Platonis* in *De Vita et eius dogmate* des Apuleius; die *Vita Pythagorae* des Porphyrios und die *Vita Pythagorica* Iamblichs). Das 'Textensemble' dieser Philosophenviten weist bei aller generischen und individuellen Flexibilität und ungeachtet der vielen[36] feinen Unterschiede hinsichtlich historischer und in-

---

[35] Zur Biographie des Proklos resp. deren Einbettung in die Zeit-, Philosophie- und Rezeptionsgeschichte des Proklos siehe SIORVANES 1996, 1–47 und CHLUP 2012, 30–46.

[36] Siehe J. M. DILLON, „Holy and not so Holy: On the Interpretation of Late Antique Biography", in: B. MCGING / J. MOSSMAN (eds.), *The Limits of Ancient Biography* (Swansea 2006) 155–167, der v.a. 164 das breite Spektrum zwischen Faktualität und Phantasie in diesen Viten betont.

tentionaler Kontexte zahlreiche Ähnlichkeiten auf: Diese sind nun zum einem dem kaiserzeitlich-spätantiken, am besten mentalitätsgeschichtlich zu erfassenden, seit Van Uytfanghe breiten sog. „hagiographischen Diskurs"[37] geschuldet. Dieser zeichnet sich durch die immer stärkere Fokussierung der Biographen auf Religion und religiöse Praktiken sowie spirituelle und philosophische Konzepte des Göttlichen ein, die Orientierung an der Figur des Pythagoras als Muster ist evident.[38] Die Philosophie wird immer mehr zur Religion, die Biographen zu Hagiographen.[39] Ihre Protagonisten sind entweder ‚alte' Autoritäten wie der Schulgründer Platon oder der legendäre, vom Platonismus längst vereinnahmte Pythagoras, oder aber es sind *zeitgenössische* Philosophen wie Plotin im 3. Jh., Porphyrios, Iamblich, Aidesios oder Chrysanthios im ausgehenden 3. und 4. Jh. – oder eben Proklos im 5. Jh. und Isidoros im 6. Jh. n. Chr. Die im Bios gepriesenen Philosophen erhalten stets den Status einer normativ-vorbildlichen Autorität in allen philosophischen Belangen sowie überhaupt in allen Lebenslagen, sie werden als Männer mit supranaturaler Begabung und oft direktem Kontakt zur göttlichen Sphäre dargestellt.[40] Ersichtlich

---

[37] Begriff und Denkfigur stammen von M. VAN UYTFANGHE, „Heiligenverehrung II (Hagiographie)", *RAC* XIV (1988) 150–183; ders. 2001. Siehe eine nützliche Skizze zur Entwicklungsgeschichte der Hagiographie von generischen Aspekten hin zum Diskurs bei P. GEMEINHARDT, „Christian Hagiography and Narratology: A Fresh Approach to Late Antique Lives of Saints", in: S. CONERMANN / J. RHEINGANS (eds.), *Narrative Pattern and Genre in Hagiographic Life Writing: Comparative Perspectives from Asia to Europe* (Berlin 2014) 21–41, hier: 24–29.

[38] Dazu siehe v.a. M. J. EDWARDS, „Birth, Death, and Divinity in Porphyry's Life of Plotinus", in: T. HÄGG (ed.), *Greek Biography and Panegyric in Late Antiquity* (Berkeley / Los Angeles / London 2000) 52–71, v.a. 66–69; C. MACRIS, „Pythagore, un maître de sagesse charismatique de la fin de la période archaïque", in: G. FILORAMO (ed.), *Carisma profetico. Fattore di innovazione religiosa* (Brescia 2003) 243–289, hier v.a. 44; TANASEANU-DÖBLER 2012, 345–351.

[39] Siehe auch I. MÄNNLEIN-ROBERT, „Zwischen Polemik und Hagiographie: Iamblichs De vita Pythagorica im Vergleich mit Porphyrios' Vita Plotini", in: M. BONAZZI / S. SCHORN (Hrsgg.), *Bios Philosophos. Philosophy in Ancient Greek Biography* (Turnhout 2016) 197–220, hier 197f. und v.a. den Beitrag von M. BECKER in diesem Band.

[40] Wegweisend war die monumentale Studie Ludwig Bielers von 1935/1936 (Nachdruck BIELER 1976). Die Literatur zum Thema ist mittlerweile stark angewachsen, hier sei besonders auf für Marinos wichtige Studien verwiesen: FOWDEN 1982; P. BROWN, „The Rise and Function of the Holy Man in Late Antiquity", *JRS* 61 (1971) 80–101 und ders., „The Saint as Exemplar in Late

wird hier ein maßgeblich an der Programmfigur des Philosophen Pythagoras[41] orientierter gemeinsamer Fundus an stereotypen religiösen ‚mental habits', verstanden als Habitus, die auf epochal wie sozial geformten Denkgewohnheiten beruhen, im Sinne von Pierre Bourdieu:[42] Die neuplatonischen θεῖοι ἄνδρες (die sogenannten ‚holy men')[43] sind allesamt als philosophische *Lehrer* tätig.[44] Von großer körperlicher Widerstandskraft führen sie das asketische Leben von Gelehrten, körperliche Gebrechen und Krankheiten werden märtyrergleich ertragen, vielmehr verfügen sie über außergewöhnliche psychische wie intellektuelle Energie und Dynamik. Ihre Tugendhaftigkeit ist mustergültig, ihr gottgleicher Status offensichtlich: Die θεῖοι ἄνδρες vollbringen Wunder, kümmern sich fürsorglich um Mitmenschen, engagieren sich zuweilen auch politisch; sie heilen Todkranke, sie beruhigen Erdbeben, zeigen also nicht selten theurgische Begabung, praktizieren intensiv religiöse Rituale. Ihren Tod nehmen sie völlig gelassen an, nach ihrem Tod wird ihr heiliger Charakter durch eindeutige Naturzeichen oder Orakel bestätigt und so gleichsam abschließend von göttlicher Seite aus dokumentiert und autorisiert. Zum einen grundiert also der hagiographische Diskurs diese Texte, zum anderen weisen sie natürlich auch intertextuelle Bezüge untereinander auf.

Antiquity", *Representations* 2 (1983) 1–25. Nützlich ist auch der Überblick bei TANASEANU-DÖBLER 2012, 327–368 und jetzt vor allem BREMMER 2017, v.a. 54–57 mit weiteren Literaturverweisen.

[41] Siehe BUBLOZ 2003 *passim*, v.a. 134.

[42] Siehe P. BOURDIEU, *Sozialer Sinn. Kritik der theoretischen Vernunft* (Frankfurt a.M. 1987), der im Zuge seiner kritischen Auseinandersetzung mit E. Panofsky dessen kunsttheoretisches Konzept der „mental habits" in den Kontext seiner entstehenden soziologischen Theorie des Habitus integrierte. Siehe dazu F. SCHUMACHER, „Pierre Bourdieus Adaption von Erwin Panofskys kunsttheoretischem Entwurf epochaler ‚Mental Habits'", in: A. LENGER / Ch. SCHNEICKERT / F. SCHUMACHER (Hrsgg.), *Pierre Bourdieus Konzeption des Habitus. Grundlagen, Zugänge, Forschungsperspektiven* (Wiesbaden 2013) 109–122.

[43] Siehe die berechtigten Einwände von BREMMER 2017, 44–47 und 54–57 gegen einen unreflektierten Gebrauch des Begriffes ‚heilig' für die genannten Philosophen der Kaiserzeit und Spätantike.

[44] Nach FOWDEN 1982, 38 jetzt auch TANASEANU-DÖBLER 2012, 343f.; siehe den Beitrag von J. DILLON in diesem Band.

4.2. Kontrastmodell

Gleich im ersten Satz seiner *Vita Procli* macht Marinos deutlich, an welchem der paganen hagiographischen Praetexte er sich vorrangig abarbeiten möchte, welchen er als ständiges Konkurrenzmodell hinsichtlich der Präsentation des Protagonisten evozieren wird: Wir finden hier[45] nämlich ein wörtliches Zitat aus Porphyrios' *Vita Plotini*, die Charakter, Charisma, Leben und Schriften des Platonikers Plotin beschreibt. Plotin wurde philosophiehistorisch bereits in der Antike, nicht zuletzt gerade von Proklos, als große Figur der Wende aus dem philologischen Mittelplatonismus hin zur wahren Philosophie des neuen Platonismus gesehen (Procl. *Theol. Plat.* I 1 = I 1 ABBATE). In beiden Texten, der *Vita Plotini* wie der *Vita Procli*, findet sich der Hinweis auf die Zeitgenossenschaft des Verfassers, einmal des Porphyrios, einmal des Marinos, die zugleich Augenzeugenschaft und Authentizität verbürgt: Die Hagiographie geriert sich als Historiographie. Das prooimiale Zitat des Beglaubigungsmotivs aus der *Vita Plotini* im Eingang der *Vita Procli* soll den Rezipienten oder Leser gleich zu Beginn zum Vergleich beider Viten motivieren, die so offensichtliche *imitatio* wird zur Lektüreanweisung. Die ältere *Vita Plotini* des Porphyrios, die erste uns erhaltene hagiographische Würdigung eines *zeitgenössischen* Philosophen (Plotin) durch einen Schüler, stellt somit von Anfang an einen ständigen Bezugspunkt in der ebenfalls einem *zeitgenössischen* Platoniker gewidmeten *Vita Procli* des Marinos dar.[46] Die beiden Hagiographien weisen neben beträchtlichen Unterschieden auch manche Gemeinsamkeiten auf, etwa die, dass sich beide Biographen recht nachdrücklich in die Vita ihres Lehrers einschreiben, was an autobiographischen Elementen, Autopsiebekundungen und überhaupt anhand von Selbstverweisen[47] ersichtlich wird: So spricht etwa Marinos gleich im Eingang seiner *Vita Procli* von sich selbst, über die Größe seines Unterfangens und seine begrenzten Möglichkeiten, ein erklärtes ‚self-fashioning' in Bescheidenheit, das traditionell dem Topos der *captatio benevolentiae* und auch der durchgängig erkennbaren

---

[45] Vgl. Marinos, *VPr.* 1,2f.: εἰ μὲν εἰς τὸ μέγεθος τῆς ψυχῆς ἢ τὴν ἄλλην ἀξίαν ἔβλεπον τοῦ καθ' ἡμᾶς γεγονότος φιλοσόφου Πρόκλου (...) mit Porph. *Vita Plot.* 1,1: Πλωτῖνος ὁ καθ' ἡμᾶς γεγονὼς φιλόσοφος (...).
[46] Zur *Vita Plotini* als ständiges Referenz- und Konkurrenzmodell für Marinos siehe v.a. EDWARDS 2000; siehe im Kommentar Anm. 4 und 5, S. 115f.
[47] Dazu siehe Anm. 207 und 230, S. 159f. und 166.

rhetorischen Überformung dieses Textes, außerdem der intendierten Selbsteinschreibung des Marinos in Proklos' Vita zuzurechnen ist.[48] Überdies zitiert er sich selbst, verweist auf von ihm in der Rede bereits gemachte Ausführungen oder integriert sich als Figur in eine erzählte Anekdote oder Begebenheit.[49] Doch nicht nur Marinos selbst stellt sich als (Hagio-) resp. Biograph in Konkurrenz zum Platoniker Porphyrios, sondern er präsentiert auch seinen Protagonisten, den Platoniker Proklos, geradezu konträr zu Plotin. Überdies präsentiert er seinen Proklos im Vergleich zum Plotin der *Vita Plotini* als ganz anderen Philosophen, als einen, der Plotin in philosophischer Lebensweise und Perfektion noch weit übertrifft, als einen Platoniker, dessen Philosophieren vom intensiven Praktizieren religiöser und theurgischer Rituale praktisch nicht zu trennen ist (s.u.). Religion und religiöse Rituale ebenso wie Theurgie markieren einen weiteren gravierenden Kontrast zwischen Plotin und Proklos – und eben dieser scheint Marinos besonders wichtig zu sein.

4.3. Bild und Körper: Ikonizität bei Marinos

Besonders deutlich wird die Konkurrenz zu Porphyrios' Plotinbild anhand der Beschreibung von Proklos' Körper, den Marinos im Kontext der natürlichen Tugenden seines Protagonisten verhandelt (zu den Tugenden s.u. Kap. 6). So hebt der Biograph etwa die lange andauernde körperliche Gesundheit und Belastbarkeit des Proklos heraus, die mit Blick auf das an Entbehrungen und Askese reiche, hochaktive Leben des Proklos eine tragende Rolle spielt (*VPr.* § 3, vgl. auch die wichtige Rolle des Asklepios, s.u.).[50] Vor allem die besondere Schönheit des Proklos, die sich auch körperlich darstellt (§ 3, 36–39) wird zwar von Malern abgebildet, aber die Bilder bleiben als Nachahmung seiner wahren Gestalt weit hinter der Realität zurück (ebd. 39–43). Proklos ist also noch schöner als seine bildlichen Darstellungen.[51] Dem liegt eine von der Platonischen Bildtheorie erheblich abweichende, freilich an die Eros-Lehre der Diotima aus Platons *Symposion* erinnernde

---

[48] Vgl. dagegen WILDBERG 2017, 4f. der das als Mangel an Selbstvertrauen des Marinos erklärt und überhaupt das ‚self-fashioning' des Proklos als dominant in der *Vita Procli* ansieht.
[49] Siehe im Kommentar zu Selbstverweisen des Marinos, z.B. Anm. 207.
[50] Siehe die Anm. 37 und 41, S. 122f.
[51] Ausführlicher siehe die Anm. 37 im Kommentar.

Bildtheorie zugrunde, derzufolge Materielles (hier: der Körper des Proklos) auf Immaterielles (hier: Seele und Geist des Proklos) verweist. Der Körper des Philosophen avanciert damit zu einem bedeutungsvollen Zeichen oder Bild, der Philosoph selbst wird gleichsam zur Ikone, die anagogische Wirkung hat.[52] Mit diesem Phänomen konvergiert die von Marinos kolportierte Maxime des Proklos selbst, wonach der Philosoph ‚Hierophant des ganzen Kosmos' sein müsse (§ 19,30). Denn auch daraus wird deutlich, dass Proklos bei Marinos eine herausgehobene Mittelstellung zwischen Menschlichem und Göttlichem hat und nicht nur über seine Philosophie, sondern auch mit Blick auf seine Person, seine Lebensführung, ja sogar seinen Körper, anagogisch wirken, die Seelen von Schülern, Betrachtern – und: auch den Leser dieser Vita – emporführen kann. Tatsächlich wird Proklos aufgrund dieser Darstellung des Marinos in einem späteren anonymen Epigramm der *Anthologia Graeca* (*AP* IX 197) als „beseeltes Bild" (βρέτας ἔμπνοον) gleichsam als Ikone gefeiert (s.u. Kapitel 9). Während also Porphyrios für Plotin gleich im Eingang zur Charakterisierung dessen philosophisch, platonisch begründete Körperfeindlichkeit resp. Körperpeinlichkeit (er schämte sich, im Körper zu sein) die Episode vom verbotenen, dann heimlich realisierten Portrait des Philosophen beschreibt, wir überdies das Äußere des Plotin ebenso wenig erfahren wie seine (körperliche) Herkunft, Eltern oder Heimat, so unternimmt Marinos hier das genaue Gegenteil, ebenfalls mit platonischer Fundierung. Mit Blick auf die eigenwillige Statik in Marinos' biographischem Grundgerüst, das er über die aufsteigende Hierarchie der Tugenden legt (s.u. Kap. 6), in denen sich Proklos stets sofort vervollkommnet, drängt sich die Vermutung auf, dass Marinos nicht nur Proklos als ikonengleichen Heiligen oder Götterbild inszenieren, sondern seine gesamte *Vita Procli* als geradezu ‚literarische' Ikone[53] verstanden wissen wollte.

---

[52] FRANCIS 2003.
[53] Die Ikonizität von Philosophen als Leitbildern behandelt BECKER 2013, 57–68 und 256, siehe auch den Kommentar des vorliegenden Bandes Anm. 184, S. 155 und oben Kapitel 4.2.1.

5. Proklos als Modellfigur – und in einer eigenen Welt

Die *Vita Procli* des Marinos hat affirmativen Charakter, da sie ihn als Scholarchen, seit einem Jahr im Amt, bestätigen und als Nachfolger des großen Proklos autorisieren, seine Reputation als Schulleiter festigen soll.[54] Sie hat zugleich aber ebenso protreptischen und isagogischen, also einführenden Charakter. Sie wendet sich an Zeitgenossen, sicher auch an eigene Schüler des Marinos in Athen, die an der Philosophie des Proklos interessiert sind und die Marinos nach dessen Tod in seiner Schule halten will.

Überdies ist die *Vita Procli* ein *platonischer Lebensentwurf mit Modellcharakter*, der sich intertextuell gegen andere Modelle im eigenen philosophischen Lager (s.o.), aber auch situativ gegen die von den zeitgenössischen Christen ausgehende Bedrohung richtet.[55] Widrige Umstände im Leben des Proklos werden nicht ausgeblendet, sie sind vielmehr programmatische Situationen, in denen sich der philosophische Held bewährt. Wir haben es hier mit einer komplexen Konstruktion zu tun, in der sich die reale zeitgenössische Lebenswelt – des Proklos wie des Marinos – mit einem programmatisch-selektiven, symbolischen Aktionsraum überlappt. Diesen abstrakten Eindruck erzeugt Marinos dadurch, dass aus der Gruppe der zeitgenössischen athenischen Eliten, die nicht (wie Archiadas oder Theagenes) mit Proklos zu tun haben, der Name eines einzigen Archonten genannt wird (Nikagoras d.J., § 36,2f.).[56] Nur Personen aus dem näheren Umfeld des Proklos werden namentlich eingeführt. Kein einziger zeitgenössischer Kaiser wird mit Namen benannt (das wären für Proklos' Lebenszeit im Osten Theodosius II, Markian, Leo und Zenon), die Stadt Konstantinopel wird hartnäckig ‚Byzanz', also mit dem vorchristlichen Namen, benannt (ebd. 6,6; 9,2f.; 10,7),[57] die Datierung von Proklos' Tod wird (nicht zeitgemäß) nach der Regierung des von den Neuplatonikern gefeierten Kaisers Julian vorgenommen (ebd. § 36,1f.).[58] Aber er erzeugt diesen Eindruck auch dadurch, dass er die räumlichen Kulissen, vor denen sich

---

[54] WILDBERG 2017, 5.
[55] Ausführlicher dazu siehe MÄNNLEIN-ROBERT 2013; siehe im Kommentar Anm. 143–146, S. 144–147.
[56] Siehe Anm. 314, S. 186f.
[57] Siehe die Anm. 61, S. 125f.
[58] Siehe ausführlicher dazu Anm. 314, S. 186f.

sein Protagonist Proklos bewegt, auffällig farblos und vage, nicht selten namenlos belässt:[59] Der oder die genaue(n) Aufenthaltsort(e) während Proklos' einjährigen Exils in Lykien bleibt resp. werden nicht benannt,[60] auch aus seiner Studienzeit in Alexandria werden keine Orte näher beschrieben oder lokalisiert. Die räumliche Szene in Athen beschränkt sich in der *Vita Procli* auf wenige markante, allein mit Blick auf Sokrates, Platon, Syrianos wie auf alte Götter symbolträchtige Orte: den Piräus, das Sokrateion und die Akropolis, das Gelände der Akademie Platons, das Grab des Syrianos (und des Proklos) am Lykabettos, das Asklepieion, den benachbarten Dionysostempel und das Haus des Proklos. Dieses Haus hatte Proklos von Syrianos und dieser von seinem Vorgänger Plutarchos übernommen und als Sitz der platonischen Schule geerbt (§ 29,32–39).[61] Dieses spielt eine wichtige Rolle im Text, da seine Lage zusammen mit dem Parthenon auf der Akropolis, dem Asklepieion und Dionysostempel in einen spezifisch hellenischen Sakralraum all dieser in Sichtweite zueinander gelegenen alten heiligen Stätten eingeordnet wird (ebd.). Insgesamt zeigt sich also in der Darstellung des Marinos die gezielte Ausblendung der faktischen Umgebung des Proklos sowie die literarische Inszenierung von symbolischen ‚Schau-Plätzen' in Athen.[62] Das spätantike Athen erweist sich dabei als weit mehr als nur als ‚physischer' oder geographischer Raum: Das Athen der *Vita Procli* ist eine selektiv drapierte künstliche Kulisse, ein idealisierter, allein in der imaginierten Welt des literarischen Textes existenter hellenischer[63] Idealraum,[64] in dem es im Kontext einzelner exemplarischer und symbolhafter Aktionen und Szenen zu momenthaften Überblendungen mit dem realen Athen und zeitgenössischen Akteuren kommt.

---

[59] Vgl. auch EDWARDS 2000, liii–lv.
[60] Siehe auch Anm. 153, S. 148.
[61] Siehe Anm. 270, S. 177.
[62] Dazu siehe den Beitrag von U. HARTMANN in diesem Band, v.a. S. 276-278.
[63] Vgl. ganz ähnlich bereits im 4. Jahrhundert Libanios in seinem *Antiochikos Logos* (*or.* 2), wenn er Antiochia als ideale pagane Stadt konstruiert, dazu STENGER 2009, 310–313.
[64] Vgl. U. HARTMANN 2014 und M. BECKER 1 in diesem Band, die beide den Begriff der „Gegenwelt" für die literarischen Philosophenviten (des Eunapios und Marinos) benutzen, der jedoch für Marinos m.E. nicht wirklich zutrifft, siehe ausführlicher dazu MÄNNLEIN-ROBERT (vorauss. 2019).

Eine reale, historische Figur – Proklos – agiert vor symbolhaften Kulissen an symbolischen Orten in ausgewählten, zugespitzten und exemplarischen Szenen. Gerade Athen wird im wahrsten Sinne des Wortes als „virtueller" Aktionsraum des tugendreichen Proklos inszeniert.[65] Der Protagonist Proklos, in allen Tugenden perfekt, bereits zu Lebzeiten hinsichtlich der Angleichung an das Göttliche erfolgreich, einem großen Kosmos an alten Göttern eng verbunden, wird dabei zur modellierten Symbolfigur seines Biographen, kurz: Er ist vermutlich das am meisten fiktionale Element in diesem Arrangement. Insgesamt resultiert daraus mit der *Vita Procli* eine auf *platonische Ideale* hin perspektivierte und entsprechend konstruierte literarische Welt, in welcher der Autor Marinos den perfekten Philosophen – Proklos – *programmatisch* agieren lässt.

6. „*Proklos oder Über das Glück*": Titel und Programm

Als Titel des i.d.R. als *Vita Procli* bezeichneten Textes ist in den Handschriften Πρόκλος ἢ περὶ εὐδαιμονίας – „*Proklos oder über das Glück*" – überliefert. Der Name Proklos steht somit als gleichwertige Alternative für Glück (εὐδαιμονία). Es mag zunächst merkwürdig erscheinen, warum Marinos seinen Lehrer und Vorgänger Proklos nicht nur als vorbildlichen, spirituell wie charismatisch herausragenden Platoniker, sondern als dezidiert *glücklichen* platonischen Philosophen inszeniert.[66] Die Verknüpfung hagiographischer Topoi und Strukturen mit einem ethischen Glücksmodell, wie es Marinos in der *Vita Procli* bietet, ist tatsächlich singulär und bietet daher einen Schlüssel zum Verständnis und zur angemessenen Würdigung dieses Texts.[67] Wichtige Bemerkungen zur Eudaimonia, die als Thema oder Leitmotiv dient, sind in Prooimion und Epilogismos wie ein Rahmen um die *Vita Procli* gelegt.[68] Marinos verwendet hier mit κρηπίς (*VPr*. § 2,4) einen architektonischen Fachterminus für das Fundament eines

---

[65] Ausführlicher dazu ist MÄNNLEIN-ROBERT vorauss. 2019.
[66] Siehe z.B. *VPr*. § 2.3.4.10.21.32.34 u.ö.
[67] Die Wahl von εὐδαιμονία als durchgängiges Thema einer Lobrede ist mit Blick auf die rhetorische Tradition epideiktischer Reden ungewöhnlich; siehe (auch zur Abgrenzung vom Topos der εὐτυχία) PERNOT 1993, 174–176.
[68] *VPr*. § 2 mit Anm. 14, S. 117f. und § 34 mit Anm. 301, S. 184.

Einführung 19

Tempels oder Altars, also eines Sakralbaus.[69] Durch die metapho-metaphorische Verwendung eben dieses Terminus macht der Biograph Marinos, der sein Tun bereits im Prooimion (ebd. § 1,9–28) in den Kontext aller erdenklichen Opfergaben gestellt, seine Rede somit als religiöse Gabe oder Opfer illustriert hatte, deutlich, dass es sich bei seiner Rede auf Proklos um eine Art sakralen Akt, um die Grundsteinlegung einer sakralen Komposition – seines Textes – handelt. Proklos' außerordentliche Eudaimonia erschöpfe sich, so Marinos, nicht in einem der Theoria, der Kontemplation, oder allein der Tugend gewidmeten Leben, ebenso wenig in äußerem Glück (ebd. § 2,7–16). Marinos beschreibt das Glück des Proklos vielmehr in Anlehnung an Aristoteles' *Nikomachische Ethik* (I 5)[70] als eine ideale Kombination der Güter des Intellekts und der Güter der Seele, i.e. der Tugenden, denen die Güter des Körpers unterstehen, kurz: als eine vollkommene und nichts ermangelnde Glückseligkeit, eine Verbindung aus äußerem und innerem Glück.[71] Das ist ein geschickter Schachzug des Hagiographen Marinos: Denn indem er den ‚seligen Proklos' – er nennt ihn vielfach ὁ μακάριος ἀνήρ –[72] so eng mit dem Tugendmodell des Aristoteles verbindet, vereinnahmt er ihn für seine eigene, aristotelesfreundliche Überzeugung, für die er im Streit der Proklos-Schüler um dessen Nachfolge kritisiert worden war.[73] Neben dieser tendenziösen und mit Blick auf Proklos' Schriften auch nichtfaktischen, erkennbaren aristotelischen Überformung der Proklosfigur durch Marinos ist nicht zuletzt eine gewisse Relativierung der Tugenden mit Blick auf dessen vollkommene Eudaimonia bemerkenswert (s.u. 6.3.). Die Tugenden spielen freilich in jedem Falle in der *Vita Procli* eine sehr große Rolle, denn der Biograph Marinos strukturiert den ganzen Text nach Tugendgraden,[74] die

---

[69] Siehe den Kommentar in diesem Band zu *VPr*. 2 Anm. 16, S. 118.

[70] Aristot. *EN* I 5,1095b14–1098b21; siehe den Kommentar in Anm. 19, S. 119; SAFFREY / SEGONDS / LUNA 2002, 65–68.

[71] Die vollkommene εὐδαιμονία des Proklos wird ebenfalls in *VPr* § 32,38 genannt; vgl. ebd. § 32,31f.

[72] Z.B. *VPr*. § 2,3f. mit Anm. 15, S. 118; § 3,10; 17,21; 21,2; 22,8f.; 36,7.

[73] S. SAMBURSKY vermutet in seiner Abhandlung *Proklos, Präsident der platonischen Akademie, und sein Nachfolger, der Samaritaner Marinos* (Berlin 1985), dass Marinos eher Aristoteliker als Neuplatoniker war und in der Athener Schule deshalb eher als isolierter Außenseiter galt.

[74] Dazu siehe etwa BLUMENTHAL 1984; SAFFREY / SEGONDS / LUNA 2002, L–LXII; O'MEARA 2003, 49; BUBLOZ 2003.

seit Plotin etabliert waren, seither aber immer weiter ausdifferenziert wurden.

6.1. Anmerkungen zu den neuplatonischen Tugendgraden (von D. O'Meara)

1) Die neuplatonische Theorie einer Tugendhierarchie hat ihren Ursprung in Plotins *Enneade* I 2 („Über die Tugenden"), in der Plotin Platons Äußerung diskutiert, dass es, um den Übeln dieser Welt zu entfliehen, notwendig sei, sich Gott so weit möglich anzugleichen, indem man tugendhaft ist (wie *Theaetet* 176a-b). Dies bringt einige Probleme mit sich, da Tugend für Plotin eine seelische Disposition darstellt (3,23-24), während Gott – für Plotin in erster Linie ein transzendenter göttlicher Intellekt – jenseits der Tugend ist (3,31). Wie also können wir wie Gott werden, indem wir tugendhaft sind, wenn Gott die Tugend transzendiert? Plotins Lösung für dieses Problem besteht darin, zwischen zwei Arten der Angleichung und zwei Arten von Tugenden zu unterscheiden. Eine Art der Angleichung besteht darin, ‚wie' etwas anderes zu werden, indem man die gleichen Eigenschaften teilt; eine zweite Art besteht darin, etwas anderem ähnlich (nicht identisch) zu werden, so wie etwa ein Haus dem ähnlich wird, was der Plan vorsieht, oder wie ein Bild seinem Modell ähnlich wird (1,31-52; 2,4-10).

Gemäß der zweiten Art von Angleichung ist es möglich, wie Gott zu werden, auch wenn Gott selbst keine Tugend besitzt. Plotin identifiziert bei Platon zwei Sorten von Tugenden (3,7-10). Zunächst sind da die vier Kardinaltugenden (Weisheit, Tapferkeit, Mäßigung und Gerechtigkeit), die Platon im *Staat* definiert (428a-434c; 441c-444a) und die Plotin als ‚politische' Tugenden bezeichnet. Diese Tugenden beziehen die vernunftgemäße Kontrolle der irrationalen Begierden und Emotionen mit ein, die während der Existenz der Seele im Körper vorkommen In diesen Tugenden kann es „eine Art" von Angleichung an Gott geben (1,24; 2,26), und zwar dahingehend, dass sie die irrationalen Begierden und Impulse mäßigen, wobei die Weisheit das Maß vom transzendenten Intellekt ableitet (2,18-20). Plotin sieht bei Platon (3,8: *Phaedon* 69bc; 82a) jedoch auch Tugenden, die die Seele vom Körper reinigen. Diese „größeren" Tugenden (1,22.26) sieht Plotin nicht im Prozess der Reinigung, sondern in einem Zustand der Seele, die bereits gereinigt wurde (Kap. 4). Unter diesen Tugenden

befinden sich erneut die vier Kardinaltugenden, die nun aber definiert werden als eine Trennung der rationalen Seele von körperlichen Belangen im Sinne einer (Hin-)Wendung zum Leben des göttlichen Intellekts. Die Angleichung, die diese höheren Tugenden der Seele bringen, bedeutet eine wesentlich größere Nähe zum Leben Gottes; diese Tugenden machen uns nicht zu guten menschlichen Wesen (dies ist Aufgabe der ‚politischen' Tugenden), sondern zu Gott. Plotin lässt zu, dass es gewissermaßen Modelle (*paradeigmata*) der Tugenden im göttlichen Intellekt gibt (6,17; 7,3), doch er betont, dass Tugend eine Disposition darstellt, die weder dem transzendenten Intellekt noch dem, was jenseits des Intellekts ist, dem Einen, zugesprochen werden darf (3,31; 6,14-15).

2) Porphyrios systematisierte, erweiterte und veränderte in bestimmten Punkten Plotins Theorie der zwei Arten von Tugenden in den *Sententiae*, Kap. 32.[75] Porphyrios bezog Plotins ‚politische' Tugenden nicht nur auf den ‚inneren Staat' der Seele, d.h. die Kontrolle über irrationale Begierden, sondern auch auf den äußeren Staat, die Beziehungen mit anderen in einem Gemeinwesen (23,6-8). Darüber hinaus fügte Porphyrios ‚reinigende' Tugenden (welche Plotins Prozess der Reinigung entsprechen) zwischen Plotins ‚politische' und die ‚größeren' Tugenden ein (d.h. den Zustand, gereinigt zu sein). Des Weiteren fügte er an der Spitze noch ‚paradigmatische' Tugenden hinzu, die Tugenden des Intellekts, obwohl Plotin dies bestritten hatte und nur von ‚Paradigmen' der Tugenden im Intellekt gesprochen hatte. Die vier Arten von Tugenden, die von Porphyrios unterschieden wurden, stellten auch Tugendgrade dar, insofern Porphyrios ihre Funktion als Stufen (*prodromoi*) im Rahmen der fortschreitenden Vergöttlichung der Seele (24,6-7) andeutete: (1) Eine Person mit politischen Tugenden wird eine gute Person (*spoudaios*); (2) mit reinigenden Tugenden wird sie ein Dämon; (3) im Besitz der dritten Tugenden (die von späteren Neuplatonikern als ‚theoretische' Tugenden bezeichnet wurden) wird man ein Gott; (4) mit den höchsten, den ‚paradigmatischen' Tugenden wird man zu einem „Vater der Götter" (31,5-8).

3) Jamblich scheint Porphyrios' Tugendgrade noch weiter ausgebaut zu haben, vermutlich in einem Werk mit dem Titel *Über Tugenden*, das uns nicht überliefert ist. Diese erweiterte Abstufung

---

[75] Vgl. BRISSON 2005.

wurde von Proklos aufgegriffen und im Detail von Marinos, Damaskios, Olympiodor und anderen beschrieben, vor allem von einem byzantinischen Philosophen des 11. Jahrhunderts, Michael Psellos, der wahrscheinlich verlorene Werke Jamblichs und Proklos'[76] nutzen konnte. Porphyrios' Tugendhierarchie wurde an der Basis durch die Hinzufügung zweier Tugend-Ebenen erweitert, die unterhalb der politischen Tugenden angesiedelt sind. Dies sind die ‚natürlichen' Tugenden, d.h. natürliche Qualitäten der Seele, mit denen wir geboren werden,[77] und die ‚ethischen' Tugenden, d.h. gute Dispositionen, wie sie durch Übung und Erziehung von Tieren wie Kindern erworben werden, noch bevor sie die Herrschaft der Vernunft erreichen (repräsentiert durch die ‚politischen' Tugenden). Die Tugendhierarchie wurde zudem am oberen Ende erweitert, indem man oberhalb der ‚paradigmatischen' Tugenden ‚theurgische' Tugenden einführte.[78] Doch in Bezug auf die Art und Weise, wie spätere Neuplatoniker sich diese höchsten Tugend-Ebenen vorstellten, gab es offensichtlich einige Schwankungen bzw. Inkonsistenzen. Marinos erwähnt keine ‚paradigmatischen' Tugenden, nennt dafür aber die theurgischen Tugenden auf der sechsten Tugend-Stufe, während Damaskios die paradigmatischen Tugenden an die sechste Stelle setzt, oberhalb derer, auf siebenter Ebene, die ‚hieratischen' (d.h. theurgischen) Tugenden zu finden sind. Olympiodor wiederum identifiziert die paradigmatischen mit den theurgischen Tugenden.[79]

Die Erweiterung von Porphyrios' vierstufiger Tugendhierarchie (ihrerseits eine Erweiterung von Plotins zwei Tugendebenen), die schließlich sechs oder sieben Ebenen umfasste, scheint mit zwei wichtigen Interessen im späten Neuplatonismus zu korrespondieren: (1) einem größeren Interesse an der Verbindung der Seele mit dem Körper (der Abstieg der Seele in den Körper und die Verbindung mit ihm erwiesen sich als bedeutsamer, als Plotin angenommen hatte, woher auch die Betonung der niederen Ebenen

---

[76] Siehe die bei Marinus (SAFFREY / SEGONDS / LUNA 2001, LXX-LXXI) aufgeführten Texte.

[77] Diese natürlichen Qualitäten finden sich in Platons *Staat* (der Text ist zitiert bei Marinos), bei Aristoteles (*eth. Nic.* VI 13) und werden von Plotin erwähnt (*Enn.* I 3,6,18).

[78] Vgl. die Tabellen bei Marinos (SAFFREY / SEGONDS / LUNA 2001, LXXXII) in Bezug auf leichte Variationen innerhalb der Listen der Tugendhierarchie.

[79] Siehe die Diskussion dieser Inkonsistenzen bei Marinos (SAFFREY / SEGONDS / LUNA 2001, XCIII-XCVIII).

der Tugendhierarchie rührt) und (2) der Ausarbeitung neuer Ebenen des Transzendenten, nicht in Worte zu fassender göttlicher Prinzipien, woher wiederum der Bedarf an noch höheren Tugenden stammte. Bei Plotin kann die Angleichung an Gott als das Ziel der Philosophie mit Glück (*eudaimonia*) gleichgesetzt werden, d.h. mit dem Ziel menschlichen Lebens, denn für ihn *ist* Glück das perfekte Leben eines transzendenten Intellekts (*Enn.* I 4,3). Durch Angleichung an den Intellekt kommen wir folglich dazu, dessen vollendetes Glück zu teilen. Die Tugendhierarchie besteht aus einem stufenweisen Erreichen des Glücks, wobei das Erlangen höherer Tugenden mit einer größeren Nähe zum vollendeten Glück einhergeht. Daher konnte Marinos, indem er beschrieb, auf welche Weise Proklos jeden Tugendgrad erreichte und genoss, zeigen, dass Proklos auch das Glück in all seinen Ebenen erlangte.

6.2. Das Glück und die Tugenden des Proklos
(Fortsetzung I. Männlein-Robert)

Marinos strukturiert die biographische Darstellung mitsamt der zugehörigen Anekdoten, Narrativen und Aussprüchen des Proklos nach dessen Tugenden, die er in aufsteigender Folge ankündigt und durchführt (*VPr.* § 3,1–7):[80]

1) Bei den ‚natürlichen Tugenden' behandelt er die natürlichen Qualitäten des Körpers des Proklos (etwa dessen Schönheit und Kraft) und die der Seele (Gedächtnis, edle Gesinnung, Wahrheitssinn, Gerechtigkeit, Tapferkeit, Besonnenheit). Diese natürlichen Tugenden werden anhand der Eltern des Proklos, seiner Geburt in Byzanz und seiner frühen Jugend im lykischen Xanthos dargestellt (ebd. § 3,8–5,18; § 6).

2) Die ‚ethischen Tugenden' sind gute Dispositionen, wie sie vor allen Dingen durch intensive Übung und Erziehung erworben werden. Nicht zuletzt hier erscheint der Protagonist Proklos als ‚Götterliebling', etwa wenn ihm bei einer Krankheit in der Kind-

---

[80] Immer noch nützlich ist die alte Studie von SCHISSEL 1928. Ausführlich zu den Tugendgraden in historischer wie systematischer Hinsicht siehe ausführlicher SAFFREY / SEGONDS / LUNA 2002, LXIX–XCVIII; vgl. auch LINGUITI 2013. Die bei Marinos erkennbare untrennbare Verschmelzung des Tugendkonzeptes mit dem der neuplatonischen Philosophie sowie deren Adaption auf die Figur des Proklos unterstreicht (gegen BLUMENTHAL 1984) jetzt BECKER 2015a, 25f. Zur Vor- und Nachgeschichte der Tugendgrade im Neuplatonismus von Plotin bis Damaskios siehe O'MEARA 2006.

heit Telesphoros erscheint und ihn heilt. Diese Tugenden werden von Marinos mit Blick auf die Zeit der Ausbildung in Xanthos und Alexandria sowie die Anfangszeit in Athen verhandelt (ebd. § 7–13).

3) Die ‚politischen' Tugenden umfassen bei Marinos das politische und soziale Engagement des Proklos, also seinen Besuch von Versammlungen, seine politischen Briefe, das Schlich-ten von Streit, aber auch seine Gefährdung durch die Christen und die dadurch provozierte Reise nach Lydien (ebd. § 14–17).

4) Die ‚kathartischen Tugenden' sind Rituale zur Reinigung der Seele vom Körper sowie der Reinigung des Körpers selbst. Sie umfassen daher sowohl eine spezielle (vegetarische) Ernährung und kultisches Fasten wie auch Hymnendichten und die Verehrung aller erdenklicher Gottheiten. Überdies rechnet Marinos hier Proklos' Affektbeherrschung mit ein, also Themen wie Schmerz, Jähzorn oder Sexualität (ebd. § 18–21).

5) Im Kontext der ‚theoretischen' resp. ‚kontemplativen' Tugenden wird Proklos als religiös inspirierter Philosoph und unermüdlicher strenger Exeget (nicht zuletzt der *Orphica* und der *Chaldäischen Orakel*) beschrieben, dem Gerechtigkeit und Besonnenheit in besonderem Maße zukommt (ebd. § 22–25).

6) Dass Proklos sogar die noch höher stehenden ‚theurgischen' Tugenden besitzt, zeigt sich Marinos zufolge daran, dass er höchst erfolgreich theurgische Rituale durchführt: So verkehrt Proklos etwa mit Hekate-Lichterscheinungen, wehrt Erdbeben ab, hat Traumvisionen und erwirkt die Heilung der todkranken Asklepigeneia (§ 26–33).

Zuletzt deutet Marinos noch über der theurgischen Tugend anzusiedelnde, weit über den Menschen stehende Tugenden an, die jedoch hier ausgespart bleiben müssten (ebd. § 3,4–6).

6.3. Das Glück, die Tugenden und die ‚Angleichung' des Proklos an Gott

Der Protagonist Proklos gelangt in allen sechs explizit genannten Tugenden stets mühelos zur Perfektion, von einem eigentlichen Prozess der Vervollkommnung ist kaum die Rede.[81] Stattdessen dominiert eine ruhige, selbstsichere Statik in der biographischen

---

[81] Somit beschreibt Marinos Proklos als einen Philosophen, der, um es im Anklang an die Worte Epikurs zu sagen, bereits ‚wie ein Gott unter den Menschen lebt', vgl. Epic. *ep. Men.* 135 p. 117 ARRIGHETTI²: ζήσῃ δὲ ὡς θεὸς ἐν ἀνθρώποις.

Darstellung, die über die Perfektion in allen aufeinander aufbauenden Tugenden nur scheinbar eine prozessuale Entwicklung abbildet.[82] Im Grunde genommen stellt Marinos seinen Proklos als einen immer schon vollkommenen oder extrem schnell perfekten Philosophen dar, dessen biographische ‚Entwicklung' von Kind an bis ins hohe Alter durch diverse Wechsel von Orten und Räumen[83] lediglich anzitiert wird. Wir sehen den Hellenen Proklos also im Zeichen einer neuen Anthropologie des ‚Heiligen': Seine Persönlichkeit ist als selbstidentisch konzipiert, als ein Ideal, das die Signatur des Unveränderlichen und Unsterblichen, des im Platonischen Sinne Göttlichen, trägt.[84] Das Glück des Proklos sowie seine extreme und mühelose, im Grund *a priori* existente Perfektion in den Tugenden dienen Marinos als Grund und Begründung für seinen gleichsam gött-lichen Status oder seine ‚Heiligkeit',[85] die ihn somit nicht nur als θεῖος ἀνήρ, sondern auch als besonders seriösen und glaub-würdigen Philosophen erkennbar macht. Wie oben jedoch bereits angedeutet (s.o. 6.0), ist die *Relativierung* dieser von Proklos so perfekt kultivierten Tugenden mit Blick auf seine Eudaimonia bemerkenswert: Nachdem vor allem in mittelplatonischen Kreisen und noch bei Plotin und Porphyrios die eigene Perfektionierung der Tugend(-en) eine wesentliche Voraussetzung für eine ‚Angleichung an Gott' (ὁμοίωσις τῷ θεῷ) war und die ‚Eignung' (ἐπιτηδειότης) eines Philosophen für diese bedingte, scheinen die Tugenden für Proklos zwar basal und grundlegend wichtig, aber nicht allein ausschlaggebend zu sein: Was Marinos meint, wird gegen Ende seiner *Vita Procli* deutlich, als er die Eudaimonia des

---

[82] Vgl. dagegen BUBLOZ 2003, 134–138, der hier eine Dynamik sehen will.

[83] Die biographischen Erzählstationen des Marinos sind Geburt in Byzanz, Kinder- und Jugendjahre in Xanthos, erstes Studium in Alexandria, Reise nach Byzanz, Rückreise nach Alexandria, neuer Studien- und Wirkungsort Athen, Exil in Lykien, Rückkehr nach Athen.

[84] Zur Unveränderbarkeit Gottes siehe Platons *Politeia* II 380d5–381e7, dazu MÄNNLEIN-ROBERT 2010; ganz ähnlich stellt auch Porphyrios Plotins Leben gleichsam entwicklungslos resp. selbstidentisch dar, siehe MÄNNLEIN-ROBERT 2002, 596 und 601f.

[85] Zur Problematik des Heiligkeitsbegriffes in nicht-christlichen Texten siehe BREMMER 2017, 54–57. Zu Porphyrios' *Vita Plotini*, zu Iamblichs Vita in den *Vitae sophistarum* des Eunapios oder auch zu Marinos' *Vita Procli* als hagiographische Schriften siehe EDWARDS 2000 und BECKER 2013, 51–77.207–235.

Proklos in einem Epilogos resümiert (*VPr.* § 34,9–28):[86] Demnach basiere das Glück des Proklos zuerst auf der Unterstützung durch Götter, Vorsehung, Schicksal und auf glücklichem Zufall (θεοί, πρόνοια, είμαρμένη, ἀγαθὴ τύχη). Diesen verdanke er seine Heimat und Eltern, seine körperliche Schönheit, Lehrer, Freunde und Fähigkeiten oder Anlagen. Darüber hinaus aber – und das ist der neue und erweiternde Aspekt – basiere sein Glück auch auf seinen eigenen Entscheidungen, seinem eigenen Wollen und Können, also auf persönlichen Kompetenzen.[87] Marinos betont also nachdrücklich die Eigenverantwortlichkeit des Menschen Proklos mit Blick auf seine Eudaimonia: Nicht alles ist restlos von den Göttern gelenkt und von der Vorsehung gefügt. Der Philo-soph Proklos hat, so Marinos, über die ihm reichlich verliehenen göttlichen und menschlichen Güter und über seine günstige Disposition hinaus selbst aktiv zu seinem Glück beigetragen und eben deshalb ein ‚vollkommenes Leben' (βίος τελεῖος, ebd. § 34,28) gelebt. Das somit beschriebene Glück besteht für die platonischen Philosophen der Kaiserzeit und der Spätantike wesentlich in der ‚Angleichung an Gott' (ὁμοίωσις θεῷ), die bereits Platon mehrfach in seinem Œuvre formuliert hatte,[88] die sich aber für die Mittelplatoniker in der Perfektionierung der Tugenden erschöpfte und etwa für Plotin gänzlich auf den intellektuellen Bereich bezogen hatte; eine vollständige Realisierung dieser Art von ‚Angleichung an Gott' wäre demnach freilich erst in der Transzendenz denkbar. Dagegen illustriert nun Marinos, der bereits im ersten Satz seiner *Vita Procli* dem als ‚holy man' inszenierten Plotin des Porphyrios seinen ‚holy man' Proklos entgegenstellte, die Angleichung des Proklos an Gott auf seinem Weg durch das irdische Leben im Körper völlig anders, indem er sie nämlich aufs Engste mit seinem philosophischen Glücksmodell verbindet: Dieses ist zwar maßgeblich von den sechs o.g. Tugendgraden strukturiert, erschöpft sich jedoch nicht in diesen. Denn es zeichnen sich überdies zwei auffällige programmatische Tendenzen ab, welche die *Vita Procli* von anderen paganen Philosophenbiographien abhe-

---

[86] Siehe auch im Kommentar Anm. 304, S. 184.

[87] *VPr.* § 34,20–24: ἔτι γε μὴν τὰ ἐκ τῆς οἰκείας αὐτοῦ προαιρέσεως καὶ οὐκ ἔξωθέν ποθεν ἐπιγενόμενα πλεονεκτήματα ἀπαριθμησάμενοι (τοιαῦτα γὰρ ἦν τὰ κατὰ τὴν σύμπασαν αὐτοῦ ἀρετὴν τῆς ψυχῆς κατορθώματα).

[88] Etwa Plat. *Tht.* 176a8–b1; *rep.* X 613a7–b1; *Tim.* 90d1–7; *leg.* IV 716a–d. Siehe MÄNNLEIN-ROBERT 2013a.

ben. In diesem Text kommen nämlich zu den traditionellen ‚holy men'-Topoi einige markante Besonderheiten hinzu: Proklos' extreme Religiosität und seine soziale wie politische Involvierung.

7. Proklos und die Religion

Marinos schildert in vielen Szenen und Episoden, in wie engem Bezug Proklos zu den Göttern, zu einer Vielzahl verschiedener Götter und göttlicher Mächte, steht: Sie lenken, fügen und disponieren den Menschen Proklos sowie seine äußeren Bedingungen in überaus günstiger Weise.[89] Eine herausragende Rolle spielt dabei die Göttin Athena, die ihm im Traum erscheint und deren Anweisungen Proklos natürlich befolgt.

7.1. Proklos und Athena

Athena spielt für Proklos – in der Darstellung des Marinos – die Rolle einer persönlichen und besonders wichtigen Schutz- und Bezugsgöttin. Exemplarisch sei hier die berühmte, als Schlüsselepisode zu lesende Ankunft des jungen Proklos ca. 430 n. Chr. in Athen skizziert,[90] wohin dieser auf ein älteres Traumgeheiß der Göttin (vgl. ebd. § 6,10f. und 9,8–11)[91] von Alexandria aus umzieht (ebd. § 10):[92] Die narrative Modellierung sowie die ostentative Akzentuierung göttlicher Zeichen und Symbole hier wie in der gesamten *Vita Procli* sind sicherlich dem Hagiographen Marinos zuzuschreiben.[93]

Direkt nach Proklos Ankunft im Piräus, einem der Häfen Athens, steigt Proklos von dort zur Akropolis auf. Der Weg ist beschwerlich, Proklos hat Durst. Der zunächst unbewusste, aber vom Götterwillen inszenierte Halt des Proklos im Sokrateion und

---

[89] Siehe z.B. *VPr.* § 19,7–30. Proklos versteht sich qua Philosoph als τοῦ ὅλου κόσμου ἱεροφάντην (ebd. § 19,30); zu Asklepios siehe ebd. § 29,11–24; § 30,12–21; siehe auch FESTUGIÈRE 1966.

[90] MÄNNLEIN-ROBERT 2013; DIES., „Von Höhlen und Helden. Zur Semantik von Katabasis und Raum in Platons Politeia", *Gymnasium* 119 (2012), 1–21.

[91] Zur Rolle der Träume als göttliche Motivation und Legitimation, den Ort und/oder Lehrer zu wechseln, siehe WILDBERG 2017, 9.

[92] Details siehe in den Anm. 92-106, S. 131-134.

[93] Vgl. anders WILDBERG 2017, der dies auf exzessives ‚self-fashioning' des Proklos im Schülerkreis zurückführt.

sein Trunk von der heiligen Sokrates-Quelle sowie seine plötzliche Erkenntnis um den Ort verweisen darauf, dass Sokrates resp. die sokratische Philosophie nach wie vor als wichtige Station für einen (platonischen) Philosophen, diese Szene als religiös inszenierter Akt der Einweihung in die platonische Philosophie,[94] als athenische Initiation des Proklos gelten muss.[95] Als Proklos schließlich oben auf der Akropolis angekommen ist, lässt ihn der Türhüter gerade noch ein, er kommt also im letzten Moment. Die berühmten Worte des Torhüters, die Marinos demonstrativ wörtlich zitiert (*VPr.* § 10,41f.: *Wahrhaftig, wenn du nicht gekommen wärest, hätte ich geschlossen!*), werden im Gesamt der symbolisch-allegorisch zu deutenden Episode zum Programm, sie erweisen Proklos als einen, der im letzten Moment, als letzter den alten – noch paganen – Sakralort der Akropolis sucht und würdigt, sie verweisen auf ihn als letzten großen paganen Platoniker in Athen. Die geschilderte topographische Szenenfolge in dieser Episode ist anagogisch: Nicht nur, weil der reale, physische Weg von der Peripherie zum Zentrum, vom Piräus hinauf zur Akropolis, kontinuierlich an- und aufsteigt, sondern auch, weil in diesem Weg der aufs Engste mit Athen konnotierte, nach ethischen wie ontologischen Vorgaben sich vollziehende, philosophische, stufenweise Aufstieg des Platonikers Proklos von der physischen Welt hin zur Sphäre des Intellekts, der Göttin Athena, eingeschrieben und symbolisch illustriert wird.[96] Ein Weg hinauf auf die Akropolis gehörte zwar seit jeher und zumindest bis ins späte 4. Jahrhundert

---

[94] Ob hier mit dem Trunk eine Art ‚invertierte' Initiation als Gegenbild zur christlichen Taufe angedeutet ist, sei dahingestellt. In jedem Fall scheint sich ein erster, auf attischem Boden vollzogener, grundlegender und wichtiger Kontakt mit Sokrates zu vollziehen, da Proklos, wie Marinos ja berichtet hatte, in Alexandria zuerst Rhetorik und dann v.a. aristotelische Philosophie studiert hatte – allem Anschein nach aber nicht mit platonischer Philosophie oder gar sokratischen Gedanken und Methoden in Berührung gekommen war.

[95] Zur Diskussion um die Deutung des Sokrateion siehe den Kommentar zur Stelle in Anm. 99, S. 132f.

[96] Proklos zufolge ist ἀναγωγή (Empor-)Führung zu den Göttern, zudem interpretiert er selbst den Weg des Sokrates im Eingang der *Politeia* vom Piräus in die Stadt als philosophischen Aufstieg, siehe Procl. *In Remp.* I p. 17,3–25; EDWARDS 2000, 71 mit Anm. 94; so nach E. R. Dodds auch C. HELMIG, „Hilfe der Götter für das gute Leben – Die Rolle der Religiosität in der Ethik des antiken Platonismus", in: PIETSCH 2013, 237–258, hier: 254.

zum touristischen Besuchsprogramm,[97] doch ist diese in der *Vita Procli* nicht nur museale Attraktion, sondern vor allem als Symbolort für den von Proklos angestrebten ‚Gipfel' (vgl. ebd. § 10,37f.: εἰς τὴν ἄκραν) der Philosophie und der Religion: Denn die Akropolis mit ihrem Parthenon, dem altem Kultort für die Göttin Athena, die bei den neuplatonischen Philosophen und nicht zuletzt im Œuvre des Proklos eine herausragende Rolle spielt, dient als Sinnbild dafür, wie bei Proklos philosophische und religiöse Fokussierung konvergieren. Wir sehen hier seinen freilich noch irdisch-räumlichen, aber doch ersten gelungenen Vollzug einer Annäherung an das Göttliche (vgl. ὁμοίωσις θεῷ), eine erste symbolische Rückkehr (ἄνοδος resp. ἐπιστροφή) der Seele des Proklos zu ihrem göttlichen Ursprung, zu Athena als Göttin des Intellekts. Wie überall in der *Vita Procli* ist auch hier die glückliche Konvergenz persönlicher Leistung des Proklos mit göttlicher Fügung und Lenkung zu sehen. Die besondere und enge Beziehung gerade zur Göttin Athena bringt Marinos sogar in astronomischen Codes im Geburtshoroskop des Proklos (ebd. § 35) zum Ausdruck.[98]

7.2. Religiöse Praktiken

Im Gegensatz zur *Vita Plotini* des Porphyrios, und in noch höherem Maße als bei den von Eunapios beschriebenen Platonikern, etwa Iamblichos, spielen in der *Vita Procli* die täg-liche religiöse Praxis und überhaupt der enge Bezug des Protagonisten zu den Göttern eine entscheidende Rolle. Während Plotin, wie Porphyrios berichtet, weder Opfer noch Tempelbesuch für nötig hielt (*Vita Plot.* c. 10,33–36), vielmehr eine rein verinnerlichte, spirituelle und intellektuelle philosophische Religiosität lebte, beschreibt Marinos seinen Proklos ganz anders: Zum einen involvieren sich göttliche Kräfte überaus häufig in sein Leben und Tun – er hat einen guten Daimon, eine Art Daimonion wie Sokrates, dem er gehorcht,[99] zum anderen erscheint Proklos als Mensch, der selbst

---

[97] Nicht zuletzt der Blick von der Akropolis auf Athen war seit jeher bei Athen-Touristen beliebt, vgl. dazu Lukian, *Pisc.* 15f., siehe auch Anm. 107, S. 134.

[98] Dazu siehe ausführlicher HÜBNER 2017; zu Athena als Sonne ebd. 17; siehe auch den Kommentar zum Horoskop im Kommentar die Anm. 309–313, S. 185f.

[99] Zum eher *en passant* erwähnten persönlichen Daimon(-ion) des Proklos siehe *VPr.* § 38,10f. mit Anm. 338, S. 194, vgl. auch Anm. 150, S. 147.

außerordentlich intensiv religiöse Rituale versieht, dessen Tag maßgeblich von Akten der religiösen Praxis strukturiert ist, der fast immer in irgendeiner Form mit den Göttern kommuniziert. Proklos unterzieht sich also einem regelrechten Fest- und Ritualkalender, ehrt alle erdenklichen olympischen, populären, tellurischen wie siderischen Götter, hält die richtigen Zeiten für alle Kultausübungen ein und sucht die jeweils nötigen sakrale Räume auf. Dabei zeichnet sich eine gewisse Analogie zum christlich-kirchlichen Festkalender ab, der seit dem 4. Jh. entsteht.[100] Die Vermutung liegt nahe, dass Marinos mit Proklos' skrupulös gelebter Religiosität und täglicher Erfüllung seiner umfassenden religiösen Pflichten ein den Christen, genauer: den christlichen Mönchen und Bischöfen, konträres paganes resp. hellenisches Modell entgegenstellen und dies entsprechend propagieren möchte.[101]

Intensiv schildert der Biograph, sicher nicht ohne eigenes Interesse,[102] die Fokussierung des Platonikers Proklos nicht nur auf religiöse, sondern sogar auf religionspraktische – theurgische – Belange. Das Praktizieren theurgischer Rituale war seit dem großen Interesse der Platoniker an den *Chaldäischen Orakeln*, vermutlich initiiert von Porphyrios' Kommentar zu diesen, vor allem aber seit Iamblichs intensiver Beschäftigung mit Theurgie (etwa in *De mysteriis*) gerade in den Athener Neuplatoniker-kreisen etabliert: Theurgie wurde begriffen als eine spezifische, durch bestimmte Rituale und Instrumente hergestellte Kommunikation mit den Göttern, die – wie in der *Vita Procli* – ein weites Spektrum von Gebet (z.B. bei der Heilung der Asklepigeneia § 29), Opfern (ebd.), Orakeln (aktiv und passiv, ebd. 28), magischen Ritualen, z.T. mit theurgischen Instrumenten und Accessoires (z.B. Regenzauber, Erdbebenabwehr, ebd.) sowie Kommunikation mit Lichterscheinungen der Hekate (ebd.) umfassen kann.[103] Entsprechend der Proklischen Ontologie repräsentiert jede Gottheit oder göttliche Wirkmacht der alten paganen Religion eine bestimmte Seinsstufe

---

[100] So FOWDEN 2005, 157; auch R. TAFT, *The Liturgy of the Hours in East and West. The Origins of the Divine Office and its Meaning for Today* (Collegeville, Minn. 1986).

[101] Siehe ausführlicher in diesem Sinne URBANO 2013, 273–314.

[102] So P. ATHANASSIADI, „Christians and Others: the Conversion Ethos of Late Antiquity", in: DIES. (ed.), *Mutations of Hellenism in Late Antiquity* (Farnham 2015) 23–47; siehe auch TANASEANU-DÖBLER 2012, 358.

[103] Details siehe in den Anm. 241–257, S. 168–173.

im ganzen Kosmos. Der Theurg Proklos[104] demonstriert im ständigen Umgang mit den verschiedenen Gottheiten somit nicht nur einen platonischen religiösen Universalismus, sondern zugleich die lebensweltlich-praktische Umsetzung seiner theologisch ausgerichteten Metaphysik.[105] Dabei gleicht er sich durch die intensive Versenkung ins Gebet, in den religiösen Ritus, in die philosophische Hymnendichtung und Interpretation ‚heiliger Texte', was ebenfalls als religiöser, sogar theurgischer, da gottesdienstlicher Akt gelten darf,[106] dem verehrten Göttlichen an, auf das er ständig ausgerichtet ist. Proklos deckt also, der Beschreibung des Marinos zufolge, das ganze Spektrum der bekannten theurgischen Aktivitäten in vollendeter Bravour und Perfektion ab und erweist sich somit einmal mehr als (hellenischer) ‚holy man' seiner Zeit.[107] Proklos zeigt, so Marinos, eine kontinuierliche Ausrichtung hin auf Götter und Göttliches, und zwar auf Götter der alten hellenischen Religion, auch der Volksreligion (Asklepios), wie auf ägyptische und orientalische Gottheiten (z.B. Isis; Kybele). Es ist wohl kaum zufällig, dass Proklos als besonders intensiver Verehrer nun eben dieser Gottheiten wie Asklepios (dazu s.u. 8.2.) und Kybele (ebd. § 33,5) beschrieben wird,[108] deren Kult traditionell ekstatisch ausgeübt wird, die den zeitgenössischen Christen ein Dorn im Auge waren. Aber auch Sonne und Mond, die allesamt in ihrer Vielheit auf das transzendente göttliche Eine verweisen, spielen

---

[104] *VPr.* § 26,20–23; siehe v.a. ebd. § 28.

[105] Dazu siehe BRISSON 2017; VAN DEN BERG 2017, 223–239, v.a. 233–236, siehe auch den Beitrag von C. HELMIG in diesem Band.

[106] Zur Diskussion, ob für den historischen Proklos selbst theurgische Rituale in gleicher Weise relevant waren wie intellektuelle, z.B. exegetische, Tätigkeiten resp. ob diese für ihn überhaupt zu differenzieren gewesen wären, siehe zuletzt TANASEANU-DÖBLER 2013, 255.

[107] Fraglich ist allerdings – wie LEPPIN 2002, 256f. behauptet –, dass es Proklos dabei um „Kommunikationsmöglichkeiten mit der Masse" (ebd.) ginge. Denn die Präsentation und Formulierung dieser Aktivitäten des Proklos, wie Marinos sie hier schildert, demonstrieren vielmehr die große Vorsicht, sogar Geheimhaltung bei der Ausübung der theurgischen Rituale, die personenbezogene Auswahl und Tradierung solchen Wissens im engsten Familienkreis, insgesamt also ein extrem öffentlichkeitsscheues Agieren (siehe z.B. *VPr.* § 29). Es geht nicht um segensreiches Wirken für die Masse, sondern um den elitären Ausweis, dass Proklos alle übermenschlichen Fähigkeiten und Talente im Übermaß (da wirkungsvoll) besitzt, die ein hellenischer Heiliger eben haben muss.

[108] Siehe auch Anm. 294, S. 183.

für Proklos eine wichtige Rolle.[109] Proklos pflegt aber nicht nur eine Vielzahl verschiedenster Kulte und praktiziert nicht nur ein weites Spektrum theurgischer Rituale, sondern er pflegt offenbar auch den alten, traditionellen Ritualbrauch des durch kaiserliche Edikte längst verbotenen[110] Tieropfers. Auch wenn sich Proklos in der Regel im Zuge seiner (zu) strengen, nach Modell des Pythagoras[111] gelebten Askese (vgl. *VPr.* § 12,18–26; 19,4f.) vegetarisch ernährt, isst er bei den auf die Opfer folgenden Mahlzeiten mit, vermutlich, weil er das Essen von den Göttern geweihtem Fleisch als sakralen und damit verpflichtenden Akt ansieht. Zudem gibt er offenbar selbst Einladungen für Gäste, in deren Rahmen Tieropfer dargebracht werden (*VPr.* § 5,14f.).[112] Zu Proklos' religionsbezogenen Aktivitäten gehört allerdings nicht nur seine intensive Beschäftigung mit den Schriften Platons und Aristoteles', sondern ganz besonders – so zumindest Marinos – auch die mit den orphischen Schriften und v.a. den *Chaldäischen Orakeln* und deren Exegese-Tradition (ebd. § 26),[113] die christliche Eliten im zeitgenössischen Athen gestört haben dürften; denn Orakel wurden in christlichen Kreisen abgelehnt.[114]

Insgesamt wird aus der *Vita Procli* deutlich, dass Marinos eine von Proklos offenbar selbst formulierte Maxime literarisch illustriert und sie gleichsam in biographisch-hagiographische Narrative überführt, nämlich dass *„der Philosoph nicht Gottesdiener irgendeiner einzigen Stadt und auch nicht der nur bei einigen beheimateten Riten sein dürfe, sondern allgemein Hierophant des gesamten Kosmos*

---

[109] Z.B. *VPr.* § 22,34–37 (Sonne) und ebd. § 11,10–26; § 19,10–15 (Mond); siehe allgemein C. PREAUX, *La lune dans la pensée grecque* (Brüssel 1973).

[110] Vor allem das Gesetz des Theodosios I., des Arkadios und Honorius vom 8.1.392 (*CTh.* 16,10,12) verbietet jegliche Opfer und entsprechende Kulthandlungen; siehe dazu Anm. 7, S. 116, Anm. 59, S. 125, Anm. 175, S. 152, Anm. 321, S. 189 und den Beitrag von S. SCHORN in diesem Band, v.a. S. 336-338.

[111] So BUBLOZ 2003, 138–141.

[112] Zum Opfer resp. Tieropfer als entscheidendem Diskrepanzmerkmal zwischen Christen und Heiden siehe bereits z.B. Lib. *ep.* 1411,1; vgl. *or.* 18,12; *or.* 2,30; 16,50 u.ö., dazu NESSELRATH 2010, 47.

[113] Ausführlicher dazu siehe Anm. 223, S. 163f.

[114] Dazu siehe C. MARKSCHIES, *Das antike Christentum. Frömmigkeit, Lebensformen, Institutionen* (München 2012) 108; F. GRAF: „Apollinische Divination und theologische Spekulation. Zu den Orakeln der Tübinger Theosophie", in: SENG / TARDIEU 2010, 63–77; I. MÄNNLEIN-ROBERT, „Einleitung", in: CARRARA / MÄNNLEIN-ROBERT 2018, 15f.

sein müsse" (ebd. § 19,28–30).[115] Proklos erscheint somit als – erfolgreicher – Priester, der als Vermittler und Medium zwischen der Sphäre des Göttlichen und der der Menschen agiert und kommuniziert.

7.3. Der ‚göttliche' Proklos: Makarismos

Für die Platoniker vor Proklos war die ὁμοίωσις θεῷ ein prozessualer Aufstieg zu einem transzendenten Ziel, dem Göttlichen, das zu Lebzeiten für Menschen nicht wirklich erreichbar war. Bereits der Platonische Sokrates formuliert entsprechend und fügt (zur ὁμοίωσις θεῷ) κατὰ τὸ δυνατόν – soweit eben möglich – hinzu (Plat. *Tht.* 176b1f.).[116] Allein Plotin gelang Porphyrios zufolge die ὁμοίωσις als Henosis mit dem Göttlichen zu Lebzeiten nach enormen Anstrengungen, allerdings nur punktuell und einzelne Male (Porph. *Vita Plot.* c. 23,7–18). Im Gegensatz dazu vollzieht Proklos, so sein Biograph nachdrücklich, die ‚Angleichung an Gott' bereits zu Lebzeiten im Körper und zwar im denkbar höchsten Maße und das gleichsam dauerhaft, nicht nur für einen Moment. Damit entwirft Marinos ein eigenwilliges, singuläres Konzept der platonischen ὁμοίωσις θεῷ, die demnach, wie das ‚Modell Proklos' zeigt, schon im Diesseits, zudem in Vollendung, gelingen kann.[117] Die intensive und extensive religiöse (und theurgische) Praxis des Proklos muss dabei als Phänomen von dessen engem und direktem Kontakt zum Göttlichen bereits im Leben verstanden werden. Seine Inszenierung in der hagiographischen Darstellung des Marinos – nicht etwa seine Bezeichnung[118] – als θεῖος ἀνήρ zu Lebzeiten sowie als μακάριος, also jetzt

---

[115] Siehe Anm. 184, S. 155.

[116] So auch Ch. WILDBERG, „ΠΡΟΣ ΤΟ ΤΕΛΟΣ: Neuplatonische Ethik zwischen Religion und Metaphysik", in: T. KOBUSCH / M. ERLER (Hrsgg.), *Metaphysik und Religion. Zur Signatur des spätantiken Denkens* (München / Leipzig 2002) 261–278, hier: 269.

[117] Immer wieder, vor allem in den späteren Kapiteln der *Vita Procli*, betont Marinos die (gelungene) Angleichung des Proklos an das Göttliche: z.B. § 7,1f. (τὸ θεοφιλὲς συγγενές); § 18,8f. (ἵνα καὶ τὴν ὁμοίωσιν ἔχῃ πρὸς τὸν θεόν, ὅπερ τέλος ἐστὶ τὸ ἄριστον τῆς ψυχῆς); § 21,1–4 und v.a. § 25,8–13 (Proklos lebt bereits das Leben der Götter).

[118] Marinos bezeichnet niemals Proklos als Person als ‚göttlich' (θεῖος), sondern nur seine für einen Platoniker zentralen ‚Bereiche' Haupt, Intellekt und Seele: ἡ θεία κεφαλή (*VPr.* § 12,24), ἐν τῷ θείῳ νῷ (sc. des Proklos, ebd. § 22,12); τὴν θείαν αὐτοῦ ψυχήν (ebd. § 38,10).

Verstorbener – so aus der Perspektive des Marinos, als er diese Rede formuliert (*VPr.* § 2,3f.; 3,10; 17,21 u.ö.) –,[119] ist hier in einer selbst für spätantike Viten ungewöhnlichen Weise gesteigert und intensiviert. Ganz anders hatte Porphyrios seinen Plotin als einen platonischen Philosophen gezeichnet, der eine rein *spirituelle* Religiosität gepflegt habe (vgl. Porph. *Vita Plot.* c. 10,35f.) und letztlich auf den Tod und die Befreiung der Seele vom Körper konzentriert gewesen sei.[120] Während Plotin so als eher weltabgewandter Typus eines platonischen Philosophen inszeniert wird, versucht Marinos, seinen Lehrer und Vorgänger Proklos als Modellfigur eines neuen, geradezu universalen Platonismus darzustellen, in dem die alte Spannung zwischen dem spirituellen, als Weltflucht interpretierbaren Anspruch der ὁμοίωσις θεῷ und deren innerweltlicher Umsetzung erstmals überzeugend aufgehoben ist und in der innerweltlichen εὐδαιμονία des Proklos kulminiert (*VPr.* § 18).[121] Dass damit einmal mehr das Konkurrenz-Modell von Porphyrios' *Vita Plotini* übertroffen wird, machen die wörtlichen Zitate aus Plotins *Enneade* I 2 deutlich,[122] mit denen Marinos beglaubigt, dass Proklos nicht mehr das Leben eines Menschen, sondern eines wie Götter geführt habe (ebd. § 25,8–13)[123] – auch wenn, wie aus dem Text deutlich wird, der ‚selige' und ‚glückliche' Proklos zu Lebzeiten mit doch sehr realen Schwierigkeiten zu kämpfen hatte (s.u.).[124]

---

[119] ‚Selig' resp. μακάριος ist sonst das Charakteristikum einer Gottheit, z.B. Aristot. *EN* X 8,1178b21f., siehe im Kommentar Anm. 15, S. 118. Siehe μακάριος in der Verwendung für Verstorbene z.B. bei Hes. *Erga* 141 (μάκαρες); Plat. *leg.* XII 947e1; vgl. die Inseln der Seligen (μακάρων νῆσοι) bei Hes. *Erga* 171 (vgl. Hom. *Od.* IV 559–569) als Jenseitsort für verstorbene Helden.

[120] Porph. *Vita Plot.* c. 1f.

[121] Von der ‚Flucht' ist in der *VPr.* nur einmal (§ 18,19) die Rede, der Fluchtgedanke ist dabei keineswegs so radikal wie bei Plotin. Vgl. auch die Polemik des Proklos gegen Plotins Lehre, nach der ein Teil der Seele immer oben im intelligiblen Bereich verbleibe: Procl. *In Parm.* 948,12–30; *El. theol.* 211; vgl. Plot. III 4 [15] 3,22–27; dazu M. ERLER, „Proklos. Metaphysik als Übung der Einswerdung", in: M. ERLER / A. GRAESER (Hrsgg.), *Philosophen des Altertums. Eine Einführung*, Bd. 2 (Darmstadt 2000) 190–207, hier: 203. Zur innerweltlichen Angleichung an Gott bei Proklos siehe MÄNNLEIN-ROBERT 2013.

[122] Vgl. z.B. Plot. I 2 [19] 7,24–28.

[123] Vgl. Aristot. *EN* X 8,1178b26f.

[124] *VPr.* § 29,28–31 und ebd. § 15,14–35, siehe SAFFREY / SEGONDS / LUNA 2002, 116f.

8. Proklos und die Welt

Marinos nimmt auch eine deutliche Akzentuierung der sozialen und politischen Kompetenzen des Proklos vor, die auf den ersten Blick irritieren. Er wird nämlich nicht müde zu zeigen, dass Proklos bestens eingebunden ist in die weiten sozialen Netze seines Schüler- und Freundeskreises, sich auch um deren Angehörige kümmert, dass er persönlich intensiven Kontakt zu politischen Kreisen in der Stadt hat, auch selbst politisch aktiv wird und andere zu politischem Engagement ermuntert (*VPr.* §§ 14–16).[125] Allerdings scheint Proklos nicht offensiv, sondern vielmehr ‚hinter der Bühne' entsprechend agiert zu haben, aber mit doch recht lange anhaltendem, gutem Effekt.[126] Zum einen soll Proklos so das *gegenteilige* Modell zu Plotin verkörpern, denn Porphyrios hatte Plotin nur als im allerengsten Lebens- und Schülerkreis engagiert beschrieben. Die *Vita Procli* war ja von Anfang an auf *imitatio* sowie Abgrenzung und Alterität in der Darstellung des Protagonisten angelegt. Dazu kommt aber, dass Marinos seinen Proklos dezidiert als Hellenen, als hochgebildeten, sozial engagierten Platoniker präsentieren möchte.[127] Vor dem zeitgenössischen, zunehmend dominierenden christlichen Kontext der Lebenswelt des Proklos in Athen bietet Marinos mit seiner *Vita Procli* das Modell eines extrem religiös engagierten paganen Philosophen – ein denkwürdiges Paradigma, das wohl Mut machen und zur Nachahmung inspirieren soll.

8.1. Proklos und die Christianisierung Athens

Gerade in den Athener Jahren des Proklos (ca. 430–485 n. Chr.) verändert sich seine Welt: Als er knapp zwanzigjährig dort an-

---

[125] Zu dieser Tendenz bereits in den Viten neuplatonischer Philosophen bei Eunapios siehe BECKER 2011 und den Beitrag von O'MEARA in diesem Band.

[126] So richtig FOWDEN 2005, 152, siehe auch Anm. 139, S. 143.

[127] Christliche Leitfiguren, Persönlichkeiten aus der monastischen Welt, etwa Bischöfe und Mönche, werden v.a. seit der ersten wirklich spirituellen christlichen Hagiographie, der *Vita Antonii* des Athanasios von Alexandrien (365 n. Chr.), als Idealbilder christlicher Lebensführung in Heiligen-Viten verewigt. Proklos wird somit als paganer Heiliger und als Konkurrenzmodell zu christlichen Heiligen stilisiert, ausführlicher dazu ist URBANO 2013, 273–286, siehe auch N. SINIOSSOGLOU, *Plato and Theodoret. The Christian Appropriation of Platonic Philosophy and the Hellenic Intellectual Resistance* (Cambridge 2008).

kommt (ca. 430 n. Chr.) haben die Christen die dortige Lebenswelt wohl noch nicht dramatisch, aber doch spürbar geprägt. Nach der kurzen Renaissance der paganen Religion durch Kaiser Julian in den frühen 360er Jahren regierten ausschließlich christliche Kaiser im Osten. Seit den letzten Jahren des 4. Jahrhunderts waren jegliche Opfer durch kaiserliche Edikte verboten.[128] Zur Zeit des Proklos erlässt Kaiser Theodosius II. (408–450) etliche restriktive Gesetze, welche die Ausübung paganer Kulte und die Verehrung alter Götter weiter einschränken sollten, offenbar aber nicht den gewünschten Erfolg brachten, denn die alten Rituale wurden heimlich weiter gepflegt.[129] Wir wissen aus archäologischen Befunden wie aus epigraphischen Quellen, dass gerade in Athen die Christianisierung, also die ‚gesamtgesellschaftliche Transformation'[130] der Lebenswelt, der Kultpraktiken und der städtischen Bauten, relativ spät erfolgte[131] und sich erst durch Initiativen der aus Athen stammenden Kaiserin Eudokia und ihrer Familie (ca. 421–ca. 441) von der Mitte des 5. Jahrhunderts an intensivierte und beschleunigte.[132] Die Athener Zeit des Proklos (ca. 430 – 485) um-

---

[128] Das 451 erlassene Gesetz von Valentinianus III. und Markianos (CIust. 1,11,7 vom 14.11.451) verschärft das weiter (auch hinsichtlich jeglicher Ausübung von Kulthandlungen in Tempeln). Siehe Gesetz des Theodosios I., des Arkadios und Honorius vom 8.11.392 (CTh. 16,10,12).

[129] Ein Gesetz von 435 ordnet sogar die Zerstörung noch stehender paganer Tempel an, die mit Kreuzzeichen versehen, also christianisiert werden sollen (CTh. 16,10,16). In diesem Kontext gewinnt eine spätere Episode an Kontur: Denn auf eine Weisung der Göttin Athena, erneut im Traum, soll Proklos das Bild der Göttin, ursprünglich im Parthenon auf der Akropolis, in sein Haus aufnehmen. Marinos macht hier unmissverständlich deutlich, dass Christen das Bild der Pallas Athena im Parthenon beseitigen wollten (VPr. § 30,1–11). Das Haus des Proklos wird damit – potenziell (ob faktisch, sei dahin gestellt) – zum neuen Temenos für Pallas Athena, Proklos selbst erscheint als deren Hüter und Priester, siehe Details dazu in den Anm. 272 und 273, S. 177-179.

[130] Siehe H. LEPPIN, „Christianisierungen im Römischen Reich: Überlegungen zum Begriff und zur Phasenbildung", Zeitschrift für antikes Christentum 16 (2012) 247–278.

[131] Siehe LEE 2000, hier: 132f.; ausführlich ist E. MEYER-ZWIFFELHOFFER, „Mala desidia iudicum? Zur Rolle der Provinzstatthalter bei der Unterdrückung paganer Kulte (von Constantin bis Theodosius II.)", in: J. HAHN (Hrsg.), Spätantiker Staat und religiöser Konflikt. Imperiale und lokale Verwaltung und die Gewalt gegen Heiligtümer (Berlin / New York 2011) 93–131.

[132] Vgl. die Bemerkung des Zos. hist. V 6, der die für die Hellenen im 5. Jh. in Athen durchaus noch erträgliche Lage kritisiert, die anders als im Übrigen Hellas sei. Damaskios (Vita Isid. = Philos. hist. fr. 145) spricht von der schlimms-

Einführung

fasst nun genau die Jahre und Jahrzehnte dieser Transformierung der sozialen Lebenswelt. Wie wir der *Vita Procli* entnehmen können, wirkt sich diese in Athen für Proklos vor der Jahrhundertmitte offenbar noch nicht massiv störend aus, was indirekt dadurch bestätigt wird, dass es bis dahin nur wenige sichere archäologische Belege für christliches Leben in Athen gibt.[133] Vermutlich war die Christianisierung in Athen zunächst vor allem atmosphärisch zu spüren: Das erste Signal in diese Richtung, mit dem Marinos eine Sensibilisierung der Rezipienten für diese Problematik intendiert, die er im gesamten Text durch kodierte Anspielungen auf Christen pflegt,[134] ist die symbolisch weitreichende Bemerkung des Torhüters auf der Akropolis, als der junge Proklos dort ankommt: Auch wenn der Parthenon damals noch keine christliche Kirche war, scheint er damals (um ca. 430) nicht mehr besonders stark frequentiert gewesen zu sein.[135] Allerdings kann Proklos damals, selbst wenn er in der Außenwahrnehmung nur als Tourist kenntlich wurde, den alten, in Athen verehrten Gottheiten (hier Athena) seine Reverenz offensichtlich noch ungestraft und offen erweisen – was später nicht mehr der Fall sein wird. Ein weiteres Indiz für die neue Atmosphäre in der Stadt ist auch die

---

ten Verachtung der Philosophie in Athen zur Zeit des Hegias, der dort in den 490er Jahren Scholarch war, sodass wir spätestens zu dieser Zeit mit einer gefährlichen Verschärfung der Lage für die athenischen Platoniker rechnen müssen. Bereits für 488/89 n. Chr. gibt es die Nachricht bei Damaskios, dass die beiden Platoniker Horapollon und Heraiskos von Christen gefoltert und exiliert wurden, Damasc. *Vita Isid.* = *Philos. hist.* fr. 45B und fr. 117B–C. Siehe dazu auch MÄNNLEIN-ROBERT vorauss. 2019.

[133] Nachweisbar sind nur einzelne christliche Gräber oder die in die Hadriansbibliothek eingebaute Tetrakonchenkirche, ausführlicher dazu sind CASTRÉN 1999, v.a. 218–222; A. KARIVIERI, „The So-called Library of Hadrian and the Tetraconch Church in Athens, in: CASTRÉN 1994, 89–113; FRANTZ 1988, 72–74. Es sind nur drei sicher datierbare Bischöfe aus Athen für die Athener Jahre des Proklos bekannt (aufgrund ihrer Teilnahme an Konzilien): Modestos (Konzil von Ephesos 431); Athanasios I (Konzil von Korinth 458); Anatolios (Konzil von Konstantinopel 459), dazu siehe FRANTZ 1988, 69; DI BRANCO 2006, 181–197. 115–179; WATTS 2006a, 79–142.

[134] Siehe zu den kodierten, begrifflich nie expliziten Anspielungen auf die Christen zuerst CAMERON 1969; SAFFREY 1975, 556; HOFFMANN 2012; mit Blick auf diese Umschreibungspraxis bereits bei Libanios siehe NESSELRATH 2012, v.a. 67–69. Siehe ausführlicher im Kommentar die Anm. 143, S. 144f, Anm. 207, S. 159f, Anm. 214, S. 162 und Anm. 258, S. 173f.

[135] Siehe im Kommentar Anm. 273, S. 178f.

Szene, als sich Syrianos und Lachares nicht sicher sind, ob Proklos, neu im Schülerkreis, das Mondgebet mitvollziehen will (*VPrc.* § 11).[136] Marinos deutet an vielen Stellen an, dass es – wir rekonstruieren: seit etwa 450 n. Chr. – dann aber *erhebliche* Spannungen zwischen dem Scholarchen Proklos und der christlichen städtischen Elite gegeben haben muss: Denn aufgrund von Intrigen gegen ihn in Athen (ebd. § 29,30) muss Proklos aufgrund offenbar erheblicher Bedrohungen die Stadt verlassen –[137] er kehrt ein Jahr später (450) aus Lydien zurück (ebd. §§ 15 und 23). Wir wissen nicht wann, aber wir wissen, dass Proklos eine explizit gegen Christen gerichtete, polemische Schrift verfasst hat (ἐπιχειρήματα κατὰ τῶν Χριστιανῶν),[138] die wohl eben so wenig wie seine Behauptung, er sei eine Reinkarnation des Philosophen Nikomachos (ebd. § 28),[139] bei den christlichen Zeitgenossen in Athen auf Verständnis gestoßen sein dürfte, da er sich mit einer solchen Seelenwanderungsvorstellung nicht nur selbst in die platonische Tradition resp. Hermes-Kette einreiht (ebd. § 28,34–36), sondern sich implizit, aber deutlich gegen die christliche Todes- und Jenseitserwartung der Auferstehungslehre positioniert. Proklos selbst scheint also nicht ganz unschuldig an der punktuell

---

[136] Syrianos und Lachares nehmen den jungen, in der Schule noch neuen Proklos mit zum Spaziergang. Als sie ihn wegschicken, um selbst unbeobachtet die Gebete anlässlich des Neumondes zu sprechen resp. den Noumenia-Kult auszuüben, betet dieser ostentativ vor aller Augen, um sich als paganer Philosoph zu erweisen und ihr Vertrauen zu erwerben: Diese Szene resp. die Vorsicht des Syrianos und Lachares ist Hinweis darauf, dass man damals grundsätzlich auch mit Christen unter den Schülern der platonischen Schule zu rechnen hatte: Das war im Unterricht unproblematisch, bei der Ausübung von Kultpraktiken aber gefährlich. Zu den Noumenia siehe ausführlicher im Kommentar Anm. 112, S. 135.

[137] Vgl. anders WILDBERG 2017, 13: „We have no solid evidence that Proclus clashed with local Christians".

[138] Suda s.v. Πρόκλος p. 210,13f. ADLER IV. Diese Schrift ist z.T. in der Widerlegung des Iohannes Philoponos (Κατὰ τῶν Πρόκλου περὶ αἰδιότητος κόσμου ἐπιχειρημάτων) erhalten geblieben. Zur Tradition christenfeindlicher Schriften von platonischer Seite seit Kelsos und v.a. seit Porphyrios siehe BECKER 2016C, v.a. 32–85; I. MÄNNLEIN-ROBERT, „Ordnungskonkurrenz: Polemik und Feinde in konkurrierenden Ordnungen. Der platonische Philosoph Porphyrios und sein Kampf gegen die Christen", in: E. FRIE / M. MEIER (Hrsgg.), *Aufruhr – Katastrophe – Konkurrenz – Zerfall. Bedrohte Ordnungen als Thema der Kulturwissenschaften* (Tübingen 2014) 117–138.

[139] Siehe Anm. 256, S. 173.

lebensbedrohlichen Situation für ihn in Athen gewesen zu sein (ebd. § 15). Nicht zuletzt die berühmte Episode von der erfolgreichen Heilung der Asklepigeneia durch das Gebet des Proklos im Asklepieion, wo er heimlich agieren muss (ebd. § 29,29: τοὺς πολλοὺς λανθάνων), verweist auf sein verbotenes Tun und die gefährliche Atmosphäre in der Stadt.[140] Proklos betet für das todkranke Mädchen auf ‚ziemlich altertümliche' Weise (ebd. 21f.: τὸν ἀρχαιότερον τρόπον), die Akzentuierung dieses Gebetsmodus als ‚alt' erweist ihn als hellenischen und grenzt ihn somit klar von zeitgenössischen christlichen Gebeten ab. Zudem bemerkt Marinos, dass zum Zeitpunkt dieser Begebenheit (vermutlich zwischen 440–450) das Asklepieion noch nicht geplündert und zerstört war (ebd. §§ 19–21), d.h. es muss 486 n. Chr. zur Zeit der Gedenkrede bereits zerstört oder zumindest geplündert gewesen sein. Wie Marinos zeigt, agiert Proklos im heiligen Raum des alten Heilgottes Asklepios, wo er als Vermittler, als gleichsam autorisierter Priester zwischen der todkranken Asklepigeneia und dem Heilgott erfolgreich agiert. Auch an anderer Stellen der Vita (ebd. § 30,12ff.; vgl. 7) bescheinigt ihm Marinos ein besonders enges Verhältnis gerade zum Gott Asklepios.

8.2. Proklos und Asklepios

In Marinos' *Vita Procli* spielt der seit hellenistischer Zeit besonders populäre Heilgott Asklepios, aber auch ihm verwandte oder zugeordnete Figuren wie der Kapuzenknabe Telesphoros (ebd. § 7,6), ‚der Mann aus Epidauros' (§ 31,20f.) oder die Asklepiossöhne Machaon und Podaleirios (§ 32,30), eine wichtige Rolle.[141] In einer Reihe von Begebenheiten rettet, unterstützt oder heilt Asklepios (oder eine seiner genannten figuralen Manifestationen) Proklos in einer kritischen Situation: So wird etwa der junge Proklos, noch in Xanthos in Lykien, schwer krank von Telesphoros durch Handauflegen am Kopf geheilt (ebd. § 7). Als bei Proklos die väterlicherseits vererbte Gicht (erneut) auszubrechen droht, hilft Asklepios, indem er nach Gebet des Proklos einen Mann aus Epidauros im Traum erscheinen lässt, der ihm Knie und Beine küsst (ebd. § 31). Als Proklos im Sterben liegt (ebd. § 30) und sich vom Kopf her eine Lähmung ausbreitet, erscheint eine Schlange – Symbol

---

[140] Siehe ausführlicher dazu die Anm. 257–266, S. 173–176.
[141] Siehe auch die Anm. 67, S. 127, Anm. 281, S. 180 und Anm. 289, S. 182.

des Asklepios – ringelt sich um seinen Kopf und die Lähmung lässt nach (die körperliche Heilung wird hier aber nicht mehr wirksam, da der alte und kranke Proklos längst lebensmüde ist). Mit Asklepios' Hilfe gelingt Proklos aber auch die Heilung anderer. Als die jüngere Asklepigeneia noch als Mädchen unheilbar krank ist und die Ärzte sie bereits aufgegeben haben, vollzieht Proklos, zusammen mit Perikles von Lydien, im Asklepieion in Athen geheime Riten (Gebete, Opfer) und erwirkt so über Asklepios die plötzliche und vollständige Heilung des Mädchens (ebd. § 29, s.o. 7.2.). Marinos beschreibt explizit die Heimlichkeit und die Gefährlichkeit dieser offenbar theurgischen Rettungsaktion. Denn nicht nur bei den Kirchenvätern, besonders Augustinus, etabliert sich die Vorstellung von Christus als Arzt für die Menschen (als ‚Christus medicus'), mit starkem Akzent auf dem anvisierten Seelenheil, und galten christliche Heilige, wie die vielleicht gar nicht historischen Figuren Kosmas und Damian als ‚heilige Ärzte',[142] sondern überhaupt wird in der Spätantike der Arztberuf besonders häufig von Christen ausgeübt, da im Kontext der christlichen Ethik die Fürsorge für Kranke als wichtige Tätigkeit galt.[143] Wenn nun vor diesem zeitgenössischen Hinter-grund Proklos in der von Marinos beschriebenen Heilungsepisode das Wirken der Ärzte ersetzt und hinsichtlich des Erfolgs weit übertrifft, indem er durch Ritual und Gebet im Asklepios-Tempel agiert, dann steht das zum einen in der alten platonischen Vorstellungstradition vom Philosophen als Arzt,[144] zum anderen wird hier die Wirkkraft des Gebets und des hellenischen Rituals im Kontext des Heilgottes Asklepios inszeniert. Asklepios, seine Begleitfiguren, sein Kult und sein Tempel werden von Marinos klar und deutlich als Identifikationsfiguren und –räume für Proklos beansprucht.[145]

Insgesamt bringt Proklos' enges Verhältnis zu Asklepios, wie Marinos es beschreibt, sicherlich eine dezidiert hellenische, konträre Religiosität zur christlichen zum Ausdruck, denn die zeitgenössischen Christen favorisierten statt Asklepios eher Jesus als

---

[142] Siehe SCHULZE 2005, 156–162 und im Kommentar die Anm. 287, S. 181.
[143] Dazu SCHULZE 2005, 163.
[144] Vgl. Sokrates als Arzt in Platons *Charmides* 155b9–156c7, siehe F. WEHRLI, „Der Arztvergleich bei Platon", *MH* 8 (1951) 177–84.
[145] Siehe auch SCHULZE 2005, 163–166.

Arzt, Heiler und Retter.[146] In der skizzierten Szene im Asklepieion evoziert Marinos freilich durch die ambivalente Setzung des Titels σωτήρ (‚Retter', *VPr.* § 29,14) nicht nur Asklepios als σωτήρ, sondern auch Proklos selbst,[147] dessen gleichsam göttlicher Status ihn einmal mehr zu einer hellenischen Gegenfigur des Christus σωτήρ werden lässt.

8.3. Proklos und die Sonne

Dass mit der *Vita Procli* nicht nur eine platonische Programmschrift gegen Christen, sondern eben zugleich auch eine programmatische platonische Hagiographie vorliegt, wird am Ende der Vita deutlich. Dort erweitert der Biograph Marinos den Aktionsraum seines heiligen Protagonisten Proklos sogar ins Kosmische, wenn er nicht nur das Geburtshoroskop des Proklos nennt,[148] sondern auch ausführlicher von Himmelszeichen spricht (ebd. § 37,1: διοσημεῖαι),[149] die er in einen ausdrücklichen Zusammenhang mit Proklos' Tod im April 485 n. Chr. stellt: Geburt und Tod des Proklos werden also durch Gestirnskonstellationen am Himmel angezeigt, die Affinität dieses ‚heiligen Mannes' zu Göttlichem eindrucksvoll illustriert. Es handelt sich bei den im Kontext von Proklos' Tod verhandelten Himmelszeichen um spektakuläre historische kosmologische Ereignisse, nämlich zwei (fast) totale Sonnenfinsternisse, von denen sich die eine im Jahr vor Proklos' Tod, am 14.1.484 ereignete, die zweite von Marinos für das Jahr danach angekündigt wird – und tatsächlich auch am 19. Mai 486 stattfand.[150] Der Himmel über Athen wird in der Darstellung des Marinos zum Schauplatz zweier spektakulärer Eklipsen, die Proklos' Tod im Jahr 485 gleichsam rahmen. Sie werden explizit als negative himmlische Zeichen (ebd. § 37,9: παθήματα σημαντικά) gedeutet. Die Natur gerät aus den Fugen, als Proklos stirbt, die Sonne verdunkelt sich.

---

[146] Auch Asklepios wird hier zweimal als σωτήρ tituliert: ebd. § 29,21 und 24. Zum christlichen Christos–Iatros–Motiv siehe ausführlich DÖRNEMANN 2003 *passim*.
[147] So auch BUBLOZ 2003, 146, siehe im Kommentarteil Anm. 259, S. 174.
[148] Dazu siehe Anm. 309, S. 185.
[149] Siehe ausführlicher dazu die Anm. 329, S. 191f.
[150] Ausführlicher dazu siehe Anm. 331, S. 192f. und v.a. den Beitrag von B. TOPP in diesem Band.

Seit Platons Sonnengleichnis der *Politeia* (VI 507a1–509c11) wurde die Sonne in der platonischen Tradition aufs Engste als bildhaftes Analogon zur Idee des Guten angesehen. Die Metapher der Sonne als Symbol des Guten sowie des Gottes Apollon spielt daher bei den Platonikern, nicht zuletzt bei Proklos selbst, eine wichtige Rolle.[151] Der Kult um Helios als Inbegriff des höchsten (sichtbaren) Gottes ist bei den Neuplatonikern beliebt.[152] In Proklos' *Hymnos auf Helios* gilt dieser als die Instanz, welche die Seelen von der Erde weg auf eine höhere Ebene bringt.[153] Vor dem Hintergrund der neuplatonisch-pythagoreischen heliozentrischen[154] Astronomie ist der Symbolwert der Eklipsen rund um den Tod des Proklos also erheblich. Der Tod des göttlichen Philosophen findet in dieser Inszenierung eine gleichsam kosmische Spiegelung über Athen: Das dadurch entstehende Vakuum auf Erden (vgl. *VPr.* § 37,11: στέρησιν, ἀπόλειψιν), in Athen, wird durch den Entzug der Sonne und ihres Lichtes oben am Himmel, im Kosmos, dramatisch symbolisiert. Abgesehen von diesen gut platonischen Implikationen kommen aber (religions-)politische Konnotationen dazu: Zum einen gehört es zum politischen Programm fast aller römischen Kaiser seit Nero und ganz besonders seit Konstantin, sich als symbolhafte Figuration von Helios resp. Sol Invictus auf Erden zu verstehen. Im Falle Konstantins wird der Kaiser sogar zum ‚Sonnengott'[155] und die Sonnensymbolik wird zunehmend christlich vereinnahmt.[156]

---

[151] Siehe z.B. Procl. *Theol. Plat.* II 4 p. 32,5–12; *In Remp.* I p. 271,8; 276, 23–281, 7; 292,18.

[152] Siehe z.B. Julian Apostata, *hymn. ad Hel.*, dazu HOSE 2008, 163–171; Procl. *hymn. ad Hel.* 1,1, dazu VAN DEN BERG 2001, 148–189; SAFFREY 1984; WALLRAFF 2001, v.a. 35–37. Siehe auch Anm. 203 im Kommentar, S. 159.

[153] Dazu VAN DEN BERG 2001, 40. 60. 145–189; vielleicht will Marinos seinem Vorgänger und Lehrer Proklos selbst damit Helios–ähnliche Qualität zuschreiben.

[154] Ausführlich dazu SIORVANES 1996, 304–311.

[155] Dazu ausführlicher BERRENS 2004, 150–162, v.a. 161f.

[156] Nach Cumonts Versuch der Herleitung spätantiker Heliolatrie aus syrisch-chaldäischen Wurzeln (F. CUMONT, *La théologie solaire du paganisme Romain* [Paris 1913]; vgl. F. BOLL, *Die Sonne im Glauben und in der Weltanschauung der alten Völker* [Stuttgart 1922]) siehe z.B. M. P. NILSSON, *Geschichte der griechischen Religion*, Bd. 2 (München ³1974) 272–281 und v.a. 507–519, der auf die mit monotheistischen Vorstellungen konvergierende Idee von der Sonne als wirkendem, dem Demiurgen ähnlichem Prinzip oder Konzept einer höchsten sichtbaren Gottheit hinweist, die als Hypostase einer obersten (nicht-sichtbaren) Gottheit

Zum anderen darf diese doppelte Eklipse der beiden, den Tod des Proklos im Jahr 485 rahmenden Sonnenfinsternisse als intertextuelle und religionspolitische Spitze gegen die Schilderungen von Tod und Kreuzigung Christi verstanden werden.[157] Denn die beiden Sonnenfinsternisse der *Vita Procli* stehen in erkennbarer Analogie und Konkurrenz zu Christus, bei dessen Tod, den Evangelisten Matthäus, Markus und Lukas zufolge (Mt 27,45–52; Mk 15,33; vgl. Lk 23,44f.), ebenfalls eine vollständige Sonnenfinsternis stattgefunden haben soll.[158] Marinos überbietet die für das Todesjahr Christi berichtete Sonnenfinsternis durch die Doppelung, genauer: sogar Rahmung des Todes von Proklos durch zwei totale Sonnenfinsternisse. Wie Christus als Symbol für die Sonne (in gezielter Amalgamierung mit Sol Invictus/Mithras) bereits etabliert war,[159] so erscheint in Marinos' Text die Sonne nun als symbolhafte Instanz mit Verweischarakter auf Proklos, die durch ihre Verdunkelung dessen Tod widerspiegelt: Dabei hat die erste Sonnenfinsternis (484) vorausweisenden, gleichsam prodigischen, die nachfolgende (486) eher kommentierenden Charakter.

Im Ganzen spiegeln die beiden, Proklos' Tod rahmenden totalen Ekleipseis der Sonne die Apoleipsis des Proklos wider (so auch die Begrifflichkeiten bei Marinos *VPr.* § 37,11f.): Sie ordnen den Tod des Platonikers in die Reihe solcher seltener Naturschauspiele, oder besser: erschreckender Naturkatastrophen, ein und sind daher auch als Beispiele einer spätantiken hellenischen Apokalyptik zu deuten.

---

fungiert; dazu auch BERGMANN 1998, 267–269; die auf die Sonne fokussierte Theologie der gebildeten Eliten in Verbindung mit lebensweltlicher Ritualpraxis betont DÖRRIE 1974.

[157] Siehe auch die Bemerkung des Marinos (*VPr.* § 36,5f.), Proklos wollte nach ‚altem athenischen Brauch' bestattet werden, sowie das Horoskop, das Marinos, ebd. § 35, bietet, das dezidert die von den zeitgenössischen Christen abgelehnte Astrologie würdigt; dazu EDWARDS 2000, liv.

[158] Siehe ausführlich bei RITTER 2000, 53. Ebenso berichtet dies Phlegon von Tralleis, *FGrH* 257 F 16 und basierend auf diesem Ioh. Mal. *Chron.* X c. 14 (240 DINDORF), p. 182,60–72, genauer: 61–66 THURN. Zu Malalas siehe MEIER 2007, 564 mit Anm. 18. Vgl. zur Diskussion um die bei Lk 23,44f. berichtete Sonnenfinsternis beim Tod Jesu Orig. *Contra Celsum* 2,33 und 59, siehe auch *FGrH* 257 F 16; Oros. *in adv. pag.* VII 4,14 sowie DEMANDT 1970, 15 und 18–20; siehe CONTI 2016, 72. Ausführlicher siehe im Kommentar Anm. 331, S. 192f.

[159] Siehe DÖRRIE 1974, 291f.

Wie aus einem Brief des christlichen Neuplatonikers Ps.-Dionysios Areopagites,[160] der mit der Philosophie des Proklos bestens vertraut ist und einer seiner Schüler gewesen zu sein scheint, hervorgeht, ist eben die Frage nach der Faktizität und Bedeutung der Sonnenfinsternis zum Zeitpunkt der Kreuzigung Christi um 500 resp. im frühen 6. Jh. eine echte Glaubensfrage.[161] In christlichen Texten wird diese Sonnenfinsternis nämlich in die prophetisch-apokalyptische Tradition eingereiht.[162] Vielleicht hat Marinos auch mit Blick darauf eine Umsemantisierung in die hellenische Apokalyptik unternommen.[163] Wir dürfen nicht ausschließen, dass die *Vita Procli* auch ein programmatischer hellenischer Versuch ist, die Philosophie des Proklos und ihn selbst vor christlicher Vereinnahmung, etwa durch einen (eindeutig an Proklos' Philosophie geschulten) christlichen Intellektuellen wie Ps.-Dionysios Areopagita, zu bewahren. In jedem Fall ist der Sinn der doppelten Sonnenfinsternis bei Marinos klar: Proklos erscheint final, im Leben wie im Text, als platonischer, prototypischer platonischer ‚Heiliger' der Hellenen, dessen Tod sich gesamtkosmisch dramatisch auswirkt.

9. Rezeption und Nachwirkung der *Vita Procli*

Dass Marinos' *Vita Procli* eine gewisse Nachwirkung hatte, belegen einige vorwiegend literarische Spuren, die zum Teil eine recht genaue Lektüre und Wertschätzung dieses Textes abbilden und alle aus spätantiker und byzantinischer Zeit stammen:

1) Relativ zeitnah scheint der zur Zeit des oströmischen Kaisers Anastasios I. (491–518 n. Chr.) aktive Dichter Christodoros ein an Marinos' *Vita Procli* angelehntes biographisches Gedicht Περὶ τῶν Ἀκροατῶν τοῦ μεγάλου Πρόκλου (*Über die Schüler des Proklos*) verfasst zu haben (*FGrH* 1084 [= 283] F 2). Möglicherweise gehen Informationen über Schüler des Proklos in diesem Werk auf die *Vita Procli* zurück.[164]

---

[160] Ps. Dion. Areopag. *ep.* 7,2 *PG* III, col. 1081 A–B = 169,1–10 RITTER.
[161] Dazu RITTER 2000, 51f.
[162] So RITTER 2000, 54.
[163] So CHADWICK 2006.
[164] Siehe TISSONI 2000, 18.

2) Eventuell – aber das wäre nach dem von M. Miller[165] vorgebrachten Vorschlag zu diskutieren – handelt es sich bei einer von A. Milchhoefer in Athen 1886 entdeckten, mittlerweile verschollenen, aber 1941 nach Aufzeichnungen Milchhoefers von W. Peek[166] publizierten spätantiken Inschrift um einen Text über Proklos. Diese Inschrift bot offenbar eine Art Zusammenfassung des Lebens des Proklos – dessen Name oder weitere Charakteristika in dieser Inschrift allerdings nicht kenntlich werden. Als Anhaltspunkt freilich für die Vermutung Millers, es könne sich hier um Proklos handeln, kann tatsächlich die in der Inschrift gut lesbare Phrase von der ‚goldenen Kette' dienen, die an die ‚Hermes-Kette' resp. ‚goldene Kette' erinnert, in die, wie Marinos berichtet, Proklos sich selbst einreihte (*VPr*. § 28,34–36).

3) Allein das Faktum, dass Damaskios, ein scharfer innerschulischer Kritiker des Marinos als Person, als Philosoph, als Diadochen, seine *Vita Isidori* verfasst, beweist, dass er sich in seiner Rezeption von Marinos' *Vita Procli* in Konkurrenz zu derselben begibt: Denn wie Marinos bietet auch Damaskios eine biographische Darstellung seines bewunderten Freundes und Lehrers, des Isidoros, und reichert sogar in ungleich höherem Maße als Marinos diese Darstellung durch Anekdoten und Narrative, sogar innerschulischen Klatsch und Tratsch, an. Tatsächlich scheinen allerdings die starke Religiosität und Theurgiefreude, wie sie Marinos seinem Proklos bescheinigt, in den Kreisen von Proklos' Schülern, nicht zuletzt durch Isidoros, der wie Marinos noch Schüler des Proklos war, gepflegt worden zu sein. Nach Garth Fowden[167] spiegelt die gesamte in Damaskios' *Vita Isidori* genannte Reihe von Philosophen (in unterschiedlicher Weise) die Rezeption und die Wirkung des eigentümlichen, religiös motivierten Philosophierens des Proklos wider.

4) Kaum als faktische, aber als im weitesten Sinne sinngemäße Rezeption der *Vita Procli* lässt sich eine beim frühbyzantinischen Chronisten Iohannes Malalas zu findende Episode bewerten: Es handelt sich dabei um eine von Malalas offenbar selbst erfundene Legende um den berühmten athenischen Platoniker Proklos und Kaiser Anastasios, in der Proklos – via sein Sprachrohr Marinos

---

[165] MILLER 2002, 75.
[166] W. PEEK, „Attische Inschriften. Nachträge und Verbesserungen zu IG. I². II²", *MDAI(A)* 67 (1942) 71f.
[167] FOWDEN 2005, 159f.

aus Syrien – zur Benutzung von Sulphur gegen des Kaisers Feinde rät (Ioh. Mal. *Chron.* XVI c. 16 = 403 DINDORF = p. 330f.,32–48 THURN). Der Grund für diese fiktive Episode liegt vermutlich in der bei Marinos so klar akzentuierten theurgischen Kompetenz des Proklos.[168]
5) Schließlich sind zwei Epigramme zu nennen, die zusammen im Codex Coislinianus 249 (aus dem 10. Jh., Sigle C) – und in allen davon abhängigen Codices –[169] als Überschrift zur *Vita Procli* des Marinos konzipiert, aber erst am Ende der Vita platziert sind. Sie sind zusätzlich in der *Anthologia Palatina* (*Anth. Pal.* IX 196 und 197) überliefert.[170] Das erste Epigramm ist ein lobendes Distichon auf Marinos:

Ἀθανάτοισι θεοῖς κεχαρισμένα πάντοτε ῥέζων
καὶ τάδ' ἐπ' εὐσεβέοντι νόῳ συνέγραψε Μαρῖνος.

Den unsterblichen Göttern zu Gefallen immer handelnd,
verfasste auch das Folgende mit frommem Sinn Marinos.
(Übers. I. M.-R.)[171]

Es ist keineswegs gesichert, vielmehr zu bezweifeln, dass Marinos selbst dieses Distichon verfasst hat,[172] das Selbstlob passt wenig zu seiner eher bescheidenen Selbsteinschätzung, die sonst aus der *Vita Procli* spricht (v.a. § 1 – auch wenn der Eingang der *Vita* rhetorisiert ist). Thema dieses Epigramms ist Marinos' kontinuierliche, den Göttern gefällige Frömmigkeit. Das Wohlgefallen, das alle seine – religiösen – Handlungen (ῥέζων) bei den Göttern hervorrufen sowie seine Frömmigkeit als Gesinnung werden gelobt. Mit καὶ τάδε wird die *Vita Procli* als einer von offenbar vielen frommen Akten des Marinos, seine *Vita Procli* als religiöse Handlung erkennbar. Mit ῥέζων greift das Epigramm eine Vorstellung

---

[168] Ausführlich siehe J. DUFFY, „Proclus the Philosopher and a Weapon of Mass Destruction: History or Legend?", in: M. GRÜNBART (Hrsg.), *Theatron. Rhetorische Kultur in Spätantike und Mittelalter* (Berlin u.a. 2007) 1–12.
[169] Siehe SAFFREY / SEGONDS / LUNA 2002, CIV. CXIX–CXX. 182f.; MAGNELLI 2004, 52 mit Anm. 6.
[170] Siehe SAFFREY / SEGONDS / LUNA 2002, CXIX.
[171] Vgl. die Übersetzung von Hermann Beckby: „Stets den unsterblichen Göttern Gefälliges gerne erweisend, / hat Marinos auch dieses in frommer Gesinnung geschrieben."
[172] Siehe MAGNELLI 2004, 52 Anm. 6. Bereits Boissonade bezweifelte Marinos' Autorschaft, plausibel erscheinen SAFFREY / SEGONDS / LUNA 2002, 182f., die einen Kopisten vermuten.

auf, die Marinos in der *VPr.* § 1 selbst geäußert hatte, da er dort alle erdenklichen Gaben für Götter, auch seine, die *Vita Procli* zu schreiben, als religiöse Handlung nennt. Der Verfasser des Epigramms nimmt Marinos also beim Wort. Auch die Autorschaft des diesem Epigramm in der *Anthologia Palatina* folgenden, aus sechs Versen resp. drei Distichen bestehenden Epigramms ist weder bekannt noch kann sie gar Marinos zugewiesen werden (*Anth. Pal.* IX 197):

Καὶ τόδε σῆς ζαθέης κεφαλῆς περιώσιον ἔργον,
Πρόκλε μάκαρ, πάντων βρέτας ἔμπνοον ὅττι Μαρῖνον
ἀθανάτων μερόπεσσι βοηθόον εὐσεβέεσσιν
ἀντὶ τεῆς ἱερῆς κεφαλῆς ψυχοσσόον ἄλκαρ
κάλλιπες, ὃς βιοτὴν θεοτερπέα σεῖο λιγαίνων
γράψε τάδ' ἐσσομένοις μνημήια σῶν ἀρετάων.

Auch das ist ein immenses Werk deines hochheiligen Hauptes, seliger Proklos, aller Unsterblichen beseeltes Götterbild, dass du Marinos den frommen Sterblichen als hilfreichen
an Stelle deines heiligen Hauptes als seelenrettende Wehr zurückließest, der, dein Götter erfreuendes Leben besingend, das hier Folgende schrieb für künftige Menschen als Erinnerung an deine Tugenden.
(Übers. I. M.-R.)[173]

Auch hier handelt es sich um ein hymnisches Gedicht auf Marinos' *Vita Procli*, die in Vers 1 als περιώσιον ἔργον charakterisiert wird. Sie ist deshalb Proklos' Werk, weil er ihr Gegenstand, das Thema derselben ist. Zunächst ist genau genommen unklar, worauf sich die an die Apostrophe des ‚seligen' Proklos folgende auffällige Metapher πάντων βρέτας ἔμπνοον bezieht (V. 2): Rein grammatikalisch möglich wären hier drei Varianten (in der deutschen Übersetzung des Epigramms bei BECKBY verkannt): 1) das in V. 1 genannte ἔργον: Demnach wäre die *Vita Procli*, also der literarische Text des Marinos, ein ‚beseeltes Götterbild aller Unsterblichen'; oder 2) die Wendung gehört als Apposition zum

---

[173] Vgl. die Übersetzung von HERMANN BECKBY, S. 123:
„Herrlich, o seliger Proklos, schuf dies auch dein göttlicher Wille, dass du als lebendes Bild der Unsterblichen alle, als Helfer frommer, irdischer Menschen, als Arzt und Retter der Seelen statt deines heiligen Hauptes Marinos zurück uns gelassen, der, dein Leben besingend, das immer die Götter erfreute, dies für die Künftigen schrieb zur Erinnerung deiner Verdienste."

soeben apostrophierten Proklos, der somit als Heiliger und Seliger ein ‚beseeltes Götterbild aller Unsterblichen' ist, oder 3) die Wendung bezieht sich auf Marinos (so übersetzen sowohl SAFFREY / SEGONDS / LUNA 2002, 182 als auch BECKBY). Am wenigsten plausibel scheint Variante 3, da Marinos bereits als βοηθόον und ψυχοσσόον ἄλκαρ (V. 3f.) von Proklos, wie es heißt, ‚hinterlassen' wurde (V. 5 κάλλιπες). Das heißt, Marinos wird als gewollter und gewünschter Nachfolger von Proklos zum Wohl der frommen Menschen eingesetzt; auch die apostrophische Wendung σῆς ζαθέης κεφαλῆς (V. 1) passt nicht zu Marinos (vgl. erneut V. 4 τεῆς ἱερῆς κεφαλῆς), aber zu Proklos, der nicht nur im nächsten Vers gleich als ‚seliger Proklos' angesprochen und auch in der *Vita Procli* selbst als ‚göttlich' inszeniert wird. Auch sein Haupt wird dort als ‚göttlich' bezeichnet (*VPr.* § 12,24).

Möglicherweise lässt sich zwischen Variante 1 und 2 gar keine trennscharfe Differenzierung ausmachen, da die Person Proklos ja das Sujet der *Vita Procli* ist, sich sein ‚göttlicher' Charakter wie seine ikonengleiche Modellhaftigkeit und Idealität im Leben wie im Text gleichermaßen abbilden und auswirken. Mit Blick darauf, dass Marinos seinen Protagonisten Proklos in der *Vita* als ‚Hierophant des ganzen Kosmos' sowie als eifrigen und pflichtbewussten Verehrer aller erdenklichen Götter beschreibt, erhalten Variante 1 und 2, gerade mit Blick auf die Rahmung der Phrase durch πάντων ... ἀθανάτων (V. 2f.), deutlich größere Plausibilität. Die enge Involvierung des frommen Marinos in die Heiligkeit und Göttergleichheit des Proklos wird freilich in der syntaktischen Verschränkung des Marinos resp. des ὅττι-Satzes mit der Phrase πάντων βρέτας ἔμπνοον ὅττι Μαρῖνον / ἀθανάτων (V. 2f.) auch visuell zum Ausdruck gebracht. Marinos seinerseits avanciert zum ‚Helfer' zur ‚Seelenrettung' für die Menschen und zwar eben dadurch, dass er, nachdem Proklos verstorben ist, dessen gottgefälliges Leben (V. 5 βιοτὴν θεοτερπέα) besingt und als Erinnerung (V. 6 μνημήια), gleichsam als Denkmal der Tugenden des Proklos für die Nachgeborenen aufschreibt.

Das Epigramm greift zentrale Topoi der *Vita Procli* des Marinos auf, etwa die Heiligkeit des Protagonisten, seine Tugenden sowie seine ikonengleiche Perfektion und Modellfunktion, ebenso die Nachfolge des von Proklos selbst autorisierten (vgl. V. 5 κάλλιπες) Marinos in den Spuren seines Vorgängers, die zumindest (oder nur?) in religiöser Hinsicht in Gesinnung und Tat zu würdigen ist.

In beiden Epigrammen geht es vor allem um religiöse Dinge, Heiligkeit oder frommen Habitus. Proklos wird nicht als Denker und Philosoph, sondern allein als tugendvoller Heiliger, Marinos ebenfalls nicht als Philosoph, sondern nur als Hagiograph des Proklos gewürdigt. Dass nicht nur diese beiden sicherlich (wie am erstgenannten Epigramm deutlich) ursprünglich in der handschriftlichen Überlieferung dem Text von Marinos' *Vita Procli* vorgeschalteten Epigramme Testimonien für eine Rezeption der *Vita Procli* in byzantinischer Zeit darstellen, wird mit Blick auf das – ebenfalls in der *Anthologia Palatina* überlieferte – Selbstepitaph des Proklos deutlich (*Anth. Pal.* VII 341), das Marinos in seiner *Vita* wörtlich zitiert hatte[174] und das offenbar in den Kontext späterer (Grab-)Epigramm-Sammlungen übernommen worden war.

10. Textänderungen

	Saff./Seg./Lun.	IMR
§1,31	ἀργίαν δέ τινα διανοίας	ἀργίαν δὲ τῆς διανοίας
§15,12	αὐτός	οὗτος
§19,8	πρότερόν ποτε	πρότερον
§19,22	περιέχουσα	παρέχουσα
§26,36	ἐρωμένως	ἐρρωμένος
§33,1	ἐθέλοιμι	θέλοιμι
§35,6	ις' κς'	ις' ις'
§36,32	[τὸν] αὐτὸν	τὸν αὐτὸν

---

[174] Marinos, *VPr.* § 36, siehe im Kommentar Anm. 328, S. 190f.

B. Text, Übersetzung und Anmerkungen

ΜΑΡΙΝΟΥ ΝΕΑΠΟΛΙΤΟΥ
ΠΡΟΚΛΟΣ Η ΠΕΡΙ ΕΥΔΑΙΜΟΝΙΑΣ

1. Εἰ μὲν εἰς τὸ μέγεθος τῆς ψυχῆς ἢ τὴν ἄλλην ἀξίαν ἔβλεπον τοῦ καθ' ἡμᾶς γεγονότος φιλοσόφου Πρόκλου, ἔτι δὲ εἰς τὴν παρασκευὴν καὶ τὴν ἐν τῷ λέγειν δύναμιν τῶν ἀναγράφειν ὀφειλόντων [5] τὸν ἐκείνου βίον, καὶ πρὸς τούτοις ἑώρων τὴν ἐμὴν ἐν τοῖς λόγοις οὐδένειαν, καλῶς ἂν ἔχειν ἔδοξέ μοι ἡσυχίαν ἄγειν καὶ μή (τὸ λεγόμενον) ὑπὲρ τὰ ἐσκαμμένα ἄλλεσθαι καὶ τοσοῦτον ἐκ τοῦ λέγειν ἀναρριπτεῖν κίνδυνον. νυνὶ δὲ οὐ ταύ- [10] τῃ παραμετρῶν τὸ ἡμέτερον, ἐνθυμούμενος δὲ ὅτι κἂν τοῖς ἱεροῖς οἱ τοῖς βωμοῖς προσιόντες οὐκ ἐκ τῶν ἴσων ἕκαστοι τὰς ἁγιστείας ποιοῦνται, ἀλλ' οἱ μὲν διὰ ταύρων ἢ αἰγῶν καὶ τῶν ἄλλων τῶν τοιούτων ἐπιτηδείους ἑαυτοὺς παρασκευάζουσι πρὸς τὴν [15] μετουσίαν τῶν θεῶν ὧν οἱ βωμοί, καὶ δὴ καὶ τοὺς ὕμνους κομψότερον ἐργάζονται τοὺς μὲν ἐν μέτρῳ, τοὺς δὲ καὶ ἄνευ μέτρου, ἕτεροι δὲ τούτων μὲν οὐδὲν ἔχοντες προσάγειν, πόπανον δὲ μόνον καὶ χόνδρον, εἰ τύχοι, λιβανωτοῦ θύοντες καὶ βραχεῖ δέ [20] τινι προσρήματι τὰς ἐπικλήσεις ποιούμενοι, οὐδὲν ἧττον ἐκείνων εὐηκοΐας ἀπολαύουσι – ταῦτα λογιζόμενος καὶ προσέτι δεδιὼς κατ' Ἴβυκον, μή τι οὐ παρὰ θεοῖς, ὥς που ἐκεῖνος ἔφη, παρὰ δὲ ἀνδρὶ σοφῷ ἀμπλακὼν τιμὰν πρὸς ἀν- [25] θρώπων ἀμείψω (δέδοικα γὰρ μὴ οὐδὲ ὅσιον ᾖ μόνον ἐμὲ τῶν ὁμιλητῶν σιωπᾶν καὶ μὴ τὰ ἀληθῆ περὶ αὐτοῦ κατὰ δύναμιν ἱστορεῖν, καίτοι πρὸ τῶν ἄλλων ἴσως ὀφείλοντα φθέγγεσθαι) τάχα δὲ οὐδὲ τὴν παρὰ τῶν ἀνθρώπων τιμὴν ἀμείψω (οὐ γὰρ [30] πάντως οἰήσονταί με τὴν αὐθάδειαν εὐλαβούμενον, δι' ἀργίαν δέ | τινα τῆς διανοίας ἢ καί τι ἄλλο δεινότερον τῆς ψυχῆς νόσημα, ἀπολιμπάνεσθαι τοῦ προκειμένου σκοποῦ). Ἐκ τούτων ἁπάντων καθεῖναι πάντως ἐμαυτὸν ἐδοκίμασα εἰς τὸ συγγράφειν [35] ἔνια τῶν τοῦ φιλοσόφου μυρίων ὅσων ἐν τῷ βίῳ πλεονεκτημάτων καὶ ὅλως τῶν περὶ αὐτὸν ἀληθῶς ἱστορημένων.

Marinos von Neapolis,[1] *Proklos oder Über das Glück*[2]

Proöm

1. Wenn ich auf die Größe der Seele[3] oder das sonstige Verdienst des Philosophen Proklos blickte, der zu meiner Zeit gelebt hat,[4] noch dazu aber auf die Übung und Fähigkeit[5] im Reden derjenigen, die das Leben jenes Mannes aufschreiben sollten, und überdies meine eigene fehlende rhetorische Kompetenz gesehen hätte, hätte ich beschlossen, lieber ruhig zu bleiben und nicht sprichwörtlich ‚über mich selbst hinauszuwachsen'[6] und aufgrund des Redens eine so große Gefahr auf mich zu nehmen. Jetzt aber will ich unser Vorhaben nicht damit vergleichen, vielmehr denke ich daran, dass auch in den Heiligtümern diejenigen, die an die Altäre herantreten, nicht alle die Rituale gleichermaßen vollziehen, sondern die einen durch Stiere oder Ziegen und durch die anderen Opfer solcher Art sich selbst auf die Gemeinschaft mit den Göttern, denen die Altäre gehören, würdig vorbereiten,[7] und so denn auch die Hymnen recht geistreich erarbeiten, die einen im Versmaß, die anderen aber auch ohne Versmaß,[8] dass aber wieder andere, weil sie nichts von diesen Dingen beibringen können, nur einen Opferkuchen oder, wenn es sich ergibt, ein Weihrauchkorn opfern und mit einer kurzen Anrede die Götteranrufungen vollziehen, nicht weniger als jene auf offene Ohren stoßen – diese Überlegungen habe ich und überdies fürchte ich ‚nach Ibykos nicht, bei den Göttern etwas falsch zu machen',[9] wie jener irgendwo sagte, sondern bei einem weisen Mann und dadurch ‚Anerkennung von Menschen zu bekommen' (denn ich habe die Befürchtung, dass es auch nicht recht wäre, wenn ich als einziger von den Schülern[10] schwiege und nicht die Wahrheit über ihn, so gut ich kann, berichtete, obgleich vielleicht ich doch vor den anderen meine Stimme erheben sollte).[11] Vielleicht werde ich nicht einmal von den Menschen die Anerkennung erhalten (denn sie werden überhaupt nicht glauben, dass ich mich vor Anmaßung hüten wolle, sondern dass ich wegen einer gewissen intellektuellen Trägheit oder auch wegen einer anderen, noch schlimmeren Krankheit der Seele von dem geplanten Vorhaben abgerückt bin). Aus all diesen Überlegungen heraus fasste ich den Beschluss, mich auf jeden Fall dem Aufschreiben einiger der im Leben des Philosophen unzähligen Vorzüge und gänzlich den über ihn wahrheitsgemäß berichteten Geschichten[12] zu widmen.

2. Ἄρξομαι δὲ τοῦ λόγου οὐ τὸν εἰωθότα τρόπον τοῖς λογογράφοις τοῖς κατὰ κεφάλαια τὸν λόγον ἐν τάξει μεθοδεύουσιν, ἀλλὰ τὴν εὐδαιμονίαν τοῦ μακαρίου ἀνδρὸς κρηπῖδα, οἶμαι, πρεπωδεστάτην τῷ [5] λόγῳ θήσομαι. καὶ γὰρ οἶμαι αὐτὸν εὐδαιμονέστατον γεγονέναι ἀνθρώπων τῶν ἐν μακρῷ τῷ ἔμπροσθεν χρόνῳ τεθρυλημένων, οὐ κατὰ μόνην λέγω τὴν τῶν σοφῶν εὐδαιμονίαν, εἰ καὶ τὰ μάλιστα ταύτην διαφερόντως ἐκέκτητο, οὔθ' ὡς αὐτῷ τὰ τῆς [10] ἀρετῆς εἶχεν αὐτάρκως πρὸς εὐζωΐαν, οὐδ' αὖ πάλιν τὴν πρὸς τῶν πολλῶν ὑμνουμένην εὐποτμίαν, εἰ καὶ αὕτη πάλιν ἐκ τύχης αὐτῷ εὖ παρεσκεύαστο εἴπερ τῳ ἄλλῳ ἀνθρώπων (κεχορήγητο γὰρ ἀφθόνως ἅπασι τοῖς ἔξωθεν λεγομένοις ἀγαθοῖς)·τελείαν δέ [15] τινα βούλομαι καὶ πάντῃ ἀνελλειπῆ ἐξ ἀμφοτέρων ἐκείνων εὐδαιμονίαν συνεστῶσαν εἰπεῖν.

3. Πρῶτον δὴ οὖν κατὰ γένη διελόμενοι τὰς ἀρετὰς εἴς τε φυσικὰς καὶ ἠθικὰς καὶ πολιτικάς, καὶ ἔτι τὰς ὑπὲρ ταύτας, καθαρτικάς τε καὶ θεωρητικάς, καὶ τὰς οὕτω δὴ καλουμένας θεουργικάς, τὰς [5] δὲ ἔτι ἀνωτέρω τούτων σιωπήσαντες ὡς καὶ ὑπὲρ ἄνθρωπον ἤδη τεταγμένας, ἀπὸ τῶν φυσικωτέρων τὴν ἀρχὴν ποιησόμεθα.

Αἵτινες ἐκ γενετῆς τοῖς ἔχουσι συμφύτως ὑπάρχουσι, καὶ τῷ ὑμνουμένῳ δὲ παρ' ἡμῶν ἀνδρὶ [10] μακαρίῳ ἐκ τῆς πρώτης γενέσεως συγγενεῖς ἦσαν ἅπασαι· ὧν τὰ ἴχνη καὶ ἐν τῷ τελευταίῳ καὶ ὀστρεώδει αὐτοῦ περιβλήματι ἐναργῶς διεφαίνετο. Πρῶτον εὐαισθησία μέν τις ὑπεραίρουσα, ἣν δὴ φρόνησιν σωματικὴν ἐπονομάζουσι, καὶ μάλιστα τῶν [15] τιμιωτάτων αἰ|σθήσεων ὄψεως καὶ ἀκοῆς, αἳ δὴ καὶ πρὸς φιλοσοφίαν καὶ τὸ εὖ εἶναι παρὰ θεῶν τοῖς ἀνθρώποις δεδώρηνται· τούτῳ δὲ καὶ παρὰ πάντα τὸν βίον ἀσινεῖς αὗται διέμειναν.

δευτέρα δὲ ἰσχὺς σωματική, ἀπαθὴς μὲν ὑπὸ χει- [20] μώνων καὶ καυμάτων, ἄτρωτος δὲ καὶ ὑπὸ τῆς μοχθηρᾶς καὶ ἠμελημένης διαίτης καὶ πόνων ἐκείνων οὓς νύκτωρ τε καὶ μεθ' ἡμέραν ἐξήντλει εὐχόμενος καὶ τὰ δόγματα ἀνελίττων καὶ συγγράφων καὶ τοῖς ἑταίροις συγγινόμενος καὶ ἕκαστον οὕτως ἐντόνως [25] διαπραττόμενος, ὡς αὐτὸ ἐκεῖνο μόνον ἐπιτηδεύων· τὴν δὲ τοιαύτην δύναμιν εἰκότως ἄν τις ἀνδρίαν σωματικὴν προσαγορεύσειε.

Thema und Gliederung

2. Ich will aber meine Rede nicht nach der bei den Redenschreibern üblichen Weise beginnen, die der Reihe nach ihre Rede nach Hauptaspekten[13] strukturieren, sondern ich will das Glück[14] des seligen[15] Mannes als, wie ich meine, angemessenste Grundlage[16] für meine Rede nehmen.

Ich glaube nämlich, dass er der glücklichste gewesen ist im Vergleich zu den Menschen, über deren Glück man in der langen Vergangenheit viel redete,[17] nicht, so meine ich, entsprechend nur dem Glück der Weisen,[18] wenngleich er ganz besonders auch dieses in herausragendem Maß besaß, und auch nicht, dass ihm die Tugenden für ein gutes Leben ausreichten,[19] und auch meine ich wiederum nicht das von den Vielen gepriesene materielle Glück,[20] wenngleich ihm auch das wiederum vom Zufall,[21] wenn überhaupt einem Menschen, gut bereit gestellt worden war – denn er war reichlich mit allen sogenannten ‚äußeren' Gütern[22] versorgt; vielmehr als ein perfektes und in jeder Hinsicht vollständiges[23], aus jenen beiden bestehendes will ich sein Glück beschreiben.

Die natürlichen Tugenden des Proklos (körperliche Qualitäten)

3. Indem wir zuerst nun die Tugenden nach Gattungen in natürliche, ethische und politische einteilen wollen, und noch dazu in die über diesen, in die kathartischen und die theoretischen, und in die so genannten theurgischen Tugenden, dabei aber über die noch höher als diese angesiedelten Stillschweigen bewahren, da sie ja bereits über den Menschen gestellt sind, wollen wir mit den natürlichen Tugenden den Anfang machen.[24]

Diese sind ‚von der Stunde der Geburt an'[25] ihren Besitzern angeboren, und so waren sie denn auch dem von uns gepriesenen seligen Mann alle vom ersten Anfang an eingeboren; ihre Spuren zeigten sich deutlich auch in seiner letzten und austernartigen Hülle.[26] Zuerst eine überragende Fähigkeit in der sinnlichen Wahrnehmung, die man ‚körperliche Phronesis'[27] nennt, und am meisten in den vorzüglichsten Sinneswahrnehmungen Sehen und Hören, die den Menschen ‚von den Göttern' ja auch zur Philosophie und ‚zum Gutsein geschenkt'[28] worden sind. Ihm blieben diese das ganze Leben hindurch unbeeinträchtigt. Die zweite natürliche Tugend ist die körperliche Kraft, unempfindlich gegen Kälte und Hitze, unverwundbar aber auch durch schlechte und nachlässige Lebensweise und jene Mühen, die er nachts und

τρίτη δὲ αὐτῷ ὑπῆρξεν ἀρετὴ σώματος, ἡ κατὰ τὴν σωφροσύνην τεταγμένη, ἣν δὴ περὶ τὸ κάλλος [30] τὸ σωματικὸν θεωρεῖν ἀξιοῦσι, καὶ τοῦτο εὐλόγως. καθάπερ γὰρ ἐκείνη ἐν συμφωνίᾳ καὶ ὁμολογίᾳ θεωρεῖται τῶν τῆς ψυχῆς δυνάμεων, οὕτω καὶ τὸ ἐν σώματι κάλλος ἐν συμμετρίᾳ τινὶ ὁρᾶται τῶν ὀργανικῶν αὐτοῦ μορίων. ἰδεῖν δὲ ἦν σφόδρα [35] ἐράσμιος· καὶ γὰρ οὐ μόνον αὐτῷ τὰ τῆς συμμετρίας εὖ εἶχεν, ἀλλὰ γὰρ καὶ τὸ ἀπὸ τῆς ψυχῆς ἐπανθοῦν τῷ σώματι οἱονεὶ φῶς ζωτικόν, θαυμάσιον ὅσον ἀπέστιλβε καὶ οὐ πάνυ φράσαι τῷ λόγῳ δυνατόν. οὕτω δὲ ἦν καλὸς ἰδεῖν, ὥστε μηδένα τῶν [40] γραφόντων ἐφικέσθαι αὐτοῦ τῆς ὁμοιότητος, πάσας δὲ τὰς φερομένας αὐτοῦ εἰκόνας, καίπερ καὶ αὐτὰς παγκάλους οὔσας, ὅμως ἔτι λείπεσθαι πολλῷ εἰς μίμησιν τῆς τοῦ εἴδους ἀληθείας.

τετάρτη δὲ ἡ ὑγίεια, ἣν βούλονται μὲν ἀναλο- [45] γεῖν τῇ ἐν ψυχῇ δικαιοσύνῃ, καὶ εἶναι δικαιοσύνην τινὰ καὶ ταύτην ἐν σώματι, ὡς ἐκείνην ἐν ψυχῇ. ἡ γὰρ ἀστασίαστα τὰ μόρια τῆς ψυχῆς ἀπεργαζομένη, οὐκ ἄλλη τίς ἐστιν ἕξις ἢ δικαιοσύνη, καὶ ἡ ἐξ ἀτάκτων δὲ τῶν σωματικῶν στοιχείων τεταγ- [50] μένα αὐτὰ καὶ προσήγορα ἀλλήλοις ἀποτελοῦσα, ὑγίεια καὶ πρὸς τῶν Ἀσκληπιαδῶν ἐπονομάζεται. καὶ αὕτη δὲ οὕτω καλῶς ἐκ σπαργάνων αὐτῷ δεδημιούργητο, ὥστε καὶ ἔχειν αὐτὸν εἰπεῖν ὁσάκις εἰς νόσον ὑπαχθείη τὸ σῶμα, ὡς δὶς μόνον ἢ καὶ τρὶς [55] ἐν μακρῷ βίῳ καὶ ἔτεσιν ὅλοις πέντε καὶ ἑβδομήκοντα. τεκμήριον δὲ τούτου ἱκανόν, ὡς καὶ αὐτὸς ἐπέστησα ἐν τῇ |τελευταίᾳ αὐτοῦ νόσῳ, τὸ μηδὲ πάνυ αὐτὸν διαγιγνώσκειν ὁποῖά ποτε ἦν τὰ προσπίπτοντα τῷ σώματι πάθη διὰ τὴν πολλὴν αὐτῶν [60] ἀπειρίαν.

tagsüber auf sich nahm durch Beten und Erklären der Lehrmeinungen und Bücher schreiben und die Zusammenkünfte mit den Schülern[29] und dadurch, dass er jede einzelne Sache so aufmerksam ausübte, wie wenn eben das seine einzige Beschäftigung wäre. Eine solche Fähigkeit wird man wohl angemessen als ‚körperliche Tapferkeit'[30] bezeichnen.

Als dritte besaß er eine Tugend des Körpers, die der Besonnenheit[31] entsprechende, welche man nun mit Blick auf die Schönheit des Körpers betrachten muss, und das aus gutem Grund. Denn wie jene ‚im Einklang und in Übereinstimmung'[32] der seelischen Kräfte wahrgenommen wird, so wird auch die Schönheit des Körpers in einer Art Symmetrie seiner organischen Teile gesehen.[33] Er war sehr angenehm anzusehen:[34] Denn nicht nur besaß er eine gute Symmetrie (sc. seines Körpers), sondern auf seinem Körper lag auch das aus seiner Seele Aufblühende wie ein lebendiges Licht, wundersam weit abstrahlend und ganz unmöglich mit Worten beschreibbar.[35] Er war aber so schön anzusehen, dass keiner von den Malern die Ähnlichkeit mit ihm erreichen konnte, sondern dass alle Bilder von ihm, die im Umlauf waren,[36] obwohl sie doch sehr schön waren, dennoch noch weit zurückblieben in ihrer Nachahmung seiner wahren Gestalt.[37]

Viertens die Gesundheit, die man der Gerechtigkeit in der Seele entsprechen lassen will, und zwar als eine Art Gerechtigkeit im Körper wie jene in der Seele; denn diejenige, welche die einzelnen Teile der Seele von Aufruhr befreit,[38] ist keine andere Haltung als Gerechtigkeit, und diejenige, welche aus ungeordneten körperlichen Elementen in sich geordnete und miteinander übereinstimmende macht, wird auch von den Asklepiaden[39] ‚Gesundheit' genannt. Und diese war ihm schon seit seiner Zeit als Säugling[40] so gut ausgeprägt, dass er sogar sagen konnte, wie oft sein Körper einer Krankheit unterworfen war: nur zwei- oder dreimal in seinem langen Leben und in insgesamt 75 Jahren.[41] Als Beweis dafür genügt, wie ich auch selbst bemerkte, dass er, als er seine letzte Krankheit hatte, selbst überhaupt nicht durchschaute, welcher Art das Leiden war, das seinen Körper befiel, aufgrund seiner großen Unerfahrenheit in diesen Dingen.[42]

4. καὶ ταῦτα μὲν εἰ καὶ σωματικά ἐστι τὰ πλεονεκτήματα, ἀλλὰ πρόδρομα ἴσως ἄν τις καλέσειε τῶν τῆς τελείας ἀρετῆς διακεκριμένων εἰδῶν. Τὰ δέ γε περὶ τὴν ψυχὴν πρῶτα καὶ αὐτοφυῶς καὶ ἀδιδάκ- [5] τως συμφύντα αὐτῷ, καὶ ταῦτα μέρη τῆς ἀρετῆς, θαυμάσειεν ἄν τις ὡς ταῦτα ἐκεῖνα ἐτύγχανεν ὄντα, ὅσα Πλάτων στοιχεῖα εἶναι βούλεται τῆς φιλοσόφου φύσεως.καὶ γὰρ μνήμων ἦν καὶ εὐμαθὴς καὶ με- [10] γαλοπρεπὴς καὶ εὔχαρις, φίλος τε καὶ συγγενὴς ἀληθείας, δικαιοσύνης, ἀνδρίας, σωφροσύνης. οὐδαμοῦ γὰρ ἑκὼν εἶναι ψεῦδος προσήκατο, ἀλλὰ πάνυ μὲν ἐμίσει, τὴν δὲ ἀψεύδειαν καὶ ἀλήθειαν [15] ἔστεργεν. ἔδει δὲ ἄρα τὸν μέλλοντα τῆς τοῦ ὄντος ἀληθείας ἐφάπτεσθαι εὐθὺς ἐκ νέου ὅτι μάλιστα ταύτης ὀρέγεσθαι. ἀλήθεια γὰρ πάντων μὲν ἀγαθῶν θεοῖς ἡγεῖται, πάντων δὲ ἀνθρώποις. ὅτι δὲ καὶ πρὸς μὲν [20] τὰς σωματικὰς ἡδονὰς ὑπερηφάνως εἶχε, σωφροσύνης δὲ ἦν φίλος ὅτι μάλιστα, ἱκανή, οἶμαι, καὶ μόνη παραστῆσαι ἡ πρὸς τὰ μαθήματα αὐτοῦ καὶ πᾶν τὸ τοιοῦτον εἶδος σφοδροτέρα ἔφεσίς τε καὶ ῥοπή· αἱ δὴ τὴν μὲν ζῴδη καὶ φορτικὴν [25] ἡδονὴν οὐδὲ ἐγγενέσθαι τὴν ἀρχὴν συγχωροῦσι, τὴν δὲ τῆς ψυχῆς αὐτῆς καθ' αὑτὴν εὐφροσύνην ἐμποιεῖν δύνανται· φιλοχρηματίας δὲ οὐδὲ ἔστιν εἰπεῖν ὅσον ἀφειστήκει·ὅς γε καὶ τῶν πατέρων, καίτοι πλούτῳ διαφερόντων, τῆς οὐσίας [30] ἐκ παίδων ὠλιγώρει διὰ τὸν περὶ φιλοσοφίαν πολὺν ἔρωτα. ἐντεῦθεν δὲ καὶ πρὸς ἀνελευθερίαν καὶ τὴν λεγομένην μικρολογίαν ἀλλοτριώτατα διέκειτο, ἅτε τοῦ ὅλου καὶ παντὸς ὀρεγόμενος θείου τε καὶ ἀνθρωπίνου. ἐκ δὲ [35] τῆς τοιαύτης διανοίας μεγαλοπρεπὴς γενόμενος, οὐδὲν ᾤετο εἶναι τὸν ἀνθρώπινον βίον, οὐδὲ τὸν θάνατον, ὥσπερ ἕτεροι, δεινόν τι εἶναι ὑπελάμβανε· πρὸς ἅπαντα δὲ τὰ δοκοῦντα τοῖς ἄλλοις εἶναι φοβερὰ ἀδεῶς εἶχε καὶ ἐκ μόνης | τῆς [40] φυσικῆς ταύτης ἐπιτηδειότητος, ἣν οὐκ ἄλλην τινὰ ἀρετήν, ἀνδρίαν δὲ μόνην προσήκει καλεῖν. Ἐκ δὲ τούτων αὐτῶν δῆλον ἤδη που καὶ παντὶ καὶ τῷ μὴ πειραθέντι τῆς ἐκείνου εὐφυΐας, ὡς εὐθὺς ἐκ νέου δίκαιός τε ἦν καὶ ἥμερος, καὶ οὐδαμῶς [45] δυσκοινώνητος ἢ δυσξύμβολος ἢ ὅλως ἄδικος· ἐπείπερ κόσμιος καὶ οὐ φιλοχρήματος οὐδὲ ἀνελεύθερος οὐδὲ ἀλαζὼν ἢ δειλὸς ἡμῖν ἐφάνη τὴν φύσιν.

Die natürlichen Tugenden des Proklos (seelische Qualitäten)

4. Auch wenn diese Vorzüge nur körperliche sind, könnte man sie vielleicht als Vorläufer[43] der ausgeprägten Erscheinungsformen der vollendeten Tugend bezeichnen. Hinsichtlich der seelischen Vorzüge aber, die ihm als erste und von Natur aus und ohne Belehrung angeboren waren – auch das sind Teile der Tugend –, könnte man sich fragen, ob diese nun eben diejenigen sind, die nach Platons Willen Bestandteile ‚der philosophischen Natur'[44] sind. Denn er hatte ‚ein gutes Gedächtnis und lernte leicht und hatte eine edle Gesinnung und war liebenswürdig, ein Freund und sogar Verwandter der Wahrheit, Gerechtigkeit, Tapferkeit und Besonnenheit. Denn nirgends billigte er freiwillig Lüge, sondern er hasste sie gänzlich, die Unverlogenheit aber und Wahrheit liebte er'.[45] So musste also der, der an die Wahrheit des Seins[46] rühren sollte, ‚sofort von Kindheit an soweit als irgend möglich nach dieser begehren. Denn die Wahrheit ist in allen Gütern Führerin einerseits für die Götter, andererseits für die Menschen'.[47] Dass er sich gegenüber den körperlichen Freuden verächtlich verhielt, aber der größte Freund der Besonnenheit war, ist, wie ich meine, allein schon geeignet, sein recht heftiges Drängen und seine Neigung zu den mathematischen Wissenschaften[48] und allem von solcher Art zu demonstrieren; diese Neigungen gestatten dem tierischen und ‚vulgären Vergnügen'[49] ja von vorneherein nicht zustandezukommen, sie können aber die ‚der Seele selbst eigentliche Freude'[50] bewirken. Es ist unmöglich auszudrücken, wie weit er von Geldgier entfernt war: Denn er schätzte das von den Eltern[51] ererbte Vermögen, obwohl sie sehr reich waren, von klein auf wegen seiner großen Liebe zur Philosophie gering. Daher stand er ‚Geiz' und der sogenannten ‚Kleinlichkeit' extrem fern, weil er ‚das gesamte und ganze Göttliche und Menschliche begehrte'.[52] Da er aufgrund dieser Gesinnung großherzig war, glaubte er, dass ‚das menschliche Leben' nichts bedeute, und er nahm auch nicht an, wie andere,[53] dass ‚der Tod etwas Schlimmes sei'; gegenüber allen Dingen, die den anderen schrecklich zu sein scheinen, verhielt er sich furchtlos und zwar aufgrund allein dieser natürlichen Eignung, die man nicht irgendeine andere Tugend, sondern allein Tapferkeit nennen darf. Aufgrund eben dieser Dinge ist es sicherlich schon jedem klar, auch wenn er nicht das gute Naturell jenes Mannes aus eigener Erfahrung kennt, dass er ‚sogleich von Jugend an gerecht war und freundlich, und in

5. Τὸ δὲ δὴ εὐμαθὲς αὐτοῦ καὶ γόνιμον τῆς ψυχῆς μὴ καὶ περιττὸν ᾗ ἐγκαταλέγειν, καὶ μάλιστα πρὸς τοὺς ἰδόντας ἢ καὶ ἀκούσαντας ὅσων μὲν ἐγκύμων ἐγένετο παγκάλων μαθημάτων, ὅσα δὲ αὐτὸς [5] ἀπέτεκε καὶ εἰς φῶς τοῖς ἀνθρώποις ἐξέδωκε, καὶ ὅτι μόνος οὗτος οὐδὲ τοῦ τῆς λήθης ἐδόκει πεπωκέναι πόματος. μνημονικὴν δὲ ἔχων δύναμιν οὐδαμῇ ἐδυσχέραινεν, οὐδὲ τὸ τῶν ἐπιλανθανομένων πάθος ὑπέμενεν, ἑαυτὸν δὲ ἀπεδέχετο ὡς καθεκτικῶς ἔ- [10] χοντα τῶν μαθημάτων καὶ τὴν περὶ ταῦτα πρᾶξιν μόνην ἠσπάζετο.

πόρρω δὲ ἦν καὶ τῆς ἀμούσου καὶ τραχυτέρας φύσεως, συγγενῶς δὲ εἶχε πρὸς τὰ ἀμείνω· καὶ γὰρ διὰ τὸ ἐν ταῖς κοιναῖς συνουσίαις καὶ ταῖς [15] ἱεραῖς αὐτοῦ ἑστιάσεσι καὶ ταῖς ἄλλαις δὲ πράξεσιν ἀστεῖόν τε καὶ εὔχαρι, καὶ ταῦτα δὲ οὐκ ἔξω τοῦ σεμνοῦ, τοὺς συνόντας ἀεὶ ἐπήγετο καὶ εὐθυμοτέρους ἀπέπεμπε.

6. Τούτοις δὴ ἅπασι καὶ τοῖς ἄλλοις φυσικοῖς ἀγαθοῖς ἐξ ἀρχῆς αὐτὸν συμπεφυκότα, τίκτει μὲν Μάρκελλα μήτηρ Πατρικίῳ κατὰ νόμον συναρμοσθεῖσα. Λύκιοι δὲ οὗτοι ἄμφω, γένει τε καὶ ἀρε- [5] τῇ ὑπερφέροντες. ὑποδέχεται δὲ αὐτὸν καὶ οἱονεὶ μαιεύεται ἡ τοῦ Βυζαντίου πολιοῦχος, ἥτις τότε μὲν αὐτῷ τοῦ εἶναι γέγονεν αἰτία τεχθέντι κατὰ τὴν αὐτῆς πόλιν, χρόνῳ δὲ ὕστερον καὶ τοῦ καλῶς εἶναι προὐνοήσατο, ἡνίκα εἰς παῖδας ἤδη καὶ μειρακίσ- [10] κους ἐτέλει· αὕτη γὰρ αὐτῷ ὄναρ φαινομένη ἐπὶ φιλοσοφίαν παρεκάλει. ὅθεν, οἶμαι, αὐτῷ συνέβη | καὶ πολλὴ οἰκειότης περὶ τὴν θεόν, ὥστε καὶ ἐξαιρέτως τὰ ταύτης ὀργιάζειν καὶ ἐνθουσιαστικώτερον αὐτῆς τοὺς θεσμοὺς μετιέναι.

keinster Weise ungesellig oder schwer umgänglich' oder überhaupt ‚ungerecht; denn gesittet[54] und nicht geizig und nicht knausrig und auch nicht angeberisch oder feige'[55] zeigte er sich uns in seinem Wesen.

Die natürlichen Tugenden des Proklos (Gedächtnis, Wesen)

5. Seine Leichtigkeit im Lernen und das Fruchtbare seiner Seele in die Aufzählung einzubeziehen ist wohl überflüssig, und am meisten mit Blick auf diejenigen, die gesehen oder auch gehört haben, mit wie vielen überaus schönen Wissenschaften er schwanger ging, wieviel er selbst gebar und für die Menschen ans Licht hervorbrachte,[56] und dass dieser Mann als einziger auch nicht den Trunk der Lethe[57] getrunken zu haben schien. Obwohl er die Fähigkeit der Erinnerung besaß, war er nie nachtragend, und er erlitt nicht das Unglück derer, die vergessen; er verstand sich selbst als einer, der sich, da dazu befähigt, an die Wissenschaften hält und allein die darauf bezogene Beschäftigung begrüßte.

Fern stand er auch der ‚unmusischen'[58] und eher rauen Natur, hingezogen aber fühlte er sich zu den besseren Naturen; denn weil er in den gemeinsamen Zusammenkünften und bei seinen Opfer-Einladungen[59] und seinen anderen Aktivitäten gebildet und liebenswürdig war, und das nicht ohne Würde, gewann er diejenigen, die mit ihm zusammen waren, für sich und entließ sie wohlgemuter.

Die natürlichen Tugenden des Proklos (Geburt in Byzanz und Jugend in Xanthos)

6. Mit all diesen und den übrigen natürlichen Gütern von Anfang an ausgestattet bringt ihn seine Mutter Markella zur Welt, die dem Patrikios rechtmäßig angetraut war.[60] Diese waren beide Lykier, an familiärer Abstammung und Tugend herausragend. Es nimmt ihn auf und hilft gleichsam bei seiner Geburt die Stadtbeschützerin von Byzanz,[61] die ihm damals Ursache seines Seins gewesen ist, da er in ihrer Stadt geboren wurde, einige Zeit später aber auch für sein Wohlergehen sorgte, als er schon zum Knaben und zum Jugendlichen heranwuchs. Diese nämlich zeigte sich ihm im Traum und rief ihn dadurch zur Philosophie.[62] Daraus, so glaube ich, ergab sich ihm sogar eine enge Vertrautheit mit der Göttin, so dass er vorzugsweise die Feste dieser Göttin feierte und ausgesprochen begeistert ihren Vorschriften folgte.

[15] ἄγουσι δὲ αὐτὸν τέως οἱ πατέρες τεχθέντα εἰς τὴν ἑαυτῶν πατρίδα, τὴν ἱερὰν τοῦ Ἀπόλλωνος Ξάνθον, καὶ ταύτην κατὰ θεῖόν τινα κλῆρον πατρίδα αὐτοῦ γενομένην. ἔδει γάρ, οἶμαι, τὸν μέλλοντα πασῶν ἐπιστημῶν ἡγεῖσθαι ὑπὸ τῷ μουσηγέτῃ θεῷ τρο- [20] φῆς τε καὶ παιδείας μεταλαγχάνειν. ἔνθα δὴ τοῖς καλλίστοις ἤθεσι παιδαγωγούμενος τὰς ἠθικὰς ἀρετὰς ἐπεκτήσατο, προσεθιζόμενος φιλεῖν τε ἃ δεῖ πράττειν καὶ ἀποστρέφεσθαι τὰ μὴ τοιαῦτα.

7. Τηνικαῦτα δὲ σαφῶς καὶ τὸ θεοφιλὲς συγγενὲς πολὺ ἔχων ἐδείχθη. κάμνοντος γὰρ αὐτῷ ποτε τοῦ σώματος ὑπὸ νόσου καὶ χαλεπῶς ἤδη καὶ ἀνιάτως διακειμένου, παρέστη τῇ κλίνῃ ὑπερφαινόμενος [5] παῖς, ὃς ἐδόκει νέος κομιδῇ καὶ ὡραῖος ἰδεῖν. εἰκάσαι δὲ ἦν αὐτὸν εἶναι τὸν Τελεσφόρον καὶ πρὶν τὸ ὄνομα εἰπεῖν. εἰπὼν δὲ ὅμως ὅστις εἴη καὶ τὸ ὄνομα ἐπιφθεγξάμενος καὶ τῆς κεφαλῆς ἁψάμενος (αὐτοῦ γάρ που καὶ εἱστήκει τῷ προσκεφαλαίῳ ἐπαναπαυό- [10] μενος), ὑγιῆ ἐξαίφνης ἐκ κάμνοντος ἀπετέλεσε, καὶ οὕτως ἀφανὴς αὐτῷ ἐγίνετο. τοῦτο μὲν οὕτω θεῖον τότε καὶ θεοφιλὲς τῷ μειρα- [1] κίῳ ὑπήρχθη.

8. Ἐπ' ὀλίγον δὲ ἐν Λυκίᾳ φοιτήσας γραμματικῷ ἀπῆρεν εἰς τὴν πρὸς Αἰγύπτῳ Ἀλεξάνδρειαν, ἐπαγόμενος ἤδη καὶ τὰ τῆς περὶ τὸ ἦθος ἀρετῆς ἰδιώματα, οἷς δὴ καὶ τοὺς ἐκεῖσε διδασ- [5] κάλους εἷλε. Λεωνᾶς γοῦν ὁ σοφιστής, Ἴσαυρος, οἶμαι, τὸ γένος καὶ εὐδοκιμῶν ἐν τῷ πλήθει τῶν ἐν Ἀλεξανδρείᾳ ὁμοτέχνων, οὐ μόνον αὐτῷ λόγων τῶν ἑαυτοῦ ἐκοινώνησεν, ἀλλὰ καὶ σύνοικον ἔχειν ἠξίου καὶ συνδιαιτᾶσθαι γυναικὶ καὶ τέκνοις παρεσκεύα- [10] σεν, οἷα παῖδα αὐτῷ γνήσιον καὶ τοῦτον γενόμενον. γνώριμον δὲ αὐτὸν ἐποίει καὶ τοῖς τὰς ἡνίας ἔχουσι τῆς Αἰγύπτου, οἳ δὴ καὶ αὐτοὶ ἀγασθέντες τοῦ νέου τὴν φυσι|κὴν ὀξύτητα καὶ τὴν τοῦ ἤθους καλοκἀγαθίαν ἐν τοῖς φιλτάτοις ἔταττον. ἐφοίτησε δὲ καὶ εἰς [15] γραμματικοῦ Ὠρίωνος, ὃς ἦν ἐκ τοῦ παρ' Αἰγυπτίοις ἱερατικοῦ γένους καταγόμενος καὶ μετρίως τὰ τῆς τέχνης ἐπεσκεμμένος οὕτως ὥστε καὶ συγγράμματια ἑαυτοῦ ἴδια ἐκπονῆσαι καὶ τοῖς μεθ' ἑαυτὸν χρήσιμα καταλιπεῖν. ἐπλησίασε δὲ καὶ Ῥωμαϊκῶν [20] διδασκαλείων διατριβαῖς καὶ ἐν ὀλίγῳ χρόνῳ πολλὴν ἐπίδοσιν καὶ περὶ τοὺς τοιούτους ἔσχε λόγους· καὶ γὰρ ἤγετο τὴν ἀρχὴν ἐπὶ τὸ τοῦ πατρὸς ἐπιτήδευμα,

Die Eltern bringen ihn, nachdem er geboren war, eine Zeitlang in ihre eigene Heimat, die dem Apollon heilige Stadt Xanthos,[63] wobei auch diese ihm gemäß einem göttlichen Beschluss zur Heimat wurde. Denn, so meine ich, er musste, da er künftig Führer in allen Wissenschaften werden sollte, unter der Ägide des Musenführergottes aufgezogen und gebildet werden. Indem er nun dort in den schönsten Sitten erzogen wurde, erwarb er sich die ethischen Tugenden,[64] und dabei gewöhnte er sich daran, das zu lieben, was man tun muss, und sich vom Gegenteiligen fernzuhalten.

Die ethischen Tugenden des Proklos (Erscheinung des Telesphoros)

7. Damals erwies er sich klar als einer, dem auch das Gottgeliebtsein[65] in hohem Maße angeboren war: Denn als sein Körper[66] einmal an einer Krankheit litt und er sich in einem schlechten und unheilbaren Zustand befand, trat an sein Bett ein Knabe, der sich ihm am Kopfende zeigte, welcher ganz jung und hübsch anzusehen war. Man konnte vermuten, dass er Telesphoros[67] war, noch bevor er seinen Namen sagte. Nachdem er aber doch gesagt hatte, wer er sei und seinen Namen hatte verlauten lassen und den Kopf berührt hatte – denn er stand mit der Hand am Kopfkissen –, machte er ihn von einem Kranken plötzlich[68] zu einem Gesunden und sogleich wurde er für Proklos unsichtbar. Damals wurde nun so diese göttliche Erscheinung und Gottgeliebtsein dem jungen Mann zuteil.

Die ethischen Tugenden des Proklos (Studium in Xanthos und Alexandria)

8. Nachdem er für kurze Zeit in Lykien regelmäßig zu einem Grammatiklehrer gegangen war, brach er auf ins ägyptische Alexandria,[69] bereits im Besitz der Besonderheiten seiner charakterlichen Tugend, durch die er natürlich auch die dortigen Lehrer für sich einnahm. Jedenfalls Leonas,[70] der Sophist,[71] aus Isaurien,[72] wie ich glaube, was seine Herkunft angeht und innerhalb der großen Gruppe derer, die in Alexandreia die gleiche Kunst wie er ausübten, ein berühmter Mann, ließ ihn nicht nur an seinen eigenen Rhetorikkursen[73] teilnehmen, sondern hielt es sogar für angebracht, dass er in seinem Haus wohnte und richtete es ein, dass er mit seiner Frau und den Kindern zusammen die Mahlzeiten einnahm, wie wenn ihm auch dieser ein echter Sohn geworden sei.

ἐφ' ᾧ δὴ ἐκεῖνος σφόδρα ὀνομαστὸς ἐγεγόνει, τὴν δικανικὴν ἐν τῇ βασιλίδι πόλει δεόντως μετα- [25] χειρισάμενος. μάλιστα δὲ ἐδόκει νέος ὢν χαίρειν τότε ῥητορικῇ, ἄγευστος ὢν ἔτι λόγων φιλοσόφων, καὶ πάνυ ηὐδοκίμει ἐπ' αὐτῇ καὶ θαῦμα ἑαυτοῦ πολὺ παρεῖχε τοῖς τε συμφοιτῶσιν ἑταίροις καὶ αὐτοῖς τοῖς διδασκάλοις ἐπί τε τῷ καλῶς λέγειν καὶ ἐπὶ τῷ [30] ῥᾳδίως ἐκμανθάνειν καὶ ἔτι τῷ διδασκάλου μᾶλλον ἢ μαθητοῦ ἕξιν καὶ μελέτην ἔχειν.

9. Ἔτι δὲ φοιτῶντα αὐτὸν Λεωνᾶς ὁ σοφιστὴς συνεκδημεῖν ἑαυτῷ παρασκευάζει τὴν ἐπὶ τὸ Βυζάντιον ἀποδημίαν, ἣν καὶ αὐτὸς ἐποιεῖτο φίλῳ χαριζόμενος Θεοδώρῳ τῷ τῆς Ἀλεξανδρείας τότε ἄρχοντι, [5] ἀνδρὶ ἀστείῳ καὶ μεγαλοπρεπεῖ καὶ φιλοσοφίας ἐραστῇ. ὁ δὲ καὶ νέος ὢν προθυμότερον εἵπετο τῷ διδασκάλῳ, ἵνα μὴ αὐτῷ τὰ τῶν λόγων παραποδίζοιτο· τὸ δὲ ἀληθέστερον εἰπεῖν, τύχη τις αὐτὸν ἀγαθὴ ἐπανῆγεν αὖθις ἐπὶ τὴν τῆς γενέσεως αἰ- [10] τίαν. τότε γὰρ αὐτὸν ἐλθόντα προὔτρεψεν ἡ θεὸς εἰς φιλοσοφίαν ἰδεῖν καὶ τὰς Ἀθήνησι διατριβάς. Ἐπανελθὼν δὲ πρότερον εἰς Ἀλεξάνδρειαν καὶ ῥητορικῇ καὶ τοῖς ἄλλοις περὶ ἃ πρῴην ἐσπούδαζε χαίρειν εἰπών, τὰς τῶν ἐκεῖ φιλοσόφων μετεδίωκε [15] συνουσίας. καὶ φοιτᾷ ἐπὶ μὲν <τοῖς> Ἀριστοτελικοῖς παρ' Ὀλυμπιόδωρον τὸν φιλόσοφον, οὗ κλέος εὐρύ· ἐπὶ δὲ μαθήμασιν Ἥρωνι ἐπέτρεψεν ἑαυτόν, ἀνδρὶ θεοσεβεῖ καὶ τελείαν παρασκευὴν ἐσχηκότι τῶν κατὰ παίδευσιν ὁδῶν. τοσοῦ- [20] τον δὲ καὶ οὗτοι | οἱ ἄνδρες τὸ ἦθος τοῦ μειρακίου ἠγάσθησαν, ὥστε τὸν μὲν Ὀλυμπιόδωρον θυγάτριον ἔχοντα, ἠγμένον καὶ αὐτὸ φιλοσόφως, βουληθῆναι αὐτῷ κατεγγυῆσαι, τὸν δὲ Ἥρωνα θαρρῆσαι αὐτῷ τὸν τρόπον ἅπαντα τῆς ἑαυτοῦ θεοσεβείας καὶ [25] ὁμέστιον συνεχῶς ποιεῖσθαι. Ὀλυμπιοδώρου δὲ ἀκροώμενος ἀνδρὸς δυνατοῦ λέγειν καὶ διὰ τὴν περὶ τοῦτο εὐκολίαν καὶ ἐντρέχειαν ὀλίγοις τῶν ἀκουόντων ὄντος ἐφικτοῦ, ἐξιὼν αὐτὸς μετὰ τὴν συνουσίαν ἅπαντα πρὸς τοὺς ἑταίρους τὰ τῶν πράξεων [30] ἀπεμνημόνευεν ἐπ' αὐτῶν <τῶν> λέξεων, πλεῖστα ὄντα, ὥς μοί τις εἶπε τῶν συμφοιτητῶν, Οὐλπιανὸς ὁ Γαζαῖος, ἀνὴρ καὶ οὗτος τὴν ζωὴν ἱκανῶς φιλοσοφήσας. καὶ αὐτὰ δὲ τὰ Ἀριστοτέλους λογικὰ συγγράμματα ῥᾷστα ἐξεμάνθανε, καίτοι χαλεπὰ [35] ὄντα τοῖς ἐντυγχάνουσι καὶ πρὸς μόνην ψιλὴν ἀνάγνωσιν.

Er machte ihn sogar mit den Machthabern[74] Ägyptens bekannt, die natürlich auch ihrerseits den natürlichen Scharfsinn des jungen Mannes lieb gewannen und seine charakterliche Vorzüglichkeit und ihn daher zu denen rechneten, die ihnen am liebsten waren. Er besuchte auch den Unterricht im Haus des Grammatiklehrers Orion,[75] der sich aus der ägyptischen Priesterkaste herleitete und seine Kunst so gut beherrschte, dass er sogar eigene kleine Schriften erarbeitete und seinen Nachfolgern zum Nutzen hinterließ.[76] Er besuchte ferner den Unterricht in römischen Lehranstalten und machte in kurzer Zeit große Fortschritte auch in dieser Sprache;[77] denn es trieb ihn anfänglich zum Beruf seines Vaters hin, in welchem dieser ja sehr bekannt geworden war, da er die Rechtskunst[78] in der Stadt des Kaisers[79] in gebührender Weise ausgeübt hatte. Am meisten aber schien er sich als junger Mann damals an der Rhetorik zu erfreuen, da er ja noch nicht von philosophischen Reden gekostet hatte, und er war darin sehr berühmt und ließ seine Kommilitonen und sogar seine Lehrer oft über ihn staunen: über seine Fähigkeit, schön zu reden und über seine Gabe, leicht auswendig zu lernen und noch dazu darüber, dass er mehr die Fertigkeit und die Praxis eines Lehrers denn eines Schülers hatte.

9. Als er noch dessen Schüler war, richtete der Sophist Leonas es ein, dass er mit ihm zusammen die Reise nach Byzanz unternahm, welche er seinerseits seinem Freund Theodoros zuliebe machte, dem damaligen führenden Beamten Alexandrias, einem gebildeten und edlen Mann und Liebhaber der Philosophie. Proklos, obwohl er noch jung war, folgte seinem Lehrer recht gern, damit nicht seine Rhetorikstudien behindert würden; um aber eher die Wahrheit zu sagen: Ein glücklicher Zufall[80] führte ihn wieder zurück zur Ursache seines Lebens.[81] Denn damals trieb die Göttin ihn, als er kam, dazu an,[82] zur Philosophie hin zu schauen und zum Studium in Athen.[83] Nachdem er zuvor wieder nach Alexandria zurückgekehrt war und der Rhetorik und den anderen Disziplinen seines früheren Studiums Lebewohl gesagt hatte, besuchte er den Unterricht der dortigen Philosophen. Er ging für das Studium der Aristotelischen Philosophie zum Philosophen Olympiodoros,[84] dessen ‚Ruhm weit reichte';[85] für die mathematischen Wissenschaften vertraute er sich Heron[86] an, einem gottesfürchtigen Mann und einem, der die perfekte Disposition ‚für die Wege der Bildung'[87] hatte. Auch diese Männer gewannen den Charakter des Jünglings so sehr lieb, dass Olympiodoros, der ein

10. Τούτοις οὖν ἐν Ἀλεξανδρείᾳ συσχολάσας καὶ, καθόσον αὐτοὶ δυνάμεως εἶχον, τῆς συνουσίας αὐτῶν ἀπονάμενος, ἐπειδὴ ἐν τῇ συναναγνώσει τινὸς ἔδοξεν αὐτῷ οὐκέτι ἀξίως τῆς τοῦ φιλοσόφου δια- [5] νοίας φέρεσθαι ἐν ταῖς ἐξηγήσεσιν, ὑπεριδὼν ἐκείνων τῶν διδασκαλείων, ἅμα δὲ καὶ μεμνημένος τῆς ἐν τῷ Βυζαντίῳ θείας ὄψεως καὶ παρακελεύσεως, ἐπὶ τὰς Ἀθήνας ἀνήγετο σὺν πομπῇ τινι πάντων τῶν λογίων καὶ τῶν φιλοσοφίας ἐφόρων θεῶν τε καὶ δαιμόνων [10] ἀγαθῶν. ἵνα γὰρ ἀνόθευτος ἔτι καὶ εἰλικρινὴς σῴζηται ἡ Πλάτωνος διαδοχή, ἄγουσιν αὐτὸν οἱ θεοὶ πρὸς τὴν τῆς φιλοσοφίας ἔφορον, ὡς ἐναργῶς ἐδήλωσε καὶ τὰ προοίμια αὐτοῦ τῆς ἐπιδημίας καὶ οἱ γενόμενοι θεῖοι ὄντως σύμβολοι προμηνύοντες αὐτῷ [15] σαφῶς τὸν ἀπὸ τοῦ πατρὸς κλῆρον καὶ τὴν ἄνωθεν ἐσομένην ψῆφον τῆς διαδοχῆς.

ὡς γὰρ εἰς τὸν Πειραιᾶ κατῆρε καὶ τοῖς ἐν τῇ πόλει κατεμηνύετο τοῦτο, Νικόλαος <μὲν> ὁ ὕστερον μὲν περιφανὴς ἐπὶ σοφιστικῇ γενόμενος, τηνικαῦτα [20] δὲ σχολάζων τοῖς ἐν Ἀθήναις διδασκάλοις, κατέβη εἰς τὸν λιμένα ὡς πρὸς γνώριμον, ὑποδεξόμενός τε αὐτὸν καὶ ξεναγήσων ὡς πο|λίτην· Λύκιος γὰρ καὶ ὁ Νικόλαος. ἦγεν οὖν αὐτὸν ἐπὶ τὴν πόλιν.

Töchterchen, ebenfalls in der Philosophie erzogen, hatte, sie ihm verloben wollte, Heron es aber riskierte, ihm den ganzen Modus seiner eigenen Götterverehrung anzuvertrauen und ihn beständig zu seinem Mitbewohner zu machen. Als er Hörer des Olympiodoros war, eines Mannes, der redegewandt war und wegen dieser Begabung und seines Redetempos nur wenigen seiner Hörer erreichbar war, ging er nach dem Unterricht hinaus und wieder-holte dann vor seinen Kommilitonen alle Inhalte aus den Lektionen[88] mit denselben Worten, obwohl es sehr viele Inhalte waren, wie mir einer von seinen Mitstudenten, Ulpianos aus Gaza,[89] erzählte, auch dieser ein Mann, der sein Leben lang hinlänglich Philosophie betrieb. Sogar die logischen Schriften des Aristoteles lernte er ganz leicht auswendig, obwohl sie doch für alle, die sich damit beschäftigen, schwierig sind, und zwar schon allein beim bloßen Lesen.[90]

Die ethischen Tugenden des Proklos (Ankunft in Athen, Gang zur Akropolis)

10. Bei diesen Männern also studierte er in Alexandria und zog Nutzen aus ihrem Unterricht, soweit ihre Kompetenz reichte. Als er aber bei der gemeinsamen Lektüre mit einem von diesen den Eindruck bekam, dass das Denken des Philosophen (sc. Aristoteles)[91] nicht mehr angemessen erklärt würde, da begann er, auf die Lehrveranstaltungen jener herab zu blicken, erinnerte sich zugleich an das Traumgesicht und die Ermunterung der Göttin in Byzanz[92] und segelte ab nach Athen unter dem Geleit gewissermaßen aller über die Beredsamkeit und die Philosophie wachender Götter und guten Daimones. Damit nämlich die Nachfolge Platons weiterhin unverfälscht und rein bewahrt werde,[93] führten ihn die Götter zur Aufseherin über die Philosophie,[94] wie sowohl die Anfänge seines Aufenthalts dort als auch die wahrhaft göttlichen Zeichen[95] unmissverständlich deutlich machten, da sie ihm klar das vom Vater[96] stammende Erbe und den von oben[97] gefällten Beschluss der künftigen Nachfolge verrieten:

Denn als er im Piräus angekommen war und das den Menschen in der Stadt bekannt geworden war, ging Nikolaos,[98] der später in der sophistischen Rhetorik berühmt wurde, damals aber bei den Lehrern in Athen studierte, zum Hafen hinab, um ihn wie einen Bekannten zu begrüßen und um den Fremden zu führen, da er ja ein Mitbürger von ihm war; denn auch Nikolaos stammte aus Lykien. Er führte ihn also in die Stadt.

ὁ δὲ ἐκ τοῦ βαδίζειν κόπου ᾔσθετο κατὰ τὴν ὁ- [25] δὸν καὶ περὶ τὸ Σωκρατεῖον – οὔπω εἰδὼς οὐδὲ ἀκηκοὼς ὅτι Σωκράτους αὐτοῦ που ἐγίγνοντο τιμαί – ἠξίου δὴ τὸν Νικόλαον ἐπιμένειν τε αὐτόθι βραχὺ καὶ καθέζεσθαι, ἅμα δὲ καὶ εἰ ἔχοι ποθέν ὕδωρ, αὐτῷ πορίσασθαι· καὶ γὰρ δίψει πολλῷ, ὡς ἔλεγε, [30] κατείχετο. ὁ δὲ ἑτοίμως αὐτῷ, καὶ τοῦτο οὐκ ἀλλαχόθεν ποθέν, ἐξ αὐτοῦ δὲ ἐκείνου τοῦ ἱεροῦ χωρίου ἐποίει φέρεσθαι· οὐδὲ γὰρ πόρρω ἦν ἡ πηγὴ τῆς Σωκράτους στήλης. πιόντι δὲ αὐτῷ, σύμβολον ὁ Νικόλαος, καὶ τότε πρῶτον ἐπιστήσας, εἶπεν ὡς τῷ [35] Σωκρατείῳ εἴη ἐνιδρυθεὶς καὶ πρῶτον ἐκεῖθεν Ἀττικὸν ὕδωρ πιών. ὁ δ'ἐξαναστὰς καὶ προσκυνήσας ἐπὶ τὴν πόλιν ἐπορεύετο. ἀναβάντι δὲ αὐτῷ καὶ εἰς τὴν ἄκραν περιτυγχάνει ὁ θυρωρὸς πρὸς τῇ εἰσόδῳ, ἤδη τὰς κλεῖς ἐπιτιθέναι μέλλων ταῖς θύραις, [40] ὥστε καὶ εἰπεῖν πρὸς αὐτόν (ἐπ' αὐτῶν δὲ ἐρῶ τῶν τοῦ ἀνθρωπίου ῥημάτων)· „ἀληθῶς, εἰ μὴ ἦλθες, ἔκλειον." καὶ τίς ἂν ἐγένετο σύμβολος τούτου σαφέστερος, καὶ οὐδὲ Πόλλητος ἢ Μελάμποδος ἢ τῶν ὁμοίων εἰς κρίσιν δεόμενος;

11. Ὑπερφρονήσας δὲ κἀνταῦθα τῶν ῥητορικῶν διατρι βῶν, καίτοι περιμάχητος τοῖς ῥητορικοῖς γενόμενος, ὡς δὴ καὶ ἐπ' αὐτὸ τοῦτο ἥκων, ἐντυγχάνει πρώτῳ τῶν φιλοσόφων Συριανῷ τῷ Φιλοξένου· [5] παρῆν δὲ τῇ συνουσίᾳ καὶ Λαχάρης, ἀνὴρ διακορὴς μὲν γενόμενος καὶ τῶν φιλοσόφων λόγων καὶ συμφοιτητὴς ἐν τούτοις αὐτοῦ τοῦ φιλοσόφου, ἐπὶ σοφιστικῇ δὲ τοσοῦτον ἑαυτοῦ θαῦμα ἐγείρας, ὅσον Ὅμηρος ἐπὶ ποιητικῇ. παρῆν οὖν, ὡς ἔφην, καὶ οὗ- [10] τος· καιρὸς δὲ ἔτυχεν ὢν ὁ τῆς δείλης ὀψίας. ἤδη γοῦν αὐτῶν διαλεγομένων, ἐν δυσμαῖς μὲν ἥλιος ἐγίγνετο, σελήνη δὲ ἀπὸ συνόδου πρῶτον ἐφαίνετο. ἀποπέμπειν οὖν ἐπειρῶντο, προσειπόντες, τὸν νέον ὡς ξένον, ἵνα δὴ σχολὴν ἔχοιεν αὐτοὶ ἐφ' ἑαυτῶν [15] προσκυνεῖν τὴν θεόν.

Proklos aber verspürte unterwegs aufgrund des Gehens Erschöpfung und bat nun in der Nähe des Sokrateions[99] – obwohl er noch gar nicht wusste und noch nicht gehört hatte, dass es eben dort Ehrungen für Sokrates gab – den Nikolaos, dass man eben dort kurz innehalte und sich hinsetze, zugleich aber auch ihm, wenn das möglich sei, von irgendwoher Wasser bringen lasse; denn er wurde, wie er sagte, von großem Durst[100] geplagt. Der sorgte bereitwillig dafür, dass ihm das nicht von irgendwoanders her, sondern von eben jenem heiligen Ort selbst her gebracht wurde; denn die Quelle[101] lag nicht fern von der Sokratesstele.[102] Nachdem er getrunken hatte, nannte es Nikolaos, der das da erst realisierte, ein Zeichen,[103] dass er sich im Sokrateion hingesetzt und dort zum ersten Mal attisches Wasser getrunken habe. Nachdem Proklos aufgestanden war und sich in Verehrung niedergeworfen hatte,[104] machte er sich auf den Weg zur Stadt. Als er auch zur Akropolis hinaufstieg, begegnet ihm der Torhüter am Eingang, als er gerade die Riegel vor das Tor legen[105] wollte, und sagte daraufhin zu ihm (ich werde es mit eben den Worten dieses unbedeutenden Menschen sagen[106]): „Wahrhaftig, wenn du nicht gekommen wärest, hätte ich geschlossen!" Welches Zeichen[107] könnte denn deutlicher sein als dieses und dabei auch ohne die Interpretation eines Polles oder Melampus[108] oder vergleichbarer Deuter auskommen?

Die ethischen Tugenden des Proklos (Treffen mit Syrianos; Proklos' Gebet an die Mondgöttin)

11. Da er aber auch dort auf die Rhetorenschulen herabsah, obwohl er von den Schülern der Rhetoren umkämpft war, wie wenn er nun genau dafür hergekommen wäre, studierte er als erstem von den Philosophen bei Syrianos, dem Sohn des Philoxenos;[109] es war bei der Zusammenkunft auch Lachares[110] anwesend, ein in philosophischen Lehren bestens bewanderter Mann und in diesem Bereich Anhänger des Philosophen selbst, obwohl er aufgrund seiner Sophistenkunst[111] so viel Staunen über seine Person erregte, wie Homer durch seine Dichtkunst. Es war also, wie ich sagte, auch dieser Mann dabei; es war gerade die Zeit des späten Nachmittags. Als sie sich nun gerade unterhielten, war die Sonne dabei unterzugehen, der Mond aber zeigte sich zum ersten Mal seit ihrer Zusammenkunft.[112] Sie sprachen ihn an und versuchten so, den jungen Mann wie einen Fremden wegzuschicken, damit

ὁ δὲ ὀλίγον προελθὼν καὶ θεασάμενος καὶ αὐτὸς ἐκ τοῦ αὐτοῦ οἴκου φαινομένην τὴν σελήνην, ὑπολυσάμενος αὐτόθι ἃ
| ἦν αὐτῷ ὑποδήματα, ὁρώντων ἐκείνων, τὴν θεὸν ἠσπάζετο. ἐνταῦθα δὴ ὁ Λαχάρης ἐκπλαγεὶς τοῦ μειρακίου [20] τὴν παρρησίαν πρὸς τὸν φιλόσοφον εἶπε Συριανὸν τοῦτο ἐκεῖνο τῷ Πλάτωνι δαιμονίως εἰρημένον ἐπὶ τῶν μεγάλων φύσεων· „οὗτος γάρ, ἔφη, ἢ μέγα ἀγαθὸν ἔσται, ἤ γε τούτῳ ἐναντίον." καὶ τοιαῦτα μέν, ὡς ὀλίγα ἐκ πολλῶν εἰπεῖν, ἐγέ- [25] νετο τῷ φιλοσόφῳ θεόθεν τὰ σημεῖα ἄρτι ἐπιδημή- [1] σαντι ταῖς Ἀθήναις.

12. Παραλαβὼν δὲ αὐτὸν ὁ [1] Συριανὸς προσάγει τῷ μεγάλῳ Πλουτάρχῳ τῷ Νεστορίου. ὁ δὲ νέον μὲν ἰδὼν καὶ οὐδὲ ὅλον εἰκοστὸν ἔτος ἄγοντα, ἀκούσας δὲ αὐτοῦ τὴν αἵρεσιν καὶ [5] τὴν πολλὴν ἔφεσιν τοῦ ἐν φιλοσοφίᾳ βίου, σφόδρα ἤσθη ἐπ' αὐτῷ, ὥστε καὶ ἑτοίμως [ἑαυτὸν] μεταδοῦναι αὐτῷ τῶν φιλοσόφων διατριβῶν, καὶ ταῦτα κωλυόμενος ὑπὸ τῆς ἡλικίας· μάλα γὰρ ἦν ἤδη πρεσβύτης. ἀναγινώσκει οὖν παρὰ τούτῳ Ἀριστο- [10] τέλους μὲν τὰ Περὶ ψυχῆς, Πλάτωνος δὲ τὸν Φαίδωνα. προὔτρεπε δὲ αὐτὸν ὁ μέγας καὶ ἀπογράφεσθαι τὰ λεγόμενα, τῇ φιλοτιμίᾳ τοῦ νέου ὀργάνῳ χρώμενος καὶ φάσκων ὅτι, συμπληρωθέντων αὐτῷ τῶν σχολίων, ἔσται καὶ Πρόκλου ὑπομνήματα φερόμενα [15] εἰς τὸν Φαίδωνα. καὶ ἄλλως δ' ἔχαιρε τῷ νεανίσκῳ πεῖραν αὐτοῦ λαβὼν τῆς πρὸς τὰ καλὰ ἐπιτηδειότητος, καὶ τέκνον αὐτὸν συνεχῶς ἀπεκάλει καὶ ὁμοέστιον ἐποιεῖτο. καὶ ἐπειδὴ ἑώρα αὐτὸν πρὸς τὴν ἀποχὴν τῶν ἐμψύχων καρτερικῶς ἔχοντα, παρεκά- [20] λει μηδὲ τούτων πάντη ἀπέχεσθαι, ὅπως ἂν καὶ τὸ σῶμα ὑπηρετοῦν ἔχοι ταῖς ψυχικαῖς ἐνεργείαις. τὰ αὐτὰ δὲ καὶ τῷ φιλοσόφῳ Συριανῷ περὶ τῆς διαίτης τοῦ νέου παρεκελεύετο. ὁ δὲ πρὸς τὸν πρεσβύτην ἔλεγεν, ὡς διεμνημόνευε πρὸς ἡμᾶς ἡ θεία κεφαλή, [25] ὅτι· „ἔασον αὐτὸν μαθεῖν ὅσα βούλομαι ἐγκρατῶς διαιτώμενον, καὶ τότε, εἰ ἐθέλοι, ἀποθάνοι." οὕτω διὰ πάντων ἐκήδοντο αὐτοῦ οἱ διδάσκαλοι.

sie unbehelligt ganz für sich die Göttin am Boden liegend[113] verehren könnten.[114] Nachdem er ein wenig vorausgegangen war und selbst die aus demselben Haus[115] aufgehende Mondgöttin betrachtet hatte, löste er sich an Ort und Stelle die Sandalen, die er trug,[116] und begrüßte dann unter den Blicken jener Männer die Göttin.[117] Da nun sprach Lachares, tief beeindruckt von der Freimütigkeit des jungen Mannes, zum Philosophen Syrianos jenes berühmte Diktum, das von Platon wunderbar über die großen Naturen gesagt worden war: „Dieser nämlich", sagte er, „wird entweder ein großes Gut sein oder das genaue Gegenteil davon."[118] Solcherlei Zeichen,[119] um von vielen nur wenige zu nennen, wurden dem Philosophen von göttlicher Seite zuteil, als er sich in Athen gerade einlebte.

Die ethischen Tugenden des Proklos (Studium bei Plutarchos)

12. Syrianos nahm ihn mit sich und machte ihn so mit dem großen Plutarchos, dem Sohn des Nestorios, bekannt.[120] Als der aber den jungen Mann von noch nicht einmal 20 Jahren sah und als er dessen Überzeugung und seinen großen Drang nach dem Leben in der Philosophie gehört hatte, freute er sich so sehr über ihn, dass er ihm bereitwillig philosophische Lehrveranstaltungen erteilte, und dies, obwohl er durch das Alter gehindert wurde; denn er war schon sehr betagt. Proklos las also bei ihm die Bücher des Aristoteles über die Seele, von Platon aber den Phaidon. Der große Plutarchos ermunterte ihn immer wieder, das Gesagte auch aufzuschreiben, wobei er den Ehrgeiz des jungen Mannes instrumentalisierte und behauptete, dass seine Vorlesungsnotizen,[121] wenn sie von ihm vervollständigt worden seien, künftig als Kommentare des Proklos zum Phaidon überliefert würden. Und auch sonst freute er sich an dem Jüngling, nachdem er dessen Befähigung für das Schöne kennengelernt hatte, und er nannte ihn unablässig ‚Kind' und ließ ihn in seinem Haus wohnen. Nachdem er gesehen hatte, dass Proklos sich standhaft beseelter Nahrung enthielt,[122] forderte er ihn auf, sich dieser nicht gänzlich zu enthalten, damit er auch seinen Körper als Unterstützung für die seelischen Aktivitäten habe. Dieselben Ermahnungen zur Ernäh-rung des jungen Mannes gab er auch Syrianos. Der aber sagte zum ehrwürdigen Plutarchos, wie es das göttliche Haupt uns gegenüber zu erinnern pflegte: "Lass' ihn, da er doch beherrscht lebt,

δύο δὲ μόνα σχεδὸν ἔτη ἐπεβίω αὐτῷ ἐπιδημήσαντι ὁ πρεσβύτης, καὶ τελευτῶν τῷ διαδόχῳ Συ- [30] ριανῷ τὸν νέον συνίστη, οἷα καὶ τὸν ἔγγονον Ἀρχιάδαν. ὁ δὲ πα |ραλαβὼν αὐτὸν οὐ μόνον ἔτι περὶ τοὺς λόγους μειζόνως ὠφέλει, ἀλλὰ καὶ σύνοικον τοῦ λοιποῦ καὶ τοῦ φιλοσόφου βίου κοινωνὸν εἶχε, τοιοῦτον αὐτὸν εὑρὼν οἷον πάλαι ἐζήτει ἀκροατὴν [35] ἔχειν καὶ διάδοχον, δεκτικὸν ὄντα τῶν ἐκείνῳ παμπόλλων μαθημάτων καὶ θείων δογμάτων.

13. Ἐν ἔτεσι γοῦν οὔτε δύο ὅλοις πάσας αὐτῷ τὰς Ἀριστοτέλους συνανέγνω πραγματείας, λογικάς, ἠθικάς, πολιτικάς, φυσικὰς καὶ τὴν ὑπὲρ ταύτας θεολογικὴν ἐπιστήμην. ἀχθέντα δὲ διὰ τούτων [5] ἱκανῶς ὥσπερ διά τινων προτελείων καὶ μικρῶν μυστηρίων εἰς τὴν Πλάτωνος ἦγε μυσταγωγίαν, ἐν τάξει καὶ οὐχ ὑπερβάθμιον πόδα, κατὰ τὸ λόγιον, τείνοντα, καὶ τὰς παρ' ἐκείνῳ θείας ὄντως τελετὰς ἐποπτεύειν ἐποίει τοῖς τῆς ψυχῆς ἀνεπιθολώ- [10] τοις ὄμμασι καὶ τῇ τοῦ νοῦ ἀχράντῳ περιωπῇ. ὁ δὲ ἀγρύπνῳ τε τῇ ἀσκήσει καὶ ἐπιμελείᾳ χρώμενος νύκτωρ τε καὶ μεθ' ἡμέραν καὶ τὰ λεγόμενα συνοπτικῶς καὶ μετ' ἐπικρίσεως ἀπογραφόμενος, τοσοῦτον ἐν οὐ πολλῷ χρόνῳ ἐπεδίδου, ὥστε ὄγδοον καὶ εἰ- [15] κοστὸν ἔτος ἄγων ἄλλα τε πολλὰ συνέγραψε καὶ τὰ εἰς Τίμαιον γλαφυρὰ ὄντως καὶ ἐπιστήμης γέμοντα ὑπομνήματα. ἐκ δὲ τῆς τοιαύτης ἀγωγῆς τὸ ἦθος ἐπὶ μᾶλλον κατεκοσμεῖτο, μετ' ἐπιστήμης τὰς ἀρετὰς ἀνειληφώς.

14. Καὶ δὴ καὶ τὰς πολιτικὰς προσελάμβανεν ἔκ τε τῶν Ἀριστοτέλους πολιτικῶν συγγραμμάτων καὶ τῶν παρὰ τῷ Πλάτωνι Νόμων τε καὶ Πολιτειῶν. ἵνα δὲ μηδὲ ἐν τούτοις δοκῇ λόγος εἶναι μόνον, ἔργου [5] δὲ μηδενὸς ἀνθάπτεσθαι, ἐπειδὴ πράττειν αὐτὸς ἐκωλύετο τὰ πολιτικὰ διὰ τὸ καὶ περὶ μείζονα ἠσχολῆσθαι, Ἀρχιάδαν τὸν τοῖς θεοῖς φίλον ἐπὶ τοῦτο παρεκάλει, ἅμα τε ἐκεῖνον διδάσκων καὶ ὑφηγούμενος αὐτῷ τὰς πολιτικὰς ἀρετὰς καὶ τὰς μεθόδους [10] καί, ὥσπερ οἱ τοῖς θέουσι παρακελευόμενοι, ὅλης τε τῆς ἑαυτοῦ πόλεως προΐστασθαι κοινῇ | προτρεπόμενος καὶ ἕκαστον ἰδίᾳ εὐεργετεῖν κατὰ πᾶν εἶδος τῆς ἀρετῆς, διαφερόντως δὲ τῆς δικαιοσύνης. καὶ ἔργῳ δὲ ζῆλόν τινα αὐτῷ ἐνέτικτεν, [15] ἐλευθεριότητα

lernen, wieviel ich will, und dann möge er sterben, wenn er will."[123]So trugen seine Lehrer in allem Sorge um ihn.

Der verehrungswürdige Plutarchos lebte ihm, nachdem er (sc. Proklos) dort angekommen war, nur noch knapp zwei Jahre, und als er starb, empfahl er den Jüngling seinem Nachfolger[124] Syrianos, wie auch seinen Enkel Archiadas.[125] Syrianos nahm ihn zu sich und unterstützte ihn dadurch nicht nur weiterhin erheblich in seinen Studien, sondern er hatte ihn künftig auch als Hausgenossen und Teilhaber am philosophischen Leben, da er in ihm einen solchen Schüler und Nachfolger gefunden hatte, wie er ihn schon lange suchte, da er aufnahmefähig war für die bei jenem überaus reichlichen Wissenschaften und göttlichen Lehren.

13. In nicht ganz zwei Jahren las er nun mit ihm zusammen alle Aristotelischen Pragmatien, die logischen, die ethischen, die politischen, die auf die Natur bezogenen Pragmatien und die darüber hinausgehende theologische Wissenschaft.[126] Syrianos führte ihn, nachdem er durch diese hinreichend wie durch bestimmte Weihen vor der Initiation und wie durch kleine Mysterien geführt worden war, hin zur Einweihung in die Mysterien Platons, der Reihe nach[127] und ‚nicht', wie der Orakelspruch[128] sagt, ‚mit dem über die Grenze gestreckten Fuß' und bewirkte, dass er die bei jenem wahrhaft göttlichen Weihen als Geweihter mit den unbeschmutzten Augen der Seele und der unbefleckten Umsicht des Intellekts schaute.[129] Dadurch aber, dass Proklos mit unermüdlicher[130] Übung und Aufmerksamkeit nachts und bei Tage das Gesagte scharfsinnig und mit kritischer Beurteilung aufschrieb, machte er in nicht langer Zeit so große Fortschritte, dass er in seinem 28. Lebensjahr unter vielem anderem auch seine wirklich geschliffenen und von Wissen strotzenden Kommentarbücher zum Timaios[131] verfasste. Durch eine solche Lebensführung hatte er sich seinen Charakter[132] noch[133] mehr geordnet, da er die Tugenden mit Wissen aufgenommen hatte.

Die politischen Tugenden des Proklos (Engagement – Leben im Verborgenen)

14. Und so übernahm er denn auch die politischen Tugenden aus den politischen Schriften des Aristoteles und den Nomoi Platons und aus dessen Büchern zur Politeia.[134] Um nicht den Anschein zu erwecken, in diesen einer zu sein, der nur redet, aber an keine Arbeit Hand anlegt, forderte er, als er selbst daran gehindert

τὴν περὶ τὰ χρήματα καὶ μεγαλοπρέπειαν αὐτῷ ἐνδεικνύμενος τῷ δωρεῖσθαι ὁτὲ μὲν φίλοις, ὁτὲ δὲ συγγενέσι, καὶ ξένοις καὶ ἀστοῖς,καὶ κρείττονα ἑαυτὸν πάντη ἀποφαίνειν τῆς τῶν χρημάτων κτήσεως. καὶ εἰς ἔργον δὲ δημόσιον οὐ [20] σμικρὰ ἐχαρίσατο· τελευτῶν δὲ καὶ μετὰ Ἀρχιάδαν ταῖς πόλεσι καταλέλοιπε κτήματα, πατρίδι τε τῇ ἑαυτοῦ καὶ ταῖς Ἀθήναις. τοιοῦτος δὲ ὁ φιλαλήθης Ἀρχιάδας οἴκοθέν τε καὶ ἐκ τῆς τούτου φιλίας ἀπεδείχθη, ὡς καὶ τοὺς ἐφ' ἡμῶν ἀνθρώπους, εἴ [25] ποτε ἐθέλοιεν μνήμην αὐτοῦ ποιεῖσθαι, οὐκ ἄλλως ἢ τὸν εὐσεβέστατον Ἀρχιάδαν εὐφήμῳ τῷ στόματι [1] καλεῖν.

15. Καὶ αὐτὸς δὲ ἐνίοτε ὁ φιλόσοφος ἐφήπτετο πολιτικῶν βουλευμάτων τοῖς κοινοῖς ὑπὲρ τῆς πόλεως συλλόγοις παραγιγνόμενος καὶ γνώμας ἐμφρόνως εἰσηγούμενος καὶ <τοῖς> ἄρχουσιν [5] ἐντυγχάνων ὑπὲρ δικαίων πραγμάτων, καὶ τούτους οὐ μόνον παρακαλῶν, τρόπον δέ τινα προσαναγκάζων τῇ φιλοσόφῳ παρρησίᾳ τὸ προσῆκον ἑκάστοις ἀπονέμειν. κοινῇ δὲ πάλιν τῆς κοσμιότητος τῶν ἀναγιγνωσκόντων ἐπεμελεῖτο καὶ σωφροσύνην [10] ἐποίει πολιτεύεσθαι, οὐ ψιλῷ λόγῳ διδάσκων, ἔργῳ δὲ μᾶλλον διὰ παντὸς τοῦ βίου ἐπιτηδεύων καὶ οἱονεὶ προτύπωμα σωφροσύνης αὐτὸς τοῖς ἄλλοις γιγνόμενος. Τὸ δὲ δὴ τῆς πολιτικῆς ἀνδρίας εἶδος Ἡράκλειον [15] ὄντως ἐπεδείξατο. ἐν ζάλῃ γὰρ παρελθὼν καὶ τρι- κυμίᾳ πραγμάτων, καὶ πνευμάτων Τυφωνίων ἀντιπνεόντων τῇ ἐννόμῳ ζωῇ, ἐμβριθῶς οὗτος ἀνὴρ καὶ ἀστεμφῶς, εἰ καὶ παρακινδυνευτικῶς, τὸν βίον διενήξατο· καί ποτε ἐν περιστάσει τινῶν γυπογιγάντων [20] ἐξετασθεὶς ἀπῆρεν, ὡς εἶχε, τῶν Ἀθηνῶν, τῇ τοῦ παντὸς περιφορᾷ πειθόμενος, καὶ τὴν ἐπὶ τὴν Ἀσίαν ἐποιεῖτο πορείαν, καὶ ταύτην δὲ πρὸς ἀγαθοῦ τοῦ μεγίστου. ἵνα γὰρ μηδὲ τῶν ἐκεῖ ἀρχαιοτέρων ἔτι σῳζομένων θεσμῶν ἀμύητος ᾖ, πρό|φασιν αὐτῷ [25] τὸ δαιμόνιον τῆς ἀποδημίας ταύτην ἐμηχανήσατο. αὐτός τε γὰρ τὰ παρ' ἐκείνοις σαφῶς ἐπεγίγνωσκε κἀκεῖνοι, εἴ τι ὑπὸ τοῦ μακροῦ χρόνου παρεώρων τῶν δρωμένων, ἐδιδάσκοντο, ὑφηγουμένου τοῦ φιλοσόφου τὰ τῶν θεῶν ἐντελέστερον. καὶ ταῦτα πάν- [30] τα δρῶν καὶ κατὰ ταῦτα ζῶν τοσοῦτον ἐλάνθανεν, ὅσον οὐδὲ οἱ Πυθαγόρειοι τὸ λάθε βιώσας παράγγελμα τοῦ καθηγεμόνος ἀσάλευτον φυλάττοντες. ἐνιαυτὸν δὲ μόνον περὶ Λυδίαν διατρίψας πάλιν εἰς τὰς Ἀθήνας ἐπανῆλθε προνοίᾳ τῆς φιλοσόφου [35] θεοῦ.

wurde, sich politisch zu engagieren, weil er mit Größerem befasst war,[135] Archiadas, den von den Göttern geliebten, dazu auf; zugleich lehrte er jenen und unterwies ihn in den politischen Tugenden und in den Methoden und dabei ermuntert er ihn, ‚wie diejenigen, die bereits Laufende anfeuern',[136] die öffentlichen Angelegenheiten seiner ganzen Stadt verantwortlich zu leiten und im Privaten jedem Einzelnen eine Wohltat zu erweisen entsprechend jeder Art der Tugend, in ganz besonderer Weise aber der Gerechtigkeit. Und tatsächlich ließ er in jenem einen gewissen Eifer erwachsen, indem er ihm Freigebigkeit in Sachen Geld und Großzügigkeit dadurch vorführte, dass er bald Freunde, bald aber Verwandte sowie Fremde und Bürger beschenkte, und dadurch, dass er sich selbst in jeder Hinsicht als einer erwies, der dem Erwerb von Geld überlegen ist. Dem Staat machte er keine unerheblichen Geschenke: Als er starb, hinterließ er seine Besitztümer nach Archiadas[137] den beiden Städten, seiner eigenen Vaterstadt und Athen. Archiadas aber erwies sich als ein so wahrheitsliebender Mensch, von Haus aus und aufgrund seiner Freundschaft mit Proklos, dass auch die Menschen zu unserer Zeit, wenn sie an ihn erinnern wollen, ihn mit ehrfürchtiger Stimme nur ‚den höchst frommen Archiadas' nennen.

15. Manchmal involvierte sich der Philosoph[138] selbst in politische Beschlussfassungen, indem er den öffentlichen, mit Belang für die Stadt veranstalteten Versammlungen beiwohnte und besonnen seine Meinung vorbrachte und sich mit den Archonten wegen Rechtsangelegenheiten traf.[139] Dabei forderte er diese nicht nur auf, sondern setzte sie gewissermaßen mit philo-sophischer Offenheit unter Druck, jedem das ihm Gebührende zukommen zu lassen. Im Staatsinteresse kümmerte er sich im Gegenzug um gutes Benehmen seiner Studenten und bewirkte, dass sie im öffentlichen Leben Selbstbeherrschung zeigten,[140] indem er sie nicht nur mit dem bloßen Wort lehrte, sondern vielmehr tatsächlich sein ganzes Leben lang praktizierte und selbst den übrigen geradezu ein Musterbild[141] an Besonnenheit war. Politische Tapferkeit nach Art des Herakles aber zeigte er in der Tat.[142] Denn obwohl er in einen Sturm und einen Wogenschwall[143] von Schwierigkeiten geriet, und obwohl Typhonische Winde[144] dem gesetzesmäßigen[145] Leben entgegenbliesen, durchschwamm dieser Mann sein Leben standhaft und unerschütterlich, wenn auch unter gefährlichen Umständen: Als er einmal durch gewisse ‚Geiergiganten'[146] in eine schwierige Lage[147] gebracht worden war, verließ er Athen, gerade

οὕτω μὲν οὖν αὐτῷ καὶ τὰ τῆς ἀνδρίας φύσει τε ἐξ ἀρχῆς καὶ ἔθει, καὶ μετὰ ταῦτα ἐπιστήμη καὶ τῷ τῆς αἰτίας λογισμῷ κατεδεῖτο. Καὶ τρόπῳ δὲ ἄλλῳ τὴν πολιτικὴν ἕξιν πρακτικὴν ἀπέ- [40] φηνε, τοῖς ἐν ταῖς δυναστείαις ἐπιστέλλων καὶ ὅλας πόλεις ἐκ τούτων εὖ ποιῶν. μάρτυρες δέ μοι τοῦ λόγου οἱ εὖ πεπονθότες ἄνθρωποι, νῦν μὲν Ἀθηναῖοι, αὖθις δὲ Ἄνδριοι καὶ ἄλλοι ἐξ ἄλλων ἐθνῶν. [1]

16. Ἐντεῦθεν δὲ καὶ τὰ τῶν λογικῶν ἐπιτηδευμάτων ηὔξησεν, αὐτός τε ἐπικουρῶν τοῖς μετιοῦσι καὶ τοὺς ἄρχοντας ἀπαιτῶν σιτηρέσιά τε καὶ τὰς ἄλλας κατ' ἀξίαν ἀπονέμειν ἑκάστῳ τιμάς. καὶ ταῦτα [5] δὲ οὐκ ἀνεξετάστως ἔπραττεν οὐδὲ κεχαρισμένως, ἀλλὰ καὶ αὐτοὺς ἐκείνους ὑπὲρ ὧν ἐσπούδαζεν, ἠνάγκαζεν ἐπιμελεῖσθαι συντόνως τῶν οἰκείων ἐπιτηδευμάτων, ἐρωτῶν καὶ βασανίζων ἕκαστα τῶν παρ' αὐτοῖς· ἱκανὸς γὰρ ἦν περὶ ἁπάντων κριτής. εἰ δέ [10] τινα ῥᾳθυμότερον περὶ τὸ ἑαυτοῦ ἐπάγγελμα ηὕρισκεν, ἐπετίμα σφοδρότερον, ὥστε καὶ δοκεῖν θυμοειδέστατος εἶναι καὶ ἄγαν φιλότιμος ἐκ τοῦ θέλειν τε ἅμα καὶ δύνασθαι ἅπαντα κρίνειν ὀρθῶς.

wie er war,[148] und gehorchte so dem Umlauf des Alls.[149] Er machte eine Reise nach Asien und diese zu seinem größten Nutzen. Denn damit er nicht uneingeweiht in die dort ganz alten, noch tradierten religiösen Bräuche bliebe, ersann die Gottheit[150] ihm diesen Anlass für die Reise. Er selbst lernte nämlich die bei jenen üblichen religiösen Praktiken[151] genau kennen und jene wurden, wenn sie infolge der langen Tradition etwas von den Ritualen nicht beachtet hatten, unter Anleitung des Philosophen in allem, was mit den Göttern zu tun hat, vollkommener unterrichtet. Und während er all das machte und dementsprechend lebte, blieb er so sehr im Verborgenen wie nicht einmal die Pythagoreer, wenn sie die Anweisung ihres Führers ,Lebe im Verborgenen' unaufgeregt einhielten.[152] Nach einem Jahr in Lydien[153] kehrte er wieder nach Athen zurück, aufgrund der Vorsehung der philosophischen Göttin.[154]

So besaß er also alles, was zur Tapferkeit gehört sowohl grundsätzlich von Natur aus als auch durch Gewöhnung, und infolgedessen band er sich fest an die Wissenschaft und an die ,vernünftige Überlegung der Ursache'.[155] Auf andere Weise demonstrierte er seine politische Haltung als praxisbezogene, indem er den politischen Machthabern Briefe schrieb und deshalb ganzen Städten Gutes tat. Zeugen für meine Behauptung sind mir die Menschen, denen Gutes widerfuhr: Das sind zum einen die Athener, zum anderen die Bewohner von Andros und andere Menschen aus unterschiedlichen Gegenden.

16. Dewegen beschäftigte er sich wieder intensiver mit Redeübungen;[156] er selbst half denen, die zu ihm kamen, und bat die Archonten, Alimentierung und auch die übrigen Vergütungen jedem einzelnen nach Verdienst zuzuteilen.[157] Und das machte er nicht ohne gründliche Prüfung und auch nicht aus Gefälligkeit, vielmehr zwang er sogar eben jene, für die er sich einsetzte, sich eifrig um ihre eigenen Geschäfte zu kümmern, indem er jedes einzelne ihrer Anliegen hinterfragte und prüfte; denn in all diesen Dingen war er ein fähiger Kritiker. Wenn er aber einen recht leichtfertig bei seiner Aufgabe fand, tadelte er ziemlich heftig, so dass er sogar den Anschein erweckte, sehr hitzköpfig und sehr ehrgeizig zu sein, weil er zugleich bereit und fähig war, alles richtig zu beurteilen.[158] Und tatsächlich war er ein ehrgeiziger Mensch, aber er gebrauchte seinen Eifer nicht wie andere als Leidenschaft. Er war immer eifrig einzig um die Tugend und das Gute bemüht; vielleicht gibt es gar nichts Bedeutendes bei den

καὶ ἦν φιλότιμος, ἀλλὰ τῇ φιλοτιμίᾳ οὐχ ὡς ἕτεροι πά- [15] θει ἐχρήσατο. ἐφιλοτιμεῖτο δὲ πρὸς μόνην ἀρετὴν καὶ τὸ ἀγαθόν· τάχα δὲ οὐδ' ἂν γένοιτό τι μέγα ἐν ἀνθρώποις ἄνευ τῆς τοιαύτης ἐνεργείας. ἦν δὲ καὶ θυμοειδής, οὐδὲ τοῦτο ἀναιρῶ, ἀλλ' ἅμα καὶ πρᾶος· καὶ γὰρ ἐπαύετο | ῥᾳδίως καὶ ὀστράκου περι- [20] στροφῇ κήρινον ἀπεδείκνυ τὸν θυμόν. ἐν ταὐτῷ γάρ, ὡς εἰπεῖν, ἐπέπληττε, καὶ ἐπὶ τὸ εὐεργετεῖν αὐτοὺς ἐκείνους καὶ ὑπὲρ αὐτῶν παρακαλεῖν τοὺς ἄρχοντας ὑπὸ συμπαθείας ἐφέρετο.

17. Εὖ δὲ ὅτι μοι καὶ τὸ τῆς συμπαθείας αὐτοῦ ἴδιον ἐπὶ νοῦν ἦλθε· τοσαύτην γὰρ οἶμαι ἐν μηδενὶ ἄλλῳ ἀνθρώπων ἱστορῆσθαι. γάμων τε γὰρ ἢ παίδων οὐδεπώποτε πεῖραν λαβὼν διὰ τὸ μηδὲ αὐτὸς [5] ἑλέσθαι, καίτοι πολλῶν προταθέντων αὐτῷ γάμων γένει τε καὶ πλούτῳ ὑπερεχόντων, τούτων ἁπάντων, ὡς ἔφην, ἐλεύθερος γενόμενος, οὕτως ἐκήδετο τῶν ἑταίρων καὶ φίλων ἁπάντων καὶ τῶν τούτοις προσηκόντων παίδων τε καὶ γυναικῶν, ὡς κοινός τις [10] πατὴρ καὶ αἴτιος αὐτοῖς τοῦ εἶναι γενόμενος· παντοδαπῶς γὰρ καὶ τοῦ βίου ἑκάστων ἐπεμελεῖτο. εἰ δέ ποτέ τις τῶν γνωρίμων νόσῳ κατείχετο, πρῶτον μὲν τοὺς θεοὺς λιπαρῶς ἱκέτευεν ὑπὲρ αὐτοῦ ἔργοις τε καὶ ὕμνοις, ἔπειτα τῷ κάμνοντι παρῆν ἐπιμελέσ- [15] τατα καὶ τοὺς ἰατροὺς συνῆγεν, ἐπείγων τὰ ἀπὸ τῆς τέχνης ἀμελλητὶ πράττειν. καί τι καὶ αὐτὸς ἐν τούτοις περιττότερον εἰσηγεῖτο, καὶ πολλοὺς ἤδη ἐκ τῶν μεγίστων κινδύνων οὕτως ἐρρύσατο. ὅσον δὲ ἦν αὐτοῦ καὶ τὸ περὶ τοὺς ἐπιτηδειοτέρους τῶν [20] οἰκετῶν φιλάνθρωπον, ἔνεστι τῷ βουλομένῳ καταμαθεῖν ἐκ τῆς διαθήκης τοῦ μακαρίου ἀνδρός. ἐκ πάντων δὲ μάλιστα τῶν γνωρίμων τὸν Ἀρχιάδαν ἐφίλει καὶ τοὺς ἐκείνῳ γένει προσήκοντας, προηγουμένως μὲν διὰ τὴν τοῦ φιλοσόφου Πλουτάρχου [25] διαδοχὴν τοῦ γένους, ἔπειτα δὲ καὶ διὰ τὴν Πυθαγόρειον φιλίαν, ἣν πρὸς τὸν Ἀρχιάδαν ἐστήσατο, συμφοιτητὴς αὐτοῦ γενόμενος ἅμα καὶ διδάσκαλος. τῶν γὰρ δύο εἰδῶν καὶ σπανίως ἐν τοῖς ἄνω ἱστορημένων φιλιῶν ἡ τούτων ἔδοξεν εἶναι σπουδαιοτέρα. [30] οὐδὲν γὰρ ἦν Ἀρχιάδας, ὃ μὴ Πρόκλος βούλοιτο, οὐδ' ἔμπαλιν οὗτος, ὃ μὴ καὶ Ἀρχιάδας.

Menschen ohne solches Engagement. Er war sogar ein Hitzkopf, auch das beschönige ich nicht, aber er war zugleich auch sanftmütig; denn er ließ sich leicht besänftigen und er zeigte ‚durch die Umdrehung der Scherbe seinen Zorn als aus Wachs'.[159] Denn im selben Moment sozusagen griff er an und wurde von Mitgefühl[160] dahin getragen, dass er eben jenen Leuten Wohltaten erwies und in ihrem Interesse die Beamten ermahnte.

Die politischen Tugenden des Proklos (Freundschaft mit Archiadas)

17. Gut, dass mir auch das Eigentümliche seines Mitgefühls in den Sinn kam: Ich glaube nämlich, dass bei keinem anderen Menschen ein so großes beobachtet worden ist. Denn weil er es aufgrund seiner eigenen Entscheidung niemals unternahm, zu heiraten oder Kinder zu zeugen, obgleich ihm freilich viele an Herkunft und Reichtum herausragende Ehen angetragen wurden, und er daher, wie ich sagte,[161] von all diesen Dingen frei war, kümmerte er sich also um alle Schüler und Freunde und deren Kinder und Frauen, wie wenn er ein gemeinsamer Vater und ihnen die Ursache ihres Seins wäre;[162] denn in jeder Hinsicht kümmerte er sich auch um das Leben jedes einzelnen. Wenn aber einmal einer von seinen Bekannten von Krankheit heimgesucht wurde, betete er als erstes inständig zu den Göttern für ihn mittels Ritualen und Hymnen, dann war er höchst fürsorglich beim Kranken und führte die Ärzte herbei, indem er sie drängte, ihre Kunstfertigkeiten unverzüglich anzuwenden. Er selbst schlug sogar bei diesen recht ungewöhnliche Heilungsmethoden vor und schon viele errettete er so aus den größten Gefahren.[163] Wie groß bei ihm auch die Menschenliebe mit Blick auf die ihm Näherstehenden unter seinen Haussklaven war, das ist jedem, der will, ersichtlich aus dem Testament[164] dieses seligen Mannes. Von allen Vertrauten liebte er am meisten den Archiadas[165] und die mit dessen Familie Verwandten, vorzüglich zum einen wegen der Abstammung aus der Familie des Philosophen Plutarchos, zum anderen aber wegen der pythagoreischen Vorstellung von Freundschaft,[166] welche er zu Archiadas aufgebaut hatte, da er sein Kommilitone und Lehrer zugleich war. Denn im Vergleich zu den doppelten[167] und selten bei den Früheren beschriebenen Freundschaften schien die Freundschaft dieser Männer intensiver zu sein. Denn nichts war Archiadas, was nicht Proklos wollte, und auch umgekehrt dieser, was nicht auch Archiadas wollte.

18. Ἤδη δὲ καὶ τοῖς περὶ τῆς πολιτικῆς αὐτοῦ ἀρετῆς κεφαλαίοις ἐλάττοσιν οὖσι τῶν ἀληθῶν πέρας τὸ οἰκεῖον ἐπιθέντες καὶ τῇ φιλίᾳ ἐπισφραγισάμενοι, ἐπὶ τὰς καθαρτικὰς μετίωμεν, ἑτέρας οὔσας [5] παρὰ τὰς πολιτικάς. εἰ γὰρ δὴ καὶ ταύταις ἔργον ὑπόκειται τὸ καθαίρειν πῃ τὴν ψυχὴν καὶ παρασκευάζειν, καθόσον οἷόν τε, ἀσχέτως προνοεῖν τῶν ἀνθρωπίνων, ἵνα καὶ τὴν ὁμοίωσιν ἔχῃ πρὸς τὸν θεόν, ὅπερ τέλος ἐστὶ τὸ ἄριστον τῆς ψυχῆς, [10] ἀλλ' οὐ τὸν ὅμοιον τρόπον πᾶσαι χωρίζουσι, κατὰ τὸ μᾶλλον δὲ ἢ ἧττον ἕκασται· ἐπεὶ καὶ αἱ πολιτικαὶ καθάρσεις τινές εἰσιν, αἳ καὶ μὲν ὄντας ἔτι τοὺς ἔχοντας ἐνταῦθα κατακοσμοῦσι καὶ ἀμείνους ποιοῦσιν, ὁρίζουσαι καὶ με- [15] τροῦσαι τούς τε θυμοὺς καὶ τὰς ἐπιθυμίας καὶ ὅλως τὰ πάθη, καὶ ψευδεῖς δόξας ἀφαιροῦσαι· αἱ δέ γε ὑπὲρ ταύτας καθαρτικαὶ πάντῃ χωρίζουσι καὶ ἀπολύουσι τῶν τῆς γενέσεως ὄντως μολυβδίδων καὶ φυγὴν τῶν [20] ἐντεῦθεν ἀκώλυτον ἀπεργάζονται.

ἃς δὴ καὶ αὐτὰς ὁ φιλόσοφος ἐπετήδευσε παρὰ πάντα τὸν ἐν φιλοσοφίᾳ βίον, ἔν τε τοῖς λόγοις καλῶς ἐκδιδάσκων τίνες τέ εἰσι καὶ ὅπως τῷ ἀνθρώπῳ παραγίγνονται καὶ αὐταί, καὶ ζῶν μάλιστα [25] κατ' αὐτὰς καὶ ταῦτα πράττων ἑκάστοτε, ἀφ' ὧν τὸ χωρίζεσθαι συμβαίνει τῇ ψυχῇ, νύκτωρ τε καὶ μεθ' ἡμέραν ἀποτροπαῖς καὶ περιρραντηρίοις καὶ τοῖς ἄλλοις καθαρμοῖς χρώμενος, ὁτὲ μὲν Ὀρφικοῖς, ὁτὲ δὲ Χαλδαϊκοῖς, ἐπὶ θάλατταν τε ἀόκνως ἑκάστου [30] μηνὸς κατιών, ἔσθ' ὅτε δὲ δὶς ἢ καὶ τρὶς τοῦ αὐτοῦ, καὶ ταῦτα οὐ μόνον ἀκμαζούσης αὐτῷ τῆς ἡλικίας διεκαρτέρει, ἀλλὰ καὶ αὐταῖς δὲ ἤδη ταῖς δυσμαῖς τοῦ βίου προσομιλῶν, ἀπαραλείπτως τὰ τοιαῦτα ἔθη ὡς νόμιμά τινα ἐξεπλήρου.

Die kathartischen Tugenden des Proklos (Riten und Hymnen)

18. Nachdem wir nun auch den Kapiteln über seine politische Tugend, die hier weniger waren als in Wahrheit, ein eigenes Ende hinzugefügt und mit der Freundschaft das Schlusssiegel gesetzt haben, wollen wir zu den kathartischen Tugenden übergehen, da sie im Vergleich zu den politischen Tugenden andere sind. Denn wenn nun auch diesen die Aufgabe obliegt, die Seele irgendwie zu reinigen und, soweit es eben möglich ist, sie darauf vorzubereiten, sich uneingeschränkt um die menschlichen Angelegenheiten[168] zu kümmern, damit sie auch ‚die Angleichung an den Gott'[169] erreicht, was das beste Ziel der Seele ist, dann trennen[170] nicht alle Tugenden auf die gleiche Weise: die einen mehr, die anderen weniger; denn auch ‚die politischen Tugenden' sind in bestimmter Hinsicht ‚Reinigungen',[171] welche diejenigen, die sie besitzen, sogar noch zu Lebzeiten hier ‚auszeichnen und zu besseren Menschen machen, indem sie' die Wutanfälle und ‚die Begierden und überhaupt alle Leidenschaften begrenzen und mäßigen und dabei auch falsche Meinungen entfernen'. Die über diesen stehenden kathartischen Tugenden trennen und lösen in jeder Hinsicht ab vom ‚wahrhaften Senkblei der Geburt' und ermöglichen eine ungehinderte ‚Flucht weg vom Leben hier'.[172]

Eben diese Tugenden nun praktizierte der Philosoph fleißig während seines ganzen in der Philosophie verbrachten Lebens, und dabei lehrte er schön in seinen mündlichen Ausführungen, welche es sind und wie auch eben diese dem Menschen zukommen; er lebte nach diesen Tugenden in vorzüglicher Weise und praktizierte bei jeder Gelegenheit diese Tugenden, aufgrund deren der Seele die Trennung gelingt, und zwar, indem er bei Tag und Nacht apotropäische Riten, Waschungen und die übrigen Reinigungen durchführte, bald orphische, bald chaldäische;[173] entschlossen ging er jeden Monat zum Meer hinunter, manchmal zwei oder auch drei Mal im selben Monat; und diese Reinigungen hielt er nicht nur durch, als er in der Blüte seiner Jahre stand, sondern auch, als sich sein Leben schon dem Ende zuneigte, kam er, ohne damit aufzuhören, dieser Art von Gewohnheiten wie bestimmten Gesetzen nach.

19. ‚Die notwendigen, von Speise und Trank herrührenden Vergnügungen machte er zu Befreiungen von Unannehmlichkeiten, um nicht von ihnen belästigt zu werden';[174] denn er nahm nur geringe Mengen von diesen zu sich. Meistens enthielt er sich

19. Τὰς δὲ ἀπὸ σίτων καὶ ποτῶν ἀναγκαίας ἡδονὰς ἀπαλλαγὰς πόνων ἐποιεῖτο, ἵνα μὴ ἐνοχλοῖτο ὑπ' αὐτῶν· βραχέα γὰρ τούτων προσεφέρετο. τὰ πολλὰ δὲ τὴν τῶν ἐμ- [5] ψύχων ἀποχὴν ἠσπάζετο· εἰ δέ ποτε καιρός τις ἰσχυρότερος ἐπὶ τὴν τούτων χρῆσιν ἐκάλει, μόνον ἀπε|γεύετο, καὶ τοῦτο ὁσίας χάριν. τὰς δὲ Μητρῳακὰς παρὰ Ῥωμαίοις ἢ καὶ πρότερόν ποτε παρὰ Φρυξὶ σπουδασθείσας καστείας ἑκάστου μηνὸς ἥγνευε, [10] καὶ τὰς παρ' Αἰγυπτίοις δὲ ἀποφράδας ἐφύλαττε μᾶλλον ἢ αὐτοὶ ἐκεῖνοι, καὶ ἰδικώτερον δέ τινας ἐνήστευεν ἡμέρας ἐξ ἐπιφανείας. πᾶσαν γὰρ ἕνην καὶ νέαν τοῦ μηνὸς μηδὲ προδειπνήσας ἠσίτει, ὥσπερ δὴ τὰς νουμηνίας λαμπρῶς ἐπετέλει καὶ ἱεροπρε- [15] πῶς, καὶ τὰς παρὰ πᾶσι δέ, ὡς εἰπεῖν, ἐπισήμους ἑορτὰς κατὰ τὰ παρ' ἑκάστοις πάτρια δρῶν ἐνθέσμως διετέλεσε, καὶ οὐδὲ ταύτας ὥσπερ ἕτεροι πρόφασιν ἐποιεῖτο ἀναπαύλης τινὸς ἢ καὶ πληρώσεως τοῦ σώματος, ἐντυχιῶν δὲ ἀγρύπνων καὶ ὑμνῳδίας [20] καὶ τῶν ὁμοίων· δηλοῖ δὲ ἡ τῶν ὕμνων αὐτοῦ πραγματεία οὐ τῶν παρὰ τοῖς Ἕλλησι μόνον τιμηθέντων ἐγκώμια περιέχουσα, ἀλλὰ καὶ Μάρναν Γαζαῖον ὑμνοῦσα, καὶ Ἀσκληπιὸν Λεοντοῦχον Ἀσκαλωνίτην, καὶ Θυανδρίτην ἄλλον Ἀραβίοις πολυτίμητον θεόν, [25] καὶ Ἶσιν τὴν κατὰ τὰς Φίλας ἔτι τιμωμένην, καὶ τοὺς ἄλλους ἁπλῶς ἅπαντας. καὶ γὰρ πρόχειρον ἐκεῖνο εἶχεν ἀεὶ καὶ ἔλεγεν ὁ θεοσεβέστατος ἀνήρ, ὅτι τὸν φιλόσοφον προσήκει οὐ μιᾶς τινος πόλεως, οὐδὲ τῶν παρ' ἐνίοις πατρίων εἶναι θεραπευτήν, κοι- [30] νῇ δὲ τοῦ ὅλου κόσμου ἱεροφάντην. καὶ οὕτω μὲν αὐτῷ καθαρτικῶς καὶ ἱεροπρεπῶς [1] παρεσκεύαστο τὰ τῆς ἐγκρατείας.

20. Τὰς δὲ ἀλγηδόνας ἀφῄρει ἢ καὶ προσπιπτούσας ποτὲ πράως ἔφερε καὶ ἐλάττους ἐποίει τῷ μὴ <τὸ> ἄριστον ἐν αὐτῷ συμπάσχειν. τὸ [5] δὲ πρὸς ταύτας αὐτοῦ τῆς ψυχῆς παράστημα ἱκανῶς ἐδήλωσε καὶ ἡ τελευταία νόσος. πιεζόμενος γὰρ ὑπὸ ταύτης καὶ περιωδυνίαις συνεχόμενος ἐκκρούειν ἐπειρᾶτο τὰς ἀλγηδόνας. παρεκελεύετο οὖν ἡμῖν ἑκάστοτε ὕμνους λέγειν καί, λεγομένων τῶν [10] ὕμνων, πᾶσα εἰρήνη τῶν παθῶν ἐγίγνετο καὶ ἀταραξία. καὶ ὅ γ' ἔτι τούτου

beseelter Nahrung; wenn aber einmal eine Situation nachdrücklicher zu deren Genuss aufforderte, dann kostete er nur davon, und das nur wegen des heiligen Brauches.[175] Die bei den Römern oder auch früher einmal bei den Phrygern gepflegten asketischen Riten der Göttermutter hielt er jeden Monat heilig,[176] und die bei den Ägyptern verbotenen Tage[177] hielt er mehr ein als jene selbst, und auf ziemlich individuelle Weise fastete er bestimmte Tage aufgrund einer göttlichen Erscheinung. Am letzten Tag des alten und am ersten Tag des neuen Monats aß er den ganzen Tag nicht, ohne vorher zu speisen, wie er gleichermaßen die Neumondtage festlich und den kultischen Regeln entsprechend beging,[178] und die bei allen sozusagen berühmten Feste vollzog er stets gemäß den jeweiligen Landessitten auf die rechte Art und Weise; er tat das auch nicht wie andere als Anlass für Erholung oder Sättigung des Körpers, sondern als Anlass für nächtliche Gebete und Hymnensingen und dergleichen. Das zeigt seine Beschäftigung mit den Hymnen,[179] die offensichtlich Preislieder nicht nur der bei den Hellenen geschätzten Gottheiten, sondern auch den Lobpreis des Marnas aus Gaza[180] und des Asklepios mit dem Löwen aus Askalon[181] und des Thyandrites,[182] eines anderen bei den Arabern vielverehrten Gottes, und der in Philae noch verehrten Isis[183] und schlichtweg aller anderen Gottheiten umfasst. Der höchst fromme Mann hatte nämlich immer jenen Satz zur Hand, dass der Philosoph nicht Gottesdiener irgendeiner einzigen Stadt und auch nicht der nur bei einigen beheimateten Riten sein dürfe, sondern allgemein Hierophant des gesamten Kosmos[184] sein müsse. Und so nun wurde von ihm alles, was mit Enthaltsamkeit zu tun hat, mittels Reinigungen und religiöser Riten praktiziert.

Die kathartischen Tugenden des Proklos (Schmerz, Jähzorn, Liebe)

20. ‚Die Schmerzen beseitigte er oder ertrug sie, wenn sie ihn einmal anfielen, gelassen und machte sie geringer durch die Überzeugung, dass nicht das Beste[185] in ihm mitleide'.[186] Seine seelische Gefasstheit gegen diese Schmerzen machte auch seine letzte Krankheit hinreichend deutlich: Denn als er von dieser gequält wurde und von übermäßigem Schmerz befallen war, versuchte er, die Schmerzen zu vertreiben. Also forderte er uns auf, bei jeder Gelegenheit Hymnen zu sprechen,[187] und während die Hymnen vorgetragen wurden, stellten sich gänzlicher Friede und Ruhe des Leidens ein. Und was noch überraschender war als die-

παραδοξότερον, ὅτι καὶ μνήμην εἶχε τῶν λεγομένων, καίτοι τῶν ἀνθρωπίνων σχεδὸν ἁπάντων ἐπιλελησμένος, ἐπιβρισάσης αὐτῷ τῆς παρέσεως. ἀρχομένων γὰρ ἡμῶν ὑμνεῖν, ἐκεῖνος [15] ἀνεπλήρου τοὺς ὕμνους | καὶ τῶν Ὀρφικῶν ἐπῶν τὰ πλεῖστα· καὶ γὰρ ταῦτα ἔστιν ὅτε παρόντες ἀνεγιγνώσκομεν. καὶ οὐχὶ πρὸς μόνα τὰ σωματικὰ πάθη οὕτως ἀπαθῶς διέκειτο, ἀλλ' ἔτι μειζόνως καὶ πρὸς τὰ ἔξωθεν περιστατικῶς ἐπισυμβαίνοντα καὶ τὰ δο- [20] κοῦντα παραλόγως γίγνεσθαι, ὥστε καὶ λέγειν ἐφ' ἑκάστοις τῶν συμπιπτόντων· „ταῦτα τοιαῦτ' ἐστί, ταῦτα εἰωθότα ἐστίν", ὅπερ ἐμοὶ ἐδόκει ἀπόφθεγμα μνήμης ἄξιον εἶναι, καὶ τῆς τοῦ φιλοσόφου μεγαλοψυχίας ἱκανὸν τεκμήριον. καὶ τὸν θυμὸν δέ, [25] καθόσον οἷόν τε ἦν, ἐκόλαζεν, ὥστε ἢ μὴ κινεῖσθαι τὸ παράπαν ἢ μὴ τὴν λογικὴν εἶναι τὴν συνοργιζομένην, ἑτέρου δὲ εἶναι τὸ ἀπροαίρετον, καὶ τοῦτο δὲ ὀλίγον καὶ ἀσθενές. ἀφροδισίων δὲ αὐτῷ φυσικῶν μετῆν, [30] ὅσον οἶμαι μέχρι φαντασίας χωρεῖν, προπετοῦς καὶ ταύτης.

21. Καὶ οὕτως ἐκ πάντων ἑαυτὴν συνάγουσα καὶ ἀθροίζουσα πρὸς ἑαυτήν, ἡ τοῦ μακαρίου ἀνδρὸς ψυχὴ ἀφίστατο σχεδὸν τοῦ σώματος, ἔτι ὑπ' αὐτοῦ κατέχεσθαι δοκοῦσα. ἦν γὰρ αὐτῇ [5] τὸ φρονεῖν οὐκέτι οἷον τὸ πολιτικόν, τὸ πράττειν εὖ περὶ τὰ ἐνδεχόμενα καὶ ἄλλως ἔχειν, αὐτὸ δὲ καθ' αὑτὸ εἰλικρινὲς τὸ νοεῖν καὶ τὸ πρὸς ἑαυτὴν ἐστράφθαι, μηδαμοῦ δὲ συνδοξάζειν τῷ σώματι· τὸ δὲ σωφρονεῖν, τὸ μὴ συγγίνεσθαι [10] τῷ χείρονι μηδὲ μετριοπαθεῖν, πάντῃ δὲ καὶ πάντως ἀπαθεῖν· ἀνδρίζεσθαι δέ, τὸ μὴ φοβεῖσθαι αὐτὴν ἀφισταμένην τοῦ σώματος· λόγου δὲ καὶ νοῦ ἡγουμένων ἐν αὐτῷ, τῶν δὲ χειρόνων μηκέτι ἀντιτεινόντων, καθαρτικῇ [15] δικαιοσύνῃ κεκόσμητο αὐτοῦ ἡ σύμπασα ζωή.

ses, das war der Umstand, dass er sich sogar noch an die vorgetragenen Hymnen erinnerte, obwohl er doch schon fast alle menschlichen Belange vergessen hatte, als seine Erschöpfung ihm schwer zu schaffen machte. Als wir nämlich anfingen mit dem Hymnensprechen, ergänzte jener die Hymnen und die meisten der orphischen Gedichte; denn auch diese lasen wir ihm manchmal vor, wenn wir da waren. Doch nicht nur den körperlichen Leiden gegenüber war er so unbeeindruckt, sondern in noch größerem Maße auch gegenüber den von außen her kommenden misslichen Ereignissen und den Dingen, die wider die Vernunft zu sein schienen, so dass er bei jedem einzelnen Ereignis sagte: „Das ist so, das ist normal."[188] Das schien mir ein erinnerungswürdiger Ausspruch zu sein und ein geeigneter Beweis für die Seelengröße des Philosophen. Auch ‚den Zorn'[189] hielt er im Zaum, ‚soweit es möglich' war, so dass er entweder überhaupt nicht bewegt wurde oder der vernünftige Teil seiner Seele nicht ‚der mitzürnende Teil war, das Unkontrollierte aber zu einem anderen Seelenteil gehörte, und der nur gering und schwach war. Er nahm Anteil an körperlichen Liebesgenüssen, glaube ich, höchstens bis zur Vorstellung, wobei diese ihrerseits unbesonnen ist'.[190]

21. Weil sie sich so aus allem zurücknahm und ‚auf sich selbst konzentrierte', entfernte sich die Seele des seligen Mannes beinahe von seinem Körper, obwohl sie noch von ihm festgehalten zu werden schien. Denn die Klugheit war ihr nicht mehr wie die politische Klugheit zueigen, also die Fähigkeit, zufällige Ereignisse gut zu verwalten,[191] sondern sie war das gemäß sich selbst reine ‚Denken' an sich und das Auf-sich-selbst-Bezogensein, ‚niemals' aber ‚Übereinstimmung mit dem Körper. Ihr Besonnensein' bestand darin, sich nicht mit dem Schlechteren zu verbünden und nicht die Leidenschaften zu mäßigen, sondern in jeder Hinsicht und ganz und gar leidenschaftslos zu sein. Ihre ‚Tapferkeit' zeigte sich darin, ‚dass sie sich nicht über ihre Trennung vom Körper fürchtete; da Vernunft und Intellekt in ihm die Führer waren', die schlechteren Seelenkräfte aber ‚keine Widersacher mehr waren', war sein gesamtes Leben durch die kathartische ‚Gerechtigkeit' ausgezeichnet.[192]

22. Ἐκ δὲ τῆς τοιαύτης ἰδέας τῶν ἀρετῶν ἀλύπως καὶ εὐηνίως καὶ οἱονεὶ κατὰ βαθμόν τινα τελεστικὸν προκόπτων, ἐπὶ τὰς μείζους καὶ ὑπὲρ ταύτας ἀνέτρεχε, φύσει τε δεξιᾷ καὶ ἀγωγῇ ἐπι- [5] στημονικῇ ποδηγετούμενος. ἤδη γὰρ κεκαθαρμένος καὶ τῆς γενέσεως ὑπερανέχων καὶ τῶν ἐν αὐτῇ ναρθηκοφόρων ὑπερορῶν, περὶ τὰ πρῶτα ἐβάκ|χευε καὶ αὐτόπτης ἐγίνετο τῶν ἐκεῖ μακαρίων ὄντως θεαμάτων, οὐκέτι μὲν διεξοδικῶς καὶ ἀ- [10] ποδεικτικῶς συλλογιζόμενος αὐτῶν τὴν ἐπιστήμην, ὥσπερ δὲ ὄψει ἁπλαῖς ἐπιβολαῖς τῆς νοερᾶς ἐνεργείας θεώμενος τὰ ἐν τῷ θείῳ νῷ παραδείγματα καὶ ἀρετὴν προσλαμβάνων, ἣν οὐκέτ' ἄν τις φρόνησιν κυρίως ἐπονομάσειε, σοφίαν δὲ μᾶλλον προσερεῖ, ἢ [15] καί τινα σεμνοτέραν ταύτης ἐπωνυμίαν. κατὰ ταύτην δὴ ἐνεργῶν ὁ φιλόσοφος, πᾶσαν μὲν θεολογίαν ἑλληνικήν τε καὶ βαρβαρικὴν καὶ τὴν μυθικοῖς πλάσμασιν ἐπισκιαζομένην κατεῖδέ τε ῥᾳδίως καὶ τοῖς ἐθέλουσι καὶ δυναμένοις συνέπεσθαι εἰς φῶς [20] ἤγαγεν, ἐξηγούμενός τε πάντα ἐνθουσιαστικώτερον καὶ εἰς συμφωνίαν ἄγων· πᾶσι δὲ τοῖς τῶν παλαιοτέρων συγγράμμασιν ἐπεξιών, ὅσον μὲν ἦν παρ' αὐτοῖς γόνιμον, τοῦτο μετ' ἐπικρίσεως εἰσεποιεῖτο, εἰ δέ τι ἀνεμιαῖον ηὕρισκε, τοῦτο πάντῃ ὡς μῶ- [25] μον ἀπῳκονομεῖτο, τὰ δέ γε ὑπεναντίως ἔχοντα τοῖς καλῶς τεθεῖσι μετὰ πολλῆς βασάνου ἀγωνιστικῶς διήλεγχεν, ἔν τε ταῖς συνουσίαις δυνατῶς ἅμα καὶ σαφῶς ἐπεξεργαζόμενος ἕκαστα καὶ ἐν συγγράμμασιν ἅπαντα καταβαλλόμενος. φιλοπονίᾳ γὰρ ἀμέ- [30] τρῳ χρησάμενος, ἐξηγεῖτο τῆς αὐτῆς ἡμέρας πέντε, ὁτὲ δὲ καὶ πλείους πράξεις, καὶ ἔγραφε στίχους τὰ πολλὰ ἀμφὶ τοὺς ἑπτακοσίους, συνεγίγνετό τε τοῖς ἄλλοις φιλοσόφοις προϊὼν καὶ ἀγράφους ἑσπερινὰς πάλιν ἐποιεῖτο συνουσίας· καὶ ταῦτα πάντα μετὰ [35] τὴν νυκτερινὴν ἐκείνην καὶ ἄγρυπνον θρησκείαν, μετὰ τὸ προσκυνῆσαι ἥλιον ἀνίσχοντα μεσουρανοῦντά τε καὶ ἐπὶ δύσιν ἰόντα.

Die kontemplativen Tugenden des Proklos (Proklos als inspirierter Philosoph und unermüdlicher, strenger Exeget)

22. Da er von einer solchen Art von Tugenden aus ‚mühelos und leicht'[193] und gleichsam auf einer bestimmten Weihestufe anlangte, lief er hinauf zu den größeren und über diesen stehenden Tugenden, geführt von seiner günstigen Natur und wissenschaftlichen Bildung. Denn weil er schon gereinigt war und sich über die Welt des Werdens erhob und von oben auf die darin befindlichen ‚Thyrsosträger'[194] herabblickte, sprach er ‚bakchisch begeistert'[195] über die ersten Dinge und wurde einer, der die dort wahrhaft seligen Schauspiele selbst erblickte; dabei gewann er das Wissen um sie nicht mehr durch ausführliche und bewiesene Schlussfolgerungen, sondern er schaute wie in einer Vision[196] durch einfache Anstrengungen seiner intellektuellen Kraft die im göttlichen Intellekt befindlichen Modelle; und dabei nahm er eine Tugend hinzu, welche man nicht mehr korrekt ‚Klugheit' nennen sollte, sondern die man vielmehr als ‚Weisheit' bezeichnen oder mit irgend einem noch würdigeren Namen als diese beschreiben wird. In dieser Tugend nun aktiv überblickte der Philosoph die ganze hellenische und die barbarische Theologie und die durch fiktionale[197] Mythen schattenhaft angedeutete und führte sie leicht ans Licht für diejenigen, die mitfolgen wollten und konnten, und dabei erklärte er alles überaus begeistert und brachte es in Einklang. Da er alle Schriften der Älteren der Reihe nach durchging, übernahm er für sich, wieviel in ihnen ‚fruchtbar'[198] war, erst nach eingehender kritischer Beurteilung; wenn er aber etwas ‚Windiges'[199] fand, verwarf er das gänzlich als Schandfleck; was sich aber gegensätzlich verhielt zu dem, was als gut galt, widerlegte er kämpferisch mit viel scharfer Prüfung, und dabei diskutierte er jedes einzelne in den Sitzungen kompetent und luzide und legte alles in seinen Schriften nieder. Er war nämlich immens fleißig: Am selben Tag hielt er fünf, manchmal sogar mehr exegetische Vorlesungen[200] und schrieb meistens um die 700 Zeilen, und danach[201] traf er sich mit den anderen Philosophen und hielt am Abend wieder Sitzungen ab, die er aber nicht aufschrieb;[202] und all das nach jener nächtlichen und den Schlaf fernhaltenden Ausübung religiöser Riten, nach der Anbetung der aufgehenden, der im Zenit stehenden und der untergehenden Sonne.[203]

23. Πολλῶν δὲ καὶ αὐτὸς πατὴρ ἐγένετο δογμάτων οὐ πρότερον ἐγνωσμένων, ψυχικῶν τε καὶ νοερῶν καὶ τῶν ἔτι θειοτέρων. Πρῶτος γὰρ οὗτος ἐπέστησεν ὅτι γένος ἔστι ψυχῶν δυναμένων πολ- [5] λὰ ἅμα εἴδη θεωρεῖν, ὃ δὴ καὶ μέσον ἤδη εἰκότως ἐτίθετο τοῦ τε νοῦ τοῦ ἀθρόως καὶ κατὰ μίαν ἐπιβολὴν ἅπαντα νοοῦντος, καὶ τῶν καθ' ἓν εἶδος τὴν μετάβασιν ποιουμένων ψυχῶν. ἔξεστι δὲ τῷ βουλομένῳ καὶ τοῖς ἄλλοις αὐτοῦ γεννήμασιν ἐντυχεῖν, [10] | ἐπεξιόντι ταῖς ἐκείνου πραγματείαις (ἅπερ ἐν τῷ παρόντι λέγειν παρῃτησάμην, ἵνα μὴ ἐπὶ πλέον μηκύνω τὸν λόγον ἐπεκδιηγούμενος ἕκαστα)· ὁ δὲ ἐντυγχάνων εἴσεται ὡς καὶ τὰ πρότερα ἀληθῆ πάντα περὶ αὐτοῦ ἱστόρηται, ἔτι δὲ μᾶλλον, εἴ τις εἶδεν [15] αὐτόν ἐπέτυχέ τε τῆς ἐκείνου θέας ἐξηγουμένου τε ἤκουσε καὶ διεξιόντος λόγους παγκάλους, Πλατώνειά τε καὶ Σωκράτεια κατ' ἐνιαυτὸν ἄγοντος· οὐ γὰρ ἄνευ θείας ἐπιπνοίας ἐφαίνετο διαλέγεσθαι καὶ τὰ ταῖς νιφάδεσσιν ὄντως ἐοικότα ῥήματα [20] προχέειν τοῦ σωφρονοῦντος ἐκείνου στόματος. μαρμαρυγῆς γάρ τινος ἐδόκει τὰ ὄμματα αὐτοῦ πληροῦσθαι καὶ τὸ ἄλλο πρόσωπον ἐλλάμψεως θείας μετεῖχε. ποτὲ γοῦν τις αὐτῷ παραγενόμενος ἐξηγουμένῳ ἀνὴρ τῶν ἐπιφανῶν ἐν τῇ πολιτείᾳ, ἀ- [25] ψευδὴς καὶ ἄλλως αἰδοῖος (Ῥουφῖνος αὐτῷ ὄνομα), φῶς εἶδε περιθέον τὴν αὐτοῦ κεφαλήν. ὡς δὲ πέρας ἐπέθηκε τῇ αὐτοῦ ἐξηγήσει, ἀναστὰς ὁ Ῥουφῖνος προσεκύνησέ τε αὐτὸν καὶ τὰ τῆς θείας ἐκείνης ὄψεως ὀμνὺς ἀπήγγελλεν. οὗτος δὲ αὐτῷ [30] ὁ Ῥουφῖνος καὶ χρυσίον ἱκανὸν τηνικαῦτα προσήγαγεν μετὰ τὴν περίστασιν καὶ τὴν ἐκ τῆς Ἀσίας ἐπάνοδον. ὁ δὲ καὶ πρὸς τοῦτο ὑπεροπτικῶς ἔσχε καὶ οὐδαμῶς εἵλετο δέξασθαι.

23. Er war selbst Vater[204] vieler zuvor nicht bekannter Lehren, und zwar Seele, Geist und die noch göttlicheren Entitäten betreffender. Denn dieser Mann hatte als erster bemerkt, dass es eine Art von Seelen gibt, die viele Ideen zugleich betrachten können; diese setzte er ja nun auch mit Recht in die Mitte zwischen den Intellekt, der alles auf einmal und in einem einzigen Zugriff denkt, und die Seelen, welche gemäß einer einzigen Idee ihren Durchgang machen.[205] Es ist aber jedem, der will, möglich, auch auf seine übrigen Ergebnisse zu stoßen, wenn er sich gründlich mit den Abhandlungen[206] jenes Mannes befasst (diese zu besprechen, vermeide ich jetzt im Moment, um meinen Text nicht noch mehr in die Länge zu ziehen, indem ich alles einzeln dazu erkläre).[207] Wer sich damit befasst, wird merken, dass auch das vorher Gesagte über ihn alles wahr berichtet ist, noch mehr aber, wenn einer ihn sah und zur Schau jenes Mannes gelangte und ihn hörte, wenn er exegetische Erklärungen machte und außerordentlich schöne Reden vortrug und wie er jährlich die Platoneia und die Sokrateia[208] beging; denn er schien ‚nicht ohne göttliche Inspiration'[209] zu sprechen und wirklich ‚den Schneeflocken gleichend'[210] schienen die Worte ‚aus dem Munde jenes besonnenen Mannes'[211] hervor zu strömen. Seine Augen schienen sich nämlich mit einem bestimmten Funkeln zu füllen und sein übriges Antlitz erhielt Anteil am göttlichen Glanz. Als freilich einmal, als er interpretierte, einer von den bekannten Männern in der Stadt zu ihm kam, einer, der frei von Lüge und auch sonst ein respektabler Mann war (sein Name war Rufinos)[212], sah er ein um Proklos' Haupt rings umlaufendes Licht.[213] Als der aber mit seiner Interpretation ans Ende gelangt war, erhob sich Rufinos und verbeugte sich dann tief vor ihm und berichtete unter Schwur alles über jene göttliche Erscheinung. Dieser Rufinos aber verschaffte ihm damals nach der Bedrohung und der Rückkehr aus Asien eine beträchtliche Geldsumme.[214] Er aber verhielt sich diesem Geld gegenüber verächtlich und war unter keinen Umständen bereit, es anzunehmen.

Die kontemplativen Tugenden des Proklos (Gerechtigkeit)

24. Aber wir wollen zu unserem ursprünglichen Vorhaben zurückkommen, nachdem wir alles, was mit seiner kontemplativen Weisheit zu tun hat, freilich nicht hinreichend, bereits berichtet haben. Es folgt nun die Erklärung, was es für eine Gerechtigkeit

24. Ἀλλ' ἐπὶ τὴν ἐξ ἀρχῆς πρόθεσιν ἐπανίωμεν, τὰ περὶ τῆς θεωρητικῆς αὐτοῦ σοφίας, εἰ καὶ μὴ ἱκανῶς, ἤδη προϊστορήσαντες· ἕπεται δὴ λέγειν τίς ἡ σύστοιχος δικαιοσύνη τῷ τοιούτῳ γένει τῶν ἀρε- [5] τῶν. οὐκέτι γὰρ αὕτη ἐν πλήθει μερῶν, ὥσπερ ἐκεῖναι αἱ πρὸ ταύτης, οὐδὲ ἐν ὁμολογίᾳ ἄλλου πρὸς ἄλλο, ἐν οἰκειοπραγίᾳ δὲ οὐδὲν ἧττον καὶ αὐτὴ ἀφορισθήσεται καθ' αὑτὴν καὶ μόνης τῆς λογικῆς ψυχῆς· οἰκεῖον δὲ αὐτῇ οὐδὲν ἕτερον ἢ τὸ [10] πρὸς νοῦν καὶ θεὸν ἐνεργεῖν, ὅπερ καὶ διαφερόντως ὁ φιλόσοφος ἔπραττε. καὶ γὰρ ἀπὸ τῶν μεθημερινῶν πόνων μόγις σχολάσας καὶ ὕπνῳ ποτὲ τὸ σῶμα ἐπιτρέψας, ἴσως μὲν οὐδὲ τότε ἔξω ἦν τοῦ νοεῖν. ὅμως δ' οὖν ἐπειδὴ ταχέως καὶ τοῦτον ἀπε- [15] σείετο ὡς ἀργίαν τινὰ τῆς ψυχῆς, καὶ οὔπω καιρὸς ἐκάλει τῶν εὐχῶν διὰ τὸ μὴ πολὺ παρ|ῳχηκέναι τῆς νυκτός, αὐτὸς ἐφ' ἑαυτοῦ καὶ ἐπὶ κλίνης ὢν ἢ ὕμνους ἐποίει ἢ τὰ δόγματα ἐξετάζων ηὕρισκε, καὶ ἐξανιστάμενος μεθ' ἡμέραν ἀπεγράφετο.

25. Σωφροσύνην δὲ τὴν ταύταις ἀντακολουθοῦσαν εἶχεν ἑπομένην· αὕτη δέ ἐστιν ἡ εἴσω πρὸς νοῦν στροφὴ τῆς ψυχῆς, πρὸς δὲ τὰ ἄλλα πάντα ἀνέπαφος καὶ ἀπερίσπαστος διάθεσις. [5] ἀνδρίαν δὲ τὴν ξυνέριθον τελείως προὐβάλλετο, τὴν ἀπάθειαν τοῦ πρὸς ὃ ἔβλεπε ζηλώσας, ἀπαθοῦς ὄντος ἐκείνου τὴν φύσιν, καὶ ὅλως ζῶν, κατὰ Πλωτῖνον, οὐχὶ τὸν ἀνθρώπου βίον τὸν τοῦ ἀγαθοῦ, ὃν ἀξιοῖ [10] ἡ πολιτικὴ ἀρετὴ διαζῆν, ἀλλὰ τοῦτον μὲν καταλιπών, ἕτερον δὲ ἀλλαξάμενος τὸν τῶν θεῶν· πρὸς γὰρ τούτους αὐτῷ, οὐ πρὸς ἀνθρώπους ἀγαθοὺς ἡ ὁμοίωσις.

26. Καὶ τοιαύταις μὲν ἀρεταῖς συνεβίω ἔτι συσχολάζων τῷ φιλοσόφῳ Συριανῷ καὶ τὰς τῶν ἀρχαιοτέρων ἐπεξιὼν πραγματείας· τῆς δὲ Ὀρφικῆς καὶ Χαλδαϊκῆς θεολογίας στοιχεῖα ἄττα καὶ οἷον- [5] εἰ σπέρματα παρὰ τοῦ διδασκάλου λαβὼν διὰ τὸ μὴ φθῆναι καὶ ἐν τοῖς ἔπεσιν αὐτῷ συγγενέσθαι (προέθετο μὲν γὰρ ἐξηγήσασθαι αὐτῷ τε καὶ τῷ ἐκ τῆς Συρίας φιλοσόφῳ [καὶ διαδόχῳ] Δομνίνῳ θάτερα τούτων, ἤτοι τὰ Ὀρφέως ἢ τὰ Λόγια, καὶ αἵρεσιν [10] αὐτοῖς προύτεινε τῶν ἑτέρων· ἐπειδὴ δὲ οὐ συνηνέχθησαν οὐδὲ τὰ αὐτὰ εἵλοντο

ist, die einer solchen Art von Tugenden entspricht. Denn diese besteht nicht mehr ‚in der Menge der Teile',[215] wie jene Tugenden vor ihr, und auch nicht besteht sie in Übereinstimmung des einen Teils zum anderen, sondern ‚im Tun des eigenen Werkes'[216] wird sie nichtsdestoweniger gemäß sich selbst und als Teil allein der vernünftigen Seele definiert; denn eigen ist ihr nichts anderes, als mit Blick auf Intellekt und Gott wirksam zu sein – was der Philosoph in herausragender Weise machte. Denn selbst wenn er sich in seltenen Momenten von den täglichen Mühen erholte und einmal den Körper dem Schlaf überließ, war er vermutlich nicht einmal dann außerhalb seiner intellektuellen Betätigung.[217] Sobald er jedoch den Schlaf schnell und wie eine Trägheit[218] der Seele abgeschüttelt hatte, und, weil die Nacht noch nicht weit vorangeschritten war, die Zeit der Gebete noch nicht rief, dichtete er für sich selbst und noch im Bett entweder Hymnen oder er fand nach eingehender Prüfung von Lehrsätzen Lösungen; und er schrieb sie, nachdem er aufgestanden war, tagsüber auf.

Die kontemplativen Tugenden des Proklos (Besonnenheit)

25. Als nächstes besaß er die diese Tugenden ‚bedingende'[219] Besonnenheit: Diese ist ‚die Hinwendung der Seele nach innen zum Intellekt',[220] eine mit Blick auf alles andere unberührte und unbehelligte Haltung. In vollkommener Weise zeigte er mithelfende Gerechtigkeit, und dabei eiferte er der ‚Leidenschaftslosigkeit dessen nach, worauf er blickte – jenes ist seiner Natur nach ohne Leidenschaft –, und überhaupt lebte er', wie Plotin sagt, ‚nicht das Leben des guten Menschen, welches die politische Tugend' zu leben fordert, sondern, da er dieses schon hinter sich gelassen und ein anderes dafür eingewechselt hatte, das Leben der Götter; denn auf diese bezog sich seine Angleichung,[221] nicht auf gute Menschen.'

Die theurgischen Tugenden des Proklos (Orphica und Chaldäische Orakel)

26. Mit solchen Tugenden lebte er, als er noch beim Philosophen Syrianos studierte und als er sich mit den Schriften der Älteren[222] befasste. Einige Grundsätze der orphischen und der chaldäischen Theologie[223] und sozusagen Saatgut erhielt er von seinem Lehrer, da er nicht früher bei ihm Kurse auch in den Gedichten[224] besuchen konnte (denn er stellte ihm und dem aus Syrien stammenden

ἀμφότεροι, ἀλλ' ἐκεῖνος μὲν τὰ Ὀρφέως, ὁ δὲ ἡμέτερος τὰ Λόγια, τοῦτό τε αὐτὸ διεκώλυσε καὶ τὸ μὴ πολὺν ἐπιβιῶναι χρόνον τὸν μέγαν Συριανόν), λαβὼν δ' οὖν, ὡς [15] εἴρηται, παρὰ τοῦ καθηγεμόνος τὰς ἀφορμάς, καὶ μετ' ἐκεῖνον τοῖς τε εἰς Ὀρφέα αὐτοῦ ὑπομνήμασιν ἐπιμελῶς ἐντυγχάνων καὶ τοῖς Πορφυρίου καὶ Ἰαμβλίχου μυρίοις ὅσοις εἰς τὰ Λόγια καὶ τὰ σύστοιχα τῶν Χαλδαίων συγγράμματα, αὐτοῖς τε τοῖς θείοις [20] Λογίοις ἐντρεφόμενος, ἐπὶ τὰς ἀκροτάτας τῶν ἀρετῶν ὡς πρὸς ἀνθρωπίνην ψυχὴν ἀνέδραμεν, ἃς ὁ ἔνθους Ἰάμ|βλιχος ὑπερφυῶς θεουργικὰς ἀπεκάλεσε. καὶ τὰς τῶν πρὸ αὐτοῦ φιλοσόφων ἐξηγήσεις συνελὼν μετὰ τῆς προσηκούσης ἐπικρίσεως ἐξεπό- [25] νησε τάς τε ἄλλας Χαλδαϊκὰς ὑποθέσεις καὶ τὰ μέγιστα τῶν ὑπομνημάτων εἰς τὰ θεοπαράδοτα Λόγια κατεβάλετο, ἐν πέντε ὅλοις ἔτεσιν αὐτὰ συμπληρώσας· ἐφ' οἷς καὶ τὸ θεῖον ἐκεῖνο ἐνύπνιον ἐθεάσατο. ἐδόκει γὰρ οἱ προαγορεύειν ὄναρ ὁ μέγας Πλού- [30] ταρχος ὡς τοσοῦτον ἀριθμὸν ἐτῶν ζήσεται, ὁπόσος τίς ἐστιν καὶ ὁ τῶν τετράδων τῶν εἰς τὰ Λόγια αὐτῷ συγκειμένων. ἀριθμήσας δὲ αὐτάς ηὕρισκεν ἑβδομήκοντα οὔσας. ὅτι δὲ θεῖον ἦν τὸ ὄνειρον, ἐμήνυσεν ἡ πρὸς τῷ τέλει τοῦ βίου ἔκβασις. ἐβίω μὲν [35] γάρ, ὡς καὶ ἔμπροσθεν εἴπομεν, πέντε ἔτη ἐπὶ τοῖς ἑβδομήκοντα, τὰ δὲ πέντε οὐκέτι ἐρρωμένως. ὑπὸ γὰρ τῆς σκληροτέρας ἐκείνης καὶ ἀνυποίστου διαίτης καὶ τῶν πυκνῶν περιχυμάτων καὶ τῶν ὁμοίων διακαρτερήσεων καταπονηθὲν τὸ εὖ πεφυκὸς αὐτῷ [40] σῶμα ἤρξατο παρεῖσθαι μετὰ τὸ ἑβδομηκοστὸν ἔτος, ὥστε καὶ ἐνδεέστερον διακεῖσθαι πρὸς πάσας τὰς ἐνεργείας. ηὔχετο μὲν γάρ, καὶ οὕτως ἔχων, καὶ ὕμνους ἐποίει καὶ ἔγραφέ τινα καὶ ἑταίροις συνεγίγνετο, πάντα δὲ ἐπὶ τὸ ἀσθενέστερον πράττων· ὅθεν [45] καὶ μεμνημένος τοῦ ὀνείρου ἐθαύμαζε καὶ ἔλεγεν ἑκάστοτε ἑβδομήκοντα μόνα ἔτη βεβιωκέναι. οὕτω δὲ ἀσθενῶς αὐτὸν ἔχοντα

προθυμότερον ἐποίει μάλιστα περὶ τὰς ἐξηγήσεις Ἡγίας ὁ νέος, δείγματα φέρων καὶ ἐκ μειρακίου ἐναργῆ πασῶν τῶν προγονι- [50] κῶν ἀρετῶν καὶ τῆς ἀπὸ Σόλωνος χρυσῆς ὄντως τοῦ γένους σειρᾶς. συνεγίγνετο οὖν αὐτῷ ἐπιμελῶς ἔν τε τοῖς Πλατωνικοῖς καὶ ταῖς ἄλλαις θεολογίαις. καὶ γραμμὰς δὲ αὐτῷ ὁ γέρων παρεδίδου, καὶ σφόδρα εὐφραίνετο ὁρῶν τὸν παῖδα κατὰ πῆχυν ἐπιδιδόντα [55] πρὸς ἕκαστον τῶν μαθημάτων. καὶ ἡ μὲν περὶ τὰ τῶν Χαλδαίων αὐτοῦ παρα- [1] σκευὴ ἀκροθιγῶς πως εἴρηται.

Philosophen [und Diadochen] Domninos[225] in Aussicht, eines von beiden zu interpretieren, entweder die Gedichte des Orpheus oder die Orakelsprüche,[226] und er bot ihnen die Wahl beider an. Da sie sich aber nicht einigen konnten und beide auch nicht dasselbe wählten, sondern jener nun die Gedichte des Orpheus, unser Philosoph aber die Orakelsprüche, verhinderte es eben das sowie der Umstand, dass der große Syrianos nicht mehr lange lebte). Er erhielt also, wie gesagt, die Grundlagen von seinem Lehrer und nach jenem beschäftigte er sich mit großer Sorgfalt mit seinen Kommentaren zu Orpheus und mit all den unzähligen des Porphyrios und des Iamblichos, die sich auf die Orakelsprüche und die entsprechenden Schriften der Chaldäer beziehen,[227] und indem er sich von den göttlichen Orakeln selbst nährte, erreichte er die höchsten der Tugenden, soweit sie sich auf die menschliche Seele beziehen, welche der göttliche Iamblichos herausragend ‚theurgische' genannt hatte.[228] Nachdem er die Erklärungen der Philosophen vor ihm zusammengenommen und dann mit der zukommenden kritischen Beurteilung ausgearbeitet hatte, verfasste er die übrigen Bücher zu Chaldäischen Themen und die größten unter den Kommentaren für die gottüberlieferten Orakelsprüche; diese erstellte er in ganzen fünf Jahren, in welchen er auch jenen göttlichen Traum sah: Der große Plutarchos schien ihm nämlich vorherzusagen, dass er eine so große Zahl von Jahren leben würde, wie viele Tetraden[229] von ihm zu den Orakeln verfasst worden seien. Nachdem er sie gezählt hatte, fand er, dass es siebzig waren. Dass der Traum göttlich war, zeigte das Ergebnis am Ende seines Lebens. Denn er lebte, wie wir schon vorher sagten,[230] 75 Jahre, die letzten fünf aber nicht mehr im Vollbesitz seiner Kräfte. Denn aufgrund jener doch recht harten und unerträglichen Lebensweise und der häufigen Reinigungsprozeduren und ähnlicher Strapazen begann sein Körper, obgleich von guter Natur, erschöpft nach dem 70. Jahr nachzulassen, so dass er sogar für sämtliche Aktivitäten mangelhafter disponiert war. Denn er betete, sogar in solchem Zustand, und dichtete Hymnen und schrieb einiges und hielt Kurse für seine Schüler, wobei er aber alles weniger intensiv machte. Daher wunderte er sich in Erinnerung an den Traum und sagte jedes Mal, dass er nur 70 Jahre gelebt habe. Als er so schwach war, machte ihn meistens der junge Hegias[231] eifriger in seinen Interpretationen, da er schon von Jugend an deutliche Beweise für alle von den Vorfahren ererbten Tugenden und die von Solon herrührende wahrhaft goldene Kette[232] der

27. Ἀναγινώσκων δὲ ἐγώ ποτε παρ' αὐτῷ τὰ Ὀρφέως, καὶ οὐ μόνον τὰ παρὰ τῷ Ἰαμβλίχῳ καὶ Συριανῷ ἀκούων | ἐν ταῖς ἐξηγήσεσιν, ἀλλὰ πλείω τε ἅμα καὶ προσφυέστερα [5] τῇ θεολογίᾳ, ᾔτησα τὸν φιλόσοφον μηδὲ τὴν τοιαύτην ἔνθεον ποίησιν ἀνεξήγητον ἐᾶσαι, ὑπομνηματίσασθαι δὲ καὶ ταύτην ἐντελέστερον. ὁ δὲ ἔφασκε προθυμηθῆναι μὲν πολλάκις γράψαι, κωλυθῆναι δὲ ἐναργῶς ἔκ τινων ἐνυπνίων. αὐτὸν γὰρ ἔλεγε θεάσα- [10] σθαι τὸν διδάσκαλον, ἀπείργοντα αὐτὸν μετὰ ἀπειλῆς. μηχανὴν οὖν ἐνταῦθα ἄλλην ἐπινοῶν, ἠξίωσα [γὰρ] παραγράφειν αὐτὸν τὰ ἀρέσκοντα τοῖς τοῦ διδασκάλου βιβλίοις· πεισθέντος δὲ τοῦ ἀγαθοειδεστάτου καὶ παραγράψαντος τοῖς μετώποις τῶν ὑπο- [15] μνημάτων, ἔσχομεν συναγωγὴν εἰς ταὐτὸν ἁπάντων, καὶ ἐγένετο καὶ εἰς Ὀρφέα αὐτοῦ σχόλια καὶ ὑπομνήματα στίχων οὐκ ὀλίγων, εἰ καὶ μὴ εἰς πᾶσαν τὴν θεομυθίαν ἢ πάσας τὰς ῥαψῳδίας ἐξεγένετο αὐτῷ τοῦτο ποιῆσαι.

28. Ἀλλ' ἐπεί, ὡς ἔφην, ἐκ τῆς περὶ τὰ τοιαῦτα σχολῆς ἀρετὴν ἔτι μείζονα καὶ τελεωτέραν ἐπορίσατο τὴν θεουργικήν, καὶ οὐκέτι μέχρι τῆς θεωρητικῆς ἵστατο οὐδὲ κατὰ θάτερον τῶν ἐν τοῖς θείοις διττῶν [5] ἰδιωμάτων ἕζη, νοῶν μόνον καὶ ἀνατεινόμενος εἰς τὰ κρείττονα, πρόνοιαν ἤδη καὶ τῶν δευτέρων ἐτίθετο θειότερόν τινα καὶ οὐ κατὰ τὸν ἔμπροσθεν εἰρημένον πολιτικὸν τρόπον. ταῖς γὰρ τῶν Χαλδαίων συστάσεσι καὶ ἐντυχίαις καὶ τοῖς θείοις καὶ ἀφθέγκτοις [10] στροφάλοις ἐκέχρητο. καὶ γὰρ ταῦτα παρειλήφει, καὶ τὰς ἐκφωνήσεις καὶ τὴν ἄλλην χρῆσιν αὐτῶν μεμαθήκει παρὰ

Familienabkunft trug. Er besuchte engagiert seine Veranstaltungen über die platonischen und die anderen Theologien.[233] Der Greis übergab ihm sogar Skizzen und freute sich sehr, wenn er den Knaben in jedem Lehrfach ein Stück weiter kommen sah. Proklos' Training in den Schriften der Chaldäer ist somit zumindest oberflächlich beschrieben.

27. Als ich[234] einmal bei ihm die Gedichte des Orpheus[235] las, und dabei nicht nur die bei Iamblich und bei Syrianos stehenden Interpretationen hörte, sondern zugleich noch weitere und der Theologie[236] noch angemessenere, forderte ich den Philosophen auf, die solchermaßen inspirierte Dichtung nicht unerklärt zu lassen, sondern auch diese vollständiger zu kommentieren. Er sagte, dass er zwar schon oft den Drang verspürt habe, das zu schreiben, aber klar von einigen Traumgesichten[237] daran gehindert wurde. Denn er sagte, dass er seinen Lehrer gesehen habe, wie er ihn unter Drohung abgehalten habe. Als ich mir nun also einen anderen Plan ausgedacht hatte, bat ich ihn, seine Meinungen in den Büchern des Lehrers an den Rand zu schreiben; da er, der Inbegriff des Guten, gehorchte und auf die Ränder der Kommentare seine Anmerkungen schrieb, bekamen wir eine Zusammenstellung von allen zum selben Thema, und es entstanden auch seine Scholien zum Orpheus[238] und Kommentare von nicht wenigen Zeilen, wenngleich es ihm freilich nicht mehr möglich war, dies für die gesamte Mythologie oder alle Rhapsodien[239] zu machen.

Die theurgischen Tugenden des Proklos (Riten, Traumvisionen, Heilung der Asklepigeneia)

28. Aber da er sich, wie ich sagte, aufgrund der Beschäftigung mit solchen Texten eine noch größere und vollendetere Tugend, nämlich die theurgische, erwarb, und nicht mehr bei der theoretischen Tugend stehen blieb und auch nicht gemäß der einen von den beiden im Göttlichen gründenden Besonderheiten lebte, indem er nur seinen Nous beanspruchte und sich an den besseren Dingen orientierte, kümmerte er sich sogar um die untergeordneten Dinge[240] auf eine sehr göttliche und nicht gemäß dem früher Gesagten politische Art und Weise. Denn er wandte die Beschwörungen der Chaldäer und ihre Gebete und ihre göttlichen und unsagbaren magischen Rhomboi an.[241] Denn er hatte auch diese übernommen und deren Aussprachen[242] und sonstigen Gebrauch bei Asklepi-

Ἀσκληπιγενείας τῆς Πλουτάρχου θυγατρός. παρ' αὐτῇ γὰρ καὶ μόνῃ ἐσώζετο ἀπὸ Νεστορίου τοῦ μεγάλου ὄργια καὶ ἡ σύμπασα θεουργικὴ [15] ἀγωγὴ διὰ τοῦ πατρὸς αὐτῇ παραδοθεῖσα. πρὸ δὲ τούτων ἐν τάξει ὁ φιλόσοφος τοῖς Χαλδαϊκοῖς καθαρμοῖς καθαιρόμενος, φάσμασι μὲν Ἑκατικοῖς φωτοειδέσιν αὐτοπτουμένοις ὡμίλησεν, ὡς καὶ αὐτός που μέμνηται ἐν ἰδίῳ συγγράμματι. ὄμβρους τε [20] ἐκίνησεν, ἴυγγά τινα προσφόρως κινήσας, καὶ αὐχμῶν ἐξαισίων τὴν Ἀττικὴν ἠλευθέρωσε. φυλακτήριά τε σεισμῶν κατετίθετο καὶ | τῆς τοῦ τρίποδος μαντικῆς ἐνεργείας ἐπειράθη, περί τε τῆς αὑτοῦ λήξεως στίχους ἐξέβαλεν. ἔδοξε γὰρ ἔτος ἄγων τετταρα- [25] κοστὸν ὄναρ λέγειν αὐτὸς ἔπη τοιαῦτα·

Ἔνθ' ὑπερουρανίη πωτάσκεται ἄμβροτος αἴγλη
Πηγαίης προθοροῦσα πυρισμαράγου θιασείης.

καὶ δευτέρου δὲ ἔτους ἀρξάμενος ἐπὶ τοῖς τετταράκοντα κεκραγὼς ἐδόκει λέγειν ταῦτα·

[30] Ψυχή μοι πνείουσα πυρὸς μένος εἰλήλουθε,
Καὶ νόον ἀμπετάσασα πρὸς αἰθέρα πυρσοέλικτος
Ὄρνυται, ἀθανάτῃ τε βρέμει πολυτειρέα κύκλα.

καὶ πρὸς τοῖς εἰρημένοις, ὅτι τῆς Ἑρμαϊκῆς εἴη [35] σειρᾶς σαφῶς ἐθεάσατο, καὶ ὅτι τὴν Νικομάχου τοῦ Πυθαγορείου ψυχὴν ἔχοι ὄναρ ποτὲ ἐπίστευσε.

29. Καὶ πολλὰ ἄν τις ἔχοι λέγειν μηκύνειν ἐθέλων καὶ τὰ τοῦ εὐδαίμονος ἐκείνου θεουργικὰ ἐνεργήματα ἀφηγούμενος. ἑνὸς δὲ ἄλλου ἐκ τῶν μυρίων ἐπιμνησθήσομαι· θαῦμα γὰρ ὄντως καὶ ἀκοῦ- [5] σαι. [καὶ] Ἀσκληπιγένειά ποτε ἡ Ἀρχιάδου μὲν καὶ Πλουτάρχης θυγάτηρ, Θεαγένους δὲ τοῦ καθ' ἡμᾶς εὐεργέτου γαμετή, ἔτι κόρη οὖσα καὶ ὑπὸ τοῖς πατράσι τρεφομένη, νόσῳ χαλεπῇ κατείχετο καὶ τοῖς ἰατροῖς ἰάσασθαι ἀδυνάτῳ. ὁ δὲ Ἀρχιά- [10] δας ἐπ' αὐτῇ μόνῃ τὰς ἐλπίδας ἔχων τοῦ γένους ἤσχαλλε καὶ ὀδυνηρῶς διέκειτο, ὥσπερ ἦν εἰκός. ἀπογιγνωσκόντων δὲ τῶν ἰατρῶν ἦλθεν, ὥσπερ εἰώθει ἐν τοῖς

geneia erlernt,[243] der Tochter des Plutarchos. Denn nur bei ihr wurden seit Nestorios dem Großen[244] Mysterien bewahrt, da ihr die gesamte theurgische Praxis[245] durch ihren Vater überliefert worden war. Vor diesen aber nahm der Philosoph ordnungsgemäß[246] die Reinigungen der Chaldäer vor und verkehrte dann mit selbstgesehenen lichtartigen Erscheinungen der Hekate, wie er ja auch selbst irgendwo in einer bestimmten Schrift erwähnt.[247] Er setzte Regengüsse in Bewegung, indem er ein Zauberrad[248] nutzbringend bewegte, und befreite Attika von unmäßigen Hitzewellen. Er deponierte Schutzsymbole gegen Erdbeben[249] und erprobte die mantische Kraft des Dreifußes und brachte Orakelverse über seine eigene Bestimmung hervor.[250] Er selbst sah sich nämlich, als er im 40. Lebensjahr stand, im Traum folgende poetischen Worte sagen:

„Da fliegt überhimmlischer, unsterblicher Glanz hervorstürzend aus der feuerdröhnenden Kultfeier der Quelle."[251]

Und als er das zweite Jahr zu den Vierzig begonnen hatte, sah er sich schreiend[252] sagen:

„Die Seele ist mir, den Drang des Feuers atmend, gekommen, und den Geist ausspannend fliegt sie sich im Feuer windend in den Himmel, und als unsterbliche braust sie zu den sternenreichen Kreisen."[253]

Zusätzlich zum Gesagten sah[254] er deutlich, dass er zur Kette des Hermes[255] gehöre, und glaubte einmal im Traum, die Seele des Pythagoreers Nikomachos[256] zu haben.
29. Vieles könnte man noch, wenn man das weiter ausführen wollte, sagen und dabei seine theurgischen Aktivitäten erzählen. Ich will aber nur eine weitere Sache von unzähligen anführen: Denn sie ist wirklich ein Wunder anzuhören. Asklepigeneia,[257] die Tochter des Archiadas und der Plutarche, die Gattin unseres damaligen Wohltäters Theagenes,[258] wurde, als sie noch ein Mädchen war und von den Eltern aufgezogen wurde, einmal von einer schlimmen Krankheit befallen und galt den Ärzten als unheilbar. Archiadas war, da seine Hoffnungen auf Nachkommenschaft auf ihr allein lagen, ungehalten und betrübt, wie es ja natürlich war. Nachdem die Ärzte die Hoffnung aufgegeben hatten, ging er, wie

μεγίστοις, ἐπὶ τὴν ἐσχάτην ἄγκυραν, μᾶλλον δὲ ὡς ἐπὶ σωτῆρα ἀγαθὸν τὸν φιλόσοφον, καὶ [15] λιπαρήσας αὐτὸν ἠξίου σπεύδοντα καὶ αὐτὸν εὔχεσθαι ὑπὲρ τῆς θυγατρός. ὁ δὲ παραλαβὼν τὸν μέγαν Περικλέα τὸν ἐκ τῆς Λυδίας, ἄνδρα μάλα καὶ αὐτὸν φιλόσοφον, ἀνῄει εἰς τὸ Ἀσκληπιεῖον προσευξόμενος τῷ θεῷ ὑπὲρ τῆς καμνούσης. καὶ γὰρ [20] ηὐτύχει τούτου ἡ πόλις τότε καὶ εἶχεν ἔτι ἀπόρθητον τὸ τοῦ Σωτῆρος ἱερόν. εὐχομένου δὲ αὐτοῦ τὸν ἀρχαιότερον τρόπον, ἀθρόα μεταβολὴ περὶ τὴν κόρην ἐφαίνετο καὶ ῥᾳστώνη ἐξαίφνης ἐγίγνετο· ῥεῖα γὰρ ὁ Σωτήρ, ὥστε θεός, ἰᾶτο. συμπληρωθέντων [25] δὲ τῶν ἱερῶν, πρὸς | τὴν Ἀσκληπιγένειαν ἐβάδιζε καὶ κατελάμβανεν αὐτὴν ἄρτι μὲν τῶν περιεστώτων τὸ σῶμα λελυμένην παθῶν, ἐν ὑγιεινῇ δὲ καταστάσει διάγουσαν. καὶ τοιοῦτον ἔργον διεπράξατο οὐκ ἄλλως ἢ κἀνταῦθα τοὺς πολλοὺς λανθάνων καὶ [30] οὐδεμίαν πρόφασιν τοῖς ἐπιβουλεύειν ἐθέλουσι παρασχών, συνεργησάσης αὐτῷ πρὸς τοῦτο καὶ τῆς οἰκίας, ἐν ᾗ αὐτὸς ᾤκει· καὶ γὰρ πρὸς τοῖς ἄλλοις εὐτυχήμασιν ἁρμοδιωτάτη αὐτῷ καὶ ἡ οἴκησις ὑπῆρξεν, ἣν καὶ ὁ πατὴρ αὐτοῦ Συριανὸς καὶ ὁ [35] προπάτωρ, ὡς αὐτὸς ἐκάλει, Πλούταρχος ᾤκησαν, γείτονα μὲν οὖσαν τοῦ ἀπὸ Σοφοκλέους ἐπιφανοῦς Ἀσκληπιείου καὶ τοῦ πρὸς τῷ θεάτρῳ Διονυσίου, ὁρωμένην δὲ ἢ καὶ ἄλλως αἰσθητὴν γιγνομένην τῇ ἀκροπόλει τῆς Ἀθηνᾶς.

30. Ὅπως δὲ αὐτὸς καὶ αὐτῇ τῇ φιλοσόφῳ θεῷ προσφιλὴς ἐγένετο, παρέστησε μὲν ἱκανῶς καὶ ἡ αἵρεσις τοῦ ἐν φιλοσοφίᾳ βίου, τοιαύτη γενομένη οἵαν ὁ λόγος ὑπέδειξε· σαφῶς δὲ καὶ αὐτὴ ἡ θεὸς [5] ἐδήλωσεν, ἡνίκα τὸ ἄγαλμα αὐτῆς τὸ ἐν Παρθενῶνι τέως ἱδρυμένον ὑπὸ τῶν καὶ τὰ ἀκίνητα κινούντων μετεφέρετο. ἐδόκει γὰρ τῷ φιλοσόφῳ ὄναρ φοιτᾶν παρ' αὐτὸν εὐσχήμων τις γυνὴ καὶ ἀπαγγέλλειν ὡς χρὴ τάχιστα τὴν οἰκίαν προπαρα- [10] σκευάζειν· „ἡ γὰρ κυρία Ἀθηναία, ἔφη, παρὰ σοὶ [10] μένειν ἐθέλει."

er es in Situationen der größten Gefahr gewöhnlich tat, zum letzten Anker, besser: zum Philosophen als gleichsam gutem Retter,[259] und flehte ihn unter inständigen Bitten an, dass auch er unverzüglich für seine Tochter bete. Der aber nahm den großen Perikles[260] aus Lydien mit, einen Mann, der auch selbst par excellence Philosoph war, und ging dann zum Asklepieion hinauf,[261] um beim Gott für die Kranke zu beten. Die Stadt hatte nämlich damals in dieser Hinsicht Glück und hatte das Heiligtum des Retters noch unzerstört.[262] Als er aber auf ziemlich altertümliche[263] Weise gebetet hatte, zeigte sich eine intensive Veränderung an dem Mädchen und plötzlich spürte sie Leichtigkeit; denn leicht heilte der Retter, da er ein Gott war.[264] Als die Opfer dargebracht waren, ging er zu Asklepigeneia und traf sie, als ihr Körper von den bedrängenden Leiden soeben befreit worden war, in gutem Gesundheitszustand an. Und nicht anders als hier führte er eine solche Tat heimlich vor den Vielen[265] aus und ohne denen, die gegen ihn intrigieren wollten, einen Vorwand zu bieten,[266] wobei ihm dafür auch das Haus, in dem er selbst wohnte, dienlich war; denn zusätzlich zu den anderen glücklichen Umständen[267] war auch das Haus für ihn optimal geeignet, das bereits sein Vater[268] Syrian und sein Großvater, wie er ihn nannte, Plutarchos, bewohnt hatten, da benachbart dem seit Sophokles berühmten Asklepieion[269] und dem beim Theater gelegenen Dionysos-Tempel, sichtbar oder auch sonst wahrnehmbar von der Akropolis der Athena aus.[270]

Die theurgischen Tugenden des Proklos (Athena und Asklepios)

30. Dass er selbst nun gerade der philosophischen Göttin[271] lieb wurde, leistete hinreichend seine Wahl des Lebens in der Philosophie, da sie so war, wie die Geschichte zeigte: Auch die Göttin selbst machte das unmissverständlich deutlich, als ihr Götterbild, bislang im Parthenon platziert, von denen, die ‚selbst Unbewegliches bewegen',[272] an einen anderen Ort getragen wurde.[273] Denn es schien dem Philosophen im Traum eine schöne Frau zu kommen und ihm zu befehlen, dass er schnellstens sein Haus vorbereiten solle: „Denn", sagte sie, „die Herrin von Athen will bei dir bleiben."[274]

Seine Vertrautheit mit Asklepios zeigte freilich auch die vor kurzem vollbrachte Tat, es überzeugte uns auch bei seiner letzten Krankheit die Epiphanie des Gottes. Denn in einem Zustand zwischen Schlafen und Wachen sah er eine Schlange[275] um seinen

τήν γε μὴν περὶ τὸν Ἀσκληπιὸν αὐτοῦ οἰκειότητα ἔδειξε μὲν καὶ τὸ πρῴην ἔργον, ἔπεισε δὲ ἡμᾶς καὶ ἐν τῇ τελευταίᾳ νόσῳ ἐπιφάνεια τοῦ θεοῦ. μεταξὺ γὰρ [15] ὧν ὕπνου καὶ ἐγρηγόρσεως εἶδε δράκοντα περὶ τὴν κεφαλὴν αὐτοῦ ἕρποντα, ἀφ' ἧς αὐτῷ τὴν ἀρχὴν ἐπέθετο τὸ τῆς παρέσεως νόσημα, καὶ οὕτως ἐκ τῆς ἐπιφανείας ἀνακωχῆς τινος τοῦ νοσήματος ᾔσθετο καί, εἰ μὴ προθυμία καὶ πολλὴ ἔφεσις τοῦ θανάτου [20] ἐκώλυσεν, ἐπιμελείας δὲ τῆς προσηκούσης ἠξίωσε τὸ σῶμα, ὑγιές, οἶμαι, τέλεον αὖθις ἐγεγόνει.

31. Κἀκεῖνα δὲ μνήμης ἄξια διηγεῖτο ὑπὸ συμπαθείας οὐκ ἄνευ δακρύων. ἐδεδίει γάρ, ἀκμαζούσης αὐτῷ | τῆς ἡλικίας, μήποτε ἡ τοῦ πατρὸς ἀρθρῖτις νόσος, ἅτε φιλοῦσα καὶ εἰωθυῖα δὲ τὰ πολλὰ εἰς [5] παῖδας ἐκ πατέρων χωρεῖν, οὕτω καὶ ἐπ' αὐτὸν ἔλθοι· καὶ οὐκ ἀδεές, οἶμαι, ἐδεδίει. ἤδη γὰρ ἦν πρὸ τοῦ, ὅπερ καὶ ἔδει πρότερον ἱστορῆσαι, ἀλγηδόνος τοιαύτης αἰσθόμενος, ἡνίκα δὴ καὶ ἄλλο παράδοξον ἐγεγόνει περὶ αὐτόν. συμβουλευθεὶς γὰρ παρά τι- [10] νων ἐπέθηκε τὸ λεγόμενον πτυγμάτιον τῷ ἀλγοῦντι ποδὶ καί, κειμένου αὐτοῦ ἐπὶ τῆς κλίνης, στρουθὸς ἐξαίφνης καταπτὰς ὑφήρπασε τὸ πτυγμάτιον. ἦν μὲν οὖν καὶ ὁ σύμβολος θεῖος καὶ ὄντως παιώνειος ἱκανός τε θάρρος ἐμποιεῖν περὶ τοῦ μέλλοντος· ὁ [15] δέ, ὥσπερ ἔφην, καὶ ἐς ὕστερον οὐδὲν ἧττον φόβῳ τῆς νόσου κατείχετο. ἱκετεύσας δὴ τὸν θεὸν περὶ τούτου καὶ δεηθεὶς φῆναί τι αὐτῷ σαφές, καθευδήσας εἶδε (τολμηρὸν μὲν καὶ ἐνθυμηθῆναι, τολμητέον δ' οὖν ὅμως καὶ οὐκ ἀποδειλιατέον τὸ ἀληθὲς εἰς [20] φῶς ἀγαγεῖν) εἶδε δή, ὡς ἐδόκει, ἥκοντά τινα ἐξ Ἐπιδαύρου καὶ ἐπικύψαντα εἰς τὰ σκέλη καὶ οὐδὲ τὰ γόνατα διὰ φιλανθρωπίαν ἀπαρνησάμενον φιλεῖν. διετέλεσεν οὖν τὸ ἐντεῦθεν πάντα τὸν βίον περὶ τούτου θαρρῶν καὶ εἰς γῆρας ἀφίκετο βαθὺ [25] μηδενὸς ἔτι πάθους τοιούτου ἐπαισθανόμενος.

32. Καὶ μὴν καὶ ὁ ἐν Ἀδρόττοις θεὸς ἐναργῶς ἔδειξε τοῦ θεοφιλοῦς ἀνδρὸς τὴν πρὸς αὐτὸν οἰκειότητα. εὐμενῶς γὰρ αὐτὸν ἐδεξιοῦτο ταῖς ἐπιφανείαις φοιτῶντα πρὸς τὸν νεών. καὶ ἀποροῦντι [5] αὐτῷ καὶ εὐχομένῳ μαθεῖν τίς ἢ τίνες οἱ ἐπιφοιτῶντες καὶ τιμηθέντες ἐν τῷ τόπῳ θεοί, διὰ τὸ μηδὲ τοὺς αὐτοὺς κρατεῖν παρὰ τοῖς ἐπιχωρίοις λόγους (ἐνίων μὲν δοξαζόντων Ἀσκληπιοῦ εἶναι τὸ ἱερὸν

Kopf kriechen, von welchem her ihm die Krankheit der Lähmung begonnen hatte, und so nahm er seit der Epiphanie ein Nachlassen der Krankheit wahr, und wenn nicht sein Eifer und sein starker Drang nach dem Tod[276] es verhindert hätten, und wenn er seinen Körper der gebührenden Fürsorge gewürdigt hätte, wäre dieser, glaube ich, wieder ganz gesund geworden.

31. Auch folgende der Erinnerung würdigen Geschichten erzählte er emotional bewegt nicht ohne Tränen. Denn als er in der Blüte seiner Jahre stand, fürchtete er, dass die Gicht[277] seines Vaters, da sie meistens ja gerne und gewöhnlich von den Vätern auf die Kinder übergeht, folglich auch auf ihn übergehe; und er hegte, wie ich meine, diese Furcht nicht ohne Grund. Denn er hatte schon vorher – was man auch schon früher hätte berichten sollen – die Erfahrung eines solchen Schmerzes gemacht, als ihm etwas anderes Unerwartetes passierte. Denn nachdem er sich bei einigen Leuten Rat geholt hatte, legte er auf den schmerzenden Fuß ein sogenanntes ‚Pflaster' auf und, als er auf dem Bett lag, raubte ihm ein plötzlich herabfliegender Sperling das Pflaster. Es war also das Zeichen[278] göttlich und wahrhaft heilsam[279] und geeignet, hinsichtlich der Zukunft Mut einzuflößen. Er war aber, wie ich sagte, auch später nicht weniger von Furcht vor dieser Krankheit befallen. Als er nun den Gott[280] in dieser Sache anflehte und die Bitte äußerte, er möge ihm ein deutliches Zeichen geben, sah er im Schlaf – es ist zwar kühn, auch nur daran zu denken, aber dennoch muss man es wagen und darf nicht den Mut verlieren, das Wahre ans Licht zu bringen –, da sah er nun, wie es schien, wie ein Mann aus Epidauros[281] ankam und sich über seine Schenkel beugte und ohne zu Zögern seine Knie aus Menschenliebe[282] küsste.[283] Von da an war er sein ganzes Leben lang in dieser Hinsicht fortwährend guten Mutes und gelangte bis ins hohe Alter, ohne künftig ein solches Leiden zu spüren.

32. Und tatsächlich zeigte auch der Gott in Adrotta[284] die Verbundenheit des gottgeliebten[285] Mannes mit ihm sichtbar auf. Denn er begrüßte ihn, wenn er zum Tempel kam, wohlwollend durch seine Epiphanien. Als er ratlos war und darum betete, zu erfahren, wer oder welche die an diesem Ort regelmäßig verkehrenden und verehrten Götter seien, weil bei den Einheimischen unterschiedliche Erzählungen kursierten – einige sind der Meinung, dass das Heiligtum Asklepios gehöre und machten das anhand vieler Indizien glaubwürdig: Denn man spricht tatsächlich von gehörten Stimmen[286] irgendwo an diesem Ort und sogar

καὶ τοῦτο ἐκ πολλῶν τεκμηρίων πιστουμένων· καὶ [10] γὰρ ὄντως ἀκοαὶ λέγονταί που εἶναι ἐν τῷ τόπῳ καὶ τράπεζά τις τῷ θεῷ ἀνειμένη, καὶ χρησμοὶ δίδονται ἑκάστοτε ὑγιαστικοὶ καὶ ἐκ τῶν μεγίστων κινδύνων σῴζονται παραδόξως οἱ προσιόντες· ἑτέρων δέ τινων οἰομένων τοὺς Διοσκούρους ἐπιφοιτᾶν τῷ τόπῳ· [15] ἤδη γάρ τινες καὶ δύο νεανίσκους, ὡς ἐδόκουν, ἐθεάσαντο ὕπαρ κατὰ τὴν ἐπὶ τὰ Ἄδροττα ὁδόν, | μάλα εὐειδεῖς, ἐφ' ἵππων θέοντας καὶ λέγοντας ἐπὶ τὸ ἱερὸν σπεύδειν, ὡς ὑπολαβεῖν μὲν ἀνθρώπων εἶναι τὴν ὄψιν, πεισθῆναι δὲ παραυτίκα ὅτι δαιμο- [20] νιωτέρα ἦν ἡ ἐπιφάνεια· ἐπειδὴ γὰρ πρὸς τῷ νεῷ οἱ ἄνθρωποι ἐγένοντο, οὔτε πυνθανομένοις ἐλέγοντο ὦφθαι τοῖς περὶ τὸ ἱερὸν ἠσχολημένοις ἀνθρώποις, ἀλλὰ καὶ αὐτοῖς ἐκείνοις ἐξαίφνης εἰς τὸ ἀόρατον μετέβαλλον), – ἐκ τούτων οὖν, ὡς εἴρηται, ἀπο- [25] ροῦντι τῷ φιλοσόφῳ καὶ οὐκ ἔχοντι ἀπιστεῖν τοῖς ἱστορημένοις καὶ δεηθέντι τῶν ἐντοπίων θεῶν μηνῦσαι αὐτῷ τὴν σφῶν αὐτῶν ἰδιότητα, ἐδόκει οἱ ὁ θεὸς ὄναρ ἐπιφοιτᾶν καὶ ἐναργῶς ταῦτα ὑφηγεῖσθαι· „τί δαί; Ἰαμβλίχου οὐκ ἀκήκοας λέγοντος τίνες οἱ [30] δύο, καὶ ὑμνοῦντος Μαχάονά τε καὶ Ποδαλείριον;" καὶ πρὸς τούτοις ὁ θεὸς τοσαύτης τὸν εὐδαίμονα τοῦτον εὐμενείας ἠξίωσεν, ὥστε καθάπερ οἱ ἐν τοῖς θεάτροις ἐγκώμιά τινων λέγοντες, οὕτω καὶ αὐτὸν παρεστάναι καὶ λέγειν μεθ' ὑποκρίσεώς τινος καὶ [35] τοῦ σχήματος τῆς χειρὸς ἀποτεινόμενον (ἐπ' αὐτῶν δὲ ἐρῶ τῶν θείων ῥημάτων)· „Πρόκλος ὁ κόσμος τῆς πολιτείας." καὶ τίς ἂν εἴη μαρτυρία ταύτης μείζων περὶ τῆς θεοφιλίας τοῦ τὰ πάντα εὐδαίμονος; διὰ δὲ τὴν περὶ τὸ θεῖον πολλὴν συμπάθειαν πάντως εἰς [40] δάκρυα ὑπήγετο, εἴ ποτε καὶ τούτων ὧν εἶδε πρὸς ἡμᾶς ἐποιεῖτο μνήμην καὶ τοῦ εἰς αὐτὸν ῥηθέντος θείου ἐγκωμίου.

von einem für den Gott geweihten Tisch, und Orakelsprüche werden erteilt, jedes Mal mit gesundheitsfördernder Wirkung, und die Besucher werden unerwartet aus den größten Gefahren errettet. Andere Leute wiederum sind der Meinung, dass die Dioskuren[287] an diesem Ort verkehren: Denn einige sahen bereits im Traum, wie es schien, zwei junge Männer auf der Straße nach Adrotta, sehr schöne, auf Pferden reiten und dabei sagen, dass sie zum Heiligtum eilten, so dass sie zwar annahmen, es sei der Anblick von Menschen, dann aber sofort davon überzeugt gewesen seien, dass es sich dabei um eine überaus göttliche Erscheinung handelte. Als die Menschen nämlich beim Tempel waren, wurde ihnen, ohne dass sie danach gefragt hatten, erzählt, dass sie von den im Heiligtum beschäftigten Menschen gesehen wurden, aber auch für eben jene plötzlich wieder unsichtbar wurden – aus diesen Gründen also schien, wie gesagt, dem Philosophen in seiner Ratlosigkeit und seinem Unvermögen, den berichteten Geschichten keinen Glauben zu schenken und auf seine Bitte hin, ihm die genaue Identität der einheimischen Götter zu offenbaren, der Gott ihn im Traum zu besuchen und Folgendes deutlich zu verkünden: „Was ist denn? Hast du Iamblichos[288] nicht sagen hören, welche diese beiden sind, und hast du ihn nicht Machaon und Podaleirios[289] preisen hören?"

Überdies würdigte der Gott diesen glücklichen Mann noch eines solchen Wohlwollens, dass er sich so wie diejenigen, die in den Theatern Lobreden auf bestimmte Leute halten, hinstellte und in einer bestimmten Pose und mit entsprechender Handhaltung nachdrücklich verkündend sagte (dazu werde ich genau die göttlichen Worte wiederholen): „Proklos ist die Zierde der Stadt".[290] Welcher Beweis könnte denn größer sein als dieser hinsichtlich der Gottgeliebtheit dieses in allem glücklichen Mannes? Wegen der großen Sympathie[291] mit dem Göttlichen war er völlig zu Tränen gerührt, wenn er sich einmal an das, was er gesehen hatte, und an das auf ihn gehaltene Enkomion des Gottes in unserem Beisein erinnerte.

Die theurgischen Tugenden des Proklos (Pan und die Göttermutter)

33. Wenn ich aber genau so in allem die Freundschaft dieses Mannes zu Pan,[292] dem Sohn des Hermes, der Reihe nach durchgehen und darlegen wollte, und das reichliche Wohlwollen und die Rettung, welche er in Athen[293] von diesem Gott erlangte, noch

33. Ἀλλ' εἰ οὕτως ἐθέλοιμι πᾶσιν ἐπεξιέναι καὶ τὴν φιλίαν αὐτοῦ φράζειν τὴν πρὸς τὸν Πᾶνα τοῦ Ἑρμοῦ, καὶ τὴν πολλὴν εὐμένειαν καὶ σωτηρίαν ἧς ἔτυχεν Ἀθήνησι παρὰ τοῦ θεοῦ, ἔτι γε μὴν τὴν [5] εὐμοιρίαν ὅσην ἔλαχε παρὰ τῆς Μητρὸς τῶν θεῶν ἐπεκδιηγεῖσθαι, ἐφ' ᾗ δὴ μάλιστα ηὔχει καὶ σφόδρα εὐφραίνετο, ἀδολεσχεῖν ἴσως ἂν δόξαιμι τοῖς ἐντυγχάνουσιν, ἐνίοις δὲ καὶ ἄπιστα λέγειν. πολλὰ γὰρ ἦν καὶ μεγάλα καὶ τὰ παρὰ τῆς θεοῦ εἰς αὐτὸν ὅση- [10] μέραι πραττόμενά τε καὶ λεγόμενα, ὧν διὰ τὸ πλῆθος καὶ τὸ ἀπροσδόκητον <τῆς> συγγραφῆς οὐδὲ τὴν μνήμην ἔχω γε νῦν πάνυ διηρθρωμένην. | εἰ δέ τις ἐπιποθεῖ κατιδεῖν αὐτοῦ καὶ ταύτην τὴν ἐπιτηδειότητα, λαβέτω εἰς χεῖρας τὴν Μητρῳακὴν αὐτοῦ [15] βίβλον. ὄψεται γὰρ ὡς οὐκ ἄνευ θείας κατακωχῆς τὴν θεολογίαν τὴν περὶ τὴν θεὸν ἐξέφηνεν ἅπασαν καὶ τὰ ἄλλα τὰ μυθικῶς περὶ αὐτὴν καὶ τὸν Ἄττιν δρώμενά τε καὶ λεγόμενα φιλοσόφως ἀνέπτυξεν, ὡς μηκέτι θράττεσθαι τὴν ἀκοὴν ἐκ τῶν ἀπεμφαινόντων [20] θρήνων καὶ τῶν ἄλλων τῶν ἐκεῖ κρυφίως λεγομένων.

34. Ἐπιδραμόντες τοίνυν καὶ τοῖς ἀπὸ τῆς θεουργικῆς αὐτοῦ ἀρετῆς ἐνεργήμασι καὶ εὐτυχήμασι καὶ διὰ πάντα ἄνδρα παρισωμένον ταῖς ἀρεταῖς ἱστορήσαντες, οἷον οὐδεπώποτε ἐν τῷ μα- [5] κρῷ χρόνῳ ἑωράκασιν ἄνθρωποι, πέρας ἤδη ἐπιθῶμεν τοῖς περὶ αὐτοῦ λόγοις. Γέγονε δὲ ἡμῖν ἡ ἀρχὴ οὐκ ἀρχὴ μόνον, οὐδὲ μὴν, κατὰ τὴν παροιμίαν, ἥμισυ τοῦ παντός, αὐτὸ δὲ ὅλον τὸ πᾶν. ἀπὸ γὰρ τῆς εὐδαιμονίας αὐτοῦ ἀρξά- [10] μενοι καὶ δι' αὐτῆς μέσης προελθόντες, ἐπ' αὐτὴν αὖθις ἐπανήλθομεν, τῷ λόγῳ τὰ παρὰ τῶν θεῶν καὶ ὅλως τῆς προνοίας δωρηθέντα τῷ σπουδαίῳ ἀγαθὰ παραστήσαντες, εὐηκοΐας καὶ ἐπιφανείας καὶ θεραπείας καὶ τὴν ἄλλην αὐτῶν ἐπικουρίαν μηνύ- [15] σαντες, τά τε

dazu das große Glück, welches ihm von der Mutter der Götter[294] her zuteil wurde, dessen er sich ja am meisten rühmte und worüber er sich sehr freute, gründlich erzählen wollte, dann dürfte ich meinem Publikum[295] vielleicht geschwätzig erscheinen, manchen aber sogar Unglaubwürdiges zu erzählen. Denn zahlreich und bedeutend waren auch die von der Göttin für ihn alltäglich vollbrachten und gesprochenen Dinge. Wegen deren Fülle und da ich nie an eine schriftliche Sammlung gedacht hatte, habe ich jetzt auch keine ganz klar gegliederte Erinnerung an sie. Wenn aber jemand wünscht, seine auch in dieser Hinsicht gegebene Eignung zu begreifen, soll er sein Buch ‚Über die Mutter der Götter'[296] in die Hände nehmen.[297] Er wird nämlich sehen, dass Proklos nicht ohne göttliche Inspiration[298] die gesamte Theologie über diese Göttin aufzeigte und dass er die übrigen, nach Art von Mythen über sie und Attis rituell aufgeführten und erzählten Begebenheiten philosophisch offenbarte,[299] so dass man sein Ohr nicht mehr aufgrund der absurden Klagelieder[300] und aller übrigen dort geheimnisvoll gesprochenen Dinge beunruhigt.

Epilog

34. Nachdem wir nun auch die von seiner theurgischen Tugend herrührenden Handlungen und glücklichen Umstände[301] kursorisch dargestellt und in allem ‚den Mann als einen den Tugenden gleichen'[302] dargestellt haben, wie ihn in der langen Zeit Menschen noch nie ‚gesehen' haben, wollen wir jetzt unseren Ausführungen über ihn ein Ende setzen. Denn es ist uns der Anfang nicht nur Anfang gewesen, und auch faktisch nicht, wie das Sprichwort sagt, ‚die Hälfte vom Ganzen',[303] sondern das gesamte Ganze an sich. Denn nachdem wir von seinem Glück den Anfang genommen haben und durch dieses in der Mitte vorangeschritten sind, kehrten wir zu ihm nun auch wieder zurück.[304] Wir haben in unserer Rede die von den Göttern und überhaupt von der Vorsehung dem guten[305] Mann geschenkten Güter dargelegt, seine leicht erhörten Gebete und die Epiphanien und Taten der Fürsorge und deren übrige hilfreiche Unterstützung gezeigt und die Dinge, die ihm vom Schicksal und der guten Tyche durch das Los zugeteilt wurden, seine Heimat sowie seine Eltern und die gute körperliche Veranlagung, seine Lehrer und Freunde und seinen sonstigen Besitz, und wir stellten ihn in unserer Rede als einen dar, der sich durch Größe und Glanz von den bei anderen Men-

ἀπὸ τῆς εἱμαρμένης καὶ τῆς ἀγαθῆς τύχης αὐτῷ κληρωθέντα, πατρίδα τε καὶ γονεῖς καὶ σώματος εὐφυΐαν, διδασκάλους τε καὶ φίλους καὶ τὴν ἄλλην περιουσίαν, μεγέθει τε καὶ λαμπρότητι τῶν παρὰ τοῖς ἄλλοις ἅπαντα διαφέροντα τῷ λόγῳ [20] παραστήσαντες, ἔτι γε μὴν τὰ ἐκ τῆς οἰκείας αὐ- [20] τοῦ προαιρέσεως καὶ οὐκ ἔξωθέν ποθεν ἐπιγενόμενα πλεονεκτήματα ἀπαριθμησάμενοι (τοιαῦτα γὰρ ἦν τὰ κατὰ τὴν σύμπασαν αὐτοῦ ἀρετὴν τῆς ψυχῆς κατορθώματα), συλλήβδην δὲ τὴν ἐνέργειαν αὐτοῦ [25] τῆς ψυχῆς ἐπιδείξαντες κατ' ἀρετὴν τελείαν προϊοῦσαν καὶ τοῖς ἄλλοις ἀγαθοῖς ἱκανῶς κεχορηγημένην θείοις τε καὶ ἀνθρωπίνοις καὶ ἐν βίῳ τελείῳ.

35. Ἵνα δὲ καὶ οἱ φιλοκαλώτεροι ἀπὸ τῆς τῶν ἄστρων διαθέσεως, ὑφ' ᾗ ἐτέχθη, συμβάλλειν ἔχοιεν ὅπως ὁ κλῆρος αὐτῷ τῆς αἱρέσεως οὐκ ἐν τελευταίοις ἔπιπτεν οὐδὲ ἐν μέσοις τισίν, ἀλλ' ἐν τοῖς [5] πρωτίστοις, ἐξεθέμην αὐτῶν τὰ σχήματα, ὡς εἶχεν ἐν τῇ γενέσει. ☉ Κριῷ, μοίρα ις΄ κς΄. ☾ Διδύμοις, μοίρα ιζ΄ κθ΄. ♄ Ταύρῳ, μοίρα κδ΄ κγ΄. ♃ Ταύρῳ, μοίρα κδ΄ μα΄. ♂ Τοξότῃ, <μοίρα> κθ΄ ν΄. ♀ Ἰχθύσι, μοίρα κγ΄. <☿> Ὑδροχόῳ, μοίρα δ΄ μβ΄. Ὡροσκόπος Κριῷ, μοίρα η΄ ιθ΄. Μεσουράνημα Αἰγοκέρωτι, μοίρα δ΄ μβ΄. Ἀναβιβάζων Σκορπίῳ, μοίρα κδ΄ λγ΄. Προγενομέμη σύνοδος Ὑδροχόῳ, μοίρα ν΄ να΄.

36. Ἐτελεύτησε δὲ τῷ δ' καὶ κ' καὶ ρ' ἔτει ἀπὸ τῆς Ἰουλιανοῦ βασιλείας, ἄρχοντος Ἀθήνησι Νικαγόρου τοῦ νεωτέρου, μηνὸς κατὰ μὲν Ἀθηναίους Μουνυχιῶνος ιζ΄, κατὰ δὲ Ῥωμαίους Ἀπριλίου ιζ΄. [5] καὶ θεραπείας τὸ σῶμα ἠξιώθη κατὰ τὰ πάτρια τὰ Ἀθηναίων, καὶ ὡς αὐτὸς ἔτι περιὼν διετάξατο. καὶ γὰρ αὖ καὶ τοῦτο ὑπῆρξε τῷ μακαρίῳ ἀνδρί, εἴπερ τινὶ καὶ ἄλλῳ, γνῶσις καὶ ἐπιμέλεια τῶν δρωμένων περὶ τοὺς ἀποιχομένους. οὐδένα γὰρ καιρὸν [10] τῆς εἰωθυίας αὐτῶν θεραπείας παραλέλοιπεν, ἑκάστου δὲ ἔτους κατά τινας ὡρισμένας ἡμέρας, καὶ τὰ τῶν Ἀττικῶν ἡρώων περινοστῶν, τά τε τῶν φιλοσοφησάντων μνήματα καὶ τῶν ἄλλων τῶν φίλων καὶ γνωρίμων

schen zu findenden Eigenschaften ganz abhob, überdies zählten wir die aufgrund seiner eigenen Disposition und nicht irgendwie von außen dazu gekommenen Besitztümer der Reihe nach auf (denn solche waren die gemäß seiner gesamten seelischen Tugend vollbrachten tugendhaften Handlungen). Zusammenfassend aber schilderten wir die Wirkkraft seiner Seele, wie sie ‚sich der vollendeten Tugend entsprechend' vervollkommnete ‚und dabei hinreichend unterstützt wurde durch die' anderen ‚Güter, die göttlichen' wie die menschlichen, und zwar ‚im Laufe eines vollkommenen Lebens'.[306]

Horoskop des Proklos

35. Damit aber auch die größeren Liebhaber des Schönen[307] von der Anordnung der Sterne her, unter der er geboren wurde, nachvollziehen können, dass ihm das Los seines Schicksals[308] nicht in seinen letzten Gestirnskonstellationen zufiel, und auch nicht irgendwie in den mittleren, sondern in den ersten, wählte ich deren Konfigurationen aus, wie sie während seiner Geburt waren:[309] Sonne im Widder 16° 26'.[310] Mond in den Zwillingen 17° 29'. Saturn im Stier 24° 23'. Jupiter im Stier 24° 41'. Mars im Schützen 29° 50'. [Merkur] in den Fischen 4° 42'. Venus in den Fischen 23°. Merkur im Wassermann 4° 42'. Horoskopos[311] im Widder 8° 19'. Der mittlere Himmel[312] im Steinbock 4° 42'. Der aufsteigende (Mond-)Knoten im Skorpion 24° 33'. Der vorhergehende Neumond im Wassermann 8° 51'.[313]

Tod des Proklos (Bestattung, Grab, Himmelszeichen)

36. Er starb im 124. Jahr seit der Herrschaft des Kaisers Iulianos, unter dem Archontat des Nikagoras des Jüngeren in Athen, den Athenern zufolge am 17. im Monat Mounychion, den Römern zufolge am 17. im Monat April.[314] Sein Leichnam[315] wurde nach den alten Bräuchen der Athener würdig bestattet,[316] und zwar wie er selbst noch zu Lebzeiten angeordnet hatte. Denn auch das wiederum war dem seligen Mann, wenn überhaupt jemandem, zu eigen: das Wissen und die Pflege der Rituale für die Verstorbenen. Denn er ließ keine Gelegenheit zur gewohnten Verehrung von ihnen aus; wenn er aber jedes Jahr an bestimmten festgesetzten Tagen sowohl die Grabdenkmäler der attischen Heroen[317] besuchte als auch die von denen, die Philosophie betrieben hatten, und die von den übrigen Freunden und denen, mit denen er bekannt

αὐτῷ γεγονότων, ἕδρα τὰ νενομισμένα, [15] οὐ δι' ἑτέρου, ἀλλ' αὐτὸς ἐνεργῶν. μετὰ δὲ τὴν περὶ ἕκαστον θεραπείαν, ἀπιὼν εἰς τὴν Ἀκαδημίαν τὰς τῶν προγόνων καὶ ὅλως τὰς ὁμογνίους ψυχὰς ἀφωρισμένως ἐν τόπῳ τινὶ ἐξιλεοῦτο. κοινῇ δὲ πάλιν ταῖς | τῶν φιλοσοφησάντων ἁπάντων ψυχαῖς ἐν [20] ἑτέρῳ μέρει ἐχεῖτο. καὶ ἐπὶ πᾶσι τούτοις ὁ εὐαγέστατος τρίτον ἄλλον περιγράψας τόπον πάσαις ἐν αὐτῷ ταῖς τῶν ἀποιχομένων ἀνθρώπων ψυχαῖς ἀφωσιοῦτο.

περισταλέν, ὡς εἴρηται, καὶ αὐτοῦ τὸ σῶμα κατὰ [25] τὴν παρ' αὐτοῦ ὑφήγησιν καὶ ἐκκομισθὲν ὑπὸ τῶν ἑταίρων ἐτάφη ἐν τοῖς ἀνατολικωτέροις προαστείοις τῆς πόλεως πρὸς τῷ Λυκαβηττῷ, ἔνθα καὶ τὸ τοῦ καθηγεμόνος Συριανοῦ κεῖται σῶμα. ἐκεῖνος γὰρ αὐτῷ τοῦτο παρεκελεύσατο ἔτι περιὼν καὶ τὴν θή- [30] κην τοῦ μνήματος διπλῆν διὰ τοῦτο ἐργασάμενος. Καὶ μετὰ θάνατον δέ, ἐπειδή ποτε ἐβουλεύετο ὁ ὁσιώτατος μὴ παρὰ τὸ καθῆκον εἴη, [τὸν] αὐτὸν ὄναρ <ἔδοξεν ἰδεῖν> ἐπαπειλοῦντα αὐτῷ καὶ διότι μόνον τοῦτο ἐνεθυμήθη. Ἐπιγέγραπται δὲ τῷ μνή- [35] ματι καὶ ἐπίγραμμα τετράστιχον, ὃ αὐτὸς ἑαυτῷ ἐποίησε, τοιοῦτον·

Πρόκλος ἐγὼ γενόμην Λύκιος γένος, ὃν Συριανὸς
Ἐνθάδ' ἀμοιβὸν ἑῆς θρέψε διδασκαλίης·
[40] Ξυνὸς δ' ἀμφοτέρων ὅδε σώματα δέξατο τύμβος·
Αἴθε δὲ καὶ ψυχὰς χῶρος ἕεις λελάχοι.

37. Ἐγένοντο δὲ καὶ διοσημεῖαι πρὸ ἐνιαυτοῦ τῆς τελευτῆς, ὡς ἡ ἔκλειψις ἡ ἡλιακὴ οὕτως ἐναργὴς ὥστε καὶ νύκτα μεθ' ἡμέραν γενέσθαι. σκότος γὰρ ἐγένετο βαθὺ καὶ ἀστέρες ὤφθησαν. αὕτη μὲν οὖν [5] ἐν Αἰγοκέρωτι ἐγένετο κατὰ τὸ ἀνατολικὸν κέντρον. ἀνεγράψαντο δὲ καὶ ἑτέραν οἱ ἡμερογράφοι, ὡς ἐσομένην καὶ αὐτὴν πληρουμένου τοῦ πρώτου ἐνιαυτοῦ. τὰ δὲ τοιαῦτα περὶ τὸν οὐρανὸν δοκοῦντα συμβαίνειν παθήματα σημαντικά φησι γίγνεσθαι [10] τῶν περὶ γῆν συμβαινόντων, καὶ ἡμῖν δὲ σαφῶς ἐδήλωσε τὴν στέρησιν καὶ οἷον ἀπόλειψιν τοῦ ἐν φιλοσοφίᾳ φωτός.

gewesen war, führte er die durch Brauch überlieferten Rituale aus,[318] wobei er das nicht durch einen anderen erledigen ließ, sondern selbst machte. Nachdem er jedem einzelnen seine Reverenz erwiesen hatte und dann in die Akademie[319] gegangen war, beschwichtigte[320] er die Seelen seiner Vorfahren und überhaupt die Seelen von Blutsverwandten in Abgeschiedenheit an einer bestimmten Stelle. Für alle Seelen derer, die Philosophie betrieben hatten, zusammen brachte er in einem anderen Teil der Akademie Trankopfer dar. Und zusätzlich zu all diesen Ritualen brachte dieser höchst heilige Mann, nachdem er einen anderen, dritten Platz eingegrenzt hatte, auf diesem den Seelen aller verstorbenen Menschen Sühneopfer dar.[321]

Sein Leichnam[322] wurde, wie gesagt, nach seiner eigenen Weisung zur Beerdigung vorbereitet, von seinen Schülern hinausgetragen und dann in den weit östlich gelegenen Vorstadtgebieten Athens beim Lykabettos[323] bestattet, wo auch der Körper seines Lehrers Syrianos liegt. Denn das hatte ihm jener, als er noch lebte, aufgetragen und hatte deswegen daher den Bau eines Doppelgrabes veranlasst.[324] Nach seinem Tod, als der höchst fromme Mann sich einmal überlegte, ob das denn nicht ungebührlich sei, <schien er> <eben den> im Traum ihm drohen <zu sehen>[325] und zwar, weil er nur daran gedacht hatte. Auf seinem Grabstein ist auch folgendes vierzeiliges Epigramm eingeschrieben, welches er für sich selbst gedichtet hat:[326]

Proklos war ich, Lykier der Herkunft nach, den Syrianos /
Hier als Nachfolger seiner Lehre aufzog. /
Gemeinsam nahm nun dieses Grab hier die Körper beider auf. /
Wenn doch auch ihre Seelen ein einziger[327] Ort bekäme![328]

37. Es gab auch Himmelszeichen[329] im Jahr vor seinem Tod, wie die Sonnenfinsternis,[330] die so sichtbar war, dass auch am Tag Nacht wurde. Denn es herrschte tiefe Dunkelheit und die Sterne wurden gesehen. Diese Sonnenfinsternis ereignete sich also im Steinbock im östlichen Zentrum.[331] Die Tageschronisten[332] schrieben noch eine andere Sonnenfinsternis gewissermaßen als zukünftige auf, und zwar eine, die sich genau nach Ablauf des ersten Jahres nach Proklos' Tod ereignen würde. Sie sagten aber, dass Himmelserscheinungen solcher Art Ereignisse mit Zeichencharakter[333] für die Dinge seien, die auf der Erde passieren.

38. Ἐμοὶ μὲν οὖν καὶ ταῦτα ἀποχρώντως περὶ τοῦ φιλοσόφου ἱστορήσθω. ἐξέστω δὲ τῷ βουλομένῳ καὶ περὶ τῶν συγγεγονότων αὐτῷ ἑταίρων τὰ ἀληθῆ ἀνα|γράφειν· πολλοὶ γὰρ αὐτῷ πολλαχόθεν [5] ἐφοίτησαν, οἱ μὲν ἐπὶ ἀκροάσει μόνον ψιλῇ, οἱ δὲ καὶ ζηλωταὶ καὶ διὰ φιλοσοφίαν αὐτῷ συσχολάσαντες. καὶ τὰ συγγράμματα δὲ αὐτοῦ ὁ φιλοπονώτερος ἐπὶ κεφαλαίων ἀπαριθμείσθω. ἐγὼ γὰρ διά τε τὸ ἐμαυτοῦ συνειδός καὶ ἵνα ἀφοσιώσωμαι πρὸς [10] τὴν θείαν αὐτοῦ ψυχὴν καὶ τὸν εἰληχότα αὐτὴν ἀγαθὸν δαίμονα, καὶ ταῦτα προήχθην εἰπεῖν· περὶ δὲ τῶν συγγραμμάτων τοσοῦτον ἐρῶ, ὅτι ἀεὶ μὲν τῶν ἄλλων πάντων προετίθει τὰ εἰς Τίμαιον ὑπομνήματα, ἠρέσκετο δὲ πάνυ καὶ τοῖς εἰς Θεαί- [15] τητον. εἰώθει δὲ πολλάκις καὶ τοῦτο λέγειν, ὅτι· „Κύριος εἰ ἦν, μόνα ἂν τῶν ἀρχαίων ἁπάντων βιβλίων ἐποίουν φέρεσθαι τὰ Λόγια καὶ τὸν Τίμαιον, τὰ δὲ ἄλλα ἠφάνιζον ἐκ τῶν νῦν ἀνθρώπων διὰ τὸ καὶ βλάπτεσθαι ἐνίους τῶν εἰκῇ καὶ ἀβασανίστως [20] ἐντυγχανόντων αὐτοῖς."

Uns aber bewiesen sie eindeutig den Verlust und gleichsam das Verlöschen dieses Lichtes[334] in der Philosophie.

Schüler und Schriften des Proklos[335]

38. Von mir sollen nun also auch diese Dinge hinreichend über diesen Philosophen berichtet sein. Es soll aber jedem, der will, möglich sein, auch über seine Schüler, die mit ihm zusammen waren, die Wahrheit aufzuschreiben: Denn viele besuchten von überallher seinen Unterricht, die einen zwar nur zum bloßen Zuhören, die anderen aber wohnten seinem Unterricht als begeisterte Anhänger und wegen der Philosophie bei.[336] Seine Schriften soll, wer fleißiger ist als ich, summarisch[337] der Reihe nach aufzählen. Ich nämlich wurde wegen meines Gewissens und um meine Pflicht gegenüber seiner göttlichen Seele und ‚dem göttlichen Daimon gegenüber zu erfüllen, der diese erlost hat,'[338] veranlasst, diese Dinge zu sagen. Über seine Schriften will ich aber nur so viel sagen, dass er allen anderen Schriften immer seine Kommentarbücher zum Timaios vorzog, dass er aber auch mit denen zum Theaitetos ganz zufrieden war.[339] Er pflegte oft sogar Folgendes zu sagen: „Wenn ich bestimmen könnte, würde ich bewirken, dass von allen alten Büchern allein die Orakelsprüche[340] und der Timaios überliefert würden, die anderen aber würde ich verschwinden lassen aus der Welt der jetzigen Menschen, weil einige von denen, die sie unüberlegt und ohne kritische Prüfung lesen, Schaden daran nehmen."[341]

Anmerkungen zur Übersetzung

1 Marinos aus Neapolis (Flavia Neapolis, heute Nablus) in Palästina, kommt ca. 460 n. Chr. nach Athen, wird dort Schüler und schließlich auch Nachfolger (Diadochos) des Proklos in dessen platonischer Philosophenschule, siehe Damaskios, *Vita Isidori* = *Philos. Hist.* fr. 38, v.a. 97. 100. 101 C; 148 C. 151 C; auch test. III 81 (= Phot. *Bibl. cod.* 181). Ausführlicher zur Person des Marinos siehe SAFFREY 2005a; RADICKE 1999, 268–273 (Fragmente und Testimonien zu Marinos, *Vita Procli*), no. 1083; siehe die Einleitung in diesem Band, Kapitel 1.

2 Der Doppeltitel ist in den Handschriften überliefert, dazu siehe SAFFREY / SEGONDS / LUNA 2002, CIV–CXXV; zur Verwendung von Doppeltiteln in der Antike ebd. 49 Anm. 2 mit reichen Belegen; für die Doppeltitel der Platonischen Dialoge siehe MANSFELD 1994, 71–74. Zu dem aus Eigennamen und Thema bestehenden Doppeltitel im Kontext des Elogiums resp. der epideiktischen Rede siehe PERNOT 1993, 473, n. 332. Die Kombination des Glückskonzeptes mit der Person des Proklos als modellhaftem Platoniker behandelt MÄNNLEIN–ROBERT 2013b; siehe die Einleitung in diesem Band, Kapitel 6.

3 Die ‚Seelengröße' ist bereits bei Platon (*rep.* VI 496b3–5) maßgebliche Voraussetzung für einen echten Philosophen; seit Aristoteles (z.B. *eth. Nic.* IV 7f.,1122b34–1125a16; *eth. Eud.* III 5,3,1232a28–30) wird sie systematisch in ethischen Kontexten verhandelt, für Proklos selbst (z.B. *In Plat. Parm.* I 617,20f.; *In Plat. Crat.* 117 p. 68,19–24) steht sie in engem Kontext mit Heroismus, worauf Marinos hier sicherlich anspielt. Zur Seelengröße als Konzept siehe z.B. U. KNOCHE, *Magnitudo animi. Untersuchungen zur Entstehung und Entwicklung eines römischen Wertgedankens* (Leipzig 1935); R. A. GAUTHIER, *Magnanimité. L'idéal de la grandeur dans la philosophie paienne et la théologie chrétienne* (Paris 1951); A. DYCK, „On Panaetius' Conception of Μεγαλοψυχία", in: *MH* 38 (1981) 153–161; weitere Literatur siehe bei SAFFREY / SEGONDS / LUNA 2002, 53f. Anm. 4.

4 Es handelt sich bei der Wendung τοῦ καθ' ἡμᾶς γεγονότος φιλοσόφου um ein wörtliches Zitat aus Porph. *Vita Plot.* 1,1. Damit markiert Marinos deutlich den gewollten intertextuellen Bezug zur *Vita Plotini* des Porphyrios und verweist auf den literarischen Bezugsrahmen der (neu–)platonischen Philosophenbiographien, siehe MÄNNLEIN–ROBERT 2013b, 245. Der Biograph unterstreicht durch die Zeitgenossenschaft des gewürdigten Philosophen die durch Augenzeugenschaft verbürgte Authentizität seiner folgenden Darstellung,

	zu Biographie und Hagiographie siehe die Einleitung in diesem Band, Kapitel 2–4.
5	Vgl. die Junktur δύναμίς τις καὶ παρασκευή bei Plotin. IV 6 [41] 3,58. Damit ist ein weiterer Verweis auf Plotin erkennbar, der sich als innerplatonische Gegenfigur erweist. Der Biograph Marinos modelliert mit seiner Vita des Proklos nämlich ein hagiographisches Konkurrenzmodell zu Porphyrios' *Vita Plotini*, siehe die Einleitung in diesem Band, Kapitel 4.
6	‚Über den Graben springen/die Grenze überschreiten' wird in der Suda (s.v. ὑπὲρ τὰ ἐσκαμμένα πηδᾶν p. 660,12–17 ADLER IV) als redensartliche, aus dem Pentathlon stammende Wendung beschrieben, welche als bildhafte Verbalisierung für Selbstüberwindung oder das Hinauswachsen über sich selbst dient. Dieses Sprichwort findet sich in der spätantiken Literatur relativ häufig, siehe z.B. Clemens Al. *strom.* V 13,83,1; Lib. *epist.* 438; Simpl. *In phys.* p. 148,23, weitere Belege bei SAFFREY / SEGONDS / LUNA 2002, 56f. Anm. 11.
7	Blutige Tieropfer sind unter den Neuplatonikern nicht unumstritten, so lehnen etwa Plotin (siehe Porph. *Vita Plot.* 10) und Porphyrios (*De abst.* II 12–15; II 32–37) blutige Opfer ab, während etwa Sallustios positiv dazu steht (Sallust. *De dis et de mundo* 16). Tieropfer sind ein sehr alter, in der Spätantike dezidiert paganer Kultbrauch und werden von den Christen abgelehnt, dazu Augustinus, *c. Adim.* 14 (CSEL 25, 1 p. 152); *c. adv. Leg.* I 38 (CCL 49, p. 69). Siehe G. STROUMSA, *Das Ende des Opferkultes. Die religiösen Mutationen der Spätantike* (Berlin 2011); zum Verbot von Tieropfern durch christliche Kaiser siehe den Beitrag von SCHORN in diesem Band, S. 337f. Porph. *De abst.* II 19 vertritt eine vermutlich bereits bei Theophrast (*De pietate*; Theophr. T 584 A 195–260 FORTENBAUGH) wurzelnde Auffassung, wonach allein die innere Haltung des Opfernden und nicht etwa die Größe des Opfers ausschlaggebend sei. Marinos schließt sich hier dieser Auffassung an.
8	Zu Hymnendichtung als ‚Opfergabe' siehe M. ERLER, „Interpretieren als Gottesdienst. Proklos' Hymnen vor dem Hintergrund seines Kratylos-Kommentars", in: G. BOSS / G. SEEL (eds.), *Proclus et son influence. Actes du colloque de Neuchâtel Juin 1985* (Zürich 1987) 179–217; VAN DEN BERG 2001, 13–34. Marinos hat selbst eine poetische Fassung dieser Gedenkrede auf Proklos verfasst, die allerdings nicht überliefert ist, siehe Suda s.v. Μαρῖνος p. 324,12–15, hier: 14 (καὶ ἐπικῶς) ADLER III mit SAFFREY / SEGONDS / LUNA 2002, X mit Anm. 1. Zur paganen Hagiographie des Marinos in Versen siehe AGOSTI 2009 und die Einleitung in diesem Band, Kapitel 1. Auch Damaskios hat einen poetischen (und nicht erhaltenen) Nachruf in epischen Versen auf Aidesia Ende der 70er Jahre des 5. Jh. gehalten, so Damaskios, *Vita Isidori* (= *Philos. Hist.*) fr. 56,30–32, dazu auch SAFFREY / SEGONDS / LUNA 2002, XI. Allgemeiner zum Hymnos sind PULLEYN 1997, 43–51 und M. LATTKE, *Hymnus. Materialien zu einer Geschichte der antiken Hymnologie,*

Freiburg 1991. Prosa-Hymnen sind uns seit Aelius Aristides, auch von Julian oder Libanios, bekannt; sie finden sich mit besonders häufiger Anwendung im Asklepios-Kult, siehe M. P. NILSSON, „Pagan Divine Service in Late Antiquity", *HThR* 38 (1945) 63–69; EDELSTEIN / EDELSTEIN II 1945, 204–208; weitere Literaturangaben bei SAFFREY / SEGONDS / LUNA 2002, 58 Anm. 16.

9   Marinos führt hier recht frei den von Sokrates im Platonischen *Phaidros* (242c7–d1) zitierten Vers des lyrischen Dichters Ibykos (6. Jh. v. Chr.) an und demonstriert damit seine enge Anlehnung an den dort als vorsichtig gezeichneten Sokrates. Dieser Vers war offenbar längst sprichwörtlich geworden, siehe z.B. Plut. *Quaest. Conv.* IX 15,2,748C = PMG fr. 310 PAGE.

10 Der Begriff für ‚Schüler' ist hier ὁ ὁμιλητής, womit Marinos vermutlich auf sein enges Verhältnis zu Proklos als seinem Professor und Vorgänger anspielt, siehe SAFFREY / SEGONDS / LUNA 2002, 61 Anm. 6; vgl. auch Anm. 29.

11 Marinos demonstriert mit der Gedenkrede auf Proklos (zum Makarismos s.u. Anm. 15) anlässlich von dessen erstem Todestag am 17. April 486 seine Verpflichtung gegenüber Proklos als Lehrer sowie zugleich seine eigene Legitimation für dessen Nachfolge, die nicht unumstritten war (siehe Damaskios, *Vita Isidori* = *Philos. Hist.* fr. 38, v.a. 97. 100. 101 C); dazu WILDBERG 2017, 5.

12 Marinos bedient sich des Historia–Topos der historiographischen Literatur, der die Glaubwürdigkeit des historischen Zeitzeugen untermauern soll, siehe bereits z.B. Hdt. II 118,1; 119,3; dazu B. SNELL, *Die Ausdrücke für den Begriff des Wissens in der vorplatonischen Philosophie* (Hildesheim / Zürich 1992), 59–71; G. SCHEPENS, *L'"Autopsie" dans la methode des historiens grecs du Ve siècle avant J.–C.* (Brüssel 1980).

13 Eine Gliederung der Rede nach κεφάλαια im Modus professioneller Redenschreiber hätte bedeutet, die Rede nach den üblichen panegyrisch-rhetorischen Topoi zu strukturieren (wie das etwa Menander Rhetor beschreibt: II 371,4; 371,18; 372,14–23). In den neuplatonischen philosophischen Kommentaren werden κεφάλαια als Hauptgliederungspunkte eines Kommentars bereits im Prooimion resp. in Prolegomena vorab aufgelistet, siehe HOFFMANN 1998, v.a. 221–223; MANSFELD 1994, 10; dagegen wählt Marinos einen thematischen Zugriff (‚Glück') mit eigener systematischer Strukturierung.

14 In Anlehnung an Platon (v.a. *Theaitetos* 176a8–b2, dazu S. LAVECCHIA, *Una via che conduce al divino. La „homoiosis theo" nella filosofia di Platone* (Mailand 2006) 127–135) beschreiben die platonischen Philosophen in Kaiserzeit und Spätantike das letzte Ziel (τέλος), das höchste denkbare Glück, die Eudaimonia, als ‚Angleichung an Gott' (ὁμοίωσις θεῷ). Ausführlicher zu diesem bereits bei Platon zwischen ethischer und metaphysisch-spiritueller Akzentuierung fluktuierendem Konzept siehe H. MERKI, ὁμοίωσις θεῷ. *Von der platonischen Angleichung an*

Gott zur Gottähnlichkeit bei Gregor von Nyssa (Freiburg in der Schweiz 1952) 2. 15; ERLER 2002; zur Vorgeschichte D. ROLOFF, *Gottähnlichkeit, Vergöttlichung und Erhöhung zu seligem Leben. Untersuchungen zur Herkunft der platonischen Angleichung an Gott* (Berlin 1970), v.a. 198–206. Siehe mit Blick v.a. auf die Verwendung bei den Mittelplatonikern I. MÄNNLEIN-ROBERT, *Der Platonismus in der Antike. Band 8* (Stuttgart vorauss. 2019) Baustein 239. Marinos' Wahl von ‚Eudaimonia' als durchgängigem Thema für eine lobende Gedenkrede darf mit Blick auf die rhetorische Tradition als ausgesprochen ungewöhnlich gelten, dazu und zur Abgrenzung vom Topos der Eutychia siehe PERNOT 1993, 174–176. Immer wieder, vor allem in den späteren Kapiteln der *Vita Procli*, betont Marinos die (gelungene) Angleichung des Proklos an das Göttliche bereits zu Lebzeiten: z.B. § 7,1f. (τὸ θεοφιλὲς συγγενές), § 18,8f. (ἵνα καὶ τὴν ὁμοίωσιν ἔχῃ πρὸς τὸν θεόν, ὅπερ τέλος ἐστὶ τὸ ἄριστον τῆς ψυχῆς), § 21,1–4 und v.a. § 25,8–13 (Proklos lebt bereits das Leben der Götter). Vgl. BALTZLY 2017, 258–275, siehe auch die Einleitung in diesem Band, Kapitel 6.3.

15 Der Begriff ‚selig' (μακάριος) wird bei Homer (z.B. *Il.* I 339), Hesiod (z.B. *op.* 136) und auch bei Aristoteles (z.B. *eth. Nic.* X 8,1178b21f.) für die Gottheit oder Götter, bei Platon für Menschen des Kronoszeitalters, die ein glückseliges Leben führen, verwendet (Plat. *leg.* IV 713c3) und gilt seit Hesiod (*op.* 141; vgl. auch Plat. *leg.* XII 947e1; Aristoph. fr. 488,9) zudem für Verstorbene; μακάριος als Terminus für Verstorbene mit tugendhafter Lebensweise siehe Plat. *Gorg.* 523a1–527a4; *rep.* VII 519c5f. Ebendies trifft auch auf den verstorbenen ‚göttlichen' Platoniker Proklos zu; siehe die Einleitung in diesem Band, Kapitel 7.3.

16 Anders als SAFFREY / SEGONDS / LUNA 2002, 65 Anm. 17, die reiche Belege für eine metaphorische Verwendung des Begriffes κρηπίς im rein literarischen Sinne hier anführen, verwendet Marinos diesen Begriff hier als freilich rhetorisierten, gleichwohl architektonischen Fachterminus für das ‚Fundament' eines Tempels oder Altars, also eines Sakralbaus, vgl. dazu die LSJ s.v. κρηπίς aufgelisteten Textbelege: Damit macht der Biograph Marinos, der das bereits im Kontext möglicher Opfergaben (§ 1) beschrieben hatte, erneut deutlich, dass es sich bei seiner Rede auf Proklos um einen dezidiert *sakralen* Akt, um die Gedenkrede auf einen ‚göttlichen Mann', handelt. Proklos' (bereits zu Lebzeiten erreichte) Eudaimonia ist die Begründung für seine ‚Heiligkeit'.

17 Vielleicht spielt Marinos hier auf den alten Glücksdiskurs an, der sich seit Herodots fingierter Begegnung von Kroisos und Solon (Hdt. I 29–33) durch die Literatur zieht. Zum ‚Glück' bei Herodot siehe v.a. C. DEWALD, „Happiness in Herodotus", *Symbolae Osloenses* 85 (2011) 52–73, B. KING, *Wisdom and happiness in Herodotus' Histories* (Diss. Princeton 1997) sowie T. KRISCHER, „Drei Definitionen des Glücks: Pindar, Herodot, Prodikos", *RhM* 136 (1993) 213-222. Zur Kroisos-Fi-

gur und ihrer bereits antiken Rezeption siehe außerdem weiterhin F. H. WEIßBACH, „Kroisos", in: RE Suppl. 5 (1931); zur herodoteischen Solon-Kroisos-Begegnung S. O. SHAPIRO, „Herodotus and Solon", Classical Antiquity 15 (1996) 348-364; zum ,historischen' Kroisos zuletzt P. THONEMANN, „Croesus and the Oracles", JHS 136 (2016) 152–167.

18 Die Eudaimonia der σοφοί ist Marinos zufolge das aus dem βίος θεωρητικός resultierende Glück, das aus den Gütern des Intellekts hervorgeht. Dagegen beschreiben εὐξωΐα (siehe Anm. 19) und εὐποτμία (siehe Anm. 20) die auf seelischen und körperlichen Vorzügen basierenden Formen von Glück. Proklos werden alle drei dieser Glücksmodi in Kombination attestiert (W. THEILER, „Rezension zu Schissel, Marinos von Neapolis", Gnomon 5 (1929) 307–317, hier: 308 mit Anm. 1). Marinos bezieht sich hier auf Aristoteles, eth. Nic. I 5–8,1095b14–1098b21, dazu SCHISSEL 1928, 18–22; weitere Belege und Literatur bei SAFFREY / SEGONDS / LUNA 2002, 65f. Anm. 1–5.

19 Der Begriff εὐξωΐα beschreibt bei Aristoteles, eth. Nic. I 8,1098b21 generelles Glück. Als ,Glück' im moralischen Sinne mit Blick auf die Tugenden siehe etwa die Stoiker und einige Mittelplatoniker, welche Tugenden als Güter der Seele auffassen, so SAFFREY / SEGONDS / LUNA 2002, 66 Anm. 2, die auf SVF I 187; III 49–67 (Tugend allein reiche aus zum Glück) sowie auf S. LILLA, Clement of Alexandria. A Study in Christian Platonism and Gnosticism (Oxford 1971) 68–72 verweisen.

20 Εὐποτμία ist bei den attischen Tragikern noch Ausdruck für ein glückliches Schicksal (z.B. Aischyl. Ag. 246f.), fungiert in der Kaiserzeit (z.B. Aelian. Nat. An. XI 40) und hier bei Marinos aber als Begriff für ,materielles Glück', also Wohlstand und Reichtum.

21 Τύχη erscheint in der Vita Procli stets als glücklicher ,Zufall' (ἀγαθὴ τύχη), etwa VPr. § 9,8f.; 34,15f., hier jedoch als personifiziert gedachte Glücksgöttin. Zu dieser Göttin, die bereits bei der Geburt über Glück und Unglück im Leben entscheidet, siehe Proklos, In Remp. II p. 72,9–27; 291,20–22; 298,11–29 etc. Dazu siehe SAFFREY / SEGONDS / LUNA 2002, 67 Anm. 6.

22 Die sogenannten ,äußeren Güter' sind dem Begriff und dem Konzept nach aristotelisch, siehe Aristot. eth. Nic. I 8,1098b26; I 9,1099a33–b8 u.ö., weitere Belege bei SAFFREY / SEGONDS / LUNA 2002, 67 Anm. 8, und werden später von den Stoikern übernommen. Proklos selbst setzt sich mit diesem Konzept in platonischem Kontext auseinander, Procl. In Remp. II p. 303,13–23.

23 Der Begriff ἀνελλειπής findet sich in diesem Sinne als ,nichts ermangelnd/vollständig' auch in Plotins Schrift Περὶ τοῦ νοητοῦ κάλλους V 8 [31] 7,47.

24 Die ἀρεταὶ φυσικαί des Proklos werden § 3,1–§ 6,20 von Marinos breit dargestellt. Zu den hier bei Marinos verwendeten, im Vergleich zu denen früherer Platoniker erweiterten Tugendgraden siehe SAFFREY / SEGONDS / LUNA 2002, LXIX–XCVIII und O'MEARA in der Ein-

leitung dieses Bandes, Kapitel 6.1.; siehe auch LINGUITI 2013; D. BALTZLY, „The Human Life", in: D'HOINE / MARTIJN 2016, 258–275, hier: 263–265. Die bei Marinos erkennbare untrennbare Verschmelzung des Tugendkonzeptes mit dem der (neuplatonischen) Philosophie sowie deren Adaption auf die Figur des Proklos unterstreicht (gegen BLUMENTHAL 1984) jetzt BECKER 2015a, 25f. Zu Vorgeschichte und Nachgeschichte der Tugendgrade im Neuplatonismus von Plotin bis Damaskios siehe O'MEARA 2006. Ausführlicher zur Eigenverantwortlichkeit des Proklos in Handlungen und Entscheidungen, welche zusammen mit den perfektionierten Tugenden sowie der natürlich günstigen Disposition des Proklos die Vollendung von dessen Glück ausmachen, siehe die Einleitung zu diesem Band, Kapitel 6.3.

25   Bei ἐκ γενετῆς handelt es sich um ein wörtliches Begriffszitat aus Aristot. *eth. Nic.* VI 13,1144b6, wo dieser im Kontext (ebd. 1144b4–6) auf die durch φύσις bedingte Disposition für δίκαιοι, σωφρονικοί, ἀνδρεῖοι zu sprechen kommt.

26   Mit der Wendung der ‚austernartigen Hülle' bezeichnet Marinos in Anspielung auf Plat. *Phdr.* 250c3–6 den sichtbaren, materiellen, erdhaften menschlichen Körper, der wie eine (Austern-)Hülle oder ein Gewand um die Seele des Menschen gelegt ist; vgl. Plat. *rep.* 611c7–d7 (über die verkrustete Gestalt des Meeresgottes Glaukos); vgl. *Gorg.* 523c5f. Siehe BERNARD 1997, 74; A. KEHL, „Gewand (der Seele)", *RAC* X (1976) 945–1025, v.a. 949–967; SAFFREY / SEGONDS / LUNA 2002, 68f. Anm. 14 verweisen zur Erklärung des merkwürdig anmutenden Bildes von der Austernschale zu Recht auf die hier (v.a. im Folgenden) zugrunde liegende, von Marinos auf die Biographie des Vorgängers adaptierte Lehre des Proklos vom ὄχημα (Seelenwagen), der als Verbindungsinstrument das (Inner-)Seelische des Menschen ‚nach außen' transportieren, dort körperlich sichtbar machen kann, siehe z.B. Procl. *In Tim.* III p. 237,25–31; vgl. 285,5 u.ö.

27   Die εὐαισθησία wird als φρόνησις σωματική erklärt: Körperliche Vorzüge und Kardinaltugenden werden bei Marinos analog zueinander gesetzt. Εὐαισθησία findet sich als körperliche Qualität bereits bei Platon (*Tim.* 76d1), wird dann von den Stoikern übernommen und unter die προηγμένα gerechnet (z.B. *SVF* III 135). Bei Proklos selbst (im Kontext der Diskussion stoischer Thesen) siehe *In Remp.* II p. 285,10–14. Die von Marinos angewandte Analogie ist auf stoische Vorbilder, hier konkret wohl Arius Didymus (bei Stob. II 7,14 p. 125,2–9), zurückzuführen, dazu M. Baltes, *Timaios Lokros. Über die Natur des Kosmos und der Seele* (Leiden 1972) 219f.; auch SAFFREY / SEGONDS / LUNA 2002, LV–LVII. Im Folgenden (alles § 3) werden von Marinos Körperkraft und Tapferkeit, körperliche Schönheit und Sophrosyne sowie körperliche Gesundheit und Gerechtigkeit analog miteinander verbunden.

28 Die Vorstellung, dass Sehen und Hören Gaben der Götter an die Menschen mit Blick auf deren Befähigung zur Philosophie sind, findet sich bereits im *Timaios* Platons (*Tim.* 47b6; 47c4f.); siehe auch Plat. *Phd.* 65b1–6. Weitere Stellenbelege bei SAFFREY / SEGONDS / LUNA 2002, 69f.

29 Mit dem Begriff ἑταῖροι sind die engeren Schüler gemeint, vgl. auch Anm. 10. Zur Differenzierung der Schüler(-kreise) siehe den Beitrag von U. HARTMANN in diesem Band, S. 286f.

30 Die Analogie zwischen körperlichen Qualitäten und Kardinaltugenden wird fortgeführt: Körperkraft wird hier mit ἀνδρία σωματική gleichgesetzt, vgl. oben Anm. 27.

31 Besonnenheit – σωφροσύνη – wird mit (symmetrisch verstandener) körperlicher Schönheit identifiziert, s.o. Anm. 27 und s.u. Anm. 33.

32 Hier handelt es sich um einen deutlichen begrifflichen Anklang an Plotin. I 2 [19] 1,18f., der Sophrosyne auf den Einklang zwischen ἐπιθυμητικόν und λογισμός zurückführt; siehe auch Porph. *Sent.* 32, p. 23,9f. Allerdings kontextualisiert Marinos Sophrosyne hier im Kontext körperlicher Vorzüge des Proklos und weicht damit erheblich von Plotins (rein seelischer) Tugendkonzeption ab.

33 Die Symmetrie der einzelnen Teile eines Körpers als Kriterium für Schönheit thematisiert bereits Plotin (Enn. I 6 ([1] 1,20–24), allerdings in kritischer Einschränkung dieser vor allem von Stoikern vertretenen Auffassung, vgl. *SVF* III 278. 472. Zur Widerlegung der stoischen Symmetrietheorie durch Plotin siehe S. BÜTTNER, *Antike Ästhetik. Eine Einführung in die Prinzipien des Schönen* (München 2006) 182f.; zur Ästhetik Plotins D. J. O'MEARA, *Plotinus. An Introduction to the Enneads* (Oxford 1993) 88–99. Offensichtlich revidiert hier Marinos die von Plotin kritisierte Symmetrie-Auffassung und verwendet sie für Proklos im positiven Sinne. Zur positiven Verwendung von συμμετρία bei Proklos selbst siehe z.B. Procl. *In Alc.* 206,11–14 p. 262 (καὶ ὅλως ἡ ἁρμονία καὶ ἡ συμμετρία μετὰ τοῦ κάλλους πάντως ὑφέστηκεν, ὥσπερ ἡ ἀσυμμετρία καὶ ἡ ἀναρμοστία μετὰ τῆς αἰσχρότητος) oder Procl. *In Plat. Parm.* 810,5–9 (κατὰ μὲν γὰρ τὴν συμμετρίαν τὴν τοῦ εἴδους πρὸς τὴν ὕλην – συμμετρία μὲν ἔστιν ὁπόταν κρατῇ τὸ κρεῖττον τῇ φύσει τοῦ χείρονος –, κατὰ ταύτην οὖν τὴν συμμετρίαν τὸ καλὸν ἐναστράπτει τοῖς σώμασι).

34 Die Formulierung bei Marinos *Vita Procli* § 3,34f. (ἰδεῖν δὲ ἦν σφόδρα ἐράσμιος) nimmt deutlich die Beschreibung des Plotin bei Porphyrios (*Vita Plotini* c. 13,7) auf (ebd. ἐράσμιος μὲν ὀφθῆναι); zum Anklang an die *Vita Plotini* in *VPr.* § 1 siehe Anm. 4; zu den Ähnlichkeiten beider Viten BLUMENTHAL 1984.

35 Bereits hier ist mit dem Verweis auf das Licht auf den später erneut in der *VPr.* (z.B. § 23) erwähnten Lichtschein resp. Nimbus um Proklos angespielt, siehe auch Anm. 213.

36 Offensichtlich waren Bilder von Proklos im Umlauf. Zu denken ist hierbei an die antike Praxis, Werkausgaben mit einem Bild des Autors

auszustatten, dazu E. BETHE, *Buch und Bild im Altertum* (Leipzig / Wien 1945) 84–98, aber auch an die Aufstellung von Philosophenstatuen in Schulen, siehe SAFFREY / SEGONDS / LUNA 2002, 72 Anm. 12 mit Literaturangaben.

37 Indem Marinos nachdrücklich auf die körperliche Schönheit des Proklos sowie auf die im Umlauf befindlichen Bilder des Proklos zu sprechen kommt, bedient er zum einen den entsprechenden alten biographischen Topos der Schönheit, zum anderen positioniert er – einmal mehr – Proklos konträr zu Plotin: Wie Porphyrios in seiner *Vita Plotini* gleich im Eingang beschreibt (*Vita Plot.* c. 1), weigerte sich Plotin, sich porträtieren zu lassen, so dass Amelios, der langjährige Schüler Plotins, den Maler Karterios beauftragte, aus dem Gedächtnis nach den Vorlesungen bei Plotin heimlich dessen Portrait anzufertigen. Plotins Haltung wurzelt in seiner Ablehnung des Körperlichen (und somit auch dessen Abbildung – ‚er glich einem, der sich schämte, im Körper zu sein' (ebd. c. 1,1) –) sowie der Überzeugung von der ontologischen Minderwertigkeit eines εἰδώλου εἴδωλον (ebd. c. 1,8), dazu J. PEPIN 1992; MILLER 1983, 110f.; MÄNNLEIN-ROBERT 2002, 583f. Auch der Biograph Marinos erachtet die Mimesis des (körperlich) schönen Proklos als nicht hinreichend, aber nicht aufgrund einer als problematisch erachteten künstlerischen Mimesis, sondern deshalb, weil Proklos einfach zu schön ist, als dass er ansprechend nachgeahmt werden könnte. Marinos spielt hier auch begrifflich mit der Idee resp. Gestalt des Proklos als der Nachahmung nicht erreichbarem Archetyp (*VPr.* § 3,42f.: λείπεσθαι πολλῷ εἰς μίμησιν τῆς τοῦ εἴδους ἀληθείας). Der programmatische Gegenentwurf des Marinos zur *Vita Plotini* bewegt sich somit ebenfalls in gut platonischen Bahnen, allerdings geht es hier nicht um das Problem der künstlerischen Mimesis (vgl. Plat. *rep.* X), sondern um den mimetisch unerreichbaren Superlativ des schönen ‚Proklos im Körper', siehe die Einleitung in diesem Band, Kapitel 4.2.1.

38 Die Analogie von politischer στάσις und ‚Aufruhr' in der Seele (oder deren Teilen) wird bereits in Platons *Politeia* diskutiert, z.B. V 459e3; vgl. ebd. 470b5.

39 ‚Asklepiaden' sind bei Homer die Söhne des Asklepios namens Machaon (Hom. *Il.* IV 193f. und 204; XI 613f; XIV 3) und Podaleirios (ebd. XI 833). Seither (z.B. *Theognidea* 432) werden Asklepiaden als ‚Nachfolger des Asklepios', als professionelle Ärzte, verstanden, siehe EDELSTEIN / EDELSTEIN II 1945, 53–56; M. M. DI NINO, *I fiori campestri di Posidippo. Ricerche sulla lingua e lo stile di Posidippo di Pella* (Göttingen 2010) 210, die vor allem mit der berühmten Ärzteschule auf Kos assoziiert werden; S. M. SHERWIN-WHITE, *Ancient Cos. An Historical Study from the Dorian Settlement to the Imperial Period* (Göttingen 1978), hier: 275–278.

40	Ἐκ σπαργάνων: ‚seitdem er in Windeln lag', also seit er ein Säugling war. Diese Wendung wird fast sprichwörtlich verwendet, vgl. Sext. Emp. *adv. math.* I 41 und Philons *Legatio ad Gaium* § 115.
41	Marinos scheint die stabile körperliche Gesundheit des Proklos besonders zu bewundern, wohl nicht zuletzt deshalb, da er selbst bei schwacher Gesundheit gewesen sein soll, so zumindest Damaskios, *Vita Isidori* (= *Philos. Hist.*) fr. 97 C, D, E, K; 98F. Die hier von Marinos gebotene Altersangabe, Proklos sei 75 Jahre alt geworden, stimmt nicht mit den aus dem Geburtshoroskop gelieferten Daten (412–485 n. Chr.) überein, s.u. *VPr.* § 35 und Anm. 309.
42	Anders als etwa Porphyrios (vgl. *Vita Plot.* c. 2) ist Marinos bei seinem todkranken Lehrer, siehe EDWARDS 2000, 55–57.
43	Die metaphorische Bezeichnung der körperlichen Qualitäten des Proklos als πρόδρομοι seiner seelischen Tugenden lehnt sich begrifflich an Plot. VI 7 [38] 7,12 und Porph. *Sent.* 32 p. 24,6f. (die politischen Tugenden als πρόδρομοι von Reinigungen) an und wird auch von Proklos selbst häufiger verwendet, z.B. Procl. *In Tim.* I 383,20; 388,23; vgl. *Theol. Plat.* III 21 p. 78,14.
44	Mit der ‚philosophischen Natur' liegt eine sehr deutliche und sehr dichte, auch begriffliche Bezugnahme auf Plat. *rep.* VI 484a1–487a5 vor. Proklos handelt über die στοιχεῖα τῆς φιλοσόφου φύσεως, z.B. Procl. *In Alc.* 110,21–111, 1; 133,19–22.
45	Die Beschreibung der angeborenen natürlichen seelischen Tugenden des Proklos lehnt Marinos (hier und im Folgenden) sprachlich sehr eng an verschiedene Passagen aus Platons *Politeia* an: z.B. Plat. *rep.* VI 487a4f. (wörtliches Zitat) und 485c3f.
46	Mit der hier auf Proklos angewandten Formulierung τῆς τοῦ ὄντος ἀληθείας ἐφάπτεσθαι steigert Marinos die bei Platon (z.B. *rep.* V 473a2; *Tim.* 90c1f. oder *Smp.* 212a4f.) sowie bei Proklos (z.B. *In Parm.* I 670,25f.; IV 842,13f.) häufige Wendung (τῆς) ἀληθείας ἐφάπτεσθαι durch den Zusatz von τοῦ ὄντος, vermutlich um eine hyperbolische Intensivierung im Sinne der platonischen Metaphysik zu erreichen und um die natürliche Bezogenheit des Proklos auf das transzendente Seiende herauszustellen.
47	Hier klingt Plat. *rep.* V 485d3f. an; Plat. *leg.* V 730c1f. wird sogar wörtlich zitiert. Dabei handelt es sich um einen von neuplatonischen Philosophen offenbar gerne zitierten Satz, vgl. z.B. Iambl. *Protr.* 20,121, 16–22; Julian. *Or.* IX (VI) 188b–c. Auch Proklos selbst zitiert ihn: *Theol. Plat.* I 21, 100,5–7. Weitere Belege bei SAFFREY / SEGONDS / LUNA 2002, 75 Anm. 8.
48	Auch Proklos bezeichnet mit τὰ μαθήματα ‚mathematische Wissenschaften', siehe Procl. *In Eucl.* p. 44,25–47,8.
49	Die ἡδονή φορτική wird bei Plat. *rep.* IX 581d6 von Sokrates im Kontext von Ehrgeiz und Vergnügen am Geld genannt.

50	Auch in Plat. *rep.* VI 485d11 ist diese genuine Seelenfreude im Kontext von μαθήματα genannt.
51	Zu den Eltern des Proklos siehe die Angaben des Marinos in *VPr.* § 6 und Anm. 60.
52	(Σ)μικρολογία und ἀνελευθερία stellen bereits in den Worten des Sokrates in Platons *Politeia* (*rep.* VI 486a4–6) den Gegensatz dessen dar, was mit ‚das gesamte und ganze Göttliche und Menschliche'– Begehren beschrieben ist.
53	Dass der Tod etwas Schreckliches sei, entspricht dem traditionellen, vor allem durch die homerischen Hadesbilder (*Od.* 11. 24) etablierten und langlebigen, griechischen Volksglauben, dem zuerst die Hoffnung auf ein besseres Jenseits im Kontext von Mysterienkulten (z.b. Eleusis), dann aber vor allem die seit Platons Jenseitsmythen und die in der Akademie diskutierten ausdifferenzierten Jenseitskonzepte gegenläufig sind, siehe z.b. I. MÄNNLEIN-ROBERT, „Vom Mythos zum Logos? Hadesfahrten und Jenseitsreisen bei den Griechen", in: J. HAMM / J. ROBERT (Hrsgg.), *Unterwelten. Modelle und Transformationen* (Würzburg 2014) 31–58, v.a. 53–58. Proklos erweist sich als guter Platoniker, wenn er (aufgrund seiner Überzeugung von der Unsterblichkeit der menschlichen Seele) vor dem Tod keine Angst hat, zugleich unterstreicht Marinos dadurch Proklos' elitären Habitus und seine Distanz von der großen Masse der gewöhnlichen Menschen.
54	Vgl. mit κόσμιος ‚gesittet' auch Marinos, *VPr.* § 15,8 (κοσμιότης), wo es ebenfalls um das geordnete, gesittete Benehmen des Philosophen Proklos geht.
55	Es handelt sich bei den hier gesetzten, die vorzügliche charakterliche Disposition des Proklos beschreibenden Adjektiven um ein freies Zitat von Plat. *rep.* VI 486b6–8.
56	Die Metaphorik vom Schwangersein und Gebären mit Blick auf Wissen resp. die Wissenschaften spielt zum einen auf den platonischen Sokrates als Maieutiker par excellence an (z.b. *Smp.* 209b1; *Tht.* 149b4–7; 151 b2; 210b11), nimmt aber zum anderen auch Bezug auf dieses häufig von Proklos selbst verwendete Bild, z.B. *In Alc.* 27,16–28,12; 171,15–21; 238,20–27; *Theol. Plat.* I 23 p. 105,20–23. Während freilich der platonische Sokrates anderen bei der Erkenntnis hilft und dabei gleichsam als Hebamme wirkt, betont der Biograph Marinos hier die eigene wissenschaftliche Fruchtbarkeit und Produktionskraft des Proklos aus sich selbst heraus, vielleicht konkret mit Blick auf dessen zahlreiche Schriften, vgl. *VPr.* § 13.
57	Hier spielt Marinos auf den Fluß Lethe (‚Vergessen') an, der in der populären Jenseitsmythologie etabliert ist und ca. seit dem 4. Jh. v. Chr. durch die sog. orphischen Goldplättchen, die eine spezifische Jenseitstopologie – mit einem Fluß oder einer Quelle ‚des Vergessens' neben einem der ‚Erinnerung' – aufweisen, ein bekanntes Raumelement im Jenseits darstellt, dazu siehe ausführlicher F. GRAF / S. I.

	JOHNSTON, *Ritual Texts for the Afterlife. Orpheus and the Bacchic Gold Tablets* (London / New York 2007) 116–120. In Platons philosophisch transformiertem Mythos von Er wird der Fluß des Vergessens in ‚Ameles' (‚Sorglos') umbenannt. In der späteren Tradition (z.B. Verg. *Aen.* VI 714f.) heißt er meistens wieder Lethe. Aus diesem trinken die Seelen und vergessen, bevor sie in neuen Körpern in neue Leben auf der Erde stürzen, Plat. *rep.* X 621a4–b1; siehe auch Procl. *In Alc.* 189,6–10; *In Tim.* III 323,20f.; *In Remp.* II 347,20–350, 22, v.a. 348,29–349,3; vgl. *In Crat.* 2 p. 2,4. Zu diesem Jenseitsfluß siehe A. DIETERICH, *Nekyia* (Leipzig 1893) 90–94. Als Gegenstück zum Trunk aus der Lethe scheint in *VPr.* 10 der Trunk des jungen Proklos aus der Sokratesquelle in Athen inszeniert zu sein, siehe Einleitung, Kapitel 7.1. und Anm. 100.
58	Mit ἄμουσος ist hier ein deutlicher Anklang an Plat. *rep.* VI 486d4f. gegeben.
59	Abgesehen davon, dass Marinos intensive gesellschaftliche und soziale Aktivitäten für Proklos bezeugt, macht er hier deutlich, dass Proklos an paganen (Tier-)Opferritualen teilnimmt oder diese vielmehr sogar selbst veranstaltet (vgl. im Text αὐτοῦ). Tieropfer waren seit geraumer Zeit durch die christlichen Kaiser streng verboten, siehe Anm. 7; ein weiterer Hinweis auf (gelegentlichen und maßvollen) Verzehr des Fleisches von Opfertieren nach paganem Ritus durch Proklos findet sich *VPr.* § 19,4–7. Auch für den Platoniker Domninos (s.u. Anm. 225) ist die Nachricht überliefert (Suda s.v. Δομνῖνος, φιλόσοφος p. 127,21–128, 20 ADLER II = Damasc., *Vita Isidori* = *Philos. Hist.* fr. 89A), er habe (auf Geheiß des Asklepios) eine Fleischdiät gemacht und dabei nur Opferfleisch verzehrt, siehe die Einleitung, Kapitel 7.2. und ausführlicher den Beitrag von S. SCHORN in diesem Band.
60	Anders als etwa die Eltern des Platonikers Plotin sind die Eltern des Proklos namentlich bekannt. Während Plotin durch das Verschweigen solcher biographischer Informationen Porphyrios' zufolge seine ‚irdische' Herkunft zu überwinden suchte, scheint Proklos damit kein Problem zu haben, vielmehr zu demonstrieren, dass er sich seiner Familie bewußt ist. Die Eltern des Proklos tragen römische Namen, zu Markella siehe *PLRE* II, s.v. „Marcella (219)", zu Patrikios *PLRE* II, s.v. „Patricius (3)". Zu den lykischen Wurzeln dieser Familie vgl. auch WILDBERG 2017, 7, der in diesem Kontext auch den Namen des in Konstantinopel/Byzanz geborenen ‚Proklos' als gräzisierte Form des lateinischen ‚*proculus*' ansieht und somit – spekulativ – von ‚*procul*' (fern) herleitet. Siehe auch SAFFREY / SEGONDS / LUNA 2002, 77 Anm. 3. Zum Geburtsjahr des Proklos siehe unten Anm. 309.
61	Gemeint ist hier die Göttin Athena (vgl. auch *VPr.* § 9 und 10), so mit G. FOWDEN, „Late Roman Achaea: Identity and Defence", *JRA* 8 (1995) 549–567, hier: 564 und SAFFREY / SEGONDS / LUNA 2002, 78 Anm. 8; auch 123 Anm. 3. Dagegen plädiert EDWARDS 2000, liii und ebd. 66

Anm. 66 für die Göttermutter Kybele, was insgesamt wenig plausibel erscheint, da Athena auch *VPr.* § 6,10f. und § 9,10, vgl. § 10,8–10 als Schutzgöttin des Proklos genannt oder auf sie angespielt wird, siehe die Einleitung Kapitel 7.1. Marinos verwendet in der ganzen *Vita Procli* programmatisch und in offensichtlicher Ablehnung des mit dem christlichen Kaiser konnotierten ‚Konstantinopel' stets den alten und vorchristlichen Namen ‚Byzanz', siehe auch *VPr.* § 9,2f.; 10,7; vgl. 8,24, wo er sie als ‚Stadt des Kaisers' (vgl. ἐν τῇ βασιλίδι πόλει) umschreibt. Siehe die Einleitung Kapitel 5 und ausführlicher HARTMANN in diesem Band, v.a. S. 254–257.

62   Die Göttin Athena erscheint Proklos, wie das Imperfekt des verbum finitum dieses Satzes – παρεκάλει – nahelegt, des öfteren. An dieser Stelle handelt es sich um einen Vorverweis auf die alles entscheidende, die Hinwendung des jungen Proklos zur Philosophie initiierende Traumerscheinung Athenas während seines Aufenthaltes in Byzanz (*VPr.* § 9,10f.), siehe unten, Anm. 82. Vgl. auch § 26,33.

63   Im Gebiet der antiken Stadt Xanthos befand sich das Letoon, das Quell-Heiligtum, in welchem dem Mythos zufolge die Göttin Leto ihre Kinder Apollon und Artemis während ihrer Flucht vor Hera gebadet haben soll. Dieses Heiligtum bestand bis in die Spätantike. Hier spielt auch die bei Ovid. *Met.* VI 339–381 erzählte Verwandlung der lykischen Bauern in Frösche, als diese Leto nicht an die Quelle lassen wollten. Informationen zur Stadt Xanthos und der besonderen Rolle, die der Gott Apollon dort zumindest noch in der Kaiserzeit spielte, wie Inschriften beweisen, siehe bei SAFFREY / SEGONDS / LUNA 2002, 79f. Anm. 14.

64   Mit der expliziten Nennung der ‚ethischen' Tugenden (ἀρεταὶ ἠθικαί) des Proklos, die in dem zuvor von Marinos genannten Tugendschema an zweiter Stelle auf die ‚natürlichen' Tugenden folgen, leitet Marinos über zu seinem zweiten, vor allem mit dem biographischen Topos der Erziehung und Ausbildung (παιδεία) befassten Abschnitt seiner Rede, der mit § 7 beginnt und § 13 endet, siehe unten Anm. 132.

65   Θεοφιλία, das Phänomen der Gottgeliebtheit (zum θεοφιλής bei Platon siehe SZLEZÁK 2010), das Marinos für Proklos nachdrücklich betont und das er soeben mit Blick auf Apollon für die Zeit des Proklos in Xanthos erwähnt hatte, beschließt hier den Abschnitt der natürlichen Tugenden. Dabei folgt eine weitere Episode, die der Genesung des jungen Proklos durch Telesphoros, welche einmal mehr die besondere Zuwendung der Götter gegenüber Proklos verdeutlicht, siehe unten Anm. 67.

66   Marinos macht deutlich, dass nur der Körper des jungen Proklos krank ist, denn seine ‚Gottgeliebtheit' beweist einmal mehr seine seelischen Qualitäten. Hier scheint der alte platonische Dualismus zwischen Seele und Körper auf. Möglicherweise will Marinos mit dem Verweis auf eine Krankheit des (jungen) Proklos seinen Protagonisten

> als normal und ‚menschlich' darstellen – nachdem er mit der vorangehenden Aufzählung von dessen natürlichen körperlichen wie seelischen Tugenden seinen Protagonisten hagiographisch stilisiert und idealisiert hatte.

67 Telesphoros ist ein dem Kreis der Gottheiten um den traditionellen paganen Heilgott Asklepios zuzurechnender heilender Daimon, der vor allem seit der frühen Kaiserzeit (2. Jh.) bezeugt ist. Ikonographisch wie literarisch ist er fast immer als (kleiner) Junge mit langem Kapuzenmantel dargestellt. Möglicherweise verweist die Etymologie seines Namens (Τελές–φορος) darauf, dass er die göttliche Figurierung der *vollendeten* Heilung ist, die freilich durch (Weiter-)Leben ebenso wie durch Tod realisiert werden kann, siehe H. USENER, *Götternamen* (Bonn ²1929) 170f. mit Anm. 63 und M. M. WEISS, „Telesphoros: Neglected Son of Asklepios", *Journal of Paleopathology* 5, 1 (1993) 53–59, hier v.a. 53 und 57. Telesphoros erscheint vielfach im Traum – wie das auch hier in der *Vita Procli* der Fall ist, siehe ausführlicher und mit reichen, v.a. epigraphischen Belegen F. SCHWENN, „Telesphoros", *RE* V A 1 (1934) 387–390. Möglicherweise handelt es sich bei dem Jungen, Telesphoros, in der erzählten Episode bei Marinos sogar um eine gleichsam göttliche figurative Spiegelung zum jungen Proklos, welche dessen engen Schutz durch göttliche Mächte verdeutlicht (vgl. etwa auch seinen engen Bezug zur Göttin Athena in intellektueller Hinsicht).

68 Die plötzliche Genesung im Kontext des Asklepios-Kultes, etwa durch Asklepios oder auch Apollon herbeigeführt, spielt eine große Rolle in der Sektion der *Iamatika* des Mailänder Poseidippos-Papyrus, dazu MÄNNLEIN-ROBERT 2015, v.a. 343f. Solche Heilungen sind deutlich unterschieden z.B. von den in Epidauros inschriftlich berichteten Heilungen, die wundersam, aber nicht von einem Moment auf den anderen erfolgen, vgl. dazu WEINREICH 1909. Die Plötzlichkeit einer Heilung auch in schweren oder aussichtslosen Fällen beweist die Macht des jeweiligen Heilgottes, im Falle des erkrankten jungen Proklos dokumentiert die plötzliche Wunderheilung durch Telesphoros die besondere Zuwendung dieser Gottheit zu Proklos (vgl. *VPr.* § 7,1 θεοφιλής), denn Telesphoros sucht diesen zuhause auf, und nicht umgekehrt Proklos ihn im Temenos eines Asklepios-Heiligtums.

69 Marinos verwendet hier die offizielle Nomenclatur des ägyptischen Alexandria, siehe P. M. FRASER, *Ptolemaic Alexandria. Volume 1* (Oxford 1972) 107f.

70 Leonas ist ausschließlich aus Marinos' *VPr.* bekannt, der Suda-Artikel s.v. Λεωνᾶς p. 249,6–11 ADLER III ist eine nur geringfügig veränderte Fassung des Wortlautes des Marinos (vgl. auch *PLRE* II, s.v. „Leonas").

71 Mit der Titulierung des Leonas als ‚Sophist' beschreibt Marinos dessen professionelle Ausübung und Lehre der Rhetorik und impliziert

keine pejorative Assoziation. Mit Literatur zur positiven Konnotation von ‚Sophist' in der Spätantike siehe SAFFREY / SEGONDS / LUNA 2002, 84 Anm. 17; allerdings gibt es im 5. Jh. n. Chr. die Titulierung als ‚Sophist' auch für Philosophen – Sophist und Philosoph sind dann praktisch synonyme Begriffe, die einen gebildeten, klugen Menschen bezeichnen. Ausführlicher dazu WATTS 2006a, 94f.; auch B. WYSS, „Philon und die Sophisten: Philons Sophistendiskurs vor dem Hintergrund des alexandrinischen Bildungsumfelds", in: M. HIRSCHBERGER (Hrg.), *Jüdisch-hellenistische Literatur in ihrem interkulturellen Kontext* (Frankfurt a. M. 2012) 89–105; zuletzt siehe B. WYSS / R. HIRSCHLUIPOLD / S.-J. HIRSCHI (Hrsgg.), *Sophisten in Hellenismus und Kaiserzeit. Orte, Methoden und Personen der Bildungsvermittlung* (Tübingen 2017).

72   Da Marinos explizit darauf verweist, dass Proklos' erster Lehrer Leonas aus Isaurien stammt, wird jeder zeitgenössische Rezipient bei ‚Isaurien' an den von dort gebürtigen, zur Zeit der *VPr.* gerade amtierenden (ost-)römischen Kaiser Zenon (reg. 474–491 n. Chr.) gedacht haben, den Marinos jedoch mit keinem Wort erwähnt. In diesen Jahren macht auch der aus Isaurien stammende General Illos, zuerst Unterstützer und dann Kontrahent Zenons, durch politische Putschversuche von sich reden, siehe W. D. BURGESS, „Isaurian Factions in the Reign of Zeno the Isaurian", *Latomus* 51 (1992) 874–880, ausführlicher dazu M. MEIER, „Candidus: Um die Geschichte der Isaurier", in: B. BLECKMANN / T. STICKLER (Hrsgg.), *Griechische Profanhistoriker des fünften nachchristlichen Jahrhunderts* (Stuttgart 2014) 171–193. Mit dem Putschversuch des Illos 484 verbanden sich, wie aus den Bemerkungen des Damaskios deutlich wird, durchaus auch Hoffnungen der paganen Platoniker auf einen religionspolitischen Bruch oder eine Rückkehr πρὸς τὰ ἀρχαῖα, so bei Damaskios, *Vita Isidori* = *Philos. Hist.* fr. 294 (= *Epit. Phot.* 287) p. 237,8 ZINTZEN = fr. 113C ATHANASSIADI; siehe W. E. KAEGI, *Byzantium and the Decline of Rome* (Princeton 1968) 91–98, ausführlicher HARTMANN 2014, hier: 79 mit Anm. 76.

73   ‚Rhetorikkurse' ist hier die deutsche Übersetzung von λόγοι.

74   Hartmut Leppin (LEPPIN 2002, 252) interpretiert diese Männer als die „Verwaltungselite Ägyptens", mit denen Proklos „Net–working" betreibt (ebd.). Zum Bild vom Staat als zu lenkendem Wagen siehe z.B. Plat. *polit.* 266e10; *rep.* VIII 566d2, ausführlicher dazu sind SAFFREY / SEGONDS / LUNA 2002, 85 Anm. 22.

75   Zur Person und zu den Schwierigkeiten der Identifikation dieses Grammatikers und Rhetoriklehrers des Proklos namens Orion siehe RADICKE 1999, 350; KASTER 1988, 322–324; auch SAFFREY / SEGONDS / LUNA 2002, 85 Anm. 1; C. WENDEL, „Orion (3)", *RE* XVIII (1939) 1083–1087; *PLRE* II, s.v. „Orion (1)".

76   Offenbar war es in den Kreisen von Grammatikern nicht üblich, eigene, zudem literarisch anspruchsvolle und mit Sorgfalt erstellte (vgl.

77 VPr. § 8,18 ἐκπονῆσαι), Schriften zu verfassen und den Schülern zu Verfügung zu stellen.
Hier gibt Marinos einen klaren Hinweis darauf, dass Proklos auch die lateinische Sprache beherrscht. Dies hängt sicherlich mit der juristischen Ausbildung des Proklos in Alexandria zusammen, die durch den Beruf seines Vaters, der als Rechtsanwalt in Konstantinopel erfolgreich war, bedingt gewesen sein dürfte, siehe dazu A. H. M. JONES, *The Later Roman Empire I* (Oxford 1964) 514 und DERS., *The Later Roman Empire III* (Oxford 1964) 148 mit Anm. 103.

78 Für juristische Berufe wie den des Advokaten war die Beherrschung der zeitgenössischen Rhetorik traditionell unabdingbar, dazu KASTER 1988, 124f.; P. COLLINET, *Histoire de l'école de droit de Beyrouth* (Paris 1925) 258f.

79 Gemeint ist hier natürlich Konstantinopel, siehe auch z.b. Themist. *Or.* 11,144a (vol. I p. 218,29); Joh. Lydus, *De mag.* II 14 p. 70,18; II 20 p. 75,22 et al.

80 Zur ἀγαθὴ τύχη in der *VPr.* s.o. Anm. 21.

81 Mit ἡ τῆς γενέσεως αἰτία ist hier die (platonische) Philosophie, göttlich repräsentiert durch Athena, gemeint. Athena wird gleich im nächsten Satz erkennbar, siehe Anm. 82. Sprachlich nimmt Marinos damit die ähnliche Formulierung aus *VPr.* § 6,7 wieder auf, wo die byzantinische Stadtgöttin Athena als τοῦ εἶναι γέγονεν αἰτία für Proklos beschrieben worden war. Athena ist für Proklos in jedem Fall, sei es, dass sie als Stadtgöttin von Byzanz, sei es, dass sie als Stadtgöttin von Athen genannt ist, die grundständige, ihn zur Philosophie als seiner eigentlichen Bestimmung hinlenkende intellektuelle Gottheit schlechthin. Sie spielt auch im Geburtshoroskop des Proklos, das Marinos überliefert (*VPr.* § 35, s.u.) über ihre Verbindung mit dem in diesem dort so dominierenden Widder eine elementare Rolle für Proklos. Zur οἰκειότης zwischen Proklos und der Göttin siehe § 6,12 und FESTUGIÈRE 1966, siehe auch die Einleitung in diesem Band, Kapitel 7.1. Zur Rolle Athenas für Proklos im Geburtshoroskop und in seinen eigenen astrologischen Ausführungen siehe ausführlich HÜBNER 2017, v.a. 3–5. 9. 46–48.

82 Die Göttin (sc. Athena) treibt ihn zum Studium der (platonischen) Philosophie in Athen an. Vermutlich ist damit die Traumerscheinung Athenas gemeint, auf die Marinos im Vorgriff dieser Szene bereits § 6,10f. anspielte, s.o. Anm. 62. Zur Rolle der Träume als ‚göttliche' Motivation und Legitimation, den Studienort und auch Lehrer zu wechseln, siehe WILDBERG 2017, 9. Mit προὔτρεψεν verweist Marinos sicherlich auf die in der antiken Philosophie seit Platon und v.a. Aristoteles etablierte literarische Gattung des ‚Protreptikos Logos', eine Werbeschrift dafür, Philosophie zu treiben. Erhaltene protreptische Schriften sind außerdem etwa der *Menoikeus-Brief* Epikurs, Clemens' *Protreptikos*, Iamblichs *Protreptikos*, Boethius' *Consolatio philosophiae*;

siehe z.B. K. GAISER, *Protreptikos und Paränese bei Platon* (Stuttgart 1959); I. DÜRING (Hrsg.), *Der Protreptikos des Aristoteles*. *Text, Übersetzung, Kommentar* (Frankfurt am Main 2014); J. E. HESSLER, *Epikur. Brief an Menoikeus*. *Text, Übersetzung, Kommentar* (Basel 2014); É. DES PLACES (Hrsg.), *Jamblique. Protreptique* (Paris 1989); J. GRUBER, *Kommentar zu Boethius' De consolatione philosophiae* (Berlin 1978); M. D. JORDAN, „Ancient Philosophic Protreptic", *Rhetorica* 4 (1986) 309–333. Die in der *VPr.* erkennbare definitive Hinwendung des jungen Proklos zur Philosophie ist also von der Göttin der Philosophie höchstpersönlich initiiert, geht aber nicht von einer einschlägigen protreptischen Schrift aus, sondern erfolgt durch persönliche göttliche Lenkung, was Proklos einmal mehr den Sonderstatus eines gottgeliebten θεῖος ἀνήρ bescheinigt.

83 Dieser Passus ist insgesamt eine kurze narrativ eingeblendete Vorschau auf das, was ab § 10 der *VPr.* beschrieben wird.

84 Der aristotelische Philosoph Olympiodoros ist nur aus Marinos bekannt, siehe Suda s.v. Ὀλυμπιόδωρος p. 521,29f.–p. 522,3 ADLER III; *PLRE* II, s.v. „Olympiodorus (2)"; H. D. SAFFREY, „Olympiodoros d'Alexandrie l'ancien", *DPhA* IV (2005) 768.

85 Bei οὗ κλέος εὐρύ handelt es sich um ein – zu Marinos' Zeit vermutlich längst abgeschliffenes, unreflektiert verwendetes Zitat aus Hom. *Od*. I 344, wo Peneleope mit diesen Worten den Ruhm des absenten Odysseus beschreibt.

86 Heron ist nur aus Marinos' *VPr.* bekannt. Da er sich aus Marinos' Sicht durch θεοσέβεια auszeichnet, darf er als paganer, hellenischer Philosoph gelten, so auch SAFFREY / SEGONDS / LUNA 2002, 89f. Anm. 5. Möglicherweise ist eine Statue aus Konstantinopel mit dem hier genannten Heron in Verbindung zu bringen, dazu A. CAMERON / J. HERRIN, *Constantinople in the Early Fifth Century* (Leiden 1984) 70, 10–11 (Text) und 185 (Kommentar).

87 Mit der Formulierung τῶν κατὰ παίδευσιν ὁδῶν spielt Marinos wohl gezielt auf Plat. *Tim.* 53c1f. an, um Herons ideale Befähigung in Mathematik und Religion zu unterstreichen: Denn im genannten Passus des Platonischen *Timaios* leitet der Sprecher Timaios über von der göttlichen Ordnung des Kosmos zu den vier schönsten Körpern und damit zum Bereich der Mathematik.

88 Τὰ τῶν πράξεων: Bei πρᾶξις, hier übersetzt als ‚Lektion', handelt es sich um einen Begriff aus der Schulsprache, den auch die spätantiken neuplatonischen Kommentatoren so verwenden, siehe A. J. FESTUGIÈRE, „Mode de composition des Commentaires de Proclus", *MH* 20 (1963) 77–100, v.a. 77–80, siehe SAFFREY / SEGONDS / LUNA 2002, 91 Anm. 11.

89 Der hier genannte Ulpianus ist allein aus diesem Passus bei Marinos bekannt; vgl. aber Suda s.v. Οὐλπιανός p. 587,19 ADLER III und *PLRE* II, s.v. „Ulpianus (3)".

90	Mit ἀναγιγνώσκειν ist lautes Lesen gemeint, siehe auch *VPr.* § 12,9; Porph. *Vita Plot.* c. 14,10 und den Kommentar von SAFFREY / SEGONDS / LUNA 2002, 104f. Anm. 13 mit reichen Literaturangaben, auch ebd. 92. Offenbar folgt Proklos dem alten antiken Usus des lauten Lesens, obgleich zu seiner Zeit auch das leise Lesen mittlerweile üblich gewesen sein dürfte, siehe den berühmten Textpassus in Augustinus' *Confessiones* VI 3,3.
91	Obwohl sonst bei den Neuplatonikern immer Platon als ὁ φιλόσοφος bezeichnet wird, muss es sich hier um Aristoteles handeln, dessen Werke und Philosophie der junge Proklos bislang studiert hatte. Zur Philosophie Platons kommt er erst später, nämlich in Athen. So mit SAFFREY / SEGONDS / LUNA 2002, 93 Anm. 6.
92	Zu den Traumerscheinungen Athenas sowie ihrer Protreptik des Proklos zur Philosophie siehe Anm. 62 und 82. Marinos legt großes Gewicht auf diese Traumanweisungen Athenas, die Proklos nach Möglichkeit erfüllt (siehe auch § 30,4–11, s.u. Anm. 271-274), und illustriert so eindrücklich die besondere Frömmigkeit des Proklos. Dieser kommt überhaupt allen erdenklichen religiösen Ritualen aller ihm bekannten Götter skrupulös und inbrünstig nach, siehe etwa *VPr.* § 19; dazu FOWDEN 2005, 146f.
93	Das von Marinos akzentuierte Anliegen der Götter, die Philosophie Platons ‚rein' und ‚unverfälscht' zu bewahren, beweist zum einen das göttliche Interesse und Wohlwollen gegenüber dem Fortleben der platonischen Schule in ihrer bisherigen Ausrichtung, zum anderen wird daraus deutlich, dass die aktuelle Schule bestimmten Gefahren ausgesetzt ist, die zu einer Veränderung oder Verfälschung der eigentlichen Lehren führen könnten. Vielleicht spielt Marinos hier entweder auf die zeitgenössische Gefahr einer christlichen Unterwanderung der platonischen Schule in Athen oder aber auf innerschulische Diskussionen um die künftige Ausrichtung derselben an, siehe die Einleitung in diesem Band, Kapitel 8.1.
94	Gemeint ist natürlich die Göttin Athena, hier als Stadtgöttin Athens.
95	Die θεῖοι ὄντως σύμβολοι sind bedeutungsvolle (Vor-)Zeichen göttlicher Provenienz, die Marinos im vorliegenden Kapitel leitmotivisch auswertet: Grundsätzlich verweist ein ‚Symbolon' weit über sich und seine Bedeutung hinaus auf eine übergeordnete, nicht unmittelbar erschließbare Bedeutung hin, dazu J. DILLON, „Image, Symbol and Analogy: Three Basis Concepts of Neoplatonic Allegorical Exegesis", in: R. BAINE HARRIS (ed.), *The Significance of Neoplatonism* (Norfolk, Virginia 1976) 247–262; CÜRSGEN 2002, 147. Mit Blick auf den Text der *Vita Procli* zeigt sich, dass die narrative Modellierung und ostentative (eindeutige) Akzentuierung dieser ‚göttlichen Zeichen' im Leben des Proklos vermutlich dem Hagiographen Marinos zuzuschreiben sind; vgl. jedoch WILDBERG 2017, 12, dem zufolge das auf das ‚self-fashioning'

des Proklos selbst und nicht auf seinen Biographen zurückzuführen sei. Dazu siehe die Einleitung, Kapitel 2.

96 Aller Wahrscheinlichkeit nach ist hier wohl Platon als Vater der platonischen Philosophie gemeint, so auch SAFFREY / SEGONDS / LUNA 2002, 95 Anm. 13. Allerdings muss die Nachricht beachtet werden, dass der alte Diadochos Plutarchos den jungen Proklos, der nach Syrianos Diadochos werden sollte, immer als ‚Kind' bezeichnete (§ 12,15–18), so dass wir ‚Vater' hier auch für einen Vorverweis auf den alten Platoniker Plutarchos denken könnten, in dessen Athener Schule Proklos bald ankommen wird. Zu diesem siehe Anm. 120.

97 Hier sind die Götter gemeint. Marinos macht deutlich, dass Proklos' διαδοχή von menschlicher Seite ebenso wie von göttlicher sanktioniert ist, wie die starke Rolle der Göttin Athena in der VPr. nahelegt (siehe Anm. 81–82).

98 Nikolaos ist, wie wir durch Damaskios (*Vita Isidori* = *Philos. Hist.* fr. 64) wissen, ein Schüler des Plutarchos von Athen, gehört also der dortigen neuplatonischen Schule an. Er war wohl weniger Philosoph als Sophist, auch wenn die Bezeichnungen Sophist und Philosoph damals mitunter fast synonymisch waren, dazu WATTS 2006a; siehe oben Anm. 71. Zumindest ist Nikolaos als Verfasser rhetorischer Schriften wie etwa μελέται, προγυμνάσματα oder einer τέχνη ῥητορική bekannt. Seine *Progymnasmata* sind überliefert, siehe C. WALZ, *Rhetores Graeci I* (Osnabrück 1968) 266–525. Nikolaos stammt aus Myra in Lykien und lebte zur Zeit der Kaiser Leon I., Zenon und Anastasios, starb 491 (so Suda s.v. Νικόλαος p. 469,1–4.5–8 ADLER III; W. STEGEMANN, „Nicolaos (21)", *RE* XVII 1 (1936) 424–457, v.a. 425f., mit dem Hinweis auf die Identifizierung der beiden in Suda s.v. genannten Nikolaoi; SAFFREY / SEGONDS / LUNA 2002, 95f. Anm. 17 und H. D. SAFFREY, „Nicolas de Myre", *DPhA* IV (2005) 683). Der Umstand, dass der junge, in Athen ankommende Student Proklos von einem Landsmann aus seiner künftigen Schule abgeholt wird, entspricht älteren, in Athen für neue Studenten gepflegten akademischen Usancen, ausführlicher dazu DEFOREST 2011, 322 mit Anm. 27.

99 Bei dem hier von Marinos genannten Sokrateion handelt es sich um einen heute nicht mehr lokalisierbaren Platz zwischen dem Piräus und Athen oder in Athen. Marinos zufolge ist dieses Sokrateion ein heiliger Ort (§ 10,31: τὸ ἱερὸν χωρίον), an dem es Ehrungen für Sokrates gibt – mit τιμαί (ebd. 26) sind wohl bestimmte kultische Rituale gemeint –, mit einer Quelle und einer Sokratesstele (ebd. 32f.). Dass es sich dabei um das Grab des Sokrates handelt, vermuten z.B. W. JUDEICH, *Topographie von Athen* (München ²1931) 357 und MARCHIANDI 2006, 113–119. Freilich kann – Martin Kovacs sei für den Hinweis gedankt – στήλη auch ‚Statue' oder ‚Ehrenstatue' bedeuten, muss also keineswegs unbedingt auf eine Grabstele verweisen, siehe D. WHITE, *The Extramural Sanctuary of Demeter and Persephone at Cyre-*

ne, *Libya, Final Reports VIII. The Sanctuary's Imperial Architectural Development, Conflict with Christianity, and Final Days* (Philadelphia 2012) 162. Die Möglichkeit, es handle sich um das Haus des Sokrates, bringt MARCHIANDI 2006, 115–118 ins Spiel (mit Belegen aus Himerios und Julian zu αὐλή oder δωμάτιον des Sokrates). Deutlich plausibler erscheint die These, es handle sich beim Sokrateion um einen Kultplatz für Sokrates, so z.b. TROMBLEY 1993 / 94, I, 312; DI BRANCO 2006, 138–140, hält das Sokrateion für einen sogar erst spätantiken Ort kultischer Verehrung des Sokrates. Siehe dazu HARTMANN in diesem Band, v.a. S. 276. Ob das hier genannte Sokrateion allerdings mit genau dem (gleichfalls heiligen) Ort des Gesprächs zwischen Sokrates und Phaidros am Fluss Ilissos zu identifizieren ist, wie z.b. TRAVLOS 1971, 289. 291, URBANO 2013, 309 und ähnlich SAFFREY / SEGONDS / LUNA 2002, 96f. Anm. 1 vermuten, ist aufgrund des nahe beim Piräus in den Saronischen Golf mündenden Ilissos–Flusslaufs nicht auszuschließen, aber auch nicht zwingend, zumal sich im Kontext bei Marinos kein einziger Hinweis auf den Ilissos oder einen anderen Fluss, außer der Erwähnung der Quelle auch keine weitere Allusion auf den den Nymphen und Acheloos heiligen Naturort des *Phaidros* findet (*Phdr*. 230b2–c5). Denkbar wäre freilich, dass die spätantiken Platoniker, und so auch Marinos in seiner *VPr.*, den durch Platons *Phaidros* literarisierten, aufs Engste mit Sokrates konnotierten Natur– und Sakralort am Ilissos unter sich als ‚Sokrateion' bezeichneten und diesen so als Gedächtnisort ihrer eigenen – platonischen – Lebenswelt einschrieben. Siehe dazu auch MÄNNLEIN-ROBERT vorauss. 2019. In jedem Falle aber scheint das von Marinos hier genannte Sokrateion ein in seiner Gedenkrede symbolisch höchst bedeutsamer athenischer Erinnerungsort zu sein, denn die lokalisierte Episode bei der Ankunft des Proklos in Athen stellt für den dort bislang nicht sozialisierten Proklos eine überaus wichtige, gleichsam attisch–athenische Initiation dar. Das Sokrateion erweist sich damit – ungeachtet seiner eigentlichen Bedeutung und Funktion im räumlichen Kontext Athens – in der hagiographischen Textkomposition des Marinos als symbolhaft konstruierter athenischer Sakral-Topos. Mit Blick auf die sonst in Athen für neu ankommende Studenten üblichen, durchaus handfesten Initiationsrituale (nicht zuletzt in öffentlichen Bädern), nimmt sich Proklos' Trunk aus der Sokratesquelle als besonders ungewöhnlich aus, s.u. Anm. 100-101 und ausführlicher DEFOREST 2011, 315–342.

100 ‚Durst' ist zunächst als natürlicher Drang, als natürliches Bedürfnis zu verstehen (vgl. Plutarch, *De sera* 11,555E – allerdings dort mit verhängnisvollen Folgen). Im Falle des Proklos des Marinos wird aber zugleich auch auf Proklos' Wissensdurst, seinen unstillbaren Drang nach der (sokratisch basierten) platonischen Philosophie in Athen angespielt.

101	Zu dieser Quelle siehe Eun. *Vit. soph.* IV 1,7 (p. 7,7–11) und dazu den Kommentar von BECKER 2013, 82 und 182f. mit Anm. 339.
102	Zur Sokrates–Stele im räumlichen Ensemble des Sokrateion siehe Anm. 99.
103	Marinos benennt hier Nikolaos als denjenigen, der dieser Szene Symbol- und Zeichenwert zuschreibt. Damit übernimmt die intradiegetische, also der Narrative integrierte Figur Nikolaos als erster Interpret die vom Autor Marinos intendierte Leserlenkung und Sensibilisierung des Lesers für die hier kunstvoll narrativ drapierten Symbolszenen.
104	Bei der Proskynese handelt es sich um einen verbreiteten, vor allem in antiken östlichen Gesellschaften üblichen Ritus der unterwürfigen Verehrung, bei dem man sich vor der verehrten Gottheit oder Person zu Boden wirft, bis das Gesicht den Boden berührt, siehe J. HORST, ΠΡΟΣΚΥΝΕΙΝ (Gütersloh 1932); F. ALTHEIM, „Proskynese", *Paideia* 5 (1950) 307–309. Vermutlich wirft sich der junge Proklos in dieser Szene vor dem im Sokrateion verehrten Sokrates zu Boden und erweist ihm so seine gleichsam göttliche Verehrung.
105	D.h. der Türhüter wollte (von innen) gerade abschließen und abriegeln. Es handelt sich hier aller Wahrscheinlichkeit nach um das den Propyläen der Akropolis zu Athen vorgelagerte Tor, das Kaiser Valerian als Schutzvorrichtung etwas unterhalb der eigentlichen Propyläen hatte bauen lassen. Dieses Tor ist heute nach dem Archäologen Charles Beulé als sog. ‚Beulé-Tor' benannt, siehe weitere Literatur bei SAFFREY / SEGONDS / LUNA 2002, 97 Anm. 4.
106	Der Türhüter, ein einfacher, unbedeutender Mann, wird hier als Sprachrohr eines höchst bedeutsamen Satzes dargestellt, der weit über das konkret-situativ Gemeinte hinausweist. Daher führt der Biograph Marinos wohl auch seine Worte als explizit wörtliches Zitat ein; vgl. das wörtliche Zitat eines denkwürdigen Satzes aus dem von Asklepios für Proklos gehaltenen Enkomion, *VPr.* § 32,36f. mit Anm. 304.
107	Die von Marinos suggerierte Symbolik dieser Szene liegt auf der Hand: Proklos erweist sich als letzter, der noch Eintritt in den Temenos der Göttin Athena auf der Athener Akropolis erhält, der sich der Göttin der Philosophie so weit anzunähern vermag. Proklos erweist sich aufgrund dieses Einlasses im allerletzten Moment als letzter noch erfolgreicher Hellene resp. paganer Platoniker. Zur Zeit von Proklos' Ankunft in Athen, also um 430 n. Chr. scheint der Parthenon bereits nicht mehr als Kulturort relevant, aber touristisch noch beachtet gewesen zu sein. Der Umbau des Parthenon in eine christliche Marienkirche erfolgte entweder im späten 5. Jh., so nach MANGO 1995 auch DI BRANCO 2006, 191, auch KALDELLIS 2009, 47–53, oder im frühen 6. Jh., so etwa FRANTZ 1965, 200f. und HOFFMANN 2012, 177f. Ausführli-

	chere Interpretationen dieser Szene siehe bei MÄNNLEIN-ROBERT 2013b und MÄNNLEIN-ROBERT vorauss. 2019.
108	Polles ist ein mythischer göttlicher Seher, siehe z.B. Dracontius, *Romulea* 8 (*De raptu Helenae* 480 etc.); ähnlich gilt Melampus als göttlicher Seher (z.B. Apollod. *Bibl.* I 9,11–13); weitere Literaturangaben bei SAFFREY / SEGONDS / LUNA 2002, 98 Anm. 7.
109	Syrianos, der Sohn des Philoxenos, neuplatonischer Philosoph mit rhetorisch-stilistischen Interessen, verfasste Kommentare zu den Büchern B, Γ, M und N der *Metaphysik* des Aristoteles sowie zu Hermogenes, siehe Suda s.v. Συριανός p. 478,21–479,8 ADLER IV; PRAECHTER 1926a und CARDULLO 1995, 19–44. Zu den spärlichen Nachrichten über Syrianos außerhalb von Marinos' *VPr.* siehe PRAECHTER 1932 und *PLRE* II, s.v. „Syrianus (3)", 1051.
110	Lachares ist ein zeitgenössischer Rhetor und Sophist in Athen (5. Jh. n. Chr.), der sich intensiv mit Stilkritik und Prosarhythmus beschäftigte; zur Person siehe G. A. KENNEDY, *Greek Rhetoric under the Christian Emperors* (Princeton 1983) 167; PUECH 2005. Zu seinen rekonstruierbaren stilkritischen Schriften H. GRAEVEN, „Ein Fragment des Lachares", *Hermes* 30 (1895) 289–313 und MÄNNLEIN-ROBERT 2001, 335–344.
111	Sophistenkunst steht hier für meisterhafte Beherrschung der Rhetorik.
112	Mit der ‚Zusammenkunft' (σύνοδος) von Sonne und Mond ist deren Konjunktion, also die Konstellation von Sonne und Mond gemeint, die dem Neumond unmittelbar vorausgeht. Das Fest der Noumenia (d.h. der erste Tag, an dessen Abend die Mondsichel nach der Konjunktion wieder zu sehen ist) wird in Griechenland seit alters gefeiert und ist bei Homer dem Gott Apollon heilig (z.B. Hom. *Od.* XIV 162; XIX 307), siehe M. P. NILSSON, „Νουμηνία", *RE* XVII (1937) 1292–1294; W. SONTHEIMER, „Numenia", in: *Der kleine Pauly* 4 (1979) 191. Bereits beim Mittelplatoniker Plutarch werden die Noumenia als ‚die heiligsten Tage' bezeichnet (Plut. *De vitando aere alieno* 2,828A). Aus Proklos' Scholien zu Hesiods *Opera et dies* (v. 782–784, p. 282f. MARZILLO 2010) wird deutlich, dass gerade in Athen der Tag der Mondsynodos (aufgrund der vorgestellten mythischen Vereinigung von Sonne und Mond, also einem kosmischen ἱερὸς γάμος) ein für Eheschließungen sehr geeigneter Tag war. Das Fest der Noumenia umfasst in der vorchristlichen Antike öffentliche wie private religiöse Praktiken, siehe J. DAY, „Notes and Observations: The Noumenia and Epimenia in Athens", *Harvard Theological Review* 65 (1972) 291–297.
113	Gemeint ist die Körper- und Verehrungshaltung der Proskynese, dazu siehe Anm. 104.
114	Die hier geschilderte Szene beschreibt die große Vorsicht des Syrianos und Lachares, bei der Ausübung des alten paganen religiösen Rituals der Begrüßung der Mondgöttin bei Neumond von einer Person, die sie nicht kennen und einschätzen können, gesehen oder beobachtet zu werden. Daher lassen sie ihn vorausgehen. Proklos zelebriert seine

Anmerkungen 133

Anbetung der Mondgöttin aber demonstrativ vor den Augen seiner Begleiter und erweist sich somit als Anhänger paganer Kulte. Durch diese Episode macht Marinos deutlich, dass man in der athenischen neuplatonischen Schule zur Zeit Syrianos' grundsätzlich auch mit Christen unter den Schülern zu rechnen hatte. Das war im Unterricht vermutlich unproblematisch, bei der Ausübung von paganen Kultpraktiken, wie dem hier beschriebenen Neumondgebet, aber in der Anfangszeit des Proklos in Athen (also in den 430er Jahren) offenbar bereits gefährlich, wie die vorsichtigen Bemühungen des Syrianos und des Lachares, ungestört nach altem Ritus zu beten, zeigen. Dazu siehe ausführlicher DILLON 2007 und DERS. in diesem Band, S. 236.

115 Die Wendung ἐκ τοῦ αὐτοῦ οἴκου beschreibt mit ‚Haus' einen ebenso zeitlichen wie geographischen astrologischen Raum in Bezug zu den Planetenkonstellationen mit bestimmter Symbolik, für die Antike siehe dazu etwa Vettius Valens (O. SCHÖNBERGER / E. KNOBLOCH, *Vettius Valens. Blütensträusse* [St. Katharinen 2004] 328f.). Ausführlicher zur Astrologie in der *VPr.* siehe den Beitrag von TOPP in diesem Band.

116 Das Ausziehen der Schuhe bei der Ausübung eines Kultes ist eine Geste der Frömmigkeit oder Ehrerbietung, dazu siehe Ph. OPPENHEIMER, „Barfüßigkeit", *RAC* 1 (1950) 1186–1193; als eher in magischem Kontext wurzelnde Vorstellung, der zufolge der mit Bändern am Fuß befestigte Schuh resp. die Sandale bindende und verhindernde Kräfte habe, siehe Th. WÄCHTER, „Reinheitsvorschriften im griechischen Kult", in: *RGVV* IX, 1 (1910) 1–144, hier: 23f.; überzeugend ist v.a. F. J. DÖLGER, „Das Schuh-Ausziehen in der altchristlichen Taufliturgie", *Antike und Christentum* 5 (1936) 95–108, v.a. 100–102, der die Barfüßkeit auch in vor- und nicht-christlichen Kulten plausibel und mit reichen Stellenbelegen aus der alten, aus dem Osten kommenden Vorstellung erklärt, nach der Lederschuhe als Produkte aus einem toten Tier als Symbole des Todes gelten und im Kontakt mit dem Göttlichen, bei Gebet, Opfer oder auch Betreten eines heiligen Ortes, als Zeichen der Sterblichkeit abgelegt werden müssen; ebenso M. P. NILSSON, *Geschichte der griechischen Religion*, Bd. 1 (München ³1967) 97f. und 705 (mit Verweis auf Iambl. *Protr.* 21). Wenn Proklos also vor seinem Gebet an die Mondgöttin seine Sandalen löst, beweist er religiösen Respekt; vgl. EDWARDS 2000, 73 mit Anm. 108, der Anlehnung an Sokrates' bekanntes Barfussgehen vermutet. Eventuell steht das hier demonstrative Ritual, das Gebet an die Mondgöttin, in gewolltem Kontrast zur ebenfalls religiösen christlichen Mondsymbolik, wo der der Mond ein theologisches Symbol der Auferstehung ist, so z.B. bei Methodios von Olympos (*symp.* 8, 6), ausführlicher dazu, aber nicht unideologisch, ist H. RAHNER, „Mysterium Lunae. Ein Beitrag zur Kirchentheologie der Väterzeit", *Zeitschrift für katholische Theologie* 63 (1939) 311–349 und 428–442; ebenso DERS., „Mysterium Lunae", *Zeitschrift für katholische Theologie* 64 (1940) 61. 80 und 121–131.

117 Proklos erscheint in dieser Episode klar als Anhänger eines religiös ausgerichteten paganen Platonismus, siehe den Beitrag von DILLON in diesem Band, v.a. S. 235–237. Mit der Mondgöttin, die im neuplatonischen Pantheon als unterste der weiblich gedachten Fruchtbarkeitsgottheiten gilt, verehren die Platoniker alle göttlichen Glieder dieser in Hekate oder Kybele mündenden Kette, dazu DILLON ebd. 236f. Zum hier vorgestellten ἱερὸς γάμος siehen oben Anm. 112. Zur Atmosphäre der Vorsicht und Angst bei den platonischen Philosophen, die aus dieser Episode kenntlich wird und die aus der Ablehnung und Polemik der Christen gegen die religiöse Verehrung von Gestirnen, auch des Mondes, resultierte, siehe WALLRAFF 2001, 197f., der auf Claudius Mamertinus, *Paneg.* 3 [11] 23,5f. (p. 138,5–13 MYNORS) verweist: Dort preist beim Regierungsantritt Julians ein Anhänger der alten Religion die Gestirnbetrachtung und – verehrung als endlich wieder möglich. Die hier geschilderte Episode hat, nach dem symbolisch bedeutsamen Trunk des Proklos aus der Sokratesquelle (s.o.), der als gleichsam philosophische Initiation gelten darf, die Qualität einer erneuten, nunmehr religiösen Initiation: Das im proskynetischen Gebetsritual der Noumenia demonstrierte religiöse Bekenntnis zur nichtchristlichen Gestirnsreligion legitimiert das spätere Vertrauen der athenischen Platoniker, zunächst des Syrianos, zum Neuankömmling Proklos; siehe auch die Einleitung Kapitel 8.1.

118 Lachares' Formulierung der extremen Ambiguität großer Naturen lehnt sich an einen entsprechenden Passus (*verba Socratis*) in Platons *Politeia* an (*rep.* VI 491e1–6). WILDBERG 2017, 10 deutet die Worte des Lachares als klare Dekodierung des in dieser Episode zur Schau gestellten extremen Ehrgeizes des jungen Proklos, der unbedingt in der athenischen Schule Fuß fassen will.

119 Konkret dürfte hier mit dem exemplarisch von Marinos genannten ‚Zeichen' das astrologische Ereignis der Noumenia gemeint sein, das dem jungen Proklos, der noch nicht lange in Athen ist, die Gelegenheit gibt, seine intensive Religiosität zu demonstrieren und so das Vertrauen des Syrianos zu erwerben, der ihn auch sogleich beim Oberhaupt der Schule, Plutarchos einführt.

120 Plutarchos von Athen (ca. 350–432 n. Chr.), Sohn des Nestorios und aus vermögender Familie stammend, gründet eine (neu-)platonische Privatschule am Südhang der Akropolis, die irreführend immer wieder als ‚Akademie' bezeichnet wird, aber nur der Idee nach die alte Akademie Platons, die vor den Toren der Stadt lag, fortführt. Möglicherweise, aber das ist nicht restlos sicher, handelt es sich bei Plutarchos' Schule um das archäologisch nachweisbare sog. ‚Haus des Proklos' (s.u.). Nach dem Tode des Plutarchos bleibt diese den archäologischen Befunden nach großzügige Villa offenbar Sitz der neuplatonischen Schule. Eine Zusammenfassung der neueren archäologischen Befunde und Grabungsauswertungen sowie zur mittlerweile reichen

Diskussion darüber, inwiefern es sich dabei faktisch um das ‚Haus des Proklos' handeln kann, siehe jetzt CARUSO 2013, 174–188. Ob der vermögende Plutarchos auch wiederholt als Financier der zeitgenössischen Panathenäen-Feste in Athen aktiv wurde (wie das einige Inschriften vermuten lassen), ist umstritten; dagegen ist z.B. SIRONEN 1994, 15–62, hier: 46–48 (Text und engl. Übs. der Inschrift), dafür sprechen sich aus BANCHICH 1998, 367 (mit Anm. 15) und BRISSON 2008, 32; zur Diskussion siehe auch FRANTZ 1988, 57–82, hier: 63f. und CARUSO 2013, 165–167. Zum Großvater des Plutarchos namens Nestorios siehe Anm. 244. Erhalten sind Fragmente aus verschiedenen Kommentaren des Plutarchos von Athen, z.b. zu Platons *Parmenides* und *Gorgias*, eventuell auch *Phaidon* und zu Aristoteles' *De anima*. Zur Person des Plutarchos, seinen Schriften und seiner Philosophie siehe LUNA / SEGONDS 2012, 1076–1096; TAORMINA 1989 (Texte mit ital. Übs. und Komm.); BEUTLER 1951, 962–975; ÉVRARD 1960b. Das Renomée des Plutarchos als Philosoph war zu seiner Zeit so groß, dass einige später bedeutende Philosophen (Syrianos, Hierokles, Proklos) von Alexandria nach Athen in seine Schule überwechselten, dazu ausführlicher WATTS 2004, 16–18.

121 Der Terminus σχόλια beschreibt gewöhnlich kurze antike Erklärungen und Kommentare zu Vorlagentexten, z.B. Cic. *Att.* 16,7,3 (*scholia*); Lukian. *Vit. Auct.* 23. Hier sind offensichtlich die knappen Vorlesungsnotizen des Plutarchos zum *Phaidon* Platons gemeint, die erst durch die (von Plutarchos intendierte) Überarbeitung und Ergänzung seines Schülers Proklos die Form von Kommentaren (ὑπομνήματα) zum *Phaidon* annehmen; ganz ähnlich sind die bei Porph. *Vita Plot.* c. 3,46 genannten σχόλια als Vorlesungsnotizen zu verstehen.

122 Proklos ernährt sich offenbar (zu) streng vegetarisch, siehe auch *VPr.* § 19,4f. Vegetarische Diät pflegt und propagiert aus philosophischen Gründen und aus Affinität zu entsprechenden pythagoreischen Vorstellungen, die aufs Engste mit denen zur Seelenwanderung konvergieren, vgl. zum Thema bereits Porphyrios' umfangreiche Schrift *De abstinentia*. Ausführlicher zum Thema und immer noch einschlägig ist J. HAUSSLEITER, *Der Vegetarismus in der Antike* (Berlin 1935), hier v.a. 315–356; siehe auch D. A. DOMBROWSKI, „Porphyry and Vegetarism: A Contemporary Philosophical Approach", in: *ANRW* II 36.2 (Berlin 1987) 774–791 und weitere Literaturverweise bei SAFFREY / SEGONDS / LUNA 2002, 106 Anm. 8.

123 Allem Anschein nach hofft Syrianos durch entsprechende intellektuelle Belehrung des Proklos diesen von seinem extremen Vegetarismus und wohl auch Asketismus abzubringen resp. ihn zu modifizieren. Deutlich wird aus seinen Worten freilich auch, dass eine extreme Persönlichkeit wie Proklos göttlichen Zeichen und Winken bereitwillig

	folgt, sich menschlichen Ratschlägen hingegen mitunter – wie hier – zunächst verweigert.
124	Syrianos ist hier als διάδοχος und somit als offizieller Nachfolger des Plutarchos und Oberhaupt der athenischen Schule, bezeichnet. Zu diesem Titel siehe bereits Porphyrios, *Vita Plot.* c. 15,19 (vgl. auch ebd. 20,39), der den Platoniker Euboulos aus Athen διάδοχος nennt, dabei aber aller Wahrscheinlichkeit nach den Inhaber des offiziellen platonischen Lehrstuhles in Athen meint, der institutionell nicht mit der Akademie Platons in Verbindung steht, sondern auf eine Initiative des Kaisers Marc Aurel 176 n. Chr. zurückgeht (*SHA, Pius* 11,3) und neben den längst etablierten privaten philosophischen Schulen besteht; siehe auch GOULET-CAZÉ 1982, 243f. mit Literaturhinweisen.
125	Archiadas, Sohn der Asklepigeneia d.Ä., Tochter des Plutarchos von Athen (siehe Anm. 243 und 120), wohl etwas jünger als Proklos, wird mit diesem zusammen von Plutarchos dessen Nachfolger Syrianos anbefohlen. In den Zeiten von Syrianos' und Proklos' Scholarchat scheint Archiadas in der neuplatonischen Schule engagiert gewesen zu sein. Werke von ihm sind nicht bekannt. Archiadas war politisch aktiv und wurde dabei von Proklos, der ihn auch zu seinem Erben miteinsetzt, ermuntert, s.u. *VPr.* § 14 und Anm. 136–137. Archiadas soll dem Zeugnis des Zeitgenossen Damaskios zufolge einen erheblichen Teil seines Vermögens durch Plünderungen verloren haben, siehe Damaskios, *Vita Isidori* = *Philos. Hist.* fr. 105A (siehe auch ebd. ATHANASSIADI 1999, 250f.). Zur Person des Archiadas siehe ausführlicher SAFFREY 1989a, 335f.; *PLRE* II, s.v. „Archiadas (1)", 134.
126	Mit der θεολογικὴ ἐπιστήμη ist hier bei Marinos die *Metaphysik* des Aristoteles gemeint, ebenso bereits bei Syrianos selbst: Syrian. *In Metaph.* p. 80,16–18, vgl. ebenso die (etwas später als Proklos zu datierenden) *Anon. Proll. ad Plat.* 1,1f., dazu ausführlicher (mit weiteren Belegen) A. MOTTA, *Prolegomeni alla filosofia di Platone. Saggio introduttivo, traduzione e commento storico-filosofico* (Roma 2014), hier: 85 Anm. 2.
127	Die τάξις, also die geordnete und nach didaktischen Überlegungen komponierte Reihenfolge der als πραγματίαι bezeichneten Schriften des Aristoteles dokumentiert die im Unterricht des Syrianos offensichtlich in etwa zweijährige philosophische *praeparatio Aristotelica* für die Beschäftigung mit den Dialogen Platons. Sie ist klar von Logik zu Ethik, dann Politik, Physik und gipfelnd in der θεολογικὴ ἐπιστήμη (gemeint ist die *Metaphysik* des Aristoteles), also aufsteigend, strukturiert. Siehe ausführlicher zum neuplatonischen Lektürecurriculum und seinen Varianten SAFFREY / SEGONDS / LUNA 2002, 108 Anm. 15 und 108f. Anm. 1; zur Relevanz und Funktion der Aristotelischen Schriften innerhalb dieses Curriculums siehe I. HADOT, „La division néoplatonicienne des écrits d'Aristote", in: J. WIESNER (Hrsg.), *Aristoteles Werk und Wirkung II. Paul Moraux gewidmet* (Berlin 1987) 249–285,

zur Einschätzung des bei den Neuplatonikern divergent diskutierten Verhältnisses zwischen Platons und Aristoteles' Philosophie siehe ausführlicher C. HELMIG in diesem Band, S. 310-312. Wir wissen bereits von frühen kaiserzeitlichen mittelplatonischen Lektüre-Curricula für die Platonischen Dialoge, z.b. (Derkylides' und) Thrasyllos' Tetralogienordnung der Platonischen Schriften oder Albinos' *Prologos*, welche die späteren neuplatonischen vorbereiten, dazu siehe MANSFELD 1994, hier: 58–107; B. REIS, *Der Platoniker Albinos und sein sogenannter Prologos: Prolegomena, Überlieferungsgeschichte, kritische Edition und Übersetzung* (Wiesbaden 1999), hier v.a. 122–124; M. DUNN, „Iamblichus, Thrasyllus and the Reading Order of the Platonic Dialogues", in: R. B. HARRIS (Hrsg.), *The Significance of Neoplatonism* (Norfolk 1976) 59–80.

128 Es handelt sich hier um ein *Chaldäisches Orakel*: Chald. Or. fr. 176, das sinngemäß die Vermeidung großer Eile oder Hast bedeutet. Es findet sich ebenfalls bei Damaskios (*Vita Isidori = Philos. Hist.* fr. 137, p. 115 ZINTZEN = fr. 59C ATHANASSIADI = Suda s.v. Ὑπερβάθμιον πόδα ῥιπτῶν p. 650,30–651,2 ADLER IV) und wird offenbar wie ein Sprichwort verwendet. Weitere Belege bei SAFFREY / SEGONDS / LUNA 2002, 110 Anm. 5.

129 Platons Schriften und Philosophie werden hier als Gipfel der mystischen Zeremonie, als Schau (Epoptie) beschrieben, welcher analog zu religiösen resp. kultischen Mysterien (wie etwa denen in Eleusis) Weihen (προτέλεια) und Kleine Mysterien (μικρὰ μυστήρια) vorgeordnet sind, deren präparatorische Rolle hier im Kontext die genannten Aristotelischen Schriften spielen. Dieselbe Differenzierung zwischen Kleinen und Großen Mysterien verwendet bereits Platon selbst (*Gorg.* 497c3–6). Platon bedient sich überhaupt vielfach der Begrifflichkeiten, Termini und Bilder aus den religiösen Mysterien, ein Beschreibungsmodus, der von vielen kaiserzeitlichen (z.B. Theon von Smyrna, *exp. rer. math.* p. 14,18–16,1 HILLER = p. 106f. PETRUCCI) und spätantiken Platonikern (z.B. Marinos) übernommen wird. Zu Theons (von Marinos' divergierender) Mysterienanalogie siehe ausführlich F. PETRUCCI, *Teone di Smirne. Expositio rerum mathematicorum ad legendum Platonem utilium. Introduzione, traduzione, commento* (Sankt Augustin 2012) 302–305. Zum historischen Mysterienkult in Eleusis, in Anlehnung an dessen Rituale Platon und die späteren Platoniker philosophische Erkenntis und Schau des Wesentlichen gleichsam religiös beschrieben haben, siehe (mit weiterer Literatur) BURKERT 2011, 425–431 und W. BURKERT, *Antike Mysterien. Funktionen und Gehalt* (München ⁴2003). In diesem Passus des Marinos finden sich zahlreiche einschlägige Mysterientermini auf die Philosophie Platons übertragen: Während etwa im historischen Mysterienkult zu Eleusis mit μυσταγωγία das Geleit der (einzuweihenden) Mysten nach Eleusis benannt wird, hat sich die Bedeutung von μυσταγωγία zu Proklos' und Marinos'

Zeiten offenbar längst auf die Einweihung selbst verschoben. Proklos selbst bezeichnet die Beschäftigung mit der Platonischen Theologie als μυσταγωγία (*Theol. Plat.* I 1 p. 5,17; ebd, I 1 p. 6,12 SAFFREY / WESTERINK = I 1,17; I 1,6 ABBATE), siehe J. TROUILLARD, *La mystagogie de Proclos* (Paris 1982). Während im echten Kult mit ἐποπτεία die (mehr oder weniger) visuelle Schau des Göttlichen als Kulminationspunkt der Zeremonie gemeint ist, verwendet Marinos ἐποπτεύειν hier eindeutig zur Beschreibung der rein intellektuellen Erfassung der Philosophie Platons, die auch Proklos selbst (*Theol. Plat.* I 1 p. 6,16) als ἐποπτεία und somit als letzte Stufe der (philosophischen) Initiation beschrieben hatte.

130 Nach der inhaltlichen *praeparatio* des Proklos kommt Marinos hier nun auf die habituelle und methodische *praeparatio* seines Protagonisten zu sprechen, die sich durch unermüdliches (vgl. ἀγρύπνῳ ἀσκήσει) und aufmerksames (vgl. ἐπιμέλεια), bei Tag und bei Nacht gepflegtes Arbeiten äußert, das offenbar im kritischen Durchdenken und schriftlich Fixieren der Ausführungen des Syrianos besteht. Proklos arbeitet also höchst intensiv und durchaus kritisch (vgl. μετ' ἐπικρίσεως) Syrianos' Erklärungen und Überlegungen zu Aristoteles und Platon durch und fertigt eigene schriftliche Dokumente dazu an. Unermüdliche Arbeit wird spätestens seit hellenistischer Zeit im Topos der Nachtarbeit resp. ‚Schlaflosigkeit' (ἀγρυπνία) fixiert, der zugleich extrem aufwendiges und extrem sorgfältiges Arbeiten mitmeint, dazu siehe M. HOSE, Σύντονος ἀγρυπνίη (Kallimachos Epigramm 27 Pf.), *Glotta* 72 (1995) 196–199. Siehe SAFFREY / SEGONDS / LUNA 2002, 111 Anm. 8, welche die hier genannten Ausdrücke allerdings nur in den Kontext der antiken philosophisch-asketischen ‚exercise spirituelle' stellen, siehe ebd. mit einschlägiger Literatur dazu, v.a. P. HADOT, *Exercises spirituels et philosophie antique* (Paris ²1987), hier: 13–58.

131 Nachdem der junge Proklos sich unter der Führung des Syrianos durch die Aristotelischen Pragmatien als Vorbereitung für das Studium der dann folgenden Platonischen Schriften gearbeitet hat und zunächst offenbar eine Zeit lang nur die Ausführungen des Syrianos kritisch überarbeitet hatte, verfasst er wenig später neben vielen anderen Schriften bereits im Alter von 27 Jahren (also im 28. Lebensjahr) seinen eigenen mehrbändigen Kommentar (ὑπομνήματα) zum *Timaios* Platons (der uns teilweise überliefert ist). Der Einfluss von Syrianos wird nicht zuletzt daran deutlich, dass Proklos Syrianos (meist als ἡγεμών oder διδάσκαλος) zitiert, z.B. Procl. *In Tim.* I p. 20,27f.; 218,13; 241,4; 441,15f.; II p. 35,15f.; 105,28; 163,10f.; 218,21; 253,31; III p. 15,16; 278,10 u.ö. Der junge Proklos wird hier von Marinos nicht nur als extrem fleißig, sondern auch als exrem produktiv gezeichnet. Dazu kommt seine ebenso stilistische (vgl. γλαφυρὰ ὄντως) wie wissenschaftliche Perfektion und stupende Gelehrsamkeit (vgl. ἐπιστήμης γέμοντα ὑπομνήματα), vgl. dazu Demetr. *De elocut.* § 36.128–186;

SAFFREY / SEGONDS / LUNA 2002, 112 Anm. 13. Vor allen Dingen aber wird deutlich, dass Platons besonders schwieriger und komplexer Dialog *Timaios* als Ziel- und Endpunkt des philosophischen Studiums des jungen Proklos genannt wird. Das entspricht zwar dem seit Langem üblichen platonischen Lektüre-Curriculum, an dessen Ende stets der *Timaios* stand (z.B. Albinos, *Prol.* V 8–12 p. 316 REIS), aber hier wird der erste eigene von Proklos verfasste Kommentar gleich zum schwierigsten Text des Curriculums verfasst und ist schon ein stilistisches und philosophisches Meisterwerk. Damit zeigt Marinos eindrücklich die ungewöhnliche philosophische Eignung des jungen Proklos sowie den Umschlag von seiner nunmehr höchst erfolgreich beendeten Zeit als Student zum Beginn der eigenen Lehrphase und Tätigkeit als platonischer Philosoph.

132   Mit τὸ ἦθος macht Marinos abschließend klar, dass hier die Darstellung der ‚ethischen' Tugenden, also der Zeit der Ausbildung und Bildung des Proklos, endet, die gemäß dem zuvor beschriebenen Tugendschema (s.o. *VPr.* § 3,1–7) auf die ‚natürlichen' Tugenden folgen und den ‚politischen' Tugenden vorangehen (insg. also § 6,20 – § 13,19 umfassen). Zum Tugendschema siehe den Beitrag von D. O'MEARA in der Einleitung dieses Bandes, Kapitel 6.1.

133   Man würde hier eher ἔτι μᾶλλον erwarten, aber ἐπὶ μᾶλλον, belegt seit Herodot (z.B. I 95; III 104,3; IV 181,3), gilt als gleichermaßen idiomatischer Sprachgebrauch, siehe dazu SAFFREY / SEGONDS / LUNA 2002, 112 Anm. 14.

134   Die für Proklos im Folgenden geschilderten politischen Tugenden σοφία, σωφροσύνη, ἀνδρεία und δικαιοσύνη, die bereits in Platons *Politeia* (im Kontext des Gesprächs über die wahre Physis des Philosophen[-königs], Plat. rep. VI), in dessen *Nomoi* sowie bei Aristoteles (gemeint sind hier wohl z.B. dessen *Politika*) virulent sind, wurden bereits von Plotin als für Philosophen nicht hinreichend für die angestrebte Angleichung an Gott angesehen (Plot. I 2 [19]) und durch zusätzliche Tugendgrade erweitert. Zu den neu hinzugefügten ‚kathartischen' Tugenden siehe Plotin I 2 [19] 3,4–6; ausführlicher siehe O'MEARA 2003, 40–44 und O'MEARA zur Historie der Tugendgrade in der Einleitung dieses Bandes, Kapitel 6.1. Zu den politischen Tugenden des Philosophen in Buch VI der *Politeia* Platons siehe M. VEGETTI, *La Reppublica. Traduzione e commento V, Libro VI–VII* (Neapel 2003), hier: 14–18. Zu den politischen Tugenden in den *Nomoi* siehe B. ZEHNPFENNIG, „Gesetz und Tugend in Platons *Nomoi*", in: KNOLL / LISI 2017, 147–164, hier v.a.: 153–158; für die politischen Tugenden bei Aristoteles (im Vergleich mit Platon) siehe H. SEUBERT, „Die ‚Nomoi' und die aristotelische Politik und Ethik. Affinitäten und Differenzen", in: KNOLL / LISI 2017, 205–228.

135   Hierbei handelt es sich um eine kryptische Formulierung des Marinos. Möglicherweise konnte Proklos wegen christlicher Offensiven

gegen ihn nicht entsprechend politisch agieren oder er durfte als zugezogener Nicht-Athener kein offizielles Amt innehaben, oder aber der Philosoph Proklos stand politischem Handeln doch ferner als Marinos es hier darzustellen bemüht ist, dazu siehe MÄNNLEIN-ROBERT 2013b, v.a. 254; siehe auch die Einleitung in diesem Band, Kapitel 8.1. Siehe auch BECKER 2013, 513f. zu der bei spätantiken Intellektuellen (auch bei Eunapios) durchaus verbreiteten Ansicht, der Weise und Philosoph dürfe aufgrund seines extremen intellektuellen Engagements apolitisch sein (mit zahlreichen Belegen). Im Fokus und an erster Stelle steht hier konkret die politische Tugend der Gerechtigkeit (δικαιοσύνη).

136 Proklos fördert also die bei Archiadas ohnehin schon angelegten politischen Tugenden sowie deren praktische Umsetzung durch diesen, was von Marinos mit einem Zitat aus Platons *Phaidon* (61a1) unterstrichen wird, das bereits sprichwörtlich geworden war (vgl. Eunap. *vit. soph.* IX 2,15 p. 62,12f. und den Kommentar dazu bei BECKER 2013, 426).

137 Bei dieser Lesart ist Archiadas also der erste resp. wichtigste Erbe des Proklos: Was dieser nicht erbt, erhalten Proklos' Vaterstadt, also Xanthos, und Athen. Die alternative Lesart, nach der Archiadas vor Proklos gestorben wäre, ist wenig plausibel, denn Archiadas lebt offenbar noch zur Zeit der Abfassung der *Vita Procli*. Siehe SAFFREY / SEGONDS / LUNA 2002, 113f. Zur Person des Archiadas siehe Anm. 125.

138 Die Titulierung von Proklos als ‚Philosoph' dient zum einen im unmittelbaren Kontext der Unterscheidung vom Politiker Archiadas, rückt ihn zum anderen aber grundsätzlich in die Nähe des Aristoteles, der in *VPr.* § 10,4 so bezeichnet wird, vor allem aber in die Nähe Platons, der bei den Neuplatonikern vielfach nur als ‚der Philosoph' tituliert wird, s.u. Anm. 91.

139 Anders als Archiadas hat Proklos keine politischen Ämter inne, aber er engagiert sich als Bürger, nimmt an Volksversammlungen teil und bringt sich dort energisch ein, verfügt zudem über persönliche Kontakte zu Politikern. Als Archont für diese Zeit kommt Theagenes in Frage, ein aus alter, reicher Athener Familie stammender, der neuplatonischen Schule nahe stehender Senator und Politiker. Dieser ist der Schwiegersohn des Archiadas, da er mit dessen Tochter Asklepigeneia der Jüngeren verheiratet ist, siehe CASTRÉN 1994, 13. Die Diskussion, ob politisch eingebundene Neuplatoniker sich an Platons Modell des Philosophenkönigs orientieren, so D. J. O'MEARA, „Neoplatonist Conceptions of the Philosopher-King", in: J. M. VAN OPHUIJSEN (ed.), *Plato and Platonism* (Washington D.C. 1999) 278–291, oder am Modell des Platonischen Demiurgen, so VAN DEN BERG 2005, 101–115, ist auf Marinos' *VPr.* kaum anwendbar, da Proklos' politisches Engagement nicht aus einer (politischen) Führungsposition heraus, auf der großen politischen Bühne stattfindet, sondern eher über persönliche Bezie-

	hungen, Spenden und freundschaftliche Netzwerke erfolgt. FOWDEN 2005, 152, interpretiert Proklos' politisches Engagement als ‚working behind the scenes'; vgl. VAN DEN BERG 2005, 111; vgl. BALTZLY 2017, 258–275, v.a. 272 und den Beitrag von SCHORN in diesem Band.
140	So hier πολιτεύεσθαι. Das geordnete Verhalten und Auftreten Studierender in der städtischen Öffentlichkeit war offenbar nicht selbstverständlich. Zu studentischen Fehden siehe Libanios, *or.* 1,16–22, v.a. 19, vgl. *or.* 1,85; siehe auch BECKER 2013, 422–424.
141	Proklos als Musterbild oder ideale Verkörperung einer weiteren politischen Tugend, der Besonnenheit (σωφροσύνη). Der erst spätantike Begriff προτύπωμα macht hier, ähnlich wie τύπος (z.b. Syrianos als für Proklos, Procl. *In Parm.* I 618,6f.) oder παράδειγμα (z.b. Damaskios über Sarapion, *Vita Isidori* = *Philos. Hist.* fr. 287 p. 231,9–12 ZINTZEN = fr. 111,35 ATHANASSIADI; weitere Belege bei SAFFREY / SEGONDS / LUNA 2002, 116 Anm. 1), die gleichsam archetypische Idealität des Proklos als Lehrer gegenüber seinen Schülern deutlich und verweist mit dieser an Platons Ideenlehre (z.B. *rep.* 592b2) erinnernden Formulierung implizit auf die göttliche Qualität dieses Lehrers und Vorbildes.
142	Die dritte hier genannte politische Tugend des Proklos, Tapferkeit (ἀνδρεία), wird mit der des mythischen Herakles verglichen, der in seinen Heldentaten faktische Tatkraft, Entschlossenheit und stete Standhaftigkeit trotz extremer äußerer Widrigkeiten und Mühen demonstriert. Zur philosophischen Funktionalisierung des Herakles seit den Kynikern und Stoikern siehe G. K. GALINSKY, *The Herakles Theme. The Adaptions of the Hero in Literature from Homer to the Twentieth Century* (Oxford 1972), hier: 167–184. Zum tugendhaften Herakles als Chiffre für einen gottgesandten Helfer für die Menschen seit dem 4. Jh. n. Chr. siehe z.B. Them. *or.* 20,239d–240b, dazu STENGER 2009, 236f., siehe weitere Belege bei BECKER 2013, 255.
143	Mit dem Sturm und dem (eigentlich dreifachen) ‚Wogenschwall' sowie den (siehe die nächste Anm.) sogleich genannten ‚Winden' evoziert Marinos die Assoziation eines Seesturms, wie ihn in den antiken Epen seit Homers Odysseus alle epischen Helden durchstehen müssen, siehe dazu z.B. W. H. FRIEDRICH, „Episches Unwetter", in: *Festschrift Bruno Snell zum 60. Geburtstag am 18. Juni 1956 von Freunden und Schülern überreicht* (München 1956) 77–87; E. BURCK, *Unwetterszenen bei den flavischen Epikern* (Mainz 1978), v.a. 5–9. Marinos stilisiert Proklos aber nicht nur als episch-mythischen, sondern zugleich als philosopisch-platonischen Helden, indem er mit der Wendung τρικυμία (πραγμάτων) auf die entsprechende Metaphorik des platonischen Sokrates verweist (*rep.* V 472a3f.). In dem durch das Seesturmbild eingeleiteten Abschnitt bedient sich Marinos zahlreicher, nicht selten bereits bei Platon verwendeter Begriffe und Bilder, mit denen er als sog. ‚code phrases' (so seit CAMERON 1969, 15) auf die zeitgenössischen

	Christen und deren gegen Proklos gerichtete Aktivitäten verweist: So dient etwa hier πράγματα (über die Anlehnung an Plat. *leg.* 660c hinaus) als Codewort zur Beschreibung der durch Christen entstandenen politischen Schwierigkeiten für Proklos. Die Wendung wird (aber ohne Untertöne) von Proklos selbst in seinen Schriften verwendet, z.B. *In Remp.* I p. 18,1; *De decem dub.* § 34,13. Zur weiteren metaphorischen Verwendung des Ausdrucks siehe SAFFREY / SEGONDS / LUNA 2002, 116f. Anm. 2. Zu den für die Christen benutzten ‚code phrases' siehe SAFFREY 1975, 556; HOFFMANN 2012.
144	Die ‚Typhonischen Winde' sind in der griechischen Mythologie schreckliche, verheerende Winde und Stürme, die von Typhon (auch Typhoeus oder Typhaon), einem grausigen, von Gaia und Tartaros abstammenden Mischwesen mit Drachenköpfen verursacht werden (Hes. *Th.* 869–880). Bei Hesiod wird Typhon nach dem Titanenkampf als Gegenherrscher zu Zeus aufgestellt (Hes. *Th.* 820–880). Falls Marinos mit seiner Formulierung auf diesen alten mythischen Konflikt anspielt, projiziert er ihn auf das Verhältnis zwischen der hellenischen Religion, deren höchster Gott Zeus ist, und den Christen; dann wäre Typhon – aus paganer Sicht – das christliche Gegenstück zu Zeus, freilich als entartete Monstervariante eines Gottes. Möglicherweise dient ihm die Wendung der ‚Typhonischen Winde' auch nur als rhetorisierter Ausdruck einer gewaltigen und starken Gegenmacht – der Christen –, die Proklos zu spüren bekommt. Als ähnlich gefährlich (Τυφώνειος, καὶ Τυφῶνος ἔτι πολυπλοκώτερον θηρίον) beschreibt der Platoniker Damaskios (*Vita Isidori* = *Philos. Hist.* fr. 112 A) den paganen Politiker Pamprepius, dazu ATHANASSIADI 1999, 269 Anm. 301; ebd. 24–29. Hermeias beschreibt in seinem Kommentar zu Platons *Phaidon* Typhon als Inbegriff des Ungeordneten, des Chaos schlechthin, dazu BERNARD 1997, 116 mit Anm. 133 zu *Phd.* 230a3.
145	Mit ἔννομος ζωή ist hier aus Sicht des Marinos das Leben nach dem alten Nomos, also den althergebrachten, etablierten kulturellen und religiösen Bräuchen, Normen und Gesetzen, kurz: der traditionellen Lebensweise der paganen Griechen resp. Hellenes und somit auch das der platonischen Philosophen gemeint. Für Proklos besteht die Gefahr also darin, dass er nicht mehr nach seiner Ordnung und den Regeln seiner Religion leben kann; zu ἔννομος siehe Plat. *leg.* XI 921c1f und Ps.–Plat. *def.* 413e11; vgl. bereits Libanios zur Beschreibung der nicht nach dem richtigen Nomos lebenden Christen, etwa *or.* 18,275 οἱ ξῶντες οὐ κατὰ τοὺς νόμους, die so als Feinde des Römischen Reiches kenntlich werden, dazu NESSELRATH 2010, 50 und NESSELRATH 2012, 67. Allerdings lässt sich die Junktur ἔννομος ζωή vorwiegend bei christlichen Autoren des 4. und 5. Jh. nachweisen (z.B. Theod. *In Psalmos* PG 80, col. 1856A; Ioh. Chrys. *In Psalmum* 118, PG 55, col. 696,14f., weitere Belege bei SAFFREY / SEGONDS / LUNA 2002, 117f. Anm. 4), die damit natürlich die christliche Lebensweise als normative

meinen. Marinos bedient sich also, vielleicht polemisch, dieser Junktur und nimmt eine Umsemantisierung im paganen Sinne vor. Siehe auch CHADWICK 2006, der die *Vita Procli* als programmatischen hellenischen Versuch wertet, die Philosophie des Proklos und ihn selbst vor christlicher Vereinnahmung (hier durch Ps.-Dionysios Areopagites) zu bewahren.

146 Bei der hier genannten Metapher der ‚Geiergiganten', mit der offenbar (vgl. τινῶν) ganz bestimmte Christen gemeint sind, handelt es sich um ein viel diskutiertes Hapax Legomenon, zur Diskussion siehe z.B. TARDIEU 1990, 14 Anm. 13 und SAFFREY / SEGONDS / LUNA 2002, 118f. Anm. 8. Die mythischen Giganten, die als wilde und aggressive Feinde der olympischen Götter agieren (z.B. Hes. *Th.* 50. 184–186; vgl. Hom. *Od.* VII 206), werden bereits von Libanios (z.B. Lib. *or.* 18,123; *epist.* 1119,1 und *epist.* 1518,5; auch *or.* 30,11f., dazu NESSELRATH 2010, 51; DERS. 2012, 68f.) und Eunapios (*vit. soph.* VI 11,1f., dazu BECKER 2013, 339 und der Beitrag von BECKER in diesem Band, S. 207 Anm. 37) rhetorisch wirkungsvoll für die Zerstörungswut und Besitzgier der Christen funktionalisiert, die mythische Gigantomachie als Kampf zwischen dem (rohen, unzivilisierten, freilich gefährlichen) Christentum und der hellenischen Religion und Kultur gedeutet; zu der auf die Christen bezogenen Gigantenmetaphorik bei Proklos und Damaskios siehe ATHANASSIADI 1993, 7. Möglicherweise erleichtern die am (wohl von der christlichen Kaiserin Eudokia) errichteten Palast auf der Agora in Athen dekorativ angebrachten Gigantenfiguren die Assoziation von Giganten und Christen, siehe FRANTZ 1988, 95–116; G. FOWDEN, „The Athenian Agora and the Progress of Christianity", *JRA* 3 (1990) 497f. Allerdings findet sich dasselbe Deutungsmuster auch umgekehrt, wenn etwa Eusebios aus christlicher Sicht innere und äußere Gegner als ‚Giganten' bezeichnet, z.B. Eus. *Vita Const.* I 5,1; *laud. Const.* 9,8 HEIKEL. Bei Libanios (*or.* 30,11–12) werden hab- und geldgierige Mönche als ‚Geier' beschrieben, dazu WALLRAFF 2011, 172–174; SCHORN, Beitrag in diesem Band, S. 367. Bei der hybriden Neukreation der ‚Geiergiganten' des Marinos handelt es sich um ein sog. kopulatives Kompositum, dazu ausführlicher O. MASSON, „Noms grecs du type Ἀρκολέων ‚Ours-lion'", in: DERS. (Hrsg.), *Onomastica Graeca Selecta* 2 (Paris 1990) 617–623, das auf der semantischen Ebene eine Synthese der Aggression unzivilisierter Giganten und der (offenbar sprichwörtlichen?) Habgier von Geiern meint, kurz: gefährliche, alptraumhafte Gewalttäter und Räuber beschreibt. Auch die ‚Geiergiganten' müssen im Kontext bei Marinos als Chiffre für bestimmte zeitgenössische Christen, vielleicht Mönche, gelesen werden, siehe HOFFMANN 2012. In diesen Kontext fügt sich die etwas später (*VPr.* § 23 Ende, s.u.) folgende Information, wonach Rufinos Proklos nach seiner Rückkehr aus Lydien viel Geld zur Verfügung stellt, das Proklos aber nicht annimmt. Proklos muss offenbar bei seiner Flucht aus

Athen (s.u. Anm. 148) einen Teil seines Vermögens verloren haben, was Rufinos nun zu kompensieren versucht. Diese Nachricht wiederum konvergiert mit einer bei Damaskios erhaltenen Nachricht (Damaskios, *Vita Isidori* = *Philos. Hist.* fr. 273 ZINTZEN = fr. 105A ATHANASSIADI), derzufolge Archiadas und sein Schwiegersohn Theagenes um die Mitte des 5. Jh. den Großteil ihres Vermögens verloren, den sie für die Durchführung des Großen Panathenäenzuges verwenden wollten. Zur Diskussion, ob diese bei Proklos und den anderen erkennbaren Vermögensverluste, bei Proklos sogar mit erzwungenem Auslandsaufenthalt in Lydien, in Verbindung zu bringen sind mit den für 467 in Athen postulierten (aber nicht nachweisbaren) Vandalen-Einfällen, siehe befürwortend FRANTZ 1988, 78f.; CASTRÉN 1994, 13 und DERS. 1999, 220, ablehnend dagegen DI BRANCO 2006, 132f. Anm. 114. 189 Anm. 50 und DERS. 2009, 315. Zum (wohl erheblichen) Vermögen der Athenischen Neuplatoniker siehe BRISSON 2008, 36–40. Aller Wahrscheinlichkeit nach spielt Marinos mit Proklos' Flucht aus Athen und dem dadurch bedingten Vermögensverlust auf entsprechende Aggressionen bestimmter hier als ‚Geiergiganten' maskierter Christen an, siehe auch den Beitrag von SCHORN in diesem Band, S. 367; vgl. spekulativ J. BARNES, *Proclus and Politics*, in: V. HARTE / M. LANE (eds.), *Politeia in Greek and Roman Philosophy* (Cambridge 2013) 168–187, hier: 177, der von einem ‚sabbatical' des politisch irrelevanten, zudem bei Christen verschuldeten Proklos in Lydien ausgeht.

147 Mit περίστασις als ‚schwieriger Lage' ist hier einmal mehr auf eine christliche Bedrohung angespielt, s.u. Anm. 188 und 214. Inhaltlich vergleichbar ist wohl die bei Damaskios (*Vita Isidori* = *Philos. Hist.* fr. 117B geschilderte Episode.

148 Dieselbe Phrase siehe bei Hdt. I 114,5, hier bei Marinos zur Andeutung der offenbar hastigen und überstürzten Flucht des Proklos aus Athen verwendet. Die Abreise des Proklos wird, m.E. wenig plausibel, als Verbannung verstanden bei LEPPIN 2002, 254f.

149 Mit ἡ περιφορὰ τοῦ παντός scheint so etwas wie ‚der Gang der Dinge' gemeint zu sein, vgl. dieselbe Vorstellung bei Procl. *Theol. Plat.* I 1 p. 6,10f.; der Ausdruck selbst ist allerdings aristotelisch, z.B. *De caelo* I 9,278b12.

150 Bei τὸ δαιμόνιον handelt es sich um einen der zahlreichen variierenden Ausdrücke für die göttliche(n) Macht/Mächte und Instanz(en), die Proklos' Schicksal an entscheidenden Stellen seines Lebensweges – dem Biographen Marinos zufolge – folgenreich lenken und leiten, siehe z.B. *VPr.* § 6,10f. und § 9,10f. (Athena erscheint ihm im Traum und ruft ihn zur Philosophie), ebd. § 7 (Telesphoros heilt ihn), ebd. § 10,9f. (alle Götter und Daimones der Philosophie geleiten ihn auf seiner Reise nach Athen); ebd. § 15,34 (Rückkehr aus Lydien durch Vorsehung der Göttin der Philosophie, Athena); vgl. auch § 6,5–8 (Athena als Ursache seiner Existenz).

151	Mit οἱ θεσμοί sind, wie bereits *VPr.* § 6,14 (dort mit Bezug auf die Göttin Athena), auch hier religiöse Satzungen und Kultpraktiken, freilich die in Lydien üblichen, gemeint. Siehe ausführlicher dazu SAFFREY / SEGONDS / LUNA 2002, 79 Anm. 12.
152	Hier handelt es sich um ein vor allem für Epikur und seine Schüler bekanntes Motto (z.B. Epikur, fr. 106 und 107 US. = fr. 98 ARR.²), das aber auch dem Pythagoras zugeschrieben und daher von späteren Platonikern adaptiert wurde (Kritik daran übt z.B. Plutarch in De *latenter vivendo*, dazu G. V. ROSKAM, *A Commentary on Plutarch's De latenter vivendo*, Leuven 2007, hier: 33 und 154f.); zur unterschiedlichen Nutzung und Funktionalisierung dieses Mottos siehe VAN DEN BERG 2005, 110. Marinos inszeniert den ins lydische Exil ‚abgetauchten' Proklos freilich als pythagoreischen Weisen par excellence, siehe FOWDEN 2005, 152–154. Proklos lebt in Lydien, also im Untergrund. Auch der Biograph Marinos selbst muß nach 486 n. Chr. eine Zeitlang nach Epidauros fliehen, da er (wohl ebenfalls durch Christen) an Leib und Leben bedroht ist (Damasc. *Vita Isidori* = *Philos. Hist.* fr. 101 C), siehe MILLER 2002, 75 mit Anm. 19, der allerdings offen läst, ob Marinos wegen Schwierigkeiten mit städtischen Autoritäten, wegen christlicher Übergriffe oder aufgrund schulinterner Spannungen ins Exil gehen musste; siehe auch Anm. 266.
153	Lydien ist seit der Provinzreform Diokletians im Jahr 297 n. Chr. wieder Provinz, allerdings eine recht kleine, da sie nur noch aus dem wenig erweiterten Hermos-Tal (heute: Gediz-Tal) besteht, dazu siehe H. Kaletsch, „Lydia", *DNP* 7 (1999) 542. Proklos erwähnt seinen einjährigen, durch gefährliche Umtriebe von Gegnern in Athen bedingten und erzwungenen Aufenthalt in Lydien im Proömium seiner Schrift *Hypotyposis astronomicarum positionum* (prooem. 4 MANITIUS). MANITIUS 1909 (ebd. p. 279f.) vermutet Sardes als Aufenthaltsort des Proklos in dieser Phase wegen des dort gepflegten Kybele-Kultes. Allerdings könnte Proklos' einjähriger Aufenthalt in Lydien auch in Zusammenhang mit seinem Freund Perikles und dort gegebenen Ressourcen und Kontakten stehen, siehe unten Anm. 260.
154	Die hier genannte ‚philosophische' Göttin ist natürlich Athena, die als göttliche Wirkmacht an entscheidenden Stellen der Biographie des Proklos von Marinos ins Spiel gebracht wird, siehe oben Anm. 150 und FESTUGIÈRE 1966.
155	Es handelt sich hier um ein fast wörtliches Zitat der *verba Socratis* aus Platons *Menon* 98a3f., wo dieser im Kontext seiner Ausführung über die ‚wahren Meinungen' (αἱ δόξαι αἱ ἀληθεῖς, ebd. 97e6–98a8) deutlich macht, das diese nur dann in der Seele beständig seien, wenn sie ‚durch die vernünftige Überlegung der Ursache' dort angebunden würden, was der (erfolgreichen) Anamnesis und somit einer Beschreibung beständigen Wissens entspricht. Zur Metaphorik des Fest- und Anbindens von Wissen bei Platon (v.a. im *Menon*) siehe M. ER-

LER, „To Hear the Right Thing and to Miss the Point: Plato's Implicit Poetics", in: A. N. MICHELINI (ed.), *Plato as Author*. *The Rhetoric of Philosophy* (Leiden / Boston 2003) 153–173, hier: 165f. Zur Verwendung der Festbinde-Metaphorik bei Proklos selbst, siehe z.B. Procl. *In Alc.* 4,25 oder *Theol. Plat.* I 2 p. 9,25, weitere Belege bei SAFFREY / SEGONDS / LUNA 2002, 120 Anm. 2.

156 In diesem Sinne lesen τὰ τῶν λογικῶν ἐπιτευμάτων als ,Redeübungen' auch SAFFREY / SEGONDS / LUNA 2002, 121 Anm. 6 mit weiteren Belegen.

157 Die Formulierung der Zuteilung an jeden einzelnen nach Verdienst spiegelt auch hier (vgl. oben § 14) die faktische Umsetzung und Verwirklichung der Gerechtigkeit durch Proklos im Sinne Platons wider, siehe z.B. Plat. *rep.* IV 433a1–b1 (τὸ τὰ αὑτοῦ πράττειν, ebd. 433a8).

158 Marinos deutet hier im Kontext der von Proklos geübten Kritik – auch an Beamten – dessen Jähzorn und Überehrgeiz als persönliche Züge an, die er jedoch als Symptome intensiven Engagements um ,die Tugend und das Gute' zu rechtfertigen und abzuschwächen versucht.

159 Hier verschmilzt Marinos zwei fast wörtliche Platon-Zitate (vgl. *rep.* VII 521c5 und *leg.* I 633d3) miteinander und demonstriert damit auf der sprachlichen Ebene die rasche Umwandlung, Verschmelzung und Aufhebung von Proklos' Jähzorn in Friedfertigkeit. Sein Zorn hält also nicht lange an, schmilzt schnell wie Wachs oder ist so schnell verschwunden, wie man eine Scherbe umdreht (zu dieser Redewendung, die schnellen Wandel ausdrückt, siehe ausführlicher SAFFREY / SEGONDS / LUNA 2002, 122 Anm. 13).

160 Der Begriff der συμπάθεια dient Marinos hier als leitmotivisches Bindeelement oder ,cliff hanger' mit Blick auf die unmittelbar anschließende, nächste Facette der politischen Tugenden des Proklos, seine Aufgeschlossenheit gegenüber anderen Menschen und sein Freundschaftsverhalten, seine Philantropie (ebd. § 17,1).

161 Hier verweist Marinos auf § 9,21–23 seiner *VPr.*, als sich der junge Proklos offenbar nicht mit der Tochter seines Lehrers Olympiodoros in Alexandria verloben will, s.o.

162 Mit αἴτιος τοῦ εἶναι greift Marinos eine in verschiedenen Schriften des Proklos verwendete Formulierung zur Bezeichnung entweder der Rolle des Demiurgen im Sinne der Vorsehung (z.B. Procl. *In Tim.* III p. 108,17f.) oder der Ursächlichkeit des Einen (z.B. *In Remp.* I p. 206,26; *Theol. Plat.* I 12 p. 58,14; *In Parm.* III 788,27); in *VPr.* § 6,7 ist die Göttin Athena als αἰτία von Proklos' Sein beschrieben, weitere Belege bei SAFFREY / SEGONDS / LUNA 2002, 123 Anm. 3. Marinos versucht, Proklos' grundlegende und existenziell wichtige Rolle für seine Freunde und deren Familien abzubilden. Proklos ist zwar nicht Vater eigener Kinder oder Familienoberhaupt, aber durch die Verwendung von Proklos' eigener Ausdrucksweise, mit der eine transzendente und

göttliche Ursache beschrieben wird, versucht Marinos, ihn als gleichsam göttlichen Akteur und Vater darzustellen.

163 Die Zugewandtheit des Proklos gegenüber Freunden und seine Philantropie zeigen sich nicht zuletzt in seinen Heilungserfolgen. Während Marinos hier 1) Gebet, 2) Beistand und Ärzte holen und 3) Druck auf Ärzte und eigenes Eingreifen für Proklos als eine Art generelles, häufig angewandtes Handlungsschema skizziert und Proklos' medizinische Fähigkeiten dabei auf's engste mit der (theurgischen) Wirksamkeit seiner religiösen Rituale amalgamiert, wird er einen nach diesem Schema ablaufenden konkreten Heilungserfolg im Fall der kranken Asklepigeneia d. J. ausführlicher schildern (*VPr.* § 29,15–19). Mit dieser Aktivität des Proklos leitet Marinos bereits über zu den (Heilungs-)Riten einbeziehenden kathartischen Tugenden des Proklos in *VPr.* 17. Siehe STENGER 2009, 54–69, vgl. 296–299 zu Medizin im Kontext des spätantiken paganen Bildungsideals.

164 In seinem Testament begünstigte Proklos offenbar auch ihm zugewandte Sklaven. Das ist mit Blick auf Testamente anderer Philosophen, von denen wir wissen, nicht ungewöhnlich, siehe z.B. das Platons (Diog. Laert. III 41–43, v.a. 42), das des Aristoteles (*Aristotelis privatorum scriptorum fragmenta* p. 40,23–25 PLEZIA), oder das Epikurs (Epic. § 21,10f. ARRIGHETTI); siehe ausführlicher GLUCKER 1978, 229–231; LYNCH 1972, 99–102; K. G. BRUNS, „Die Testamente der griechischen Philosophen", in: *Zeitschrift der Savigny Stiftung für Rechtsgeschichte, Romanische Abteilung 1* (1980) 1–52, weitere Literatur bei SAFFREY / SEGONDS / LUNA 2002, 124 Anm. 6.

165 Zu Archiadas s.o. Anm. 125 und als (Haupt-)Erbe des Proklos Anm. 137.

166 Die pythagoreische Form der hierarchiefreien, bedingungslosen Freundschaft war in der Antike offenbar sprichwörtlich, siehe z.B. bereits Plat. *Lysis* 207c10; *rep.* IV 424a1; Aristot. *eth. Nic.* VIII 11,1159b31; Cic. *De off.* I 16,21–51; zahlreiche weitere Belege bieten SAFFREY / SEGONDS / LUNA 2002, 124f. Anm. 8. Zu Proklos' engen menschlichen Beziehungen siehe auch O'MEARA in diesem Band.

167 Mit der ‚doppelten' Freundschaft zwischen Proklos und Archiadas ist entweder 1) die Freundschaft beider untereinander sowie die jeweils zu ihrem Lehrer Syrianos gemeint (so SAFFREY / SEGONDS / LUNA 2002, 125 Anm. 2) oder 2) auch nur die gegenseitige (und somit ‚doppelte') Freundschaft zwischen Proklos und Archiadas gemeint. Der Begriff δυοειδής findet sich bei Proklos häufig, z.B. *In Remp.* I p. 96,20; 133,22; *In Parm.* II 734,31; IV 901,11; viele Belege listen auf SAFFREY / SEGONDS / LUNA 2002, 125 Anm. 2.

168 Die politischen Tugenden sind demnach in gewisser Weise bereits zu den kathartischen Tugenden zu rechnen, haben aber nicht dieselbe, sondern eher präparatorische Qualität. Mit τὰ ἀνθρώπινα sind ganz platonisch nicht gewöhnliche menschliche Belange, sondern die Mög-

lichkeiten gemeint, bereits zu Lebzeiten im Körper die Angleichung an Gott anzustreben.

169 Die ‚Angleichung an Gott' (ὁμοίωσις θεῷ) ist das charakteristische Telos der Platoniker seit Platon, der dies in seinem Œuvre mehrfach, besonders prominent im *Theaitetos* (176b1), formulierte. Während bei Platon und bis in die Spätantike hinein, die Angleichung an Gott erst in der Transzendenz, nachdem sich die Seele beim Tod des Körpers von diesem befreit hat, vollendet werden kann, stilisiert Marinos in seiner *Vita Procli* seinen Protagonisten Proklos als platonischen Philosophen, der dieses Ziel bereits zu Lebzeiten, im Diesseits, im Körper, erreicht hat und beschriebt ihn somit als idealtypische Modellfigur. Ausführlicher siehe MÄNNLEIN-ROBERT 2013a, 99–111 und die Einleitung zu diesem Band, Kapitel 4 und 5.

170 Die hier mit χωρίζειν beschriebene Trennung meint die – im Kontext des Assimilierungsprozesses mit Ziel der Gottgleichheit seit Platon und dann auch im spirituellen Asketismus prominente – Trennung der Seele vom Körper und allen damit verbundenen Schwierigkeiten, Einschränkungen und Behinderungen der Seele, welche diese gewöhnlich im Körper (noch) hat. Die Katharsis der Seele besteht in ihrer Trennung vom Körper, so seit Plat. *Phaid.* 67c5–7. Nicht alle Tugenden haben Marinos zufolge denselben positiven Trennungseffekt für die Seele, allerdings scheinen die politischen Tugenden diesen Effekt vorzubereiten oder einzuleiten, der dann durch die kathartischen Tugenden erst maßgeblich befördert wird. Siehe auch SAFFREY / SEGONDS / LUNA 2002, 126 Anm. 7.

171 Die Zuordnung der politischen Tugenden zu den kathartischen Tugenden geht auf Plotin zurück (*Enn.* I 2 [19] 3), der im ganzen Passus hier deutlich anklingt. Ausführlicher zum Textvergleich ist HENRY 1938, 231–234.

172 Beim ‚wahrhaften Senkblei der Geburt' handelt es sich um ein Zitat aus Platons *Politeia* (*rep.* VII 519a9–b1), das die dem Menschen von Geburt an eignende körperliche φύσις (negativ) beschreibt, bei der ‚Flucht weg vom Leben hier' um ein Zitat aus Platons *Theaiteos* (176a8–b1), wo Sokrates die intendierte Angleichung an Gott als ‚Flucht' beschreibt, ein Passus, der freilich von Plotin wegen des Fluchtaspektes nachdrücklich akzentuiert wird (*Enn.* I 2 [19] 3,6).

173 Bei sämtlichen hier im Passus genannten Ritualen der Reinigung, seien sie orphisch (vgl. z.B. fr. 291f. KERN) oder chaldäisch (vgl. z.B. *Oracula Chaldaica* fr. 133), handelt es sich um theurgische Rituale, welche über eine materiell-stoffliche Reinigung des Körpers symbolisch die Reinigung der Seele und somit deren Trennung herbeizuführen versuchen. Weitere Belege siehe bei SAFFREY / SEGONDS / LUNA 2002, 127f. Anm. 4–7; ausführlicher siehe H. D. SAFFREY, „La théurgie comme pénétration d'éléments extrarationnels dans la philosophie grecque tardive", in: DERS., *Wissenschaftliche und außerwissenschaftliche Ra-*

tionalität. Referate und Texte des 4. Internationalen Humanistischen Symposiums 1978 (Athen 1981) 153–169; zur korrekten Performanz dieser Rituale siehe VAN DEN BERG 2017, 233–236.

174 Es handelt sich hier um einen fast wörtlichen Anklang an Plot. I 2 [19] 5,7–9 und 17f., wo es im Kontext seiner Beschäftigung mit der Platonischen ‚Angleichung an Gott' auch um den für einen Philosophen richtigen Umgang mit körperlichen Bedürfnissen wie Essen und Trinken geht. Plotins extreme Haltung bei der Reduktion körperlicher Genüsse und Bedürfnisse, wird von seinem Biographen Porphyrios bereits im ersten Satz der *Vita Plotini* deutlich, wo Plotin eingeführt wird als Philosoph, ‚der sich schämt, im Körper zu sein' (*Vita Plot.* c. 1,1f.: Πλωτῖνος ... ἐῴκει μὲν αἰσχυνομένῳ ὅτι ἐν σώματι εἴη), und deshalb auch kein Bild von sich anfertigen lassen möchte, ausführlicher dazu siehe PEPIN 1992; und M. D. GRMEK, „Les maladies et la mort de Plotin", in: L. BRISSON ET AL. (edd.), *La Vie de Plotin II. Études et introduction, texte grec et traduction française, commentaire, notes complémentaires, bibliographie. Préf. de Jean Pépin* (Paris 1992) 335–353. Auch Proklos pflegt eine ausgesprochen asketische Lebensweise.

175 Mit ὁσίας χάριν ist die richtige, respektvolle Haltung eines Menschen gegenüber einem religiösen Ritual beschrieben, siehe auch SAFFREY / SEGONDS / LUNA 2002, 129 Anm. 12. Obgleich sich Proklos gewöhnlich vegetarisch ernährt, isst er, wie die Pythagoreer, vom Fleisch geopferter Tiere, wie es das alte Ritual erfordert, siehe Iambl. *de myst.* V 1–4; W. BURKERT, *Lore and Science in Ancient Pythagoreanism* (Cambridge, Mass. 1972) 182f.

176 Der ganze Passus τὰς δὲ – ἥγνευε (*VPr.* § 19,1–9) findet sich auch in der Suda s.v. Μητρῳακαί p. 391,26–28 ADLER III. Die hier von Marinos für die Römer und die Phryger erwähnten, von Proklos gepflegten und beachteten καστεῖαι sind der Wortbildung nach ein Hapax Legomenon, das nach dem lateinischen Adjektiv *castus* (‚rein') gebildet wird; dazu siehe MASULLO 1980, 120f. Gemeint sind hier festgelegte Karenz– oder Fastentage zu Ehren der Magna Mater, dazu siehe Sallust. *De diis* 4,10,7 (zu den νηστεία); ausführlicher siehe R. ARBESMANN, „Fasttage", *RAC* VII (1969) 506; H. GRAILLOT, *Le culte de Cybèle, Mère des dieux, à Rome et dans l'Empire romain* (Paris 1912) 119f.; M. J. VERMASEREN, *Corpus cultus Cybelae Attidisque. 7 vols.* (Leiden 1977-1987); ferner HOSE 2008, 172; siehe auch SAFFREY / SEGONDS / LUNA 2002, 129 Anm. 129f.

177 Es handelt sich dabei um die aus Ägypten übernommenen und durch Mythen ursprünglich begründeten, bei den Römern und im römischen Reich beachteten, als *dies aegyptiaci* bezeichneten ‚verbotenen' oder Unglücks-Tage, an denen von Unternehmungen abgeraten wurde. Die Beachtung des religiösen Kalenders spielt in der Antike eine erhebliche Rolle im täglichen Leben. Ausführlich und mit reichen Literaturangaben siehe E. BRUNNER-TRAUT, „Mythos im Alltag. Zum

Loskalender im alten Ägypten", *Antaios* 12 (1971) 332–347; zu entsprechenden Unglückstagen in Athen siehe z.B. J. D. MIKALSON, „Ἡμέρα ἀποφράς", *AJPh* 96 (1975) 19–27; mit weiteren antiken Belegen und Literatur siehe auch SAFFREY / SEGONDS / LUNA 2002, 130 Anm. 2.

178 Diese allgemeine Schilderung der Religiosität des Proklos und seiner kultischen Verehrung der Noumenia konvergiert genau mit der in *VPr.* § 11 (s.u. Anm. 112–117) beschriebenen Szene, als der junge Proklos, noch neu in Athen, vor Syrianos und Lachares eben diese Verehrung der Mondgöttin demonstriert.

179 Zu Proklos' Hymnen auf unterschiedlichste Götter unterschiedlicher Provenienz sowie deren Sitz in Proklos' Leben siehe G. ZUNTZ, *Griechische philosophische Hymnen* (Tübingen 2005), hier: 105–108, auch U. v. WILAMOWITZ-MOELLENDORFF, *Die Hymnen des Proklos und Synesios (Sitzungsberichte der Preußischen Akademie der Wissenschaften)* (Berlin 1907) 272–295 (= DERS., *Kleine Schriften II* [Berlin 1941] 163–191, v.a. 168). Zeugnisse für ein *opus hymnorum* des Proklos, das uns nicht überliefert ist (zum überlieferten siehe VAN DEN BERG 2001) bieten z.B. Joh. Lydus, *De mensibus* II 6 p. 23,9–12; Olympiodor. *In Alc.* p. 3,60–62; DERS., *In Phaed.* I § 5,14–16, siehe auch SAFFREY / SEGONDS / LUNA 2002, 131 Anm. 7.

180 Marna(s) ist ein seit Kaiser Hadrian auch baulich in Gaza nachweisbarer, indigener semitischer Gott. Sein in Gaza zentral gelegenes Heiligtum, das Marneum, war lange Zeit für das kultische, gesellschaftliche und politische Selbstverständnis der städtischen Eliten in Gaza elementar. Das Marneum wird von Hieronymus sogar als genau so bedeutend wie das Serapeion in Alexandria genannt (Hier. *epist.* 107 *ad Laetam,* p. 292 HILBERG, DERS. *In Es.* 7,17,2f., p. 268 ADRIAEN), dazu J. HAHN, *Gewalt und religiöser Konflikt. Studien zu den Auseinandersetzungen zwischen Christen, Heiden und Juden im Osten des Römischen Reiches (von Konstantin bis Theódosius II.)* (Berlin 2004), hier: 201. Zu Beginn des 5. Jh. n. Chr. wurde das Marneum von Christen zerstört, siehe Marc. Diacon. *Vita Porph. episc. Gaz.* c. 64 GRÉGOIRE / KUGENER, zum Marneion in Gaza siehe z.B. ebd. c. 19, siehe H. GRÉGOIRE / M.-A. KUGENER, *Marc le diacre. Vie de Porphyre évêque de Gaza. Texte établi, traduit et commenté* (Paris 1930), hier: XLVII–LIV; ATHANASSIADI 1993, 7f. mit Anm. 36. Stephanus von Byzanz bezeugt die Identität des Marnas aus Gaza mit Zeus Kretaios, siehe Steph. Byz. (ed. WESTERMANN 1839) p. 87,8–10 und DERS. (ed. MEINEKE 1849/1958) p. 194,4–6. Weiteres bei K. PREISENDANZ, „Marna, Marnas", in: *RE* XIV 2 (1930) 1988–1906; C. A. M. GLUCKER, *The City of Gaza in the Roman and Byzantine Periods* (Oxford 1987) 22. 48f.; G. MUSSIES, „Marnas God of Gaza", *ANRW II* 18.4 (1990) 2412–2457, v.a. 2414f.; auch SAFFREY / SEGONDS / LUNA 2002, 132 Anm. 9. Wie M. DENNERT, „Marnas (2)", *LIMC* 8, 1 (1997) 807f. zeigt, beschränkt sich der Kult für Marna(s) fast ganz auf Gaza. Proklos bezieht seine religiöse Sorge also auch auf einen semitischen

Lokalgott wie Marnas, dessen zentrales Heiligtum bereits seit geraumer Zeit zerstört ist. Damit demonstriert Marinos, dass Proklos den Kult auch solcher alter, lokaler Gottheiten (vgl. ebenso Asklepios Leontouchos, siehe die nächste Anm.) weiterpflegt und am Leben erhält. Denkbar wäre, dass ihm ein solcher Gott mitsamt seinem Kult durch Marinos selbst vermittelt worden ist, der aus dem Gaza nicht weit entfernten Flavia Neapolis (heute Nablus) stammt, s. Einleitung S. 5.

181 Ἀσκλήπιος Λεοντοῦχος (Asklepios der Löwenhalter) ist ein vor allem im phönizischen Askalon verehrter, ursprünglich orientalischer (siehe E. LIPIŃSKI, *Dieux et déesses de l'univers phénicien et punique* [Leuven 1995]), von den Griechen mit Asklepios identifizierter Gott. Sein Heiligtum in Askalon bestand bis ins 6. Jh. n. Chr., so (leider ohne Belege) F. STEGER, *Asklepiosmedizin. Medizinischer Alltag in der römischen Kaiserzeit* (Stuttgart 2004), hier: 104; G. FINKIELSZTEJN, „Asklepios Leontoukhos et le mythe de la coupe de Césarée maritime", *Revue Bibilique* 93 (1986), 419–428, v.a. 427f., der den ‚Asklepios Löwenhalter' als erst in der Spätantike beliebten ‚Bezwinger oder Bändiger des Wilden und Gefährlichen' interpretiert; zur Problematik um das Epitheton Λεοντοῦχος siehe ausführlich SAFFREY / SEGONDS / LUNA 2002, 132 Anm. 10. Der Hymnos des Proklos auf Asklepios Leontouchos, auf den Marinos hier anspielt, ist nicht erhalten.

182 Der arabische Gott Thyandrites kann in Haran nachgewiesen werden, siehe R. DONCEEL / M. SARTRE, „Théandrios, dieu de Canatha", in: E. DABROWA (Hrsg.), *Donum amicitiae* [Krakau 1997] 21–34 (= *Electrum* 1 [1997] 21–34); zur Umwidmung seines Tempel in Ezra in eine Kirche siehe *OGIS* 610 und ATHANASSIADI 1993, 7f. mit Anm. 37, weitere Literaturangaben bei SAFFREY / SEGONDS / LUNA 2002, 132f. Anm. 11.

183 Das auf der Nilinsel Philae gelegene ägyptische Pilger-Heiligtum der Isis wird mit Duldung der römischen Herrscher als einziger nichtchristlicher Kultort in Ägypten noch bis ins 6. Jh. n. Chr. hinein von Gläubigen und Wallfahrern frequentiert und bei Marinos zum Zeitpunkt der Abfassung seiner *VPr.* (also 486 n. Chr.) als noch lebendiger Kultort kenntlich. Dieser wird erst im 6. Jh. nach und nach in eine Kirche (St. Stephan) transformiert, dazu I. RUTHERFORD, „Island of the Extremity: Space, Language, and Power in the Pilgrimage Traditions of Philae", in: D. FRANKFURTER (Hrsg.), *Pilgrimage and Holy Space in Late Antique Egypt* (Leiden 1998) 221–256; LEE 2000, 139–142; J. HAHN, „Die Zerstörung der Kulte von Philae", in: J. HAHN / S. EMMEL / U. Gotter (Hrsgg.), *From Temple to Church. Destruction and Renewal of Local Cultic Topography in Late Antiquity* (Leiden / Boston 2008) 203–242; J. H. F. DIJKSTRA, *Philae and the End of Ancient Egyptian Religion: A Regional Study of Religious Transformation (298–642 CE)* (Leuven / Paris / Dudley, MA 2008), hier: 125–218; J. H. F. DIJKSTRA, „The Fate of the Temples in Late Antique Egypt", in: L. LAVAN / M. MULRYAN (Hrsgg.), *The Archaeology of Late Antique ‚Paganism'* (Leiden / Boston 2011) 389–436,

hier v.a. 421–430; zu den Beziehungen zwischen den der Isis-Religion aufgeschlossenen hellenisch-philosophischen Eliten in Athen und Ägypten siehe G. FOWDEN, *The Egyptian Hermes. A Historical Approach to the Late Pagan Mind* (Cambridge 1986) 65; weitere Literaturangaben bei SAFFREY / SEGONDS / LUNA 2002, 133 Anm. 12.

184 Wie Marinos deutlich macht, muss Proklos zufolge ein Philosoph τοῦ ὅλου κόσμου ἱεροφάντης sein. Es handelt sich dabei – zumindest bei ἱεροφάντης – eine auf Proklos selbst zurückgehende Formulierung, die Marinos hier zitiert. Ein Hierophant ist jemand, der kraft seines tiefen religiösen Wissens auf etwas Unsichtbares, auf Mysteriengeschehen oder -wissen verweisen kann (vgl. auch Plotin über Porphyrios als Hierophant in Porph. *Vita Plot.* c. 15,5f.; siehe auch Porph. *De abst.* II,49,1). Proklos selbst gilt sein Lehrer Syrianos als Hierophant, weil er die dunkel-geheimnisvollen Passagen in Platons *Parmenides* vermitteln konnte: Procl. *In Parm.* Proöm. I 618,1–13, v.a. 8, siehe dazu den Kommentar Anm. 10 LUNA / SEGONDS 2007, 170 Anm. 10 und STEEL 2011, 631; auch Prokl. *Remp.* I p. 71,24. Mit Blick darauf, dass für die neuplatonischen Philosophen die religiösen wie theologischen Vorstellungen aller bekannten lokalen Götter und Kulte als plurale Ausdrucksformen einer einzigen universellen Wahrheit des Göttlichen zuzurechnen sind und dass sich die (pagane) religiöse Praxis eines führenden Platonikers wie Proklos als integrativ erweist, erscheint der Ausdruck ‚Hierophant des ganzen Kosmos' nicht überraschend, siehe VAN DEN BERG 2001, 29–31, allgemeiner auch LEPPIN 2002, 256. Siehe auch TANASEANU-DÖBLER 2013, *passim* und DIES. 2012, 355, die die Titulierung von Proklos als ‚Hierophant des ganzen Kosmos' als die für einen „Ritualexperten" versteht. Der von Marinos sicherlich im Sinne der hellenischen alten Religionen als universaler ‚Hierophant' beschriebene Proklos erscheint fast wie ein Bild oder eine Statue, so FOWDEN 2005, 154, oder vielmehr sogar wie eine Ikone, zur Ikonizität von Philosophen als Leitbildern siehe BECKER 2013, 57–68 und 256. Siehe auch *AP* IX 197, wo der Philosoph Proklos als ‚beseeltes Bild' (βρέτας ἔμπνοον) und somit gleichsam als Ikone gefeiert wird. Da die Akzeptanz der alten Kulte verschwindet, versucht Proklos offenbar, so viel wie möglich davon durch religiöse Praxis zu erhalten und wird so selbst zu einer Art ‚Verkörperung' der alten Religion, so mit FOWDEN 2005, 157. Zur Intention des Proklos als Theurgen, selbst den Status eines heligen Bildes, einer Ikone, eines Götterbildes zu erlangen, siehe Proklos, Περὶ τῆς καθ' Ἕλληνας ἱερατικῆς τέχνης = CMAG 69 (1928) p. 150,17 BIDEZ, dazu REDONDO 2016, 189.

185 Mit dem ‚Besten in ihm' ist die Seele des Proklos, genauer wohl sein unsterblicher, vernünftiger Seelenteil gemeint. Marinos weicht mit diesem Zusatz vom fast wörtlich zitierten Plotintext ab (siehe die nächste Anm.).

186	Es handelt sich hier um ein freies Zitat von Plotin I 2 [19] 5,9–11, wo Plotin nach der Katharsis auf die Angleichung an Gott und die für die Seele dafür nötigen Eigenschaften, darunter auch den Umgang mit körperlichem Schmerz, zu sprechen kommt. Die vielfach frappierenden Übereinstimmungen und Anklänge an Plotin bei Marinos untersucht ausführlicher HENRY 1938, hier: 233.
187	Proklos lässt sich, wenn er krank ist und Schmerzen hat, von seinen Schülern Hymnen vorsingen, was ihm völlige Schmerzfreiheit verschafft. Marinos scheint mit dieser Information eine über den sterbenden Platon kursierende Anekdote aufzugreifen und zu überbieten: Denn diesen soll (überliefert durch Philodem, Text bei K. GAISER, *Philodems Academica. Die Berichte über Platon und die Alte Akademie in zwei herkulanensischen Papyri* (Stuttgart / Bad Cannstatt 1988) 176–180 zur Senkung des Fiebers ein Chaldäer ‚besungen' (ἐπῳδεῖν) haben, den aber Platon wegen eines rhythmischen Fehlers kritisierte, dazu auch I. MÄNNLEIN-ROBERT, „Griechische Philosophen in Indien? Reisewege zur Weisheit", in: *Gymnasium* 116 (2009) 331–357, hier: 353; Gesang resp. Zauberliedsingen als therapeutische Maßnahme bei Krankheit und Schmerz ist im griechischen Volksglauben alt und verbreitet, gilt spätestens seit Iamblich zugleich als pythagoreisch, siehe z.B. *Vita Pyth.* § 110 p. 63,14–16; § 164 p. 92,18–20; § 244 p. 131,11f., siehe L. EDELSTEIN, „Greek Medicine in its Relation to Religion and Magic", *Bulletin of the Institute of the History of Medicine* 5 (1937) 210–246; G. STAAB, „Pythagoras und der frühe Pythagoreismus", in: L. SORGNER / M. SCHRAMM (Hrsgg.), *Musik in der antiken Philosophie. Eine Einführung* (Würzburg 2010) 103–122, hier: 115f. Wie der sterbende Platon noch einen musikalischen Fehler in der Darbietung des Chaldäers zu korrigieren vermag, so ist auch der kranke Proklos imstande, angefangene Hymnen und orphische Gedichte aus dem Gedächtnis zu ergänzen.
188	Mit den τὰ ἔξωθεν περιστατικῶς spielt Marinos hier nicht nur auf den stoischen gelassenen Umgang mit von außen kommenden, zu den indifferenten Adiaphora gehörenden Widrigkeiten an (so z.B. bei Epict. *Ench.* 8 oder M. Aur. X 21 p. 202,17–19 FARQUHARSON), sondern verweist mit περιστατικῶς wohl erneut (siehe bereits in *VPr.* § 125 und 23 περίστασις, s.u. Anm. 147 und 214) auf die durch christliche Zeitgenossen des Proklos sich ergebenden Probleme und Schwierigkeiten.
189	Im Folgenden sind wieder (s.o.) wörtliche Anklänge an denselben Passus in Plotins Περὶ ἀρετῶν gegeben, auf den Marinos als engen Vorlagentext für seine eigene Darstellung von Proklos' kathartischen Tugenden zurückgreift, hier Plot. I 2 [19] 5,11–14.
190	Nach Proklos' vollständiger Beherrschung sinnlicher Zudringlichkeiten und Bedürfnisse beschreibt Marinos hier die Beherrschung sexueller Wünsche seines Protagonisten, die sich allenfalls in dessen Phantasia arikulieren und somit nicht zur körperlichen Realisierung gelangen. Die hier erkennbare Modellierung des Proklos nach den philoso-

	phischen Vorgaben des Plotin (vgl. Plot. I 2 [19] 5,18–21; siehe auch Porph. *Sent.* 32 p. 24–26) konvergiert eng mit Marinos' textueller Anlehnung an diese beiden Texte, siehe dazu ausführlicher HENRY 1938, hier: 233.
191	Dieselbe Phrase (τὰ ἐνδεχόμενα καὶ ἄλλως) siehe auch bei Aristot. *eth. Nic.* 1134b31. An dieser Stelle wird deutlich, wie sehr die von Marinos für Proklos geschilderten kathartischen Tugenden als höhere Entsprechungen zu den politischen Tugenden zu verstehen sind. Mit φρονεῖν ist hier im Kontext der kathartischen Tugenden das höherrangige Äquivalent (vgl. οὐκέτι οἷον τὸ πολιτικόν) zur σοφία, das reine νοεῖν, gegeben (vgl. ebenso SAFFREY / SEGONDS / LUNA 2002, 139 Anm. 4), vgl. im Folgenden (*VPr.* § 21,5–15) τὸ σωφρονεῖν, und ἀνδρίζεσθαι, die am Ende des Passus in der καθαρτικὴ δικαιοσύνη des Proklos gipfeln.
192	Das ganze Kapitel 21 der *VPr.* ist eng angelehnt an Plot. I 2 [19] 3,13–19, siehe HENRY 1938, hier: 232; SAFFREY / SEGONDS / LUNA 2002, 138 Anm. 4 verweisen zusätzlich auf Plotin I 2 [19] 6,23–27.
193	Bei ἀλύπως καὶ εὐηνίως handelt es sich um ein wörtliches Zitat aus Platons *Sophistes* (217d1).
194	Der Begriff ναρθηκοφόροι stammt aus Platons *Phaidon* (69c8–d1). Der Thyrsosstab, ein Stab des Riesenfenchels (Eur. *Bakchen* 251. 706), umwickelt mit Binden und Efeu und gekrönt von Efeu oder einem Pinienzapfen, wird im Mythos v.a. von Dionysos, Mänaden oder Satyrn getragen und ist überdies das kultische Attribut der Mitglieder eines Thiasos. Mit den ‚Thyrsosstabträgern' bereits bei Platon und hier bei Marinos sind Uneingeweihte gemeint, die bislang nur die für eine mystische resp. bakchische Weihe nötige Requisite in der Hand tragen.
195	Auch hier liegt mit βακχεύειν eine deutliche Anspielung auf Platons *Phaidon* vor (69c8–d1), wo von den vielen Thyrsosträgern die kleine Anzahl wirklich ‚Begeisterter' unterschieden wird, vgl. auch Plat. *Phaidr.* 234d5: Marinos stellt seinen Protagonisten Proklos im Unterschied zu vielen anderen, die allein der äußeren Form des Rituals Genüge tun, als wahrhaft göttlich Begeisterten dar. Zugleich verwendet Marinos allem Anschein nach auch Proklos' Kommentar zum Platonischen *Parmenides* als Vorlage, wo dieser nämlich mit συμβακχεύσας (Zitat aus *Phaidr.* 234d5) auf die inspirierte, zu Platon kongeniale Interpretation des Syrianos anspielt, den er dort als τῶν θείων τούτων λόγων ὄντως ἱεροφάντης bezeichnet: Procl. *In Plat. Parm.* I 618,1–13, v.a. 5 und 7f.
196	Mit dem Begriff ὄψει schildert Marinos Proklos' Wissen um die Ideen als mittels einer (mystischen) ‚Schau', also der dritten und höchsten Stufe im Mysterienkult, erworben (vgl. αὐτόπτης, θεάματα, ebd. § 22, 8f.). Somit wird Proklos als ein in die höchsten religiösen Weihen vollständig Initiierter erkennbar, dem die Schau des Göttlichen, hier:

der im göttlichen Intellekt befindlichen Modelle (sc. der platonischen Ideen), freilich nicht mittels irrationaler Ekstase, sondern einfach mittels intellektueller Kraft (ἁπλαῖς ἐπιβολαῖς τῆς νοερᾶς ἐνεργείας, ebd. § 22,11f.), gelingt, dazu J. M. RIST, *Plotinus. The Road to Reality* (Cambridge 1967) 49–52; SAFFREY / SEGONDS / LUNA 2002, 138f. Anm. 3. Ähnlich auch Damasc. *In Phaed.* I § 165f.; Olympiod. *In Phaed.* 8 § 7. Die intellektuelle Schau und Erkenntnis des Proklos, wie hier von Marinos geschildert, erinnert an die Plotins (IV ([6] 1), nicht zuletzt in der Schilderung des Porphyrios, siehe Porph. *Vita Plot.* c. 22,34f.; 23,7–18. Zu Proklos als visionärem Philosophen siehe den Beitrag von DILLON in diesem Band.

197 Proklos beherscht also nicht nur die hellenische und die barbarische (nicht-griechische) Theologie, sondern nutzt offensichtlich, so Marinos, auch μυθικὰ πλάσματα (siehe z.B. Procl. *Theol. Plat.* I 4 p. 21,3f.; I 6 p. 28,19f.) als Träger philosophisch-religiösen Wissens, die es – allegorisch – zu entschlüsseln gilt. Mit Blick auf Proklos' erhaltenen Kommentar zu Platons Er-Mythos (*In Remp.* II p. 105,23–109,3; siehe A.-J. FESTUGIERE, *Proclus. Commentaire sur la République 3* [Paris 1970], hier: 47–52) trifft das auch zu, siehe LAMBERTON 1986, 97–103. 203–206 u.ö.; CÜRSGEN 2002, 5–11. 144–160. 172–211; H. TARRANT, „Literal and Deeper Meanings in Platonic Myths", in: C. COLLOBERT u. a. (Hrsgg.), *Plato and Myth* (Leiden 2012) 47–65, hier v.a.: 47–50.

198 Es handelt sich bei γόνιμον um einen Anklang an Platons *Theaitetos* (151e6; 157d3), siehe die folgende Anm.

199 Auch der Begriff ἀνεμιαῖος stammt aus denselben Passagen des Platonischen *Theaitetos* (151e6; 157d3, siehe die vorhergehende Anm.). Platons Sokrates formuliert dort den Kontrast zwischen ‚ergiebig' und ‚nichtig', auch Proklos selbst verwendet diese Formulierungen, Procl. *In Alc.* 155,26f, dazu SAFFREY / SEGONDS / LUNA 2002, 140 Anm. 10 und HELMIG in diesem Band, S. 305-308.

200 Zu Proklos' exegetischen, hier als πράξεις bezeichneten täglichen Vorlesungen, seinem extremen Fleiß und der Organisation seiner philosophischen Lehre siehe SCHISSEL 1926, 265–272; HOFFMANN 1998, 229f.

201 So ist hier προϊών übersetzt, vgl. SAFFREY / SEGONDS / LUNA 2002, 141f. Anm. 6.

202 Bei diesen abendlichen Sitzungen handelt es sich wohl weniger um Seminare ohne Textgrundlage, so SCHISSEL 1926, 268, sonden vielmehr um Seminarsitzungen ohne schriftlich fixierte Exegesen und Interpretationen, also rein mündlich vermittelte und daher ‚ungeschriebene' Lehre (hier: ἄγραφοι συνουσίαι). Zur platonischen Tradition dieser Form philosophischen Unterrichts siehe K. GAISER, *Platons ungeschriebene Lehre* (Stuttgart 1963) 534f., ausführlich und mit reichen Literaturangabe siehe SAFFREY / SEGONDS / LUNA 2002, 142 Anm. 7.

203	Dreimal am Tag verehrt der Philosoph Proklos die Sonne. Siehe auch MASULLO 1985, hier: 79. 554f. Für die Neuplatoniker, und so auch für Proklos, ist die Sonne eine (titanische) Gottheit, so Procl. *hymn. ad Hel.* 1,1, dazu SAFFREY 1984, v.a. 77, der auch auf Procl. *In Crat.* § 149, p. 84,22 verweist. Zugleich stellt die Sonne für Proklos die Instanz dar, welche die hyperkosmische Triade bedingt: Sie erhält ihr Licht vom Demiurgen und bildet selbst die vermittelnde Instanz zwischen göttlich-transzendenter und irdischer Sphäre, so Procl. *Theol. Plat.* VI 12,p. 56,1–65,3, siehe dazu VAN DEN BERG 2001, 147 und ausführlicher dazu den Beitrag von HELMIG in diesem Band. Überdies spielt die Sonnensymbolik und -verehrung (mit Besingung der Sonne am Morgen, Mittag, Abend) in Proklos' eigenem Theurgieverständnis eine elementare Rolle, siehe z.b. Proklos, Περὶ τῆς καθ' Ἕλληνας ἱερατικῆς τέχνης p. 150,9–12 BIDEZ; FARAGIANA DI SARZANA 1985, 239f.; REDONDO 2016, 188 Anm. 81. Zur traditionellen griechischen religiösen Gewohnheit, sich bei Sonnenaufgang und -untergang rituell auf den Boden zu werfen und so zu beten, siehe bereits Plat. *leg.* X 887e1–7, worauf bereits SAFFREY 1984, hier: 73 mit Anm. 3 verweist. Zur Diskussion, ob es in der genannten *Nomoi*-Passage spezifischer um die Anbetung der Sonne geht, siehe PULLEYN 1997, 157f. Vor Proklos sind bereits Apollonios von Tyana (Philostr. *Vita Apollonii* z.B. I 16; II 38; VI 10.32; VII 10; VII 31 KAYSER) und Julian Apostata (*hymn. ad Hel.*, dazu HOSE 2008, 163–171) als Sonnenverehrer bekannt. Proklos verfasste selbst einen (theurgisch zu kontextualisierenden) Hymnos auf Helios (Hymnus 1), dazu ausführlicher VAN DEN BERG 2001, 148–189; SAFFREY 1984; WALLRAFF 2001, v.a. 35–37.
204	Der ,Vater' als Urheber und Schöpfer ist in Platons *Timaios* bereits der die Welt schaffende Demiurg (*Tim.* 28c3–5), hier ist der Aspekt der (intellektuellen) Fruchtbarkeit des Philosophen Proklos betont. Zur gut platonischen Vater-Metaphorik im Platonismus der Kaiserzeit siehe F. FERRARI, „Gott als Vater und Schöpfer. Zur Rezeption von Timaios 28c3–5 bei einigen Platonikern", in: F. ALBRECHT / R. FELDMEIER (eds.), *The Divine Father. Religious and Philosophical Concepts of Divine Parenthood in Antiquity* (Leiden / Boston 2014) 57–69.
205	Es handelt sich hier um die Gruppe der hyperkosmischen Seelen, siehe Procl. *In Tim.* III p. 251,29–256, 21, ausführlicher dazu sind SAFFREY / SEGONDS / LUNA 2002, 143f. Anm. 10–12. Siehe auch den Beitrag von HELMIG in diesem Band.
206	Mit πραγματείαι sind bei Marinos (vgl. ebenso *VPr.* § 13,2; § 19,20f.; § 26,3) schriftliche Abhandlungen resp. Werke gemeint. Inhaltlich spielt Marinos vermutlich auf Procl. *El. Theol.* § 175. 184. 199 an.
207	Zu den Selbstkommentaren des Biographen Marinos, mit denen er sich in die Vita seines Lehrers und Vorgängers einschreibt, siehe URBANO 2013, hier: 311f., zum Phänomen an sich (und für Porph. *Vita Plotini*) auch MÄNNLEIN-ROBERT 2002, hier v.a. 596–602. Vermutlich

im Sinne einer rhetorischen Abbreviatur ist in § 23, 10f. die Formulierung ἐν τῷ παρόντι zu verstehen, auch wenn Marinos damit möglicherweise in einem weiteren Sinne auf die Bedrohung der Neuplatoniker, und hier konkret: der philosophischen Innovationen des Proklos, durch die Christen anspielen könnte, ἐν τῷ παρόντι und verwandte Formulierungen als entsprechende Codewörter gelten, siehe z.B. Procl. *In Alc.* 264,5; vgl. Damasc. *Vita Isid.* = *Philos. Hist.* fr. 36 p. 114,1; fr. 41 p. 124,6 Ath.; Olympiodor. *In Alc.* 22,14, als ‚code phrase' siehe Anm. 143.

208   Die Sokrateia und die Platoneia sind die feierlich begangenen Geburtstage von Sokrates und Platon. Die Sokrateia wurden am 6. Thargelion, die Platoneia in der akademischen und in der platonischen Tradition am 7. Thargelion festlich begangen, siehe Porph. *Philologos Akroasis*, wo die Feier der Platoneia bei Longin in Athen geschildert wird, überliefert bei Euseb. *PE* 10,3,1–25 MRAS I und Porph. *Vita Plot.* c. 2,40–43 und 15,1–16. Zu den Platoneia sowie den Apollon-Bezügen in diesem Kontext ist ausführlicher MÄNNLEIN-ROBERT 2001, 251–292, v.a. 257–260. Diese wohl in der alten Akademie wurzelnde Sitte (ebd.) hält sich bis Proklos, siehe Prokl. *In Plat. Remp.* I 69,23f., dazu SAFFREY / WESTERINK 1968, XIXf. weitere Literatur bei MÄNNLEIN-ROBERT 2001, 258 Anm. 28.

209   Dieser Satz ist mit Zitaten und Anklängen gespickt (siehe auch die folgenden Anm.): Mit οὐκ ἄνευ θείας ἐπιπνοίας zitiert Marinos fast wörtlich den Athener aus Platons *Nomoi* (*leg.* VII 811c8f.: dort οὐκ ἄνευ τινὸς θείας ἐπιπνοίας θεῶν), mit denen dieser das bisher Gesagte als göttlich inspiriert und als gleichsam poetisch beschreibt, vgl. auch Plat. *Phaidr.* 265b3; *Crat.* 399a1; *Tim.* 71c4. Zu Proklos' eigener hoher Bewertung der inspirierten Dichtung und deren mystischen Qualitäten siehe Procl. *In Remp.* 177,7–178, 5, dazu SHEPPARD 1980, hier: 162f. und 171–182. Zum Topos der göttlichen Inspiration siehe G. F. ELSE, *Plato and Aristotle on Poetry. Edited with an Introduction and Notes by P. Burian* (Chapel Hill / London 1986), hier: 47–59. Es ist anzunehmen, dass Marinos seinen Protagonisten Proklos in Anlehnung an Porphyrios' Selbstdarstellung schildert, als dieser im Rahmen der Platoneia in der Schule Plotins einen ἱερὸς γάμος vortrug und dafür das Lob Plotins für seine inspirierte (religions-)philosophische und zugleich rhetorische Rede erhielt (Porph. *Vita Plot.* c. 15,1–16). Proklos ist, das macht Marinus hier deutlich, ein ebenso inspirierter Platoneia-Redner wie Porphyrios.

210   Mit diesem Zitat aus Homers *Ilias* (III 222) stellt Marinos die Leichtigkeit und Mühelosigkeit der Proklischen Diktion und Rhetorik auf eine Stufe mit der des homerischen Odysseus. Mit Blick auf Porphyrios' Schilderung der durchaus fehlerhaften Rhetorik des Plotin (*Vita Plot.* c. 13) demonstriert Marinos hier einmal mehr die Perfektion seines Protagonisten Proklos auch in dieser Hinsicht.

211 Indem Marinos hier Platons *Nomoi* zitiert (*leg.* IV 711d6–e7), als der Athener den homerischen Helden Nestor und dessen Besonnenheit beim Reden lobt, kombiniert er die zuvor (siehe vorherige Anm.) herausgestellte Leichtigkeit im Reden, wie sie Odysseus (freilich skrupellos) verkörpert, mit der besonnenen Klugheit des Nestor, für die er sich auf die Autorität Platons, hier der *Nomoi*, stützt.

212 Die Identität des hier genannten Rufinos ist unklar, vermutlich handelt es sich um einen hohen kaiserlichen Verwaltungsfunktionär, Senator oder Gouverneur von Achaia, siehe *PLRE* II, s.v. „Rufinus (10)"; SAFFREY / SEGONDS / LUNA 2002, 28 Anm. 2.

213 Der Gewährsmann Rufinos, auf den sich Marinos beruft, bestätigt einen Nimbus um das Haupt des unterrichtenden Proklos herum, der im Kontext als göttlich inspiriert beschrieben worden war. Dieser Rufinos wird als absolut glaubwürdiger Zeuge geschildert. Die Göttlichkeit des Proklos, die bislang für seine Schüler nur hörbar oder anhand seiner Schriften kenntlich wurde, wird nun sogar optisch sichtbar, der Augenzeuge Rufinos, der den Nimbus des Proklos wahrgenommen hat, verehrt ihn danach wie einen Gott proskynetisch (vgl. oben Anm. 104; 113; 117). Zum Nimbus als Zeichen göttlicher Präsenz resp. Epiphanie bei charismatischen Lehrerfiguren siehe W. BEIERWALTES, *Lux intelligibilis. Untersuchungen zur Lichtmetaphysik der Griechen* (Diss. München 1957), hier: 21–23 und 102–104; zur philosophischen und metaphysischen Bedeutung und Relevanz von Licht in der Philosophie des Proklos siehe SIORVANES 1996, 241–244; zum göttlichen Licht, das den aktiven Theurgen umgibt, siehe unter Verweis auf Procl. *In Remp.* I 39,9–17; vgl. *In Tim.* I 211,24–28 jetzt REDONDO 2016, 174f. mit Anm. 36; allgemeiner ist M. COLLINET-GUÉRIN, *Histoire du nimbe des origines aux temps modernes* (Paris 1961); siehe den Beitrag von DILLON in diesem Band, S. 248f., der unterstreicht, dass Proklos als frommer Mann sowie als Gelehrter als gottgeliebter Mensch dargestellt ist. Der Nimbus des Protagonisten einer hagiographischen Darstellung ist zu Marinos' Zeit und nicht zuletzt im platonischen Milieu der Spätantike längst etabliert: Bereits Porphyrios schildert einen solchen Lichtschein um das Haupt seines Lehrers Plotin während des inspirierten Interpretierens und Philosophierens (Porph. *Vita Plot.* c. 13,5–10; 22,29), was für Marinos sicherlich der primäre Vorlagentext gewesen sein dürfte, dazu MÄNNLEIN–ROBERT 2002, 589 Anm. 41. Auch in den Philosophenviten des Eunapios finden sich solche Nimbus–Schilderungen, dazu BECKER 2013, 65f. 221, der sie als Widerspiegelung entsprechender seelischer Vorgänge, somit den körperlichen Glanz des Nimbus als Ausdrucksform seelischer Schönheit betont. Wohl bereits seit Porphyrios, in jedem Fall aber bei Marinos, ist in paganen hagiographischen Kontexten mit einem erklärt antichristlichen, hellenischen Konzept von Heiligkeit des Philosophen zu rechnen, das sich bildhaft im ‚Heiligenschein' des Philosophen abbil-

det, zumal auch in der christlichen Literatur und Kunst seit dem 4. Jh. der Nimbus als Signum der Göttlichkeit für christliche Protagonisten gesetzt wird. Zudem ist der Nimbus längst Signum der göttlich autorisierten Macht, da sich römische Kaiser in hellenistischer Tradition mit Helios assoziierten; zu den politischen Konnotationen des Nimbus siehe BERGMANN 1998, 4 und BERRENS 2004, 218–228.

214 Mit μετὰ τὴν περίστασιν ist eine Anspielung auf die Zeit nach der durch die Christen erzwungenen Abreise oder sogar Flucht des Proklos aus Athen gegeben. Zu περίστασις als Codewort für die von Christen ausgehende Gefahr oder Bedrohung siehe oben Anm. 147 und 188. Offenbar gab es nach Proklos' Rückkehr aus Lydien finanzielle Probleme (vielleicht entstanden durch Konfiskation seines Vermögens oder eines Teiles davon durch Christen), die Rufinos durch sein Geldangebot beseitigen wollte. Wie Marinos bereits vorher deutlich machte (VPr. § 4,27f.), nimmt Proklos das von Rufinos angebotene Geld nicht an.

215 Marinos leitet hier über zur θεωρητικὴ σοφία, in deren Kontext und auf deren Stufe die Gerechtigkeit ein neues Niveau einnimmt. Konkret ist hier mit der ex negativo-Beschreibung erneut (s.o. Anm. 186 und 189) ein Anklang an Plotins Schrift Περὶ ἀρετῶν gegeben: Plot. I 2 [19] 6,19–23.

216 Es handelt sich bei οἰκειοπραγία um einen Begriff aus Platons Politeia (rep. 434c 8), der auch von Plotin in entsprechendem Kontext verwendet wird (Plot. I 2 [19] 6,20; 7,5).

217 Selbst im (ohnehin nur wenigen und kurzen) Schlaf ist Proklos niemals ἔξω τοῦ νοεῖν, d.h. er lebt in pausenloser intellektueller Aktivität, verkörpert also geradezu die auf den Nus konzentrierte θεωρητικὴ σοφία; vgl. bereits Plotin, der sich, der gleichfalls idealisierten Darstellung des Porphyrios zufolge (Vita Plot. c. 8,19–23), nicht von seiner ständigen Ausrichtung auf den Nus abbringen lässt und in einem Dauerzustand der Theoria resp. Kontemplation verbleibt (ebd. ἡ πρὸς τὸν νοῦν αὐτοῦ διαρκὴς ἐπιστροφή, auch ebd. c. 9,17–20: ἐπιμελείας τὴν πρὸς τὸν νοῦν τάσιν οὐδέποτ' ἂν ἐγρηγορότως ἐχάλασεν).

218 Seelische Trägheit (ἀργία) ist seit alters (vgl. bereits bei Pythagoras, so Iamblich zufolge, Vita Pyth. § 153 p. 86,11–13 DEUBNER / KLEIN) und nicht zuletzt bei christlichen Heiligen ein durch Schlafentzug, Gebet und Arbeit zu behebendes Problem; vgl. die eng damit verwandte, häufig am Mittag einsetzende ἀκηδία, dazu I. MÄNNLEIN-ROBERT , „Vom Wald in die Wüste: Der Mittagsdämon in der Spätantike", in: D. BUMAZHNOV (Hrsg.), Christliches Ägypten in der spätantiken Zeit. Akten der 2. Tübinger Tagung zum Christlichen Orient. 7.-8. Dezember 2007 (Tübingen 2013) 149–160.

219 Im Kontext der kontemplativen Tugenden kommt Marinos nun auf Proklos' Besonnenheit zu sprechen und nutzt wörtliche Anklänge an seinen Vorlagentext Plotin, hier: Plot. I 2 [19] 7,1.

220	Dieses Zitat aus Plot. I 2 [19] 6,24f. scheint bereits von Porphyrios in dessen *Vita Plotini* auf Plotin selbst angewandt worden zu sein, vgl. dort c. 8,22f.: ἡ πρὸς τὸν νοῦν αὐτοῦ διαρκὴς ἐπιστροφή, s.o. Anm. 217. Der ganze Passus ist eng angelehnt an Plotin I 2 [19] 7,24–28.
221	Proklos lebt ein gottgleiches Leben auf Erden, nicht nur das guter Menschen. Für diese Differenzierung beruft sich Marinos explizit auf Plotin (§ 25,8: κατὰ Πλωτῖνον). Anders als Plotin gelingt Proklos dies jedoch, das wird Marinos nicht müde zu zeigen, bereits zu Lebzeiten. Damit freilich scheint das Telos Epikurs (*ep. Men.* 135 p. 117 ARRIGHETTI[2]: ζήσῃ δὲ ὡς θεὸς ἐν ἀνθρώποις) von den athenischen Neuplatonikern absorbiert und für die eigene Schule als Programmpunkt absorbiert worden zu sein, siehe ERLER 2002, 159–181. Zu Proklos' in der *VPr.* idealisch gezeichneten Angleichung an Gott siehe oben Anm. 14. 134. 169. 174.
222	Mit den ‚Schriften der Älteren' (τὰς τῶν ἀρχαιοτέρων ... πραγματείας) sind entweder allgemein die Schriften älterer (philosophischer) Autoren gemeint, die als vorbildlich gelten (vgl. in stilist. Hinsicht Demetr. *De eloc.* 67, v.a. 175. 244; Plot. V 1 [10] 9,28), oder aber die Gruppe von ‚älteren' Texten, aus der sogleich im Folgenden die orphischen Gedichte und die *Chaldäischen Orakel*, beide kaiserzeitliche Gedicht- resp. Orakelsammlungen und somit aus Marinos' Perspektive ‚älter', in den Kontext einer Anekdote aus der Lehrzeit des noch jungen Proklos bei Syrianos gestellt werden.
223	Die orphischen Gedichte und die *Chaldäischen Orakel* gelten Syrianos und Proklos, wie auch Marinos, als grundlegende theologische Texte: Die überlieferte Sammlung der *Orphica* umfasst in hexametrischer Form und epischer Sprache verfasste poetische Texte, v.a. Kosmogonien und Hymnen, die von ihren Verfassern der mythischen Figur des Orpheus zugeschrieben wurden. Es handelt sich also um hellenistische und kaiserzeitliche Pseudepigrapha. Zu den *Orphica* siehe die Sammlung der Texte und Zeugnisse bei A. BERNABÉ (Hrsg.), *Poetae epici Graeci. Testimonia et fragmenta. Pars II: Orphicorum et Orphicis similium testimonia et fragmenta.* 3 Bände (München 2004–2007), ältere Sammlung bei O. KERN, *Orphicorum Fragmenta* (Berlin 1922). Möglicherweise gehören die spätantiken *Orphischen Argonautica* (ed. VIAND) auch in diesen Kontext, siehe dazu SCHELSKE 2011; zur enormen theologischen Relevanz der orphischen Schriften für die (Neu-)Platoniker siehe L. BRISSON, „Orphée, orphisme et littérature orphique", *DPhA* 4 (2005) 843–858, v.a. 848–852 mit reichen Literaturangaben; zur identitätsstiftenden Rolle der Orpheus-Figur bei den athenischen Neuplatonikern siehe O. SCHELSKE, „Neuplatonische Identität in literarischer Form. Die Orpheus-Figur zwischen christlichem und paganem Anspruch", in: H. SENG / L. G. Soares SANTOPRETE / C. O. TOMMASI (Hrsgg.), Formen und Nebenformen des Platonismus in der Spätantike (Heidelberg 2016) 317–334, v.a. 4f.; zur den *Orphica* in christlichen

Kreisen siehe F. JOURDAN, *Orphée et les Chrétiens. La réception du mythe d'Orphée dans la littérature chrétienne grecque des cinq premiers siècles I–II* (Paris 2010–2011). Auch bei den *Chaldäischen Orakeln* handelt es sich um hexametrisch abgefasste, aus dem 2. Jh. n. Chr. stammende poetische Orakelsprüche, die chaldäische, i.e. alte babylonische religionsphilosophische und theologische Weisheit und theurgisches Ritual verkünden. Die Chaldäer waren ursprünglich babylonische Astronomen, Gelehrte und Priester, die gerade den Platonikern der Kaiserzeit und Spätantike als Quellen religiöser Weisheit galten. Die *Chaldäischen Orakel* sollen von zwei Autoren namens Julianos (Vater und Sohn, dieser ein Theurg) verfasst worden sein, so nach Suda s.v. Ἰουλιανός p. 641,32-642, 7 ADLER II. Es handelt sich also um kaiserzeitliche, religionsphilosophische Orakel, welche jedoch mit dem Anspruch, alte babylonische Weisheit zu kolportieren, von den spätantiken Platonikern als grundlegend religiöse Texte verehrt und ausgelegt wurden, siehe M. ERLER, „Chaldäer im Platonismus", in: E. CANCIK-KIRSCHBAUM / M. VAN ESS / J. MARZAHN (Hrsgg.), Babylon. Wissenskultur in Orient und Okzident (Berlin / Boston 2011) 225-237, v.a. 233-236. Thematisch sind sie v.a. auf Kosmologie, Seelenlehre (Aufstieg der Seele) und Theurgie bezogen, sind flexibel zu nutzende theurgische Referenztexte für die Neuplatoniker, siehe DODDS 1991, 150-167, hier: 150-152; VAN LIEFFERINGE 1999; TANASEANU-DÖBLER 2013, 186. 255; BRISSON 2016, 110f.; L. BRISSON, „Proclus' Theology", in: D'HOINE / MARTIJN 2016, 207-222, hier: 214-220. Eine ältere Sammlung der erhaltenen Fragmente siehe bei W. KROLL (Hrsg.), *De oraculis Chaldaicis* (Breslau 1894, Nachdr. Hildesheim 1962); vgl. auch R. MAJERCIK (Hrsg.), *The Chaldean Oracles* (Leiden 1989); neueste Sammlung bei É. DES PLACES (Hrsg.), *Oracles chaldaïques, avec un choix de commentaires anciens* (Paris 1971 und Paris ⁴2003); siehe BRISSON 2005; SAFFREY 1981; SENG / TARDIEU 2010; SENG 2016. Die seit Porphyrios für die neuplatonischen Philosophen wichtigen *Chaldäischen Orakel* wurden als ‚Bibel' der Neuplatoniker bezeichnet, siehe seit CUMONT 1906 (= ⁴1963), 114 z.B. auch P. ATHANASSIADI, „The Chaldean Oracles: Theology and Theurgy", in: P. ATHANASSIADI / M. FREDE (Hrsgg.), *Pagan Monotheism in Late Antiquity* (Oxford 1999) 149-183, hier: 152 mit Anm. 15; SAFFREY 1981, 209; O. GEUDTNER, *Die Seelenlehre der chaldäischen Orakel* (Meisenheim am Glan 1971), hier: 2 mit Anm. 19.

224 Mit ἐν τοῖς ἔπεσιν können qua hexametrische religiöse Texte hier die *Orphica* ebenso gemeint sein wie die *Chaldäischen Orakel* (vgl. τὰ Λόγια), siehe z.B. Psellos, *Scripta Minora* I p. 241,25–32 KURTZ, siehe DODDS 1991, 150f.

225 Domninos ist, nach dem Zeugnis des Damaskios (Damaskios, *Vita Isidori* = *Philos. Hist.* fr. 218 ZINTZEN = fr. 89A ATHANASSIADI; fr. 221 Z. = fr. 90D ATH.; fr. 228 Z. = fr. 93 ATH.), ein vermutlich zu Beginn des 5. Jh. geborener (so SEGONDS 1994, 892–896, hier: 893f.), aus Larissa in

Syrien stammender neuplatonischer Philosoph und Mathematiker; Proklos zitiert ihn in seinem Kommentar zum *Timaios* als ‚mein Hetairos': Procl. *In Tim.* I p. 109,31–110, 1; ebd. p. 122,18. Überliefert sind ein Handbuch zur Einführung in die Arithmetik (ἐγχειρίδιον ἀριθμηθικῆς εἰσαγωγῆς) und eine kleine Schrift „Wie man ein mathematisches Verhältnis aus einem anderen gewinnt"; zur Person und den eher mathematischen Interessen dieses Domninos siehe SEGONDS 1994. Domninos war – entgegen der im Text der Hss. überlieferten Bezeichnung – kein διάδοχος in der neuplatonischen Schule in Athen; es handelt sich um eine später in den Text geratene Glosse, so nach Hultsch auch O'MEARA 1989, 143–145 und SAFFREY / SEGONDS / LUNA 2002, 146 Anm. 4, dort weitere Literaturangaben.

226   Mit τὰ Λόγια sind die *Chaldäischen Orakel* gemeint. Diese werden von Proklos, dem Zeugnis des Marinos zufolge, klar gegenüber den *Orphica* favorisiert, siehe auch *VPr*. § 38,16–20. Die Beschreibung dieser Orakel durch das von Proklos selbst viel verwendete Adjektiv θεοπαράδοτα (*VPr*. § 26, 26; siehe z.B. Procl. *In Remp.* I p. 111,1f; *In Crat.* 160 p. 59,19) spiegelt in seiner Semantik („gottüberliefert') die Auffassung von der göttlichen Inspiriertheit dieser Texte und deren theologische Relevanz für Proklos wider. Bemerkenswert ist die häufige Verwendung bei Ps.–Dionysios Areopagita, z.B. *De eccl. hier.* p. 67,5.7; 69,8; 72,7, weitere Belege bei SAFFREY / SEGONDS / LUNA 2002, 147f. Anm. 1.

227   Nach den ersten Anregungen durch seinen Lehrer Syrianos (siehe Procl. *In Plat. Tim.* I p. 314,28–315, 2; *Tübinger Theosophie* § 50 p. 32f.; Procl. *Theol. Plat.* IV 23 p. 69,12, der für Syrianos eine Schrift Συμφωνία Ὀρφέως, Πυθαγόρου, Πλάτωνος πρὸς τὰ Λόγια, βιβλία δέκα bezeugt, ausführlicher dazu siehe SAFFREY / SEGONDS / LUNA 2002, 141 Anm. 8) verfasst Proklos (uns nicht erhaltene) Kommentare zu den *Orphica* und beschäftigte sich mit den *Chaldäischen Orakeln*, welche er in der Tradition der Beschäftigung des Porphyros und des Iamblich mit diesen bearbeitete; seinen Kommentar zu den *Chaldäischen Orakeln* zitiert er selbst: Procl. *In Remp.* I p. 40,21f. Ausführlicher auch zu den erhaltenen Fragmenten und Testimonien siehe LUNA / SEGONDS / ENDRESS 2012, 1600–1606. Für Porphyrios wird (Suda s.v. Πορφύριος p. 178,22f. ADLER IV; Ioh. Lydus *De Mens.* IV 53 p. 110,18–22 = fr. 365F SMITH) ein vierbändiger Kommentar zu den *Chaldäischen Orakeln* bezeugt, zur Diskussion, ob auch seine Schrift *De philosophia ex oraculis haurienda* hier mitgemeint sein könnte, siehe z.B. P. ATHANASSIADI, „Apamea and the Chaldean Oracles: A Holy City and a Holy Book", in: A. SMITH (Hrsg.), *The Philosopher and Society in Late Antiquity* (Swansea 2005) 117-143, hier: 138 Anm. 10; A. WINTJES, „Die Orakel als Mittel der Offenbarung bei Porphyrios", in: SENG / TARDIEU 2010, 43-62. Für Iamblich bezeugt Damaskios ein (nicht erhaltenes) Werk mit dem Titel Χαλδαϊκὴ τελειοτάτη θεολογία, Damasc. *De princ.* II

	p. 1,8; ebd. p. 104,26. Sein Kommentar soll mindestens 28 Bücher umfasst haben. Siehe DILLON 2000, 833; F.W. CREMER, *Die Chaldäischen Orakel und Jamblich de mysteriis* (Meisenheim am Glan 1969).
228	Eben durch seine intensive Beschäftigung gerade mit den *Chaldäischen Orakeln*, zudem in der Tradition des Iamblich, gelingt es Proklos, die theurgische Tugend (auch diese stammt, begrifflich wie konzeptionell, von Iamblich) zu erreichen, siehe BLUMENTHAL 1984, 492f.; vgl. BECKER 2015a, 242. Siehe auch TANASEANU-DÖBLER 2013, 255–257.
229	Mit den Tetraden hier sind Quaternionen gemeint, vierlagige Bögen, d.h. ein Quaternio hat insg. 16 Seiten. Proklos' Kommentar zu den *Chaldäischen Orakeln* muß dieser Angabe nach 1120 Seiten umfasst haben. Aus solchen Quaternionen setzen sich seit dem 4./5. Jh. n. Chr. die spätantiken Codices zusamme, siehe ausführlicher C. GARDTHAUSEN, *Griechische Paläographie I* (Leipzig ²1911), hier: 158–160; J. IRIGOIN, „Les cahiers des manuscrits grecs", in: Ph. HOFFMANN (Éd.), *Recherches de codicologie comparée. La composition du codex au Moyen Âge, en Orient et en Occident* (Paris 1998) 1–19, hier: 4–11.
230	Die möglichst genaue Angabe des Alters von Proklos ist Marinos als Biographen ein wichtiges Anliegen; zu seinen Selbstverweisen im Text siehe Anm. 207. Zur Problematik der Bestimmung des Geburtsjahres von Proklos siehe Anm. 309.
231	Zur Person dieses Hegias siehe K. PRAECHTER, „Hegias (5)", *RE VII 2* (1912) 2614f.; SAFFREY 2000a. Während Marinos die guten philosophischen Anfänge des Hegias heraushebt, beschreibt vor allem Damaskios (*Vita Isidori = Philos. Hist.* fr. 145–146 und fr. 150), dass sich der aus vermögender und politisch einflußreicher Athener Familie stammende Hegias in seiner Jugend beim alten Proklos durch sein Interesse für die *Chaldäischen Orakel* großes Ansehen erwarb, später aber durch übermäßige Ausübung theurgischer Riten den Unmut der christlich dominierten Öffentlichkeit auf sich gezogen und die Philosophie vernachlässigt hätte.
232	Das Bild von der goldenen Kette stammt aus Homer, *Ilias* 8,19–26 (dort dient sie in Zeus' Worten der Verbildlichung seiner eigenen Stärke und Macht, da er, anders als die anderen Götter, die Welt ‚an einer goldenen Kette' zu sich nach oben ziehen könnte). Im Falle des Hegias (re–)konstruiert Proklos eine stabile durchgängige Verbindung (‚goldene Kette') vom berühmten Athenischen Politiker und Dichter Solon, mit dem auch Platon verwandt war, hin zu Hegias. Dessen Name ist in Athen seit dem 6. Jh. v. Chr. nachweisbar, siehe *LGPN* II, s.v. „Hegias"; siehe P. LÉVÊQUE, *Catena Aurea Homeri* (Paris 1959), hier: 42f.; LAMBERTON 1986, 271f.
233	Hier sind sicherlich die *Orphischen Rhapsodien* sowie die *Chaldäischen Orakel* gemeint, siehe BRISSON 2017, 214–219.

234 Wie bereits Porphyrios in seiner *Vita Plotini* schreibt sich auch der Biograph Marinos nachdrücklich in die Vita des Proklos ein, hier als Schüler des Proklos: Damit dokumentiert er unmißverständlich sein persönliches Verhältnis zum Lehrer, was seine Berechtigung, aktuell als Diadochos der Schule zu agieren, erhärtet. Überdies ist er hier derjenige, auf dessen listige Initiative hin der alte Proklos – entgegen Traumanweisungen des verstorbenen Syrianos (s.u. Anm. 237) – dazu gebracht wird, seine theologisch wertvollen Anmerkungen zu den *Orphica* zusätzlich zu den Erläuterungen des Syrianos und des Iamblich schriftlich zu fixieren. Vermutlich orientiert sich Marinos hier an Porphyrios, der ebenfalls Plotin zum Aufschreiben seiner Überlegungen motiviert (vgl. Porph. *Vita Plot.* c. 4,1–14); zum Phänomen der autobiographischen Elemente in biographischen Texten siehe MÄNNLEIN–ROBERT 2002, 596–602.

235 Es handelt sich auch hier um die bereits *VPr.* § 26,9 genannten orphischen Gedichte, s.o. Anm. 223. Siehe BRISSON 1987, 43–103.

236 Konkret ist wohl die den als inspiriert geltenden orphischen Gedichten inhärente Theologie gemeint. Zur essentiellen Rolle der Theologie für die athenischer Neuplatoniker und vor allem Proklos überhaupt siehe SAFFREY 1992, 35–50.

237 Proklos erklärte offenbar seine bislang nicht erfolgte eigene Kommentierung der *Orphica* durch Traumerscheinungen des Syrianos, der ihm abratend drohte.

238 Marinos bringt Proklos dazu, an den Rand (vgl. den Terminus παραγράφειν) der Kommentare des Syrianos zu den *Orphica* nicht nur die älteren Erläuterungen des Iamblich, sondern auch seine eigenen Meinungen zu notieren. Daraus ergibt sich für Proklos' Schüler eine Zusammenstellung (συναγωγή) aller Lehrmeinungen und auch seine Scholien (σχόλια), also eher kürzere Notizen, und seine Kommentarbände (ὑπομνήματα) zu den *Orphica* resultieren aus diesen, offenbar von den Schülern dann zusammengeführten, Anmerkungen des Proklos. Zu den Termini und Modi der Adnotierung siehe N. G. WILSON, *Scholars of Byzantium* (London 1983), hier: 33–36; siehe auch SAFFREY / SEGONDS / LUNA 2002, 150f. Anm. 5 mit weiteren Literaturangaben. Zu Proklos' Exegese allgemein siehe A. SHEPPARD, „Proclus as Exegete", in: GERSH 2014, 57–79; auch HELMIG in diesem Band.

239 Den griechischen Begriff θεομυθία für ‚Mythologie' vewendet Proklos selbst z.B. *In Tim.* III p. 223,16; *Theol. Plat.* 1,4 p. 22,13; *In Remp.* I p. 45,5; II p. 204,7 u.ö., weitere Belege siehe bei SAFFREY / SEGONDS / LUNA 2002, 152 Anm. 8. Gemeint ist hier sicherlich die orphische Mythologie resp. Theologie, vgl. auch Hermeias, *In Plat. Phaedr.* p. 28,26 (73A). Mit Ῥαψῳδίαι (‚Rhapsodien') sind hier ebenfalls orphische (hexametrische) Gedichte gemeint, dazu ist ausführlicher BRISSON 1987, 43–104.

240 Unter τὰ δεύτερα („die untergeordneten Dinge') sind hier im Kontext die konkret auszuführenden Rituale und theurgischen Praktiken zu verstehen, die im Vergleich zur der intensiven intellektuellen Beschäftigung des Proklos mit theurgisch einschlägigen Texten, wie den *Chaldäischen Orakeln* und den orphischen Gedichten, nachrangig sind – gleichwohl macht Marinos deutlich, dass Proklos auch dieses praktische Metier der Theurgie, nicht nur das der Interpretation, versteht. Seine theoretische und seine theurgische Tugend sind also gleich stark. Die Umsicht, die Proklos auf die praktische Ausführung theurgischer Rituale verwendet, fasst Marinos im Begriff der πρόνοια, die Proklos selbst als ἡ πρὸ νοῦ ἐνέργεια, als übergeordnete intellektuelle Instanz, erklärt (Procl. *El. Theol.* § 120 p. 106,5–7; siehe PRAECHTER 1927, 211; J. TROUILLARD, „Note sur ΠΡΟΟΥΣΙΟΣ et ΠΡΟΝΟΙΑ chez Proclus", *REG* 73 (1960) 80–87. Anne Sheppard (SHEPPARD 1982, 224) identifiziert für Proklos drei theurgische Aktionsfelder: 1) praktische theurgische Rituale (wie hier in *VPr.* § 28 beschrieben), 2) seelische Erhebung zum Nous und den Ideen, und 3) die (mystische) seelische Vereinigung mit dem höchsten Prinzip.

241 Die Ausführungen des Marinos beweisen, dass Proklos unterschiedliche theurgische Aktivitäten ausübt: zum einen die auf die noetische Welt bezogenen, zum anderen praktische Handlungen, die beide aber komplementär zueinander sind, siehe JOHNSTON 1990, 80. Die praktische Anwendung von Proklos' theurgischer Befähigung artikuliert sich hier zunächst in Beschwörungen und Gebeten nach Chaldäischem Ritus unter Anwendung von magischem Gerät wie den hier genannten Rhomboi. Dadurch stellt der Theurg als eine Art Medium Verbindung zur göttlichen Ebene her. Es handelt sich v.a. bei σύστασις um einen theurgischen Terminus, der sich auch in magischen Papyri findet, dazu H. D. BETZ, *The Greek Magical Papyri in Translation* (Chicago 1989), hier: 339; S. EITREM, „Die σύστασις und der Lichtzauber in der Magie", *SO* 8 (1929) 49–53. Die genannten Rhomboi sind, wohl ähnlich wie die wenig später (§ 28, 20) genannten ἴυγγα, kreiselartige, runde, rasselnde Instrumente, ähnlich dem Sistrum, siehe z.B. Psellus, *In Or. Chald., Philos. Minora* II, *Opusc.* 38 p. 126–146; zahlreiche Stellenbelege siehe bei NELSON 1940, 451f. Umfassend dazu ist A. S. F. GOW, „Ἴυγξ, Ῥόμβος, Rhombus, Turbo", *JHS* 54 (1934) 1–13. Zur Diskussion um die von Gow vertretene Differenzierung von Iynx und Rhombos siehe JOHNSTON 1990, 94f. mit Anm. 15. Die ‚Unsagbarkeit' dieser theurgischen Gerätschaften beruht darauf, dass sie als σύμβολα oder συνθήματα naturgemäß zu hütender göttlicher Geheimnisse galten, siehe z.B. Procl. *In Crat.* p. 67,19; ebd. p. 74,26 (nur bei KROLL 40, nicht in DES PLACES); dazu s.u. Anm. 248. Zugleich sind mit den σύμβολα die Requisiten bei theurgischen Ritualen selbst gemeint, so mit DODDS 1991, 159f. Siehe KARIVIERI 2015. Die Vermutung von LEPPIN 2002, 257, die theurgischen Maßnahmen

	des Proklos dienten seiner „Kommunikation" mit breiteren Volksschichten, ist nicht zuletzt aufgrund des hier explizit von Marinos betonten esoterischen Charakters solcher Rituale nicht plausibel, siehe TANASEANU-DÖBLER 2013, 257; siehe auch die Einleitung in diesem Band, Kapitel 7.2.
242	Bei ἐκφωνήσεις handelt es sich um die bei Zaubersprüchen und magischen Ritualen überhaupt elementar wichtige Aussprache bestimmter Laute und Wörter, deren Semantik wesentlich von der richtigen Artikulation abhängt, siehe L. DORNSEIFF, *Das Alphabet in Mystik und Magie* (Leipzig / Berlin ²1925) 35–51; SAFFREY / SEGONDS / LUNA 2002, 154 Anm. 6.
243	Asklepigeneia (die Ältere) ist die Tochter des Plutarchos, des Vorgängers von Syrianos in der athenischen neuplatonischen Schule (s.o. Anm. 120). Einen Familienstammbaum dieser Familie bieten SAFFREY / WESTERINK 1968, XXXV. Zur Problematik um die dort fehlende Asklepigeneia und den dort genannten Plutarchos-Sohn Hierios, der vermutlich relativ bald gestorben war, sowie zur möglichen Asklepios-Assoziation beim Namen Asklepigeneia siehe SAFFREY / SEGONDS / LUNA 2002, 154 Anm. 5 und ebd. 103f. Anm. 8. Vermutlich spielt die besondere Verbundenheit der Familie des Plutarchos zu Asklepios eine Rolle, siehe MILLER 2002, 76. Siehe auch den Stammbaum dieser Familie bei CASTRÉN 1994, 6. Zu Asklepigeneia d. J. siehe Anm. 257.
244	Nestorios der Große ist der Großvater des Plutarchos von Athen (siehe Anm. 120). Nestorios ist Theurg und Hierophant; ob er aufgrund der Bezeichnung als ‚Hierophant' als Priester im Kontext der Eleusinischen Mysterien gelten muss, wird diskutiert, siehe BANCHICH 1998. Er soll in Rom eine Wunderheilung vollbracht haben (Prokl. *In Remp.* II p. 324,11–325,10) und im hohen Alter Athen im Jahr 375/6 n. Chr. vor einem Erdbeben bewahrt haben, welches etwa Korinth in Schutt und Asche legte, so nach Zosimos, *hist.* IV 18,1–4. Von Marinos wird hier die Tradierung geheimer mystischer Zeremonien und theurgischer Rituale innerhalb der engsten Familie des Plutarchos betont. Die Geheimhaltung und familieninterne Tradierung ist vermutlich nicht nur dem mystischen Charakter dieser Rituale, sondern auch dem Umstand geschuldet, dass die mittlerweile vorwiegend christliche Umwelt das nicht toleriert hätte. Zur Tradierung solchen Arkanwissens im engsten Familienkreis, das Diodor (II 29,4) als Chaldäischen Usus beschreibt, siehe vor allem DODDS 1991, 160f. Anm. 49 p. 275; siehe auch SAFFREY / SEGONDS / LUNA 2002, 155 Anm. 9 zu Namen und Familie. Zu Nestorios als Vorbild für Proklos, religiöse Rituale im Privaten durchzuführen, weil die öffentliche Akzeptanz mittlerweile fehlte, und zum theurgischen Anspruch des Proklos, ‚Hierophant des gesamten Kosmos' zu sein (*VPr.* § 19), siehe FOWDEN 2005, 155f.

245	Mit θεουργική ἀγωγή spielt Marinos vermutlich auf Proklos' (nicht erhaltene, aber in der Suda s.v. Πρόκλος p. 210,11 ADLER IV mit zwei Büchern bezeugte theurgische Schrift mit dem Titel Περὶ ἀγωγῆς (‚Über die Evokation') an, so PRAECHTER 1926a; PRAECHTER 1927; siehe ausführlicher dazu LUNA / SEGONDS / ENDRESS 2012, 1609f. Bei ἀγωγή handelt es sich um einen magischen Terminus (siehe PGM IV 2441, 2708 u.ö.), der begrifflich sowie durch den hier gegebenen Kontext die praktische, handlungsbezogene Seite der theurgischen Tugend des Proklos erhellt.
246	Der exakt nach den tradierten Vorschriften ausgeführte, ordnungsgemäße Vollzug von Ritualen ist für den Erfolg des theurgischen Tuns maßgeblich: Alles muss korrekt, zur korrekten Zeit und am korrekten Ort vollzogen werden, siehe auch R. M. VAN DEN BERG, „Theurgy and Proclus' Philosophy", in: D'HOINE / MARTIJN 2016, 223–239, hier: 235.
247	Marinos wird nicht müde zu betonen, dass Proklos' theurgische Praktiken in der Tradition der Chaldäer stehen, hier seine nach Chaldäischem Modus vollzogenen Reinigungen vor den mystischen Ritualen sowie seine Seancen mit Hekate als Lichterscheinung; bei φάσμα handelt es sich um einen spezifisch Chaldäischen Terminus, siehe Chald. Or. fr. 142,1. Das Adjektiv αὔτοπτος verweist darauf, dass Proklos sich offenbar persönlich als Augenzeuge solcher Hekate-Licht-Erscheinungen vor seinen Schülern herausstellt, was seine besondere theurgische Befähigung und Würdigung durch die Gottheit unterstreicht. Ein Nachhall davon ist noch bei Simplikios greifbar, Simpl. Corollarium de tempore p. 795,4–7, siehe auch SAFFREY / SEGONDS / LUNA 2002, 156 Anm. 13. Hekate wird als (helle) Feuererscheinung auch in den Chaldäischen Orakeln fr. 146–148 beschrieben, ähnlich bei Hippolytos, Ref. Haer. 4,36; siehe auch DODDS 1991, 166f. Hekate ist die in den Chaldäischen Orakeln wichtigste Gottheit, siehe z.B. Chald. Or. fr. 142,1; Procl. In Remp. I p. 39,1–40,5. Sie gilt den neuplatonischen Theurgikern als Instanz, die zwischen sterblicher und unsterblicher Sphäre vermittelt und daher bei theurgischen Ritualen als Helferin eine wichtige Rolle spielt, siehe die Diskussion zwischen JOHNSTON 1990, 112 mit Anm. 3 und VAN DEN BERG 2001, 253–259, v.a. 258f. darüber, ob Hekate mit der Weltseele zu identifizieren ist oder nicht, vgl. TANASEANU-DÖBLER 2013, hier: 35. Zu Proklos eigenem Hymnos auf die Göttermutter und Hekate und Ianos siehe VAN DEN BERG 2001, 252–273. Bei der von Marinos hier genannten speziellen Schrift des Proklos, in der dieser selbst auf diese Rituale verweist, dürfte es sich um Περὶ ἀγωγῆς handeln, siehe auch die vorherige Anm., so mit PRAECHTER 1927, 259 mit Anm. 4.
248	Bei der ἴυγξ handelt es sich um ein bei magischen Praktiken, hier einem Regenzauber, verwendetes, nach dem Vogel ‚Wendehals' benanntes ‚Rad' resp. eine Art Kreisel, der beim Lösen des eingezogenen Bandes einen sirrenden Ton von sich gibt, siehe JOHNSTON 1990, 90;

zur Klangwirkung ausführlicher S. I. JOHNSTON, „The Song of the Iynx: Magic and Rhetoric in Pythian 4", TAPHA 125 (1995) 177–206, hier: 180–186; NELSON 1940, dort Abbildung einer Iynx (fig. 1); ältere Belege für eine Iynx sind z.B. Pind. *P.* IV 212–215; *N.* IV 35; Theocr. *Id.* II; *Anth. Pal.* V 205 u.ö., weitere literarische Belege bei JOHNSTON 1990, 95 Anm. 16; siehe oben Anm. 241 zur Diskussion um Identifizierung mit Rhomboi. Proklos selbst kommt einige Male in seinen Werken auf Iynges zu sprechen, siehe z.B. *In Remp.* II p. 213,1 (dort als Namen bestimmter chaldäischer Gottheiten) und *In Crat.* 33,14–16 (dort als sprechender Name, der Wirkung auf Wasser hat), siehe auch NELSON 1940, 449 mit Anm. 45. Nach Damaskios bewirkt die Wurfrichtung der Iynx nach innen eine Herbeirufung göttlicher Mächte, die nach außen vertreibt sie (Damasc. *De princ.* II 95,15). Proklos vollzieht hier mit der Iynx wirkungsvoll einen theurgischen Wetterzauber, da er Hitze durch Regen vertreibt. In Chaldäischer Tradition erzeugt Proklos also durch das Geräusch der Iynx aufgrund der universalen Sympatheia aller Dinge Bewegung und Veränderung. Die sympathetische, auf der Verbindung der sinnlichen mit der noetischen Welt beruhende Wirkung von Klängen, etwa auch der Artikulation von Zaubersprüchen, betont JOHNSTON 1990, 97f. Zu magischen Zaubergeräten, etwa auch einem im Bereich des sog. ‚Hauses des Proklos' in Athen gefundenen magischen Globus mit Helios-Symbolen siehe KARIVIERI 2015, 181–194. Zu magisch-theurgischen Riten siehe den Beitrag von DILLON in diesem Band, S. 240f.

249 Bereits Nestorios der Große, Großvater der Asklepigeneia, die Proklos theurgische Rituale beibrachte (siehe oben Anm. 244), soll Athen vor einem Erdbeben beschützt haben. Proklos steht also nicht nur methodisch, sondern auch hinsichtlich der Einsatzbereiche, in der Tradition dieser Familie und damit der von ihm übernommenen und geleiteten Schule. Bei den hier genannten Schutzsymbolen gegen Erdbeben (φυλακτήρια) handelt es sich vermutlich um eine Art Tafel oder Talisman, durch welche θεῖοι ἄνδρες Erdbeben abzuwehren oder zu beenden vermochten, so etwa auch Apollonios von Tyana nach dem Zeugnis des Joh. Malalas, *Chron.* IX, 51 p. 201,6–14 THURN, siehe ausführlicher SAFFREY / SEGONDS / LUNA 2002, 157 Anm. 18.

250 Proklos' praktische theurgische Befähigung bezieht sogar mantische Praxis und das Formulieren von Orakeln mit ein, was – auch mit Blick auf andere spätantike θεῖοι ἄνδρες – ungewöhnlich erscheint, vgl. FOWDEN 1982.

251 Das Selbstbewusstsein des Proklos ist, zumindest dem Zeugnis des Marinos zufolge, nicht gering ausgeprägt. Indem er sich selbst zum Gegenstand von Orakelsprüchen macht, hebt er – nicht zuletzt vor seinen Schülern – eindrucksvoll seine Bedeutung heraus. Es ist sicher kein Zufall, dass Proklos diese Befähigung gerade mit seinem 40. Lebensjahr entdeckt, da er hier der geläufigen antiken Vorstellung nach

auf dem Zenit (ἀκμή) seiner Möglichkeiten steht (siehe z.B. Soph. *Oid. T.* 741; Plat. *rep.* 460e1–7). Beide in *VPr.* § 28 eingebetteten Orakelsprüche sind (mit geringfügigen textlichen Abweichungen) auch separat in der Appendix der *Anthologia Graeca* (unter ‚Caput VT') überliefert: ep. 267 und 268 (ed. COUGNY III 1890). Siehe ausführlicher GELZER 1966. Zur hochpoetischen und oft dunklen Semantik dieser Orakelverse des Proklos, die begrifflich und konzeptuell an die der *Chaldäischen Orakel* erinnern, siehe ausführlich SAFFREY / SEGONDS / LUNA 2002, 158f. Anm. 1–4. Der Sinn des ersten Epigramms bleibt letztlich dunkel, auch wenn Proklos mit ὑπερουρανίη klar auf Platons *Phaidros* (247c3) anspielt, wozu in den *Chaldäischen Orakeln* ὑπέρκοσμος synonym wird (*Chald. Or.* fr. 18) und die Glanz– und Lichtmetaphorik in der spätantiken Orakelsprache etabliert sind (vgl. z.B. Porph. *De philos. ex. orac. haur.* fr. 349 F SMITH; *TüTh* § 13).

252 Etwa zwei Jahre später formuliert der inspirierte Proklos einen zweiten Orakelspruch, vermutlich in ekstatischem Zustand, worauf sein kreischendes Schreien (κεκραγώς) verweisen könnte, siehe mit weiteren Literaturangaben BECKER 2013, 226f.

253 Der Sinn des zweites Orakelepigramms ist klarer: In hochpoetischer Diktion spricht Proklos inspiriert (dazu REDONDO 2016, 187–189) und visionär von seiner eigenen Seele und deren Heimkehr in den Himmel. Die Rückkehr der Seele zu ihrem göttlichen Ursprung wird von Proklos selbst als ἐπιστροφή bezeichnet, z.B. Procl. *In Tim.* I p. 87,19–88,8, siehe dazu STEEL 2011, 639–641; C. SCHÄFER, „Μονή, πρόοδος und ἐπιστροφή in der Philosophie des Proklos und des Areopagiten Dionysius", in: M. PERKAMS / R. M. PICCIONE (Hrsgg.), *Proklos. Methode, Seelenlehre, Metaphysik. Akten der Konferenz in Jena am 18.–20. September 2003* (Leiden / Boston 2013) 340–362. Die Feueratmosphäre weiter oben im Kosmos wird auch in Orakeln der spätantiken *Tübinger Theosophie* – mit deutlichen Anklängen an die wohl zugrunde liegenden *Chaldäischen Orakel* und deren Bildwelt wie Diktion – beschrieben, z.B. *TüTh* § 13. 15. 16, siehe den Kommentar dazu von CARRARA / MÄNNLEIN-ROBERT 2018, 87-93. 95-101; BRISSON 2016, 11.

254 Dieses Sehen (θεᾶσθαι) ist vermutlich weniger als visionäre, denn vielmehr als kontemplative Schau aufzufassen, vgl. Plat. *rep.* IX 582c7f.; *Phaid.* 84b1.

255 Proklos begreift sich als Glied in der Kette des Hermes (Ἑρμαϊκὴ σειρά). Er verwendet dieses Bild zur Beschreibung einer ununterbrochenen, gleichsam direkten Herkunft und Herleitung der späteren Platoniker von Platon sowie der direkten Übermittlung und Tradierung der platonischen Philosophie, siehe Procl. *In Tim.* II p. 294,31; *In Crat.* XXV p. 9,24f. Deren Traditionskette ist freilich gerade zwischen der Zeit von Porphyrios und Iamblich bis zu Plutarchos von Athen nicht lückenlos. Es handelt sich bei der Hermeskette also um das Konstrukt einer kontinuierlichen direkten Überlieferung der platonischen

Philosophie von Platon an über Plotin bis hin zu den zeitgenössischen athenischen Platonikern. Die metaphorische Formulierung ‚Kette des Hermes' findet sich bereits bei Eunapios, *vit. soph.* IV 1,11 p. 8,15–17 über Porphyrios als Vermittler zwischen Göttern und Menschen, siehe dazu den Kommentar bei BECKER 2013, 197f., der in seiner Interpretation der Eunapios–Stelle eine Analogie zur ‚goldenen Kette' (siehe oben Anm. 232) stark macht, vgl. GLUCKER 1978, 306–315 und URBANO 2013, 297f. mit Anm. 117. Auf die hier von Marinos referierte visionäre (Selbst-)Erkenntnis des Proklos, in einer langen und lückenlosen Tradition zu stehen, nimmt später Damaskios Bezug (*Vita Isidori* = *Philos. Hist.* fr. 249 ZINTZEN = fr. 152 ATHANASSIADI), dem dies offenbar durch Isidor bekannt wurde.

256   Proklos identifiziert sich als Reinkarnation des Nikomachos. Damit illustriert er anhand der eigenen Person die seit Platon im Platonismus virulente, freilich nicht immer gleichermaßen gewichtete Lehre von der Wanderung der unsterblichen Seele in neue Körper, zum anderen dokumentiert er so einmal mehr seine Zugehörigkeit zur Hermeskette der Platoniker. Bei Nikomachos handelt es sich um den neupythagoreisch ausgerichteten, mittelplatonischen Mathematiker Nikomachos von Gerasa (2. Jh. n. Chr.); zu Person und Werk (erhalten sind seine *Introductio arithmetica* und sein *Manuale harmonicum*) siehe z.B. F. FERRARI, „§ 68 Nikomachos", in: C. HORN / C. RIEDWEG / D. WYRWA (Hrsgg.), *Grundriss der Geschichte der Philosophie. Die Philosophie der Antike. Band V: Philosophie der Kaiserzeit und der Spätantike* (Basel 2018) 643-648; B. CENTRONE / G. FREUDENTHAL, „Nicomaque de Gérasa", *DPhA 4* (2005) 686–694 (mit arabischer Rezeption im Osten); W. HAASE, *Untersuchungen zu Nikomachos von Gerasa* (Diss. Tübingen 1982); zu seinen mathematischen Interessen siehe O'MEARA 1989, 14–23; zur Berechnung von Nikomachos' Todesjahr anhand dieser Marinos–Notiz sowie Spekulationen über die Zeitdauer zwischen zwei Inkarnationen siehe SAFFREY / SEGONDS / LUNA 2002, 158 Anm. 6 mit Literatur. Zur Bewertung der Reinkarnation unter den Platonikern siehe H. DÖRRIE, „Kontroversen um die Seelenwanderung im kaiserzeitlichen Platonismus", HERMES 85 (1957) 414–435 (auch in: DERS., *Platonica Minora* [München 1976] 420–440).

257   Die wundersame und plötzliche Genesung der Asklepigeneia d. J. dient Marinos als besonders eindrückliches Exempel für Proklos' theurgisches praktisches Talent. Die hier genannte Asklepigeneia d. J. ist die Enkelin von Asklepigeneia d.Ä., siehe Anm. 125. 163. 257. Proklos fühlt sich ihr vermutlich vor allem durch seine enge Freundschaft zu Asklepigeneias Vater Archiadas verpflichtet.

258   Dem byzantinischen Gelehrten Photios zufolge stammt Theagenes aus einer reichen athenischen Familie und tritt als Wohltäter auf (Phot. *Bibl.* 346a p. 37,30–38,34 HENRY). Vor allem Damaskios bietet Informationen zu Theagenes (*Vita Isidori* = *Philos. Hist.* fr. 257 ZINTZEN = 100A

Anmerkungen 171

ATHANASSIADI): Er beschreibt den athenischen Archonten Theagenes, der auch dem Senat in Konstantinopel angehört, als jähzornig und anfällig für Schmeicheleien. Er ist mit Asklepigeneia d.J. verheiratet, mit der er zusammen den Sohn Hegias hat, der später nach Marinos die Leitung der Athenischen Schule übernehmen wird, siehe BRISSON 2008, 33–36. Theagenes scheint (Damasc. *Vita Isidori* = *Philos. Hist.* fr. 258 ZINTZEN = 100A ATHANASSIADI) seine Gunst ‚den neuen Lehren' (τὰ νέα ἀξιώματα) geschenkt zu haben, die der alten εὐσέβεια widersprächen, und dem Lebensstil ‚der Vielen' verfallen zu sein, womit Damaskios mindestens auf Sympathie des Theagenes mit der christlichen Religion, wenn nicht sogar auf einen Seitenwechsel dieses Politikers anspielen dürfte, siehe URBANO 2013, 310 mit Anm. 188 und SAFFREY / SEGONDS / LUNA 2002, XXIV–XXVI. Zu den ‚code phrases', mit denen Marinos und auch Damaskios auf die zeitgenössischen Christen anspielen, siehe CAMERON 1969, 7–29; SAFFREY 1975, 556; HOFFMANN 2012; s.o. Anm. 143.

259 Der Philosoph Proklos wird hier, ebenso wie Asklepios (*VPr.* § 29. 21. 24) als ‚Retter' (σωτήρ) beschrieben und tritt damit auf der menschlichen Ebene als ein dem göttlichen Retter Asklepios analoger oder kongenialer Akteur in Szene. Proklos ist derjenige, der die Heilung der Asklepigeneia durch Asklepios initiiert, agiert also als Vermittler zwischen Asklepios und der kranken Asklepigeneia und somit ebenfalls als ‚Retter'. Siehe A. D. NOCK, „Soter and Euergetes", in: Z. STEWART (ed.), *Essays on Religion and the Ancient World II* (Oxford 1972) 720–735; BUBLOZ 2003, 146. Zur spätantiken zeitgenössischen Konkurrenz von Asklepios und Christus als σωτήρ siehe D. KNIPP, ‚*Christus medicus*' *in der frühchristlichen Sarkophagskulptur. Ikonographische Studien zur Sakralkunst des späten vierten Jahrhunderts* (Leiden 1998) v.a. 1–4; zum christlichen Christos-Iatros-Motiv siehe ausführlich DÖRNEMANN 2003 *passim*; B. BÄBLER, „From Asclepius to the 'Saints without Silver': The Transformation of a Sanctuary in Late Antique Athens", in: I. TANASEANU-DÖBLER u. a. (eds.), *Athens in Late Antiquity* (vorauss. 2019); MÄNNLEIN-ROBERT vorauss. 2019, 4–6.

260 Perikles aus Lydien gehört zur Schule des Proklos und ist sein Schüler und Freund, so Procl. *In Parm.* IV 872,18–32; demselben Perikles widmet Proklos auch seine *Theologia Platonica*, siehe Procl. *Theol. Plat.* I 1 p. 5,7 (mit Anm. 2); möglicherweise ist der aus Lydien stammende Freund, den Proklos im Proöm seiner Schrift *Hypotyposis astronomicarum positionum*, prooem. 4, p. 2,14–16 als Adressaten nennt, eben dieser Perikles (vgl. ebd. ἡνίκα παρ' ὑμῖν διητώμην ἐν Λυδοῖς μεσοῖς). Simplikios erwähnt Perikles' Meinung über die Hyle als eigenschaftslosen Körper, Simpl. *In Aristotelis physica* p. 227,23–26; siehe zur Person SAFFREY / SEGONDS 2012, 230f. Vielleicht steht Proklos' einjähriger, vermutlich durch christliche Offensiven bedingter Aufenthalt in Lydien in Zusammenhang mit Perikles und dort gegebenen Ressour-

cen und Kontakten, vgl. *VPr.* § 15 und Anm. 152 und 153. Proklos nimmt Perikles offenbar als Verstärkung (seiner Gebete) ins Asklepieion mit. Auf jeden Fall beschreibt dies das große Vertrauen des Proklos in seinen Schüler; zur ganzen Episode siehe die Einleitung in diesem Band, Kapitel 8.2.

261 Das Asklepieion liegt am unteren südlichen Abhang der Athener Akropolis, aber bereits etwas erhöht am Burgberg, so dass Proklos von seinem unterhalb gelegenen Haus dorthin hinaufsteigen muss. Zum archäologischen Befund des sog. ‚Hauses des Proklos' siehe KARIVIERI 1994, 116, zum Symbolwert der Lokalisierungen in der *VPr.* siehe MÄNNLEIN-ROBERT vorauss. 2019.

262 Dieses Zeugnis des Marinos ist das letzte über das Asklepieion in Athen (zur Lokalisierung und literarischen wie archäologischen Belegen und Befunden siehe ALESHIRE 1989, 7–36) und bietet damit den impliziten *terminus post quem* für dessen Zerstörung resp. Aufhebung als Heiligtum (vgl. die Wendung ἔτι ἀπόρθητον τὸ τοῦ Σωτῆρος ἱερόν). Nachdem das Heiligtum durch den Einfall der Heruler in Athen 267 erheblich beschädigt worden war, wurde es im 4. Jh. auf Initiative Julians hin wieder aufgebaut, siehe TRAVLOS 1971, 127–142, v.a. 128. Wohl gegen Ende des 5. oder Anfang des 6. Jh. n. Chr., nach ALESHIRE 1989, 19f. und auch FRANTZ 1988, 92f. in den 530er Jahren, wurde das Heiligtum in die christliche Kirche der Hagioi Anargyroi umgebaut und die alten Baubestandteile des Asklepios–Tempels dabei verwendet; nach KARIVIERI 1995 und DI BRANCO 2006, 146f. erfolgte die Zerstörung des Asklepieions bereits im letzten Viertel des 5. Jh. n. Chr., initiiert durch die mittlerweile christlich dominierte Stadtverwaltung. Fakt ist, dass es im Jahr der Gedenkrede des Marinos – genauer sogar am 17.4.486 n. Chr. – bereits zerstört gewesen sein muss. Wann genau die hier von Marinos erzählte Episode, das Gebet des Proklos und des Perikles im (offenbar noch unzerstörten) Athener Asklepios–Heiligtum, erfolgte, kann man nur ungefähr abschätzen: Proklos kommt ca. 430 nach Athen, übernimmt 437 die Schulleitung; zum Zeitpunkt der Episode dürfte er bereits Scholarch und in entsprechenden Problemfällen bewährt, also schon einige Zeit etabliert gewesen sein; SAFFREY 1975, schlägt – m.E. plausibel – den Zeitraum 440–450 n. Chr vor (und sieht in Procl. *De prov.* § 20–22 eine Anspielung auf diese Episode), siehe den Beitrag von S. SCHORN in diesem Band.

263 Proklos betet auf ziemlich altertümliche Weise (ἀρχαιότερον τρόπον), gemeint ist nach alter paganer Tradition. Nimmt man den Komparativ ἀρχαιότερον wörtlich, ist damit eine Absetzung von den zeitgenössischen Gebetsritualen der neueren christlichen Religion impliziert.

264 Der hier genannte, leicht heilende ‚Retter' könnte sowohl Asklepios als auch Proklos sein, da beide zuvor eben so tituliert worden waren

(s.o. die vorangehenden Anm.). Die plötzliche und leichte Heilung der todkranken Asklepigeneia durch Proklos' Gebete im Athener Asklepieion entspricht den aus Epidauros bekannten inschriftlichen Wunderheilungsgeschichten (*Iamata*), wie auch den literarischen *Iamatika*-Epigrammen des hellenistischen Dichters Poseidippos, siehe Text bei EDELSTEIN / EDELSTEIN I 1945, 221–229; HERZOG 1931. Zu Poseidippos' *Iamatika* siehe MÄNNLEIN-ROBERT 2015.

265   Mit ‚den Vielen' (οἱ πολλοί) sind hier wieder die Christen gemeint, zu den kodierten Anspielungen auf die zeitgenössischen Christen im Text des Marinos siehe unten Anm. 143 und SAFFREY 1975 und HOFFMANN 2012; auch SAFFREY / SEGONDS / LUNA 2002, 162 Anm. 7.

266   Implizit verweist Marinos auch in der Wendung ‚die gegen ihn intrigieren wollen' auf die Christen, deren Aufmerksamkeit die heimlich theurgisch praktizierte Heilung der Asklepigeneia durch Proklos im Asklepieion entgangen zu sein scheint, s.o. Anm. 143. Damaskios berichtet (*Vita Isidori* = *Philos. Hist.* fr. 101 C, dort p. 247 mit Anm. 273), dass der Biograph und Diadochos Marinos selbst wegen (christlicher, vielleicht von Theagenes initiierter) Intrigen Athen verlassen und sich nach Epidauros in Sicherheit bringen musste, zu Theagenes s.o. Anm. 139. 146. 258; siehe ATHANASSIADI 1993, 22 und DIES. 1999, 247 Anm. 273 sowie WATTS 2006a, 121, die dieses Exil des Marinos aus rein innerschulischen Positionsstreitigkeiten erklären.

267   Siehe *VPr.* § 2, wo Marinos von allen Proklos zukommenden glücklichen Umständen spricht, s.o. Anm. 20 und 21.

268   Im Sinne der Nachfolge (Diadoché) innerhalb der athenischen Schule und im Sinne des Schüler-Lehrer-Verhältnisses steht Proklos zu Syrianos im Verhältnis wie ein Sohn zu seinem Vater, mit Blick auf Plutarchos wie ein Enkel zu einem Großvater; zu Syrianos als ‚Vater' siehe z.B. Procl. *In Tim.* II p. 253,31; *In Remp.* II p. 318,4 u.ö., zu ‚Großvater' für Plutarchos siehe z.B. Procl. *In Parm.* VI 1058,22, siehe SAFFREY / SEGONDS / LUNA 2002, 163 Anm. 10; vgl. auch die Rhetoren Libanios und Himerios, die einige ihrer Schüler ‚Kinder' nannten, dazu H. VÖLKER, *Spätantike Professoren und ihre Schüler. Am Beispiel von Himerios und Libanios*, in: A. GOLTZ / A. LUTHER / H. SCHLANGE-SCHÖNINGEN (Hrsgg.), *Gelehrte der Antike. Alexander Demandt zum 65. Geburtstag* (Köln u. a. 2002) 169–185, hier: 170 mit 181 Anm. 8. 10. 11. Zur Vater-Kinder-Metaphorik der athenischen Neuplatoniker, unabhängig von genealogischen, aber mit Blick auf innerschulische Ehrbekundungen und Kontinuitäten, siehe v.a. URBANO 2013, 308f. und EDWARDS 2000, 74 Anm. 119. Mit Blick auf die neuplatonische (Haushalts-)Ethik siehe den Beitrag von D. O'MEARA in diesem Band.

269   Der attische Tragiker Sophokles hatte den um 420 v. Chr. in Athen neu eingeführten Gott Asklepios in Ermangelung eines eigenen Tempels allem Anschein nach in den Temenos des Heilsheros Amynon, dessen Priester er gewesen sein soll, aufgenommen, bis das spätere

	Asklepieion gebaut war. Das Amyneion liegt ebenfalls in der Nähe des Dionysostheaters, nahe dem späteren Asklepieion. Ausführlicher siehe H. FLASHAR, *Sophokles. Dichter im demokratischen Athen* (München 2000), hier: 37; TRAVLOS 1971, 76–78. 127–142. Zum Paean, den Sophokles bei der Ankunft des Gottes in Athen vorgetragen haben soll, siehe ausführlicher SAFFREY / SEGONDS / LUNA 2002, 163 Anm. 11.
270	In eben dem von Marinos beschriebenen Areal wurde eine großzügige spätantike Villa mit zahlreichen Funden entdeckt, die tatsächlich nahelegen, hier die neuplatonische Schule seit Plutarchos von Athen anzunehmen: zum archäologischen Befund des sog. ‚Hauses des Proklos' dort siehe KARIVIERI 1994, 116. Eine Zusammenfassung der neueren archäologischen Befunde und Grabungsauswertungen sowie zur mittlerweile reichen Diskussion darüber, inwiefern es sich dabei faktisch um das ‚Haus des Proklos' handeln kann, siehe jetzt CARUSO 2013, 174–188, siehe bereits FRANTZ 1975, 29–38. Das Haus des Proklos zeichnet sich, Marinos zufolge, durch seine günstige Lage aus, da es durch Tempel der Athena, des Dionysos und des Asklepios immer im Blick und somit unter dem Schutz dieser Gottheiten steht. Marinos reiht so das Haus des Proklos in den Rahmen der damit beschriebenen paganen athenischen Sakraltopographie ein. Die genannten Bezugspunkte zur Verortung des Hauses sind allesamt etablierte Stätten der hellenisch-pagenen Religiosität der Polis Athen, dazu ausführlicher MÄNNLEIN-ROBERT vorauss. 2019; siehe die Einleitung in diesem Band, Kapitel 1 und 5.
271	Athena ist als philosophische Göttin (so bereits bei Plat. *Tim.* 24d1 und dazu Procl. *In Plat. Tim.* I p. 165,30–169, 21) als ‚Ursache' für die Existenz des Philosophen Proklos und natürlich für seine Hinwendung zur Philosophie verantwortlich, s.o. v.a. Anm. 61–62. 81–82. 154.
272	Die Redewendung τὰ ἀκίνητα κινεῖν, die eine frevelhafte Aktion gleichsam sprichwörtlich fasst (siehe z.B. Hdt. VI 134,2; Plat. *Theait.* 181b1; Zenob. I 55 t. I p. 22 [*Paroemiographi Graeci* I]; Porph. *De abst.* I 4,1; weitere Belege bei SAFFREY / SEGONDS / LUNA 2002, 165, Anm. 1), erinnert an die – ebenfalls verbrecherische, zudem in religiösen Kontexten gebräuchliche – gleichermaßen sprichwörtliche Verlegung des Kamarina-Sees, siehe Kallimachos, fr. 64 Pf. und dazu I. MÄNNLEIN-ROBERT, „Klage im Kontext oder Allegorie hellenistischer Spolienpoetik: Überlegungen zu Kallimachos' Sepulchrum Simonidis (frg. 64 Pf.)", in: *A & A* 55 (2009) 45–61, hier: 46. Zur durchaus herstellbaren astrologischen Analogie, wonach am Himmel Athena „eine enge Affinität zum ruhenden Himmelsnordpol" hat und in der nördlichen Polarregion unbeweglich erscheint, siehe HÜBNER 2017, 47 (o.g. Zitat) und 24. Es handelt sich auch bei der intendierten Bewegung der Athenastatue vermutlich um eine Anspielung auf die aus Marinos' Sicht frevelnden Christen. Ob diese Verlegung des Götterbildes tatsächlich erfolgte oder die Christen das nur versuchten (vgl. das even-

tuell so zu deutende Imperfekt von μετεφέρετο), ist an dieser Stelle nicht entscheidend (vgl. die nächste Anm.). Wichtig ist diese Episode allein deshalb, weil sie Proklos im Kontext der höchsten, der theurgischen Tugend als frommen und eines Götterbildes überhaupt würdigen Philosophen beschreibt.

273 Sprachlich legt Marinos hier die chryselephantine kolossale Athena-Parthenos-Statue des Phidias nahe, so auch SAFFREY / WESTERINK 1968, hier: XXIII; MARCHIANDI 2006, 106 und KALDELLIS 2009, 334. Für die Athena Promachos-Statue des Phidias plädieren hingegen FRANTZ 1988, 77 Anm. 143; SAFFREY / SEGONDS / LUNA 2002, 164 Anm. 15. Zur Diskussion siehe den Beitrag von SCHORN in diesem Band, S. 354 Anm. 94. Sollte das Kultbild der Athena aus dem Parthenon gemeint sein, das als kolossales Kunstwerk des Phidias in den antiken Quellen mit ca. 10–11m Höhe beschrieben wird, ist die Frage, wie Proklos ein Götterbild solcher Größe in seinem Haus hätte unterbringen sollen. Man ist daher geneigt, eher an eine Miniatur dieser berühmten Statue, etwa im Stil der als maßstabsgetreu geltenden Varvakionstatuette, denken. Ein ganz ähnliches Problem ergibt sich, wenn man hier von einer Verwechslung der berühmten Athena Parthenos mit der ebenfalls auf der Akropolis in Parthenonnähe platzierten Athena-Promachos-Statue ausgeht, die ebenfalls von Phidias geschaffen als kolossale Bronzestatue von ca. 10m Höhe in antiken Texten beschrieben ist. Auch diese Statue wäre für ein Privathaus zu groß; zu den Statuen selbst sowie zu Miniaturen derselben siehe R. VOLLKOMMER, *Künstlerlexikon der Antike* 2 (München / Leipzig 2004), hier: 215–223; A. FRANTZ, „Did Julian the Apostate Rebuild the Parthenon?", *AJA* 83 (1979) 395–401, hier: 401 Anm. 54. Vermutlich auf die Athena-Promachos-Statue beziehen sich spätere Nachrichten, wonach diese, vermutlich im Zeitraum 465–470 n. Chr., nach Konstantinopel gebracht und auf dem Konstantinsforum platziert worden sei, wo sie bis 1203 bezeugt ist; ausführlicher dazu siehe FRANTZ 1988, 76; R. J. H. JENKINS, „The Bronze Athena at Byzantium", *JHS* 67 (1947) 31–33; M. MEIER, *Das andere Zeitalter Justinians. Kontingenzerfahrung und Kontingenzbewältigung im 6. Jahrhundert n. Chr.* (Göttingen 2003) 526. Zur Synthese dieser Athena mit der christlichen Figur der Maria dort siehe MEIER ebd.; allgemeiner A. BRAVI, „Ornamenta, Monumenta, Exempla. Greek Images of Gods in the Republic Spaces of Constantinople", in: J. MYLONOPOULOS (ed.), *Divine Images and Human Imaginations in Ancient Greece and Rome* (Leiden / Boston 2010) 289–301. Da in *VPr.* § 10 in den Worten des Türhüters der Akropolis deutlich wird, dass die Heiligtümer der Akropolis offenbar wenig frequentiert werden und Proklos als Ausnahmeerscheinung beschrieben wird, ist anzunehmen, dass der Parthenon als Kultstätte nicht mehr wirklich in Betrieb ist, auch wenn er zum damaligen Zeitpunkt noch lange keine christliche Kirche war. Wann genau der Parthenon in eine Kirche

umgebaut wurde (Ende des 5. oder Beginn des 6. Jh.), ist Gegenstand längerer Diskussion, siehe z.B. MANGO 1995, DI BRANCO 2006, 191; DI BRANCO 2009, 321–323; HOFFMANN 2012, 177f.; umfassend ist KALDELLIS 2009, 11–53. Der Parthenon wird aller Wahrscheinlichkeit nach erst im frühen 6. Jh. in eine christliche Kirche umgewandelt, dazu FRANTZ 1965, 200f.; HOFFMANN 2012, 177f.; vgl. zur spätantiken christlichen *Vita Theclae* c. 27 KALDELLIS 2009, 35 mit Anm. 50.

274 Indem Marinos diese Traumanweisung Athenas an Proklos dieser Vita einschreibt, wird sein Anliegen deutlich, das in sakralem Areal (s.o. Anm. 270) gelegene Haus des Proklos als einzig akzeptablen (Sakral-)Ort für die alte Stadtgöttin im zeitgenössischen Athen zu reklamieren. Siehe FOWDEN 2005, hier: 146, der diese Episode in engen Zusammenhang mit den von Marinos herausgestellten theurgischen Tugenden des Proklos stellt; MÄNNLEIN-ROBERT vorauss. 2019. Zum Aspekt seiner engen Verbundenheit mit Athena siehe auch Anm. 272–274.

275 Nicht nur Athena, sondern auch Asklepios hat ein Nahverhältnis zu Proklos und gibt ihm Zeichen: Im Schwellenzustand zwischen Wachsein und Traum und ebenso an der Schwelle zwischen Leben und Tod, markiert durch seine schwere, schließlich auch letale Krankheit, erscheint Proklos der ihm von Jugend an eng verbundene (s.o. v.a. Anm. 67 und 68) Gott Asklepios in Gestalt einer Schlange. Zur Schlange als Attribut und Epiphanieform des Asklepios siehe EDELSTEIN / EDELSTEIN I 1945, 360–369. Die Epiphanie des Gottes als Schlange wird etwa auch bei der Einführung seines Kultes nach Rom im Jahr 293 v. Chr. tradiert, z.B. Livius IV 25–29. Eine Schlange zeigt sich auch plötzlich, als Plotin stirbt, so Porphyrios nach dem Bericht des Arztes Eustochios, Porph. *Vita Plot.* c. 2,23–31; zur Vorstellung der Schlange als Seele eines Sterbenden resp. Gestorbenen O. WASER, „Die äußere Erscheinung der Seele in den Vorstellungen der Völker, zumal der Griechen", *Archiv für Religionswissenschaft* 16 (1913) 336–388.

276 Der Todeswunsch des Philosophen Proklos ist in diesem Fall stärker als Asklepios' Heilungsvermögen, was Proklos als extrem willensstarke Persönlichkeit beschreibt. Wie im Fall des von Proklos bewunderten Plotin (siehe z.B. *Theol. Plat.* I 1 p. 6,19 = I 6 ABBATE) ist die der ‚Angleichung an Gott' seit Platon inhärente Fluchttendenz, die sich im Fall des Proklos zu Lebzeiten in körperfeindlicher, religiös motivierter Askese äußert, deutlich ausgeprägt – was in der hier geschilderten Szene deutlich wird. Zur Dominanz des Fluchtgedankens im Kontext der ὁμοίωσις θεῷ siehe MÄNNLEIN-ROBERT 2013, 102–105.

277 Im Kontext der finalen Krankheit des Proklos (§ 30) erzählt Marinos nun rückblickend über Proklos' Furcht vor künftigen, ererbten Gichtproblemen (ἀρθρῖτις νόσος) in seinen mittleren Jahren, die sich dank Asklepios' nicht bestätigen wird.

Anmerkungen 177

278 Der das Pflaster des kranken Proklos raubende Sperling wird als Zeichen des Asklepios, dem dieser Vogel als heilig gilt (z.B. Aelian. *Var. Hist.* V 17), interpretiert. Dieses Zeichen wird explizit als göttlich benannt (ὁ σύμβολος θεῖος). Zur wichtigen Rolle von symbolischen Zeichen in Marinos' *Vita Procli* siehe § 10 und Anm. 95.

279 Dieses Zeichen ist nicht nur göttlich (vgl. die vorherige Anm.), sondern auch ‚wahrhaft heilsam' (ὄντως Παιώνεος). Paian resp. Paion (so die ionische Form) ist ein alter mythischer Heiler und Arzt, so bereits Homer, *Ilias* V 401f. Das Adjektiv Παιώνεος wird als Epitheton für verschiedene Heilgötter, wie etwa hier für Asklepios, aber z.B. auch (Paus. I 2,5; Soph. *Trach*. 1208) für Athena benutzt; siehe den Beitrag von DILLON in diesem Band.

280 Wie der Kontext aus *VPr.* § 30 und 31 nahelegt, ist hier der Gott Asklepios gemeint.

281 Vermutlich handelt es sich bei der aus Epidauros kommenden Traumgestalt um Asklepios selbst. Zur Epiphanie des Asklepios in Tempelschlaf und Traum siehe EDELSTEIN / EDELSTEIN II 1945, 145ff. 161ff.; RIETHMÜLLER 2005, 391; HERZOG 1931, 80f.; MÄNNLEIN-ROBERT 2015, 343f. Das Heiligtum des Asklepios in Epidauros war dessen berühmtester und größter Temenos. Nachdem dort zuerst Apollon Maleatas verehrt worden war, etablierte sich ab dem 5. und v.a. seit dem 4. Jh. v. Chr. der Asklepios-Kult, der dort bis ins 5. Jh. n. Chr. lebendig war. Ausführlicher siehe RIETHMÜLLER 2005.

282 Eine im Asklepieion in Pergamon gefundene Inschrift ist Ἀσκληπίωι φιλανθρώπωι θεῶι gewidmet, dazu siehe H. MÜLLER, „Ein Heilungsbericht aus dem Asklepieion von Pergamon", *Chiron* 17 (1987) 193–233, v.a. 199f.; siehe SAFFREY / SEGONDS / LUNA 2002, 166 Anm. 5.

283 Der wundersam heilende Effekt eines Kusses des Asklepios ist in den in Epidauros überlieferten inschriftlichen Wunderheilungsberichten der *Iamata* erhalten, siehe *IG* IV² 1, 122 no. XLI (EDELSTEIN / EDELSTEIN I 1945, 228f.); ausführlicher dazu siehe WEINREICH 1909, 73–75 und HERZOG 1931, 83.

284 Bei dem ‚Gott in Adrotta' handelt es sich aller Wahrscheinlichkeit nach ebenfalls um den in einer Stadt resp. dem dortigen Heiligtum namens Adrotta verehrten Asklepios (siehe auch die folgende Anm.). Adrotta ist Stephanos von Byzanz zufolge eine in Lydien am Meer und am Abhang eines Berges gelegene Stadt mit einem heilkräftigem Heiligtum: Steph. Byz. s.v. Ἄδροττα p. 29,6–11 MEINEKE = p. 60, no. 66 vol. I BILLERBECK. Die Stadt ist heute allerdings nicht eindeutig zu lokalisieren, siehe ausführlicher SAFFREY / SEGONDS / LUNA 2002, 167 mit Anm. 7. Mit Blick auf die in Anm. 125 gemachten Angaben zur Provinz Lydien zu Proklos' Zeit kommt am ehesten das Gediz-Tal und hier v.a. die Stadt Foça in Frage. In jedem Fall spielt die genannte Epsiode sowie die Epiphanien des Gottes gegenüber Proklos in Ly-

	dien vermutlich zur Zeit seines einjährigen Aufenthalts ebendort, s.o. Anm. 152. 153. 284.
285	Proklos ist ,gottgeliebt' (θεοφιλής), Asklepios war soeben (VPr. § 31,22) in seiner ,Menschenfreundlichkeit' (φιλανθρωπία) in einer auf Proklos bezogenen Episode beschrieben worden, so dass die enge Verbindung des göttlichen Proklos zum Nahgott Asklepios reziprok vorzustellen ist. Zu θεοφιλής siehe SZLEZÁK 2010, 216–232.
286	Die ,gehörten Stimmen' (ἀκοαί) sind akustische Epiphanien, ausführlich dazu ist O. WEINREICH, „Noch einmal AKOAI (Marinos, Vita Procli)", Hermes 51 (1916) 624–629; O. WEINREICH, „Theoi Epekooi", Athener Mitteilungen 37 (1912) 1–68. Weitere Literaturverweise siehe bei SAFFREY / SEGONDS / LUNA 2002, 168 Anm. 11.
287	Die Dioskuren sind antike Retter-Gestalten, sie erretten aus Seenot, vor Krankheiten etc. Ihre hilfreichen Eigenschaften im Kontext von Heilkulten, wie dem des Asklepios, korrespondieren seit der Spätantike auffällig mit denen christlicher Anargyroi, die ebenfalls kultisch verehrt werden, darunter z.B. Kosmas und Damian oder Kyros und Johannes, eventuell auch paarweise ausgesandte heilkräftige Jünger Jesu – ein Beweis für die komplexe Verschränkung hellenischer und christlicher Retter-Konzepte im Kontext von Heilkulten resp. Inkubation, ausführlicher dazu siehe A. MÜLLER, „Gott – Götter – Heilige. Die Anargyroi als eine Trägergruppe der Wohlfahrt in der Spätantike", in: C. SCHWÖBEL (Hrsg.), Gott – Götter – Götzen. XIV. Europäischer Kongress für Theologie (11.-15. September 2011 in Zürich) (Leipzig 2013) 459–474. Es gibt antike Reliefs aus Kleinasien, die zwei berittene junge Männer darstellen, welche oft als Dioskuren identifiziert werden, siehe dazu L. ROBERT, „Documents d'Asie Mineure XXVII: Reliefs Votifs. 11: Les Dioscures et Arès", in: Bulletin de Correspondance Hellénique 107 (1983) 553–579.
288	Neben den für Adrotta bezeugten akustischen Epiphanien erlebt nun der Philosoph Proklos dort eine (visuelle) Epiphanie des lokalen Gottes im Traum, der ihm in seiner rhetorischen Frage die Antwort nach den dort wirksamen Göttern implizit anbietet – Asklepios. Zu Inkubationen, Traumerscheinungen des Heilgottes, in einem seiner Heiligtümer, siehe ausführlicher HERZOG 1931, 80f.; F. GRAF, „Heiligtum und Ritual. Das Beispiel der griechisch-römischen Asklepieia", in: A. SCHACHTER / J. BINGEN (éds.), Le Sanctuaire Grec. Entretiens sur l'antiquité classique 37 (Genève 1992) 159–199, hier: 186–193; M. WACHT, „Inkubation", RAC 18 (1998) 179–265, hier: 187–195; RIETHMÜLLER 2005, 391 und jetzt mit Bezug auf Marinos auch G. RENBERG, Where Dreams May Come. Incubation Sanctuaries in the Greco-Romans World (Leiden 2017), hier: 210. Der Gott im Traum verweist auf einen einschlägigen Passus beim neuplatonischen Philosophen Iamblichos, dessen entsprechende Schrift Proklos laut gelesen und somit gehört haben sollte, siehe D. M. SCHENKEVELD, „Prose Usages of ἀκούω ,to

read'", *CQ* n. s. 42 (1992) 129–141. Allerdings bleibt anhand der überlieferten Texte und Zeugnisse bislang unklar, worauf hier angespielt wird, vgl. die Werkübersicht bei DILLON 2000, 830–835. Siehe auch SAFFREY / SEGONDS / LUNA 2002, 169 Anm. 8, die auf einen bei Damaskios (*In Phil.* § 19,5) genannten Hymnos Iamblichs verweisen.

289 Machaon und Podaleirios sind die Söhne des Heilgottes und Retters Asklepios, so bereits bei Homer, *Ilias* II 729–733; IV 204; XI 614. 833–836; XIV 2.

290 Der Gott Asklepios würdigt – vielleicht im selben Traum – Proklos eines Enkomions. Basierend auf dem Bericht des Proklos darüber referiert Marinos sogar die Rednerpose, die der Gott dabei einnimmt, und zitiert einen besonders denkwürdigen Satz aus diesem Enkomion wörtlich (vgl. das weitere wörtliche Zitat des denkwürdigen Torhüter–Spruches in *VPr.* 10,41f. mit Anm. 106). Die klangliche Assonanz Πρόκλος – κόσμος ist sicherlich intendiert. Zur rhetorischen Gattung des Enkomions siehe umfassend PERNOT 1993. Dass mit dieser Szene vorhandener, aber unterdrückter politischer Ehrgeiz des Proklos akzentuiert werden soll (so VAN DEN BERG 2005, v.a. 111), ist m.E. fraglich.

291 Die große Sympatheia zwischen Gott und Mensch, hier konkret zwischen Asklepios und Proklos, verdeutlicht dessen Affinität zum Göttlichen sowie seine außerordentliche Befähigung in der höchsten, der theurgischen Tugend. Sie wird in der *VPr.* des Marinos dem biographischen Genre entsprechend durch einschlägige Episoden illustriert, in denen Proklos selbst alle erdenklichen Götter und die Götter wiederum ihn durch Traumerscheinungen oder Zeichen würdigen. Συμπάθεια spielt auch in der Philosophie des Proklos selbst eine explizite Rolle, siehe Procl. *In Tim.* I p. 455,13f.; ebd. 169,10f.; *In Parm.* III 805,1f; *In Remp.* II p. 108,17–30; *Theol. Plat.* IV 10 p. 31,18f.; *El. Theol.* 145; *De prov.* 10 und vor allem in Περὶ τῆς καθ' Ἕλληνας ἱερατικῆς τέχνης (= CMAG 6, 1928, p. 139–151, Text: p. 148–151, hier: p. 151,10 BIDEZ), dazu LUNA / SEGONDS / ENDRESS 2012, 1606–1608; sie ist Voraussetzung für erfolgreiches theurgisches Handeln, siehe dazu auch REDONDO 2016, 181.

292 Der Gott Pan, Sohn des Hermes (zur Hermes-Kette, zu der sich Proklos selbst rechnet s.o. *VPr.* § 28,34f. und Anm. 255) ist ein hybrider, dämonischer Naturgott und wird seit dem frühen 5. Jh. v. Chr. (siehe auch die folgende Anm.) in einer kleinen, am Nordabhang der Akropolis gelegenen Höhle, also in unmittelbarer Nähe zum Haus des Proklos, verehrt, dazu TRAVLOS 1971, 417–421. Sein Kult lässt sich bis in die Spätantike nachweisen, siehe z.B. R. L. FOX, *Pagans and Christians in the Mediterranean World from the Second Century AD to the Conversion of Constantine* (London 1986) 130–132.

293 Die Rettung des Proklos in Athen durch Pan könnte erneut eine kodierte Anspielung auf die Rettung aus einer großen, für Proklos durch

	die Christen gegebenen Gefahr sein. Diese scheint in Analogie zur Rettung Athens durch Pan gegen die Perser in der Schlacht bei Marathon verwendet zu sein (Herodot VI 105, vgl. Rettung Delphis vor den Kelten Paus. X 23,7–10), wo dieser die Gegner in ‚panischen' Schrecken versetzte und fliehen ließ, siehe R. HERBIG, *Pan: der griechische Bocksgott. Versuch einer Monographie* (Frankfurt am Main 1949). Die Rettung des Proklos durch Pan wird durch diesen intertextuellen Verweis somit als existenziell beschrieben. Die Christen wären demnach als höchst bedrohliche und gefährliche Übermacht, wie damals die Perser, beschrieben.
294	Mit der Göttermutter ist die Magna Mater oder Kybele gemeint, eine alte phrygische Vegetations- und Fruchtbarkeitsgottheit, die zusammen mit Attis, ihrem Gelieben, meist in ekstatischen Riten, verehrt wird, ausführlicher siehe P. BORGEAUD, *La Mère des dieux. De Cybèle à la Vierge Marie* (Paris 1996). Diese Göttin spielt für den Philosophen Proklos eine wichtige Rolle, siehe z.b. Procl. *Hymn*. 6, dazu VAN DEN BERG 2001, 252–273; vgl. auch den *orphischen Hymnos* 27 und die *Orphischen Argonautica* 21–23. Kybele resp. die Göttermutter hat bei Proklos den Rang einer noerischen Gottheit, siehe Procl. *Theol. Plat*. V 11 p. 35–59. In der spätantiken Villa am Südhang der Akropolis, die meistens als ‚Haus des Proklos' bezeichnet wird, wurde in einer Nische eine kleine Kybele–Statue entdeckt, siehe FRANTZ 1988, 44 (und Abb. 44b) und vor allem KARIVIERI 1994, mit Abb. 18, hier: 131f.; vgl. aber CARUSO 2013, 179 und 182, die diese Kybele-Statue als Argument der Zuschreibung dieser Villa als ‚Haus des Proklos' ablehnt; siehe auch den Beitrag von DILLON in diesem Band, S. 241f. Ausführlicher zur archäologischen Evidenz über die Göttermutter in Athen und Piräus (allerdings ohne den Fund im ‚Haus des Proklos') siehe M. J. VERMASEREN, *Corpus cultus Cybelae Attidisque (CCCA) II: Graecia et insulae* (Leiden 1982) 3–109.
295	Zuerst sind, als Marinos seine Gedenkrede auf Proklos hält, konkret seine Hörer, dann sind aber mit Blick auf die schriftliche Version auch seine Leser gemeint. Vgl. *VPr*. § 9,35, wo οἱ ἐντυγχάνοντες die Leser sind, siehe dazu SAFFREY / SEGONDS / LUNA 2002, 92 Anm. 2.
296	Es handelt sich dabei um die sog. βίβλος μητρωακή, die nicht erhalten ist, siehe LUNA / SEGONDS / ENDRESS 2012, 1609. Erhalten ist aber Proklos' Hymnos auf die Göttermutter (*Hymnus* 6), siehe VAN DEN BERG 2001, 252–273.
297	Dieser und der folgende Passus wurden in die Suda übernommen: Suda p. 48,1–3 ADLER III; p. 210,19–21 ADLER IV; p. 726,30f. ADLER II; p. 210,21f. ADLER IV.
298	Vgl. oben *VPr*. § 23,17f. die Wendung οὐ γὰρ ἄνευ θείας ἐπιπνοίας mit Anm. 209. Bei κατακωχή handelt es sich um eine falsche, aber so überlieferte Form von κατοκωχή, siehe z.B. Plat. *Phaidr*. 245a2; Plat. *Ion* 536c2; Procl. *Theol. Plat*. I 25 p. 113,10.

Anmerkungen 181

299 Bereits Porphyrios (z.B. *De imaginibus* fr. 358 SMITH), Sallustios (*De diis et mundo* c. IV p. 6–8 NOCK) und Julian (*or.* 8 § 14–19) legen über die Göttermutter eine dezidiert philosophische Interpretation vor. Marinos stellt Proklos somit gezielt in diese Tradition, siehe auch die folgende Anm.

300 Die absurden Klagelieder (ἀπεμφαίνοντες θρῆνοι), auf die Marinos hier anspielt, dürften dem sonst üblichen, orgiastischen Ritual der Kybele resp. Göttermutter zuzurechnen sein, eine phrygisch-wilde Orgiastik also, von der sich die platonischen Philosophen, und so auch Proklos, dezidiert durch seriöse philosophische Interpretation zu distanzieren versuchen (siehe auch die vorangehende Anm.). Zum damals zeitgenössischen Kybele- und Attis-Ritual siehe CUMONT 1906 (= ⁴1963) 43–57.

301 Mit den εὐτυχήματα spielt Marinos auf die in den vorangehenden Kapiteln illustrierte Zuwendung der theurgisch relevanten Götter zum Philosophen Proklos an; vgl. ebenso *VPr.* § 29,33 εὐτυχήμασιν. Insgesamt erfolgt in diesem Epilogos die Reihung der Aspekte umgekehrt zur tatsächlich erfolgten Narration derselben.

302 Es handelt sich hier um ein fast wörtliches Zitat aus Platons *Politeia* (*rep.* VI 498e3–499a1).

303 ‚Der Anfang als Hälfte des Ganzen' ist ein Anklang an Platons *Nomoi*, wo diese Wendung als geläufiges Sprichwort zitiert wird (*leg.* VI 753e6–8 = Suda s.v. Ἀρχή p. 373,8f. ADLER I).

304 Marinos beschreibt die von ihm intendierte Ringkomposition der ganzen Gedenkrede. Was nun folgt, ist ein fulminanter, nach allen Regeln rhetorischer Kunst ausgeführter Epilogismos (resp. eine *peroratio*, vgl. I. MÄNNLEIN-ROBERT, „peroratio", in: *HWRh* 6 [2003] 778–788: alle vorher ausgeführten Topika werden nochmal summarisch unter Anwendung zahlreicher Stilmittel aufgelistet). Die im Epilogismos erzeugte Beweisfülle dokumentiert final die vollendete Eudaimonia des Proklos, die auch auf seinen eigenen Entscheidungen und Handlungen beruht. Siehe die Einleitung in diesem Band, Kap. 6.3.

305 Das von Marinos gewählte Adjektiv für ‚gut' ist σπουδαῖος, so dass Proklos damit dem von Plotin als σπουδαῖος bezeichneten idealtypischen Weisen entspricht, v.a. Plot. I 4 (46), dazu SCHNIEWIND 2003; allein einem ‚Guten' dieser Art gelingt die Angleichung an Gott, siehe MÄNNLEIN-ROBERT 2013, 101f.

306 Den Epilogismos läßt Marinos mit einem wörtlichen Anklang an einen Passus aus Aristoteles' *Nikomachischer Ethik* enden (Arist. *eth. Nic.* I 11,1101a14–16).

307 Vermutlich ist mit den φιλοκαλώτεροι eine Anspielung auf die φιλόκαλοι im Platonischen *Phaidros* (248d3) formuliert: Diese werden als wahre Liebhaber des Schönen in der Darstellung des Sokrates vom Leben der Götter erwähnt, welche zum überhimmlischen Ort auffahren und dort die Schau der Sterne und der jenseitigen Dinge genießen

(*Phaidr.* 247c3–248e3). Es sind also die Liebhaber der Gestirne im allgemeinen und die von Horoskopen im besonderen gemeint. Proklos selbst hat sich intensiv mit Astrologie beschäftigt, wie sein überliefertes Werk *Hypotyposis astronomicarum positionum* bezeugt, ausführlicher zu Proklos' Astronomie ist SIORVANES 1996, 262–316.

308 Die Wendung κλῆρος τῆς αἱρέσεως ist keine in astrologischem Kontext gebräuchliche Junktur, siehe SAFFREY / SEGONDS / LUNA 2002, 172 Anm. 2. Anhand eines Horoskops lassen sich, Ptolemaios zufolge, körperliche, seelische und intellektuelle Qualitäten eines Menschen herauslesen; Qualitäten, die das von Marinos zitierte Geburtshoroskop für Proklos in den meisten, aber nicht allen Aspekten bestätigt, so dass sich insgesamt ein gemischtes Bild für ihn ergibt. Vermutlich verzichtet Marinos aus diesem Grund auf eine rühmende Auswertung des Horoskops, siehe dazu TOPP in diesem Band. Zur Relevanz der Gestirnspositionen gerade bei der Geburt und zu den daraus resultierenden Einblicken über Charakter, Potenzial und Lebensumstände im Sinn der antiken Astrolologie siehe G. LUCK, *Arcana mundi. Magic and the Occult in the Greek and Roman Worlds* (Baltimore / London 1985), hier: 317–321. Die Funktion des Horoskops im Dienste der Mythisierung des Proklos sowie zur Dokumentation der Verwurzelung seiner Familie in Lykien unterstreicht WILDBERG 2017, 7.

309 Ein überliefertes Geburtshoroskop für einen Philosophen ist ungewöhnlich, siehe die Gesamtübersicht der überlieferten antiken Horoskope bei HEILEN 2015, 204–333: Neben dem des Proklos gibt es nur noch das des Platonikers Porphyrios, das aber nicht zweifelsfrei gesichert ist (Porph. fr. 489F SMITH). Das hier von Marinos gebotene (originale resp. korrigierte s.o.) Geburtshoroskop ergibt – ohne explizite Angabe des Datums oder des Ortes – faktisch für die geographische Breite von Rhodos als Geburtstag des Proklos den Mittag des 7. Februar 412 n. Chr. Das somit gegebene Geburtsjahr 412 stimmt aber nicht mit der zweimal gemachten Angabe des Marinos, Proklos habe 75 volle Jahre gelebt (*VPr.* § 3 und 26), überein, da er demnach 410 geboren wäre oder im 74. Lebensjahr verstorben sein müßte. SIORVANES 1996, 1f. und 25f. plädiert aufgrund der erkennbaren platonischen Vorgaben etwa aus Platons *Nomoi* (946c: 75 als Altersgrenze für höchste Ämter im Idealstaat) und *Timaios* (35b–36e: die Zahl 75 als Lebenszeit resp. Inbegriff der nicht-rationalen Seele im Bereich des Werdens) eine von Marinos vorgenommene Anpassung der Lebenszeit des Proklos an das ‚ideale' Lebensende mit 75 und hält zugleich das Geburtshoroskop für fragwürdig; er postuliert als Geburtsjahr 411, siehe SIORVANES 1996, 25f. Dagegen bewertet JONES 1999 (mit weiterer Literatur zu antiken Horoskopen etc.) das Geburtshoroskop als recht zuverlässig und zumindest in den Angaben der Sonnenposition als korrekt für den 7. / 8. Februar (eine kritische Würdigung der bisherigen Deutungsversuche seit dem Humanismus siehe ebd. 82–85 sowie zur Kor-

rektur der Fehler in diesem Horoskop ebd. 86). Das Geburtshoroskop ist allem Anschein nach für Xanthos berechnet, obwohl Proklos, Marinos zufolge, in Byzanz / Konstantinopel geboren wurde. Das spricht für die Beobachtung von JONES 1999, 87f., dass Marinos das genaue Geburtsdatum des Proklos nicht wusste und ohne Kenntnis darüber, dass das offenbar seriöse Geburtshoroskop des Proklos einen genauen Termin bietet, dieses in seine *Vita Procli* integriert und daher nicht mit seinen Angaben zum Todesjahr des Proklos abgestimmt hat. Der Meinung von Jones schließt sich an CHLUP 2012, hier: 35 mit Anm. 44.

310   Die in der Übersetzung abgedruckte, da nach dem griechischen Text gemachte Angabe des Sonnen-Notats ist falsch und muss richtig lauten: Sonne im Widder 16° 16'. Die falsche Angabe 26' wurde bereits von Vincenzo Renieri, einem Freund Galieo Galieis korrigiert, aber niemals in Marinos-Editionen übernommen, ausführlich siehe den Beitrag von TOPP in diesem Band, der unter Ausdifferenzierung der Ergebnisse von JONES 1999 und HEILEN 2015, 528–532 darstellt, wie das antike Horoskop zwar zunächst richtig erstellt, jedoch im Laufe der Überlieferung entstellt wurde.

311   Mit dem ‚Horoskopos' ist der Aszendent gemeint, siehe den Beitrag von TOPP in diesem Band. Zur Auffälligkeit, dass in diesem Geburtshoroskop der Widder Sonne und Horoskopos/Aszendenten beherbergt und zur Rolle Athenas zusammen mit dem Widder als ‚Verstandeskraft' siehe HÜBNER 2017, 9–13 und 46.

312   Μεσουράνημα resp. lat. *medium coeli* sind astrologische Begriffe für die Himmelsmitte, siehe A. BOUCHÉ-LECLERCQ 1899, hier: 258f., vgl. auch die Verwendung desselben in *Apokalypse* 8; 13.

313   Erhellend zu den hier genannten astronomischen Fachausdrücken ist die graphische Darstellung bei GÖRGEMANNS 2000, 81.

314   Die Datierung von Proklos' Tod nach dem Jahr der Thronbesteigung des Kaisers Julian (so ist βασιλεία zu lesen) ist bemerkenswert und soll Proklos dezidiert in die pagane, hellenische, nicht-christliche Zeitrechnung einordnen. Zur Zeitrechnung nach Julian in spätantiken paganen Kreisen siehe J. BIDEZ (Hrsg.), *Philostorgius. Kirchengeschichte. Mit dem Leben des Lucian von Antiochien und den Fragmenten eines arianischen Historiographen* (Berlin 1972 [= Berlin ³1981]), hier: 356 Anm. 15. Allerdings ist umstritten, wann genau Julian Kaiser wurde: diskutiert werden Februar 360 oder Dezember 361 n. Chr., siehe ausführlicher SAFFREY / SEGONDS / LUNA 2002, 175 Anm. 10; auch S. ELM, *Sons of Hellenism, Fathers of the Church. Emperor Julian, Gregory of Nazianzus, and the Vision of Rome* (Berkeley u. a. 2012) 60–67. Kaiser Julian hatte unter den spätantiken paganen Intellektuellen gleichsam Kultstatus, siehe A. D. NOCK, „Deification and Julian", *JRS* 41 (1941) 123 (auch in: DERS., *Essays on Religion and the Ancient World II* [Oxford 1972] 845). Im Todesjahr des Proklos, 485 n. Chr., war Nikagoras der Jüngere Archon

Eponymos, also der Beamte, nach dem das Jahr in Athen benannt wurde. Nikagoras d. J. stammt vermutlich aus alter, berühmter athenischer Familie, dazu O. SCHISSEL, „Die Familie des Minukianos. Ein Beitrag zur Personenkunde des neuplatonischen Athens", *Klio* 21 (1927) 361–373; siehe auch *PLRE* II, s.v. „Nicagoras iunior". Auf einer Inschrift (*IG* II2 4831) wird für einen Nikagoras der zwölfmalige Besuch in einer Kultgrotte des Pan am Parnes bezeugt. Für einen praktizierenden Heiden halten ihn SAFFREY / SEGONDS / LUNA 2002, 175f. Anm. 11 und SCHORN, Beitrag in diesem Band, S. 374 Anm. 174. Der griechische Monat Mounichion entspricht dem römischen April, dazu Plin. *Nat.* IX 74. Zum Abgleich von julianischem und byzantinischem Kalender, die beide hier angewandt werden (und zur daraus resultierenden Abgleichsproblematik) siehe SAFFREY / SEGONDS / LUNA 2002, 176 Anm. 12. Die Datierung nach Kaiser und v.a. Archontat ist eine klassische athenische Datumsangabe, daher ist fraglich, inwiefern diese im 5. Jh. den Zeitgenossen überhaupt noch geläufig war, siehe S. FOLLET, *Athènes au IIe et au IIIe siècle. Ètudes chronologiques et prosopographiques* (Paris 1976), hier: 361f. Es handelt sich insgesamt bei dieser Datierung des Marinos, nach Julian und einem aller Wahrscheinlichkeit nach paganen Archonten, um den letztlich trotzigen Versuch, in einer längst weitgehend christianisierten Gesellschaft alte hellenische Usancen und somit das traditionelle Selbstverständnis der Hellenen zu behaupten.

315 Der Umstand, dass Marinos auch über den toten Körper des Proklos berichtet, korrespondiert mit seinen eingangs gemachten Bemerkungen über dessen Schönheit; anders nämlich als im Falle Plotins, wie Porphyrios es in der *Vita Plotini* beschreibt, akzentuiert der Biograph Marinos auch körperliche Schönheit und Krankheit(–en) sowie den Leichnam seines Protagonisten, s.o. Anm. 33. 37 und 66.

316 Das alte hellenische Traditonsbewusstsein des Proklos wird auch daran ersichtlich, dass er sich nach altem athenischen Ritus bestatten lässt: Traditionell erfolgte dabei nach dem Todestag für einen Tag die Aufbahrung zuhause (πρόθεσις) und am dritten Tag der Gang zum Grab (ἐκφορά). Nach der Bestattung fand ein Leichenschmaus (περίδειπνον) statt und am neunten Tag versammeln sich die Verwandten erneut am Grab. Ausführlich für den Bestattungsritus in Athen/Attika sind D. C. KURTZ / J. BOARDMAN, *Greek Burial Customs* (London u. a. 1971) 142–149. Durchaus denkbar wäre, dass man in der Schule des Proklos den (praktisch mit den o.g. traditionellen Sitten übereinstimmenden) Anweisungen aus Platons *Nomoi* (XII 958c7–960c1) Folge leistete, so auch SAFFREY / SEGONDS / LUNA 2002, 176 Anm. 14. Der etwas jüngere Zeitgenosse Damaskios liefert ein Detail des für Proklos angewandten alten attischen Bestattungsrituals, indem er berichtet, dass an Proklos' Beerdigung Isidoros den Weih-

rauchschwenker (θυμιατρίς) getragen habe, Damasc. *Vita Isidori* = *Philos. Hist.* fr. 125B.

317 Athenische Heroen sind z.b. Theseus oder Erechtheus, siehe ausführlicher A. D. NOCK, „The Cult of Heroes", *HThR* 37 (1944) 141–174 und E. KEARNS, *The Heroes of Attica* (London 1989). Die Verehrung von Heroen der mythisch-historischen Frühzeit der Hellenen dürfte Proklos von seinem Lehrer Syrianos übernommen haben, der einen (nicht erhaltenen) *Hymnos auf Achill* gedichtet hatte (nach dem Zeugnis des Zosimos, *hist.* IV 18, 4), siehe auch STAAB 2014, 83 mit Anm. 9. Proklos würdigt somit die lokale attisch-athenische Heldentradition.

318 Zur rituellen Würdigung der Toten überhaupt, siehe zum Anthesterienfest etwa BURKERT 2011, 237–242, zum ritualhaften Gedenken von Geburtstagen siehe z.b. W. SCHMIDT, *Geburtstag im Altertum* (Gießen 1908) hier: 37–52; zum Ritual an Todestagen siehe z.b. S. GEORGOUDI, „Commémoration et célébration des morts dans les cités grecques: les rites annuels", in: P. GIGNOUX (Éd.), *La commémoration* (Louvain / Paris 1986) 73–89 (unter Verweis auf Plat. *leg.* IV 717e1–718a3); siehe auch G. FOWDEN, „City and Mountain in Late Roman Attica", *JHS* 108 (1988) 48–59.

319 Mit Proklos' Gang hinaus auf das Gelände der alten Akademie Platons vor der Stadt, das hier sicherlich gemeint ist (vgl. dagegen BAUMER 2001, hier: 66. 68), beschreibt Marinos erneut Proklos' Traditionsbewusstsein sowie seine Verpflichtung gegenüber der eigenen philosophischen Hairesis. So demonstriert Proklos seine Verbundenheit auch mit den früheren Scholarchen der Schule Platons (in der alten Akademie), dazu auch SAFFREY / SEGONDS / LUNA 2002, 95 Anm. 13, siehe den Beitrag von DILLON, S. 246f. Die Akademie, spätestens seit der Zerstörung durch Sulla 86 v. Chr. nicht mehr als Lokalität für die platonische Schule in Betrieb (dazu GLUCKER 1978; LYNCH 1972; vgl. Pausanias, der für seine Zeit dort ein Gymnasium, das Gebiet in Privatbesitz beschreibt, Paus. I 29,2), wird hier als ehrwürdiger *lieu de mémoire*, als Ort eines abgeschieden vollzogenen Totenrituals kenntlich, siehe MÄNNLEIN-ROBERT vorauss. 2019, 8 mit Anm. 29–34. Freilich gab es längst Gesetze, welche pagane Riten auf Friedhöfen und heidnischen Totenkult überhaupt verboten, siehe TROMBLEY 1993 / 94, 27–30, ausführlicher SCHORN in diesem Band 337f. mit Anm. 6. Antiken Nachrichten zufolge (Diog. Laert. III 41. 43f.; Paus. I 30,3; Lib. *or.* 18,306; Anon. Proleg. *In Plat. Phil.* 6,9–13; siehe HARTMANN in diesem Band, S. 275) soll sich auch Platons Grab auf dem Gelände der Akademie befunden haben. Zu Proklos' Zeit diente das Akademie–Areal tatsächlich bereits seit längerer Zeit als Bestattungsplatz, dazu BURKHARDT 2010, hier: 132 sowie mit Auswertung der archäologischen Befunde CARUSO 2013, 189f.

320 Die Seelen von Toten müssen beschwichtigt werden, da sie aus Sicht der Lebenden immer irgendwie bedrohlich sind, siehe S. I. JOHNS-

TON, *Restless Dead. Encounters between the Living and the Dead in Ancient Greece* (Berkeley 1999).

321 Proklos ehrt also nicht nur Gräber, sondern bringt auch für die Seelen verstorbener Verwandter, verstorbener Philosophen und überhaupt aller Verstorbenen an jeweils drei unterschiedlichen Orten auf dem Akademie-Gelände Sühneopfer dar. Proklos' penible Beachtung des traditionellen Grab- und Totenrituals dokumentiert einmal mehr (vgl. *VPr.* § 19) die extrem religiöse und auch skrupulöse Haltung dieses Platonikers gegenüber Vorfahren in jedem Sinne. Auf dem Gelände der Akademie gab es offenbar Altäre, auf denen Proklos opfern konnte: So soll bereits Aristoteles für Platon einen Altar dort errichtet haben, so *Vita Arist.* p. 399 WESTERMANN. Pausanias zufolge gab es noch in der Kaiserzeit in der Akademie Altäre, auf denen man opfern konnte, etwa einen Altar für Eros am Eingang der Akademie (Paus. I 30,1).

322 Wie bereits in *VPr.* § 36,5 so lenkt Marinos hier (ebd. 24) noch einmal die Aufmerksamkeit explizit auf den toten Körper (σῶμα) des Proklos, siehe oben Anm. 315.

323 Der Lykabettos lag damals außerhalb des Stadtgebiets von Athen. Tatsächlich wurden christliche Grabanlagen am südwestlichen Lykabettos (im Umkreis der Clamatius-Kirche) gefunden, die sich direkt an eine römische nicht-christliche Grabanlage anschlossen, siehe E. TZAVELLA, „Burial and Urbanism in Athens (4th–9th c. A.D.)", *JRA* 21 (2008) 352–368, hier: 362; siehe auch STAAB 2014, 85f.; MARCHIANDI, 2006.

324 Syrianos veranlasst das Doppelgrab für sich und Proklos und setzt sich auch nach seinem Tod als warnende Traumerscheinung noch gegen dessen wohl durch Respekt gegenüber dem verehrten Lehrer motivierte Bedenken durch. Doppelgräber sind nicht unüblich, nach Diog. Laert. IV 21 waren auch der hellenistische Leiter der Akademie Polemon (gestorben 270/269 v.Chr.) und sein Nachfolger Krates in einem solchen bestattet; siehe außerdem J. H. OLIVER, „Teamed Together in Death", *Hesperia* 34 (1965) 252f. Syrianos und Proklos sind aber nicht nur in demselben Grab bestattet worden, sondern auf ihrem Grab waren auch inschriftliche Grabgedichte zu lesen. Das Grabepigramm des Proklos ist durch Marinos' *Vita Procli* erhalten (wurde später in *Anth. Pal.* Integriert: *Anth. Pal.* VII 341), das für Syrianos ist sehr wahrscheinlich mit einem 1997 entdeckten inschriftlichen Grabepigramm auf einen Philosophen namens Syrianos identisch: *IG* II/III² 13451 ed. SIRONEN (2008), ed. pr. I. N. KALLIONTZIS, „Ἀττικὲς ἐπιγραφὲς ἀπὸ τοὺς Ἀμπελοκήπους", *Horos* 14–16 (2000–2003) 157–166, hier: 157–163. Dieses Gedicht war urprünglich auf einer Stele angebracht, dann aber als Spolie in die äußere Apsis-Mauer der Kirche Ἅγιος Δημήτριος (im heutigen Stadtteil Ampelokipi / Panormou) im Nordosten des Lykabettos eingebaut worden, dazu MARCHIANDI 2006, 112f. Räumlich stimmt diese Zweitverwertung der früheren

Grabstele mit Epigramm sehr genau mit der Angabe des Marinos überein, Syrianos' und Proklos' Gemeinschaftsgrab habe sich ganz im Osten des Lykabettos befunden (s.o. im Text). STAAB 2014, 85–96 argumentiert plausibel dafür, dass dieses aus zwei hexametrischen Distichen bestehende, rekonstruierbare Grabepigramm auf Syrianos seinem Schüler und Nachfolger Proklos zugeschrieben werden kann und verweist dabei auf die klar neuplatonische religiöse Konzeption sowie das entsprechende Vokabular dieses Gedichtes. Staabs Argumentation könnte bestärkt werden durch den Verweis darauf, dass in diesem Epigramm anhand von Syrianos' Person die (auch für Proklos) so charakteristische neuplatonische Kreisbewegung vom Sein zum Werden hin als μονή, πρόοδος, ἐπιστροφή / ἄνοδος erkennbar wird, dazu ausführlicher SCHELSKE 2011, hier: 105–108; AGOSTI 2008; vgl. auch AGOSTI 2009; auch OBRYK 2012, hier: 143, E. 12.

325 Hier muss ein Verb des Sehens ausgefallen sein, weshalb die Konjektur von Boissonade zu übernehmen ist.

326 Neben diesem Selbstepitaph des Proklos (dazu siehe die folgende Anm.) und dem auf seinen Lehrer Syrianos (s.o. Anm. 324) sowie den von Marinos (*VPr.* § 28, s.o. Anm. 250–253) überlieferten mantischen Versen (und vielleicht noch einem seit d'Orville 1783 bekannt gemachten Epigramm, dazu GELZER 1966, 13–15) sind noch seine Götterhymnen als philosophische Dichtungen erhalten, zu diesen siehe VAN DEN BERG 2001. Zu einem weiteren Epigramm aus einem jetzt verschollenen Codex siehe E. VOGT, *Procli Hymni. Accedunt hymnorum fragmenta, epigrammata, scholia, fontium et locorum similium apparatus, indices* (Wiesbaden 1957), hier: 34; STAAB 2014, 83f.

327 Überliefert ist bei Marinos (Hs. C) ἔης, was aber nur mit einem Zirkumflex auf ψυχᾶς (so in *Anth. Pal.* VII 341, 4) grammatisch möglich wäre und dann dem Sinn nach ‚möge dieser Ort hier auch seine Seele erlangen' hieße. Das wäre aber aus platonischer Sicht Unsinn, da die Seele gerade nicht im Körper oder Grab, sondern im Äther resp. Himmel gedacht ist. Daher ist die Lesart von L – ἔεις – vorzuziehen, also: ‚wenn doch auch ihre Seelen ein einziger Ort bekäme', siehe STAAB 2014, 81 mit Anm. 1. Siehe auch die nachfolgende Anm.

328 Dieses von Proklos gedichtete Selbstepitaph, mit dem er sich in eine illustre Reihe prominenter antiker Dichter einreiht (siehe I. MÄNNLEIN-ROBERT, „Hellenistische Selbstepitaphien: Zwischen Autobiographie und Poetik", in: M. ERLER / S. SCHORN (Hrsgg.), *Die griechische Biographie in hellenistischer Zeit. Akten des internationalen Kongresses vom 26.–29. Juli 2006 in Würzburg* [Berlin / New York 2007] 363–383), hat Eingang gefunden in die *Anthologia Graeca*, siehe *AP* VII 341. Vokabular und Diktion dieses äußerst kunstvollen und poetisch hochwertigen Epigramms (so mit GELZER 1966, 8 und SAFFREY / SEGONDS / LUNA 2002, 178 Anm. 9) sind archaisierend homerisch resp. episch, aber mit philosophischen platonischen Motiven, v.a. aus dem *Phaidros* 252ef.,

dazu Procl. *In Alc.* 103a, versetzt: Die charakteristische Zweiteilung der Sphären wird erkennbar, wenn Proklos von ‚hier' (ἐνθαδε) spricht und das irdische Leben, konkret sogar Athen, meint und mit dem ‚Ort' (χῶρος), wo Syrianos nun ist und den er auch für sich wünscht, natürlich einen transzendenten Bereich meint, siehe eine ausführlichere Interpretation bei GELZER 1966, 7–13; AGOSTI 2008, 104–109 und jetzt auch STAAB 2014, 85. Überdies ist die enge Anlehnung an das zweite der alten Grabepigramme auf Platons Grab in der Akademie unverkennbar, das Diogenes Laertios überliefert (III 44): Dort ist ebenfalls davon die Rede, dass die Erde nur den Körper Platons hält, während hingegen seine Seele in den unsterblichen Gefilden der Seligen weilt (vgl. ebd. 44 das jüngere Epigramm, demzufolge sich Platons Seele im Bereich der Sterne aufhält). Basierend auf der (sehr plausiblen) Annahme, dass es sich bei dem o.g. inschriftlich erhaltenen Grabepigramm *IG* II/III² 13451 (s.o. Anm. 324) tatsächlich um das auf Proklos' Lehrer Syrianos handelt, lassen sich sogar Querverbindungen zwischen den beiden auf demselben Grab platzierten Epitymbien im Stil der hellenistischen sog. ‚Ergänzungsspiele' (so seit P. BING, „‚Ergänzungsspiel' in the Epigrams of Callimachus", in: *A&A* 41 [1995] 115–131; R. KIRSTEIN, „Companion Pieces in the Hellenistic Epigram", in : M. A. HARDER / R. F. REGTUIT / G. C. WAKKER [eds.], *Hellenistic Epigrams* [Leuven 2002]) identifizieren: Dann würde der kryptische Verweis des Proklos in seinem Selbstepitaph auf den gewünschten *einen* Ort zusammen mit Syrianos aus dem inschriftlichen Grabepigramm auf Syrianos klar als ‚himmlischer Ort' resp. transzendenter Bereich des wahren Seins erhellt werden. Siehe dazu ausführlicher STAAB 2014, 82 und 95f.

329 Es ist anzunehmen, dass Marinos mit διοσημεῖαι, also ‚Himmelzeichen', in denen der Name des hellenischen Gottes Zeus anklingt (διο–), einen gewollten Kontrast zu entsprechenden christlichen Ereignissen herstellen will und seine Darstellung der beiden Sonnenfinsternisse, welche Proklos' Tod rahmen, mit einem solchen Begriff entsprechend programmatisch einleitet, siehe die Einleitung in diesem Band, Kapitel 8.3. Siehe auch MÄNNLEIN–ROBERT vorauss. 2019, 9f. mit Anm. 39. Zu ‚Zeichen am Himmel' als gängiger Wendung siehe BERGER 1980, 1428–1469, hier: 1437 mit Anm. 30. Zur Bedeutung der Astronomie bereits bei Platon (etwa in der *Politeia*, im *Phaidros*, im *Timaios*, in den *Nomoi* oder auch in der ps.–plat. *Epinomis*) siehe z.B. G. DONNEY, „Le système astronomique de Platon", in: Revue Belge de Philologie et d'Histoire 38, 1 (1960) 5–29; NEUGEBAUER 1975; D. FLOWER, *The Mathematics of Plato's Academy* (Oxford 1999); A. GREGORY, *Plato's Philosophy of Science* (London 2000). Proklos selbst verfasste eine philosophische Einführung in die Astronomie (Ὑποτύπωσις τῶν ἀστρονομικῶν ὑποθέσεων); A. SEGONDS, „Proclus: Astronomie et philosophie", in: J. PÉPIN / H. D. SAFFREY (Éds.), *Proclus. Lecteur et in-*

terprète des anciens. Actes du colloque international du CNRS Paris (2–4 octobre 1985) (Paris 1987) 319–334; SIORVANES 1996, 262–316.

330   Marinos wählt den astronomischen Begriff ἔκλειψις für ‚Sonnenfinsternis', siehe BAUMBACH 2000, 13–34, hier: 14f. und siehe v.a. GÖRGEMANNS 2000, 61–81. Marinos hat selbst astronomische Interessen, wie die Nachricht über seine Vorlesung „Über den Kommentar des Pappos zum Buch V der Großen Syntaxis (sc. des Ptolemäus)" beweist, siehe TIHON 1976; NEUGEBAUER 1975, 871.

331   Diese (nicht ganz totale) totale Sonnenfinsternis hat am 14.1.484 n. Chr. stattgefunden, die als zukünftig von Marinos angekündigte totale Sonnenfinsternis am 19.5.486, siehe zu allen Sonnenfinsternissen im 5. Jh. Näheres bei GINZEL 1899, 222; TH. RITTER VON OPPOLZER, *Canon der Finsternisse* (Wien 1887) nr. 4014; NEUGEBAUER / Van HOESEN 1959, 136; F. R. STEPHENSON, *Historical Eclipses and Earth's Rotation* (Cambridge 1997) 367f. Beide Eklipsen rahmen den Tod des Proklos (17.4.485), die erste geht diesem Datum um ca. 3 Monate voraus, die zweite erfolgt um ein Jahr und einen Monat danach. Der Tod des Philosophen Proklos steht zeitlich also in etwa in der Mitte, zur Synchronisierung seines Todes mit den beiden Sonnenfinsternissen siehe DEMANDT 1970, 31–43. Die für den 14. Januar 484 bekannte, wohl sehr auffällige, (fast) totale Sonnenfinsternis (siehe DEMANDT 1970, 54) wird ebenfalls überliefert durch Gregor von Tours, der dieses Naturereignis auf die Verfolgung der Katholiken durch den Vandalenkönig Hunerich und den Abfall vieler vom Glauben bezieht (Greg. Tur. *Hist. Franc.* II c. 3 = *MG Script. Rer. Merov.* 1,1,45), dazu siehe W. SPEYER, „Religiös-sittliches Verhalten in seiner Auswirkung auf die Naturgewalten", in: *Frühes Christentum im antiken Strahlungsfeld. Ausgewählte Aufsätze von W. Speyer* (Tübingen 1989) 254–263, hier: 262; DEMANDT 1970, 543f. Sonnenfinsternisse gelten in der Antike immer als besondere Naturereignisse, nicht selten mit katastrophalem Charakter oder zumindest negativem (Vor-)Zeichencharakter, deren Semantik freilich von jeweiligen Deutungsrahmen einer Gattung resp. eines Textes abhängt, v.a. in historiographischen Texten und Chroniken; vgl. die intendierte Alterität des Cato d.Ä., wenn er in Abgrenzung von Annalen in seinem Werk keine Sonnen- oder Mondfinsternisse aufnehmen will (Cato fr. 77 PETER = *FRH* 3 F 4,1); siehe ausführlicher MEIER 2007, 564f. Die literarische Beschreibung von (totalen) Eklipsen ist vielfach topisch und starken Verformungstendenzen unterworfen: So wird etwa der Grad der Verfinsterung der Sonne auch bei totalen Sonnenfinsternissen sowie die Zahl der Eklipsen topisch gesteigert, ausführlicher dazu DEMANDT 1970, 14–18. Generell gilt eine Sonnenfinsternis als denkwürdiges Zeichen beim Tod großer Männer, siehe z.B. bereits beim Tod des stoischen Philosophen Karneades (Suda s.v. Καρνεάδης p. 35,10–12 ADLER III, dazu BAUMBACH 2000, 21; GÄRTNER 2000a, 44) oder mit Blick auf Staatsmänner Plutarch, *Dion* 24 und *Pelop.* 31,4, mit

Bezug auf Herrscher bei Plut. *Romulus* 12,5–6, dazu Näheres bei R. GÜNTHER, „Der politisch-ideologische Kampf in der römischen Religion in den letzten zwei Jahrhunderten v.u.Z.", in: Klio 42 (1964) 209–297, hier: 216–224, allgemeiner BERGER 1980, 1445 mit Anm. 62; GÄRTNER 2000a und jetzt CONTI 2016. Zur – ungefähren – Synchronisierung von Sonnenfinsternissen mit historischen Ereignissen allgemein siehe DEMANDT 1970, 42f. Der Zeichencharakter der Ekleipse resp. deren semantischer Wert wird durch Marinos nachdrücklich hervorgehoben (vgl. *VPr.* § 37,1: διοσημεῖαι, ebd. 9 παθήματα σημαντικά, ebd. 10f. ἐδήλωσε), siehe auch oben Anm. 329. Zu spezifisch platonischen und impliziten anti-christlichen Anklängen, welche Marinos hier durch die genannten Eklipsen evoziert, siehe ausführlicher die Einleitung in diesem Band, Kapitel 8.3.

332   Bei den hier genannten ἡμερογράφοι handelt es sich allem Anschein nach um Tageschronisten, vermutlich solche, die sich auf astronomische Aufzeichnungen beziehen, also wie die neuzeitlichen Ephemerides täglich aktualisierte Positionstabellen von Planeten, Mond, Sonne, Fixsternen und Kometen erstellen. Die hier genannten Tageschronisten werten die registrierten Himmelszeichen als Hinweise und Symbole für Ereignisse und Vorgänge auf der Erde, stellen also Analogien zwischen Himmelszeichen und irdischem Geschehen her. Eine einzige weitere Erwähnung von ἡμερογράφοι findet sich bei Olympiodor. *In meteor.* p. 50,30 STÜVE, sie untersuchen dort ‚Ursachen' (αἰτίας), dazu siehe T. D. BARNES, *Ammianus Marcellinus and the Representation of Historical Reality* (Ithaca 1998), hier: 105 Anm. 49. Den Olympiodortext nennt korrupt JONES 1999, 81 mit Anm. 5. Proklos spricht selbst im Kontext seiner *Astronomischen Hypothesen (Hypotyposis astronomicarum positionum)* von ἐφημερίδες (Procl. *Hypotyposis* III 69, p. 74,22) und meint damit Tafeln resp. Tabellen, auf denen die Astronomen fortlaufend den Stand der Sonne eintragen und deren Bewegungen resp. den jeweils momentanen Ort der Sonne dokumentieren (ebd. III 66–72), dazu siehe Philop. *De usu astrolabi* p. 137,22 HASE (= H. HASE, Joannis Alexandrini, cognomine Philoponi, de usu astrolabii ejusque constructione libellus..., ed. H. Hase, in: RHM 6 (1839) 127–171). Zu astrologischen Ratgebern und Tagwählerei in der Antike allgemeiner siehe F. BOLL / C. BEZOLD / W. GUNDEL, *Sternglaube und Sterndeutung. Die Geschichte und das Wesen der Astrologie* (Darmstadt ⁴1931 [⁵1966]), hier: 173–183. Zur ἐφημερίς als astronomischer Tafel oder Tabelle, die etwa Sonnenfinsternisse ankündigen kann, siehe A. JONES, „A Classification of Astronomical Tables on Papyrus", in: N. M. SWERDLOW (ed.), *Ancient astronomy and celestial divination* (Cambridge 1999) 299–340 and JONES 1999, 81 Anm. 5. Inwiefern nun solche astronomischen Angaben in Stadtchroniken Eingang gefunden haben (s.o. Anm. 331) und ob wir für die Spätantike resp. das spätantike Athen der 480er Jahre Stadtchroniken überhaupt annehmen dürfen oder nicht, wird kontro-

vers diskutiert: Für deren Existenz plädiert (ohne Bezug auf Hemerographoi) B. CROKE, „City Chronicles of Late Antiquity", in: G. CLARKE u.a. (eds.), *Reading the Past in Late Antiquity* (Sydney 1990) 165–203, dagegen argumentieren R. BURGESS / M. KULIKOWSKI, *Mosaics of Time. The Latin Chronicle Traditions from First Century BC to the Sixth Century AD, Vol. I* (Turnhout 2013) 223 Anm. 83. Allgemeiner zum an sich integrativen Genre der Lokalchroniken siehe F. JACOBY, *Atthis. The Local Chroniclers of Ancient Athens* (Oxford 1949; Neudr. New York 1973) und R. LAQUEUR, „Lokalchronik", in: *RE* 13 (1926) 1083–1110.

333 Siehe oben Anm. 329.

334 Das Vokabular des Marinos ist von gewollt semantischer Ambiguität, da (zumindest rein akustisch) φῶς in der Bedeutung ‚Licht' (z.B. Soph. *Phil.* 625; *El.* 419; Plat. *rep.* V 473e; *Prot.* 311a5 u.ö.) gleichlautend resp. homonym ist mit φώς, homerisch für ‚Mann' resp. ‚Held' (z.B. Hom. *Il.* IV 194; XVII 98. 377; *Od.* II 384 u.ö.).

335 Mit der Auflistung und Nennung von Schülern am Ende seiner *Vita Procli* scheint Marinos zum einen an Iamblichs *Vita Pythagorica* anzuknüpfen, die §§ 265–267 mit einer Aufzählung von Schülern endet – Schriften des Pythagoras gab keine –, zum anderen an die Auflistung von Schriften Plotins, welche Porphyrios in seiner *Vita Plotini* bietet (c. 4–6).

336 Marinos differenziert hier den Schülerkreis des Proklos in zwei Gruppen: in einen inneren und einen weiteren Schülerkreis, ebenso siehe Porphyrios für Plotins Schüler, *Vita Plot.* c. 7,1f., dazu siehe GOULET-CAZÉ 1982, 233–236. Über die faktisch wohl ausgesprochen zahlreichen Schüler des Proklos hat der unter Kaiser Anastasios I. aktive christliche Dichter Christodoros von Koptos um 500 n. Chr. eine Monobiblos verfasst, die bei Iohannes Lydus zitiert wird (*De mag.* III 26 p. 113,14–17 = *FGrH* 283 = 1084 F 2); zu Christodoros siehe A. CAMERON, „The House of Anastasius", in: *GRBS* 19 (1978) 259–276, hier v.a. 259–263, TISSONI 2000, 18; siehe den Beitrag von SCHORN in diesem Band, S. 375 Anm. 178–180 und in der Einleitung dieses Bandes Kap. 9.

337 Dieselbe Formulierung findet sich auch bei Demosth. 19,315 und Polybios, I 65,5; III 5,9.

338 Mit dieser Formulierung lehnt sich Marinos an Plat. *Phaid.* 107d6f., vor allem aber an den Titel einer gleichnamigen Schrift Plotins an, siehe Plot. III 4 (15) (*Über den Daimon, der uns erloste*) und Porphyrios' szenisch-episodische Ausführung, welche Plotins göttlichen Daimon eindrucksvoll illustriert (*Vita Plot.* c. 10). Marinos stellt Proklos somit nicht nur auf dieselbe – göttliche – Stufe wie Plotin, sondern macht deutlich, dass Proklos' guter Daimon resp. seine Eudaimonia in der gesamten Rede sichtbar geworden ist.

339 Proklos' umfangreicher Kommentar zum Platonischen *Timaios* ist überliefert, der zum *Theaitetos* nicht; zu den Werken des Proklos im Überblick siehe LUNA / SEGONDS / ENDRESS 2012.

340 Mit τὰ Λόγια sind hier erneut (s.o. *VPr.* § 26,9 mit Anm. 223 und 226) die *Chaldäischen Orakel* gemeint.

341 Mit diesem wörtlichen Zitat eines für Proklos selbst wie für seine Nachwirkung offenbar wichtigen Satzes präsentiert der Biograph Marinos gewissermaßen *ultima verba* des Philosophen Proklos. Dieser benennt hier die beiden aus seiner Sicht für die platonische Schule seiner Prägung wichtigsten Texte, die *Chaldäischen Orakel* und den Platonischen *Timaios*, und markiert somit die platonische Theologie und Theurgie zum einen sowie die platonischen Physik und Kosmologie zum anderen als die elementaren Texte, aus denen sich offenbar zur Not alles andere Relevante herleiten ließe. Ob Proklos tatsächlich im Sinne einer strengen Zensur den gesamten Literaturkanon seiner Schule auf die beiden genannten Werke reduzieren wollte oder ob es sich hier eher um eine markante, programmatische Akzentuierung des Proklos handelt, sei dahingestellt; siehe zur antiken Zensur (vgl. ἀβασανίστως im Text) SAFFREY / SEGONDS / LUNA 2002, 181f. Anm. 6 und W. SPEYER, „Büchervernichtung", *JbAC* 13 (1970) 123–152; W. SPEYER, *Büchervernichtung und Zensur des Geistes bei Heiden, Juden und Christen* (Stuttgart 1981), hier: 106f.

C. Essays

Die *Vita Procli* im Kontext neuplatonischer Philosophenviten

Matthias Becker

1. Einleitung

In einer kürzlich erschienenen Studie über die um 400 n.Chr. entstandenen *Vitae philosophorum et sophistarum* des Eunapios hat der Althistoriker Udo Hartmann gezeigt, dass Eunapios in seiner Kollektivbiographie die „Geistesgeschichte als pagane Gegenwelt" konstruiert – als Gegenwelt, die den Lesern einen alternativen Blick auf ihre Zeitgeschichte gewährt, die von sozio-politischen Umbrüchen und der zunehmenden Christianisierung geprägt war.[1] Speziell im Corpus der Biographien über Neuplatoniker,[2] so Hartmann, gestalte Eunapios einen mentalen Refugialraum für die gebildete Oberschichtenleserschaft, in dem die Grundkonstanten der pagan-hellenischen Elitenidentität im Osten des Reichs weiterhin ihre Geltung behaupten: „die Werte der traditionellen Paideia" sowie „das Wirken der alten Götter".[3] Anstatt Eunapios

---

[1] HARTMANN 2014. Das Zitat ist dem Untertitel dieser Studie entnommen. Der Text der *Vitae* des Eunapios wird im Folgenden nach der neuen textkritischen Edition von GOULET 2014/2 zitiert, wobei die Kapitelzählung der Edition Giangrandes (G. GIANGRANDE [Hrsg.], *Eunapii Vitae sophistarum*, Rom 1956) ebenfalls angegeben wird. Die *Vita Procli* des Marinos wird nach SAFFREY / SEGONDS / LUNA 2002 zitiert.

[2] Die Kollektivbiographie des Eunapios stellt in drei Blöcken (1) neuplatonische Philosophen des 3. und 4. Jhs. n.Chr., (2) Sophisten des 4. Jhs. n.Chr. und (3) Mediziner (Iatrosophisten) des 4. Jhs. n.Chr. vor, wobei die Philosophenviten das Portrait der beiden anderen Kollektive rahmen; zum Aufbau der Vitensammlung siehe PENELLA 1990, 32; CIVILETTI 2007, 13–23 sowie den inhaltlich ausführlichen Überblick bei GOULET 2014/1, 159–255.

[3] HARTMANN 2014, 77. Die rhetorisch-literarische Bildung sowie die traditionelle polytheistische Religion werden im 4. Jh. n.Chr. auch von anderen griechischen Autoren des Ostens (Themistios, Libanios, Julian Apostata, Himerios) als Identitätsmarker der hellenischen Elite erörtert und propagiert,

angesichts der widrigen und beunruhigenden Umstände Resignation zu attestieren,[4] weist Hartmann mittels zahlreicher Belege nach, dass der in Sardes entstandene Text des Eunapios als ein hoffnungsvolles und überwiegend positiv gestimmtes Dokument des paganen Widerstands gelesen werden kann.[5] Wie im Folgenden näher zu erläutern sein wird, ist die Erschaffung einer Text-Gegenwelt, in der literarisch stilisierte Modell-Philosophen[6] als Projektionsflächen eines pagan-intellektuellen Lebensentwurfs und einer ganz bestimmten Form von Spiritualität dienen, der Ausdruck eines paganen Bewältigungshandelns, das nicht auf Eunapios beschränkt ist. Auch die im Jahre 486 n.Chr. in Athen verfasste *Vita Procli* des Marinos, die mit Recht als ein Zeugnis paganer Renitenz und Resistenz gedeutet wird,[7] bietet ihren Lesern eine solche alternative Welt. Als eine Anleitung zur Kapitulation vor den Christen versteht sich auch dieser Text nicht, wenngleich Marinos zu erkennen gibt, dass ein philosophisches Leben im Einklang mit althergebrachten Religionspraktiken nur in zunehmender Isolation stattfindet.[8] Um zu verdeutlichen, inwiefern Eunapios und Marinos sich von ihrem literarischen Vorgänger Porphyrios teils beeinflussen lassen, teils abgrenzen, bietet dessen um 300 n.Chr. verfasste *Vita Plotini* im vorliegenden Beitrag einen ständigen Vergleichstext, um auf Entwicklungen und Kontinuitäten in der neuplatonischen Biographik aufmerksam zu machen.[9]

---

siehe STENGER 2009, 22–34, hier 28–30. Zum Bildungsideal des Eunapios siehe auch BECKER 2016b.

[4] So urteilt z.B. STENGER 2009, 235, der mit Blick auf das Leitbild des Philosophen bei Eunapios resümiert: „Die Grundhaltung der Resignation gegenüber einer immer stärker vom Christentum geprägten Zeit führt zwar nicht zu völliger Passivität, aber zum weitgehenden Rückzug aus der Welt in den Bereich des Privaten." Demgegenüber muss konstatiert werden, dass die Belege, die das gesellschaftliche und politische Engagement der von Eunapios Dargestellten betreffen, in den *Vitae* zahlreich sind; siehe dazu GOULET 2014/1, 295–303.

[5] HARTMANN 2014, 78–79.

[6] Zum Modell-Philosophen bei Eunapios siehe BECKER 2011; GOULET 2014/1, 377–393 und BECKER 2016a, 248–254.

[7] URBANO 2013, 274.

[8] Vgl. URBANO 2013, 313.

[9] Einen Überblick über die neuplatonische Biographik bietet VAN UYTFANGHE 2001, 1099–1107, siehe auch HARTMANN 2006, 43–46. Mit Ausnahme der beiden Pythagoras-Biographien Jamblichs und des Porphyrios sowie der Alypios-Biographie Jamblichs (dazu Eunap. *VS* 5,29–33 GOULET

Wenn im Folgenden wiederholt von „Textwelt" die Rede sein wird, so ist damit die im Text „erzählte Wirklichkeit" gemeint, die einerseits „von den Figuren der Erzählung für real angesehen wird",[10] andererseits aber auch, und das muss mit Blick auf die Philosophenbiographien betont werden, von den Autoren. Eine Textwelt „besteht" – allgemeinen gesprochen – „aus jenen Elementen, die in der Erzählung als Ereignisse und Fakten präsentiert werden."[11] Die von Marinos und Eunapios erschaffenen Textwelten sind dabei durch eine spezifische weltanschauliche Perspektivität geprägt, die sich einerseits aus einer paganreligiösen Wirklichkeitsinterpretation und andererseits aus philosophischen Deutungsmustern speist. Die typisierten und idealisierten Philosophen, die in den Viten protreptisch dargestellt werden,[12] sind in diesen Textwelten als historisch verbürgte, nicht bloß fiktive Figuren Garanten für den Fortbestand dieser alternativen Welt auch über ihren eigenen Tod hinaus. Sie sind Vorbilder hinsichtlich des von ihnen verkörperten differenten Lebensstils, den die Adressaten als Orientierungshilfe und Gegenentwurf zu christlichen Lebens- und Spiritualitätsformen begreifen sollen. Zwei Konstituenten der Text-Gegenwelt verdienen dabei im Rahmen des vorliegenden Beitrags besondere Aufmerksamkeit, nämlich die dargestellte Spiritualität der biographischen Subjekte sowie die propagierte Stellung des Philosophen in Politik und Gesellschaft. Diese interpretatorische Fokussierung ist darin begründet, dass den genannten Aspekten in neuplatonischen Biographien breiter Raum gewidmet wird. An ihnen wird besonders deutlich, dass sich neuplatonische Philosophenbiographen als

---

[= 5,3,5–9 GIAN.]) handelt es sich bei den neuplatonischen Biographien um Texte, in denen Schüler ihre eigenen akademischen Lehrer und damit zeitgenössische Philosophen mit laudatorischer Absicht verewigen. In dieser Hinsicht sind die *Vita Plotini* (Porphyrios – Plotin), die *Vitae philosophorum et sophistarum* (Eunapios – Chrysanthios) sowie die *Vita Procli* (Marinos – Proklos) vergleichbar, und deshalb beschränkt sich meine Textauswahl auf diese Viten. Die im frühen 6. Jh. n.Chr. verfasste, nur fragmentarisch erhaltene *Vita Isidori* des Damaskios kann aus Raumgründen nur am Rande mit in die Diskussion einbezogen werden. Alle Übersetzungen altsprachlicher Texte im vorliegenden Beitrag stammen von mir.

[10] GILLMAYER-BUCHER 2013, 10–16, hier 13.
[11] GILLMAYER-BUCHER 2013, 13.
[12] Zur protreptischen Intention neuplatonischer Philosophenviten siehe z.B. MÄNNLEIN-ROBERT 2002, 601; BECKER 2013, 60–61; MÄNNLEIN-ROBERT 2013b, 244; HARTMANN 2014, 75.

Produzenten einer weltanschaulich engagierten Literatur verste-verstehen, die sich mit dem Vormarsch des Christentums nicht abfindet. Differenzierend muss hinzugefügt werden, dass die implizite und explizite Polemik gegen die Christen, die als Feinde der althergebrachten Philosophie und Religion angesehen werden, zwar allen hier besprochenen Biographien eigen ist. Dennoch darf diese Auseinandersetzung mit dem Christentum nicht darüber hinwegtäuschen, dass die Philosophenviten auch innerpagane bzw. innerplatonische Konkurrenzen bezeugen, auf die im vorliegenden Beitrag nicht eingegangen werden kann.[13]

2. Neuplatonische Biographien als literarische Gegenwelten

Ausführlicher und v.a. viel programmatischer als Porphyrios es in der *Vita Plotini* tut,[14] setzt Eunapios, der auch eine Universalgeschichte verfasst hat,[15] seine biographischen Protagonisten gezielt mit sozio-politischen Entwicklungen ihrer Zeitgeschichte[16] in Bezug. Obwohl Eunapios auf die Detail- bzw. Individualperspektive der biographischen Gattung hinweist (τὸ καθ' ἕκαστον), verliert

---

[13] Siehe dazu v.a. URBANO 2013, der von dem Ansatz ausgeht, dass christliche und pagane Autoren der Spätantike sich der biographischen Gattung immer auch im Sinne einer „arena of competition" (vgl. bes. URBANO 2013, 1–31) bedienen, um religiöse, kulturelle, philosophische und identitätsrelevante Abgrenzungen zu verschiedenen christlichen und nicht-christlichen Gegnern vorzunehmen. Zur innerplatonischen Konkurrenz zwischen Marinos und Porphyrios, die aus Formulierungen und Anspielungen in der *Vita Procli* zu erschließen ist, siehe MÄNNLEIN-ROBERT 2002, 603 und den Beitrag von D. O'MEARA in diesem Band.

[14] Zu den historiographischen Elementen in der *Vita Plotini*, mithilfe derer Plotin in den Kontext seiner Zeit eingebettet wird, siehe MÄNNLEIN-ROBERT 2002, 593.

[15] Zu den *Historien* des Eunapios, die den Zeitraum von 270 bis 404 n.Chr. behandeln und in zwei Auflagen erschienen sind, siehe HARTMANN 2014, 51–57 (mit älterer Lit.) und GOULET 2014/1, 35–95. Die *Historien* und die Kollektivbiographie stehen, worauf auch zahlreiche Querverweise in den *Viten* hindeuten, in einem komplementären Zusammenhang, vgl. HARTMANN 2014, 77.

[16] Unter „Zeitgeschichte" verstehe ich mit H. ROTHFELS, „Zeitgeschichte als Aufgabe", *Vierteljahreshefte für Zeitgeschichte* 1 (1953) 1–8, hier 2, die „Epoche der Mitlebenden".

er in seinen *Viten* niemals den Blick für überindividuelle bzw. allgemeine Geschehenszusammenhänge (τὸ κοινόν), der für das Arbeiten eines Historikers charakteristisch ist.[17] Darin zeigen sich seine zeitdiagnostischen Ambitionen, die im Ensemble neuplatonischer Biographien ihresgleichen suchen. Schon im Proömium der Kollektivbiographie erfährt der Leser von den „Brüchen" (διακοπή) und „Rissen" (ῥῆξις) der dargestellten Geschichtsperiode, die durch Umbrüche und Katastrophen entstanden seien. Mit diesen Metaphern aus der medizinischen Fachsprache[18] bezieht sich Eunapios, der in vielfacher Hinsicht als Zeitzeuge schreibt, auf den sozio-politischen Wandel sowie auf kulturell-religiöse Transformationen des Römischen Reiches im 3. und 4. Jh. n.Chr. bis hin zu seiner eigenen Gegenwart.[19] Zwar lässt die Art und Weise, wie Eunapios die Verfallserscheinungen der Reichspolitik sowie die Konsequenzen der fortschreitenden Chris-Christianisierung darstellt, ein gewisses „Unbehagen an der eigenen Zeit"[20] erkennen. Dennoch ist die Vitensammlung des Eunapios nicht als ein pessimistisch gestimmtes Narrativ des Niedergangs zu verstehen.[21] Vielmehr endet das Werk mit einem Ausdruck hoffnungsvoller Zuversicht, dass der philosophische Lehrbetrieb in der Bischofsstadt Sardes auch nach dem Tod des

---

[17] Eunap. *VS* 8,14–15 GOULET (= 8,2,3–4 GIAN.), siehe dazu CIVILETTI 2007, 556 Anm. 525; BECKER 2013, 416–417.

[18] Eunap. *VS* 2,15 GOULET (= 2,2,6 GIAN.). Medizinische Metaphern dienen antiken Historikern, aber auch Philosophen (z.B. Plat. *Resp.* 556e, Plat. *Prot.* 322d) oft dazu, politische Krisen als „Krankheiten" zu umschreiben und so als bedrohlich für den ‚Organismus' des Staates zu deuten, vgl. BECKER 2013, 167. In diesem Sinne beschreibt z.B. Kelsos auch das Christentum als gesellschaftsgefährdende „Krankheit" (Orig. *Cels.* 8,49).

[19] CIVILETTI 2007, 291–292 Anm. 25; BECKER 2013, 167. Die dramatische Bildersprache des Eunapios bezieht sich z.B. auf antipagane Stimmungen unter Konstantin dem Großen (306–337 n.Chr.), die Perserbedrohung unter Konstantios II. (337–361 n.Chr.), den tragischen Tod Julian Apostatas 363 n.Chr., die Usurpation des Prokopios 365/366 n.Chr., Auseinandersetzungen mit den Goten sowie die Schlacht bei Adrianopel 378 n.Chr., die antipagane Gesetzgebung seit Theodosios I. (379–394 n.Chr.), die Zerstörung des Serapeions in Alexandria 391 n.Chr., die Griechenland-Invasion Alarichs 395/396 n.Chr. und den Gainas-Aufstand 399 n.Chr. (Quellenbelege bei BECKER 2013, 167). Zu Eunapios' Einschätzung kulturell-politischer Verfallserscheinungen im *Imperium Romanum* des 4. Jhs. n.Chr. siehe auch STENGER 2009, 1–4.

[20] STENGER 2009, 1.

[21] Gegen STENGER 2009, 2.

Chrysanthios weitergehen werde,[22] und Chrysanthios selbst wird zum Paradigma des standhaften Philosophen stilisiert, der auch in der vielfach bedrohlichen Gegenwart des ausgehenden 4. Jhs. n.Chr. nicht ins Wanken gerät:

> Und als viele gewaltige Katastrophen, welche die Seelen aller erschütterten und in Angst versetzten, über die Bevölkerung und den Staat hereinbrachen, blieb er [sc. Chrysanthios] allein unerschütterlich, sodass man wirklich den Eindruck hätte bekommen können, dass dieser Mann sich gar nicht auf der Erde aufhielt.[23]

Bedenkt man nämlich, dass Chrysanthios ein *zeitgenössischer* Philosoph war und dass sich seine im Zitat erwähnte Standhaftigkeit auf historische Ereignisse bezieht, die vom Zeitpunkt der Textabfassung aus nur wenige Jahre zurücklagen,[24] dann ist es plausibel, dass Eunapios das dargestellte Verhalten seines Lehrmeisters auch als paradigmatische Handlungsanleitung für sein Publikum propagieren wollte. Diese Intention lässt Eunapios schon im Proömium erkennen, wo er die politisch-sozialen Wirren des 3. und 4. Jhs. n.Chr. als den Nährboden deutet, der eine dritte „Blüte" der Philosophiegeschichte, nämlich den mit Plotin einsetzenden Neuplatonismus, hervorgebracht habe.[25] Hier wird deutlich das Bemühen des Eunapios erkennbar, eine „positive Gegenwelt"[26] zur politischen Ereignisgeschichte und ihren verun-sichernden Konsequenzen zu entwerfen, von denen er und seine Leser um 400 n.Chr. immer noch betroffen

---

[22] Eunap. *VS* 24,2 GOULET (= 24,2 GIAN.); BECKER 2011, 468 Anm. 104; BECKER 2013, 569; HARTMANN 2014, 76–77; zu Sardes als Bischofssitz der Provinz Lydien siehe C. FOSS, *Byzantine and Turkish Sardis* (Cambridge/Mass. 1976) 30–32. 135.

[23] Eunap. *VS* 23,54 GOULET (= 23,6,1 GIAN). Ganz analog vermerkt Marinos, dass Proklos im Angesicht christlicher Repression in Athen „unerschütterlich" (ἐμβριθῶς) und „standhaft" (ἀστεμφῶς) geblieben sei (Marin. *VPr.* 15,15–19).

[24] Eunapios könnte sich an dieser Stelle auf die antipagane Gesetzgebung Theodosios' I., die Griechenland-Invasion Alarichs oder den Gainas-Aufstand beziehen, siehe CIVILETTI 2007, 668 Anm. 872; BECKER 2013, 564–565.

[25] Eunap. *VS* 2,15 GOULET (= 2,2,6 GIAN.). Zu Eunapios' Periodisierung der Philosophiegeschichte siehe CIVILETTI 2007, 283–286 Anm. 13. 292–297 Anm. 26; BECKER 2013, 41–48 (mit Lit.); GOULET 2014/1, 112–116; GOULET 2014/2, 147–148 Anm. 8–9.

[26] HARTMANN 2014, 77.

waren.²⁷ Gekennzeichnet ist diese Gegenwelt v.a. durch den Glauben an das Wirken der göttlichen „Vorsehung" bzw. „Vorsorge" (πρόνοια), die Eunapios als pro-pagane und antichristliche Größe deutet: Sie wirkt nicht nur richtungsweisend im Leben von Individuen wie Julian Apostata oder Prohairesios,²⁸ sondern lenkt den Lauf der Geschichte insgesamt, indem sie insbesondere die Vergehen von Christen gegen neuplatonische Philosophen wie Sopatros oder Maximus ahndet.²⁹ Durch dieses optimistische Festhalten am göttlichen Wirken in der Welt wird die pagane „Selbstvergewisserung" und „Selbstbehauptung", die Eunapios seiner Zielgruppe anbietet,³⁰ im Transzendenten und damit in einer Sphäre verortet, die dem christlichen Kulturvandalismus und dem irdischen Wandel insgesamt unzugänglich ist.

Eine vergleichbar funktionalisierte Gegenwelt, die allerdings gattungsbedingt keine vergleichbaren geschichtsphilosophischen Ansprüche erhebt,³¹ entwirft Marinos in der *Vita Procli*. Auch in seinem Text spielt der Glaube an die Vorsehung eine zentrale Rolle: Zweimal geht Marinos auf die göttliche πρόνοια im Leben des Proklos ein und knüpft damit an die Überzeugung des Eunapios an, dass auch in einer zunehmend christianisierten Welt die paganen Bildungseliten göttliche Führung und Schutz genießen.³² Diese Auffassung ist deswegen besonders bemerkenswert, weil sowohl Eunapios als auch Marinos realistisch an-

---

²⁷ Der Gainas-Aufstand, bei dem Sardes, die Heimatstadt des Eunapios, nur knapp einem Angriff entging, lag zum Zeitpunkt der Abfassung nicht lange zurück, siehe Eunap. *VS* 7,66 GOULET (= 7,5,6 GIAN.); vgl. Zos. *hist.* V 18,4–5; BECKER 2013, 31–32; GOULET 2014/1, 96–97; GOULET 2014/2, 230 Anm. 3.

²⁸ Eunap. *VS* 7,34 GOULET (= 7,3,7 GIAN.); 10,17 GOULET (= 10,2,3 GIAN.).

²⁹ Eunap. *VS* 6,32 GOULET (= 6,4,1 GIAN.); 7,83 GOULET (= 7,6,13 GIAN.); BECKER 2013, 270. 443–445; zur Rolle der Vorsehung im Geschichtsbild des Eunapios siehe HARTMANN 2014, 57–75.

³⁰ HARTMANN 2014, 78.

³¹ Rein formal betrachtet ist die *Vita Procli* eine Gedenkrede, in der mit laudatorischer Absicht das Leben des Proklos ein Jahr nach dessen Tod gewürdigt wird, vgl. dazu auch die Einleitung von I. MÄNNLEIN-ROBERT in diesem Band. Marinos reichert die traditionellen Genrevorgaben allerdings um die literarische Darstellung der neuplatonischen Tugendgrade sowie um die philosophische Glücksvorstellung an, vgl. SAFFREY / SEGONDS / LUNA 2002, XLI–LXIX.

³² Marin. *VPr.* 15,34–35; 34,11–13.

erkennen, dass die Christen ihrer Zeit die Majorität in der Gesellschaft stellen: Eunapios gesteht ein, dass seit der Regierung des Valens (364–378 n.chr.) „die Sache der Christen die Oberhand gewonnen und ihren Einfluss überall geltend gemacht hatte",[33] und mit seiner abschätzigen Titulierung der Christen als die „Masse" (οἱ πολλοί) räumt Marinos ebenfalls ein, dass im Athen des 5. Jhs. n.Chr. die Präsenz des Christentums zugenommen hatte.[34] Zieht man in Betracht, dass die Schulzirkel in Sardes und Athen, die Eunapios und Marinos adressieren, vergleichsweise klein gewesen sein dürften,[35] wird der Minoritätenstatus umso deutlicher. Dieses Bröckeln der literarischen Gegenwelt, das sich auch in den von Eunapios und Marinos geschilderten Tempelschändungen der Christen in Alexandria und Athen spiegelt,[36] wird durch die Methode einer paganisierenden Übertünchung zu verdecken versucht. Deswegen bietet die von Eunapios und Marinos erschaffene Textwelt ein weitgehend paganes Bild, das einen Kontrast zur veränderten Lebenswelt der Zielgruppe bildet.

Indem Eunapios und Marinos unter Rekurs auf paganmythologische Deutungsmuster die Christen als „Giganten" bzw.

---

[33] Eunap. VS 23,36 GOULET (= 23,4,1 GIAN.); BECKER 2013, 556. Die große Zahl von Christen in der Bevölkerung erwähnt auch Porphyrios, und zwar am Beispiel Roms, vgl. Porph. VPlot. 16,1–2: τῶν Χριστιανῶν πολλοὶ μὲν καὶ ἄλλοι.

[34] Marin. VPr. 29,29; SAFFREY / SEGONDS / LUNA 2002, 162 Anm. 7; URBANO 2013, 274. 293. 299–301. Seit dem 5. Jh. n.Chr. sind christliche Gräber in Athen nachweisbar (CASTRÉN 1999, 221), was ebenfalls die Etablierung des Christentums in dieser Stadt bezeugt, wenngleich hinzugefügt werden muss, dass die Christianisierung in den ländlichen Gegenden Attikas schneller voranschritt als in Athen (BAUMER 2011, 5–7). Auch in der Vita Isidori werden die Christen als „die Masse" (οἱ πολλοί) bezeichnet (Damasc. VIsid. fr. 147 und 258 ZINTZEN = 66A und 100A ATHANASSIADI), vgl. VON HAEHLING 1982, 67.

[35] Vgl. z.B. FOWDEN 1982, 55–56; DILLON 2004, 413–414.

[36] Eunap. VS 6,107–111 GOULET [= 6,11,1–5 GIAN.] (Zerstörung des Serapeions in Alexandria 391 n.Chr. durch die Christen); Marin. VPr. 29,19–21 (impliziter Hinweis auf die Zerstörung des Asklepieions in Athen zu Proklos' Lebzeiten); Marin. VPr. 30,4–7 (Christen entfernen das Götterbild der Athene aus dem Parthenon). Hintergrund der Worte des Marinos in 30,4–7 ist der Einbau einer christlichen Kirche in den Parthenon zu Lebzeiten des Proklos, vgl. SAFFREY / SEGONDS / LUNA 2002, 164–165 Anm. 15; BAUMER 2011, 5. Bereits im 5. Jh. n.Chr. entstanden die ersten Kirchen Athens, bevor im frühen 6. Jh. n.Chr. „die Okkupation der alten Heiligtümer durch die Kirchen" begann, siehe BURKHARDT 2010, hier 122 (Zitat: 135); siehe dazu auch CASTRÉN 1999, 218–222 und BAUMER 2011, 4–5.

"Geiergiganten" abqualifizieren, weisen sie einerseits auf deren Unkultiviertheit, Gewaltbereitschaft, Hybris und Rebellion gegen die überlieferte griechische Religion hin.[37] Damit ist jedoch andererseits zugleich impliziert, dass diese alte religiöse Ordnung aus Sicht der Biographen noch herrschend ist und dass die alten Götter noch nicht ganz besiegt sind. Mit anderen Worten: Eunapios und Marinos interpretieren ihre jeweilige Verfassergegenwart metaphorisch als eine Gigantomachie, bei der sie selbst vom Fortbestand transzendenter Referenzgrößen ausgehen,[38] während sich die Christen eines schon errungenen „Sieges über die Götter" gewiss sind.[39] Die Stigmatisierung der Christen als irrational wütende „Giganten" bringt es mit sich, dass es in der Textwelt des Eunapios und des Marinos so etwas wie eine christliche Philosophie oder Intellektualität nicht gibt.[40] Obwohl Christen wie Basilius der Große und Gregor von Nazianz beim Sophisten Pro-

---

[37] Eunap. VS 6,107–108 GOULET (= 6,11,1–2 GIAN.) (Giganten), vgl. BECKER 2013, 339; Marin. VPr. 15,19 (Geiergiganten), vgl. SAFFREY / SEGONDS / LUNA 2002, 118–119 Anm. 8. Bereits Libanios bezeichnet die Christen wiederholt als „Giganten" (Lib. or. 18,123; Lib. ep. 1119,1; 1518,5), vgl. NESSELRATH 2010, 51. Die Destruktivität christlicher Einflüsse in Athen bezeichnet Marinos außerdem als „typhonische Stürme" (Marin. VPr. 15,16), in Anspielung auf das mythische Ungeheuer Typhon, das gegen Zeus kämpfte und damit die Weltordnung bedrohte, vgl. SAFFREY / SEGONDS / LUNA 2002, 117 Anm. 3. Ferner charakterisiert Marinos die Christen als Feinde des „gesetzesgemäßen Lebens" (Marin. VPr. 15,16–17) und als „diejenigen, die sogar das Unbewegliche bewegen" (Marin. VPr. 30, 6–7). Letztere Charakterisierung spielt auf deren Vorgehen gegen pagane Götterbilder an. Zur Rezeption der auf die Christen bezogenen Gigantenmetaphorik bei Proklos und Damaskios siehe ATHANASSIADI 1993, 7.

[38] Dadurch, dass Eunapios die Götter nicht als identisch mit ihren Statuen versteht, sondern in neuplatonischer Manier als „intelligibel" (Eunap. VS 6,114 GOULET [= 6,11,8 GIAN.]: νοητοὶ θεοί), hat für ihn der christliche Kulturvandalismus trotz all seiner Schändlichkeit auf Erden letztlich keine Auswirkungen auf transzendente Realitäten. Bei Marinus zeigt die Tatsache, dass Proklos zeit seines Lebens pagan-hellenische Spiritualität in ihrer ganzen Breite auslebt, dass Kirchenbau und Götterbildentwendungen althergebrachte Transzendenzstrukturen nicht abschaffen.

[39] So v.a. bei Eunap. VS 6,111 GOULET (= 6,11,5 GIAN.): τούς τε θεοὺς ἔφασαν νενικηκέναι (sc. die Christen, die das Serapeion in Alexandria zerstörten).

[40] Siehe dazu BECKER 2016b, 42-45.

hairesios in Athen⁴¹ und nachweislich mindestens zwölf Christen beim Sophisten Libanios studierten, darunter der spätere Bischof von Ikonion Amphilochios und der spätere Bischof von Agdamia Optimus,⁴² blenden Eunapios und Marinos sie aus ihren Texten vollständig aus. Ein besonders brisanter Fall in dieser Hinsicht ist Prohairesios, der in Athen lehrte und bei dem der Christenfeind Eunapios zwischen 362 und 366/367 n.Chr. Rhetorik studiert hatte. Da Prohairesios vom Rhetorenedikt Julians im Jahre 362 n.Chr. betroffen war,⁴³ ist Eunapios dazu gezwungen, an einer Stelle auf sein Christsein anzuspielen, das sonst nur von christlichen Autoren erwähnt bzw. impliziert wird.⁴⁴ Dessen ungeachtet wird Prohairesios von seinem Schüler Eunapios im übrigen Text der *Viten* durchweg als frommer Polytheist und paganer Rhetoriker präsentiert, was denn auch manche Gelehrten zu der Annahme veranlasst hat, Prohairesios sei wirklich ein Heide gewesen.⁴⁵ Dass Eunapios diesen Eindruck erwecken will, steht außer Frage. Meiner Ansicht nach handelt es sich hierbei aber um eine bewusste literarische Strategie, um das Christsein des Prohairesios zu übertünchen.⁴⁶

Eine strategische Ausblendung christlicher Präsenz zeigt sich bei Marinos auch darin, dass er die Christen nie namentlich, sondern nur mit indirekten und mythologisch aufgeladenen Anspie-

---

⁴¹ BREITENBACH 2003, 149 (mit Belegen); STENGER 2009, 108–109 mit Anm. 406; NESSELRATH 2013, 23.

⁴² Eine Liste der sicher belegbaren christlichen Schüler des Libanios bietet NESSELRATH 2010, 54–56. Zu den zahlreichen nicht sicher belegbaren christlichen Schülern des Libanios, zu denen auch Johannes Chrysostomos gehört, siehe NESSELRATH 2010, 56–59.

⁴³ Zum Rhetorenedikt Julians, das von öffentlich Lehrenden eine pagane Gesinnungstreue verlangte und damit Christen faktisch von öffentlichen Lehrberufen ausschloss, siehe die Diskussionen bei BECKER 2013, 481–484 und NESSELRATH 2013, 47–50.

⁴⁴ Eunap. *VS* 10,85 GOULET (= 10,8,1 GIAN.); siehe die Belege bei STENGER 2009, 108 Anm. 406.

⁴⁵ So v.a. R. GOULET, „Prohérésius le païen et quelques remarques sur la chronologie d'Eunape de Sardes", *Antiquité Tardive* 8 (2000) 209–222, und zuletzt STENGER 2009, 108–109, bes. Anm. 406 (mit Lit.).

⁴⁶ BECKER 2013, 483–484. Der Ansicht, dass Prohairesios ein Christ war, schließen sich z.B. an: PENELLA 1990, 92–93; BREITENBACH 2003, 149 Anm. 134; CIVILETTI 2007, 616–618 Anm. 699; NESSELRATH 2013, 23.

lungen benennt.⁴⁷ Ferner meidet er christliche Städtenamen, weshalb die Geburtsstadt des Proklos bei ihm archaisierend Byzanz und nicht Konstantinopel heißt.⁴⁸ In der *Vita Procli* erscheint die „philosophische Göttin" Athene ausdrücklich als Schutzgöttin von Byzanz und Athen, womit Marinos betont, dass diese Bildungsmetropolen nach wie vor im Besitz paganer Göttergewalt stehen.⁴⁹ Bezeichnenderweise erscheint dem jungen Proklos gerade in der christlichen Kaiserstadt Byzanz Athene im Traum, um ihn zur Philosophie zu berufen, was die ungebrochene Präsenz und Wirksamkeit der alten Götter im christlichen Umfeld unterstreicht.⁵⁰ Trotz lokal beschränkter christlicher oder barbarischer Übergriffe auf pagane Kultstätten wie das Serapeion in Alexandria erweckt Eunapios und noch stärker Marinos den Eindruck einer weitgehend intakten paganen Religiosität und Spiritualität: Eunapios berichtet gegen Ende seines Textes von einer paganen Restauration mit öffentlichen Opfern in Sardes während der 370er oder 380er Jahre, und Marinos suggeriert durch die häufigen Erwähnungen von Kultstätten und Göttern ein blühendes religiöses

---

⁴⁷ Siehe dazu Anm. 37 im vorliegenden Beitrag. Dieses literarische Verfahren ähnelt Libanios, der die Christen ebenfalls an keiner Stelle „explizit" erwähnt, wohl aber vielfach und auch polemisch auf sie anspielt, so NESSELRATH 2010, 49–53, hier 49 (mit Belegen). Auch Damaskios nennt die Christen an keiner Stelle des erhaltenen Textes seiner *Vita Isidori* (VON HAEHLING 1982, 66–67). Hier liegt ein Unterschied zu Eunapios vor, der in seiner Kollektivbiographie insgesamt sechsmal unverhohlen von den χριστιανοί spricht.
⁴⁸ Marin. *VPr.* 6,5–8; SAFFREY / SEGONDS / LUNA 2002, 78 Anm. 7; MÄNNLEIN-ROBERT 2013b, 246; URBANO 2013, 301 Anm. 134. Bei Eunapios ist die Übertünchung in dieser Hinsicht nicht so konsequent: Er erwähnt den Namen „Konstantinopel" viermal, unterlässt es aber auch nicht darauf hinzuweisen, dass es sich hierbei um das „alte Byzanz" handele, siehe dazu Eunap. *VS* 6,13 GOULET (= 6,2,7 GIAN.). Als „symbole de la grande mutation constantinienne" (GOULET 2014/1, 267) ist der Name Konstantinopel bei ihm freilich durchgehend negativ konnotiert. Wie der Hinweis auf den Sprachgebrauch des Eunapios allerdings auch verdeutlicht, kann die Wahl der Städtenamen an sich nicht als Indikator für die Religionszugehörigkeit der Verfasser gedeutet werden. So sprechen auch dezidiert christliche Autoren der Spätantike häufig von Byzanz und nicht von Konstantinopel, vgl. z.B. Ioh. Mal. *Chron.* 14,31 THURN.
⁴⁹ Marin. *VPr.* 6,6–8; 15,34–35; 29,38–39; SAFFREY / SEGONDS / LUNA 2002, 78 Anm. 6.
⁵⁰ Marin. *VPr.* 6,5–11; 10,6–7.

Leben im Stile traditionell paganer Religionspraktiken und -vorstellungen.[51] Zu den Merkmalen der von Eunapios und Marinos erschaffenen Gegenwelt gehören außerdem die Spiritualität der typisierten Philosophen sowie ihr politisch-gesellschaftliches Engagement, die in den folgenden beiden Abschnitten vertiefend analysiert werden sollen: Die hagiographische Stilisierung der Protagonisten verbürgt, dass die pagane Spiritualität nach wie vor lebendig und damit auch der Zielgruppe verfügbar ist. Die Ausführungen zur politischen Aktivität unterstreichen, dass sich die Adressaten an den dargestellten Philosophen ein Beispiel nehmen sollen, indem sie sich eben nicht aus der zunehmend christianisierten Gesellschaft zurückziehen, sondern auch weiterhin eine selbstbewusste Präsenz zeigen.

3. Biographik im Dienst spiritueller Interessen

Den neuplatonischen Philosophenbiographien ist bekanntlich ein hagiographisches Element eigen, wodurch die Protagonisten als Heilige stilisiert werden, die sich durch eine besondere Tugendhaftigkeit und übernatürliche Fähigkeiten auszeichnen.[52] Dieser hagiographische Diskurs wurzelt einerseits in „einer zur Heiligkeit tendierenden spätantiken Mentalität",[53] wobei mit dem Fortschreiten der gattungsspezifischen Textproduktion auch das Phänomen der Intertextualität ein wichtiger Prägefaktor dieser Lebensbeschreibungen wird.[54] Andererseits müssen bestimmte philosophiegeschichtliche Entwicklungen berücksichtigt werden, infolge derer v.a. die platonische Philosophie dezidiert „religiöse

---

[51] Eunap. VS 23,36–44 GOULET (= 23,4,1–9 GIAN.). Von den Göttern erwähnt Marinos z.B. Athena, Apollon, Asklepios, Hekate, Hermes, Isis, die Göttermutter oder Pan, und was die Heiligtümer angeht, werden z.B. das Asklepieion und der Dionysostempel in Athen genannt. Die Aktivität der alten Götter wird besonders anschaulich in Marin. VPr. 32 beschrieben, wo Proklos einen Tempel in Adrotta aufsucht und vom ungebrochenen Wirken der „einheimischen Götter" (ἐντόπιοι θεοί) erfährt; vgl. zur dargestellten Religiosität des Proklos auch URBANO 2013, 301–304.

[52] Siehe MILLER 1983, 17–44; VAN UYTFANGHE 2001, 1090–1094; BECKER 2013, 51–57.

[53] HARTMANN 2006, 72.

[54] MÄNNLEIN-ROBERT 2013b, 245.

Züge annahm".⁵⁵ Die Neuplatoniker reichern – trotz aller Unterschiede im lehrhaften Detail – den alten platonischen Diskurs um die Vergöttlichung des Menschen bzw. die „Angleichung an Gott" (ὁμοίωσις θεῷ) verstärkt um metaphysische, theologische und spirituelle Komponenten an.⁵⁶ Sie bedienen sich dazu nicht nur akademischer Abhandlungen, sondern auch des biographischen Genres. Die in neuplatonischen Philosophenviten nachzuweisenden Strategien der „Sakralisierung" bzw. „Divinisierung"⁵⁷ sind deshalb von einer spezifisch philosophischen Programmatik geprägt, wodurch die Protagonisten im Interesse des Leserpublikums als anschauliche Modelle in Szene gesetzt werden, deren Lebensbeschreibung Antwort darauf geben soll, wie die Annäherung an das Göttliche im irdischen Leben möglich sei.⁵⁸ Diese Programmatik bringt letztlich ein literarisches Amalgam hervor, insofern die Philosophenbiographen bewusst die traditionelle Motivik des „göttlichen Menschen" (θεῖος ἀνήρ) mit genuin neuplatonischen Philosophemen wie z.b. der Lehre von der „Angleichung an Gott" oder von den Tugendgraden verschmelzen.⁵⁹

Obwohl der hagiographische Diskurs bei Porphyrios, Eunapios und Marinos präsent ist, ist er bei diesen drei Autoren doch verschieden stark ausgeprägt. Wie sich zeigen wird, grenzen sich Eunapios und Marinos, was das Ausmaß hagiographischer Elemente angeht, deutlich von Porphyrios ab. Plotin erscheint in der Darstellung des Porphyrios zunächst zweifellos als göttlich begabter Philosoph, der „durch seine Geburt den anderen überle-

---

⁵⁵ VAN UYTFANGHE 2001, 1092, vgl. dazu auch FOWDEN 1982, 33–38.
⁵⁶ LINGUITI 2013, 132; MÄNNLEIN-ROBERT 2013a, 99–105 (mit Belegen).
⁵⁷ Zu diesen Begriffen siehe CIVILETTI 2007, 26–28; STENGER 2009, 214.
⁵⁸ O'MEARA 2006, 88–89; BECKER 2013, 62–68; BECKER 2016a; MÄNNLEIN-ROBERT 2013a, 101; MÄNNLEIN-ROBERT 2013b, 252–253.
⁵⁹ Gegen BLUMENTHAL 1984, 483. 493, der strikt zwischen spezifisch neuplatonischen Lehren und der Motivik des „göttlichen Menschen" bei Marinos unterscheidet; siehe dazu BECKER 2016a, 249-250, wo das Vorhandensein dieser Verschmelzung bei Eunapios ausgeführt wird. Bereits MÄNNLEIN-ROBERT 2013a, 106 deutet dieses Amalgam mit Blick auf die Vita Plotini an. Ausdrücklich setzt Porphyrios „göttliche Menschen" und die „Angleichung an Gott" in Bezug, wenn er betont, dass sich ein „göttlicher Mensch" den „richtigen Gedanken über das Göttliche angleicht" und sich so „dem Gott nähert" (Porph. Abst. 2,45), siehe MÄNNLEIN-ROBERT 2013a, 107. Zu den Tugendgraden im Neuplatonismus siehe SAFFREY / SEGONDS / LUNA 2002, LXIX–C und LINGUITI 2013. Siehe außerdem den Beitrag von O'MEARA in diesem Band.

gen" gewesen sei.⁶⁰ Die Realisierung seiner göttlichen Anlage zeigt sich etwa in seiner permanenten Ausrichtung auf das Geistige,⁶¹ in seiner Liebe zum Göttlichen,⁶² in seiner nach Reinheit strebenden, asketischen Grundhaltung,⁶³ in der Abwehr einer Zauberattacke des Ägypters Olympios,⁶⁴ in seiner an Hellseherei grenzenden Fähigkeit, Menschen und deren Schicksale zu durchschauen,⁶⁵ in seinen ekstatischen Erfahrungen der Vereinigung mit dem über-intelligiblen Gott⁶⁶ und in der Apotheose der Seele Plotins, die Porphyrios mittels eines Apollon-Orakels verbürgt.⁶⁷ Darüber hinaus bezeichnet Porphyrios Plotin als einen „heiligen und göttlichen Wächter", dem sterbende Eltern ihre Kinder anbefohlen hätten.⁶⁸

Trotz dieser zahlreichen Hinweise auf den göttlichen Status Plotins mag es den Leser der *Vita Plotini* irritieren, dass Plotin offensichtlich kein traditionelles Verhältnis zur kultisch ausgeprägten Religion pflegt.⁶⁹ Im Gegensatz zu dem als „Opferliebhaber" (φιλοθύτης) dargestellten Amelios opfert er nicht gerne und entgegnet auf dessen Einladung, ihn zu einer Opferfeier zu begleiten, mit den Worten: „Sie [sc. die Götter] müssen zu mir kommen, nicht ich zu ihnen." Selbst dem Biographen Porphyrios ist die Motivation hinter dieser Einstellung ein Rätsel, wie er selbst bemerkt.⁷⁰ Neben dieser sonderbaren Haltung zum praktizierten Religionskult sind zwei weitere Aspekte bemerkenswert: Erstens, dass Plotin dezidiert nicht als ein Befürworter der Theurgie präsentiert wird, worin sich freilich eine Auseinandersetzung zwi-

---

⁶⁰ Porph. *VPlot.* 10,14–15.
⁶¹ Porph. *VPlot.* 8,19–23.
⁶² Porph. *VPlot.* 23,4–5.
⁶³ Porph. *VPlot.* 8,21–23; 23,3–7.
⁶⁴ Porph. *VPlot.* 10.
⁶⁵ Porph. *VPlot.* 11,1–15.
⁶⁶ Porph. *VPlot.* 23,7–28.
⁶⁷ Porph. *VPlot.* 22; 23,28–40.
⁶⁸ Porph. *VPlot.* 9,8–9.
⁶⁹ Zur hagiographischen Stilisierung Plotins durch Porphyrios siehe ausführlich MILLER 1983, 102–133; MÄNNLEIN-ROBERT 2002, 587–593; MÄNNLEIN-ROBERT 2013a, 105–111.
⁷⁰ Porph. *VPlot.* 10,33–38. Bei Eunapios fungiert das Adjektiv φιλοθύτης geradezu als Identitätsmarker für eine hellenische Identität, die den traditionellen Opferkult nicht verhehlt: φιλοθύτης ὢν καὶ διαφερόντως Ἕλλην (Eunap. *VS* 10,59 GOULET [= 10,6,3 GIAN.], bezogen auf den *Praefectus Praetorio per Illyricum* Anatolios), vgl. dazu BECKER 2013, 465.

schen Porphyrios und dem die Theurgie propagierenden Jamblich spiegelt,[71] und zweitens, dass Plotin trotz seiner übernatürlichen Begabungen nicht als Wundertäter auftritt. Dies unterscheidet ihn sowohl von literarischen Vorgängerfiguren wie Apollonios von Tyana als auch von den Protagonisten des Eunapios und des Marinos.

Was Eunapios betrifft,[72] so kann seine Kollektivbiographie v.a. hinsichtlich der Philosophenviten als ein Meisterstück paganer Hagiographie gelten.[73] Die *Vitae philosophorum et sophistarum* enthalten zahlreiche Anspielungen auf die religiöse Bildung der dargestellten Philosophen, auf theurgische Ritualpraktiken und auf die neuplatonische Spiritualität insgesamt.[74] Im Einklang mit Jamblichs Philosophie präsentiert Eunapios einen Neuplatonismus, der die Angleichung des Philosophen an Gott (ὁμοίωσις θεῷ) sowie die Vereinigung der Seele mit dem Göttlichen (ἕνωσις) auch von der Praktizierung theurgischer Rituale abhängig macht. Dass Eunapios, dessen philosophische Kenntnisse in der Forschungsliteratur oft unterbewertet werden, diese beiden zentralen neuplatonischen Begriffe kennt, geht aus einem Orakelspruch hervor, den Aidesios im Traum empfangen habe.[75] In diesem Orakel wird Aidesios, dem Lehrer des Chrysanthios, zur Wahl gestellt, entweder als philosophischer Lehrer in den Städten zu wirken oder sich aus der Gesellschaft im Sinne einer Anachorese zurückzuziehen.[76] Wie das göttliche Reden bekräftigt, bestehe das Leben im städtischen Schulkontext darin, „ein Hirte zu sein für junge Menschen, die es drängt, Gott ähnlich zu werden"

---

[71] Siehe dazu TANASEANU-DÖBLER 2013, 74–83. 95–111.

[72] Die nun folgenden Passagen zu Eunapios stellen im Wesentlichen eine deutsche Übersetzung von BECKER 2016a, 245-248 dar.

[73] GAŞPAR 2009, 242; BECKER 2013, 51–57. Auch im Corpus der Sophistenviten lässt sich allerdings hagiographische Stilisierung nachweisen, siehe dazu D. PUJANTE, „La importancia del pensamiento religioso de los retóricos paganos en las *Vidas de Filósofos y Sofistas* de Eunapio", in: F. CORTÉS GABAUDAN, J. V. MÉNDEZ DOSUNA (Hrsgg.), *Dic mihi, Musa, virum. Homenaje al profesor A. López Eire* (Salamanca 2010) 541–549.

[74] Vgl. I. TANASEANU-DÖBLER, „Religious Education in Late Antique Paganism", in: I. TANASEANU-DÖBLER / M. DÖBLER (Hrsgg.), *Religious Education in Pre-Modern Europe* (Leiden / Boston 2012) 97–146, hier 129–136.

[75] Eunap. *VS* 6,32–38 GOULET (= 6,4,1–7 GIAN.).

[76] Zur paganen Philosophenanachorese siehe A.-J. FESTUGIÈRE, *Personal Religion Among the Greeks* (Berkeley et al. 1954) 53–67; FOWDEN 1982, 57; MÄNNLEIN-ROBERT 2002, 587–588.

(ἀνδρῶν ποιμαίνοντι νέων θεοείκελον ὁρμήν). Demgegenüber solle der Rückzug aus der Gesellschaft darin resultieren, „mit den seligen Unsterblichen vereint zu sein" (συνήορα καὶ μακάρεσσιν ἔμμεναι ἀθανάτοισι).[77] In beiden Fällen handelt es sich um poetische Paraphrasen neuplatonischer Philosopheme, und zwar der „Angleichung an Gott" (ὁμοίωσις θεῷ / θεοείκελος ὁρμή) und der „Vereinigung" der Seele mit dem Göttlichen (ἕνωσις / συνήορα καὶ μακάρεσσιν ἔμμεναι ἀθανάτοισι).[78] Wenn auch das Aidesios-Orakel in einen narrativen Kontext eingebettet ist, durch den die Praxis philosophischer Anachorese als höchst fragwürdig dargestellt wird,[79] so lässt der zitierte Text doch gut das neuplatonische Telos der Vergöttlichung der Seele erkennen.

In der Tat bedient sich Eunapios des literarischen Mediums der Biographie, um zu illustrieren, wie das platonische Ziel der „Angleichung an Gott" im irdischen Leben erreicht werden könne. Indem Eunapios erstmals in der neuplatonischen Biographik die meisten seiner dargestellten Philosophen als literarische Ikonen präsentiert, stellt er nicht nur ein heiliges Andenken an diese Personen sicher, sondern er divinisiert sie und macht sie dadurch auch zum Objekt der Leserverehrung.[80] Ausführlicher als Porphyrios und Marinos ist Eunapios darum bemüht, göttliche Eigenschaften seiner biographischen Subjekte hervorzuheben, um sein zutiefst religiöses Verständnis des Neuplatonismus zu propagieren.[81] Die folgende Skizze spricht für sich. Eunapios schreibt Jamblich und Sosipatra „Göttlichkeit" (θειότης) zu.[82] Mehrere der dargestellten Philosophen besitzen übernatürliche Fähigkeiten wie Hellseherei, Telepathie, Präkognition oder die Fähigkeit zur

---

[77] Eunap. VS 6,35 GOULET (= 6,4,4 GIAN.).
[78] BECKER 2011, 454; BECKER 2013, 273–274.
[79] BECKER 2011, 453–457; BECKER 2013, 275–277.
[80] Zur Ikonizität der Philosophen bei Eunapios siehe ausführlich BECKER 2013, 57–68, bes. 61–62. Gemäß MÄNNLEIN-ROBERT 2013b, 246 wird auch Proklos von Marinos als literarische Ikone dargestellt. Siehe auch die Einleitung in diesem Band.
[81] Eine ausführliche Liste mit Belegen bietet BECKER 2013, 56–57; siehe dazu auch den Überblick bei GOULET 2014/1, 335–376 sowie HARTMANN 2014, 72.
[82] Eunap. VS 5,12 GOULET [= 5,1,12 GIAN.] (Jamblich); 6,86–87 GOULET [= 6,9,7–8 GIAN.] (Sosipatra). Ganz ähnlich spricht Eunapios von der „himmlischen Qualität der Seele" Plotins (4,10 GOULET [= 4,1,10 GIAN.]: τὸ οὐράνιον τῆς ψυχῆς) und von der „gottähnlichen Seele" des Aidesios (7,11 GOULET [= 7,1,11 GIAN.]: θεοειδὲς τῆς ψυχῆς).

Levitation.⁸³ Bei Sosipatra konstatiert Eunapios die göttliche Eigenschaft der Ubiquität, womit er ihre göttliche Würde unterstreicht.⁸⁴ Außerdem erzählt Eunapios davon, wie Porphyrios und Aidesios Orakel erhalten, die – zumindest im Falle des Aidesios – eine lebensverändernde Relevanz haben.⁸⁵ Befürwortend zitiert Eunapios die Ansicht des Porphyrios, man solle den Orakelsprüchen der Götter viel Aufmerksamkeit schenken,⁸⁶ und im Laufe der Erzählung erfährt der Leser immer wieder von den divinatorischen und prophetischen Kompetenzen der Sosipatra, des Antoninos, des Maximus und des Chrysanthios-Sohnes Aidesios.⁸⁷

Was das Wirken von Wundern betrifft, so praktiziert Porphyrios in einer Badeanlage einen Exorzismus an einem „dämonischen Wesen" (δαιμόνιόν τινα φύσιν) namens Kausatha,⁸⁸ Jamblich beschwört die beiden Geister Eros und Anteros aus zwei nahe beieinander liegenden Quellen in Gadara herauf,⁸⁹ und Maximus animiert die Statue der Göttin Hekate, indem er sie lächeln lässt und ihre Fackeln entflammt.⁹⁰ Religiöse Praktiken wie Gebete, Opfer, kultische Versammlungen und Hymnengesänge sowie spirituelle Erfahrungen wie Traumvisionen werden in der Kollektivbiographie des Eunapios wiederholt thematisiert und setzen sich damit deutlich von der den Kult vernachlässigenden Religiosität Plotins ab.⁹¹ Vor allem an der unverhohlenen und teils detail-

---

⁸³ Hellseherei, Telepathie, Präkognition: Eunap. *VS* 5,13–15 GOULET [= 5,1,13–15 GIAN.) (Jamblich); 6,65–67 GOULET [= 6,7,3–5 GIAN.] (Sosipatra); 6,91–92 GOULET [= 6,9,12–13 GIAN.] (Sosipatra); 6,117 GOULET [= 6,11,11 GIAN.] (Jamblich); 23,10 GOULET [= 23,1,10 GIAN.] (Chrysanthios); Levitation: 5,7–10 GOULET [= 5,1,7–10 GIAN.] (Jamblich); 23,49 GOULET [= 23,5,2 GIAN.] (Aidesios, Sohn des Chrysanthios).
⁸⁴ Eunap. *VS* 6,93 GOULET (= 6,9,14 GIAN.).
⁸⁵ Eunap. *VS* 4,11–12 GOULET [= 4,1,11–12 GIAN.] (Porphyrios); 6,32–36 GOULET [= 6,4,1–5 GIAN.] (Aidesios).
⁸⁶ Eunap. *VS* 4,12 GOULET (= 4,1,12 GIAN.).
⁸⁷ Eunap. *VS* 6,76–79 GOULET [= 6,8,3–6 GIAN.] (Sosipatra); 6,96 GOULET [= 6,9,17 GIAN.] (Antoninos); 7,73–75 GOULET [= 7,6,3–5 GIAN.] (Maximus); 23,50–51 GOULET [= 23,5,3–4 GIAN.] (Aidesios).
⁸⁸ Eunap. *VS* 4,12 GOULET (= 4,1,12 GIAN.).
⁸⁹ Eunap. *VS* 5,16–22 GOULET (= 5,2,1–7 GIAN.).
⁹⁰ Eunap. *VS* 7,20–24 GOULET (= 7,2,6–10 GIAN.).
⁹¹ Eunap. *VS* 5,8 GOULET [= 5,1,8 GIAN.] (Gebet: Jamblich); 5,12–13 GOULET [= 5,1,12–13 GIAN.] (Opfer); 6,32 GOULET [= 6,4,1 GIAN.] (Gebet und Traumorakel: Aidesios); 6,86 GOULET [= 6,9,7 GIAN.] (Gebet: Maximus); 6,95 GOULET [= 6,9,16 GIAN.] (kultische Versammlung); 6,105 GOULET [= 6,10,9 GIAN.]

lierten Darstellung öffentlicher Opferzeremonien in Zeiten christlicher Kaiser wird ersichtlich, dass Eunapios darum bemüht ist, seinen Lesern zu verdeutlichen, wie Philosophen, politische Amtsträger und andere Anhänger „der alten, vorväterlich überkommenen Lebensweise" (τῆς ἀρχαίας καὶ πατρίου πολιτείας) an paganen Religionspraktiken festhielten und darin zum Vorbild in der Lesergegenwart gereichen.[92] Damit im Zusammenhang stehen rituell-theurgische Praktiken, auf deren öffentliche Darbietung die Protagonisten des Eunapios zwar aufgrund christlicher Repressionen verzichten,[93] die jedoch an sich zum Bild des von Eunapios propagierten Idealphilosophen gehören.

Wie Ilinca Tanaseanu-Döbler ausführt, betrachtet Eunapios die Theurgie nicht als eine Sonderkompetenz religiöser Virtuosen. Im Gegenteil: Für ihn bildet die Theurgie ein entscheidendes Ingredienz der allgemeinen philosophischen Bildung, womit er freilich impliziert, dass das Ideal pagan-philosophischer Bildung mangelhaft ist, wenn es die Theurgie nicht beachtet.[94] Hier liegt wiederum eine deutliche Abgrenzung zur *Vita Plotini* des Porphyrios vor, der, wie oben angedeutet, in seiner Biographie die Theurgie eher problematisiert als propagiert. Die bemerkenswerte Vorstellung, dass die Theurgie zur philosophischen Bildung gehört, wurzelt in der Überzeugung, dass Ritualhandlungen den Philosophen vergöttlichen.[95] Um also das Ziel der „Angleichung an Gott" zu erlangen, sind die Philosophen und die ihnen nacheifernden Leser

---

(kultische Versammlung / Gottesdienste); 7,23 GOULET [= 7,2,9 GIAN.] (Hymne: Maximus); 7,34 GOULET [= 7,3,7 GIAN.] (Julians Götterverehrung); 7,43 GOULET [= 7,3,16 GIAN.] (Vision im Traum: Chrysanthios); 23,29 GOULET [= 23,3,11 GIAN.] (Chrysanthios verehrt das Göttliche); 23,37–44 GOULET [= 23,4,2–9 GIAN.] (Opferzeremonie in Sardes); 23,48 GOULET [= 23,5,1 GIAN.] (Aidesios, der Sohn des Chrysanthios, betet die Götter an).

[92] Zum Zitat siehe Eunap. VS 23,36 GOULET [= 23,4,1 GIAN.] (bezogen auf den *vicarius Asiae* Iustus). Zu den öffentlichen Opferzeremonien in Zeiten christlicher Kaiserherrschaft siehe z.B. Eunap. VS 10,59 GOULET [= 10,6,3 GIAN.]; 10,64 GOULET [= 10,6,8 GIAN.], dazu BECKER 2013, 461. 465. 468; 23,36–44 GOULET [= 23,4,1–9 GIAN.] (pagane Restauration in Sardes unter Valens [364–378 n.Chr.] oder Theodosios I. [379–394 n.Chr.], an der z.B. der *vicarius Asiae* Iustus [*PLRE* I 490, Nr. 2], der *consularis Lydiae* Hilarius, Chrysanthios und Eunapios selbst teilnehmen, dazu BECKER 2013, 556–559).

[93] Vgl. Eunap. VS 6,4–5 GOULET [= 6,1,4–5 GIAN.] (Aidesios); 6,103 GOULET [= 6,10,7 GIAN.] (Antoninos).

[94] TANASEANU-DÖBLER 2013, 153. 156.

[95] TANASEANU-DÖBLER 2013, 157.

aufgerufen, jeglichen Ausprägungen des Neuplatonismus den Rücken zu kehren, welche die übernatürliche Dimension der Wirklichkeit ausblenden. Konkret werden Porphyrios, Jamblich, Sosipatra, Antoninos, Maximus und Chrysanthios als Experten der Theurgie eingeführt, und obwohl einige von ihnen sich aufgrund christlicher Repressionsmaßnahmen dazu entschieden, ihre Expertise geheim zu halten, lässt Eunapios doch keinen Zweifel daran, dass ihr Ritualwissen ihre Nähe zum Göttlichen bezeugt.[96]

Bedenkt man, dass die Quantität der bei Eunapios dargestellten spirituellen und hagiographischen Phänomene auch dadurch bedingt ist, dass er eine Kollektivbiographie verfasst hat, so ist zu konstatieren, dass die Einzelbiographie des Marinos in dieser Hinsicht einen Vergleich nicht scheuen muss. Seiner Wertschätzung der spirituell-theurgischen Elemente des Neuplatonismus verschafft Marinos schon dadurch Ausdruck, dass er die religiöse Praxis im Rahmen der theurgischen Tugenden des Proklos abhandelt. Obwohl es gemäß Marinos in der Tat noch höhere Tugenden als die theurgischen gebe, so seien diese doch „übermenschlich" (ὑπὲρ ἄνθρωπον) und letztlich mit Worten schlecht vermittelbar. Deshalb repräsentieren die theurgischen Tugenden im literarischen Programm des Marinos die höchste nennbare Stufe der von ihm propagierten neuplatonischen Tugendskala.[97] Deutlich stimmt also Marinos Eunapios darin zu, dass ein Neuplatonismus, der eine für das Übernatürliche und die Theurgie offene Spiritualität verneint, defizitär ist. Die hagiographischen Elemente bei Marinos schließen sich an Eunapios an und setzen sich in ihrem quantitativen Vorkommen ebenfalls von der *Vita Plotini* ab.

Proklos wird bei Marinos als ein zutiefst religiöser Philosoph beschrieben:[98] Er studiert und kommentiert „heilige Texte" wie die *Chaldäischen Orakel*,[99] er hat richtungsweisende, „göttliche" Träume,[100] er unterwirft sich chaldäischen Reinigungsriten,[101] er erlebt Göttererscheinungen wie z.B. der Hekate, der Athena oder

---

[96] TANASEANU-DÖBLER 2013, 152–161 (mit Belegen). Zu Sosipatra siehe den neueren Beitrag von URBANO 2013, 245–272.
[97] Marin. *VPr.* 3,4–7; BLUMENTHAL 1984, 492–493.
[98] Siehe dazu auch den Beitrag von J. DILLON in diesem Band.
[99] Marin. *VPr.* 26,14–28.
[100] Marin. *VPr.* 6,10–11; 26,28–36; 27,7–11; 28,24–36; 32,24–30.
[101] Marin. *VPr.* 28,15–17.

des Asklepios,[102] er dichtet Hymnen und pflegt das Gebet[103] sowie ein inniges Verhältnis zu den Göttern, speziell zu Athena, Asklepios, Pan sowie der Göttermutter.[104] Er gilt als Götterliebling[105] und erfährt selbst göttlich bewirkte, körperliche Heilung.[106] Auch Wunderkräfte besitzt er: Er kann es regnen lassen[107] und heilt durch sein Gebet ein junges Mädchen namens Asklepigeneia.[108] Die von Marinos nur angedeuteten „unzähligen theurgischen Aktivitäten" des Proklos unterstreichen das Anliegen des Biographen, seinen Protagonisten als jemanden darzustellen, der Zugang zu göttlichen Kräften besitzt.[109] Das Bild des *homo religiosus* Proklos wird dadurch vervollständigt, dass ein guter Daimon sowie die göttliche Vorsehung ihn leiten,[110] dass er häufig Kultstätten und Tempel aufsucht und insgesamt ein asketisches Leben führt.[111] Nicht weniger beherzt als Eunapios kommt Marinos auch auf Opferzeremonien in Athen zu sprechen, an denen Proklos teilnimmt, und schon im Proömium evoziert er ausführlich den paganen Opferkult.[112] Besonders brisant sind die Erwähnungen der Opferhandlungen nicht zuletzt deshalb, weil derartige Opferpraktiken zur Zeit des Marinos durch die kaiserliche Gesetzgebung längst verboten waren.[113] Deshalb hebt Marinos, wie dies

---

[102] Marin. *VPr*. 28,17–19; 30,4–11; 32,1–4.
[103] Marin. *VPr*. 26,42–43; 29,21–22; 33,6–7.
[104] Marin. *VPr*. 30,1–4; 30,12–13; 33,1–8.
[105] Marin. *VPr*. 32,31–42.
[106] Marin. *VPr*. 31 (*passim*).
[107] Marin. *VPr*. 28,19–21.
[108] Marin. *VPr*. 29,4–39.
[109] Marin. *VPr*. 29,2–3.
[110] Marin. *VPr*. 15,34–35; 34,11–13; 38,8–11.
[111] Vgl. MÄNNLEIN-ROBERT 2013b, 251–253.
[112] Marin. *VPr*. 1,9–21; 5,14–16; 19,4–7.
[113] BAUMER 2011, 4; URBANO 2013, 311. Die Auswirkungen der antipaganen Gesetzgebung Theodosius' I. aus dem Jahre 392 n.Chr. sind auch in die Textwelt des Eunapios eingeflossen, wenngleich die Schlussfolgerung, „paganism" sei in seiner Darstellung „usually on the defensive" (PENELLA 1990, 141–144, hier 141), vor dem Hintergrund der im vorliegenden Beitrag gebotenen Belege übertrieben erscheint. Die Heidengesetzgebung Theodosius' I. setzte im Jahre 381 n.Chr. ein und umfasste schrittweise z.B. das Verbot der Zukunftsdeutung bei Opfern, das Untersagen von Wahrsagerei, Tempelschließungen, die Abschaffung von Opfern und heidnischen Feiertagen sowie ein generelles Kultverbot seit 392 n.Chr. (Verbot von Tieropfern, Tempelbesuchen und Götzenbildverehrung), siehe dazu J. ERNESTI, *Princeps christianus*

bereits Eunapios vor ihm im Hinblick auf die Anhänger der alten Kultpraktiken tat,[114] den „Freimut" (παρρησία) des Proklos beim Vollzug paganer Rituale hervor.[115] Auffällig an der hagiographischen Stilisierung ist, dass Proklos die Angleichung an Gott offensichtlich schon im Diesseits gelungen ist und er eigentlich schon wie ein Gott und nicht bloß als „göttlicher Mensch" auf Erden wandelt.[116] In dieser philosophisch motivierten Intensivierung der traditionellen Motivik des θεῖος ἀνήρ hat Marinos freilich in Eunapios einen Vorläufer, bei dem die Portraitierung Jamblichs und Sosipatras ebenfalls zur Göttlichkeit und nicht nur zur Gottmenschlichkeit tendiert.[117]

4. Der Philosoph und die Gesellschaft aus Sicht der Biographen

Einem weitverbreiteten Verständnis zufolge sei die neuplatonische Philosophie und ihre öffentliche Präsenz in der Gesellschaft – historisch betrachtet – von einer sozialen Marginalisierung geprägt gewesen: Die Weltabgewandtheit der Neuplatoniker habe seit Plotin zu einer abwertenden Vernachlässigung der politischen Komponenten des Platonismus geführt.[118] Demgegenüber hat

---

und Kaiser aller Römer. Theodosius der Große im Lichte zeitgenössischer Quellen (Paderborn et al. 1998) 63–88.

[114] Vgl. Eunap. *VS* 10,59 GOULET (= 10,6,3 GIAN.) und 10,64 GOULET (= 10,6,8 GIAN.): Der „gern opfernde" (φιλοθύτης) *Praefectus Praetorio per Illyricum* Anatolios „opfert mutig" (θύσας δὲ θαρσαλέως).

[115] Marin. *VPr.* 11,19–20 (Anbetung der Mondgöttin). Ein mutiges Einstehen für die alte Religion propagiert Marinos auch mittels einer Bemerkung über den paganen Mathematiker Heron, der, während Proklos in Alexandria Philosophie studierte, den „Mut aufgebracht habe" (θαρρῆσαι), Proklos „detailliert seine Art der Götteranbetung" anzuvertrauen (Marin. *VPr.* 9,23–24).

[116] Vgl. Marin. *VPr.* 18,5–9; 21,1–4; 25,8–13; MÄNNLEIN-ROBERT 2013b, 253 mit Anm. 43.

[117] Zur θειότης der Genannten siehe Eunap. *VS* 5,12 GOULET [= 5,1,12 GIAN.] (Jamblich); 6,87 GOULET [= 6,9,8 GIAN.] (Sosipatra).

[118] Vgl. z.B. J. GEFFCKEN, *Der Ausgang des Griechisch-Römischen Heidentums* (Heidelberg 1929; ND Darmstadt 1963) 169. 172; FOWDEN 1982, 51–59; PENELLA 1990, 55–56. 63–64; R. LIM, *Public Disputation, Power, and Social Order in Late Antiquity* (Berkeley et al. 1995) 61–65.

Dominic O'Meara in einer belegreichen Studie neuplatonischer Texte und Lehrschriften gezeigt, dass sich die Ausrichtung auf das Göttliche und die politische Aktivität der Neuplatoniker in der philosophischen Reflexion keinesfalls ausschließen, sondern sich sogar bedingen.[119] Denn seit Plotin bilden in den Tugendlehren der Neuplatoniker die sogenannten „politischen Tugenden" trotz unterschiedlicher Gewichtungen eine bedeutende Stufe beim Aufstieg zur Vervollkommnung der Seele. Unter politischer Tugendhaftigkeit ist in einem allgemeinen Sinne zu verstehen „the highest level of perfection in *human* existence, in the embodied life of the soul, to which soul brings rational order as regards both its irrational drives (its inner 'republic') and its relations with others [...]".[120] Auch in den neuplatonischen Philosophenbiographien spielen politische Tugenden eine wichtige Rolle, seien sie nun *expressis verbis* erwähnt wie bei Marinos oder implizit verhandelt wie bei Eunapios oder Porphyrios.[121] Im Folgenden werde ich auf die literarisch-biographische Darstellung jenes Aspekts politischer Tugendhaftigkeit eingehen, der das öffentliche Auftreten sowie die politische Aktivität der Neuplatoniker betrifft.[122] Entscheidend ist dabei nicht die Frage nach der historischen Faktizität des politischen Engagements der Dargestellten, sondern vielmehr das literarische Bild, das die Biographen von ihren Lehrmeistern zeichnen und das ihrer Leserschaft als *exemplum* einer gesellschaftlichen Involvierung dienen soll.

Angespornt durch die Lektüre der politischen Schriften des Aristoteles sowie der *Nomoi* und der *Politeia* Platons sei es Proklos laut Marinos ein Anliegen gewesen, für politische Tugenden nicht nur theoretisch, sondern auch praktisch einzustehen. Da er selbst zu Höherem – zur Philosophie – berufen gewesen sei, habe er Archiadas in den politischen Tugenden unterwiesen und ihn dazu ermuntert, politisch auf höchster Ebene aktiv zu werden.[123] Wie

---

[119] O'MEARA 2003.

[120] O'MEARA 2006, 83 (kursiv im Original).

[121] O'MEARA 2006, 87 und LINGUITI 2013, 137–138 gehen davon aus, dass alle neuplatonischen Philosophenbiographen außer Eunapios sich bei ihrer Charakterzeichnung entweder implizit oder explizit auf die neuplatonische *scala virtutum* beziehen. Es gibt allerdings auch bei Eunapios Indizien dafür (BECKER 2016a).

[122] Zum Themenkomplex der Politik in der *Vita Procli* siehe auch den Beitrag von S. SCHORN in diesem Band.

[123] Marin. VPr. 14,1–14.

Marinos versichert, sei Proklos jedoch nicht nur beratend tätig geworden, sondern habe auch selbst an öffentlichen Ratsversammlungen der Stadt teilgenommen und Kontakte zu den Archonten gepflegt, um sie in juristischen Belangen an die Gerechtigkeit zu erinnern.[124] Außerdem habe er Briefe an „Machthaber" (τοῖς ἐν ταῖς δυναστείαις) geschrieben und sich so für ganze Städte eingesetzt.[125] Schon in seiner Jugend sei Proklos während seines Rhetorikstudiums in Alexandria auf Initiative seines Rhetoriklehrers Leonas den politisch Verantwortlichen vorgestellt worden: Indem Marinos hervorhebt, dass die Vertreter der Reichsadministration den jungen Proklos wegen seines Scharfsinns und seiner Kalokagathie bewundert und ihn in ihren Freundeskreis aufgenommen hätten, präsentiert er einen Proklos, der schon als junger Mann Zugang zu den höchsten politischen Kreisen gehabt habe.[126] Diesem Zweck dient auch der Hinweis darauf, dass Proklos von Leonas mit auf eine Gesandtschaft nach Byzanz genommen worden sei, die der pagane ägyptische Präfekt Theodoros initiiert habe.[127] Damit ist ein persönliches Zusammentreffen des jungen Proklos mit dem christlichen Kaiser zumindest angedeutet.[128] Seinen Schülern schärfte Proklos gemäß den Aussagen des Marinos ein, sich in Athen als gute Bürger zu verhalten, und er gab dazu laut Marinos selbst das beste Beispiel ab.[129] Auf das Engagement des Proklos für seine Schüler und Freunde geht der Biograph ebenfalls ein und unterstreicht damit, dass sich der Philosoph für die Menschen seines sozialen Umfelds aktiv einsetzte und dabei auch seine Kontakte zu politischen Beamten spielen ließ.[130] In diesem Kontext sind es die Eigenschaften der „Sanftmut" (πραότης), der „Anteilnahme" (συμπάθεια) und der „Menschenliebe" (φιλάνθρωπον), die Marinos besonders hervorhebt.[131] Ein weiteres wichtiges Wort, das Marinos benutzt, um die politische Aktivität des Proklos zu beschreiben, ist das Verb σπουδάζειν („sich bemühen, mit Eifer betreiben"). Dieses Wort

---

[124] Marin. VPr. 15,1–8; 16, 1–4; BLUMENTHAL 1984, 487–488.
[125] Marin. VPr. 15,38–41.
[126] Marin. VPr. 8,11–14.
[127] Marin. VPr. 9,1–6; zu Theodoros siehe PLRE II 1088, Nr. 15.
[128] Vgl. SAFFREY / SEGONDS / LUNA 2002, 88 Anm. 15.
[129] Marin. VPr. 15,8–13.
[130] Marin. VPr. 16–17.
[131] Marin. VPr. 16,18 (πρᾶος); 16,23 (συμπάθεια); 17,1 (συμπάθεια); 17,20 (φιλάνθρωπον).

erinnert an das viergliedrige Tugendschema des Porphyrios, demgemäß politische Tugenden charakteristisch für einen „tatkräftig-rechtschaffenen Menschen" (σπουδαῖος ἄνθρωπος) seien.[132] Interessanterweise führt Eunapios im Pröomium seiner Kollektivbiographie exakt diese Begrifflichkeit ein (σπουδαῖοι ἄνδρες), um seine Protagonisten – „die besten Philosophen und Sophisten" – vorzustellen, deren „Tugend" (ἀρετή) und „Taten" (ἔργα) er darstellen möchte.[133] Obwohl das Adjektiv σπουδαῖος in der philosophischen Ethik ein breites Bedeutungsspektrum hat und keinesfalls auf politische Kontexte beschränkt ist,[134] scheint dennoch aufgrund des Textzusammenhangs klar zu sein, dass die Ausführungen des Eunapios von politischen Intentionen motiviert sind. Das erste Wort des Introitus – „Xenophon" – bestätigt diese Vermutung, weil dieser vorchristliche Literat aus Athen zu Eunapios' Zeiten nicht nur als ein sokratischer Philosoph, sondern auch als ein ἀνὴρ πολιτικός anerkannt war, dessen politisches Engagement weithin geschätzt wurde.[135] Aus der Fülle dessen, was er über Xenophon hätte sagen können, greift Eunapios das heraus, was seinem Urteil zuträglich ist, nämlich dass Xenophon ein Leben im Einklang mit seinen Lehren über „charakterliche Tugend" (ἠθικὴ ἀρετή) führte. Xenophon sei sogar der „einzige Philosoph gewesen", der die Philosophie mit Worten und Taten geschmückt" und der durch sein „vorbildliches Verhalten (τοῖς ὑποδείγμασιν) Heerführer" wie Alexander den Großen „hervorgebracht" habe.[136]

---

[132] Marin. VPr. 16,6 (ὑπὲρ ὧν ἐσπούδαζεν); Porph. Sent. 32 p. 31,5–6 LAMBERZ.

[133] Eunapius, VS 1,2–3. Die nun folgenden Passagen zu Eunapios stellen im Wesentlichen eine deutsche Übersetzung von BECKER 2016a, 237–242 dar.

[134] Das Adjektiv σπουδαῖος ist oftmals synonym zu „tugendhaft", vgl. z.B. Porph. In Arist. Cat., p. 70, 14–24; 135, 21 (CAG 4,1 BUSSE). In Plotins Enneaden bezeichnet σπουδαῖος den idealen platonischen Philosophen, vgl. dazu SCHNIEWIND 2003; MÄNNLEIN-ROBERT 2013a, 101.

[135] Zu Xenophon als ἀνὴρ πολιτικός siehe z.B. Dio Chrys. or. 18,14; BECKER 2013, 144–146.

[136] Eunap. VS 1,1–2 GOULET (= 1,1–2 GIAN.); BECKER 2011, 464; vgl. zur Stelle auch GOULET 2014/2, 136–137 Anm. 3–7. Eunapios bezieht sich offensichtlich auf Xenophons Beteiligung am Zug Kyros' des Jüngeren gegen den persischen Großkönig Artaxerxes II. im Jahre 401 v.Chr., vgl. BECKER 2013, 146. Dieses Lob der politischen Bedeutung Xenophons ist freilich übertrieben, wie K. MÜNSCHER, Xenophon in der griechisch-römischen Literatur (Leipzig 1920) 194 bemerkt.

Schon in den ersten Zeilen des Proömiums begegnet der Leser also einer befürwortenden Haltung des Eunapios, was die politische Involvierung von Philosophen sowie deren Inspirationspotentiale für die politische Betätigung ihrer Anhänger oder späteren Verehrer angeht.

Besonders bemerkenswert am biographischen Portrait der Philosophen ist, dass Eunapios die Aufmerksamkeit des Lesers mehrfach auf ihre politische Tätigkeit an christlichen und nichtchristlichen Kaiser- bzw. Königshöfen lenkt. (1) So hört der Leser von Sopatros, einem Schüler Jamblichs, der nach dem Tod des Meisters in den 320er Jahren aufgrund der „Erhabenheit seines Wesens" und der „Größe seiner Seele" zum Berater Konstantins des Großen (306–337 n.Chr.) aufstieg. Gemäß Eunapios nutzte Sopatros seine einflussreiche Stellung, um die neue Politik des Kaisers zu ändern und um Konstantin zur Philosophie zu führen.[137] Die Initiative des Sopatros, auf höchster Ebene politisch tätig zu werden, befürwortet Eunapios[138] und er lässt ihm auch dadurch eine besondere Ehre zuteil werden, dass er seinen gewaltsamen Tod infolge einer Hofintrige mit der Hinrichtung des hochverehrten Modell-Philosophen Sokrates vergleicht.[139] (2) Ein weiterer Philosoph, der sich politisch betätigte, war Eustathios, ebenfalls ein Schüler Jamblichs und zudem ein Kommilitone des Sopatros. Im Jahre 358 n.Chr. nahm er im Auftrag Konstantios' II. an einer Gesandtschaft zum Hof des persischen Königs Sapor II. (309–379 n.Chr.) teil.[140] In seiner Darstellung geht es Eunapios im Wesentlichen darum zu beschreiben, welche Wirkung der Neuplatoniker auf den Perserkönig hatte und wie dieser durch die rhetorischen Fähigkeiten des Eustathios geradezu „verhext" wurde. Vergleichbar mit Sopatros, der auf einen christlichen Kaiser

---

[137] Eunap. *VS* 6,7–8 GOULET (= 6,2,1–2 GIAN.); O'MEARA 2003, 17.
[138] PENELLA 1990, 51; BECKER 2013, 253–254.
[139] Eunap. *VS* 6,9–13 GOULET (= 6,2,3–7 GIAN.); K. DÖRING, *Exemplum Socratis. Studien zur Sokratesnachwirkung in der kynisch-stoischen Popularphilosophie der frühen Kaiserzeit und im frühen Christentum* (Wiesbaden 1979) 139; BECKER 2011, 465; BECKER 2013, 255–258.
[140] Amm. Marc. *Res gestae* XVII 5,15; XVII 14; vgl. PENELLA 1990, 56–58; P. BARCELÓ, *Constantius II. und seine Zeit. Die Anfänge des Staatskirchentums* (Stuttgart 2004) 159–161; BECKER 2013, 281–285.

einwirkte, wird Eustathios als ein Philosoph portraitiert, der einen König der Barbaren zur Philosophie zu bekehren versuchte.[141]

(3) Zu den Philosophen, die politische Betätigung hoch schätzten, kann auch Julian Apostata gezählt werden.[142] Auch wenn er nicht im strengen Sinne zu den biographischen Subjekten des Eunapios gehört, sind doch in die Maximus-Vita zahlreiche Informationen über ihn eingestreut. Wie aus der Vitensammlung erhellt, war Eunapios ein glühender Anhänger der politischen Idee Julians und seiner paganen Restaurationsmaßnahmen. Auch die Fragmente seiner *Historien* lassen eine geradezu religiöse Verehrung für Julian erkennen.[143] Deswegen ist es nicht übertrieben, die Texte des Eunapios als politisch engagierte Literatur zu bezeichnen.[144] In den biographischen Skizzen zu Maximus wird nicht nur die philosophische Bildung und der Charakter Julians mit protreptischem Interesse dargestellt, sondern auch mit seiner ursprünglich christlichen Erziehung kontrastiert.[145] Auch wenn Eunapios nicht verhehlt, dass Julian zunächst zögerte, Caesar zu werden, versichert er dem Leser, dass die Götter, die Julian so inbrünstig verehrte, seine politische Karriere mit Erfolgen segneten und Gefahr für Leib und Leben von ihm abhielten.[146] Letztlich wird Julian als ein Philosophenkönig im platonischen Wortsinn gezeichnet, der als Neuplatoniker die alte religiöse Ordnung des Reiches wiederzuherstellen bestrebt war.[147] Zu diesem Zweck berief der letzte pagane Kaiser (361–363 n.Chr.) auch andere Philosophen an seinen Hof, und Eunapios versäumt es nicht, auf deren Wirken näher einzugehen.

---

[141] Eunap. *VS* 6,44–46 GOULET (= 6,5,6–8 GIAN.); BECKER 2013, 278; zum Barbarenbild des Eunapios siehe GOULET 2014/1, 324–329.

[142] Vgl. HARTMANN 2014, 76.

[143] Eunap. *hist.* fr. 15 BLOCKLEY; vgl. dazu GAŞPAR 2009, 238–239; HARTMANN 2014, 58 Anm. 19 (mit Lit.). Eine verehrende Wertschätzung Julians lässt auch die *Vita Procli* erkennen, weil Marinos den Tod des Proklos unter Bezug auf die Kaiserherrschaft Julians datiert (Marin. *VPr.* 36,1–2), siehe dazu SAFFREY / SEGONDS / LUNA 2002, 175 Anm. 10.

[144] H. SONNABEND, *Geschichte der antiken Biographie. Von Isokrates bis zur Historia Augusta* (Stuttgart / Weimar 2002) 199.

[145] Eunap. *VS* 7,5–9 GOULET (= 7,1,5–9 GIAN.).

[146] Eunap. *VS* 7,33–34 GOULET (= 7,3,6–7 GIAN.).

[147] Zum religiösen Programm Julians siehe O'MEARA 2003, 120–123; NESSELRATH 2013, *passim*; STÖCKLIN-KALDEWEY 2014, 366–373.

(4) Zu diesen Philosophen gehörte Maximus, Julians philosophischer Lehrer. Obwohl er als Berater des Kaisers sehr einflussreich war, gestaltet Eunapios seine politische Karriere als warnendes Beispiel dafür aus, dass Machtstreben und politischer Ehrgeiz den Philosophen dazu verleiten können, seine Tugendhaftigkeit zu kompromittieren. Wenn Eunapios davon schreibt, dass Maximus am Kaiserhof nicht allein überheblich wurde, sondern sogar in anti-asketischer Manier teure Kleidung trug, zunehmend barsch im Umgang (χαλεπώτερος) und unfreundlich (δυσχερέστερος) zu seinen Mitmenschen wurde,[148] dann ist damit die Aussage bezweckt, dass politische Betätigung zu einer Bedrohung für die politischen Tugenden werden kann, wenn Charaktermängel den Philosophen dazu verführen, der Versuchung der Macht nachzugeben.[149] (5) Aus diesem Grund, gewissermaßen als positives Gegenbeispiel zu Maximus, führt Eunapios Priskos ein, der zwar ebenfalls am Kaiserhof Julians wirkte, der sich jedoch im politischen Umfeld vor Überheblichkeit hütete und dessen Verhalten von der Tugend der „Besonnenheit" (ἐσωφρόνει) geprägt war. Wie Eunapios ferner betont, bemühte sich Priskos aktiv darum, den „Kaiserhof wieder auf den Boden eines philosophischeren Niveaus zu bringen".[150] Der charakterliche Unterschied zu Maximus ist offenkundig.

(6) Ein letzter Philosoph, den Julian ebenfalls als Berater an seinen Kaiserhof berufen wollte, war Chrysanthios, der Lehrer des Eunapios. Er lehnte jedoch die Aufforderung Julians ab, weil die Götter ihm dazu rieten.[151] Diese Episode sollte nicht dahingehend missverstanden werden, als wolle Eunapios damit sagen, dass die Götter prinzipiell politische Betätigung missbilligen und dass Philosophen sich folglich aus der gesellschaftlichen Öffentlichkeit weitgehend zurückziehen sollten.[152] Vielmehr zeigt der narrative

---

[148] Eunap. VS 7,45 GOULET (= 7,4,2 GIAN.); zur problematischen Abkehr des Maximus von seiner asketischen Lebensführung siehe M. BECKER, „Philosophen zwischen Reichtum und Armut – Sozialer Status und asketischer Anspruch bei Eunapios aus Sardes", Millennium 9 (2012) [123–143] 128f.
[149] BECKER 2011, 466–467; BECKER 2013, 386–387.
[150] Eunap. VS 7,50 GOULET (= 7,4,7 GIAN.): τὴν βασιλείαν καταφέρων καὶ ὁμαλίζων ἐς τὸ φιλοσοφώτερον.
[151] Eunap. VS 7,36–41 GOULET (= 7,3,9–14 GIAN.); 7,46–52 GOULET (= 7,4,3–9 GIAN.); 23,11–15 GOULET (= 23,2,1–5 GIAN.).
[152] Diese Ansicht teilen viele Interpreten, so z.B. FOWDEN 1982, 51–59 und STENGER 2009, 234–235. Dagegen ist es mein Anliegen zu zeigen, dass

Kontext, dass es externe Faktoren und widrige Umstände – nämlich die Bedrohung durch die Christen – waren, die Chrysanthios zu seiner von den Göttern forcierten Entscheidung bewogen, dem letzten nicht-christlichen Kaiser seine Unterstütz-ung am Hof zu versagen: Wie Eunapios bemerkt, habe Chry-santhios vorhergesehen, dass Julian bald sterben und dass wieder ein Christ Kaiser werden würde.[153] Anstatt allerdings eine Ana-chorese bzw. den Rückzug aus der Gesellschaft anzutreten, wie dies sein Lehrer Aidesios ohne Erfolg versucht hatte,[154] ließ sich Chrysanthios von Julian zum Oberpriester Lydiens ernennen und übernahm damit wie andere Neuplatoniker seiner Zeit auch öffentliche Verantwortung für die althergebrachte Religion.[155] Der Leser erfährt auch, dass Chrysanthios mit Vertretern der poli-tischen Machtelite sprach und dass er dabei aufgrund der „Einfachheit" (ἁπλότης) seines Charakters den Eindruck erweck-te, „als ob er nicht wisse, was Macht überhaupt sei." Im Gegen-satz zu Maximus sei er bei seinem Umgang mit politischen Beamten weder „überheblich aufgetreten" (δι' ἀλαζονείαν συνιδεῖν) noch „stolz geworden" (τύφον γινόμενον).[156] Bis ins hohe Alter blieb Chrysanthios, zumindest nach Darstellung des Eunapios, eine Person des öffentlichen Lebens in seiner Hei-matstadt Sardes. Der Philosophenbiograph berichtet z.b. davon, dass in den 370er oder 380er Jahren der *vicarius Asiae* Iustus, ein frommer Heide mit „edlem Charakter" (γενναῖος καὶ ἄλλως τὸ ἦθος),[157] zusammen mit dem *consularis Lydiae* Hilarius nach Sardes reiste,[158] um dort den paganen Kult trotz christlicher Vor-herrschaft wieder zu beleben. Chry-

---

Eunapios in seiner Kollektivbiographie kommunizieren möchte, dass die paganen Bildungseliten auch weiterhin gesellschaftlich aktiv und präsent bleiben sollen (BECKER 2011); vgl. dazu auch DILLON 2004, 416–418.

[153] Eunap. VS 23,16–19 GOULET (= 23,2,6–9 GIAN.).

[154] BECKER 2011, 453–457.

[155] Eunap. VS 23,17 GOULET (= 23,2,7 GIAN.); BECKER 2013, 545. Zu den anderen Philosophen, die Julian als Provinzoberpriester einsetzte, gehören der Maximus-Schüler Theodorus und Seleukos, siehe NESSELRATH 2013, 84 (mit Belegen). Zu den Anforderungen Julians an die Priester siehe NESSELRATH 2013, 102–112.

[156] Eunap. VS 23,33 GOULET (= 23,3,14 GIAN.); URBANO 2013, 236–237.

[157] Eunap. VS 23,36 GOULET (= 23,4,1 GIAN.); BECKER 2013, 556.

[158] Eunap. VS 23,37 GOULET (= 23,4,2 GIAN.). Möglicherweise war Hilarius (*PLRE* I 435, Nr. 10) nicht der *consularis Lydiae*, sondern der *proconsul Asiae*; zur Forschungsdiskussion siehe PENELLA 1990, 128–129; CIVILETTI 2007, 665 Anm. 853; BECKER 2013, 557.

santhios nahm, ebenso wie Eunapios selbst, an dieser öffentlichen Opferzeremonie teil und hielt Unterredungen mit den politischen Beamten.[159]

Diese Beispiele mögen zur Illustration genügen, dass Eunapios im Allgemeinen das politische Engagement von Philosophen befürwortet, solange die philosophische Tugendhaftigkeit dadurch nicht gefährdet und die Philosophen weise genug sind, die Zeichen der christlichen Zeit zu erkennen. Es gibt allerdings andere Aspekte der politischen Tugend, die Eunapios ebenfalls ausführlich und programmatisch thematisiert. Da Eunapios wiederholt und mit einem Hang zur Übertreibung die große Nachfrage junger Menschen nach der neuplatonischen Philosophie sowie paganer Bildung hervorhebt[160] und ein Rückzug aus der Gesellschaft in seiner Argumentation die falsche Reaktion auf diesen Schülerandrang wäre, legt er Wert auf eine ganz bestimmte Portraitierung des Lebens im Schulzirkel. So erzählt er davon, dass Jamblich, Aidesios und Chrysanthios viel Zeit mit ihren Studenten verbrachten und dass Chrysanthios ihnen sogar mit väterlicher Liebe begegnete.[161] Eunapios erfindet gar einen Besuch Plotins bei Porphyrios auf Sizilien, um darzustellen, dass die Fürsorge Plotins für seine Studenten derart intensiv war, dass sie in der Vereitelung eines Suizidversuchs resultierte.[162] Bei dieser Szene handelt es sich um die fiktive Exemplifizierung einer Bemerkung des Porphyrios in der *Vita Plotini*, nämlich dass Plotin nicht nur umgänglich gewesen sei, sondern auch ein „göttlicher Wächter" (θεῖος φύλαξ) für Kinder, deren Eltern bereits gestorben waren.[163] Die Fürsorge für Kinder wird bei Eunapios auch Porphyrios zugeschrieben, der die Kinder seiner Frau Markella unterrichtete,[164]

---

[159] Eunap. *VS* 23,36–44 GOULET (= 23,4,1–9 GIAN.); PENELLA 1990, 128–129; BECKER 2013, 556–559.
[160] Eunap. *VS* 6,36 GOULET (= 6,4,5 GIAN.); 6,95 GOULET (= 6,9,16 GIAN.); 7,7–8 GOULET (= 7,1,7–8 GIAN.); 9,1 GOULET (= 9,1,1 GIAN.).
[161] Eunap. *VS* 5,6 GOULET [= 5,1,6 GIAN.] (Jamblich); 8,5 GOULET [= 8,1,5 GIAN.] (Aidesios); 23,23–27 GOULET [= 23,3,4–8 GIAN.]; 23,31 GOULET [= 23,3,12 GIAN.]; 23,34 GOULET [= 23,3,15 GIAN.] (Chrysanthios). Auch von seinem Rhetoriklehrer Prohairesios sagt Eunapios, er habe „ihn wie sein eigenes Kind geliebt" (10,87 GOULET [= 10,8,3 GIAN.]).
[162] Eunap. *VS* 4,8–9 GOULET (= 4,1,8–9 GIAN.).
[163] Porph. *VPlot.* 9,5–10; BECKER 2011, 460; BECKER 2013, 192.
[164] Eunap. *VS* 4,17 GOULET (= 4,2,5 GIAN.); vgl. Porph. *Ad Marc.* 1.

und Aidesios, von dem es heißt, er habe Sosipatra verehrt und ihre Kinder in Pergamon erzogen.[165]

Die wichtigste Episode mit Blick auf die Sozialkompetenzen der Neuplatoniker bietet die biographische Skizze zu Priskos. Dessen Charakterbild wird so gezeichnet, dass dem Leser klar ist, dass es sich hier nicht um ein nachahmungswürdiges *exemplum* handelt. Eunapios beschreibt ihn generell als einen Philosophen, der zwar fachlich exzellent und hochintelligent, aber auch arrogant, wenig leutselig und schweigsam war und der am Umgang mit Studenten wenig Interesse hatte.[166] Als Kontrast zu diesem Bild eines dünkelhaften Philosophen mit sozialen Mängeln hat Eunapios bewusst in die Priskos-Vita eine auf Chrysanthios zurückgehende Anekdote über Aidesios eingefügt. Dadurch entsteht ein biographisch-literarisches Diptychon, durch das die Charakterportraits des Priskos und des Aidesios nebeneinander gestellt werden.[167] Gleich zu Beginn der Anekdote versichert Eunapios, dass Aidesios „umgänglich" (τρόπος κοινός) und „volks-" bzw. „bürgernah" (δημοτικός) gewesen sei.[168] Bei seinen Spaziergängen in den Gassen Pergamons habe Aidesios immer darauf geachtet, ob seine Studenten fähig und willig gewesen seien, mit ganz gewöhnlichen und ungebildeten Menschen eine Konversation zu beginnen.[169] Leider bemerkte er, dass sich die jungen Philosophieaspiranten aufgrund ihrer hohen Bildung hochnäsig gebärdeten,[170] und so wird in der Anekdote ihre dünkelhafte Fixierung auf hohe Geistigkeit treffend mit dem Flug des Ikarus verglichen: Aidesios habe die Notwendigkeit verspürt, sie mit ihrem hochtrabenden Verstand wieder auf „die Erde und in den Bereich des Menschlichen herunter zu zwingen" (καταβιβάζων [...] ἐπὶ τὴν γῆν καὶ τὸ

---

[165] Eunap. VS 6,80–81 GOULET (= 6,9,1–2 GIAN.).

[166] Eunap. VS 8,1–4 GOULET (= 8,1,1–4 GIAN.).

[167] Eunap. VS 8,1–8 GOULET (= 8,1,1–8 GIAN.). Ein ähnliches Text-Diptychon findet sich in der Biographie des Chrysanthios, wo Eunapios die negativen Charaktereigenschaften des Maximus den positiven Charakterzügen des Chrysanthios gegenüberstellt (Eunap. VS 23,11–15 GOULET [= 23,2,1–5 GIAN.], vgl. ebd. 7,36–41 GOULET [= 7,3,9–14]). Konstrastierende diptychische Charakterbilder benutzt auch Damaskios in der *Vita Isidori*, siehe O'MEARA 2006, 82–83.

[168] Vgl. FOWDEN 1982, 54–55.

[169] Eunap. VS 8,5–6 GOULET (= 8,1,5–6 GIAN.).

[170] Eunap. VS 8,6 GOULET (= 8,1,6 GIAN.): ἀσυφήλους [...] καὶ δι' ἀγερωχίαν τῶν δογμάτων ὑπέρφονας.

ἀνθρώπινον), um ihnen ein „bestimmtes harmonisches und fürsorgliches Verhältnis zum Bereich des Menschlichen einzupflanzen."[171] Indem Eunapios dann darstellt, wie Aidesios selbst sich Zeit nahm, um mit Webern, Schmieden, Schreinern und Gemüseverkäuferinnen ins Gespräch zu kommen, evoziert er das *exemplum Socratis*, um einmal mehr die Bedeutsamkeit der Philanthropie zu unterstreichen und um gegen jedwede Intellektuellenhybris vorzugehen.[172] Deswegen ist diese Episode ein signifikanter Beleg dafür, dass Eunapios sowohl für die öffentliche Präsenz von Philosophen in der bunten Lebenswelt der Polis werben möchte als auch für die Förderung philosophischer Sozialkompetenz. Neben Aidesios wird auch Chrysanthios mit seinem „sokratischen Charakter" diesem Ideal gerecht.[173]

Im Vergleich zu Marinos und Eunapios, die sowohl dem politischen Engagement von Philosophen als auch deren Mitmenschlichkeit großes Gewicht beimessen, setzt Porphyrios in der *Vita Plotini* einen anderen Schwerpunkt. Plotin wird zweifellos als umgänglicher und sozialkompetenter Mensch beschrieben, der sich um seine Mitmenschen, um Waisenkinder und Studenten gleichermaßen gern kümmert.[174] Unbestritten ist auch, dass Porphyrios daran gelegen ist, die öffentliche Präsenz und Bekanntheit des plotinischen Schulzirkels in Rom hervorzuheben: So erwähnt er, dass Plotin sogar mit dem Kaiser Galienus und mit dessen Frau freundschaftlich verbunden war und dass Senatoren zu seinen Hörern zählten.[175] Da er seinen Lebensmittelpunkt al-

---

[171] Eunap. *VS* 8,6 GOULET (= 8,1,6 GIAN.): ἁρμονίαν τινὰ καὶ ἐπιμέλειαν πρὸς τὸ ἀνθρώπειον.
[172] Eunap. *VS* 8,7 GOULET (= 8,1,7 GIAN.); BECKER 2011, 469–472; BECKER 2013, 410–413; siehe dazu auch FOWDEN 1982, 56 und zum *exemplum Socratis* in den Viten des Eunapios insgesamt GOULET 2014/1, 381–385. Wie STENGER 2009, 28 anmerkt, ist die Philanthropie – neben παιδεία und paganen Religionspraktiken – ein wichtiger Identitätsmarker hellenischer Eliten im 4. Jh. n.Chr. Einen besonderen Stellenwert genießt die Menschenfreundlichkeit auch im Denken des von Eunapios hochgeschätzten Kaisers Julian, siehe dazu STÖCKLIN-KALDEWEY 2014, 346–355.
[173] Vgl. z.B. Eunap. *VS* 23,20 GOULET [= 23,3,1 GIAN.] (Charakter wie Sokrates); 23,31 GOULET [= 23,3,12 GIAN.] (Chrysanthios pflegt wie Aidesios die Sitte des Spaziergangs mit Studenten); 23,33 GOULET [= 23,3,14 GIAN.] (Konversation mit politischen Amtsträgern).
[174] Siehe dazu z.B. Porph. *VPlot.* 7; 9; 13–14 und MÄNNLEIN-ROBERT 2013a, 106.
[175] Porph. *VPlot.* 7,29–32; 12,1–3; DILLON 2004, 403–405.

lerdings im Haus seiner Gönnerin Gemina hatte, wo er seinen Philosophieunterricht in einer Lebensgemeinschaft mit schutzbefohlenen Kindern abhielt, „spielt[e] sich sein Leben [...] in relativ engen räumlichen und menschlichen Bahnen ab."[176] Auch was die eigene politische Aktivität sowie diejenige von Schülern angeht, unterscheidet sich Plotin deutlich von den Protagonisten des Eunapios und des Marinos. Dass Proklos Archiadas nicht nur politisch berät, sondern ihn auch zur politischen Tätigkeit ermuntert, steht in offenem Widerspruch zu Plotin, der sich nicht nur selbst nicht politisch engagiert, sondern seinen Schüler Zethos sogar von politischen Ambitionen abzubringen sucht und den Senator Rogatianus, der ebenfalls zu seinem Schülerkreis gehört, für dessen Rückzug aus der Politik lobt.[177] Sein zwar geplantes, aber letztlich nicht umgesetztes Vorhaben eines kollektiven Rückzugs (Anachorese) seines Schülerzirkels auf ein Landgut in Kampanien legt Zeugnis von einer Tendenz zur Anachorese ab,[178] gegen die v.a. Eunapios kritisch vorgeht.[179]

5. Resümee und Ausblick

Vergleicht man die Quantität hagiographischer Elemente sowie die propagierte Stellung des Philosophen in der Gesellschaft bei Porphyrios, Eunapios und Marinos, zeichnet sich eine klare Tendenz ab, nämlich dass Eunapios und Marinos in ihren Textwelten die Spiritualität und die politisch-gesellschaftliche Präsenz ihrer Protagonisten im Vergleich zu ihrem Vorgänger Porphyrios intensivieren. Beide betonen gegenüber Porphyrios die Bedeutsamkeit einer auch öffentlich und kultisch praktizierten Religiosität sowie eines politischen Engagements, wie es für den Plotin der *Vita Plotini* nur schwer vollstellbar ist. Die Intensivierung spiritueller und politischer Darstellungselemente bewirkt vor dem Hintergrund des zur Staatsreligion avancierten Christentums, dass neuplatonische Biographien seit Eunapios zu einer literarischen Gegenwelt für die jeweilige pagane Zielgruppe werden. Dies markiert eine

---

[176] MÄNNLEIN-ROBERT 2002, 587, siehe Porph. *VPlot*. 9,1–10.
[177] Marin. *VPr*. 14; Porph. *VPlot*. 7,17–21; 7,31–46.
[178] Porph. *VPlot*. 12, bes. 12,9: ἀναχωρήσειν; vgl. MÄNNLEIN-ROBERT 2002, 587–588.
[179] BECKER 2011, 453–461; BECKER 2013, 188–189 Anm. 403.

Zäsur zu Porphyrios, der die Bedrohlichkeit der Christen zumindest in der *Vita Plotini* nicht thematisiert.[180] Die von Eunapios und Marinos evozierte Textwelt speist sich aus einer dezidert paganen Wahrnehmung und Wirklichkeitsdeutung, die dem Publikum ein paganes Bild der Wirklichkeit präsentiert, das aufgrund literarischer Ausblendungsmethoden in einen Kontrast zur vielfach christianisierten Lebenswelt der Leser tritt. Die Folgen der Christianisierung werden zwar an manchen Stellen in diesem Bild sichtbar, doch insgesamt bilden die Texte des Eunapios und auch des Marinos „ein positives Identifikationsmuster", das mit seinen typisierten Modellphilosophen den Adressaten dabei behilflich sein soll, wachsende christliche Einflüsse nicht für irreversibel zu erachten.[181]

Der offensive Umgang mit der christlichen Bedrohung findet im biographischen Schaffen des Damaskios im frühen 6. Jh. n.Chr. eine wenn auch abgeschwächte, so doch bedeutende Fortsetzung. Die propagierende Darstellung philosophisch durchdrungener Spiritualität, der politischen Aktivität und der gesellschaftlichen Präsenz der paganen Intellektuellenelite bildet noch in der *Vita Isidori* einen wichtigen Aspekt des paganen Bewältigungshandelns angesichts eines immer fester etablierten Christentums.[182] So gibt Damaskios in seinem Text einen Überblick über pagane Christenfeinde im Osten des Reiches während des 5. Jhs. n.Chr., womit er seinen Lesern zu erkennen gibt, dass pagan-politische Restaurationsbemühungen auch zu Lebzeiten des Philosophen Isidor, seinerseits Proklos-Schüler und Nachfolger des Marinos in der Leitung des neuplatonischen Zirkels in Athen, aufflammten.[183] Diese waren freilich zum Scheitern verurteilt, und auch an der Darstellung philosophischer Spiritualität in der *Vita Isidori* wird ein Bruch im Vergleich zu Vorgängertexten erkennbar: Während Eunapios und Marinos nicht darauf verzichten, ausführlich auf traditionelle und kultische Formen der teils sogar öffentlich prak-

---

[180] Von der Auseinandersetzung des Porphyrios mit dem als bedrohlich wahrgenommenen Christentum zeugt v.a. sein Werk *Contra Christianos*, siehe dazu M. BECKER, „Bedrohungskommunikation und der Faktor Zeit – Überlegungen zu den christenfeindlichen Äußerungen des Porphyrios", *Museum Helveticum* 72 (2015) 55–75 und BECKER 2016c, 32–85.
[181] HARTMANN 2014, 78–79, hier 78.
[182] ATHANASSIADI 1993, 17–24.
[183] VON HAEHLING 1980. Zu den paganen Restaurationsbestrebungen im 5. Jh. n.Chr. im Osten siehe auch VON HAEHLING 1982, 56–66.

tizierten Götterverehrung der Dargestellten und auch auf deren theurgische Praktiken einzugehen, lässt Damaskios in religiösen Belangen eine „extreme[...] Introvertiertheit"[184] seines Protagonisten erkennen: So habe Isidor nicht Kontakt zu den Göttern „im Inneren von Heiligtümern" (ἐν ἀδύτοις) gesucht, sondern zu den „inwendig verborgenen Göttern", und er habe es u.a. wegen der „gegenwärtigen Zustände" (τὰ παρόντα) vermieden, „die Götterbilder anzubeten" (οὔτε τὰ ἀγάλματα προσκυνεῖν ἐθέλων).[185] Damit wird deutlich auf das christliche Kultverbot angespielt, dem sich die paganen Intellektuellen, ihres Minoritätenstatus bewusst, zunehmend beugten. Im Gegensatz zu Eunapios und Marinos ist ferner bedeutsam, dass Damaskios an keiner Stelle explizit erwähnt, dass einer der von ihm portraitierten Philosophen den Grad der theurgischen Tugenden und damit die Vergöttlichung erreicht habe, obwohl freilich anzunehmen ist, dass Isidor, Sarapion und Heraiskos theurgische Tugenden zugeschrieben wurden.[186]

Dieser Befund mag der fragmentarischen Überlieferung der *Vita Isidori* geschuldet sein, er zeigt jedoch auch, dass die fortschreitende Christianisierung im frühen 6. Jh. n.Chr. die Darstellungsintensität bei der Portraitierung neuplatonischer Frömmigkeitsformen nachhaltig dämpfte.[187] Aus mehreren wertenden Kommentaren des Biographen Damaskios geht hervor, dass aus seiner Sicht der Untergang des althergebrachten Götterkults besiegelt war und dass die gesellschaftliche Minderheit der Neuplatoniker der Bedrohung ihrer Philosophie in einer unumkehrbar christianisierten Lebenswelt nichts mehr entgegenzusetzen vermochte.[188] Die Kritik des Damaskios an seinem Lehrer Isidor spricht für sich: „Es entging ihm [sc. Isidor] aber, dass er versuchte, Verhältnisse zu ändern, die nicht zu verbessern waren und die das Maß der Verdorbenheit überschritten hatten. Er konnte nichts weiter ausrichten."[189] Diese pessimistische Zeitdiagnose fand ihre Bestätigung in

---

[184] VON HAEHLING 1982, 75.
[185] Damasc. *VIsid. epit. phot.* 38 ZINTZEN = fr. 36A ATHANASSIADI.
[186] O'MEARA 2006, 90.
[187] Vgl. O'MEARA 2006, 88. Zum quantitativen Vergleich: Bei Marinos erreicht Proklos die Stufe der theurgischen Tugenden, bei Eunapios die Philosophen Porphyrios, Jamblich, Aidesios, Sosipatra, Maximus, Antoninos, Chrysanthios und dessen Sohn Aidesios, siehe dazu BECKER 2016a, 253.
[188] Siehe dazu VON HAEHLING 1982, 83–85 (mit Belegen).
[189] Damasc. *VIsid. epit. phot.* 228 ZINTZEN = fr. 151B Athanassiadi.

der Schließung der Akademie im Jahre 529 n.Chr., die Kaiser Justinian I. (527–565 n.Chr.) verfügte und die Damaskios zum letzten Leiter des neuplatonischen Schulzirkels in Athen werden ließ.

Proklos als *Theios Anêr*

John Dillon*

In seiner Darstellung des Proklos als *theios anêr* verfolgt Marinos zwei Strategien, mit denen er auf die zwei hervorstechenden Eigenschaften des ‚göttlichen Mannes' reagiert, und zwar *philotheos*, ‚Gott liebend' bzw. in besonderem Maße befasst mit traditioneller Frömmigkeit, sowie *theophilês* zu sein, ‚von Gott geliebt' bzw. in besonderem Maße bevorzugt durch die Götter in Form von Offenbarungen und Wohltaten.[1] Marinos ist die gesamte *Vita Procli* hindurch bemüht, beide Aspekte seines Helden gleichermaßen zu illustrieren.

Beginnen wir mit Proklos' *philotheotês* bzw. seiner Frömmigkeit. Zum Ausgangspunkt meiner Überlegungen möchte ich eine ergreifende Szene im elften Kapitel der *Vita Procli* machen.[2] Der junge Proklos ist soeben (im Frühherbst des Jahres 431 v. Chr.) aus Alexandria in Athen eingetroffen. Er geht auf die Angebote zahlloser Werber für verschiedene Rhetoriklehrer nicht ein und gelangt (begleitet von zahlreichen Zeichen und Vorzeichen, die seine göttliche Natur und Mission anzeigen[3]) mithilfe seines Freundes und lyki-

---

* Ins Deutsche übersetzt von O. Schelske.

[1] Ich entlehne diese Verbindung zweier Epitheta vornehmlich Philon von Alexandria, der Weise wie Abraham (z.B. *Abr.* 50) und Moses (z.B. *Mos.* II 67) auf diese Weise charakterisiert. Gleichzeitig dient sie meiner Meinung nach sehr gut auch zur Kennzeichnung von Marinos' Vorgehen. Marinos betont Proklos' Gottgeliebtheit (*to theophiles*), vgl. Kap. 7,1.12; 32,2.38; und wenn er den Ausdruck *philotheos* auch nicht verwendet, bietet er doch zahlreiche Beispiele für diese Eigenschaft.

[2] Ich stütze mich hier auf die exzellente Ausgabe der *Vita Procli* von SAFFREY / SEGONDS / LUNA 2001. Ebenso stellte der Beitrag von FESTUGIÈRE 1966, 1581-90 (repr. in *Études de philosophie grècque*, 575-84) einen nützlichen Hintergrund für diesen Essay dar.

[3] Siehe Kap. 10, wo Marinos über die „Zeichen einer wahrhaft göttlichen Natur (*theioi ontôs symbolai*) spricht, dass er den Anteil (*klêros*) des Vaters (sc. Platons oder möglicherweise einfach Syrians) erben und die zukünftige Wahl zur Nachfolge der Leitung (*diadochê*) gewinnen werde." Diese *symboloi* schlossen auch eine Rast in einem dem Sokrates gewidmeten Schrein sowie das Trinken

schen Landsmanns Nikolaos, den er im Piräus trifft, zur Residenz des Syrianos, des Oberhauptes der Platonischen Akademie, um sich an dieser großartigen Institution einzuschreiben. Syrianos und sein Assistent Lachares empfangen den jungen Mann höflich, beenden das Gespräch aber bei Sonnenuntergang und dem Erscheinen des Mondes am Himmel, „da sie sahen, dass er ein Fremder war".
Warum taten sie dies? Der Grund liegt darin, dass sie der Mondgöttin anlässlich ihres Erscheinens bei Neumond ihre übliche Verehrung erweisen wollten[4] und sie nicht sicher waren, ob der junge Mann alten oder neuen Glaubens war. Man konnte im Athen der frühen 430er Jahre nicht vorsichtig genug sein. Als sie jedoch sahen, wie Proklos „ein wenig beiseite ging und wie er selbst das Erscheinen des Mondes von ihrem Haus aus beobachtete" (er blieb stehen, zog sich die Schuhe aus und verrichtete sein Gebet an die Göttin), da waren sie tief berührt.[5]

In dieser Hinsicht bestand also kein Grund zur Sorge. Proklos wurde in den inneren Kreis der Akademie aufgenommen – und der Rest, um es so zu sagen, ist Geschichte. Wäre er hingegen tatsächlich Christ gewesen wie der mysteriöse ‚Dionysios Areopagita' (vermutlich ein Hörer in der Schule des Proklos oder des Damaskios) oder wie Johannes Philoponus drüben in Alexandria, wäre es Proklos vermutlich erlaubt worden, Vorlesungen zu besuchen, aber man hätte ihn von gewissen Aspekten des Schullebens ausschließen müssen, und zwar vom Aspekt des Platonismus als Religion.

Es gilt daher, dem Gebet an die Mondgöttin noch etwas mehr Aufmerksamkeit zu widmen. Wen oder was, so müssen wir uns fragen, verehren Syrianos, Lachares und Proklos hier eigentlich? Ist davon auszugehen, dass sie sich einer offenen – oder vielleicht bes-

---

aus der dortigen Quelle mit ein; als er am Tor der Akropolis ankam und der Wächter gerade abschließen wollte, brachte er diesen zu der Bemerkung: „Wahrlich, wenn du nicht gekommen wärst, hätte ich geschlossen."

[4] Marinos' andeutungsvolle Formulierung („[…] war die Sonne dabei unterzugehen, der Mond aber zeigte sich zum ersten Mal seit ihrer Zusammenkunft') dürfte darauf hinweisen, dass es sich um den Beginn des Mondmonats und damit um das Neumond-Fest (bzw. die Noumenia) handelt, das im Rahmen des religiösen Athener Lebens eine wichtige Angelegenheit war, selbst im 5. Jh. n. Chr. Zu dieser Zeit stellte es für die Anhänger des alten Glaubens jedoch vermutlich eine Privatangelegenheit dar.

[5] Wie wir später von Marinos erfahren (Kap. 19), war Proklos' Hingabe an die Feier der Noumenia erheblich, was bereits in jungen Jahren der Fall gewesen zu sein scheint.

ser: traditionellen – Mond-Verehrung hingeben?[6] Schließlich ist der Mond innerhalb des neuplatonischen Pantheons eine eher untergeordnete Gottheit, die auf himmlischer Ebene letztlich eine Manifestation eines viel erhabeneren göttlichen Wesens ist – im Endeffekt von Hekate selbst, dem höchsten weiblichen Prinzip des chaldäischen Systems. Denkt man zurück an Kaiser Julians *Hymnos an die Göttermutter*, findet man eine weitere Gottheit, Kybele, die Mutter der Götter, wie sie mit dem höchsten Glied der Kette identifiziert wird, von der der Mond das niedrigste Glied darstellt (166AB). Ohne den Mond als solchen zu nennen, geht Julian hier von einer Folge von Göttern aus, angefangen bei der intelligiblen Ebene der Realität über die intellektive und demiurgische bis hinunter zur enkosmischen und sichtbaren Ebene. Kybele ist eigentlich auf der intelligiblen Ebene verortet, manifestiert sich aber auf der intellektiven Ebene als Athene sowie in der Tat auf enkosmischer Ebene als Mond. Selene wird hier nicht explizit erwähnt, aber Julian spielt auf sie in seinem *Hymnos auf König Helios* (154D) an, wie sie in Verbindung mit Helios die sichtbare Welt beherrscht.

Wenn also Neuplatoniker den Mond grüßten, erwiesen sie eigentlich der gesamten Kette weiblich-generativer Prinzipien von Hekate oder Kybele abwärts die Ehre.[7] Und dies gilt, wie ich vermute, auch für ihre Verehrung jedes anderen Mitglieds des traditionellen Pantheons.[8]

Darin, so könnte man argumentieren, bleiben sie Platon selbst treu, wie es vor allem in den *Nomoi* ausgeführt wird. Nach Platons Vorstellung sind die Götter wirklich vorhanden, selbst wenn es sich dabei nur um die Manifestation der Weltseele handelt. Zudem be-

---

[6] Im Rahmen traditioneller griechischer Religion war der Mond selbst zwar (abgesehen von der Feier des Neumonds) kein deziderter Objekt der Verehrung (mit Ausnahme Hekates und – zu einem gewissen Grad – der Artemis), doch im Nahen Osten gab es eine Vielzahl von Mond-Göttinnen, die dort verehrt wurden und die in die Interessensphäre spätantiker, hellenischer Betrachtung gerieten.

[7] Proklos selbst verehrte insbesondere die Göttermutter (s.u.).

[8] Proklos war zudem der Sonne in hohem Maße hingegeben. Marinos berichtet (Kap. 22), dass er die Sonne gewöhnlich dreimal am Tag grüßte (*proskynêsai*), d.h. bei Sonnenaufgang, zur Mittagszeit und bei Sonnenuntergang. Dieser schlichten Zeremonie lag ohne Zweifel dieselbe theoretische Fundierung zugrunde wie der Verehrung des Mondes; hierzu siehe Julians *Hymnos auf König Helios*. Vgl. auch H.-D. SAFFREY, „La dévotion de Proclus au soleil", in: *Le néoplatonisme après Plotin* II (Paris 2000) 179-91.

wahre die Beibehaltung traditioneller Formen der Verehrung die Balance und gute Ordnung der Welt. Diese Sichtweise findet sich noch bei Julian in der Mitte des 4. Jahrhunderts, um durch Proklos im 5. und durch Damaskios im 6. Jahrhundert bekräftigt zu werden. In einem (vermutlich) in den 520er Jahren vorgenommenen Rückblick auf die Entwicklung dessen, was wir als Neuplatonismus bezeichnen würden, sagt Damaskios, der die Situation im Sinne eines Kontrasts zwischen Philosophie und Theurgie beschreibt, folgendes:[9]

> Einige bevorzugen die Philosophie wie Porphyrios und Plotin und viele andere Philosophen, andere, wie Jamblich, Syrian, Proklos und der Rest der Hieratiker, bevorzugen die Theurgie. Platon jedoch vereinte sie mit seiner Erkenntnis, dass man sich gewichtigen Argumenten von beiden Seiten nähern kann, in einer einzigen Wahrheit, indem er den Philosophen einen Bacchus nannte.[10] Denn wenn ein Mensch, der sich selbst von den Belangen des Entstehens befreit hat, in der Mitte stünde, würde er beide [Seiten] zu sich ziehen. Und doch ist klar, dass er den Philosophen einen Bacchus nennt in dem Bestreben, ihn zu erhöhen, d.h. auf die gleiche Weise, in der wir den Intellekt immer einen Gott nennen bzw. das physische ein spirituelles Licht.

Damaskios versteht unter dem wahren Philosophen denjenigen, der philosophische Theorie und Befolgung religiöser Vorschriften miteinander verbindet. Dies sollte stets berücksichtigt werden, wenn wir im folgenden Proklos' religiöse Praxis etwas näher betrachten wollen, wie sie uns durch Marinos überliefert ist. Die Gesamtheit dieses Aspekts im Leben eines spätantiken Platonikers wie Proklos ließe sich mit dem Ausdruck ‚Theurgie' bezeichnen, Aktivität in Bezug auf die Götter. Dabei handelt es sich im Grunde um nichts anderes als um das hellenische Äquivalent zur christlichen Beachtung religiöser Vorschriften bzw. zur sakramentalen Theologie. Über diesen Aspekt in Proklos' Leben erfahren wir durch Marinos erst, nachdem er im Verlauf des Fortschritts durch die sieben Tugendgrade Jamblichs (das Grundgerüst der Biographie seines Lehrers) bis zur Beschreibung von Proklos' theurgischen Tugenden aufgestiegen ist (Kap. 28-33).

---

[9] Damasc., *In Phaed.* I 172. Es handelt sich hierbei zugegebenermaßen um die Mitschriften eines Studenten, doch geben sie seine Ansichten ohne Zweifel einigermaßen gut wieder.

[10] Es handelt sich um einen Verweis auf *Phaidon* 69c, wo Platon Sokrates den orphische Redewendung ναρθηκοφόροι μὲν πολλοί, βάκχοι δέ τε παῦροι in bezug auf die verhältnismäßige Seltenheit echter Philosophen zitieren lässt. Auf diese Unterscheidung spielt Marinos in Kap. 22, 5-8 an.

War man nun ein Philosoph in der ‚theurgischen' Tradition Jamblichs (im Gegensatz zur ‚theoretischen' Tradition eines Plotin oder Porphyrios), gab es zwei Ebenen, auf denen man operierte. Man war zunächst bestrebt, alle Rituale der traditionellen Religion zu befolgen, einschließlich der größeren Feiern wie der Panathenäen, der städtischen Kulte und der Eleusinischen Mysterien; darüber hinaus gab es aber auch eine eher private, esoterische Ebene religiöser Verehrung, die es zu einzuhalten galt, wie Rituale in Verbindung mit den *Chaldäischen Orakeln* oder andere Mysterienkulte wie Orphik oder Mithras-Kult. Solche Vorgänge verbindet Marinos in Kapitel 28 mit dem, was er als ‚zweiten' Aspekt von Proklos' göttlicher Natur identifiziert, d.h. seine *pronoia* für die Dinge, die unter ihm stehen, im Gegensatz zu seinem intellektuellen Streben nach den Dingen über ihm. Dies mag paradox erscheinen, da man magische oder ‚theurgische' Praxis als auf Seins-Klassen oberhalb unser selbst verstehen dürfte, doch als wahrhaft ‚göttlicher Mann' war man in der theurgischen Praxis mit dem Bereich des Daimonischen verbunden, der unterhalb unserer selbst angesiedelt ist! Dies ist es, so glaube ich, was Marinos zeigen möchte.

In jedem Fall erfährt man in Kapitel 28, dass Proklos die ‚Kommunionen' (*systaseis*) und ‚Vermittlungen' (*entykhiai*) der Chaldäer beachtete und die göttlichen wie heiligen (*aphthengtoi*) rituellen Räder (*strophaloi*) verwendete."[11] Zudem praktizierte er die ordnungs-

---

[11] Die Verwendung von *Termini technici* an dieser Stelle lässt eine nicht unerhebliche theurgische Erfahrung auf Proklos' Seite erkennen – eine Erfahrung, so ließe sich ergänzen, die in solch bemerkenswerten Erfolgen wie der Erzeugung von Regen oder dem Abwenden von Erdbeben (loc. cit.) münden konnte! Der Begriff *Systasis* bedeutet im Kontext eines chaldäischen Rituals das Erlangen der Einheit mit dem Göttlichen von Seiten des Praktizierenden. Das Wort findet Verwendung bei Jamblich in *De Mysteriis* (III 14: *132*) im Rahmen eines Porphyrios-Zitats, doch er geht im Folgenden ins Detail [wenn er erklärt], auf welche Weise eine *systasis* hervorgerufen wird, d.h. durch die spirituelle Übung, die unter der Bezeichnung ‚das Licht herabziehen' bzw. *phôtos agogê* bekannt ist. Es handelt sich offensichtlich ebenfalls um eine magische Prozedur, wie aus einer ganzen Reihe von Abschnitten in den *PGM* hervorgeht, z.B. III 197-8; IV 778-9; VII 505ff. Es findet auch bei Proklos Verwendung (z.B. *In Tim.* II 89,16-20) sowie bei Damaskios (*In Phd.* I 167,2). Wie im Fall von *entychia* wird es von Jamblich kurz zuvor erwähnt (III 13: *131*), in einem Kontext, der nahelegt, dass es sich ebenfalls um eine theurgische Prozedur handelt, die vermutlich das Beten um einen Gefallen einschloss. Der *strophalos* zu guter Letzt war ein ausgearbeitetes Rad mit Rasseln, das man mit einem Riemen aus Bullenhaut

gemäßen Formen von Anrufungen (*ekphonêseis*)[12] und sämtliche anderen Rituale, wie Asklepigeneia sie ihm beigebracht hatte, die Tochter seines geistigen ‚Großvaters' Plutarch, der all diese Geheimnisse seinerseits von seinem Vater Nestorios gelernt hatte.

In diesem Punkt scheint sich uns ein Vorhang zu lüften (und den Blick frei zu geben) auf das geheime spirituelle Leben zumindest einiger Stränge der hellenischen Intellektuellenschicht. Nestorios ist eine eher mysteriöse Person[13], doch neben seiner Funktion als Vermittler der iamblichischen Ausprägung des Neuplatonismus in Athen[14] war er – wie sein Vater – Hierophant der Mysterien von Eleusis und somit eine Autorität auch im Bereich der traditionellen Religion. Er vererbte seinem Sohn offensichtlich ein Können in diesen theurgischen Praktiken, der diese seinerseits – interessanterweise – nicht an seinen Sohn[15], sondern an seine Tochter weitergab, die die Geheimnisse wiederum dem Proklos anvertraute.

Aus Marinos' Erzählung wie auch aus vielen Andeutungen in Proklos' eigenen Schriften[16] wird ersichtlich, dass das, was nach

---

drehte, um Hekate anzurufen, vgl. Psellus, *In Or. Chald., Philos. Minora* II, Opusc. 38,126-46.

[12] Bei diesen *ekphonêseis* handelte es sich um das Aussprechen heiliger Namen barbarischen (oft ägyptischen, teilweise semitischen) Ursprungs oder anderer bedeutungsloser Silbenfolgen (oder sogar Vokalfolgen), ein weiteres Charakteristikum, das die Theurgie mit der ‚gewöhnlichen' Magie teilte, vgl. Iambl. *Myst.* VII, wo die Kraft ‚barbarischer Namen' ausführlich diskutiert wird. Damaskios gewährt eine unterhaltsame Beschreibung, wie sich Isidor dieser chaldäischen Praxis in Proklos' Anwesenheit hingab, diesen jedoch durch das Nachahmen von Vogelstimmen irritierte (*Phil. Hist.* 59E).

[13] Zu diesem siehe SAFFREY-WESTERINK 1968, pp. xxviii-ix. Großvater Nestorios, so scheint es, hatte im Jahr 375 n. Chr. ein Erdbeben in Athen und Attika verhindert, indem er ein sachgerecht ausgeführtes Opfer an Achilles vorschrieb, vgl. Zosimos, *Hist.* IV 18, p. 172,27 – 173, 20 MENDELSOHN. Er war zudem ein Meister der Astrologie, wie Proklos es bezeugt: *In Remp.* II 64,5 – 66,3 KROLL. Darüber hinaus scheint die Familie eine besondere Verehrung für Asklepios empfunden zu haben, die auf Proklos überging.

[14] Die genauen Stufen dieser Überlieferung stellen ein eigenes Mysterium dar, worüber sich SAFFREY and WESTERINK in der Einleitung zu ihrer Budé-Ausgabe der *Theologia Platonica* (pp. xxvi ff.) geäußert haben.

[15] Der Sohn, Hieros, dürfte keine sehr respektable Person gewesen sein, obwohl Damaskios von ihm sagt, dass er ‚unter Proklos philosophierte' (*Phil. Hist.* 63B ATHANASSIADI). Er scheint in jedem Fall nicht damit betraut worden zu sein, das heilige Wissen der Familie weiterzugeben.

[16] Vgl. *In Tim.* I 169.10-11; *In Parm.* 805.1-2; *In Remp.* II 108.17-30; *Theol. Plat.* IV 10, p. 31.18-19.

unserem Verständnis eher Religion als Philosophie ist, ein integraler Bestandteil seines Lebens war. Er selbst hätte eine solche Unterscheidung vermutlich nicht getroffen; er dürfte eventuell eine gemacht haben zwischen *theoria* und *praxis* – jedoch ohne die letztere jemals vollständig von der ersteren zu trennen. Im Bereich der *praxis* führte Proklos jedenfalls offensichtlich ein recht aktives Leben. Es hatte offensichtlich herausgearbeitet, dass er zur ‚Kette' (*seira*) des Hermes gehörte (ch. 28).[17] Auf einer intellektuellen Ebene mag dies schlicht bedeuten, dass er sein größtes philosophisches Talent im Bereich der Auslegung (*hermeneia*) sah, was vermutlich in der Tat zutrifft. Doch es steckt auch ein spiritueller Aspekt [in einer solchen Vorstellung], der in einer besonderen Verehrung des Sohnes des Hermes mündete, des Gottes Pan, wie Marinos uns in Kap. 33 berichtet, durch den „er vom Gott viel Wohlwollen und Rettung für Athen erwirkte" (πολλὴν εὐμένειαν καὶ σωτηρίαν ... Ἀθήνησι παρὰ τοῦ θεοῦ). Dies erforderte ohne Zweifel zahlreiche Besuche des städtischen Schreins des Pan am Fuß der Akropolis und die Ausführung von Opfern ebendort.[18]

Ein weiteres Ziel der Verehrung durch Proklos war, wie bereits erwähnt, Kybele, die Göttermutter. Marinos berichtet uns (*ibid.*), dass er aus ihren Händen ein recht großes ‚Vermögen' (*eumoiria*) empfing sowie fast tägliche Wohltaten und dass dies für ihn eine erhebliche Quelle der Freude gewesen sei. In der Tat ist einer der Hauptanhaltspunkte dafür, dass es sich bei der beträchtlichen, südlich der Akropolis gefundenen spätantiken Villa wirklich um die des Proklos (und der Schule) handelt, das Vorhandensein eines kleinen, am Ort vorhandenen Schreins, der der Göttermutter gewidmet ist und der zum Zeitpunkt seiner Entdeckung noch eine

---

[17] Ob es sich dabei um das Ergebnis irgendeiner Form eines theurgischen Rituals handelt, macht Marinos nicht deutlich; er sagt schlicht σαφῶς ἐθεάσατο, ‚er sah deutlich'.

[18] Diese seine Hingabe teilte auch der angesehene athenische Patrizier Nikagoras der Jüngere, der Archon Eponymos des Jahres 485 war, in dem Jahr also, in dem Proklos starb (Kap. 36). Wir besitzen eine Inschrift, die er hat anbringen lassen (*IG* II² 4831) und die gleich zwölf Besuche seinerseits beim Heiligtum des Pan auf dem Parnass bezeugt. Es kann kein Zweifel daran bestehen, dass er auch den Akropolis-Schrein nicht zu besuchen versäumte. Eine solche Inschrift macht den Grad deutlich, zu dem ein prominenter Athener in der zweiten Hälfte des 5. Jahrhunderts sein Hellenentum zwar diskret, aber noch immer öffentlich bekennen konnte.

Statue der Kybele enthielt.[19] Doch Proklos' Verehrung der Kybele war trotz ihrer offensichtlich tief religiösen Natur auch durch philosophische *theoria* untermauert. Marinos berichtet uns, dass er ein Buch über die Göttermutter verfasste (*Mêtrôake biblos*), das sich inhaltlich meiner Meinung nach nicht sonderlich von Julians Hymnen unterschieden haben kann, abgesehen höchstens vom Grad der Ausarbeitung des dargestellten metaphysischen Schemas. Wir können deshalb, so denke ich, mit Recht annehmen, dass Julians Identifikation der Göttermutter mit dem höchsten ‚weiblichen', emanativen und produktiven Element des Kosmos und des Attis (von Proklos ebenfalls hoch verehrt) mit dem demiurgischen Logos, der herabsteigt, um die physische Welt hervorzubringen, wie dies seinerseits auf der Theologie des Jamblichs basiert,[20] im wesentlichen Proklos' eigene Position darstellt.

Im vorliegenden Kontext geht es uns jedoch nicht um Theorie, sondern eher um die Praxis. Es ist offensichtlich, dass hellenische Religion für Proklos etwas Reales war. Die Göttermutter sprach zu ihm und gewährte ihm andauernde Gefälligkeiten. In der furchtbaren Zeit, als die Christen den Entschluss fasten, die Statue der Athene – theologisch gesehen eine niedrigere Manifestation der Göttermutter[21] – aus dem Parthenon zu entfernen und sie als eine Arte von Trophäe nach Konstantinopel[22] zu bringen, erschien diese ihm in einem Traum und trug ihm auf, sein Haus vorzubereiten, da

---

[19] Siehe FRANTZ 1988, 44 (mit Abbildung 44b) sowie CASTREN 1994, 119-24.132-6 und Abbildung 18. Einer solcher Identifizierung ist man z.T. skeptisch begegnet, da in dieser Gegend eine ganze Reihe von Villen entdeckt wurden. Doch solche Skepsis erscheint mir etwas übertrieben. Das Gebäude befindet sich gemäß Marinos' Beschreibung der Örtlichkeit exakt am richtigen Ort (Kap. 29. 32ff.).

[20] Julian erwähnt Jamblich in diesem Hymnos zugegebenermaßen nicht namentlich, doch er tut dies im *Hymnos auf König Helios* in ziemlich eindeutiger Weise (146A: „Jamblich von Chalkis, der mich durch seine Schriften nicht nur in andere philosophische Lehren einweihte, sondern auch in diese.").

[21] In ihrer Eigenschaft als Schutzgöttin eines Stadtstaates (*polioukhos thea*) wäre sie eigentlich eine eher niedere, sublunare Manifestation der eigentlichen Athene, doch war sie dafür gleichwohl verehrungswürdig.

[22] Athene war zugegebenermaßen auch die Schutzgöttin von Byzanz / Konstantinopel, aber das ist schwerlich der Grund, warum die christliche Herrschaft ihre Statue dorthin bringen ließ. Dieses Ereignis zusammen mit den ‚Schwierigkeiten', die Proklos bedrängten (Marinos, Kap. 15) und ihn veranlassten, die Stadt für ein Jahr zu verlassen, haben nach üblicher Auffassung irgendwann in den 450er Jahren stattgefunden.

sie zu ihm zu kommen und mit ihm zu leben wünsche (ἡ γὰρ κυρία Ἀθηναΐς ... παρὰ σοὶ μένειν ἐθέλει, Kap. 30. 9-11) – all dies als Beleg für seine ‚Gottgeliebtheit'.

Seine Beziehungen zu Asklepios waren ebenfalls innig und ausgeprägt. Das besondere Verhältnis begann in Proklos' Jugendjahren in Xanthos in seiner Heimat Lykien, als er ernsthaft an einem von Marinos nicht weiter spezifizierten Leiden erkrankte (Kap. 7), das aber wahrscheinlich mit Fieber und Delirium einherging. Proklos scheint auf dem Höhepunkt der Krankheit die Vision eines wunderschönen Kindes gehabt zu haben, das sich als Telesphoros[23], Sohn des Asklepios, herausstellte. Die Gottheit erschien in seinem Schlafzimmer, berührte den jungen Proklos am Kopf, das Fieber ließ nach und er war geheilt. In der Folgezeit war Proklos für den Großteil seines Lebens mit guter Gesundheit gesegnet. Dabei ergreift Marinos die Gelegenheit, wie gesehen, dies als Beleg für Proklos' ‚Göttlichkeit und Gottgeliebtheit' (*theion kai theophiles*) anzuführen.

Das besondere Verhältnis zu Asklepios setzte sich für Proklos sein gesamtes Leben hindurch fort. In Kap. 30 ist von einer besonderen Begebenheit die Rede, der Marinos besonderen Stellenwert beimisst. Es geht um die ernsthafte Erkrankung der Enkelin seiner Lehrerin im Bereich der Theurgie, Asklepigeneia, der Tochter Plutarchs, die ebenfalls Asklepigeneia hieß.[24] Die Ärzte hatten sie bereits aufgegeben, doch Proklos, in Begleitung seines Kollegen Perikles von Lydien, machte sich auf zum städtischen Schrein des Asklepios in Athen (dem Asklepieion)[25] und intervenierte beim Gott „entsprechend den traditonellen Riten" (τὸν ἀρχαιότερον τρόπον), woraufhin die junge Frau sogleich geheilt war. Bezeichnenderweise bemerkt Marinos in diesem Zusammenhang, dass Proklos dies ohne viel Aufhebens tat, und zwar auf eine Weise, die „denen, die gewillt waren, sich gegen ihn zu verschwören" keiner-

---

[23] In dieser jugendlichen Gottheit ließe sich in einem lykischen Kontext die phönizische Gottheit Eschmun erkennen, die mit Asklepios identifiziert wurde. Vgl. Damaskios, *PH* 142B ATHAN. Proklos war sich solcher Verbindungen mit Sicherheit bewusst.

[24] Sie war die Tochter von Archiadas und Plutarche sowie die Ehefrau des Theagenes, eines wichtigen Schulpatrons.

[25] Zu diesem besonderen Schrein siehe J. TRAVLOS, *A Pictorial Dictionary of Ancient Athens* (New York 1971) 127-37. Gegen Proklos' Lebensende wurde er von Christen in eine Kirche umgewandelt – ein Unglück, auf das Marinos hier anspielt.

lei Vorwand [dazu] gab, womit er gleichzeitig andeutet, wie heikel es im späten fünften Jahrhundert für einen prominenten Hellenen wie das Haupt der Akademie war, in der Öffentlichkeit irgendeine Demonstration traditioneller Riten vorzunehmen.

Auf einer persönlicheren Ebene hatte er jedoch das Gefühl, dass Asklepios ihn sogar vor der Entwicklung der Gicht[26], die seinen Vater befallen hatte, bewahrt, die er in zunehmendem Alter zu spüren bekam (Kap. 31). Nachdem er bereits einige Male unter Anflügen gelitten hatte, hatte man ihm ursprünglich den Rat gegeben, ein Pflaster auf den befallenen Fuß zu legen. Doch als er auf seinem Bett ruhte, flog ein Sperling herein und schnappte es. Da Sperlinge unter dem Schutz des Asklepios stehen,[27] nahm Proklos dies als ein Zeichen göttlicher Führung und betete zum Gott, der ihm einen Traum sandte, in dem ein junger Mann zu ihm aus der Richtung von Epidauros kam (dem Hauptheiligtum des Gottes), sich ihm näherte und ihm Beine und Kniee küsste.[28]

Diese Begebenheit (die das Gicht-Problem gelöst zu haben scheint) lenkt unsere Aufmerksamkeit erneut auf die Bedeutung von Träumen und Visionen in Proklos' spirituellem Leben. Er stand in dieser Hinsicht womöglich unter größerem Einfluss, als man es von einem Philosophen erwarten würde, doch vermutlich nicht mehr als der Durchschnittsintellektuelle seiner Zeit; zudem erscheint es verzeihlich, sich zu fragen, ob die Träume hin und wieder nicht ein wenig zu oft zum genau richtigen Zeitpunkt erschienen, um glaubhaft zu sein. Eine solche Vermutung ist auf der anderen Seite nicht gerecht, da das Unterbewusstsein in der Lage ist, auf interessante Weisen die Initiative zu ergreifen, insbesondere in einem Milieu, in dem prophetische Träume (sowohl göttlichen Ursprungs wie von – verstorbenen – Menschen herkommend) ein fester Bestandteil der kulturellen Tradition waren.

---

[26] Hieraus bezieht sich vermutlich der Ausdruck *arthritis nosos*, den Marinos verwendet, da es seinen Fuß betrifft.

[27] Vgl. Aelian, *VH* V 17, wo davon die Rede ist, wie die Athener einen gewissen Artabes hinrichten, weil er einen dem Asklepios heiligen Sperling getötet hatte. Aelians Terminologie (τοῦ Ἀσκληπιοῦ τὸν ἱερὸν στρουθὸν ἀπέκτεινε) scheint darauf hinzudeuten, dass dem Asklepios *einige*, nicht alle Sperlinge heilig waren – vermutlich solche, die in sein Heiligtum kamen –, was wahrscheinlicher sein dürfte.

[28] Auch während seiner letzten Krankheit spielte Asklepios eine Rolle. Er erschien ihm (in einem Zustand zwischen Dösen und Wachsein) als Schlange, die sich um seinen Kopf wandt, kurz bevor er vollständig gelähmt war (Kap. 30).

In jedem Fall standen viele der wichtigen Entscheidungen in Proklos' Leben unter dem Einfluss von Träumen. Zunächst erschien ihm die Göttin Athene, als er noch als junger Rhetorik-Student seinen Mentor, den Sophisten Leonas, auf einer politischen Mission von Alexandria nach Konstantinopel begleitete. Sie drängte ihn dazu, seine Aufmerksamkeit auf ihre Lieblingsstadt Athen zu richten und auf ihr besonders genehmes Vorhaben, die Philosophie (Kap. 9). Dies kann selbstverständlich verstanden werden als die Kulmination eines intellektuellen Entwicklungsprozesses, der ihn weg von der Rhetorik und der Jurisprudenz (sein Vater war Anwalt) und somit einer Karriere innerhalb der kaiserlichen Verwaltung und hin zu eher abstrakten und exklusiven Interessen führte. Doch die entscheidende Erscheinung eines Traumes kann nicht vollkommen außer Acht gelassen werden. Erneut erfahren wir eher von Damaskios (PH 56 ATHAN.) als von Marinos, dass Proklos Zuflucht zu einer göttlichen Warnung nahm (εἰ μὴ θεῶν τις ἀπεκώλυσεν) – wahrscheinlich ein Warntraum –, Syrian davon abzubringen, ihm seine Verwandte (Nichte?) Aidesia zu versprechen.[29] Eher später in seiner Laufbahn empfing er prophetische oder warnende Träume von beiden seiner Mentoren Plutarch und Syrian in bezug auf verschiedene Angelegenheiten. Plutarch erschien ihm, als er dabei war, eine fünfjährige Arbeit an einem gewaltigen Kommentar zu den *Chaldäischen Orakeln* zu beenden, um ihm zu sagen, dass er noch so viele Jahre weiterleben würde wie das Werk Tetraden (Kap. 26) hätte: Die Zählung ergab ihrer 70. Der Zweck von Plutarchs Erscheinung ist vermutlich beglückwünschender wie prophetischer Natur. In der Tat wurde Proklos etwas älter als 70, doch wie Marinos präzisiert, sollten seine letzten Jahre nicht mitgezählt werden, da er sich nicht im Vollbesitz seiner Kräfte befand – vermutlich war Alzheimer das Problem. Marinos beschreibt es als *paresis*, eine Art von Lähmung. Gleichzeitig erhielt er in späteren Jahren zwei Warnträume von Syrian. Den einen, als Proklos mit dem Gedanken spielte, einen Kommentar zu den orphischen Gedichten in Konkurrenz zu seinem Lehrer zu verfassen

---

[29] Proklos dürfte zu diesem Zeitpunkt natürlich nicht älter als ca. 25 gewesen sein (Syrian starb nicht lange nach 437), doch er scheint prinzipiell kein Interesse an einer Eheschließung gehabt zu haben. Aidesia wurde in der Folge an seinen Kommilitonen Hermeias verheiratet und gründete eine Philosophen-Dynastie in Alexandria.

(Kap. 27) – Syrian warnte ihn davor[30] –, den anderen, als er darüber nachdachte, ob es angemessen sei, im selben Grab bestattet zu werden wie sein Lehrer,[31] wie Syrian es bei seinem Tod vorgeschrieben hatte (Kap. 36). In diesem letzten Fall drohte Syrian ihm mit nicht weiter genannten Konsequenzen für den Umstand, dass er überhaupt gewagt hatte, dies nicht zu tun!

Diese Träume sind ohne Zweifel die Spitze eines Eisbergs. Sie stellen Phänomene dar, die einem Mann begegneten, der von sich selbst ohne Zweifel der Meinung war, sowohl der göttlichen Welt wie auch der Welt illustrer Toter zuzugehören, so dass es für nichts Ungewöhnliches bedeutete, Äußerungen aus einem der beiden Lager zu erhalten. Der Glaube an prophetische Träume und Vorzeichen ist jedenfalls etwas, das Hellenen nicht von Christen unterschied – der Unterschied läge höchstens darin, über die richtige Quelle solcher Phänomene zu entscheiden. Proklos selbst ist in seinem Vertrauen auf Träume unter hellenischen Intellektuellen nicht ungewöhnlich.

Wenn es um Träume geht, bringt uns dies jedoch zur Frage des Kults der Verstorbenen, die so oft in Träumen erscheinen. Auf diesem Gebiet war Proklos womöglich etwas ungewöhnlich in der beflissentlichen Ausführung seiner Praktiken. Marinos beschreibt diese wie folgt (Kap. 36):

> Denn auch das wiederum war dem seligen Mann, wenn überhaupt jemand, zu eigen: das Wissen und die Pflege der Rituale für die Verstorbenen. Denn er ließ keine Gelegenheit zur gewohnten Verehrung von ihnen aus; wenn er aber jedes Jahr an bestimmten festgesetzten Tagen sowohl die Grabdenkmäler der attischen Heroen besuchte als auch die von denen, die Philosophie betrieben hatten, und die von den übrigen Freunden und denen, mit denen er bekannt gewesen war, führte er die durch Brauch überlieferten Rituale aus, wobei er das nicht durch einen anderen erledigen ließ, sondern selbst machte. Nachdem er jedem einzelnen seine Reverenz erwiesen hatte und

---

[30] Marinos berichtet uns, dass er dazu kam, indem er Proklos dazu überredete, eine Serie von Anmerkungen am Rand zu Syrians Kommentar zu verfassen, die er dann zu einem fortlaufenden Kommentar erweitern konnte.

[31] Er machte sich Sorgen, ob dies nicht ‚entgegen dem Angebrachten' sein könnte (παρὰ τὸ καθῆκον) – vermutlich ein Grab zu öffnen und jemand anderen, keinen Verwandten, mithineinzulegen. In diesem Zusammenhang sollte man sich an die zahlreichen ängstlichen Verwünschungen an lykischen Gräbern erinnern (von denen so viele hervorragende Exemplare noch heute dort sind), die sich gegen eine Wiederverwendung des jeweiligen Grabes durch Beherbergung eines fremden Körpers richteten. Proklos war Syrians ‚geistiges Kind', doch kein Blutsverwandter.

dann in die Akademie³² gegangen war, beschwichtigte er die Seelen seiner Vorfahren/Vorgänger und überhaupt die brüderlichen/blutsverwandten Seelen in Abgeschiedenheit an einer bestimmten Stelle (τὰς τῶν προγόνων καὶ ὅλως τὰς ὁμογνίους ψυχὰς). [Übersetzung I. Männlein-Robert]

Dieses Verhalten mag befremdlich wirken. Warum sollte Proklos als Lykier es als notwendig empfinden, nach Athen zu gehen und nicht nur seine eigenen, sondern auch die Attischen Heroen zu ehren? Und wer sind die Vorfahren, die er in der Akademie versöhnte? Saffrey und Segonds hegen den Verdacht, dass sich dies auf seine spirituellen Vorfahren in der platonischen Tradition bezieht,³³ was in der Tat die vernünftigste Erklärung zu sein scheint. Aber Marinos' Terminologie bleibt doch irgendwie merkwürdig. Die beste Erklärung für diese außergewöhnliche Beflissenheit bleibt überhaupt vielleicht die, sich an Proklos' eigenes Diktum zu erinnern, dass der Philosoph der Hierophant der gesamten Welt werden muss (Kap. 19.30). Wenn sich nicht jemand wie er in der zweiten Hälfte des fünften Jahrhunderts darauf verstand, diese Riten auszuführen, wer dann? Und wenn es nicht geschähe, wäre die Kontinuität mit früheren Generationen, die die spirituelle Gesundheit der Gemeinschaft sicherte, unterbrochen.

Eine bedeutsame Begebenheit – in der nicht so sehr Frömmigkeit, sondern göttlich inspirierte Gelehrsamkeit mit ‚Gottgeliebtheit' in Verbindung gebracht wird – wird von Marinos in Kap. 23 berichtet. Proklos ist gerade dabei, ein Seminar zu geben, das die Interpretation eines Textes miteinschloss (*exêgoumenos*), und zwar in Anwesenheit unter anderem eines prominenten Mitglieds der Athener Gesellschaft namens Rufinus, als dieser Rufinus deutlich einen Lichtschein um Proklos' Kopf wahrnimmt, was Rufinus gegen Ende des Seminars dazu veranlasst, sich vor ihm niederzuwerfen (προσεκύνησέ τε αὐτόν) wie vor einer Gottheit – und der Schule in der Folgezeit eine große Geldsumme anzubieten (was Proklos klugerweise ablehnte). Hier scheinen alle drei Bestandteile von Proklos' *persona* als ein *theios anêr* – ein Mann von Frömmigkeit, Bildung und geliebt von den Göttern – anmutig miteinander verbunden zu sein. Sollte er damit beschäftigt gewesen sein, die

---

³² Diese war zu dieser Zeit natürlich nur ein öffentlicher Park.
³³ SAFFREY / SEGONDS / LUNA 2001, 42 Anm. 5.

Weisheit der *Chaldäischen Orakel* auszulegen,[34] die Worte der Götter selbst, würde dies den Kreis gewissermaßen schließen, doch Marinos ist in dieser Hinsicht nicht eindeutig. In jedem Fall, dies bleibt festzuhalten, schwor Rufinus, dass er den Lichtschein gesehen habe (23.28)!

Eine letzte Begebenheit ist gut geeignet, den Aspekt des ‚Gottgeliebtseins' in Proklos' Existenz als *theios anêr* zu erhellen. In Kap. 32 finden wir Proklos dabei, wie er während seines erzwungenen Rückzugs aus Athen in den späten 450er Jahren an einer interessanten Untersuchung beteiligt war, als er nämlich das Heiligtum eines Gottes in Adrotta in Lydien besuchte, was Teil seiner antiquarisch-synkretistischen Tour durch Kleinasien war und den Versuch darstellte, welche der bekannten Gottheiten den Schrein bewohnte. Der Gott, so berichtet uns Marinos, hieß Proklos herzlich willkommen, als er seinen Tempel besichtigte, und offenbarte sich ihm persönlich, freilich ohne sich zunächst weiter zu identifizieren. Die Meinung der örtlichen Bevölkerung, so scheint es, war jedenfalls geteilt, was diese Identität angeht. Eine Mehrheit bevorzugte Asklepios auf Grundlage verschiedener beobachteter Ähnlichkeiten, doch gab es auch eine davon abweichende Auffassung, die von angeblichen Sichtungen eines Paars junger Reiter, die auf der Straße Richtung Adrotta ritten und von denen man glaubte, dass es sich dabei um die Dioskuren handelte – was, wenn überhaupt, eine Identifikation mit Zeus nahelegen könnte (ihrem Vater). Um dieses Problem zu lösen, betete Proklos zu dem Gott selbst, der ihm daraufhin in einem Traum erschien und die bemerkenswerte Äußerung tat: „Was denn? Hast du nicht Jamblich gehört, der berichtet, wer diese beiden sind, Machaon und Podaleirios, preisend?" – das heißt die beiden heilenden Söhne des Asklepios, die vor Troja dienten.[35]

---

[34] Marinos berichtet uns (Kap. 26), dass er volle fünf Jahre damit zubrachte, seinen Kommentar zu den Orakeln zu verfassen, zu denen er während dieser Zeit zweifelsohne Vorlesungen hielt.

[35] Es ist für einen Gott höchst bemerkenswert, einen solchen ‚literarischen' Verweis anzustellen und Proklos gewissermaßen auf eine Abhandlung (oder einen Hymnos) des Jamblich hinzuweisen. Doch es vermag den Stellenwert Jamblichs (in Proklos' Unterbewusstsein) als einer Autorität zu Synkretismus zu verdeutlichen. Man mag sich an Kaiser Julians Anerkennung für Jamblich in derselben Verbindung erinnern, wenn er ihm im *Hymnos auf König Helios* (150D) gebührende Anerkennung für die Identifizierung der emesischen Gottheiten Monimos und Azizos mit Hermes und Ares zollt.

Damit war die Angelegenheit erledigt, doch gab es ein höchst erfreuliches Nachspiel, wie Marinos berichtet (32.31f.). Der Gott (inzwischen als Asklepios enthüllt) verkündet ein förmliches Enkomion auf Proklos und erklärt, er sei „der Schmuck der *politeia* (ὁ κόσμος τῆς πολιτείας)" – wie auch immer *politeia* hier zu verstehen ist: Stadt? Gemeinwesen? Marinos gibt nicht eindeutig an, wie dieses Zeugnis für Proklos' *theophilia* überbracht wurde – in einem Traum oder durch Vermittlung ansässiger Priester? –, doch Proklos war davon so berührt, dass er, wie Marinos berichtet, in späteren Jahren nicht umhin kam, in Tränen auszubrechen, wenn er daran dachte – so groß war seine *sympatheia* für das Göttliche!

Diese Geschichte, gefolgt von Marinos' Zeugnis über Proklos' weiter oben genannte besondere Beziehung zu Pan und zur Göttermutter (Kap. 33), ist gut geeignet, das Bild von Proklos als *theios anêr* einzufangen, auf das es Marinos bis hierhin ankam. Wie ich bereits vorgeschlagen habe, sind die zwei hervorstechendsten Aspekte eines solchen Status *philotheotês* und *theophilia*, von denen uns der treue Marinos zahlreiche Beispiele bietet. Die letzte Erwähnung (Kap. 37) einer großen Sonnenfinsternis im Jahr zuvor, die seinen Tod ankündigte (14. Jan. 484) zusammen mit einer weiteren, die am 19. Mai 486[36] eintreten sollte, unterstreicht die Botschaft, dass eine Persönlichkeit von ungewöhnlicher Bedeutung von der Erde verschieden ist.

---

[36] Es handelt sich hierbei um einen interessanten Bericht des Marinos über die zweite Sonnenfinsternis als ein *zukünftiges* Ereignis (ὡς ἐσομένην), was darauf hindeutet, dass er das Enkomion vorher hielt, vermutlich am ersten Todestag des Proklos (17. April 485).

Lebenswelten spätantiker Philosophen in der Proklos-Vita

Udo Hartmann

Mit dem Enkomion auf den Athener Scholarchen Proklos verfasste sein Diadochos Marinos von Neapolis, der 485 die Nachfolge dieses bedeutendsten Philosophen der ausgehenden Spätantike angetreten hatte, eine einzigartige Schrift, die nicht nur das philosophische Lebensideal des späten Neuplatonismus präsentiert, sondern zugleich mit der Lebensbeschreibung des Philosophen und dessen paradigmatischer Verwirklichung der neuplatonischen Tugendgrade auch einen faszinierenden Einblick in die Lebenswelten paganer griechischer Intellektueller im Osten des Römischen Reiches in der Mitte des 5. Jahrhunderts gibt. Nach den Verfolgungen unter Kaiser Valens sowie den religionspolitischen Weichenstellungen unter Theodosius I. und den Herrschern der theodosianischen Dynastie im Osten und Westen des Römischen Reiches hatten sich pagane griechische Philosophen in die Freiräume ihrer Schulen zurückgezogen und engagierten sich allenfalls auf lokaler Ebene noch in der Politik. Trotz des äußeren Drucks auf die paganen Intellektuellen, der immer wieder zu punktuellen Verfolgungen in Alexandreia, aber auch in Athen führte, entfaltete sich in den Bildungszentren des griechischen Ostens im 5. Jahrhundert noch ein vielfältiges intellektuelles Leben; die neuplatonische Philosophenschule in Athen erreichte unter dem Scholarchat des Proklos sogar noch einmal eine späte Blüte.[1] Diese vielfältigen Lebenswelten stellen Marinos in der anlässlich des ersten Todestages seines Lehrers im Jahr 486 verfassten Lob- und Gedenkrede auf Proklos sowie Damaskios von

---

[1] Zu den Schulen der paganen Philosophen in der Spätantike vgl. bes. WATTS 2006a; DI BRANCO 2006 (nur zu Athen); HARTMANN 2016. Zu Marinos (*PLRE* II 725f., Nr. 3) vgl. bes. SAFFREY / SEGONDS / LUNA 2001, IX–XXXIX; SAFFREY 2005a; vgl. auch SZABAT 2007, 274f., Nr. 171.

Damaskos in seiner nach der Wahl zum letzten Athener Scholarchen um 515/20 entstandenen *Vita Isidori* vor,[2] wobei ersterer sich ganz auf Proklos konzentriert, während letzterer sowohl die Schulen in Alexandreia als auch die Lehrer in Athen reflektiert, mit denen Isidoros von Alexandreia, einer der Lehrer des Damaskios, in Kontakt stand.

In diesem Beitrag sollen die Informationen, die Marinos über die Lebenswelten spätantiker paganer Philosophen im 5. Jahrhundert und über die Lebensstationen des Proklos liefert, vorgestellt werden; nach den wenigen Angaben des Marinos zu Proklos' Heimatregion Lykien und dessen Geburtsort Konstantinopel stehen die Schulzentren Alexandreia und Athen sowie der Lehrbetrieb an der Schule des Proklos im Mittelpunkt der Betrachtung.[3] Am Leitfaden der Lebensstationen des Philosophen soll ein Gesamtbild des paganen philosophischen Lebens in der Mitte des 5. Jahrhunderts entstehen, soweit es sich aus der Proklos-Vita rekonstruieren lässt.

Was berechtigt aber, eine solche hagiographische Schrift, die das Leben eines idealen Philosophen schildert, sich allein auf die Tugenden, die vollständige Glückseligkeit und die positiven Aspekte des Helden konzentriert, ihn als Zentrum des philosophischen Wirkens der Epoche beschreibt sowie seine Gottesnähe und überragende theurgische Praxis durch zahlreiche Wundergeschichten bekräftigt, als eine historische Quelle auszuwerten? In der Tat verfolgt Marinos die Intention, den verstorbenen Proklos mit diesem Nachruf nicht nur umfassend zu loben, sondern von ihm zugleich das Bild eines ‚göttlichen Mannes' zu gestalten und ihm damit ein literarisches Denkmal zu setzen. Die Rede kann andererseits aber auch als eine traditionelle Gelehrtenbiographie

---

[2] Verwiesen wird hier auf die Edition der *Vita Isidori* von ZINTZEN 1967 und die (nicht unproblematische) Ausgabe mit englischer Übersetzung von ATHANASSIADI 1999.

[3] Zu Leben und Wirken des Proklos (*PLRE* II 915–919, Nr. 4) vgl. bes. BEUTLER 1957, 186–190; SAFFREY / WESTERINK 1968, IX–LX; SIORVANES 1996, 1–27; ders., 2014, 34–44; LEPPIN 2002; DI BRANCO 2006, 131–157; WATTS 2006a, 96–118; vgl. auch die kurzen Überblicke bei SAFFREY 1987; SZABAT 2007, 294–296, Nr. 233; LUNA / SEGONDS / ENDRESS 2012, 1546–1551; TANASEANU-DÖBLER 2015; wenig instruktiv WILDBERG 2017. Zu Proklos' Philosophie vgl. bes. die Synthesen von ROSÁN 1949; BEUTLER 1957; SIORVANES 1996; CHLUP 2012 und die Beiträge in den Sammelbänden BUTORAC / LAYNE 2017 und D'HOINE / MARTIJN 2017.

gelesen werden, sie bringt also wesentliche Informationen zum Leben und Schaffen des Proklos, damit diese nicht in Vergessenheit geraten.[4] Dieser biographischen Intention entspricht es, dass Marinos an verschiedenen Stellen betont, dass die Angaben über den Philosophen der Wahrheit entsprechen.[5] Da die Rede ein Jahr nach dem Tod des Proklos vor dem Schülerkreis in Athen gehalten wurde, darf man davon ausgehen, dass die angeführten Erzählungen und Anekdoten über den Wundermann vielen damaligen Zuhörern und späteren Lesern aus den Philosophenzirkeln bereits gut bekannt waren. Allzu grobe Übertreibungen und Unwahrheiten konnte sich Marinos sicherlich nicht erlauben, auch wenn er einige Berichte gemäß seiner Darstellungsabsicht zurechtgebogen und negative Aspekte verschwiegen haben dürfte. Die Mehrzahl der faktischen Informationen aus der Schrift können somit für eine Rekonstruktion der Lebenswelt des Proklos herangezogen werden. Das Enkomion besitzt also trotz seiner hagiographischen Darstellungsabsicht einen sehr hohen Quellenwert für die moderne Forschung, da die Angaben über Herkunft, Ausbildung und Lehrtätigkeit des Proklos weitgehend zutreffend sind oder doch zumindest dem Kenntnisstand des Marinos entsprechen, der als Schüler und Assistent des Proklos vieles aus eigenem Erleben schildern konnte; zudem hatte er Proklos und dessen Weggefährten befragen können.[6]

Aber auch die Berichte über die theurgischen Wundertaten des Proklos wie die Heilung der jüngeren Asklepigeneia konnten für das pagane intellektuelle Publikum in Athen beanspruchen, wahrhafte Zeugnisse für die Göttlichkeit des Philosophen zu sein; der moderne Historiker kann diese Angaben zwar nicht als faktische Informationen über die Athener Schule auswerten, sie bezeugen jedoch in einzigartiger Weise die religiösen Vorstellungswelten dieser paganen Intellektuellen des späten 5. Jahrhunderts und die Erwartungshaltung an einen ‚heiligen Mann' der Philosophie; das Enkomion auf Proklos ist also auch eine wichtige Quelle für die religiösen Vorstellungswelten der Athener Philosophen.

---

[4] Vgl. Marin. *VPr.* 31,1–2 (μνήμης ἄξια).
[5] Marin. *VPr.* 1,26 (ἀληθῆ); 1,33–37; 23,12–14 (ἀληθῆ).
[6] Zum Quellenwert des Enkomion vgl. auch BLUMENTHAL 1984, 473.

1. Lykien und Konstantinopel

Die Familie des Philosophen stammte aus Lykien.[7] Proklos bezeichnet sich in seinem Grabepigramm selbst als einen Lykier.[8] Geboren wurde er im Jahr 410 zwar in der Hauptstadt Konstantinopel,[9] seine Familie hatte aber ihren eigentlichen Wohnsitz im lykischen Xanthos, wo Proklos auch seine Jugend verbrachte.[10] Er stammte aus einer angesehenen und wohlhabenden Familie. Sowohl sein Vater Patrikios als auch seine Mutter Markella waren Lykier, beide seien herausragend auf Grund ihrer Herkunft und Tugend gewesen, wie Marinos betont. Er erwähnt auch, dass sie „rechtmäßig" (κατὰ νόμον) verheiratet gewesen seien.[11] Mit dieser Phrase wies Marinos wohl darauf hin, dass beide Hellenen waren und nicht nach dem Ritus des von den Neuplatonikern als ‚barbarisch' und ungesetzlich angesehenen Christentums geheiratet hatten. Über die Vorfahren des Patrikios hat Marinos jedoch nichts Herausragendes zu berichten, die Familie dürfte daher im 4. Jahrhundert nur dem munizipalen Adel angehört haben.[12] Patrikios verfügte aber über große Reichtümer, die er seinem Sohn vererbte: Marinos betont, dass die Tyche Proklos mit dem von den gewöhnlichen Menschen gepriesenen glücklichen Los gut ausgestattet habe; bei ihm seien „die sogenannten äußeren Güter" reich-

---

[7] Vgl. Marin. *VPr.* 6,4; 10,22–23; Simpl. *in de cael.* p. 640,24; *in Phys.* I p. 404,16; 601,15; 611,11–12; 795,4–5; *Suda* O 216 s.v. Ὀλυμπιόδωρος; Π 2473 s.v. Πρόκλος, ὁ Λύκιος.

[8] Marin. *VPr.* 36,37 = *Anth. Pal.* VII 341,1. Vgl. Procl. *hymn.* 5,13. Auch in einigen Werktiteln wird Proklos „Lykier" genannt, vgl. etwa Procl. *Inst. phys.* p. 1,1; *in remp.* I p. 1,2; Subscriptio zur Vorlesung zum Er-Mythos (16. Essay), *in remp.* II p. 359,9–10.

[9] Marin. *VPr.* 6,5–8. Zur Diskussion um das Geburtsjahr und das Horoskop des Proklos (*VPr.* 35,1–12) vgl. den Kommentar von I. MÄNNLEIN-ROBERT, 185 Anm. 309 und den Beitrag von B. TOPP in diesem Band.

[10] Marin. *VPr.* 6,15–23. Zur Stadt Xanthos in der Spätantike vgl. DEMARGNE / METZGER 1967, 1406; BRANDT / KOLB 2005, 125.

[11] Marin. *VPr.* 6,2–5. Zu Patrikios (*PLRE* II 838, Nr. 3) vgl. SAFFREY / WESTERINK 1968, XI; SIORVANES 1996, 2; SAFFREY / SEGONDS / LUNA 2001, 77 Anm. 3. Zu Markella (*PLRE* II 707, Nr. 2) vgl. SIORVANES 1996, 2; SAFFREY / SEGONDS / LUNA 2001, 77 Anm. 3.

[12] Kaum überzeugend vermuten LUNA / SEGONDS / ENDRESS 2012, 1548, dass Patrikios der Sohn des hohen paganen Beamten Flavius Eutolmius Tatianus (*PLRE* I 876–878, Nr. 5) und der Bruder des Flavius Proculus (*PLRE* I 746f., Nr. 6) gewesen sei.

lich vorhanden gewesen.[13] Dies ist zweifellos nicht nur eine rhetorische Übertreibung: Proklos machte seinen Freunden und Verwandten, aber auch den Bürgern Athens großzügige Geschenke, er förderte Intellektuelle, unterstützte finanziell die Athener Schule und übernahm kostspielige Leiturgien; außerdem vermachte Proklos sowohl seiner Heimatstadt als auch Athen in seinem Testament größere Geldbeträge.[14]

Patrikios war um 410 in Konstantinopel als Rechtsanwalt tätig; eine Beamtenstellung im Staatsapparat besaß er aber wohl nicht.[15] Wenige Jahre nach der Geburt des Sohnes kehrten Patrikios und Markella um 415 ins heimische Xanthos zurück.[16] Über die lykische Heimat erfährt der Leser bei Marinos indes nur wenig. In Xanthos konnte Proklos aber immerhin eine fundierte Ausbildung erhalten:[17] Für kurze Zeit besuchte er hier einen Grammatiker.[18] Marinos hebt hervor, dass Xanthos eine dem Apollon geheiligte Stadt gewesen sei und der zukünftige Führer in allen Wissenschaften unter dem Schutz des Musenführers Erziehung und Bildung genossen habe.[19] Um zu erweisen, dass der junge Proklos unter dem Schutz der Götter stand, wählte Marinos aus den in Xanthos verehrten Gottheiten Leto, Apollon und Artemis somit den passenden philosophischen Schutzpatron für den Diadochos aus.[20] Die Passage gestattet jedoch keine sichere Aussage zur Frage, ob diese paganen Kulte am Beginn des 5. Jahrhunderts in der lykischen Stadt noch gepflegt wurden.

---

[13] Marin. *VPr.* 2,40–43; vgl. auch *VPr.* 4,28–31; 29,32–34; 34,18. Zur sozialen Herkunft des Proklos vgl. FOWDEN 1982, 50f.
[14] Marin. *VPr.* 14,14–22. Außerdem besaß Proklos zahlreiche Sklaven, vgl. Marin. *VPr.* 17,18–21.
[15] Marin. *VPr.* 8,22–25. Vgl. SAFFREY / WESTERINK 1968, XI; SIORVANES 1996, 2. Einen Posten des Proklos in der kaiserlichen Verwaltung unterstellt TROMBLEY 1993/94, Bd. 1, 328.
[16] Marin. *VPr.* 6,15–16.
[17] Marin. *VPr.* 6,15–23. Zum Bildungsweg des Philosophen vgl. SAFFREY / WESTERINK 1968, XI–XVII; SIORVANES 1996, 3–6; ders., 2014, 34–36; vgl. auch BEUTLER 1957, 187f.; LEPPIN 2002, 252f.; LUNA / SEGONDS / ENDRESS 2012, 1548f.
[18] Zum Grammatiker: Marin. *VPr.* 8,1–2. Vgl. DEMARGNE / METZGER 1967, 1406; SAFFREY / WESTERINK 1968, XI; BRANDT / KOLB 2005, 125.
[19] Marin. *VPr.* 6,15–23.
[20] Im lykischen Bundesheiligtum, dem Letoon bei Xanthos, wurden neben Leto auch Apollon und Artemis verehrt, vgl. BRANDT / KOLB 2005, 28f. Apollon, Leto und Artemis waren die πατρῷοι θεοί von Xanthos, vgl. DEMARGNE / METZGER 1967, 1406.

Auch der Geburtsstadt Konstantinopel billigt Marinos eine entscheidende Bedeutung für die persönliche Entwicklung des Proklos zum Philosophen zu: Die Schutzgöttin von Byzantion nimmt das Neugeborene auf und leistet gleichsam Hebammendienste.[21] Auch später, als Proklos ein Jugendlicher geworden ist, sorgt sie für sein gutes Leben: Im Traum erscheint ihm die Göttin und ruft ihn zur Philosophie.[22] Dieses Traumbild, über das im Kontext der Geburt des Proklos nur in einer Vorausschau berichtet wird, gestaltet Marinos zum biographischen Schlüsselerlebnis des Helden im Prozess der ‚Konversion' zur Philosophie. Marinos kommt noch an zwei weiteren Stellen auf diese Vision zu sprechen: Als junger Rhetorikstudent in Alexandreia sei Proklos mit seinem Lehrer, dem Sophisten Leonas, nach Byzantion gefahren. Ein gutes Geschick habe ihn so erneut in seine Geburtsstadt geführt; die Göttin habe ihn hier bewogen, zur Philosophie zu wechseln und die Lehrer in Athen aufzusuchen. Nach seiner Rückkehr nach Alexandreia habe sich Proklos sofort dem Philosophiestudium gewidmet. Bald habe er jedoch seine dortigen Lehrer geringgeschätzt und sich des göttlichen Traumbildes erinnert und sei nach Athen aufgebrochen.[23]

Marinos, der in klassizistischer Manier spätgriechischer Autoren den Namen „Konstantinopolis" vermeidet,[24] nennt auch den Namen der Schutzgöttin von Byzantion nicht, es handelt sich dabei aber um die philosophische Göttin Athene.[25] Aus den verschiedenen Gottheiten, die im alten Byzantion verehrt wurden, wählt Marinos die philosophische Schutzgöttin als Geburtshelferin und Führerin des Proklos aus. Sie sollte Proklos das ganze Leben über begleiten, seine ‚Konversion' zur Philosophie bewirken und nach Athen führen, ihn dort begrüßen und am Ende seines Lebens sogar bei ihm einziehen, wie Marinos berichtet.[26] Byzantion bleibt dabei reine Kulisse für die Geburt und das Konver-

---

[21] Marin. *VPr.* 6,5–8.
[22] Marin. *VPr.* 6,8–14.
[23] Marin. *VPr.* 9,8–11. Zum Philosophie-Studium in Alexandreia: *VPr.* 9,12–10,5; Wechsel des Studienortes: *VPr.* 10,5–10.
[24] Βυζάντιον in Marin. *VPr.* 6,6; 9,2–3; 10,7; vgl. 8,24 (ἐν τῇ βασιλίδι πόλει); SAFFREY / SEGONDS /LUNA 2001, 78 Anm. 7.
[25] Zur Gleichsetzung der Göttin mit Athene vgl. SAFFREY / SEGONDS / LUNA 2001, 78 Anm. 6. EDWARDS 2000, 66 Anm. 66 denkt hier an Hekate oder eher an Rhea, TURNER 2012, 50. 64 an Rhea.
[26] Zur Begrüßung: Marin. *VPr.* 10,37–44; Einzug: *VPr.* 30,1–11.

sionserlebnis des Helden, das vermutlich eine literarische Erfindung des Autors darstellt. Die reale Bildungsmetropole mit ihrer 425 durch das Universitätsgesetz Theodosius' II. eingerichteten Hochschule auf dem öffentlichen Platz am Kapitol, an der auch ein staatlich bezahlter Lehrer in die „Geheimnisse der Philosophie" einführte, ignoriert Marinos dagegen.[27] Auch wurde die alte pagane Schutzgöttin Athene in Konstantinopel im 5. Jahrhundert sicher nicht mehr öffentlich verehrt.

2. Alexandreia

Die zweite Station in der Ausbildung des Lykiers war die ägyptische Bildungsmetropole Alexandreia. Nach dem Besuch eines Grammatikers in Xanthos ging Proklos zum Rhetorikstudium nach Ägypten. Er studierte hier bei Leonas, einem der führenden Sophisten der Stadt in der ersten Hälfte des 5. Jahrhunderts. Leonas nahm den talentierten Schüler als einen Mitbewohner in seinem Haus auf. Der Sophist habe ihn dabei wie seinen rechtmäßigen Sohn behandelt, berichtet Marinos.[28] Leonas habe Proklos zudem mit den „in Ägypten Regierenden" bekannt gemacht, die von dem jungen Studenten so begeistert gewesen seien, dass sie ihn in den Kreis ihrer Freunde aufgenommen hätten. Als Student im engsten Schülerkreis des berühmten Rhetoriklehrers wurde er offenbar zu den gesellschaftlichen Ereignissen in Alexandreia eingeladen und lernte dabei den *praefectus Augustalis* und den *comes Aegypti* kennen.[29] Auch auf der erwähnten Reise nach Konstantinopel begleitete Proklos seinen Lehrer, der mit dieser Mission seinem Freund Theodoros, dem „in Alexandreia Herrschenden", einen Gefallen tun wollte. Dieser sonst unbekannte *praefec-*

---

[27] *Cod. Theod.* 14,9,3,1: *unum igitur adiungi ceteris volumus, qui philosofiae arcana rimetur.* Zum Universitätsgesetz Theodosius' II. an den Stadtpräfekten von Konstantinopel vom 27. Februar 425 (*Cod. Theod.* 14,9,3 = *Cod. Iust.* 11,19,1; *Cod. Theod.* 15,1,53) vgl. bes. SCHLANGE-SCHÖNINGEN 1995, 114–138. Zu dieser spätantiken Hochschule in Konstantinopel vgl. allgemein neben SCHLANGE-SCHÖNINGEN 1995 noch SCHEMMEL 1908; ders., 1912, 4–12; FUCHS 1926; VÖSSING 2008, 234–239.

[28] Zu Leonas: Marin. *VPr.* 8,5–10; *Suda* Λ 269 s.v. Λεωνᾶς. Leonas (*PLRE* II 666) ist sonst unbekannt, vgl. SAFFREY / SEGONDS / LUNA 2001, 84 Anm. 18; SZABAT 2007, 272, Nr. 163.

[29] Marin. *VPr.* 8,11–16.

tus Augustalis, ein gebildeter und großmütiger „Liebhaber der Philosophie", schickte den angesehenen Sophisten wohl um 426/28 mit einer Gesandtschaft an den Hof, um vor dem Kaiser eine Rede zu einer für Ägypten oder Alexandreia wichtigen Streitfrage zu halten. Proklos reiste mit nach Konstantinopel, um das Studium nicht zu unterbrechen.[30]

Der Lykier studierte in Alexandreia außerdem beim paganen Grammatiker Orion, der aus einer alten ägyptischen Priesterfamilie stammte; dieser Gelehrte habe der Nachwelt einige nützliche kleine συγγραμμάτια hinterlassen, berichtet Marinos.[31] Orion wird in der Forschung mit einem zuerst in Alexandreia und später in Kaisareia wirkenden Grammatiker aus dem ägyptischen Theben gleichgesetzt, der ein der Kaiserin Eudokia gewidmetes *Anthologion* und eine Schrift zu Etymologien verfasst hat. Diese Identität ist durchaus möglich: Marinos beschreibt einen in dieser Periode recht bekannten Gelehrten; die beiden in Auszügen erhaltenen Schriften Orions könnten die von Marinos genannten nützlichen Werke sein. Es kann aber auch nicht ausgeschlossen werden, dass in Alexandreia um 420 zwei Grammatiker mit dem nicht ungewöhnlichen Namen Orion lehrten; Marinos erwähnt jedenfalls keinen Herkunftsort des Gelehrten.[32]

Nach der Rückkehr aus Konstantinopel beendete Proklos um 428 sein Rhetorikstudium und wandte sich der Philosophie zu, eine ‚Konversion', die Marinos mit der erwähnten Traumvision begründet.[33] Marinos stellt zwei Lehrer des Proklos aus Alexandreia vor, die um 428/30 den jungen Lykier unterrichteten: Olympiodoros und Heron. Der ältere Olympiodoros von Alexandreia

---

[30] Marin. *VPr.* 9,1–11 (3–6: αὐτὸς ἐποιεῖτο φίλῳ χαριζόμενος Θεοδώρῳ τῷ τῆς Ἀλεξανδρείας τότε ἄρχοντι, ἀνδρὶ ἀστείῳ καὶ μεγαλοπρεπεῖ καὶ φιλοσοφίας ἐραστῇ). Der *praefectus Augustalis* Theodoros (*PLRE* II 1088, Nr. 15) ist sonst unbekannt; vgl. SAFFREY / SEGONDS / LUNA 2001, 88f. Anm. 15–16.

[31] Marin. *VPr.* 8,14–19. Zum Grammatiker Orion (*PLRE* II 812, Nr. 1) vgl. KASTER 1988, 322–325, Nr. 110; HAFFNER 2001, 11–18; SAFFREY 2005e; SZABAT 2007, 282, Nr. 198.

[32] *Suda* Ω 188–189 s.v. Ὠρίων; *Tab. Montefalconii* 12–13 (KRÖHNERT 1897, 7). Zum erhaltenen Auszug aus dem Ἀνθολόγιον γνωμῶν vgl. HAFFNER 2001. Die erhaltenen Kurzfassungen des Ἐτυμολογικόν des Grammatikers Orion von Theben hat STURZ 1820 herausgegeben. Die Gleichsetzung des Grammatikers aus Theben mit dem Lehrer des Proklos vertreten u.a. KASTER 1988, 324; HAFFNER 2001, 11–13; SAFFREY 2005e, 842f.; vorsichtiger *PLRE* I 812; Zweifel bei SAFFREY / SEGONDS / LUNA 2001, 85 Anm. 1.

[33] Marin. *VPr.* 9,12–15.

war laut Marinos ein berühmter Gelehrter, der für seine Redegewandtheit und dialektische Argumentation bekannt war und dem daher nur wenige folgen konnten. Er führte Proklos in die aristotelische Philosophie ein, der ersten Stufe der Ausbildung.[34] Olympiodoros sei von Proklos begeistert gewesen, da dieser die gesamten Vorlesungen nach dem Unterricht vor den Kommilitonen habe auswendig wiederholen können.[35] Der Lehrer habe ihm sogar die Hand seiner Tochter angeboten, berichtet Marinos.[36] Bei Heron von Alexandreia studierte Proklos Mathematik. Es bleibt ungewiss, ob Heron in erster Linie Mathematiker war oder diese Mathematikkurse als eine Einführung in die Philosophie anbot. Marinos charakterisiert Heron als einen sehr frommen, also paganen Mann und als einen in allen Bereichen umfassend gebildeten Gelehrten. Proklos, der zu Herons engerem Schülerkreis gehörte, wohnte in dessen Haus und kümmerte sich um dessen Opferkulte.[37] Diese beiden Philosophen sind sonst unbekannt. Spätere Neuplatoniker zitieren sie nicht, Marinos dürfte daher ihre Bedeutung übertrieben dargestellt haben. In Alexandreia besuchte Proklos somit vor allem Einführungskurse in Mathematik und in die Pragmatien des Aristoteles; die logischen Schriften des Aristoteles habe Proklos sogar auswendig gelernt, schreibt Marinos.[38]

---

[34] Marin. *VPr.* 9,15–17. Zum älteren Olympiodoros (*PLRE* II 799, Nr. 2) vgl. SAFFREY / SEGONDS / LUNA 2001, 89 Anm. 3; SAFFREY 2005c; SZABAT 2007, 280f., Nr. 193.

[35] Marin. *VPr.* 9,25–33.

[36] Marin. *VPr.* 9,19–23. Vgl. SAFFREY / SEGONDS / LUNA 2001, 90, Anm. 7.

[37] Marin. *VPr.* 9,17–19; Proklos als Mitbewohner: *VPr.* 9,23–25. Zu Heron (*PLRE* II 552, Nr. 1) vgl. SAFFREY / SEGONDS / LUNA 2001, 89f. Anm. 5; SZABAT 2007, 252, Nr. 110.

[38] Marin. *VPr.* 9,33–36. Marinos schildert auch den Anlass für Proklos' Entschluss, von Alexandreia nach Athen zu gehen: Als Proklos erkannt habe, dass einer von den alexandrinischen Lehrern in der exegetischen Vorlesung einen Sinn in den Text hineingelegt habe, der des Philosophen unwürdig gewesen sei, habe er die dortigen Schulen gering geachtet (*VPr.* 10,3–6: ἐπειδὴ ἐν τῇ συναναγνώσει τινὸς ἔδοξεν αὐτῷ οὐκέτι ἀξίως τῆς τοῦ φιλοσόφου διανοίας φέρεσθαι ἐν ταῖς ἐξηγήσεσιν, ὑπεριδὼν ἐκείνων τῶν διδασκαλείων). Da Proklos im Studium in Alexandreia noch nicht bis zu den Dialogen Platons gekommen war, ist mit ὁ φιλόσοφος zweifellos Aristoteles gemeint, vgl. SAFFREY / SEGONDS / LUNA 2001, 93 Anm. 6. Der τινός, dessen Vorlesung Proklos hörte, bleibt ungenannt. Es könnte sich um den Aristoteles-Lehrer Olympiodoros handeln. Doch warum nennt Marinos den Namen nicht? Die Unbestimmtheit der Phrase deutet eher darauf hin, dass der Athener Scholarch Marinos pauschal die alexandrinischen Lehrer als wenig tiefgründig

Mit diesen Lehrern der Rhetorik und der Philosophie überliefert Marinos, der sich auf Proklos' Bildungsweg konzentriert, nur einen sehr kleinen Ausschnitt vom vielfältigen Bildungsbetrieb in Alexandreia im 5. Jahrhundert. In der Metropole lehrten im gesamten 5. Jahrhundert zahlreiche Privatlehrer Rhetorik und Philosophie, zudem gab es auch munizipale Lehrstühle für beide Studienrichtungen. Während unter den Rhetoriklehrern im 5. Jahrhundert bereits einige Christen bezeugt sind,[39] waren die Philosophielehrer in Alexandreia in dieser Periode durchweg Hellenen. Diese paganen Lehrer blickten auf zwei traumatische Einschnitte zurück: Mit der Zerstörung des Sarapeion unter Theodosius I. im Jahr 391/92 nach einem Aufstand der Hellenen unter der Führung paganer Intellektueller hatte sich die Rechtlosigkeit und die politische Ohnmacht der Hellenen erwiesen, gegen die der römische Staat vereint mit christlichen Gruppen vorgegangen war. Die Christen hatten auch die dortige Bibliothek vernichtet, wahrscheinlich ging damals zudem die alte Gelehrten-

---

abqualifizieren und damit die Bedeutung Athens als Hort der Philosophie betonen wollte. Die Passage über den Studienwechsel des Proklos, dem die Lehrer Alexandreias nichts mehr beibringen können, trägt somit eher topischen Charakter. Dominic O'Meara (mündliche Mitteilung am 15.07.2014) meint jedoch, dass Marinos mit ὁ φιλόσοφος Platon bezeichne. Der τινός sei ein Platoniker in Alexandreia, den der Biograph nicht habe nennen wollen.

[39] Einige wichtige Sophisten des 5. Jahrhunderts in Alexandreia seien erwähnt: Proklos studierte bei dem in der ersten Hälfte des 5. Jahrhunderts berühmten Sophisten Leonas aus Isaurien (vgl. Anm. 28). In der Mitte des Jahrhunderts unterrichtete Ekdikios (*PLRE* I 383, Nr. 2; SZABAT 2007, 238, Nr. 68) Rhetorik; sein Sohn, der Sophist Theon (*PLRE* II 1107, Nr. 4; SZABAT 2007, 317f., Nr. 296), war dann in den 470er Jahren Rhetoriklehrer des Damaskios von Damaskos. In dieser Periode wirkte in Alexandreia auch ein anderer Lehrer des Damaskios, der Sophist Severianos (vgl. Anm. 178). Bei diesen Lehrern dürfte es sich um Hellenen gehandelt haben. Der spätere antiochenische Bischof Severos und seine Brüder (sowie wohl auch Zacharias Scholastikos) studierten in den 480er Jahren bei den Sophisten Iohannes *smgrpws* (Zach. Rhet. *v. Sev.*, PO II p. 11,14–12,1) und Sopatros (PO II p. 12,1–2); in dieser Zeit lehrten auch die beiden christlichen Sophisten Thomas aus Gaza (PO II p. 23,14–24,2) und Aphthonios (PO II p. 25,3–4). Zu Iohannes *smgrpws*, vielleicht ‚Semeiographos' (*PLRE* II 603, Nr. 38), vgl. SZABAT 2007, 259, Nr. 132; vgl. ferner HEATH 2004, 111. 295. Zu Sopatros (*PLRE* II 1020, Nr. 3) vgl. HEATH 2004, 70. 111f. 123. 295; SZABAT 2007, 304f., Nr. 257. Zu Thomas (*PLRE* II 1113, Nr. 4) vgl. SZABAT 2007, 320, Nr. 302. Zu Aphthonios (*PLRE* II 110, Nr. 3) vgl. ATHANASSIADI 1999, 27f.; SZABAT 2007, 222, Nr. 25. Zu den Sophisten in Alexandreia in dieser Epoche vgl. allgemein SZABAT 2007, 189–193. 212–325 (Liste der Lehrer).

vereinigung des *Museion* unter. Außerdem waren aufständische hellenische Lehrer aus der Stadt getrieben worden.[40] Einen zweiten Einschnitt stellte die Ermordung der angesehenen platonischen Philosophin Hypatia im März 415 durch christliche Mönche im Auftrag des Bischofs Kyrillos von Alexandreia dar.[41] Offene Gewalt gegen Hellenen blieb allerdings in Alexandreia im 5. Jahrhundert eher die Ausnahme, im Zuge der Illus-Revolte sollte es 484/85 noch einmal zu zwei Verfolgungswellen gegen pagane Intellektuelle durch die alexandrinische Kirche und den römischen Staat kommen. Die paganen Gelehrten Alexandreias standen aber dennoch unter der ständigen Kontrolle der Behörden des christlichen Kaisers und unter der argwöhnischen Beobachtung des mächtigen Bischofs der Stadt und der christlichen Kleriker. Zudem saßen in ihren Vorlesungen vielfach christliche Studenten. Im Schutzraum ihrer privaten Schulen und Intellektuellenzirkel entfaltete sich in der Mitte des 5. Jahrhunderts indes erneut ein florierender Philosophieunterricht. Dabei waren alle bedeutenden Lehrer Alexandreias an der Athener Schule ausgebildet und vom dortigen Neuplatonismus in der Nachfolge Iamblichs geprägt worden. Die Platoniker verzichteten in Alexandreia allerdings auf eine allzu offene Propagierung der paganen Glaubensvorstellungen sowie auf eine Anwendung theurgischer Praktiken und die damit verbundene Kommentierung der *Chaldäischen Orakel*.

Den Philosophieunterricht in Alexandreia im 5. Jahrhundert prägten vor allem Hierokles, Hermeias und sein Sohn Ammonios

---

[40] Eunap. VS 6,11 p. 472–473; Rufin. *hist. eccl.* 11,22–23; Soz. *hist. eccl.* 7,15,2–10; Socr. *hist. eccl.* 5,16–17; Theod. *hist. eccl.* 5,22,3–6. Zur vielbehandelten Zerstörung des Sarapeion vgl. nur HAAS 1997, 159–169; HAHN 2008. Die Zerstörung erfolgte Ende 391 oder eher in den ersten Monaten des Jahres 392. Vgl. den Forschungsüberblick bei HAHN 2008, 340. Für eine Zerstörung in den ersten Monaten des Jahres 392 plädiert HAHN 2006. BURGESS / DIJKSTRA (2013, 96–102) zeigen jedoch, dass die Datierung des Ereignisses nur auf den Zeitraum zwischen Juni 391 und April 392 eingegrenzt werden kann.

[41] Socr. *hist. eccl.* 7,15; Philostorg. *hist. eccl.* 8,9; Damasc. *v. Isid.* fr. *102 p. 79,18–81,10 ZI. wohl mit fr. *105 p. 81, 5–6 ZI. (fr. 43E p. 130 ATH.); Mal. 14, 12 p. 280, 68–70 Thurn; Theoph. I p. 82, 16–17 (a. 5906); *Suda* Υ 166 s. v. Ὑπατία; Ioh. v. Nikiu 84,87–103. Zur Ermordung der Hypatia (*PLRE* II 575f., Nr. 1) vgl. nur CAMERON / LONG 1993, 59–62; DZIELSKA 1995, 83–100; dies., 2013; HAAS 1997, 88. 302–316; WATTS 2006b; Al. CAMERON, „The Life, Work and Death of Hypatia", in: D. LAURITZEN / M. TARDIEU (eds.), *Le voyage des légendes. Hommages à Pierre Chuvin* (Paris 2013) 65–82.

sowie Isidoros; diese Lehrer stammten alle aus Alexandreia, hatten in Athen studiert und nach ihrer Rückkehr in Alexandreia den Philosophieunterricht aufgenommen; bis auf Hermeias unterrichteten alle zudem an privaten Schulen. Im Unterschied zu Athen gab es in Alexandreia keine festgefügte Schulorganisation mit einer *diadoche* über mehrere Generationen hinweg,[42] alle Privatlehrer führten eine an ihre Person gebundene Schule. Ob Ammonios Hermeiou im späten 5. Jahrhundert eine Schule begründete, die bis zum Ende des 6. oder gar bis frühe 7. Jahrhundert Bestand hatte, wie vielfach in der Forschung unterstellt wird,[43] ist ungewiss. Ammonios' bekanntester Schüler, der jüngere Olympiodoros, lehrte sicherlich in der Tradition seines Lehrers, ob er aber als ein Diadochos an der Schule des Ammonios bezeichnet werden kann, bleibt unsicher. Auch die Beziehungen zwischen Olympiodoros, Elias und Stephanos im späten 6. Jahrhundert werden durch keine Quelle eindeutig charakterisiert. Das in der Forschung postulierte Lehrer-Schüler-Verhältnis zwischen Olympiodoros und Elias einerseits sowie zwischen Elias und Stephanos andererseits erschließt sich allein aus ihren Aristoteles-Kommentaren, die in einer fortlaufenden Traditionslinie stehen.[44]

Diese alexandrinischen Lehrer gaben im allgemeinen im Rahmen einer Grundausbildung einführende Veranstaltungen in Philosophie für die zahlreichen Studenten der Sophisten und Grammatiker der Stadt. In Alexandreia absolvierten die Studenten vor allem eine rhetorische Ausbildung, die auf die Stellung als Grammatiker oder Sophist vorbereitete oder als Propädeutik für

---

[42] Wenig überzeugend argumentiert VINZENT 2000, 53f. 62–78 für eine städtische Philosophenschule in Alexandreia mit einer ununterbrochenen Nachfolge auf einem munizipalen Philosophielehrstuhl vom 4. Jahrhundert (mit Theon und Hypatia) bis ins frühe 7. Jahrhundert (mit Stephanos).

[43] So vor allem WESTERINK 1962, X–XXV (Schulnachfolge von Ammonios Hermeiou bis Stephanos); ebenso etwa CAMERON 1969, 26f.; WATTS 2006a, 233f. 257f.; BLANK 2010, 654.

[44] Zum jüngeren Olympiodoros (*PLRE* II 800, Nr. 5) vgl. bes. WESTERINK 1962, XIII–XX; SAFFREY 2005d; VIANO 2006, 35–51; WATTS 2006a, 229f. 234–246. 251–256; GRIFFIN 2014; vgl. auch TARRANT 1997; ders., 1998; SZABAT 2007, 281, Nr. 194; kurzer Überblick bei OPSOMER 2010. Zu Elias (*PLRE* III 438, Nr. 6) vgl. GOULET 2000a; SZABAT 2007, 238f., Nr. 70; vgl. auch WESTERINK 1962, XX–XXIV. Zum christlichen Philosophen Stephanos von Alexandreia (*PLRE* III 1193f., Nr. 51), der um 580–585 Philosophie in Alexandreia unterrichtete, vgl. WESTERINK 1962, XXIV f.; SZABAT 2007, 309–311, Nr. 273. Zur alexandrinischen Schule im 6. Jahrhundert ab Olympiodoros vgl. außerdem VANCOURT 1941.

ein Jura-Studium galt, mit dem die Studenten eine Stellung als Anwalt oder als Beamter in der Zivilverwaltung des Reiches erhalten konnten. Vielfach absolvierten die Studenten ein vorbereitendes Rhetorikstudium in Alexandreia, das dann mit einer juristischen Ausbildung in Berytos fortgesetzt wurde.[45] In Alexandreia wurden aber auch Kurse in Medizin,[46] Mathematik oder Astronomie angeboten. Die philosophische Spezialausbildung mit exegetischen Kursen zu Aristoteles und Platon auf höherem Niveau sowie Lehrveranstaltungen zu den ‚heiligen Texten' wie den *Chaldäischen Orakeln* oder zur Theurgie vor einem kleinen Kreis von Schülern – die für die Athener Schule im 5. Jahrhundert typische Form der Philosophenausbildung – ist in Alexandreia in dieser Epoche kaum bezeugt. Lediglich an den Schulen des Hierokles in der ersten Hälfte des 5. Jahrhunderts und des Ammonios Hermeiou im späten 5. und frühen 6. Jahrhundert gab es neben der größeren Gruppe der Hörer und interessierten Laien einen engeren Kreis von ἑταῖροι, die ein vertiefendes Philosophiestudium absolvierten und wohl auch eine Lebensgemeinschaft mit dem Scholarchen bildeten.

Der wichtigste Philosophielehrer in Alexandreia nach Hypatias Tod war der Neuplatoniker Hierokles von Alexandreia, der an der Schule des Plutarchos von Athen ausgebildet worden war und in Alexandreia von den 420er Jahren bis in die Jahrhundertmitte in der Lehrtradition der Athener Schule unterrichtete.[47] In der Mitte des 5. Jahrhunderts prägte Hermeias, der zusammen mit Proklos bei Syrianos in Athen studiert hatte, den Philosophieunterricht in Alexandreia. Auch er vertrat in der ägyptischen Bildungsmetropole die Athener ‚orthodoxe' Interpretation Platons.[48] Damaskios berichtet, dass Hermeias eine „städtische Speisung" (δημοσία σίτησις) erhalten habe. Damit bezeichnet der Autor sicherlich ein munizipales Lehrergehalt, Hermeias hatte also

---

[45] Dieses propädeutische Rhetorikstudium in Alexandreia und das darauf aufbauende Jurastudium in Berytos ist etwa für Severos von Sozopolis und Zacharias Scholastikos in den 480er Jahren bezeugt (Zach. Rhet. *v. Sev.*, PO II p. 1, 46–47). Zu den Rechtslehrern vgl. auch SZABAT 2007, 204–208.

[46] Vgl. auch SZABAT 2007, 198–204.

[47] Zu Hierokles (*PLRE* II 559f., Nr. 1) vgl. bes. HADOT 1978, 17–20; dies., 2000; SCHIBLI 2002; ders., 2010; vgl. auch WATTS 2006a, 91. 205–207; SZABAT 2007, 254, Nr. 118.

[48] Zu Hermeias (*PLRE* II 547f., Nr. 3) vgl. bes. GOULET 2000c; WATTS 2006a, 207–210; vgl. zudem WESTERINK 1962, X; SZABAT 2007, 250f., Nr. 106.

wahrscheinlich einen städtischen Lehrstuhl für Philosophie in Alexandreia inne.⁴⁹ Zu den paganen Philosophenzirkeln Alexandreias in der Mitte des 5. Jahrhunderts gehörten auch die beiden bekannten Platoniker Heraïskos und Asklepiades, die jedoch nicht als Philosophielehrer, sondern als Privatgelehrte tätig waren und sich insbesondere um die Bewahrung der ägyptischen Weisheit und der Kenntnisse um die Götterwelt der Ägypter bemühten.⁵⁰

Nach dem Tod des Hermeias um 450/60 brachte seine Witwe Aidesia ihre beiden Söhne Ammonios und Heliodoros nach Athen, wo sie bei dem Kommilitonen ihres Vaters Proklos studierten.⁵¹ Ammonios Hermeiou eröffnete nach seinem Studium um 480 in Alexandreia eine Schule, an der er vor einem kleinen Schülerkreis den Athener Lektürekanon aus den Schriften des Aristoteles und des Platon interpretierte. Der Philosophielehrer zog aber auch einen breiteren Kreis an Hörern an seine Lehreinrichtung.⁵² Dank einer Übereinkunft mit dem alexandrinischen Bischof Athanasios II. (489–496) wohl Anfang der 490er Jahre konnte Ammonios auch nach den schweren Repressalien gegen alexandrinische Philosophen unter Zenon 484/85 seine Lehrtätigkeit fortsetzen.⁵³ An der Schule des Ammonios und des Heliodoros unterrichtete

---

⁴⁹ Damasc. v. Isid. fr. *124 p. 107, 4–6 Zi. (fr. 56 p. 156 Ath.). Von einem öffentlichen Lehrstuhl des Hermeias in Alexandreia sprechen etwa Westerink 1962, x; Watts 2006a, 208f.; Vössing 2008, 248.

⁵⁰ Zu Heraïskos (PLRE II 543f.) vgl. Goulet 2000b; vgl. auch Szabat 2007, 249, Nr. 101. Zu Asklepiades (PLRE II 158f., Nr. 2) vgl. Kaster 1988, 244f., Nr. 17; Goulet 1989b; vgl. auch Fowden 1982, 46f.; Trombley 1993/94, Bd. 1, 37f. Im Anschluss an Asmus 1911, 60 (zu Damasc. v. Isid. fr. *160 p. 135, 3–4 Zi. / fr. 71B p. 184 Ath.) und Maspero 1914 werden beide Philosophen in der Forschung im allgemeinen als Brüder gedeutet, vgl. etwa PLRE II 158f. 543f. 569f. 629. 1326 (Stemma Nr. 31); Fowden 1982, 46f.; Kaster 1988, 245. 297; Goulet 1989b, 620; ders., 2000b, 628f.; Tardieu 1990, 20 Anm. 3; Athanassiadi 1999b, 21. 184f.; Di Branco 2006, 158; Watts 2006a, 225; ders., 2010, 5. 57; Szabat 2007, 223. 249. 256f. Für diese Annahme fehlt aber ein sicherer Beleg.

⁵¹ Damasc. v. Isid. fr. *124 p. 105,18–107,9 Zi. (fr. 56 p. 156/158 Ath.). Zu Aidesia (PLRE II 10f.) vgl. Westerink 1962, x f.; Athanassiadi / Frede 1999, 22f. 30. Zu Heliodoros (PLRE II 532, Nr. 6) vgl. Westerink 1962, x; Saffrey 2000b; Watts 2006a, 208–210; Szabat 2007, 247f., Nr. 98.

⁵² Zu Ammonios Hermeiou (PLRE II 71f., Nr. 6) vgl. Saffrey 1954; Westerink 1962, x–xiii; Saffrey / Mahé 1989; Athanassiadi / Frede 1999, 30–32; Watts 2006a, 208–211.222–233; Szabat 2007, 217f., Nr. 15; knapper Überblick zu Leben, Schule und Philosophie bei Blank 2010.

⁵³ Zur Übereinkunft: Damasc. v. Isid. Epit. Phot. 179 p. 250,2–3 Zi. und fr. 316 (= Epit. Phot. 292) p. 251,12–14 Zi. (fr. 118B p. 280 Ath.).

wahrscheinlich auch Isidoros von Alexandreia, der wie kaum ein anderer Neuplatoniker die enge Verbindung zwischen Athen und Alexandreia in dieser Epoche verkörpert: Auch Isidoros hatte in den 470er Jahren in Athen bei Proklos und seinem Assistenten Marinos studiert und lehrte dann seit dem Ende der 470er Jahre einige Zeit in Alexandreia. Er wurde vom alternden Scholarchen Proklos in der ersten Hälfte der 480er Jahre sogar als Kandidat für dessen Nachfolge in Athen in Erwägung gezogen, lehnte damals indes diese große Verantwortung ab, übernahm dann aber nach dem Tod des Marinos um 490 schließlich doch die Leitung der Schule in Athen. In erster Linie wohl wegen der Querelen mit der Gruppe um Hegias gab Isidoros jedoch diesen Posten bereits nach wenigen Monaten wieder auf und kehrte nach Alexandreia zurück. Ende des 5. Jahrhunderts gehörte in Alexandreia sein späterer Biograph Damaskios zu Isidoros' engsten Schülern.[54]

Neben den vielen Privatschulen gab es unter dem alten Namen Μουσεῖον im 5. Jahrhundert auch eine öffentliche Bildungseinrichtung in Alexandreia, die jedoch nichts mit der hellenistischen Forschungsinstitution zu tun hatte. An der städtischen Hochschule unterrichteten im 5. Jahrhundert Grammatiker, Sophisten, Dichter und Ärzte mit munizipaler Besoldung; hier fanden zudem öffentliche Vorträge sowie philosophische und theologische Debatten statt.[55] Vermutlich lehrte am Μουσεῖον zudem der munizi-

---

[54] Zu Isidoros (PLRE II 628–631, Nr. 5) vgl. GOULET 2000f; SZABAT 2007, 265–267, Nr. 147; vgl. zudem FOWDEN 1982, 47; ATHANASSIADI 1993; 1999, 32–36. 43f.; WATTS 2006a, 114f.119–123.217.224f.; ders., 2010, 64.75.263. Zu Damaskios (PLRE II 342f., Nr. 2) vgl. bes. WESTERINK / COMBÈS 1986, IX–XXVI; HOFFMANN 1994; ATHANASSIADI 1999b, 19–57; vgl. auch TRABATTONI 1985; THIEL 1999; HARTMANN 2002 (zum Ende der Schule und der Persienreise); WATTS 2006a, 121. 123–142; SZABAT 2007, 230–232, Nr. 50; kurzer Überblick bei VAN RIEL 2010.

[55] Zacharias Scholastikos erwähnt in seinem um 485/87 spielenden Streitgespräch zwischen dem paganen Arzt Gesios und ihm im Dialog *Ammonios* das *Museion* in Alexandreia (*Amm.* p. 107,367–368 MINNITI COLONNA); Unterricht: Zach. Rhet. *Amm.* p. 107,371–125, 940. Dieses *Museion* kann sicherlich mit den „Akademien" gleichgesetzt werden, an denen der Grammatiker Horapollon (PLRE II 569f., Nr. 2; KASTER 1988, 295–297, Nr. 78; GOULET 2000e) in Alexandreia in der zweiten Hälfte des 5. Jahrhunderts unterrichtete (P. Cair. Masp. III 67295, I 14: περὶ τὰς ἐκε[ῖσε] ἀκαδημ[ί]ας). Sein Vater Asklepiades habe sein ganzes Leben lang in den μουσεῖα Alexandreias die Jugend erzogen, schreibt Flavios Horapollon in einer Petition an einen lokalen Beamten im Dorf Phenebythis im Panopolites

pale Philosophielehrer Alexandreias,[56] auch wenn dafür ein sicheres Zeugnis fehlt. Mit Hermeias ist nur ein einziger munizipaler Philosophielehrer aus dem 5. Jahrhundert namentlich bekannt; wo er unterrichtete, ist nicht bezeugt. Die bedeutenden alexandrinischen Philosophielehrer dieser Epoche wie Hypatia oder Ammonios Hermeiou dürften am Μουσεῖον gelegentlich Vorträge gehalten oder sich an Debatten beteiligt haben, ihr eigentlicher Unterricht fand dagegen in ihren Privathäusern statt.

Diese spätantike munizipale Hochschule in Alexandreia lässt sich wahrscheinlich mit den seit den 1980er Jahren freigelegten und durch polnische Archäologen als Auditorien gedeuteten archäologischen Strukturen am Hügel Kūm ad-Dikka im spätantiken Stadtzentrum aus dem 6. und 7. Jahrhundert verbinden. Entlang einer Hauptstraße mit Porticus erstreckten sich von einer nördlichen Passage, die zu einer Thermenanlage führte, bis zu einem kleinen Theater eine lange Reihe aneinandergebauter, untereinander verbundener Auditorien. Bislang sind 20 dieser Vortragsräume bekannt. Nach der Datierung der Keramikfunde wurde der Komplex von etwa 500 n. Chr. bis in die Mitte des 7. Jahrhunderts genutzt. Wahrscheinlich begann man im 5. Jahrhundert, hier die Vortragsräume der öffentlichen Hochschule zu konzentrieren; der Hochschulkomplex wurde dann um 500 weiter ausgebaut und erweitert.[57]

3. Die Schule des Plutarchos und des Syrianos in Athen

Angezogen vom guten Ruf der neuplatonischen Philosophieschule von Athen wechselte Proklos im Jahr 429/30 den Studienort und ging in die alte griechische Bildungsmetropole. Zu Schiff fuhr er von Alexandreia nach Griechenland, wo er im Hafen von Peiraieus landete und von seinem lykischen Landsmann Nikolaos von Myra empfangen wurde, der damals Rhetorik beim bekannten

---

(P. Cair. Masp. III 67295, I 15). WATTS 2010, 62 identifiziert das *Museion* des Zacharias mit den Auditorien am Kūm ad-Dikka (s.u.) in Alexandreia.

[56] So VÖSSING 2008, 244f.

[57] Zu den Ausgrabungen am Kūm ad-Dikka und deren Deutung vgl. den Sammelband DERDA u.a. 2007, bes. MAJCHEREK 2007 und MCKENZIE 2007. Zu dieser ‚Universität' von Alexandreia vgl. zudem VÖSSING 2008, 239–250.

Sophisten Lachares studierte.⁵⁸ Im Jahr 429/30 wurde die neuplatonische Lehreinrichtung noch von Plutarchos von Athen geführt, der aber auf Grund seines Alters und seines schlechten Gesundheitszustands Lehre und Administration weitgehend an seinen Schüler und Nachfolger Syrianos von Alexandreia übergeben hatte.

Die alte Bildungsmetropole Athen war im 5. Jahrhundert ein eher verschlafenes Provinzstädtchen, das vor allem von den Schulen und den Studenten lebte. Die Stadt hatte sich nach einem Einfall der Goten Alarichs 396, bei dem die Vororte weitgehend verwüstet worden waren, wieder erholt und zog erneut zahlreiche Studenten aus dem griechischen Osten an. Athen blieb so im gesamten 5. Jahrhundert ein attraktives Zentrum des Rhetorikunterrichts für Lehrer und Studenten: In der Stadt unterrichteten einige namhafte pagane Redelehrer,⁵⁹ so um 400 die Athener Sophisten Plutarchos,⁶⁰ Apronianos und Leontios, der Inhaber eines munizipalen Lehrstuhls,⁶¹ in der ersten Hälfte des 5. Jahrhunderts dann Herakleon von Athen, der Lehrer des Lachares,⁶² sowie in der Mitte des Jahrhunderts Lachares von Athen, der als Hörer auch an

---

⁵⁸ Marin. *VPr.* 10,17–44. Zur Ankunft in Athen vgl. SAFFREY / SEGONDS / LUNA 2001, 95f., Anm. 17; DI BRANCO 2006, 137–140. Zu Nikolaos aus Myra (*PLRE* II 783, Nr. 2) vgl. DI BRANCO 2006, 138; SZABAT 2007, 279, Nr. 188.

⁵⁹ Zu den Athener Sophisten des 5. Jahrhunderts vgl. DI BRANCO 2006, 159f.

⁶⁰ Zu Plutarchos: *IG* II/III² 3818 = 13281 (= *LREBIAA* 20); *IG* II/III² 4224 = 13283 (= *LREBIAA* 22). Beide Inschriften werden vielfach dem Neuplatoniker Plutarchos zugeschrieben, vgl. z.B. FRANTZ 1965, 192; dies., 1988, 63f.; FOWDEN 1982, 51 mit Anm. 147; VON HAEHLING 1982, 55; TROMBLEY 1993/94, Bd. 1, 18; BANCHICH 1998, 366f.; WATTS 2006a, 93–95; DI BRANCO 2006, 124–128; CHLUP 2012, 264, Anm. 30; LUNA / SEGONDS 2012, 1083–1085; CARUSO 2013, 166f. Die Inschriften erwähnen jedoch einen zweiten Plutarchos (*PLRE* II 893f., Nr. 2), einen Sophisten aus Athen um 400, vgl. ROBERT 1948, 95f.; SAFFREY / WESTERINK 1968, XXX, Anm. 2; SIRONEN 1994, 47f.; ATHANASSIADI 1999, 173 Anm. 147; SAFFREY / SEGONDS / LUNA 2001, 103 Anm. 8; SZABAT 2007, 291f., Nr. 227. Diesen Sophisten Plutarchos nennt (neben Synesios, s.u.) auch Damaskios (*v. Isid.* Epit. Phot. 88 p. 122, 8–9 ZI./ fr. 63B p. 172 ATH.).

⁶¹ Zu Apronianos (*PLRE* II 124, Nr. 1): *IG* II/III² 4225 = 13284 (= *LREBIAA* 23). Vgl. DI BRANCO 2006, 96f.; SZABAT 2007, 222, Nr. 26. Zu Leontios' Lehrstuhl: Olympiodoros, fr. 28 BLOCKLEY = fr. 28, *FHG* IV 63f.; vgl. Socr. *hist. eccl.* 7,21,8. Zu Leontios (*PLRE* II 668f., Nr. 6) vgl. SCHLANGE-SCHÖNINGEN 1995, 85f.; SZABAT 2007, 272, Nr. 164.

⁶² Zu Herakleon (*PLRE* II 539): Suda Λ 165 s. v. Λαχάρης. Vgl. SZABAT 2007, 250, Nr. 104.

Syrianos' Philosophievorlesungen teilgenommen hatte.[63] In der zweiten Hälfte des Jahrhunderts galten schließlich Lachares' Sohn Metrophanes und dessen Gegner Superianos aus Isaurien, beide Schüler des Lachares, als die bekanntesten Rhetoriklehrer Athens.[64]

Für philosophiebegeisterte Studenten war Athen im späten 4. Jahrhundert noch wenig interessant gewesen: Als Synesios von Kyrene die Stadt um 398/99 besuchte, meinte er keine lebende Philosophie mehr vorzufinden; der einstige Herd der Weisen sei nur noch eine leere Hülle wie die Haut eines geschlachteten Opfertiers. Aber immerhin verwies er bereits auf den Unterricht des „Zweigespanns der weisen Plutarchoi" (ἡ ξυνωρὶς τῶν σοφῶν Πλουταρχείων).[65] Neben dem bereits erwähnten reichen Sophisten Plutarchos lehrte seit den 390er Jahren nämlich auch ein gleichnamiger Platoniker in der Stadt. Plutarchos von Athen,[66] der Sohn eines sonst unbekannten Nestorios und Enkel des berühmten Eleusinischen Hierophanten und Theurgen Nestorios, der im Jahr 375 durch seine Verehrung des Heros Achilleus seine Heimatstadt Athen vor einem Erdbeben gerettet haben soll,[67] begrün-

---

[63] Marin. VPr. 11,5–9; Damasc. v. Isid. fr. 140 p. 121,1–8 ZI. (fr. 62A p. 170 ATH.) mit Epit. Phot. 84 p. 120,2–4 ZI.; Suda Λ 165 s. v. Λαχάρης. Zu Lachares (PLRE II 652f., Nr. 2) vgl. HEATH 2004, 296; PUECH 2005; DI BRANCO 2006, 159; SZABAT 2007, 271f., Nr. 162; vgl. ferner SAFFREY / SEGONDS /LUNA 2001, 99f. Anm. 13.

[64] Zu Metrophanes (PLRE II 762) vgl. SZABAT 2007, 278, Nr. 182. Zu Superianos (PLRE II 1041) vgl. SZABAT 2007, 306, Nr. 260.

[65] Syn. epist. 136,6–22 GARZYA. Zu diesem Brief vgl. ROQUES 1989, 99–103. 196 (verfasst in der „trosième semaine d'août" 399); anders CAMERON / LONG 1993, 56f. 409–411 (aus dem Jahr 410).

[66] Zum Neuplatoniker Plutarchos von Athen (PLRE I 708, Nr. 5) vgl. BEUTLER 1951; ÉVRARD 1960b; TAORMINA 1989; LUNA / SEGONDS 2012; vgl. auch SAFFREY / WESTERINK 1968, XII f. XXVI–XXXV; DI BRANCO 2006, 115–129; WATTS 2006a, 90–96; SZABAT 2007, 291, Nr. 226; kurzer Überblick bei LONGO 2010b.

[67] Zu Plutarchos' Vater Nestorios: Marin. VPr. 12,1–3; Simpl. in de an. p. 260,1; Suda Π 1794 s. v. Πλούταρχος, Νεστορίου; Theurge: Procl. in remp. II p. 64,5 – 66,21; p. 324, 11 – 325,10; Marin. VPr. 28,10–15; Hierophant: Eunap. VS 7,3,1–5 p. 475–476; 7,3,7–9 p. 476; 10,8,1–2 p. 493; Erdbeben: Zos. IV 18,2–4; Theurge als Großvater des Philosophen Plutarchos: Procl. in remp. II p. 64, 6–8. Zu Nestorios, dem Sohn des Theurgen Nestorios und Vater des Plutarchos (PLRE I 626, Nr. 3) vgl. ÉVRARD 1960b, 120f.; TAORMINA 1989, 147; DI BRANCO 2006, 122. Zum Theurgen Nestorios (PLRE I 626, Nr. 2) vgl. bes. ÉVRARD 1960b, 120–133; SAFFREY / WESTERINK 1968, XXVII–XXX; SAFFREY 2005b; vgl. auch DI BRANCO 2006, 33f.88–98.117–123.129; anders BANCHICH 1998 (der bei

dete in Athen eine neuplatonische Lehrtradition in der Nachfolge Iamblichs, wobei unklar bleibt, auf welchen Lehrer er sich dabei stützte; der wahrscheinlichste Kandidat dürfte der 396 verstorbene Priskos sein, ein Schüler des Aidesios.[68]

Plutarchos' Familie zählte im 5. Jahrhundert zu den wichtigsten Clans in Athen, sie blieb dabei eng mit der Schule verbunden: Plutarchos' Tochter, die ältere Asklepigeneia, gab das theurgische Wissen ihrer Familie, das vom „großen Nestorios" stammte, an den jungen Proklos weiter;[69] Plutarchos' Enkel Archiadas und sein Ururenkel Hegias waren wichtige Magnaten der Stadt, Archiadas war zudem ein Kommilitone, enger Freund und Hörer des Proklos und zugleich ein Förderer der Schule. Zwischen Proklos und Archiadas entwickelte sich eine enge „pythagoreische" Freundschaft, wie Marinos schreibt. Proklos unterrichtete ihn, erklärte ihm die politischen Tugenden und forderte den paganen Aristokraten dazu auf, eine politische Karriere in Athen einzuschlagen und sich als Wohltäter zu engagieren.[70] Als Marinos 486 seine Proklos-Vita verfasste, gehörte der alte Archiadas noch zum Athener Philosophenkreis: Archiadas werde immer noch von den Hellenen als frommer Mann verehrt, so der Biograph. Archiadas heiratete die sonst unbekannte Plutarche. Seine Tochter, die um 440/50 geborene jüngere Asklepigeneia,[71] ehelichte in den 460er Jahren dann den überaus vermögenden und einflussreichen Athener Aristokraten Theagenes.[72] Archiadas kannte den wohl um 440 geborenen Theagenes schon seit dessen Kindheit sehr gut;

Zosimos erwähnte Nestorios sei kein eleusinischer Priester und nicht mit dem Hierophanten bei Eunap identisch).

[68] Zu Priskos (*PLRE* I 730, Nr. 5) vgl. bes. GOULET 2012a; ders., 2012c; ders., 2014, Bd. 1, 560–564.

[69] Zur älteren Asklepigeneia (*PLRE* II 159, Nr. 1): Marin. *VPr.* 28,10–15. Vgl. SAFFREY / WESTERINK 1968, XX f.; SAFFREY 1989b; TAORMINA 1989, 152; DI BRANCO 2006, 90. 149.

[70] Zur Freundschaft: Marin. *VPr.* 17,21–31; vgl. 29,9–11; Unterricht und Karriere: *VPr.* 14,7–27; vgl. *VPr.* 17,26–27; pagane Haltung: *VPr.* 14,7. Zu Archiadas (*PLRE* II 134, Nr. 1) vgl. SAFFREY / WESTERINK 1968, XXXI f.; SAFFREY 1989a; WATTS 2006a, 107–110.118 (durchgängig irrtümlich „Archiades" genannt).

[71] Zu Plutarche (*PLRE* II 893): Marin. *VPr.* 29,5–6. Zur jüngeren Asklepigeneia (*PLRE* II 159, Nr. 2): Marin. *VPr.* 29,4–31. Vgl. SAFFREY / WESTERINK 1968, XXI f.; DI BRANCO 2006, 149.

[72] Marin. *VPr.* 29,5–7. Zu Theagenes (*PLRE* II 1063f.) vgl. SAFFREY / WESTERINK 1968, XXXI–XXXIII; DI BRANCO 2006, 150. 165f.; vgl. noch FRANTZ 1965, 192; dies., 1988, 68; DILLON 2004, 417f.; WATTS 2006a, 106f. 109f. 118–120.

offenbar pflegten beide Familien seit längerem enge Beziehungen.[73] Theagenes amtierte in den 460er oder 470er Jahren in Athen als *Archon eponymos*, stieg in den Senat von Konstantinopel auf und wurde schließlich *patricius*.[74] Archiadas' Schwiegersohn trat unter dem Scholarchat des Proklos ebenfalls als Wohltäter der Schule auf. Im Zuge seines wohl mit der Verleihung der Ehrenstellung des *patricius* verbundenen Übertritts zum Christentum änderte Theagenes jedoch sein Verhalten gegenüber den paganen Philosophen; um 490 kam es sogar zu einem Streit mit dem neuen Scholarchen Marinos,[75] der Theagenes im Enkomion auf Proklos 486 noch als „Wohltäter in unserer Zeit" gelobt hatte.[76]

Der Sohn des Theagenes und der jüngeren Asklepigeneia, Hegias, gehörte bereits als junger Mann seit dem Ende der 470er Jahre zu den engsten Schülern des alten Scholarchen Proklos; schließlich übernahm er Ende des 5. Jahrhunderts in Athen sogar die Schulleitung.[77] Er habe bereits als Jüngling alle Tugenden seiner Vorfahren bezeugt und sich als würdiges Glied in der auf Solon zurückführenden „goldenen Kette" seiner Familie erwiesen, wie Marinos betont, der an dieser Stelle auf die angebliche Abkunft der Philosophenfamilie des Plutarchos von Platon und Solon anspielt. Auch Damaskios bestätigt die bedeutende Stellung,

---

[73] Damasc. *v. Isid.* fr. *273 p. 217,2–9 ZI. (fr. 105A p. 250 ATH.; wohl zum Jahr 447).

[74] Zum Archon: Damasc. *v. Isid.* fr. 257 p. 207, 14 ZI. (fr. 100A p. 242 ATH.); Senat: Damasc. *v. Isid.* fr. 261 p. 211,14–15 ZI. (fr. 100A p. 244 ATH.); vgl. Epit. Phot. 157 p. 210,5–6 ZI.; *patricius*: Anon. ad Theag., Nr. 35, fr. 4, Titel (HEITSCH 1961, 118).

[75] Damasc. *v. Isid.* fr. 258 p. 209,4–16 ZI. (fr. 100A p. 244 ATH.); fr. 261 p. 211, 1–17 ZI. (fr. 100A p. 244 ATH.) mit fr. 262 (= *Epit. Phot.* 276) p. 211, 5–7 ZI. und *Epith. Phot.* 155–156 p. 210,1–4 ZI.; *Epith. Phot.* 157 p. 210, 5–7 ZI. (fr. 100B p. 246 ATH.).

[76] Marin. *VPr.* 29,6–7.

[77] Proklos unterrichtete Hegias als παῖς (Marin. *VPr.* 26,54) bzw. μειράκιον (Damasc. *v. Isid.* fr. *351 p. 285,8 ZI. / fr. 145B p. 318 ATH.). Hegias studierte wohl seit Ende der 470er Jahre an Proklos' Schule. Vgl. zudem WATTS 2006a, 116f. Zur Schulleitung: Damasc. *v. Isid.* Epit. Phot. 221 p. 284,8–9 ZI. (fr. 145A p. 318 ATH.). Zu Hegias (*PLRE* II 528f.) vgl. SAFFREY / WESTERINK 1968, XXXIII f.; SAFFREY 2000a; WATTS 2006a, 116–118.121–125.131; SZABAT 2007, 247, Nr. 97. Das Athener Scholarchat des Hegias um 500 wird in der Forschung vielfach bestritten, so etwa von GLUCKER 1978, 307 Anm. 23; WESTERINK / COMBÈS 1986, XVI; SAFFREY 2000a, 531; Zweifel auch bei SAFFREY / WESTERINK 1968, XXXIII, Anm. 2; TRABATTONI 1985, 192 mit Anm. 55.195.197; LAMBERTON 2001, 452.

die Hegias bereits in jungen Jahren an der Schule des Proklos innehatte. Hegias wurde von Proklos in den Kreis der Schüler aufgenommen und systematisch gefördert. Marinos berichtet, dass der junge Hegias dem alten und gebrechlichen Proklos dabei Kraft zur Exegese der kanonischen Schriften gab. Hegias hörte die Vorlesungen zur Theologie Platons und Lehrvorträge zu den anderen Gotteslehren. Nach dem Kurs zu den Dialogen Platons erlaubte es ihm der Scholarch sogar, an den eigentlich erst für fortgeschrittene Studenten gedachten Vorlesungen zu den *Chaldäischen Orakeln* teilzunehmen.[78]

Was charakterisiert die von Plutarchos neugegründete Lehreinrichtung, die einzige Philosophenschule in Athen im 5. Jahrhundert? Die neue Institution griff die Traditionen der in den Wirren des Ersten Mithridatischen Krieges 86 v. Chr. und der damaligen Spaltung der Schule untergegangenen Akademie auf: Zum einen stellte Platon den zentralen Bezugspunkt in Forschung und Lehre dar. Der „göttliche Platon" galt den Neuplatonikern als der ideelle Gründungsvater der Athener Schule, seine Dialoge verkündeten ihnen die „göttliche Wahrheit".[79] Die Athener Philosophen konstruierten eine ‚goldene Kette' von Platon bis in ihre Periode, eine ununterbrochene Lehrtradition, die von Platon bis Plutarchos und Proklos führte.[80] In einer Vision habe Proklos klar gesehen, dass er zur „Kette des Hermes" (Ἑρμαϊκὴ σειρά) gehöre, die alle Glieder der platonischen Tradition der wahren Lehre verbinde, schreibt Marinos.[81] Auch die späteren Scholarchen Isidoros und Damaskios sahen sich als Teil dieser ‚goldenen Kette' in der Nachfolge des Proklos.[82] Die Athener verstanden damit ihre Exegese der Dialoge Platons als eine ‚orthodoxe' Interpretation, die auch für alle anderen Platoniker verbindlich war. Der Athener Scholarch Proklos feierte die Geburtstage des Sokrates und Pla-

---

[78] Marin. *VPr.* 26,46–55; Damasc. *v. Isid.* fr. *351 p. 285,8–11 ZI. (fr. 145B p. 318 ATH.).

[79] Procl. *Theol. Plat.* 1, 5 I p. 23,22–23.

[80] Zum Bild der ‚goldenen Kette', das auf die *Ilias* (8,19) zurückgeht, bei den Athener Neuplatonikern vgl. bes. Damasc. *v. Isid.* Epit. Phot. 151 p. 206,1–2 ZI. (fr. 98E p. 240 ATH.). Zum Bild der ‚goldenen Kette' in der Philosophie als Metapher für die Diadochoi-Abfolge vgl. GLUCKER 1978, 306–315; FOWDEN 1982, 34; TAORMINA 1989, 165f.

[81] Marin. *VPr.* 28,34–36. Vgl. SAFFREY / WESTERINK 1968, XXI.

[82] Damasc. *v. Isid.* fr. 368 und fr. 369 (= Epith. Phot. 306) p. 297,9–299,9 ZI. (fr. 152 p. 328 ATH.).

tons; an diesen höchsten Feiertagen der Schule hielt er jeweils rhetorisch herausragende Festvorträge zu philosophischen Themen.[83] Auf einer Feier trug er so eine Rede vor, in der er Homer gegen die Angriffe des platonischen Sokrates in der *Politeia* verteidigte.[84]

Zum anderen griff die Neugründung des Plutarchos organisatorisch auf die Strukturen der alten Akademie zurück: Plutarchos begründete erneut eine Abfolge von Diadochoi, die als Scholarchen die Lehrtradition weitergaben und bewahrten. Der διάδοχος war im Gegensatz zur späten Kaiserzeit, in der die Inhaber der kaiserlichen Philosophielehrstühle in Athen diesen Titel führten, nunmehr wieder ein Schulleiter einer privaten Lehrinstitution ohne staatliche Besoldung, der an der Spitze einer Privatschule stand. Dieser Titel ist für Plutarchos' Nachfolger Syrianos (Scholarch von 431/32 bis in die 440er Jahre), Proklos (von den 440er Jahren bis 485), Marinos (485 bis um 490), Isidoros (um 490), Zenodotos (um 490/500) und Damaskios (um 515/20–529/30) bezeugt;[85] aber auch Hegias war wohl um 500 Diadochos an der Schule.[86] Die Diadochoi wurden vom Vorgänger designiert oder von den Schülern gewählt.[87] Die Lehreinrichtung verfügte außerdem mit den διαδοχικά erneut über ein Stiftungskapital, das auf den Privatbesitz des Plutarchos zurückging und wohl auch dessen Privathaus umfasste. Das später durch Testamente und Zuwendungen erweiterte Stiftungskapital, welches unter Proklos Ein-

---

[83] Marin. *VPr.* 23,16–17. Zur *Sokrateia* und *Platoneia* an der Athener Schule vgl. SAFFREY / WESTERINK 1968, XIX f.; SHEPPARD 1980, 30f.; SMITH 2004, 457.

[84] Procl. *in remp.* I p. 69,20–71,17. Zu diesem sechsten Essay des *Politeia*-Kommentars vgl. SHEPPARD 1980, 27–38.

[85] Zu Syrianos: Marin. *VPr.* 12,29–30; vgl. *Suda* Σ 1662 s.v. Συριανός. Zu Proklos: Marin. *VPr.* 12,34–35; *Suda* Σ 1662; διάδοχος auch in einigen Werktiteln des Proklos, so Procl. *in remp.* I p. 1, 2; vgl. auch Ammon. *in de int.* p. 1,8; Simpl. *in de cael.* p. 640,24–25; Ioh. Lyd. *mens.* 4,35. Zu Marinos: Damasc. *v. Isid. Epit. Phot.* 42 p. 66,8 ZI. (fr. 38A p. 120 ATH.); *Epit. Phot.* 141 p. 196,1 ZI. (fr. 97A p. 236 ATH.); Phot. *bibl.* cod. 181 (II p. 192 HENRY = Damasc. *v. Isid.* p. 199,2–3 = p. 319,10–12 ZI.; Test. III p. 340 ATH.); *Suda* M 198 s. v. Μαρῖνος; Π 1794 s. v. Πλούταρχος; Π 2473 s. v. Πρόκλος. Zu Isidoros: Damasc. *v. Isid. Epit. Phot.* 226 p. 292,3–5 ZI. (fr. 148C p. 324 ATH.). Zu Zenodotos: Phot. *bibl.* cod. 181 (II p. 192 HENRY = Damasc. *v. Isid.* p. 111,7 = p. 207,11 = p. 319,13 ZI.; Test. III p. 340 ATH.). Zu Damaskios: διάδοχος in den Werktiteln von *de primis principiis* und des *Parmenides*-Kommentar.

[86] Vgl. Damasc. *v. Isid.* Epith. Phot. 221 p. 284,8–9 ZI. (fr. 145A p. 318 ATH.).

[87] Damasc. *v. Isid.* Epith. Phot. 226 p. 292,3–4 ZI. (fr. 148C p. 324 ATH.).

künfte von mehr als 1000 *solidi* jährlich abwarf, ermöglichte den Gelehrten ein philosophisches Leben in Muße und Stille, wie Damaskios berichtet, also den Unterhalt der Lehrinstitution, kostenfreien Unterricht und wohl auch die punktuelle Förderung der Schüler.[88] Der jüngere Olympiodoros von Alexandreia schrieb um 550/60 in seinem Kommentar zum *Großen Alkibiades*, dass sich die διαδοχικά bis in die Gegenwart erhalten hätten, und dies trotz der vielen Konfiskationen, die nun stattfänden. In der Mitte des 6. Jahrhunderts war das private Diadochenvermögen also noch unangetastet, der kaiserliche *fiscus* hatte noch nicht auf den Besitz der Schule zugegriffen; wer allerdings nach dem Tod des letzten Diadochos Damaskios, der die Schule nach dem Lehrverbot Iustinians für pagane Philosophen im Jahr 529 schließen musste, rechtlich der Besitzer dieses Privatvermögens war, bleibt unbekannt.[89]

Wie die Athener Schulen für Rhetorik und Philosophie im 4. Jahrhundert residierte auch diese neue Lehreinrichtung in einem Privathaus, im Wohnhaus des Plutarchos südlich der Akropolis; der Unterricht fand in Athen also nicht wie noch im Hellenismus in öffentlichen Gymnasien statt.[90] Marinos beschreibt relativ genau die Lage des Gebäudes. Er berichtet von einer Wunderheilung der jüngeren Asklepigeneia, die Proklos durch seine Gebete im Asklepieion am Südhang der Akropolis erzielen konnte.[91] Seine Wundertat habe er aber vor der christlichen ‚Menge' verborgen halten wollen. Dabei habe ihm auch die Lage seines Hauses geholfen, weil es unweit des Tempels des Heilgottes gelegen habe. Dieses Haus sei für Proklos sehr passend gewesen, in ihm habe nämlich Syrianos und Plutarchos gewohnt, es habe nahe dem Asklepieion und dem Dionysion beim Theater gelegen und sei von der Akropolis der Athene aus sichtbar gewesen. Der bedeutendste Vertreter der paganen Kultur und des alten Götterkultes in Athen wohnt somit unter dem Schutz der drei wichtigen

---

[88] Damasc. *v. Isid*. Epith. Phot. 158 p. 212,1–5 ZI. (fr. 102 p. 246 ATH.) und fr. 265 p. 213,8–14 ZI. (fr. 102 p. 246 ATH.). Vgl. auch SAFFREY / WESTERINK 1968, XIV; GLUCKER 1978, 249–255; HOFFMANN 1994, 550.

[89] Olympiod. *in Alc*. 141,1–3. Vgl. WESTERINK 1962, XIII f.; CAMERON 1969, 11f.; GLUCKER 1978, 253 Anm. 99.325f.

[90] Die spätantike Philosophenschule wird in der Forschung generell im Haus des Proklos lokalisiert. Allein CARUSO 2013, 162f.173.194f. bezweifelt, dass der Athener Philosophieunterricht im 4. und frühen 5. Jahrhundert in Privathäusern stattfand.

[91] Marin. *VPr*. 29,5–31.

Götter der Akropolis, Asklepios, Dionysos und Athene. Der christlichen ‚Menge' in der spätantiken Stadt auf der anderen Seite der Akropolis bleiben die Schule und sein wundertätiger Scholarch hingegen durch das schützende Massiv des Burgbergs verborgen.[92]

Diese Verortung des Schulgebäudes in der sakralen Topographie Athens durch Marinos erlaubt eine Lokalisierung des Hauses am Südhang der Akropolis in der Region zwischen dem Odeion des Herodes Attikos und dem Dionysos-Theater; dennoch ist eine eindeutige Identifikation unmöglich. Bei Ausgrabungen wurden 1955 unter der Dionysiou-Areopagitou-Straße die Reste einer spätantiken Villa gefunden,[93] die wohl Ende des 4. Jahrhunderts oder Anfang des 5. Jahrhunderts errichtet und im 5. Jahrhundert von reichen Hellenen bewohnt wurde: Ein sehr kleiner Raum an der östlichen Seite der Aspis war etwa dem Kult der Kybele gewidmet. Der Villenkomplex wird zumeist als das Haus des Plutarchos und des Proklos interpretiert,[94] doch bleibt diese Gleichsetzung Spekulation: Weder der als Unterrichtsraum interpretierte apsidiale Saal noch die hier gefundenen Zeugnisse für eine pagane Götterverehrung sind für das Athen des 5. Jahrhunderts außergewöhnlich; für eine Nutzung als Philosophenschule bietet der archäologische Befund keine klaren Indizien.[95] Das Gebiet südlich der Akropolis war zudem wie der Nordhang des Areopags in der zweiten Hälfte des 4. und in der

---

[92] Marin. VPr. 29,31–39.

[93] Zum Gebäude (das sogenannte Haus X mit dem Saal X) vgl. bes. MILIADIS 1955; FRANTZ 1975, 31f.; dies., 1988, 42–44; KARIVIERI 1994 (mit fig. 11–33); BAUMER 2001, 60–63 (mit Tafel 23–25); ders., 2010, 14–46; CARUSO 2013, 174–183; vgl. auch HOFFMANN 1994, 550–555; DI BRANCO 2006, 152–155.

[94] So bes. MILIADIS 1955, 48f.; FRANTZ 1975, 31f.; dies., 1988, 43; KARIVIERI 1994, 117.130–139; BAUMER 2001, 60.66–68; ebenso beispielsweise ATHANASSIADI 1999, 47 Anm. 90; DILLON 2004, 412 Anm. 32; ders., 2007, 124; DI BRANCO 2006, 155; WATTS 2006a, 81 Anm. 5. CASTRÉN (1999, 218) vermutet die Schule des Proklos dagegen südlich des Dionysos-Theaters. CARUSO 2013, 177–183 fasst alle Argumente, die für und gegen die Identifizierung des Komplexes mit dem Haus des Proklos sprechen, zusammen und meint, dass die Schule auch in einem der Häuser südlich des Dionysos-Theaters an der Makrigianni-Straße gelegen haben könnte.

[95] Keinen Beleg für philosophische Bewohner des Hauses stellt das hier gefundene Inschriftenfragment auf einer Schieferstele aus dem späten 5. Jahrhundert mit dem Wort σοφίην dar (IG II/III² 13338 = LREBIAA 369 = PEEK 1980, 36, Nr. 38; vgl. KARIVIERI 1994, 132 mit fig. 33).

ersten Hälfte des 5. Jahrhunderts bei der Oberschicht Athens sehr beliebt:[96] In diesem Gebiet am Südhang des Burgbergs wurden Reste weiterer spätantiker Stadtvillen gefunden; insbesondere in der Gegend südöstlich des Dionysos-Theaters lagen einige prächtig ausgestattete Häuser. Die gesamte Region südlich der mittleren Dionysiou-Areopagitou-Straße, die ebenfalls zur Beschreibung des Marinos passen würde, ist zudem modern überbaut; ob sich hier weitere spätantike Villen befanden, ist daher unbekannt.[97] Weitere Schlussfolgerungen aus dem als ,Haus des Proklos' benannten Komplex erübrigen sich somit.

Das alte Gelände der Akademie vor den Toren der Stadt war für die Platoniker kein Lehrort mehr, es blieb aber ein wichtiger Gedächtnisort: Proklos besuchte einmal im Jahr das Akademie-Gelände. An einem bestimmten Tag des Jahres sei Proklos in die Akademie gegangen und habe an drei festgelegten Plätzen Opferungen für die Seelen seiner Vorfahren und Verwandten, für die aller Philosophen und schließlich für die aller verstorbenen Menschen durchgeführt, berichtet Marinos.[98] Auf dem Gelände der Akademie gab es also in der Mitte des 5. Jahrhunderts drei Kultplätze mit Altären, an denen entsprechende Totenopfer durchgeführt werden konnten. Den dritten Kultplatz hatte Proklos eingerichtet. In der Akademie lag außerdem das Grab Platons, das auch in der Spätantike noch bezeugt ist.[99] Vielleicht führte Proklos an diesem Grab das von Marinos erwähnte zweite Opfer, das gemeinsame Trankopfer „für die Seelen aller Philosophierenden" durch.[100] Wahrscheinlich befand sich Platons Garten an der Akademie im 5. Jahrhundert im Besitz der Schule. Plutarchos, Syrianos oder Proklos hatten vermutlich Teile des abgelegenen Akademie-Gelände erworben, um hier die kultische Verehrung des Schulgründers und die Totenopfer trotz kaiserlicher Verbote ungestört durchführen zu können. Die teilweise Verpachtung dieses Geländes brachte allerdings nur geringe Einkünfte, wie Damaskios notiert.[101]

---

[96] Vgl. KARIVIERI 1994, 139; CARUSO 2013, 181–183.
[97] Vgl. CARUSO 2013, 144f.181–183.
[98] Marin. VPr. 36,15–23. Vgl. CARUSO 2013, 188–190.
[99] Zu Platons Grab in der Akademie: Diog. Laert. 3,41; 43–44; Paus. 1,30,3; Lib. or. 18,306; vgl. auch Anon. Proleg. in Plat. phil. 6,9; GLUCKER 1978, 245; BILLOT 1989, 786f.; CARUSO 2013, 63.206.
[100] Marin. VPr. 36,18–20.
[101] GLUCKER 1978, 154.158.248–255.328 lehnt dagegen jede Verbindung

Neben der Akademie führt Marinos weitere philosophische Gedächtnisorte der spätantiken Platoniker und wichtige Kultplätze der hellenischen Gelehrten in Athen an: Marinos erwähnt so ein Heiligtum des Sokrates auf dem Weg vom Peiraieus nach Athen, also vor den Toren der Stadtmauer aus der klassischen Periode. In diesem ἱερὸν χωρίον befanden sich eine Quelle und unweit davon eine Stele des Sokrates. Der ermattete Proklos habe unweit des Heiligtums am Tag seiner Ankunft in Attika Rast gemacht; aus der Quelle des Sokrateion habe er das erste attische Wasser getrunken und sodann dem Sokrates geopfert, nachdem sein Begleiter Nikolaos ihm erklärt habe, um was für einen Ort es sich handele. Die Lage des sonst in den antiken Quellen nicht erwähnten Kultorts ist ungewiss. Auch bleibt unbekannt, wann und wieso das Heiligtum entstand, an dem man Sokrates Opferungen darbrachte. Möglich, aber letztlich hypothetisch bleibt die Überlegung, dass sich an diesem Ort das Grab des Sokrates befand.[102]

Von großer Bedeutung für die Philosophen am Südhang der Akropolis waren auch der Athena-Tempel auf dem Burgberg und das Heiligtum des Asklepios am Südhang. Der Heilgott Asklepios konnte an der Akropolis noch bis in die Mitte des 5. Jahrhunderts verehrt werden:[103] Der kranke Plutarchos erhielt von Asklepios ein Orakel und vernahm in einem Heilschlaf im Tempel die Stimme des Gottes.[104] Proklos heilte die Tochter seines Freundes Archiadas mit Hilfe des Gottes Asklepios, den er in seinem Tem-

---

zwischen den διαδοχικά und dem Besitz Platons ab. Dass das Gebiet der Akademie im 5. Jahrhundert nicht zum Besitz der platonischen Schule gehörte, meinen auch HOFFMANN 1994, 550; CARUSO 2013, 189.

[102] Marin. *VPr.* 10,23–37. In der Forschung nimmt man zumeist an, dass an der von Marinos beschriebenen Stelle das Grab des Sokrates lag, so etwa JUDEICH 1905, 357; NOË 1938, 43 Anm. 23; MARCHIANDI 2006, 113–119 (mit weitgehend hypothetischen Überlegungen zur Lage der Stätte). Zuweilen wird in der Forschung lediglich von einem Kultplatz des Sokrates gesprochen, so etwa TROMBLEY 1993/94, Bd. 1, 312; SMITH 2004, 457. DI BRANCO 2006, 138–140 nimmt an, dass das Σωκρατεῖον erst in der Spätantike im Zuge der kultischen Verehrung des Sokrates an den Philosophenschulen entstand.

[103] Marin. *VPr.* 29,19–21; Damasc. *v. Isid.* fr. 218 p. 183,8–185,4 ZI. (fr. 89A p. 222/224 ATH.). Zum Asklepieion am Südhang der Akropolis allgemein vgl. ALESHIRE 1989; RIETHMÜLLER 2005, Bd. 1, 241–278 (S. 251 zum 5. Jahrhundert).

[104] Damasc. *v. Isid.* fr. 218 p. 183,8–185,4 ZI. (fr. 89A p. 222/224 ATH.). Vgl. TAORMINA 1989, 159; TROMBLEY 1993/94, Bd. 1, 323.

pel aufsuchte.¹⁰⁵ Marinos bemerkt in diesem Zusammenhang aber auch, dass damals das Asklepieion noch unzerstört gewesen sei;¹⁰⁶ im Jahr 486 war der Asklepios-Tempel an der Akropolis also offenkundig bereits zerstört; wahrscheinlich verwüsteten ihn christliche Gruppen im dritten Viertel des 5. Jahrhunderts. Die Ruinen des Heiligtums baute man Ende des Jahrhunderts in eine christliche Basilika um; der Heilkult wurde auf dem Gelände aber auch von den Christen fortgeführt.¹⁰⁷

Ein besonderes Verhältnis hatte Proklos, wie erwähnt, zur philosophischen Schutzgöttin Athene: Proklos habe bereits am Tag seiner Ankunft in Athen ihren Tempel besucht; am Eingangstor zur Akropolis habe ihn den Türhüter, der bereits das Tor habe verschließen wollen, mit den Worten begrüßt: „Wahrhaft, wenn du nicht gekommen wärst, hätte ich geschlossen!" Proklos wird so von Marinos zum Bewahrer des alten Götterglaubens und der philosophischen Weisheit in Athen stilisiert.¹⁰⁸ Auch in diesem Fall muss Marinos allerdings das Ende des alten Kults konstatieren: Er berichtet von einem Traum des Proklos, in dem ihm eine schöne Frau erschienen sei, die ihn darüber informiert habe, dass die Herrin Athene bei ihm einziehen wolle.¹⁰⁹ Zuvor hätten jene, „die selbst das Unbewegliche fortbewegen" – eine Anspielung auf gewaltsame Christen – das Bildnis der Athena aus dem Parthenon-Tempel entfernt. Einige Jahre vor dem Tod des Proklos 485 wurde also der Parthenon-Tempel geschlossen und das Bildnis der Athene fortgeschafft.¹¹⁰ Im 6. Jahrhundert richteten die Christen im Parthenon-Tempel dann eine Kirche ein.¹¹¹ Die philosophische Göttin konnte nunmehr nur noch im privaten Rahmen der Schule verehrt werden. Marinos konstatiert damit zugleich eine grundlegende Veränderung in der religionspolitischen Situa-

---

¹⁰⁵ Marin. *VPr.* 29,4–39.
¹⁰⁶ Marin. *VPr.* 29,19–21.
¹⁰⁷ Vgl. KARIVIERI 1995; DI BRANCO 2006, 151f. 191; vgl. ferner FRANTZ 1965, 194f.; dies., 1988, 70f.92; ALESHIRE 1989, 19; TROMBLEY 1993/94, Bd. 1, 87.292.323.342–344.
¹⁰⁸ Marin. *VPr.* 10,37–44. Vgl. DI BRANCO 2006, 140.
¹⁰⁹ Marin. *VPr.* 30,4–11.
¹¹⁰ Marin. *VPr.* 30,6–7 (ὑπὸ τῶν καὶ τὰ ἀκίνητα κινούντων μετεφέρετο). Vgl. FRANTZ 1965, 200; SAFFREY / WESTERINK 1968, XXII f.; TROMBLEY 1993/94, Bd. 1, 310f.; DI BRANCO 2006, 155. 191; WATTS 2006a, 85f.
¹¹¹ Vgl. FRANTZ 1988, 92; anders DI BRANCO 2006, 191 (Umwandlung unter Zenon).

tion in Athen: Während in der ersten Hälfte des 5. Jahrhunderts die Stadt noch von hellenisch gesinnten Magnaten und paganen Gelehrten politisch dominiert worden war, übernahmen ab der Mitte des Jahrhunderts christliche Gruppen und der Bischof zunehmend die Kontrolle in der alten Bildungsmetropole und begannen, die Sakrallandschaft nach ihren Vorstellungen umzugestalten; der öffentliche pagane Kultbetrieb wurde eingestellt, die Philosophen rückten damit mehr und mehr an den Rand der Gesellschaft.

Was erfahren wir über den Unterrichtsbetrieb an der Athener Philosophenschule? Die Schule des Plutarchos mit ihrem innovativen Lehrangebot und ihrer Konzentration auf die neuplatonische Exegese in der Tradition Iamblichs zog am Beginn des 5. Jahrhunderts offenbar schnell Schüler aus dem ganzen Osten nach Athen. Wie an den spätantiken Schulen üblich, gab es auch an der Athener Lehreinrichtung eine kleine Gruppe von Assistenten des Lehrers und Schülern (ἑταῖροι), die in einer Lebensgemeinschaft mit dem Scholarchen lebten und oft über mehrere Jahrzehnte der Schule treu blieben, sowie eine größere Gruppe von Hörern, die nur gelegentlich die Vorlesungen besuchten. Solche Hörer waren in Athen vor allem die Studenten an den Rhetorikschulen und die Sophisten wie Lachares, aber auch bildungsbeflissene Bürger aus der Oberschicht der Stadt. Um den Philosophen Plutarchos versammelte sich ein noch sehr kleiner Kreis von ἑταῖροι, der zweifellos kaum mehr als zehn Studenten umfasste. Die schnell wachsende Attraktivität der Schule zeigt sich aber daran, dass Plutarchos bereits Schüler aus Syrien, aus Kleinasien und vor allem auch aus der anderen Bildungsmetropole Alexandreia nach Athen ziehen konnte: Zu seinem engeren Schülerkreis gehörten Syrianos aus Alexandreia,[112] der wohl kurz nach 400 nach Athen kam und in den letzten Lebensjahren des Plutarchos, in denen dieser alt und schwerkrank war, bereits als „erster Philosoph" den Unterricht durchführte,[113] sodann Hierokles von Alexandreia,[114] die Syrer Odainathos und Domninos, der unter Syria-

---

[112] Zum Leben des Syrianos (*PLRE* II 1051, Nr. 3) vgl. PRAECHTER 1932; LONGO 2005, 59–82; 2010c, 616f.; SZABAT 2007, 312, Nr. 277; vgl. außerdem SAFFREY / WESTERINK 1968, XIII–XIX; DI BRANCO 2006, 130f.; WATTS 2006a, 96–100.

[113] Procl. *in remp.* II p. 64,6–8; *Suda* Π 1794 s. v. Πλούταρχος; vgl. auch Marin. *VPr.* 11,3–4; 12,1–3. Vgl. TAORMINA 1989, 50f.

[114] Phot. *bibl.* cod. 214 (III p. 129–130 HENRY).

nos eine herausgehobene Stellung an der Schule erhalten sollte,[115] und schließlich Proklos. Als der junge Lykier im Jahr 429/30 sein Studium in Athen aufnahm, wurde er an der Schule von Syrianos empfangen, der ihn jedoch zum alten und kranken Plutarchos führte. Dass ein neuer Schüler zum kaum noch lehrenden Plutarchos gebracht wurde, stellte offenbar eher eine Ausnahme dar. Als Plutarchos von der Begeisterung des jungen Mannes für die Philosophie hörte, nahm er ihn trotz seines Alters, das ihm kaum noch regulären Unterricht gestattete, als Schüler an. Proklos studierte mit ihm in dessen letzten beiden Lebensjahren die aristotelische *Seelenschrift* und Platons *Phaidon*. Marinos betont den eher privaten Charakter dieses Unterrichts, der auf ein inniges Verhältnis des Plutarchos zu Proklos deutet.[116] Marinos berichtet zudem, dass Proklos von Plutarchos in dessen Haus aufgenommen worden sei; der Scholarch habe den Schüler zudem als „Sohn" bezeichnet.[117] Kurz bevor Plutarchos 431/32 verstarb, übergab er seinen Schüler Proklos und seinen Enkel Archiadas in die Obhut des Diadochos Syrianos.[118]

Im Jahr 431/32 übernahm Syrianos von Alexandreia, der Sohn des Philoxenos, schließlich als neuer Scholarch die Leitung der Schule. Unter ihm erhielt Proklos eine systematische Ausbildung; hier ist zum ersten Mal auch der neuplatonische Studienplan an der Athener Schule in den Quellen fassbar.[119] Das durchstrukturierte Athener Curriculum mit einem festgelegten Lektürekanon, der sich auf Iamblich zurückführen lässt und in Athen von Syrianos und Proklos weiter ausgestaltet wurde, umfasste nach einer propädeutischen Phase die Lektüre und Exegese der kanonischen Schriften des Aristoteles und des Platon im ‚Grundstudium' sowie die Exegese der ‚heiligen Texte' wie der *Chaldäischen Orakel* und die vertiefende Erörterung systematischer Fragen an Hand philosophischer Texte im ‚Hauptstudium'; das Studium bestand also

---

[115] Zu Odainathos (*PLRE* II 790): Damasc. *v. Isid.* fr. *142 p. 123,2–125,6 ZI. (fr. 65 p. 174 ATH.). Vgl. SAFFREY / WESTERINK 1968, XIII; TAORMINA 1989, 50f.; SZABAT 2007, 280, Nr. 191; Domninos: Damasc. *v. Isid.* fr. 218 p. 183,8 – 185,8 ZI. (fr. 89A p. 222/224 ATH.) mit *Epit. Phot.* 134 p. 182,1–2 ZI. Zu Domninos s.u.
[116] Marin. *VPr.* 12,1–11.26–29. Vgl. BEUTLER 1951, 962; TAORMINA 1989, 51. 155; DILLON 2004, 412; WATTS 2006a, 97f.
[117] Marin. *VPr.* 12,15–27.
[118] Marin. *VPr.* 12,26–31.
[119] Zum Athener Curriculum vgl. nur HOFFMANN 1998, 211–228; ders., 2006.

vor allem aus der Exegese und der (oft allegorischen) Erläuterung kanonischer Schriften, in der die eine, göttliche Wahrheit hinter allen Texten aufgezeigt werden sollte. Der Studiengang diente dabei der Erkenntnis des Göttlichen, verfolgte aber auch ein religiös-soteriologisches Ziel, die Befreiung der Seele und die Angleichung an den Gott (ὁμοίωσις θεῷ).[120] So habe Proklos die Theologien der Griechen und der Barbaren sowie diejenige, die sich hinter einer mythologischen Gestaltung verberge, erläutert und zur Übereinstimmung gebracht, berichtet Marinos.[121] Die einzelnen Studienmomente führten zu einer immer tieferen Wahrheit, waren daher hierarchisch angeordnet und konnten nur in der festgelegten Reihenfolge absolviert werden. Auf bereits besprochene Punkte wurde zurückverwiesen, sie wurden aber nicht erneut erörtert, die Kenntnis der bereits interpretierten Schriften setzte der Lehrer voraus. Das Niveau der Ausdeutung der einzelnen Schriften des Studienplans orientierte sich zudem am jeweiligen Kenntnisstand der Schüler.

In der Propädeutik lasen und interpretierten die Studenten eine ethische Einführung wie das pythagoreische *Goldene Gedicht* oder Epiktets *Encheiridion*, um so die Reinigung der Seele zu bewirken und diese auf die Aufnahme der wissenschaftlichen Erkenntnisse vorzubereiten. Die nun folgenden exegetischen Lehrveranstaltungen zu Aristoteles und Platon sind in der aus den Vorlesungsmanuskripten entstandenen neuplatonischen Kommentartradition des 5. und 6. Jahrhunderts aus Athen und Alexandreia fassbar, die sowohl Mitschriften der Vorlesungen durch die Schüler ἀπὸ φωνῆς als auch vom Scholarchen überarbeitete und herausgegebene Vorlesungsmanuskripte bewahrt. Die Platon-Kommentare des Proklos und die Aristoteles-Kommentare des Ammonios Hermeiou, der in seinen Vorlesungen auf seine Mitschriften bei Proklos in Athen zurückgriff, vermitteln so einen guten Eindruck vom Aufbau dieser Lehrveranstaltungen.[122]

In Athen begann man das eigentliche exegetische Studium mit Aristoteles. Marinos stellt den Lektürekanon an der Schule vor: Nicht ganz zwei Studienjahre lang las Syrianos mit den Studenten

---

[120] Marin. *VPr.* 18,5–11 (8–9: τὴν ὁμοίωσιν ἔχῃ πρὸς τὸν θεόν, ὅπερ τέλος ἐστὶ τὸ ἄριστον τῆς ψυχῆς).

[121] Marin. *VPr.* 22,15–21. Vgl. SAFFREY / SEGONDS / LUNA 2001, 139 Anm. 5.

[122] Zu den neuplatonischen Kommentaren ἀπὸ φωνῆς vgl. bes. RICHARD 1950.

zuerst die Schriften des Aristoteles. Die Pragmatien studierte man in der kanonischen Reihenfolge von der Logik über die Ethik, die Politik, die Physik bis zur Theologie bzw. Metaphysik. Diese galten als die „kleinen Mysterien", als Propädeutik für die ‚göttlichen' Lehren Platons.[123] Das Logikstudium begann dabei mit der Lektüre der *Eisagoge* des Porphyrios, zu der sich einige spätantike Kommentare erhalten haben.[124] Nach dem Studium des Aristoteles folgte die systematische Exegese der Dialoge Platons. Marinos führt keine Reihenfolge an, in der Proklos Platons Dialoge bei Syrianos las, sagt aber, dass die Lektüre „nach der Ordnung" erfolgte. Es wurde also an der Athener Schule wohl Iamblichs Lektürekanon übernommen: Er bestand aus einem Einführungskurs mit dem *Großen Alkibiades, Gorgias, Phaidon, Kratylos, Theaitetos, Sophistes, Politikos, Phaidros, Symposion* und *Philebos* sowie einem vertiefenden, zweiten Zyklus aus *Timaios* und *Parmenides*. Für Marinos war dieser Kanon eine Einführung in die „Mysterien" und „göttlichen Geheimlehren", eine Mystagogie und heilige Initiation.[125] Vorangestellt war diesem Zyklus eine einleitende Vorlesung in Werk und Philosophie Platons, die noch in den aus dem alexandrinischen Lehrbetrieb der zweiten Hälfte des 6. Jahrhunderts stammenden *Prolegomena zur platonischen Philosophie* fassbar ist, welche wohl auf einer entsprechenden Lehrveranstaltung des Proklos fußen.[126]

Nach dem Studium dieser kanonischen Schriften folgte schließlich als höchste Stufe des Unterrichts für den engeren Kreis der herausragenden Studenten eine Einführung in die theurgischen ‚Geheimwissenschaften' und in die ‚heiligen Schriften' der neuplatonischen Theologie, die die Götterhierarchie und den Weg zur Erlösung der Seele vorstellte. Gelesen und interpretiert wurden in diesen ‚Oberseminaren' die *Orphischen Gesänge* und die *Chaldäischen Orakel*. Syrianos' Studenten Domninos und Proklos nahmen an den ausführlichen Vorlesungen zu beiden ‚heiligen Texten' jedoch nicht mehr teil, da der Scholarch verstarb, bevor beide die

---

[123] Marin. *VPr.* 13,1–6; vgl. Simpl. *in Cat.* p. 6,15–18. Vgl. HOFFMANN 1998, 212; ders., 2006, 605f.

[124] Vgl. BUSSE 1892; C. WILDBERG, „Three Neoplatonic Introductions to Philosophy. Ammonius, David and Elias", *Hermathena* 149 (1990) 33–51.

[125] Marin. *VPr.* 13,6–10. Auch Proklos (*Theol. Plat.* 1,1 I p. 5,16–6,7; *in remp.* I p. 80,20–23 u. a.) vergleicht die Einführung in die Philosophie Platons mit einer μυσταγωγία.

[126] WESTERINK 1962 (vgl. WESTERINK / TROUILLARD 1990).

Vorlesungen hören konnten.[127] Elementarkenntnisse zu den *Chaldäischen Orakeln* und den *Orphischen Gesängen* hatte Proklos aber bereits in den früheren Veranstaltungen bei Syrianos erworben: Proklos habe von Syrianos die „Grundzüge und gleichsam Samenkörner der Orphischen und Chaldäischen Theologie" vermittelt bekommen, berichtet Marinos.[128] Zweifellos wurde der engere Schülerkreis auch mit der paganen Göttervielfalt und den theurgischen Techniken vertraut gemacht; den Studenten vermittelte Proklos hier wohl außerdem die theurgischen Praktiken und den Umgang mit den Gerätschaften, die etwa zur Erzeugung von Regen, zum Beruhigen von Erdbeben oder zur Beschwörung einer Epiphanie der Hekate dienten.[129]

Im Hauptstudium erörterten die Lehrer mit ihren Schülern aber auch systematische Fragen des Platonismus, deren Diskussion ebenfalls an Klassikertexte angebunden wurde. Die unter dem Titel eines Kommentars zur *Politeia* zusammengefassten Vorlesungen des Proklos verdeutlichen, wie in den ‚Oberseminaren' die Platon-Exegese mit der systematischen Diskussion einer Frage verbunden wurde. Auch seine auf eine Vorlesungsreihe zurückgehende systematische Schrift zur *Platonischen Theologie* verstand Proklos als Interpretation der Dialoge Platons, nicht als originäres, neuplatonisches Weltmodell. An der Athener Schule des 5. Jahrhunderts gab es außerdem einführende Kurse in Mathematik, Arithmetik, Geometrie und Astronomie.[130] Auch hier wurden die kanonischen Schriften des Euklid, Ptolemaios und Nikomachos im Unterricht interpretiert und entsprechende Kommentare publiziert. Marinos bezeugt das besondere Verhältnis des Proklos zum Mathematiker Nikomachos: Der Diadochos habe sich als Reinkarnation des Mathematikers gesehen.[131] Syrianos verfasste zudem philologische und rhetorische Schriften, die Sprachwissenschaften dürften also auch in seinem Unterricht eine gewisse

---

[127] Marin. *VPr.* 26,1–14. Vgl. ferner Procl. *in Tim.* I p. 315, 1–2; Damasc. *v. Isid.* fr. *351 p. 285,9–10 ZI. (fr. 145B p. 318 ATH.). Zu dieser höchsten Stufe des Studiums vgl. HOFFMANN 1998, 213; ders., 2006, 606f.

[128] Marin. *VPr.* 26,3–4. 14–15.

[129] Proklos wandte diese theurgischen Praktiken an, Marin. *VPr.* 28,15–24.

[130] Phot. *bibl.* cod. 181 (II p. 192 Henry = Damasc. *v. Isid.* p. 199, 2–3 = p. 319,10–12 ZI. / Test. III p. 338/340 ATH.); vgl. auch Damasc. *v. Isid.* fr. 227 p. 191,4–5 ZI. (fr. 89A p. 222 ATH.).

[131] Marin. *VPr.* 28,35–36.

Rolle gespielt haben, während sich sein Nachfolger Proklos entschieden von der Rhetorik abwandte.[132] Unter den Schülern des Syrianos ragt vor allem Proklos heraus, der vom Scholarchen aus Alexandreia in seinem Denken entscheidend geprägt wurde: Für Proklos war Plutarchos sein „philosophischer Großvater" und Syrianos sein „philosophischer Vater", diese Charakterisierungen finden sich sowohl in den Kommentaren des Proklos als auch in Marinos' Vita.[133] In seinen Kommentaren kommt Proklos immer wieder auf die Position des Syrianos zurück. In der *Theologia Platonica* charakterisiert er seinen Lehrer als den nach den Göttern ersten Führer zum Schönen und Guten, der ihn mit Platons Philosophie und der späteren Tradition vertraut gemacht und in den Chor, der die mystische Wahrheit des Göttlichen singt, eingeführt habe. Syrianos sei ein wahrer Theologe und „Freund Platons".[134] Die Autoren der späteren neuplatonischen Kommentare verweisen immer wieder auf das Philosophenpaar Syrianos und Proklos, der Schüler stimme in vielen Punkten mit dem Lehrer überein; Damaskios und der jüngere Olympiodoros führen etwa die Position der beiden Denker an, ohne sie zu unterscheiden.[135] Der Scholarch Syrianos förderte den jungen Proklos in jeder Hinsicht, ließ ihn in seinem Haus wohnen und teilte mit ihm die Gemeinschaft des philosophischen Lebens.[136]

Zu Syrianos' Schülerkreis gehörte zudem Hermeias von Alexandreia, dessen *Phaidros*-Kommentar auf Mitschriften aus der entsprechenden Vorlesungsreihe des Scholarchen basiert[137] und dem Syrianos seine Verwandte Aidesia zur Frau gab, nachdem Proklos ein entsprechendes Angebot abgelehnt hatte. Ein bedeu-

---

[132] Marin. VPr. 11,1–2.

[133] Zu Plutarchos: Procl. *in Parm.* col. 1058,22; Syrianos: Procl. *in remp.* II p. 318,4; *in Parm.* col. 1142,11; *in Tim.* II p. 253,31; III p. 35,25–26; Marin. VPr. 29,34–35.

[134] Procl. *Theol. Plat.* 1,1 I p. 7,1–8. Zu Proklos' Lob des Syrianos in den Proömien des *Parmenides*-Kommentars und der *Theologia Platonica* vgl. LONGO 2010a.

[135] Vgl. etwa Damasc. *in Phil.* 33,5; *in Phaed.* I 239, 3; Olympiod. *in Phaed.* 9,2; 9,5; 10,3.

[136] Marin. VPr. 12,31–36.

[137] Hermeias spricht als Ich-Erzähler an verschiedenen Stellen in seinem Kommentar, vgl. *in Phaedr.* p. 25,27–29; 154,18–20; 161,13–15; 176,22 LUCARINI / MORESCHINI; BERNARD 1997, 1f.

tender Student des Syrianos war außerdem der Syrer Domninos, der laut Damaskios „aus Laodikeia und Larissa" stammte.[138] Proklos und der vor allem an Arithmetik interessierte Domninos waren am Ende des Scholarchats des Syrianos die wichtigsten Schüler in Athen; beide trugen auch schulinterne Auseinandersetzungen aus; so habe Proklos gegen die Verdrehungen der Lehren Platons durch Domninos eine eigene Schrift verfasst, wie Damaskios berichtet.[139] Domninos' Leistungen auf dem Gebiet der Philosophie standen in den Augen des Syrianos aber wohl hinter denen des Proklos zurück, als Nachfolger wurde von ihm jedenfalls der Lykier designiert. In einer problematischen Notiz bezeichnet Marinos Domninos allerdings als „aus Syrien stammenden Philosophen und Diadochos",[140] die Passage beruht aber wohl auf einer Entstellung des ursprünglichen Textes der Vita. Im gesamten Enkomion wird Proklos als Diadochos des Syrianos charakterisiert; Marinos betont, dass Syrianos Proklos als seinen Nachfolger angesehen habe.[141] Auch Proklos stilisiert sich in seinen Schriften als Nachfolger des Syrianos; im Grabepigramm, das Proklos für sich und seinen Lehrer dichtete, heißt es, Syrianos habe ihn in Athen als „Nachfolger seiner Lehre" erzogen.[142] Überlegungen in der Forschung, nach denen Domninos für kurze Zeit die Schulleitung übernommen habe[143] oder ein stellvertretender Diadochos in

---

[138] Damasc. v. Isid. fr. 227 p. 191,2–3 ZI. (fr. 89A p. 222 ATH.); Syrer auch nach Marin. VPr. 26,7–8; Damasc. v. Isid. fr. 218 p. 183,9 ZI. (fr. 89A p. 222 ATH.). Zu Domninos (PLRE II 373, Nr. 4) vgl. SEGONDS 1994; ROMANO 2000; RIEDLBERGER 2013, 43–64; vgl. ferner SAFFREY / WESTERINK 1968, XVII f.; O'MEARA 1989, 143–145; SZABAT 2007, 236, Nr. 63.

[139] Damasc. v. Isid. fr. 227 p. 191, 5–8 ZI. (fr. 89A p. 222 ATH.). Zum verlorenen Traktat πραγματεία καθαρτικὴ τῶν δογμάτων τοῦ Πλάτωνος des Proklos vgl. ROSÁN 1949, 42, Nr. 19; BEUTLER 1957, 197, Nr. 16; LUNA / SEGONDS / ENDRESS 2012, 1597, Nr. 24. Zum Konflikt zwischen Proklos und Domninos vgl. RIEDLBERGER 2013, 48–50.

[140] Marin. VPr. 26,7–14 (7–8: τῷ ἐκ τῆς Συρίας φιλοσόφῳ καὶ διαδόχῳ Δομνίνῳ).

[141] Marin. VPr. 12,34–35. Vgl. SAFFREY / SEGONDS /LUNA 2001, 107, Anm. 12.

[142] Marin. VPr. 36,39 (= Anth. Pal. 7,341). Vgl. SAFFREY / SEGONDS /LUNA 2001, 178 Anm. 1.

[143] Von einem kurzen Scholarchat des Domninos nach dem Tod des Syrianos sprechen beispielsweise K. PRAECHTER (Hrsg.), Die Philosophie des Altertums. Friedrich Ueberwegs Grundriß der Geschichte der Philosophie 1 (12. Aufl., Berlin 1926) 625 mit Anm. 1. 666; ders., 1932, 1729; ROSÁN 1949, 12f. 42;

Athen gewesen sei,[144] entbehren jeder Grundlage.[145] Nachdem Proklos die Nachfolge des Syrianos angetreten hatte, verließ Domninos offenbar Athen und ging zurück nach Syrien, wo er in Laodikeia eine Schule eröffnete.[146] Syrianos verstarb in den 440er Jahren und fand sein Grab am Rande eines östlichen Vororts Athens am Lykabettos-Hügel; auf Wunsch des Syrianos wurde ein Doppelgrab eingerichtet, in dem im Jahr 485 auch sein Schüler Proklos beerdigt wurde.[147] Eine im Jahr 1997 gefundene metrische Inschrift für Syrianos auf einer Marmorrundbasis stammt wahrscheinlich von dieser Grabstätte am Lykabettos.[148] Proklos übernahm nun eine gefestigte Lehrinstitution, die auf sicheren finanziellen Füßen stand und sich als maßgebliche philosophische Lehrautorität etabliert hatte.

4. Der Scholarch Proklos

Proklos prägte in seinem langen Scholarchat von den 440er Jahren bis 485 das philosophische Leben in der zweiten Hälfte des 5. Jahrhunderts sowohl in Athen als auch in Alexandreia. Seine Kommentare waren Grundlage des späteren Unterrichts in beiden Bildungsmetropolen, seine Autorität in Lehrfragen war unangefochten, seine zahlreichen Schüler lehrten Ende des 5. Jahrhunderts in Athen, Alexandreia und Konstantinopel. Sie verehrten den Lehrer und Asketen aus Lykien als einen ‚göttlichen Mann', für Marinos erzielte er die Vollendung aller Tugenden.[149]

BEUTLER 1957, 188; ROMANO 2000, 22f.; DI BRANCO 2006, 162; KLITENIC WEAR 2011, 3.

[144] Ein kurzes gemeinsames Scholarchat des Proklos und des Domninos nach Syrianos' Tod erwägt GLUCKER 1978, 155 Anm. 122. Für ihn war Domninos der Inhaber des „,second chair'" bereits unter Syrianos und dann unter Proklos; ähnlich DILLON 2004, 415; WATTS 2006a, 100, Anm. 103.112f.

[145] Vgl. SAFFREY / WESTERINK 1968, XVII f.; O'MEARA 1989, 144; RIEDLBERGER 2013, 59f.

[146] Damasc. v. Isid. fr. *221 p. 185,18–20 ZI. (fr. 90D p. 226 ATH.). Vgl. dagegen RIEDLBERGER 2013, 56 mit Anm. 142.

[147] Marin. VPr. 36,26–30.

[148] IG II/III² 13451 (= SEG 51, 298; vgl. Bull. ép. 2006, 533 = SEG 55, 323 = OBRYK 2012, 143–146, Nr. E 12; Bull. ép. 2007, 278). Zum Epigramm vgl. AGOSTI 2008, 104–109. 112f.; STAAB 2014.

[149] Vgl. auch Ammon. in de int. p. 1,8 (τοῦ θείου ἡμῶν διδασκάλου Πρόκλου τοῦ Πλατωνικοῦ διαδόχου).

In der Ausgestaltung des Idealbildes eines Scholarchen überliefert Marinos zahlreiche Details aus dem Schulbetrieb des Proklos, so dass wir über kaum einen Philosophielehrer der Spätantike so gut wie über ihn informiert sind. Marinos stellt den Tagesablauf des Philosophen dar, dessen grenzenloser Arbeitseifer herausgestrichen werden soll:[150] Proklos habe an einem Tag fünf πράξεις abgehalten, manchmal auch mehr; außerdem habe er täglich um die 700 Zeilen geschrieben.[151] Sodann sei er mit anderen Philosophen zusammengekommen und habe „nichtschriftliche" Abendveranstaltungen (ἄγραφοι συνουσίαι) abgehalten; und dies alles nach fast schlaflos mit Gottesverehrung verbrachten Nächten. Die Sonne habe er zum Aufgang, zum mittäglichen Hochstand und zum Untergang verehrt.[152]

Marinos' Bericht zeigt einen festgefügten Tagesablauf des Scholarchen auf, der durch Götterkult und Lehrveranstaltungen strukturiert wurde. Nach dem Gebet zum Sonnenaufgang führte Proklos fünf exegetische πράξεις zu den kanonischen Texten durch. Der Begriff πρᾶξις, der in neuplatonischen Kommentaren einen Abschnitt umfasst, bezeichnet eine exegetische Vorlesung, einen Vortrag nach einem Manuskript. Die πρᾶξις führte in einen Text ein oder erläuterte einen bestimmten Abschnitt aus einer kanonischen Schrift; sie konnte je nach Bedeutung der Passage unterschiedliche Länge haben, dauerte aber ungefähr eine Stunde. Proklos hielt also täglich mindestens fünf Vorlesungen, die wohl den gesamten Vormittag ausfüllten.[153] Nach dem Mittagsgebet fand Proklos nachmittags Zeit für seine persönlichen Studien und die Niederschrift seiner Werke und Vorlesungsmanuskripte. Danach folgten Zusammenkünfte mit „anderen Philosophen"; hier ist wohl an organisatorische Gespräche und philosophische Disputationen mit dem engeren Kreis der Schüler zu denken.[154] Am Abend fanden dann „nichtschriftliche Zusammenkünfte" statt. Hier wurden wahrscheinlich philosophische Diskussionen zwischen dem Lehrer und den Schülern ohne Textgrundlage durch-

---

[150] Marin. VPr. 22,29–37. Zum Tagesablauf des Proklos vgl. bes. SCHISSEL 1926; SAFFREY 1987, XIX f.

[151] Marin. VPr. 22,29–32. Laut SCHISSEL 1926, 267f. schrieb Proklos damit in fünf Tagen ein Buch.

[152] Marin. VPr. 22,32–37.

[153] DILLON 2004, 414 Anm. 39 nimmt an, dass eine πρᾶξις ungefähr eine Stunde dauerte.

[154] Vgl. auch Marin. VPr. 3,23–24.

geführt; der Lehrer hielt also keinen in schriftlicher Form vorbereiteten exegetischen oder systematischen Vortrag, es gab mithin kein Vorlesungsmanuskript, und die Schüler schrieben auch nichts mit. Dieser Veranstaltungstyp diente somit dem Gespräch und der dialektischen Erörterung mit Frage und Antwort sowie der Vertiefung des Stoffes, die ἄγραφοι συνουσίαι können also mit einem modernen Seminar verglichen werden.[155] Nach dem Gebet zum Sonnenuntergang habe Proklos nur wenige Nachtstunden mit Schlaf verbracht, bevor er lange vor dem Morgengebet den Schlaf abgeschüttelt und sich im Bett mit der Dichtung von Götterhymnen oder dem Durchdenken von Lehrsätzen beschäftigt habe, so Marinos, der an dieser Stelle das Bild eines körper- und schlafverachtenden Asketen zeichnet.[156]

Proklos verzichtete auf eine Ehe und Kinder und konnte daher in der Rolle des Scholarchen, für den die Gemeinschaft der Schüler zur Familie wurde, vollständig aufgehen.[157] Diese Ehelosigkeit war zudem Bestandteil der asketischen Lebensweise des ‚heiligen Mannes', die von einer extremen Verachtung des Körpers gekennzeichnet war. Zu dieser Lebensweise gehörte der Verzicht auf Geschlechtsverkehr, auf fleischliche Nahrung und auf jede Form von Übermaß, aber auch eine beständige Reinigung der Seele durch intellektuelle Tätigkeit und theurgische Riten, durch Waschungen, Fasten und Gebet sowie regelmäßige Opferhandlungen für alle Götter; Proklos verwirklichte in seiner Lebensweise so die neuplatonischen Tugendauffassungen.[158]

Proklos war sicherlich einer der produktivsten Philosophen der Spätantike, auch wenn Marinos mit den 700 Zeilen, die der Scholarch täglich geschrieben haben soll, etwas übertreibt.[159] Das Schriftenverzeichnis des paganen Universalgelehrten umfasst nicht nur philosophische, sondern auch philologische, mathematische und naturwissenschaftliche Werke, die offenbar zumeist im Kontext des Lehrbetriebs entstanden. Einen guten Eindruck von

---

[155] Vgl. SCHISSEL 1926, 265 („Seminarübungen"). 268–271; BEUTLER 1957, 188; LAMBERTON 2001, 453. Anders interpretieren die ἄγραφοι συνουσίαι an Proklos' Schule SAFFREY / SEGONDS / LUNA 2001, 142 Anm. 7: Marinos bezeichne an dieser Stelle die exegetischen Vorlesungen des Proklos, für die es keine später publizierte Fassung gab.
[156] Marin. VPr. 24,15–19. Zu Proklos' Hymnen vgl. VAN DEN BERG 2001.
[157] Marin. VPr. 17,3–10.
[158] Marin. VPr. 18,21–34; 19,1–32; 26,36–41.
[159] Marin. VPr. 22,29–32.

seinem reichhaltigen Schaffen vermitteln die wenigen erhaltenen Werke, unten denen sich einige seiner wichtigsten philosophischen Schriften befinden, so die Kommentare zum *Parmenides* und zum *Timaios* sowie die systematische Darstellung des neuplatonischen Weltentwurfs in der *Platonischen Theologie*. Erhalten haben sich aber auch kleinere philosophische Traktate, Götterhymnen, philologische und mathematische Kommentare, Traktate zur Astronomie und Physik sowie Einführungsschriften.[160]

Über die Schüler des Proklos verliert Marinos am Ende seines Enkomion nur wenige Worte, er wolle keinen Katalog der ἑταῖροι geben und überlasse dies Gelehrten mit mehr Fleiß. Marinos erwähnt allerdings, dass von überall her Schüler zu Proklos kamen, die einen als bloße Hörer, die anderen als Anhänger und Philosophiestudenten.[161] Auch an dieser Stelle wird die Unterscheidung zwischen dem engeren Kreis der ἑταῖροι und den Hörern deutlich. Im Enkomion erwähnt Marinos neben seiner Person aus der Gruppe der ἑταῖροι sonst nur die Studenten Hegias und Perikles aus Lydien.[162] Der vier Jahrzehnte amtierende und bald für seine Lehre und Lebensweise berühmte Diadochos zog aber offenbar zahlreiche Hörer und Schüler aus Kleinasien, Ägypten und der Levante nach Athen.[163] Dieser Schülerschar widmete der unter Anastasius am Ende des 5. Jahrhunderts wirkende ägyptische Dichter Christodoros von Koptos sogar ein Gedicht in Hexametern, aus dem Iohannes Lydos zitiert.[164] Hier seien nur die Assistenten und ἑταῖροι aus dem engeren Schülerkreis sowie die wichtigsten Hörer aufgeführt: Zu den engsten Vertrauten des Scholarchen gehörten sein Nachfolger Marinos von Neapolis und Asklepiodotos von Alexandreia, der nach einem Studium der Medizin in seiner Heimatstadt um 460 nach Athen zum Philosophiestudium ging, in den 470er Jahren Proklos aber verließ und sich

---

[160] Zu Proklos' Werken vgl. bes. ROSÁN 1949, 36–59; BEUTLER 1957, 190–208; SAFFREY / WESTERINK 1968, LV–LX; LUNA / SEGONDS / ENDRESS 2012, 1551–1653; SIORVANES 2014, 45–53.

[161] Marin. *VPr.* 38,2–7.

[162] Zu Hegias: Marin. *VPr.* 26,48; Perikles: *VPr.* 29,17.

[163] Zu den Schülern vgl. Marin. *VPr.* 1,26; 38,2–7. Vgl. die Liste der Schüler und Hörer bei SAFFREY / WESTERINK 1968, XLIX–LIV.

[164] Ioh. Lyd. *mag.* 3,26 (= HEITSCH 1964, 48, S 8, fr. 2 = FGrH 1084 F 2 = TISSONI 2000, 15f., F 2). Zu Christodoros von Koptos (*PLRE* II 293) vgl. SAFFREY 1994; TISSONI 2000; AGOSTI 2009, 36f.

schließlich in Aphrodisias als Großgrundbesitzer niederließ;[165] beide wurden auch mit Aufgaben in der Lehre betraut. Zum engeren Schülerkreis zählten ebenfalls Isidoros von Alexandreia,[166] Zenodotos, in den Proklos laut Damaskios die größten Hoffnungen gesetzt hatte und der Ende des 5. Jahrhunderts für einige Jahre die Leitung der Athener Schule übernahm,[167] sowie der bereits erwähnte Perikles aus Lydien, dem Proklos seine *Platonische Theologie* widmete.[168]

Bei Proklos studierten zudem der Syrer Salustios, der sich um 460 von ihm abwandte und ein kynisches Wanderleben führte und damit der letzte bekannte Vertreter dieser philosophischen Richtung ist,[169] sodann der laut Damaskios wenig begabte ἑταῖρος Zenon von Pergamon,[170] der an der Schule bereits als Assistenzlehrer tätige Athenodoros, den dann aber der Kyniker Salustios

---

[165] Zu Asklepiodotos als Schüler des Proklos: Damasc. *v. Isid.* Epit. Phot. 139 p. 194,1 ZI. (fr. 96B p. 234 ATH.); Simpl. *in Phys.* I p. 795,13–15; vgl. auch Procl. *in Parm.* col. 618,16–20. Zu Asklepiodotos von Alexandreia (*PLRE* II 161f., Nr. 3) vgl. FOWDEN 1982, 47f.; GOULET 1989c; ROUECHÉ 1989, 89–93; ATHANASSIADI 1999, 27f. 31. 37f. 348f.; vgl. auch WATTS 2006a, 115f. 217; SZIDAT 2010, 224f., Nr. 31.

[166] Damasc. *v. Isid.* fr. 90 p. 67,15–17 ZI. (fr. 38A p. 120 ATH.) mit *Epit. Phot.* 42 p. 66,8–9 ZI.; fr. 129 (= Epith. Phot. 248) und fr. 129a p. 111,13–16 ZI. (fr. 59A p. 164 ATH.); fr. 131, fr. 131a (= Epith. Phot. 249), fr. 132 und fr. 133 p. 113,3–10 ZI. mit *Epit. Phot.* 80 p. 112,1–5 ZI. (fr. 59A p. 164 ATH.); fr. 134 p. 113,12–14 ZI. (fr. 59E p. 166 ATH.); fr. *135 p. 113,16–18 ZI. (fr. 59B p. 164 ATH.); fr. *136 p. 115, 2–5 ZI. (fr. 59D p. 164 ATH.); fr. *137 p. 115,7–9 ZI. (fr. 59C p. 164 ATH.); fr. 268 (= *Epit. Phot.* 278) p. 215,4–5 ZI. (fr. 103C p. 248 ATH.). Zu Isidoros vgl. Anm. 54.

[167] Damasc. *v. Isid.* Epit. Phot. 154 p. 206,7–9 ZI. (fr. 99B p. 242 ATH.); Schulleitung: Phot. *bibl.* cod. 181 (II p. 192 HENRY = Damasc. *v. Isid.* p. 111,7 = p. 207,11 = p. 319,13 ZI.; Test. III p. 340 ATH.). Zu Zenodotos (*PLRE* II 1197, Nr. 1) vgl. WATTS 2006a, 116. 118. 121–123; SZABAT 2007, 323, Nr. 313; vgl. auch SAFFREY / WESTERINK 1968, LII.

[168] Marin. *VPr.* 29,16–18; Procl. *Theol. Plat.* 1,1 I p. 5,6–7. Vgl. Procl. *in Parm.* col. 872,18–32. Zu Perikles (*PLRE* II 860) vgl. SAFFREY / SEGONDS 2012; vgl. ferner SAFFREY / WESTERINK 1968, XXI. LI. 130 Anm. 2; DILLON 2004, 414; SZABAT 2007, 289, Nr. 218.

[169] Damasc. *v. Isid.* fr. *143 p. 125,10–12 ZI. (fr. 68 p. 178 ATH.; Bruch mit Proklos). Zu Salustios (*PLRE* II 972f., Nr. 7) vgl. ASMUS 1910; GOULET-CAZÉ 1990, 2814f.; DI BRANCO 2006, 162f.; SZABAT 2007, 300f., Nr. 247; SZOKA 2013.

[170] Damasc. *v. Isid.* fr. *143 p. 125,8–12 ZI. (fr. 68 p. 178 ATH.). Zu Zenon von Pergamon (*PLRE* II 1198, Nr. 2) vgl. BEUTLER 1957, 245; SAFFREY / WESTERINK 1968, LII; DI BRANCO 2006, 162; SZABAT 2007, 324, Nr. 315.

von der neuplatonischen Philosophie abbrachte,[171] Hierios von Athen, der Sohn des Sophisten Plutarchos,[172] und wahrscheinlich auch Zenon von Alexandreia, ein gebürtiger Jude, den Damaskios in einem Fragment aus der *Vita Isidori* im Kontext der Schule des Proklos anführt.[173] In den 470er und frühen 480er Jahren ragten dann unter den jüngeren Studenten des alten Diadochos vor allem die bereits erwähnten Brüder Ammonios und Heliodoros von Alexandreia, die Söhne des Hermeias und der Aidesia,[174] der ebenfalls schon besprochene Hegias sowie Agapios von Athen heraus. Der in der *Vita Isidori* des Damaskios vorgestellte Agapios von Athen,[175] der nicht mit dem ebenfalls bei Damaskios erwähnten Mediziner Agapios von Alexandreia identifiziert werden kann,[176] lehrte um 500 schließlich in Konstantinopel Philosophie; zu den Studenten an seiner Privatschule am Bosporos gehörte

---

[171] Damasc. *v. Isid.* fr. *145 p. 125,19–127,4 ZI. (fr. 66G p. 178 ATH.). Zu Athenodoros (*PLRE* II 178, Nr. 1) vgl. GOULET 1989d; DI BRANCO 2006, 162; SZABAT 2007, 228, Nr. 41.

[172] Damasc. *v. Isid.* Epith. Phot. 88 p. 122,8–9 ZI. (fr. 63B p. 172 ATH.). Zu Hierios (*PLRE* II 558, Nr. 5) vgl. GOULET 2000d; anders SZABAT 2007, 253, Nr. 116 (eher Sohn des Philosophen Plutarchos).

[173] Damasc. *v. Isid.* fr. *239 p. 197, 2–8 ZI. (fr. 67 p. 178 ATH.); vgl. fr. *143 p. 125,8. 10–12 ZI. (fr. 68 p. 178 ATH.). Die beiden Fragmente *239 und *143 stammen aus *Suda* Z 82 s. v. Ζήνων und gehören daher zusammen. Zu Zenon von Alexandreia (*PLRE* II 1198, Nr. 1) vgl. DI BRANCO 2006, 162; SZABAT 2007, 324, Nr. 314.

[174] Damasc. v. Isid. fr. *124 p. 107,2–9 ZI. (fr. 56 p. 156/158 ATH.); fr. *127 p. 109, 9–13 ZI. (fr. 57B p. 160 ATH.); Epith. Phot. 79 p. 110,2–5 ZI. (fr. 57C p. 160 ATH.). Vgl. auch Ammon. *in de int.* p. 1,6–11; 181,30–32; Asclep. *in Met.* p. 92, 29–30; Zach. Rhet. *Amm.* p. 95,20–21 MINNITI COLONNA; Simpl. *in Phys.* I p. 611,11–12; 795,4–5; Olympiod. *in Gorg.* 24,2. Am 18. November 475 beobachtete Heliodoros in Athen unter Aufsicht des „göttlichen" Proklos die Sterne (J. L. HEIBERG, *Claudii Ptolemaei opera*, Bd. 2, 1907, p. XXXVI, 3–7).

[175] Damasc. *v. Isid.* fr. *277 p. 221,6–7 ZI. (fr. 107 p. 256 ATH.); vgl. *v. Isid.* fr. 276 p. 219,15–221,4 ZI. (fr. 106B p. 254 ATH.); fr. 284 p. 229,2–19 ZI. (fr. 109 p. 262/264 ATH.). Zu Agapios von Athen (*PLRE* II 32f., Nr. 3) vgl. GOULET 1989a; vgl. zudem SAFFREY / WESTERINK 1968, LII; SZABAT 2007, 203. 213f., Nr. 5.

[176] Damasc. *v. Isid.* fr. *330 p. 261, 10–14 ZI. (fr. 107 p. 256 ATH.); fr. 331 (= Epith. Phot. 298 mit *Suda* O 606 s. v. ὁρμώμενος) p. 263,3–14 ZI. (fr. 127A p. 290 ATH.); fr. 332 p. 263,3–18 ZI. (fr. 127B p. 290 ATH.); vgl. *v. Isid.* fr. 328 p. 261,2–3 ZI. (fr. 126C p. 288 ATH.). Zum Iatrosophisten Agapios in Alexandreia vgl. *PLRE* II 32, Nr. 2; Gleichsetzung der beiden Gelehrten bei ASMUS 1911, 115.181; ATHANASSIADI 1999, 257 Anm. 278; SZABAT 2007, 203 mit Anm. 163.213f.; vorsichtig so auch DI BRANCO 2006, 169f.

auch Iohannes Lydos.¹⁷⁷ Nur kurzzeitig war der spätere Beamte und Sophist Severianos aus Damaskos Student bei Proklos.¹⁷⁸ Diese Schüler waren offenkundig alle Hellenen, einzig ein namentlich unbekannter Christ könnte die Vorlesungen des Proklos besucht haben: In den wohl um 500 verfassten Schriften des Pseudo-Dionysios Areopagita finden sich zahlreiche Zitate und sinngemäße Übernahmen aus Proklos' Schriften, die auf eine Schülerschaft hindeuten könnten, doch bleiben Identität und Wirkungsstätte des christlichen Neuplatonikers, der seine Werke unter dem Pseudonym ‚Dionysios Areopagita' verfasste, um ihnen auf diese Weise unter Bezug auf den Athener Schüler des Paulos apostolische Autorität zu verleihen, in der Forschung umstritten. Ob er bei Proklos oder Damaskios studierte, muss letztlich offen bleiben.¹⁷⁹

Gelegentliche Hörer bei Proklos waren in Athen wirkende Sophisten und Grammatiker wie der später als Berater des Isauriers Illus berüchtigte Grammatiker Pamprepios von Panopolis, der zwischen 473 und 476 in Athen lebte,¹⁸⁰ einige Rhetorikstudenten sowie Angehörige der paganen Oberschicht Athens wie Archiadas, Rufinos und Theagenes, die sich der Schule eng verbunden fühlten. Rufinos, der in einer Vorlesung einen göttlichen Lichtkreis um den Kopf des Proklos gesehen und ihn daher als ‚göttlichen Mann' verehrt habe,¹⁸¹ war wohl ein reicher und angesehener *decurio* in Athen, der nicht nur als Hörer gelegentlich die Vor-

---

¹⁷⁷ Ioh. Lyd. *mag.* 3, 26 (= Christodoros von Koptos, HEITSCH 1964, 48, S 8, fr. 2 = *FGrH* 1084 F 2 = TISSONI 2000, 15f., F 2).
¹⁷⁸ Damasc. *v. Isid.* fr. 278 p. 221,17–223,12 ZI. (fr. 108 p. 258/260 ATH.) mit fr. 278a (= *Epit. Phot.* 285) p. 223,10–12 ZI. Zum Sophisten Severianos (*PLRE* II 998f., Nr. 2) vgl. VON HAEHLING 1980, 88–90; 1982, 63; SZABAT 2007, 302f., Nr. 252; WATTS 2010, 56; vgl. auch SAFFREY / WESTERINK 1968, LIII; DI BRANCO 2006, 163. 169f.
¹⁷⁹ Als Schüler des Proklos sieht ihn etwa S. LILLA, „D 85. Denys l'Aréopagite (Pseudo-)", *DPhA* 2 (1994) 727–742, hier: 729–731 (mit Literatur). Zu diesem rätselhaften Autor vgl. SUCHLA 2008.
¹⁸⁰ Malchos, fr. 23 BLOCKLEY = fr. 20 CRESCI = fr. 20, *FHG* IV 131 (aus *Suda* Π 137 s.v. Παμπρέπιος); vgl. Damasc. *v. Isid.* fr. 289 p. 233,16–235,1 ZI. (fr. 112B p. 268/270 ATH.). Zu Pamprepios (*PLRE* II 825–827) vgl. ASMUS 1913; KASTER 1988, 329–332, Nr. 114; SALAMON 1996; FELD 2002; SZABAT 2007, 285f., Nr. 209; GOULET 2012b; LIVREA 2014.
¹⁸¹ Marin. *VPr.* 23,23–29. Zu Rufinos (*PLRE* II 954, Nr. 10) vgl. SAFFREY / WESTERINK 1968, LIII; vgl. aber WATTS 2006a, 84 („a notable pagan supporter" aus dem Westen des Reiches).

lesungen besuchte, sondern auch als Mäzen der Schule tätig war: Als Proklos aus einem Exil in Kleinasien nach Athen zurückkehrte, bot Rufinos ihm eine große Geldsumme als Unterstützung an, die der Philosoph indes ablehnte.[182]

Über Reisen des Diadochos hören wir in den Quellen kaum etwas: Der Scholarch verließ Athen offenbar nur ein einziges Mal in der Mitte des 5. Jahrhunderts im Zuge eines Konflikts mit den Christen. Die Nachstellung gewisser „Geiergiganten", wie Marinos schreibt, habe Proklos veranlasst, für ein Jahr nach Lydien zu gehen und dort im Verborgenen zu leben. Nach einem Jahr sei er unter dem Schutz der Athene nach Athen zurückgekehrt.[183] In diesem Exiljahr versteckte sich Proklos jedoch nicht nur in Lydien, sondern ließ sich, wie Marinos berichtet, auch in die altehrwürdigen Bräuche und Kulte Asiens einweihen. So habe Proklos aus der Reise den größten Gewinn gezogen.[184] Proklos besuchte damals wohl auch das offenbar nicht mehr intakte Asklepios-Heiligtum in Adrotta in Lydien, wo er den alten Kult untersuchte und den Gott verehrte.[185] Eine genauere Datierung des Exils des Proklos ist allerdings nicht möglich.

In seinen letzten Lebensjahren war Proklos körperlich stark geschwächt, seinen Aufgaben als Scholarch konnte er kaum noch nachzukommen. Marinos führt diesen Verlust der Kräfte auf Proklos' asketische Lebensweise zurück;[186] körperliche Gebrechen dürften hinzugetreten sein. Marinos beschreibt die Schwäche des Körpers des Proklos und dessen Erschlaffung seit dem 70. Lebensjahr des Scholarchen, hebt gleichzeitig aber auch die beständige Stärke des Geistes hervor: Trotz seiner körperlichen Schwächung, die dazu geführt habe, dass er kaum noch eine Tä-

---

[182] Marin. *VPr.* 23,29–33.
[183] Marin. *VPr.* 15,19–35.
[184] Marin. *VPr.* 15,21–29. Zum Exil in Kleinasien vgl. auch Marin. *VPr.* 23,31–32. Zu diesem Exil vgl. zudem den Kommentar von I. MÄNNLEIN-ROBERT, 148. Zu den politischen Aktivitäten des Proklos allgemein vgl. den Beitrag von St. SCHORN in diesem Band.
[185] Marin. *VPr.* 32,1–42. Marinos stellt hier keine Verbindung zum Exil des Proklos her; es ist aber höchstwahrscheinlich, dass der Philosoph Adrotta während seines Exil-Aufenthalts in Lydien besuchte. Andere Reisen nach Lydien sind nicht bezeugt. Vgl. TARDIEU 1990, 15; ATHANASSIADI 1993, 9; PETZL 1995, 46f.; DILLON 2007, 133. Adrotta lässt sich nicht mehr lokalisieren, nach Stephanos von Byzanz lag es in Lydien auf einem Steilhang am Meer (s. v. Ἄδροττα, p. 29, 6–7).
[186] Marin. *VPr.* 26,36–41.

tigkeit ausüben konnte, habe Proklos seine Gebete fortgesetzt, Hymnen und andere Texte geschrieben und sei mit den ἑταῖροι zusammengekommen.[187] Schließlich habe der junge Hegias, der erfolgversprechende Nachfahre des Plutarchos, den alten Proklos noch einmal für die Exegese begeistern können.[188] Regelrechte Vorlesungen hielt der Scholarch in den letzten Lebensjahren wohl nicht mehr. Marinos vermittelt eher den Eindruck, dass Proklos größtenteils ans Bett gefesselt war und hier mit seinem Schülerkreis zusammentraf.

Schließlich befiel Proklos eine schwere und langanhaltende Krankheit. Marinos schildert, wie gefasst der Philosoph diese schweren Schmerzen ertrug.[189] Zur Linderung seiner quälenden Schmerzen habe er sich durch seine Schüler Götterhymnen und die *Orphischen Gesänge* vortragen lassen, die seine Seele zur Gemütsruhe geführt hätten. Obwohl Proklos alles Menschliche schon beinahe vergessen habe und sein Körper von der Erschlaffung ganz erfasst gewesen sei, habe er die vorgetragenen Hymnen im Gedächtnis behalten und die angefangenen Gesänge ergänzen können.[190] Marinos berichtet zudem, dass dem kranken Proklos Asklepios erschienen sei und für Linderung der Schmerzen gesorgt habe: Zwischen Schlaf und Wachzustand habe Proklos die Vision einer sich um seinen Kopf windenden Schlange gehabt und sofort eine Beruhigung seiner Krankheit bemerkt. Da Proklos sich aber nach dem Tod gesehnt und seinen Körper nicht gepflegt habe, sei er schließlich trotz dieser Epiphanie des Asklepios gestorben.[191] In der *Vita Isidori* erwähnte auch Damaskios diese letzte Krankheit des Proklos, der bekannte Arzt Iakobos Psychristos habe Proklos in Athen besucht und ihm eine Diät empfohlen.[192] In seinen letzten Lebensmonaten war der Scholarch bettlägerig und wurde zusehends dement; eine Krankheit paralysierte seinen Körper und führte dazu, dass er gelähmt war und ihn seine geistigen Kräfte und sein Gedächtnis weitgehend verließen. Es bleibt

---

[187] Marin. *VPr.* 26,36–44.
[188] Marin. *VPr.* 26,46–57.
[189] Zur letzten Krankheit: Marin. *VPr.* 20,4–17. Vgl. auch *VPr.* 3,56–60; 30,12–21; Damasc. *v. Isid. Epit. Phot.* 125 p. 168,11–13 ZI. (fr. 84J p. 212 ATH.); fr. 327 (= *Epit. Phot.* 297) p. 259,8 ZI. (fr. 125A p. 288 ATH.).
[190] Marin. *VPr.* 20,4–17.
[191] Marin. *VPr.* 30,12–21.
[192] Damasc. *v. Isid.* Epith. Phot. 125 p. 168,11–13 ZI. (fr. 84J p. 212 ATH.). Zu Iakobos Psychristos (*PLRE* II 582f., Nr. 3) vgl. SZIDAT 2010, 258, Nr. 128.

aber unbekannt, an welcher Krankheit Proklos in Athen verstarb.[193] Marinos wertet diesen Tod als einen großen Einschnitt, als „das Verlöschen des Lichtes in der Philosophie",[194] das von einer Sonnenfinsternis ein Jahr zuvor (am 14. Januar 484) angekündigt worden sei.[195] Daher hält er dieses bedeutende Datum genau fest: Proklos sei unter dem Archontat des jüngeren Nikagoras im Jahr 124 nach der Regierung Iulians am 17. Munichion nach athenischem Kalender gestorben, dieser Tag entspreche im römischen Kalender dem 17. April. Der Tod des Proklos fällt somit auf den 17. April 485.[196]

Das Begräbnis wurde nach den traditionellen Athener Riten durchgeführt.[197] Eingekleidet nach den Anordnungen des Philosophen wurde die Leiche von den ἑταῖροι zum Grab am Rand eines östlichen Vororts Athens am Lykabettos-Hügel in einer öffentlichen Prozession getragen und nach paganem Ritus bestattet.[198] Bei der Beerdigung war auch der Philosoph Isidoros aus Alexandreia anwesend.[199] Beerdigt wurde der Scholarch – wie erwähnt – in einer gemeinsamen Grabstätte mit Syrianos.[200] Für das Grabmal dichtete Proklos ein Epigramm: „Proklos war ich, Lykier von Geburt, den Syrianos / hier zum Nachfolger seiner Lehre erzog./ Das gemeinsame Grab hier nahm nun die Körper beider auf./ Möge auch ihren Seelen ein einziger Ort bestimmt sein!"[201] Im ersten Distichon beschreibt Proklos die Beziehung

---

[193] Marin. *VPr.* 20,13–14; 30,16–17; vgl. 26,39–41. Laut Marinos (*VPr.* 3,56–60) wusste Proklos selbst nicht, an welchem Leiden er erkrankt war, da er dank seiner überragenden Gesundheit kaum Erfahrungen mit solchen Krankheiten besaß.

[194] Marin. *VPr.* 37,10–12 (ἀπόλειψιν τοῦ ἐν φιλοσοφίᾳ φωτός).

[195] Marin. *VPr.* 37,1–5. Vgl. NEUGEBAUER / VAN HOESEN 1959, 136; SAFFREY / SEGONDS / LUNA 2001, 178f. Anm. 3.

[196] Marin. *VPr.* 36,1–4. Zu dieser Datierung vgl. NEUGEBAUER / VAN HOESEN 1959, 135f.; ÉVRARD 1960a, 137f. 140; JONES 1999, 81f.; SAFFREY / SEGONDS / LUNA 2001, 174–176.

[197] Marin. *VPr.* 36,5–6.

[198] Marin. *VPr.* 36,24–28. Vgl. auch SAFFREY / WESTERINK 1968, XXVI; TROMBLEY 1993/94, Bd. 1, 319f.; DI BRANCO 2006, 156f.

[199] Damasc. *v. Isid.* fr. 327 (= Epit. Phot. 297) p. 259,8 ZI. (fr. 125A p. 288 ATH.); Epit. Phot. 188 p. 258,2–3 ZI. (fr. 125B p. 288 ATH.).

[200] Marin. *VPr.* 36,24–42.

[201] Marin. *VPr.* 36,34–42. Zum Grabepigramm: *Anth. Pal.* VII 341 = Marin. *VPr.* 36,37–42 (= PEEK 1955, 300, Nr. 1060 = PEEK 1960, 182, Nr. 312 = Nr. 1, *Procli*

zwischen Lehrer und Schüler im menschlichen Leben, im zweiten ihre Verbindung im Jenseits; er rekurriert damit sowohl auf die örtliche Nähe ihrer Gebeine im Grab in der irdischen Welt als auch auf die Gemeinschaft ihrer nach der Erlösung aus dem Körper aufgestiegenen Seelen im „überhimmlischen Ort" Platons.

Marinos bewahrt auch einige Bestimmungen des Testaments: Proklos vererbte seinem Freund Archiadas sowie Xanthos und Athen gewisse Legate.[202] Außerdem ließ er wohl eine Reihe von Sklaven frei.[203] Vielleicht hatte Proklos in seinem Testament auch die Nachfolgefrage durch Designation des Marinos endgültig geregelt. Vorausgegangen war eine längere Suche eines Nachfolgers, da Proklos dem kränklichen Marinos eigentlich nicht die Leitung der Schule anvertrauen wollte. In den frühen 480er Jahren hatte Proklos eine Liste mit geeigneten Kandidaten zusammengestellt,[204] auf der unter anderem Isidoros von Alexandreia stand, der diese Verantwortung damals aber ablehnte,[205] so dass letztlich die Wahl doch auf Marinos fiel. Marinos hatte in den letzten Jahren des Proklos wahrscheinlich bereits die Amtsgeschäfte geführt und den Unterricht geleitet.

Der Athener Scholarch Proklos festigte die von Plutarchos und Syrianos eingerichtete Schule in Athen, seine systematischen Werke und Kommentare prägten maßgeblich den Inhalt der Athener ‚Orthodoxie', die für die Philosophieausbildung am Ende des 5. Jahrhunderts verbindlich blieb. Der Diadochos systematisierte zudem den neuplatonischen Studienplan. Er beeindruckte seine Schüler aber nicht nur durch seine Exegese, sondern auch durch die Einheit von platonischer Lehre und philosophischem Lebensvollzug: Wie kaum ein anderer suchte er das Ideal des neuplatonischen Lebens zu verwirklichen, das sich auf die Vereinigung mit dem Göttlichen konzentrierte und der materiellen Welt entsagte. Den zeitgenössischen Philosophen galt er als der

---

hymni, p. 34 Vogt = LREBIAA 82 = IG II/III² 13452). Zur philosophischen Interpretation des Grabepigramms vgl. GELZER 1966; AGOSTI 2008, 103f.

[202] Marin. *VPr.* 14,19–22.
[203] Marin. *VPr.* 17,18–21.
[204] Damasc. *v. Isid.* fr. 369 (= Epith. Phot. 306) p. 299,6–9 ZI. (fr. 152 p. 328 ATH.).
[205] Damasc. *v. Isid.* fr. 252 p. 205,8–14 ZI. (fr. 98C p. 240 ATH.) mit Epith. Phot. 150 p. 204,6–8.

„große Proklos",[206] Marinos stilisiert ihn als den vollendeten Philosophen und als einen glückseligen ‚göttlichen Mann'.

---

[206] Ammon. *in anal. pr.* p. 31,24; Ioh. Philop. *aet. mund.* p. 59,24–25; Ioh. Lyd. *mens.* 4,154; vgl. auch Ioh. Lyd. *mag.* 3,26.

Proklos und die neuplatonische Philosophie in der *Vita Procli* des Marinos

Christoph Helmig

Proklos war neben Plotin der meistgelesene und einflussreichste Philosoph der ausgehenden Antike.[1] Von seinen zahlreichen Schriften ist uns eine beachtliche Anzahl überliefert. Es handelt sich in vielen Fällen um unentbehrliche Quellen für neuplatonische Philosophen vor ihm wie Plotin, Porphyrios, Jamblich und Syrian. Sein nur zum Teil überlieferter *Kommentar zum Timaios* ist einer der wichtigsten Texte für die Rekonstruktion der Philosophie des Mittelplatonismus.[2]

Ein Leser der *Vita Procli*, der bereits mit der *Vita Plotini* des Porphyrios vertraut ist, wird vermutlich über die spärlichen Informationen, die Marinos über die Philosophie seines Lehrers, dessen Werke und über dessen philosophische Innovationen preisgibt, zunächst enttäuscht sein. Dennoch gewähren die dort versammelten Bemerkungen einen kostbaren Einblick in Proklos' Aktivitäten als Lehrer und Autor. Im Folgenden möchte ich die entsprechenden Passagen interpretieren und sie in den Gesamtkontext seiner Philosophie stellen. Insgesamt ergeben sich sechs Hauptthemen: 1) Proklos' Ausbildung und Studienzeit; 2) das Verhältnis zu seinen athenischen Lehrern Plutarch und Syrian; 3) Proklos als Lehrer und Autor; 4) das Verhältnis von Platon und Aristoteles; 5) die zentrale Rolle der Theurgie; 6) Proklos' Bewertung der literarischen Überlieferung.

---

[1] Neuere Darstellungen seiner Philosophie finden sich in HELMIG / STEEL 2015; CHLUP 2012; LUNA / SEGONDS / ENDRESS 2012; GERSH 2014 und D'HOINE / MARTIJN 2016.

[2] Das ist damit zu begründen, dass der *Timaios* im Mittelplatonismus der zentrale platonische Dialog war, während im Neuplatonismus dem *Parmenides* diese Stellung zukam.

1. Proklos Ausbildung und Studienzeit

Die wichtigsten Studienorte des jungen Proklos waren Alexandrien und Athen. Nach einer Ausbildung in Rhetorik studierte Proklos in Alexandria aristotelische Philosophie bei einem Philosophen namens Olympiodoros und Mathematik bei Heron.[3] Bei seinen Studien habe Proklos sich durch ein ausgezeichnetes Gedächtnis hervorgetan und habe sogar

> die logischen Schriften (sc. das *Organon*) des Aristoteles [...] ganz leicht auswendig [gelernt], obwohl sie doch für alle, die sich damit beschäftigen, sogar schon beim bloßen Lesen allein schwierig sind.[4]

Während wir aus der Alexandriner Zeit nichts über Proklos' Beschäftigung mit Platon erfahren, ist die Bemerkung zu Aristoteles aus mindestens zwei Gründen interessant. Es kann erstens kein Zweifel bestehen, dass Proklos Aristoteles sehr gut kannte. Das bestätigen zahlreiche Zitate, eine umfangreiche Adaptierung der aristotelischen Terminologie und seine umfangreiche Aristoteleskritik.[5] Was mögliche Kommentare zu den aristotelischen Schriften angeht, finden sich lediglich Hinweise auf eine Beschäftigung mit dem *Organon* sowie eine erhaltene *Elementarlehre der Physik* (*Stoicheiôsis physikê*), die eine neuplatonische Adaption von Teilen der *Physik* (Buch VI und VIII) und dem ersten Buch *De caelo* darstellt.[6] Proklos scheint auch zur Entwicklung der formalen Logik,

---

[3] Über Heron und Olympiodoros ist weiter nichts bekannt (SAFFREY / SEGONDS / LUNA 2002, 89 Anm. 3 und 5). Letzterer ist nicht zu verwechseln mit dem alexandrinischen Neuplatoniker gleichen Namens, von dem einige Platon- und Aristoteleskommentare erhalten sind (s. DPhA IV s.v. „Olympiodoros" 17). Ersterer ist zu unterscheiden von dem Mathematiker und größten Ingenieur der Antike, Heron von Alexandria, der einige Jahrhunderte früher gelebt hat (s. DPhA Supplément, s.v. „Héron d'Alexandrie").

[4] Marinos, *Vita Procli* § 9.33-36, übersetzt von I. Männlein-Robert.

[5] Selbstverständlich wurde die Implementierung aristotelischer Begriffe und Philosopheme bereits in der Alten Akademie und im Mittelplatonismus rege praktiziert. Auch Plotin und die vorproklischen Neuplatoniker nach ihm sind dafür bekannt, dass sie sich ausführlich mit seinen Werken auseinandergesetzt haben. Zu Proklos' Aristoteleskritik s. weiter unten den Abschnitt „Das Verhältnis von Platon und Aristoteles", unten S. 310-312.

[6] LUNA / SEGONDS / ENDRESS 2012, 1555-1563. Die Autoren sprechen sich allerdings dafür aus, dass wir lediglich im Falle der *Analytica Posteriora* von einer redigierten Schrift ausgehen können. Alle anderen Nachrichten und

die durch Aristoteles begründet wurde, einen bedeutenden Beitrag geleistet zu haben. Die von späteren Neuplatonikern so genannten „Regeln des Proklos" (*kanônes*) dienen dazu, logische Propositionen ineinander umzuwandeln.[7]

Zweitens zeigt Marinos' Wortlaut, dass Proklos das *Organon* nicht nur memoriert, sondern sich auch mit dessen Inhalt gründlich beschäftigt hatte. Mit anderen Worten, er hatte diese Schriften im Gedächtnis und ihren Sinn verstanden, während dem durchschnittlichen Leser das bloße Lesen bereits Probleme bereitete.[8] Wir kön-

---

Fragmente gehen vermutlich auf Kurse zurück, die Proklos in der Athener Schule gehalten hat.

In denselben Kontext gehört ein Kommentar zu Porphyrios' *Isagogê* (einer in der spätantiken Schultradition sehr verbreiteten Einleitung in die aristotelische *Kategorienschrift*), der einmal von Asklepios erwähnt wird (*In Met.* 142.34-37). Es ist aber auch hier fraglich, ob es sich dabei um einen publizierten Kommentar handelt. Überliefert ist ebenfalls Syrianos' *Kommentar zur Metaphysik* in vier Büchern (zu *Metaphysik* Beta, Gamma, My und Ny), den Proklos sicherlich gut gekannt hat. Darüber hinaus wissen wir, dass Syrian, wie nach ihm Proklos, sich vor allem mit dem *Organon* und mit Aristoteles' *Physik* beschäftigt hat. Die Fragmente sind gesammelt von CARDULLO 1995 und CARDULLO 2000; s. auch R. L. CARDULLO, *Syrianus' Lost Commentaries on Aristotle*. Bulletin of the Institute of Classical Studies of the University of London XXXIII (1986) 112-124 und neuerdings LUNA / GOULET 2016.

[7] Zu den *kanônes* s. M. SORETH, „Zum infiniten Prädikat im zehnten Kapitel der aristotelischen Hermeneutik", in: R. WALZER / S. M. STERN / A. HABIB HOURANI / V. BROWN (eds.), *Islamic Philosophy and the Classical Tradition* (Columbia 1972) 389-424, S. DIEBLER, „Les canons de Proclus: Problèmes et conséquences de l'interpretación syriano-proclienne du De interpretatione", *Dionysius* 20 (2002) 71-94 und CH. HELMIG, „Proclus on Epistemology, Language and Logic", in: D'HOINE / MARTIJN 2016, 183-206, hier: 187-189.

[8] Dass es Marinos vor allem darum geht, zu zeigen, dass Proklos sich um ein gründliches Verständnis der aristotelischen Philosophie bemühte (im Gegensatz zu einem bloßen Memorieren des Wortlauts), geht auch aus einer späteren Stelle deutlich hervor. Der Neuplatoniker verlässt Alexandria unter anderen deshalb, weil ihn die dortige Aristotelesexegese nicht mehr zufriedenstellt (*Vita Procli* § 10.1-8, übersetzt von I. Männlein-Robert: „Bei diesen Männern also studierte er in Alexandria und zog Nutzen aus ihrem Unterricht, soweit ihre Kompetenz reichte. Als er aber bei der gemeinsamen Lektüre mit einem (sc. von diesen) den Eindruck bekam, dass das Denken des Philosophen (sc. Aristoteles) nicht mehr angemessen erklärt würde und er daher auf den Unterricht jener herabblickte, da erinnerte er sich zugleich an das Traumgesicht und die Ermunterung der Göttin in Byzanz. Er segelte ab nach Athen [...]").

nen also davon ausgehen, dass seine Aristoteleskenntnis bereits in Alexandria überdurchschnittlich war.

Bei einer Reise nach Konstantinopel, von Marinos mit dem paganen Namen Byzantion bezeichnet, entdeckt er seine Berufung für die Philosophie, die ihn schließlich nach Athen bringt (430-431 n.Chr.). Dort schließt er sich der platonischen Schule unter Plutarch (gestorben 432 n.Chr.) und Syrian an und studiert zunächst unter Plutarch, dann unter Syrian bis zu dessen Tod im Jahre 438 n.Chr.[9]

2. Das Verhältnis zu seinen athenischen Lehrern Plutarchos und Syrian

Es kann kein Zweifel daran bestehen, dass insbesondere der Umgang mit Syrian Proklos tief geprägt hat. Der Einfluss insbesondere seines Lehrers wird von Proklos regelmäßig positiv hervorgehoben, nicht zuletzt in seinem *Kommentar zu Platons Parmenides*, in dem er die Deutung der einzelnen Hypothesen von Syrian übernimmt, oder in seiner Homerdeutung (besonders in der sechsten Abhandlung des *Kommentars zu Platons Staat*).[10] Marinos berichtet von einem Fall, in dem Proklos einen von Syrian begonnenen Kommentar zum Abschluss gebracht habe. Im Einzelfall ist es sehr schwer zu entscheiden, was Proklos von seinem Lehrer übernommen hat und was als sein eigener Beitrag gelten kann.[11]

Als Proklos mit 19 Jahren in Athen eintraf, war Syrian allerdings noch nicht Scholarch der platonischen Schule. Er führte ihn zunächst bei dem bereits sehr betagten Plutarch ein. Plutarch schätzte

---

[9] Zu den Lebensdaten von Plutarch von Athen (ca. 350-432) und Syrianos (gestorben 437/438) s. LUNA / SEGONDS 2012, 1076-1088, und LUNA / GOULET 2016, 678-707.

[10] In dieser Hinsicht behält das Urteil von Anne SHEPPARD 1980, 79, Gültigkeit: „[I]n his interpretation of particular Homeric passages Proclus is adapting and developing Syrianus rather than striking out in any new directions of his own. He makes no contributions in this area which are comparable with his teacher's development of metaphysical allegory."

[11] Dieses Problem wird von KLITENIC WEAR 2011, 20-26 und *passim*, in einiger Ausführlichkeit diskutiert. Sie nimmt an, dass Syrian vor allem unterrichtet hat („oral teaching") und dass Proklos auf diese Weise und in gemeinsamen Diskussionen sich mit den Interpretationen seines Lehrers vertraut gemacht hat.

Proklos wohl schon nach kurzer Zeit so hoch, dass dieser gleich an einem „Oberseminar" (im kleinen Kreis) über Aristoteles' *De anima* und Platons *Phaidon* teilnehmen konnte.

> Er [sc. Proklos] hielt bei ihm [sc. Plutarch] also Vorlesung über die Bücher des Aristoteles *Über die Seele* und über Platons *Phaidon* (übers. C. Helmig). Der große [sc. Plutarch] ermunterte ihn aber immer wieder, das Gesagte auch aufzuschreiben, wobei er den Ehrgeiz des jungen Mannes instrumentalisierte und behauptete, dass seine Vorlesungsnotizen (*scholia*), wenn sie von ihm vervollständigt worden seien, künftig als Kommentare des Proklos zum *Phaidon* überliefert würden.[12]

Aus anderen Quellen erfahren wir, dass Proklos tatsächlich einen Kommentar verfasst haben muss.[13] Dass er zu Plutarchs Lebzeiten bereits abgeschlossen war, ist dagegen unsicher.[14] Deutlich ist allerdings, dass der erste Anstoß, einen fortlaufenden Kommentar (*scholia*) zum *Phaidon* niederzuschreiben, von Plutarch kam.

Warum bittet Plutarch nicht auch um einen Kommentar zur aristotelischen Schrift *De anima*? Darüber können wir nur spekulieren. Es mag durchaus möglich sein, dass die Aristoteleslektüre zwar die Platonlektüre begleitete, aber im wesentlichen *instrumentelle* Bedeutung hatte. Das Hauptziel des Seminars wäre es in diesem Fall gewesen, Platon auszulegen, und zwar mithilfe aristotelischer Terminologie. Eine andere, einfachere Erklärung wäre, dass Plutarch zwar bereits einen eigenen Kommentar zur Schrift *De anima* verfasst hatte, es aber keinen – zumindest nicht in schriftlicher Form – Kommentar zum *Phaidon* von ihm gab.[15]

---

[12] Marinos, *Vita Procli* § 12.9-15 (übersetzt von Irmgard Männlein-Robert).

[13] Zu diesem Kommentar siehe L. G. WESTERINK, *The Greek Commentaries on Plato's Phaedo, I: Olympiodorus* (Amsterdam 1976) 18; HELMIG 2012, 216-217, und LUNA / SEGONDS / ENDRESS 2012, 1569-1571 und 1671.

[14] Siehe *Vita Procli* § 13.14-17, wo gesagt wird, dass der Kommentar zum *Timaios* und „vieles andere" (*alla polla*) bereits vorlag, als Proklos 27 Jahre alt war (*ogdoon kai eikoston etos agôn*).

[15] Die Fragmente von Plutarchs Schriften sind von TAORMINA 1989 gesammelt und kommentiert worden. LUNA / SEGONDS 2012, 1090-1091 (DPHA Vb, 1090-109, s.v. „Plutarque d' Athènes") listen drei Werke, die Plutarch sicher zugeschrieben werden können (*Kommentar zur De anima, Kommentar zum Phaidon, Kommentar zum Parmenides*), wobei die wenigen Nachrichten über den *Kommentar zum Phaidon* aus Marinos' *Vita Procli* und Damaskios' Kommentaren zum *Phaidon* stammen. Das Material aus Damaskios ist wahrscheinlich direkt aus Proklos' Kommentar geschöpft (*ibid.* 1091). Dieser Umstand macht es wahrscheinlich, dass Plutarch diesen platonischen Dialog *nur mündlich* kommentiert hat.

Nach Plutarchs Tod, zwei Jahre nach Proklos' Ankunft in Athen, wurde Syrian Oberhaupt der athenischen Schule. Die gemeinsamen Aktivitäten von Syrian und Proklos, von denen Marinos berichtet, sind unter anderem von der gemeinsamen Lektüre der gesamten aristotelischen Schriften (in nur zwei Jahren) bestimmt.[16] Es ist sehr wahrscheinlich, dass Proklos sich weitestgehend den Ansichten seines Lehrers Syrian zum Verhältnis von Platon und Aristoteles angeschlossen hat.[17] Dabei dienten die Aristotelesstudien, wie im Neuplatonismus allgemein üblich, als Propädeutikum der Platonlektüre.[18]

Neben der gemeinsamen Aristoteleslektüre erfahren wir auch von der Beschäftigung mit der orphischen und chaldäischen Tradition.[19] Bereits unter Plutarch sind diese theologischen Texte vermutlich Unterrichtsgegenstand gewesen.[20] In Marinos' Vita hat der Verweis auf die Orphiker und Chaldäer eine dreifache Funktion. Zunächst sind es wichtige Texte, die im platonischen Curriculum einen festen Platz hatten. Dann verweist die Beschäftigung mit den alten Theologen auf das gemeinsame Anliegen von Proklos und Syrian, die hellenische Tradition als Einheit darzustellen; d.h. die Einheit der alten Theologie (Chaldäer, Orphiker, Homer) mit Pythagoras und Platon zu plausibilisieren. Drittens hat Proklos die höchsten Tugenden, die sogenannten theurgischen Tugenden, bei

---

[16] Marinos, *Vita Procli* § 13.1-4 (übersetzt von I. Männlein-Robert).
[17] Dazu mehr im folgenden Abschnitt „Proklos als Lehrer und Autor".
[18] Darauf weist Marinos bekanntermaßen mit der schönen Metapher der kleinen und großen Mysterien hin (*Vita Procli* § 13.4-6).
[19] Es ist unklar, welchen Status diese Treffen zur gemeinsamen Lektüre hatten. Waren sie auf Plutarch, Proklos und möglicherweise Syrian beschränkt oder hatten sie einen Status vergleichbar mit Seminaren für Fortgeschrittene (Oberseminare), die von Plutarch und, man könnte sagen, seinen beiden Assistenten unterrichtet?
[20] S. den Traum des Proklos, in dem ihm Plutarchos eröffnet, dass sein Lebensalter davon abhänge, wie viele Quaternionen er zu den *Chaldäischen Orakeln* veröffentliche. *Vita Procli* § 26.27-3, übersetzt von I. Männlein-Robert: „[D]iese (sc. die Kommentare zu den *Chaldäischen Orakeln*) erstellte er in fünf ganzen Jahren, in welchen er auch jenen göttlichen Traum sah: Der große Plutarchos schein ihm nämlich vorherzusagen, dass er eine so große Zahl von Jahren leben würde, wie viele Tetraden / Vierergruppen von ihm zu den Orakeln verfasst worden seien. Nachdem er sie gezählt hatte, fand er, dass es siebzig waren."

der Lektüre der Orphiker und Chaldäer erworben.[21] Das erklärt, warum unser Text gegen Ende der *Vita Procli*, die ja insgesamt nach den neuplatonischen Tugendgraden strukturiert ist,[22] steht. Die Stellung der theurgischen Tugenden an der Spitze der Tugendhierarchie verweist schließlich auf die prominente Stellung der Theurgie innerhalb der neuplatonischen Philosophie, und insbesondere in Proklos' Denken.[23] Auffällig ist in diesem Zusammenhang, dass Marinos betont, Proklos habe nur die Grundlagen für das Verständnis der alten Theologen von Syrian erhalten, alles andere habe er sich selbst erarbeitet.[24] Auch sonst wird der Neuplatoniker von seinem Biographen als jemand charakterisiert, der alles Wichtige aus Fleiß, eigener Kraft und seinen exzellenten Anlagen heraus erreicht habe.[25]

Ein zentrales Anliegen, das Proklos sicherlich von Syrian übernommen hat, war, wie gesagt, die Bemühung um die Einheit der hellenischen Weisheitstradition.[26]

> In dieser Tugend (sc. der kontemplativen Tugend der Weisheit) nun aktiv überblickte der Philosoph nun die ganze hellenische und die barbarische Theologie und die durch fiktionale Mythen verdunkelte und führte ans Licht/erhellte sie leicht für diejenigen, die mitfolgen wollten und konnten, und dabei erklärte er alles überaus begeistert und führte es zur Übereinstimmung.[27]

Die Auseinandersetzung mit den vermeintlichen theologischen Quellen des hellenischen Denkens ist besonders vor dem Hintergrund der schwelenden Konflikte mit dem damals dominierenden

---

[21] Zu den theurgischen Tugenden s. HELMIG / VARGAS 2014, 256-258 und 264-266, und GRIFFIN 2014. Marinos (*Vita Procli* § 26.20-23) teilt uns mit, dass Jamblich es war, der die Bezeichnung „theurgische Tugenden" eingeführt habe.

[22] Zur Struktur der Tugeden s. O'MEARA in der Einleitung zu diesem Band.

[23] Mehr zur Theurgie weiter unten in dem Abschnitt „Die zentrale Rolle der philosophischen Theurgie".

[24] *Vita Procli* § 26.1-6 und 14-15. Im Griechischen ist in diesem Zusammenhang von *stoicheia atta kai hoionei spermata* und *aphormai* die Rede. Vgl. in diesem Zusammenhang auch den Anfang von Kapitel 27.

[25] Auch sonst wird der Neuplatoniker von seinem Biographen durchgehend als jemand charakterisiert, der alles Wichtige aufgrund von Fleiß, eigener Kraft und seinen exzellenten Anlagen erreicht habe. S. dazu die Einleitung S. 26 in diesem Band.

[26] SAFFREY 1992.

[27] *Vita Procli* § 22.15-21, übersetzt von I. Männlein-Robert.

Christentum zu verstehen. Auch in der Zeit von Proklos' neuplatonischen Nachfahren spielte der richtige Umgang mit und die Berufung auf die Tradition eine zentrale Rolle. Han Baltussen hat das im Falle von Simplikios, einem Schüler des Damaskios und Aristoteleskommentator, folgendermaßen auf den Punkt gebracht:

> Strong harmony among the pagan philosophers was by now [sc. by the time of Simplicius] a much-needed commodity to counter the Christians in their claim that Christian doctrine drew its strength from its unity. Combining this claim with an attack on Greek philosophers as suffering from disagreements and thus lack of unity.[28]

Der christlichen Tradition hielten die Neuplatoniker entgegen, dass (a) die hellenische Tradition weiter zurückreiche als die christliche (bis zu Homer und den Theologen) und also mehr Autorität besitze, (b) sich gleichfalls auf göttlich inspirierte Quellen berufen könne (die Chaldäer, die Orphiker, Homer etc.), und sich (c) durch eine größere Einheitlichkeit (*philosophia perennis*) auszeichne (von den Theologen und Homer über Pythagoras, Platon, Aristoteles bis zum Neuplatonismus), während die Christen, wie Simplikios es später formuliert, „durch viele Schismata gespalten seien".[29] Wie viel Wert Syrian und Proklos auf den Aufweis der Einheit ihrer eigenen intellektuellen Tradition legen, lässt sich an dem Titel eines verlorenen Werkes ablesen, die in der Suda interessanterweise beiden Neuplatonikern zugeschrieben wird:[30] *Die Übereinstimmung von Orpheus, Pythagoras und Platon mit den Chaldäischen Orakeln.*[31]

---

[28] BALTUSSEN 2008, 62.

[29] Simplikios, *In Phys.* 29.1 sowie SAFFREY 1975 und HOFFMANN 2012.

[30] Siehe LUNA / SEGONDS / ENDRESS 2012, 1553-1554. Zu diesen Doppelzuschreibungen s. weiter unten die folgende Anm.

[31] Fraglich ist in der Forschung, ob das Werk Proklos fälschlicherweise zugeschrieben wurde und eigentlich Syrian gehört oder ob Proklos eine Vorlage von Syrian revidiert, korrigiert und augmentiert hat. Im Falle des „Kommentars zur Theologie des Orpheus" lässt sich diese Frage eindeutig beantworten. Im 27. Kapitel seiner Vita informiert uns Marinos darüber, dass Proklos einen Kommentar („Bücher") Syrians zu den 24 orphischen *Rhapsodien* mit ausführlichen Randbemerkungen (Scholien) versehen habe (s. dazu SAFFREY / SEGONDS / LUNA 2002, 150-152).

Daher ist es m.E. wahrscheinlich, dass auch die anderen Werke, die beiden Neuplatonikern in der Suda zugeschrieben werden, auf Schriften des Syrian zurückgehen, die Proklos später bearbeitet und (wesentlich) vermehrt hat. Dafür spricht auch, dass Marinos in Kapitel 26 seiner *Vita* (vgl. auch den Anfang von Kapitel 27) betont, dass bezogen auf die orphischen Schriften und die *Chaldäischen Orakel* Proklos von Syrian lediglich Anregungen emp-

Bemerkenswert ist in diesem Zusammenhang ein Aspekt in Proklos' Auseinandersetzung mit der theologischen Tradition, der Marinos einigen Platz einräumt.

> Wenn er aber in allen Schriften der Älteren der Reihe nach durchging, wieviel in ihnen ‚fruchtbar' war, übernahm er es (erst) nach eingehender kritischer Beurteilung; wenn er aber etwas ‚Windiges' fand, wurde das gänzlich als Schandfleck entfernt; was sich aber gegensätzlich verhielt zu dem, was als gut galt, widerlegte er kämpferisch mit viel scharfer Prüfung, und dabei diskutierte er jedes einzelne in den Sitzungen kompetent und luzide und legte alles in seinen Schriften nieder.[32]

Dieses Zitat belegt zweifellos, dass Proklos einen durchaus kritischen bzw. sicher keinen kritiklosen Umgang mit der Tradition pflegte.[33] Für ihn hatten diese Texte, wenn wir Marinos Glauben schenken dürfen, nicht ausschließlich den Status göttlich inspirierter Literatur. Vielmehr musste im Einzelfall geprüft werden – und dafür spricht insbesondere unsere Textstelle –, was für das große Projekt der Harmonisierung verschiedener intellektueller Strömungen überhaupt geeignet sei. Die Frage stellt sich gleichwohl, ob diese Prüfung auf alle alten Theologen gleichermaßen angewandt wurde oder ob z.B. die Orphiker und Chaldäer davon ausgenommen waren, weil ihre Schriften einen gleichsam unfehlbaren, direkt durch göttliche Autorität legitimierten Status hatten. Dazu im Folgenden einige Überlegungen.

Gehen wir zunächst von einem Autor aus, der auch Proklos als göttlich inspiriert galt, Homer. Aus dem Kommentar zum Staat ergibt sich, dass der Neuplatoniker seinen Werken großen Respekt

---

fangen habe. Alles andere habe er sich, u.a. mithilfe der Kommentare des Porphyrios und des Jamblich selbst erarbeitet.
LUNA / SEGONDS / ENDRESS 2012, 1553-1554, sprechen sich dagegen dafür aus, nur den *Kommentar zur Theologie des Orpheus* sowohl Syrian als auch seinem Schüler Proklos zuzuschreiben. Alle anderen Doppelzuweisungen der Suda halten sie für Werke des Syrian.

[32] Marinos, *Vita Procli* § 22, 21-29, übersetzt von I. Männlein-Robert.

[33] Illustriert wird das unter Bezugnahme auf den platonischen *Theaitet*. Es ist Kennzeichen der Hebammenkunst (Maieutik) des Sokrates, dass er das, was er ans Licht bringt, auf seine Qualität hin prüft: „Dir aber will ich Geburtshilfe leisten, und deshalb besreche (*epadô*) ich dich und lege dir zu kosten vor von allerlei Weisheit, bis ich endlich auch deine Meinung mit ans Licht bringe. Ist sie aber ans Licht gebracht, dann will ich auch gleich sehen, ob sie sich als ein Windei (*anemiaion*) oder als eine gesunde Geburt zeigen wird." (*Theaitetos* 157c-d, übersetzt von F. Schleiermacher). Eine allgemeine Charakterisierung der Maieutik bietet *Theaitetos* 148e-151d.

zollt, aber sich auch ab und an die Freiheit nimmt, Homer zu kritisieren. Im Gegensatz dazu wird Platon von Proklos im gesamten Corpus niemals kritisiert. Bedenken wir die Platzierung der Passage zur Harmonisierung der Traditionen bei Marinos in der Vita, fällt auf, dass wir uns auf der Stufe der kontemplativen Tugenden (theôretikai arêtai) befinden. Die Orphiker und Chaldäer spielen vor allem im Zusammenhang mit den theurgischen Tugenden eine Rolle. Daher könnte man schließen, dass sich die Prüfung nicht auf sie beziehe. Andererseits spricht der Kontext unserer Stelle von „der ganzen hellenischen und barbarischen Theologie und derjenigen Mythologie, die durch Mythen verdunkelt seien".[34] Die kritische Evaluierung, könnte sich also auf die gesamte hellenische und nicht griechische („barbarische") Theologie beziehen. Andererseits haben wir meines Wissens keine Beispiele dafür, daß Proklos die Orphiker und Chaldäer kritisiert hätte.

Ein sehr gutes Beispiel für Syrianos' und Proklos' Bemühungen um die Einheit der hellenischen Tradition, ist das große, bereits im Mittelplatonismus angelegte Projekt der Versöhnung von Platon und Homer. Platons Dichterkritik gibt den Platonexegeten bis in die heutige Zeit Rätsel auf. Wie konnte er einen Dichter, den er selbst göttlich-inspiriert nennt, aus seinem Staat ausweisen? Lässt sich die Kritik an Homer auf eine allgemeine Verurteilung aller künstlerischen Tätigkeit erweitern, wie es das 10. Buch des *Staates* zu suggerieren scheint? Sind also alle Künstler (Dichter, Maler, Bildhauer) drei Stufen von der Wahrheit entfernt (*tritos apo tês alêtheias* [Staat X, 597e])? Würde Platon damit nicht auch sein eigenes literarisches Werk kompromittieren?

Für die Neuplatoniker waren diese Fragen nicht weniger schwierig zu beantworten als für uns heute. Dazu kommt, dass für die Platoniker der ausgehenden Antike sowohl Homer als auch Platon große, quasi gottgleiche Autoritäten darstellten. Syrianos und Proklos schlichten sozusagen den alten Streit zwischen Dichtung und Philosophie und versöhnen damit Homer und Platon. Das erreichen sie vor allem durch zwei Strategien: eine allegorische Interpretation der homerischen Epen und eine, man könnte sagen, homerische Poetik, die drei verschiedene Arten von Dichtung unterscheidet, parallel zu den drei Erkenntnisvermögen der platonischen Seele, intuitives Denken (*noêsis*), diskursives Denken (*dianoia*), wahre Meinung/wahres Urteil (*orthê doxa*). Die erste Dichtungsart ist

---

[34] S. die gute Anmerkung von SAFFREY / SEGONDS / LUNA 2002 *ad loc.*

göttlich-inspiriert bzw. inspiriert durch die Musen, die zweite geleitet durch ein Wissen (von der Seele, der natürlichen oder politischen Ordnung), die dritte ist mimetisch (nachahmend) und untergliedert sich in korrekte, von Einsicht geleitete Nachahmung und der Schaffung oder Darstellung von Illusionen. Diejenige Dichtung, die Platon-Sokrates kritisiere, sei ausschließlich die mimetische, vor allem in ihrem negativen Aspekt.[35] Damit ist der Großteil der homerischen Epen gerettet, wenn auch zu dem Preis, dass sie allegorisiert werden müssen.

Neben seiner Dichtungstheorie stand Proklos noch eine zweite Strategie zu Gebote, um Werke seiner Vorgänger auszulegen. In seiner *Platonischen Theologie* (I 4) führt er aus, dass Platon vier Arten und Weisen (*tropoi*) gehabt habe, um über das Göttliche zu sprechen, nämlich inspiriert (*entheastikôs*), dialektisch (*dialektikôs*), symbolisch (*sumbolikôs*) und in Bildern (*apo tôn eikonôn*). Im *Phaidros*, im Mythos von der Himmelfahrt der Seele, spreche er inspiriert. Im *Sophistes* und *Parmenides* entwickele er seine Gedanken in dialektischer Weise; denn hier gehe es um das Seiende und seine Ableitung in den verschiedenen Seinsstufen vom Einen her. Im *Protagoras*, *Symposium* und *Gorgias* mische Platon *mythos* und *logos* und nähere sich in symbolischer Weise der göttlichen Wahrheit an. Im *Timaios* und *Politikos* schließlich wende er die eikonische Methode an, denn hier nähere er sich dem Göttlichen durch Abbilder, also über die Mathematik, die Physik oder die Ethik.[36]

Es ist unmittelbar einsichtig, wie dieses Viererschema als Exegeseinstrument fruchtbar gemacht werden kann, vergleichbar etwa mit der spätantik-mittelalterlichen Lehre vom vierfachen Schriftsinn der Bibel. Jede Aussage Platons über das Göttliche steht, folgen wir Proklos' Schema der vier *tropoi*, nicht mehr zwangsläufig auf der gleichen Stufe, hat nicht mehr zwangsläufig das gleiche Gewicht, muss nicht mehr auf die höchsten Götter direkt bezogen

---

[35] Laut Syrianos und Proklos, sei Homer zwar der Begründer der Mimesis, betreibe aber diese Art von Dichtung nur hin und wieder. Die Dichtung der Tragiker und Komiker sei hingegen wesentlich mimetisch.

[36] Für die Neuplatoniker bilden diese drei Bereiche die göttliche Ordnung der Ideen im Sinne der Beziehung von Vorbild und Abbild ab. Der Erkenntnisweg von Physik, Mathematik und Ethik geht also vom Abbild zum Original zurück. Alle drei Disziplinen weisen so gesehen über sich hinaus und werden nie, wie auch bereits bei Platon selber, als Zweck in sich selbst betrieben.

werden, kann, in mythischer Darstellung, auch entsprechend allegorisiert werden.

Sicher ist schließlich, dass Proklos nur diejenigen mythischen Erzählungen in den Kanon der autoritativen Überlieferung einzureihen bereit war, die den Vorgaben richtiger Theologie, wie Platon sie im zweiten Buch der *Politeia* niedergelegt hatte, entsprechen.

Der Umstand, dass die alten Dichter, die der Auffassung waren, in übertrieben tragischer Weise die unsagbaren Erzählungen über die Götter abfassen zu müssen und aus diesem Grund die Irrfahrten der Götter, ihre Verstümmelungen, ihre Kriege, das gegenseitige Zerfleischen, die Raubzüge, Ehebrüche und viele andere derartigen Symbole darstellten wegen der in ihnen [sc. in diesen Erzählungen] verborgenen Wahrheit über die göttlichen Wesenheiten, - diese Art von Theologie also schafft Platon sich vom Halse und sagte, sie sei zur Kindererziehung ganz und gar ungeeignet.

Zugleich ermahnte er dazu, die Erzählungen von den Göttern in mythischer Form glaubwürdiger, und auf die Wahrheit und die Haltung des Philosophen hin angemessener zu gestalten, indem sie dem Göttlichen (als Ursache) alle guten Dinge zuschreiben sollten, aber nichts Schlechtes, und dass das Göttliche jeglicher Art von Veränderung (*metabolê*) unteilhaftig sei und immer seine Ordnung unverwandt beibehalte, und dass es Ursache der Wahrheit sei, die in ihm ihren Ursprung habe, aber keiner Täuschung für andere. Denn solche Vorbilder / Musterbilder für (richtige) Theologie (*theologias tupoi*) hat der Sokrates in der *Politeia* uns an die Hand gegeben.[37]

3. Proklos als Lehrer und Autor

Wir wissen wenig über das Buchwesen und die Publikationsmodalitäten zu Proklos' Zeiten. Aus Marinos' *Vita* können wir allerdings entnehmen, dass in der neuplatonischen Schule von Athen wichtige autoritative Texte kommentiert wurden, u.a. in Form von Scholien (gr. *scholia*), d.h. Kommentaren, die an den Rändern von Ausgaben der zu kommentierenden Texte niedergeschrieben wurden.[38] Die entsprechenden Exemplare konnten durchaus von Nachfolgern vervollständigt und ergänzt werden.

Diese Kommentarpraxis war bei Proklos und seinen Vorgängern im Scholarchenamt eng mit dem Unterricht und der gemeinsamen Lektüre in der Schule verbunden. Der folgende Text ist ein interes-

---

[37] Proklos, *In Theol. Plat.* I 4,21.13-28, meine Übersetzung. Zu den *typoi theologias* aus dem zweiten Buch der *Politeia* s. MÄNNLEIN-ROBERT 2010.

[38] Zur Bedeutung von gr. *scholion* s. SAFFREY / SEGONDS / LUNA 2002 *ad loc.*

santes Zeugnis für die Entstehung von Proklos' Kommentaren zu den orphischen Gedichten.

> *Vita Procli* § 27: Als ich einmal bei ihm [sc. Proklos] die Gedichte des Orpheus las, und dabei nicht nur die bei Iamblich und bei Syrianos stehenden Interpretationen hörte, sondern zugleich mehr der Theologie angemessene, forderte ich den Philosophen auf, die solchermaßen inspirierte Dichtung nicht unerklärt zu lassen, sondern auch diese vollständiger zu kommentieren. Er aber sagte, dass er zwar schon oft den Drang verspürt habe, das zu schreiben, aber klar von einigen Traumgesichten daran gehindert wurde. Denn er sagte, dass er seinen Lehrer gesehen habe, wie er ihn unter Drohung abgewehrt habe. Als ich mir nun also einen anderen Plan ausgedacht hatte, bat ich ihn, seine Meinungen in den Büchern des Lehrers an den Rand zu schreiben; da er, der Inbegriff des Guten, gehorchte und auf die Vorderseiten der Kommentare seine Anmerkungen an den Rand schrieb, bekamen wir eine Zusammenstellung aller zum selben Thema, und es entstanden auch seine Scholien zum Orpheus und Kommentare von nicht wenigen Zeilen, wenngleich es ihm freilich nicht mehr möglich war, dies für die gesamte Mythologie oder alle Rhapsodien zu machen.
> [Übers. I. Männlein-Robert, leicht abgeändert]

Der Ausschnitt ist aus mehreren Gründen erwähnenswert. Zunächst erfahren wir, dass sich Proklos' Kommentierung des Orpheus wesentlich von der des Jamblich und des Syrian unterschied; sie sei theologischer, d.h. im damaligen Verständnis mit besonderem Augenmerk für theologische/metaphysische Aspekte durchgeführt worden. Was das im Einzelnen bedeutete, ist leider nicht mehr zu rekonstruieren, da sowohl Jamblichs, Syrians als auch Proklos Kommentare verloren sind. Wichtig ist aber, dass Marinos einen Unterschied zwischen Syrian und Proklos macht, da es, wie wir oben gesehen haben, schwierig ist, die Abweichungen des Proklos von den Positionen seines Lehrers Syrian namhaft zu machen.

Aufgrund der Originalität der proklischen Exegese bittet Marinos ihn darum, einen eigenen Gesamtkommentar zu den orphischen Gedichten zu verfassen. Das lehnt Proklos mit einem Verweis darauf ab, Syrian sei ihm mehrmals im Traum erschienen, um ihn von einem solchen Vorhaben abzuhalten.[39] Er erklärt sich aber schließlich dazu bereit, Syrians Kommentar um seine eigenen Kommentare zu ergänzen.

---

[39] Auch sonst werden Traumerscheinungen in der *Vita Procli* eine große Bedeutung beigemessen. S. dazu den Beitrag von DILLON in diesem Band.

Dieser Umstand könnte eine Merkwürdigkeit erklären, die der Forschung immer wieder Rätsel aufgegeben hat. In dem umfangreichen byzantinischen Lexikon Suda existieren zwei identische Werklisten von Proklos und Syrian. Davon abgesehen, dass diese Listen unvollständig sind, ist es dennoch merkwürdig, dass beide Neuplatoniker als Autoren genannt werden. Ein Grund für diese Merkwürdigkeit wäre möglicherweise, dass es sich um Schriften handelte, die von Syrian verfasst und von Proklos ergänzt und wesentlich vermehrt wurden.[40]

4. Das Verhältnis von Platon und Aristoteles

Neuplatoniker stehen im Allgemeinen in dem Ruf, Platon und Aristoteles zu harmonisieren.

> [T]here is [...] a baseline agreement among the Neoplatonists as to the lineaments of harmony (sc. between Platon and Aristotle). Disagreement about details does not change this.[41]

Und bereits in der alten Akademie und im Mittelplatonismus gibt es reiches Textmaterial dafür, dass Platoniker Terminologie und philosophische Ansichten beider Denker kombiniert haben. Allerdings ist es notwendig, dass Phänomen der Harmonisierung differenziert zu betrachten. Neuplatoniker sahen sich zunächst einmal als Teil einer platonischen *philosophia perennis* und damit in der Nachfolge Platons. Wir kennen meines Wissens keinen Fall eines Neuplatonikers, der Aristoteles für bedeutender als Platon gehalten hätte. Es gibt, soweit ich sehe, auch keine Beispiele von offener Platonkritik. Ausgehend von diesem, um die Worte Gersons zu benutzen, „baseline agreement" gibt es jedoch große Unterschiede in der individuellen Annäherung an die beiden großen antiken Philosophen. Kernfrage ist und bleibt dabei, wie man die Platonkritik des Aristoteles besonders mit Hinblick auf die Ideenlehre bewerten soll. Hier findet man z.B. bei Simplikios und Asklepios die Strategie zu argumentieren, die Kritik sei gar nicht primär gegen Platon gerichtet, sondern lediglich gegen eine falsche Auffassung der platonischen Lehre. Zu verweisen ist auch auf die häufig be-

---

[40] Zur Zuschreibung dieser Werke an Proklos s.o. Anm. 31 mit weiterer Literatur.
[41] L. P. GERSON, *Aristotle and Other Platonists* (Ithaca 2005) 16.

nutzte simplikianische Formel, dass beide nur dem Wortlaut nach zu divergieren schienen, nicht dem Sinn oder der Bedeutung des Gesagten nach.[42] Überhaupt gibt es Neuplatoniker wie Jamblich oder Simplikios, die den Versuch unternehmen, die beiden Denker bezogen auf wichtige philosophische Fragen zu harmonisieren.[43] Sicherlich war die Konstruktion einer einheitlichen Vision auf die hellenische Tradition (von den Theologen und Pythagoras über Platon und Aristoteles bis Plotin und Jamblich) eine der Hauptmotivationen dafür.

Syrian und Proklos gehören zu denjenigen Neuplatonikern, die Aristoteles zwar schätzen, jedoch ab und an nicht vor drastischer Kritik an seinen Positionen zurückschrecken, auch in Kontexten, wo eine Kritik vermeidbar wäre.[44] Was Syrian angeht, ist hier besonders sein Kommentar zur Metaphysik zu nennen, der es sich primär zum Ziel gesetzt hat, Platon und die Pythagoreer zu verteidigen.[45] Proklos' Kritik an Aristoteles bezieht sich auf viele wichtige Bereiche der Philosophie wie die Epistemologie, Seelenlehre, Sprachtheorie, Physik, Prinzipienlehre.[46] Mit besonderer Ausführlichkeit kritisieren Syrian und Proklos die Auffassung, die Wissenschaft der Mathematik oder die menschliche Erkenntnis im Allgemeinen könne auf Denkobjekten basieren, die durch einen Abstraktionsprozess aus den Sinnendingen gewonnen werden.[47]

Eine gute Illustration für Proklos' generelle Einschätzung des Verhältnisses der aristotelischen und platonischen Philosophie

---

[42] S. dazu z.B. GAVRAY 2007 und GOLITSIS 2008 und 2018.

[43] Das heißt im Falle des Simplikios nicht, dass er Aristoteles nicht kritisieren könnte. Ein gutes Beispiel dafür ist sein *Corollarium de loco*, in dem er die aristotelische Theorie des Ortes (*Physik* IV 1-5 zurückweist). Er vermeidet allerdings in den meisten Fällen direkte Kritik am Stagiriten.

[44] Plotin war vermutlich derjenige Neuplatoniker, der als erster ein solch gespaltenes Verhältnis zu Aristoteles an den Tag legte. Er kritisiert ihn vor allem in den späten Schriften VI 1-3 [42-44] (*Über die Gattungen des Seienden*), aber auch an anderen Stellen seines Werkes (s. dazu CHIARADONNA 2002 und DE HAAS 2001 und 2004).

Schon sein Schüler Porphyrios scheint ein wesentlich positiveres Aristotelesbild gehabt und sich gleichzeitig bemüht zu haben, in seinem Werk *Geschichte der Philosophie* eine einheitliche Entwicklung der hellenischen philosophischen Tradition zu propagieren (s. KARAMANOLIS 2006, 243-270: „If I am right, then no Porphyrian criticism of Aristotle survives." [S. 244]).

[45] Dazu mehr im letzten Abschnitt.

[46] Siehe z.B. HELMIG 2012, 205-221.

[47] HELMIG 2012, 205-221.

findet sich im Pröomium des *Timaioskommentars*. Dort vergleicht der Neuplatoniker das naturwissenschaftliche Projekt des platonischen *Timaios* mit der aristotelischen Physik. Während Platon die Ursachen der physikalischen Welt (*phusis*) von höheren Ursachen abgeleitet und damit in seiner *phusiologia* eine Art der Theologie (gr. *theologia tis*, d.h. eine Art von Metaphysik) betreibe, habe Aristoteles strenggenommen nur die Hilfsursachen (gr. *sunaitia*) untersucht. Sein gesamter Ansatz sei daher mangelhaft.[48]

5. Die zentrale Rolle der philosophischen Theurgie

Bereits ein oberflächlicher Vergleich zur *Vita Plotini* zeigt, dass Proklos sich im Gegensatz zu Plotin durch eine Religiosität auszeichnet, die in viel stärkerem Maße dem Volksglauben und dem Ritual verpflichtet ist. Marinos weist wiederholt daraufhin, dass er eine besondere, man könnte sagen persönliche Beziehung zu zahlreichen Gottheiten unterhielt. Sein Lebensweg wurde begleitet und strukturiert von Gebeten, Hymnen, Ritualen, Traumerscheinungen und Epiphanien.[49] Wir haben oben bereits gesehen, dass an der Spitze der Hierarchie der Tugenden als letzte Stufe der menschlichen Vervollkommnung die theurgischen Tugenden standen.[50]

Grundlegend für ein angemessenes Verständnis eines Phänomens wie der Theurgie, das so verschieden von modernen Erscheinungsformen philosophischer Praxis ist, sind spätantike Debatten darüber, wie das Endziel (*telos*) des menschlichen Lebens zu erreichen sei. Ein Text aus Damaskios' Kommentar zum *Phaidon* stellt die beiden Positionen gegenüber.

---

[48] STEEL 2003.

[49] Proklos war also nach antikem Verständnis ein echter *theios anêr*. S. dazu die bekannte Monographie von BIELER 1967; MÄNNLEIN-ROBERT, Einleitung in diesem Band, S. 10-15 und den Beitrag von DILLON in diesem Band.

[50] Marinos verweist bei der ersten Erwähnung der Tugendhierachie (*Vita Procli* § 3.1-6) sogar auf Tugenden, die noch über den theurgischen stehen (*tas de eti anôterô toutôn*); jedoch sind diese den Menschen nicht zugänglich (*Vita Procli* § 3.4-6). Zu den Tugendhierarchien im Neuplatonismus im Allgemeinen s. oben Anm. 22-23 und den Abschnitt von O'MEARA in der Einleitung (S. 20-23).

Für einige ist die Philosophie wichtiger, z.B. für Porphyrios, Plotin und zahlreiche andere Philosophen; für andere Theurgie, z.B. für Jamblich, Syrian und Proklos und alle Theurgen (*hoi hieratikoi*).[51] Der Gegensatz zwischen den beiden Gruppen von Neuplatonikern muß richtig verstanden werden. Falsch wäre es, hier einen Gegensatz erkennen zu wollen, zwischen Philosophen und Schwärmern oder zwischen Philosophie und Religion, zwischen *ratio* und *fides*. Für Proklos, und vor ihm für Jamblich und Syrian, bildet die Theurgie nur den Abschluss oder die Krönung der philosophischen Tugenden.[52] Mit anderen Worten, Philosophie und Theurgie sind nicht zwei verschiedene Wege zum *telos*, sie verhalten sich zueinander komplementär. Mithilfe der Philosophie gelangt man zu einem bestimmten Punkt auf der Tugendskala (bis zu den kontemplativen Tugenden). Weiter geht es nur mit der Theurgie; das heißt, dass die Philosophie eine notwendige, aber keine hinreichende Bedingung für das Erreichen des höchsten Gutes ist.

Wenn man allerdings genauer betrachtet, was Marinos alles zur Theurgie hinzu rechnet,[53] fragt man sich zu recht, ob Aktivitäten wie Regenmachen angemessen als höchste Vervollkommnung eines neuplatonischen Philosophen gelten können.[54] Und tatsächlich haben viele Neuplatonismusforscher, auf der Basis eines einflussreichen Artikels von Anne Sheppard, eine Unterscheidung zweier Arten von Theurgie vorgenommen, die grob der Unterscheidung

---

[51] Damasc. *In Plat. Phaed.* I 144 (WESTERINK).

[52] Mit dem Ausdruck „philosophische Tugenden" meine ich diejenigen Tugenden, die durch die Philosophie allein, also ohne religiöse Rituale etc., zu erreichen sind. Diese philosophischen Tugenden erstrecken sich demnach bis zu den kontemplativen Tugenden.

[53] Aus der *Vita Procli* können wir entnehmen, was im einzelnen zur Theurgie gerechnet wurde; bekannte Beispiele sind Beten, Hymnen dichten (§ 26), das Studium der orphischen Gedichte und der *Chaldäischen Orakel* als Hinleitung zu den theurgischen Tugenden (§ 28), Gebete und magische Riten der Chaldäer (§ 28), Reinigungsrituale der Chaldäer; Heilung von Kranken (Asklepigeneia-Episode, § 29). In der Regel werden diese Dinge nicht, wohl aus Angst vor den christlichen Machthabern, in der Öffentlichkeit durchgeführt.

[54] Proklos theurgische Wundertaten werden von Marinos folgendermaßen zusammengefasst: „Er bewirkte Regengüsse, indem er ein Zauberrad nutzbringend bewegte, und befreite Attika von unmäßigen Hitzewellen. Er deponierte Schutzamulette gegen Erdbeben und erprobte die mantische Kraft des Dreifußes und brachte Orakelverse über seine eigene Bestimmung hervor." (Marinos, *Vita Procli* § 28.19-24, übersetzt von I. Männlein-Robert)

von schwarzer und weißer Magie entspricht.[55] Doch ist Vorsicht geboten, damit wir nicht vorschnell in eine anachronistische Betrachtungsweise dieser für uns fremden Phänomene verfallen. Vieles spricht dafür, Theurgie als ein einheitliches Gebilde zu begreifen.[56]

Ein richtiges Verständnis der Theurgie setzt vor allem ein richtiges Verständnis ihrer Ziele und ihrer theoretischen Prämissen voraus. Aber auch hier herrscht eine überraschende Uneinigkeit innerhalb der Literatur. Das beginnt bereits mit der Erklärung des Wortes. M.E. ist es sehr naheliegend, Theurgie zu erklären als „göttliche Werke" (*theia erga, erga theôn*) oder „göttliches Wirken". Der Theurge möchte einen Zustand erreichen, in dem er in der Lage ist, das göttliche Wirken zu imitieren (analog der platonischen *homoiôsis theôi*) und gemeinsam mit den Göttern providentiell tätig zu sein.[57] Die wichtigste Prämisse für die theurgische Praxis, im Gegensatz zur Magie, ist es nämlich, dass die Götter gut und unveränderlich sind. Dieses theologische Axiom wird bereits von Platon im zweiten Buch des *Staates* begründet. Vor diesem Hintergrund müssen alle diejenigen Deutungen als verfehlt gelten, die annehmen, der Theurge wolle, dem Magier gleich, die Götter beeinflussen und für seine Zwecke instrumentalisieren.[58]

Die Theurgie ist eines der interessantesten Phänomene im Neuplatonismus und gleichzeitig etwas, das unserer heutigen Erlebniswelt sehr fremd ist. Deutlich scheint, dass das Konzept eng an die platonische Maxime der *homoiôsis theôi* anknüpft. In der Theurgie gehen Philosophie und Ritual/Kult eine interessante Verbindung ein, und ohne die Theurgie war für Proklos das Ziel allen menschlichen Strebens nicht zu erreichen.

---

[55] SHEPPARD 1982. Zur Theurgie im allgemeinen s. z.B. VAN LIEFFERINGE 1999 und TANASEANU-DÖBLER 2013.

[56] S. dazu HELMIG / VARGAS 2013 und HELMIG / VARGAS (forthcoming). Beide Artikel schlagen eine Neuinterpretation einer der Hauptquellen (Hermias, *In Phaedr*. 92.6-26) für die Sheppardsche Unterscheidung vor.

[57] Zur Wichtigkeit des Zusammenhanges von Theurgie und göttlicher Providenz s. HELMIG / VARGAS 2013.

[58] Eine solche verfehlte Deutung spiegelt sich in der Erklärung des Wortes Theurgie als „auf die Götter Wirken", „Einfluß auf die Götter nehmen".

6. Proklos' Bewertung der literarischen Überlieferung

Im 38. und letzten Kapitel der *Vita Procli* zitiert Marinos einen nach eigenen Angaben häufigen Ausspruch des Proklos, der verdeutlichen soll, wie der Neuplatoniker über die literarische Überlieferung gedacht habe.

> Er pflegte oft auch folgendes zu sagen: „Wenn ich bestimmen könnte, würde ich bewirken, dass von allen alten Büchern allein die *Orakelsprüche* und der *Timaios* überliefert würden, die anderen aber würde ich verschwinden lassen aus der Welt der jetzigen Menschen, weil einige von denen, die sie unüberlegt und ohne kritische Prüfung lesen, Schaden daran nehmen."[59]

Diese Aussage des Proklos hat immer wieder Anlass zur Kritik gegeben, durchaus vergleichbar mit Platons Ausweisung Homers aus seinem Staat, über die wir weiter oben gesprochen haben. Davon abgesehen, dass es sich um ein bloßes Gedankenexperiment handelt („wenn ich bestimmen könnte"), hat der Text zwei zentrale Aussageabsichten. Zunächst erfahren wir von der einzigartigen Stellung, die die *Chaldäischen Orakel* und der platonische *Timaios* für Proklos innehatten. Dann betont der Neuplatoniker, dass es Schriften gebe, die unvorbereiteten Lesern Schaden zufügen könnten.

Beginnen wir zunächst mit dem ersten Punkt. Warum standen die *Chaldäischen Orakel* in so hohem Ansehen bei Proklos? Warum soll nur der *Timaios*, nicht aber der *Parmenides* erhalten werden? Beide Dialoge bieten ja nach Auffassung der Neuplatoniker eine Zusammenfassung der gesamten platonischen Philosophie, wobei der *Timaios* die Physik und der *Parmenides* die Metaphysik abbildet.[60] Bei den *Chaldäischen Orakeln* handelt es sich um eine Sammlung von theologischen Orakeln, die ein philosophisches System voraussetzen, das dem Mittelplatonismus zugerechnet werden kann.[61] Als Verfasser gilt der jüngere Julian, genannt der Theurge, der etwa zur Regierungszeit des Kaisers Marc Aurel (161-180 n. Chr.) gelebt hat. Auf ihn geht ein Werk mit dem Titel *Orakel in Versen* (*logia di' epôn*) zurück; nach Michael Psellos ist dieses Werk identisch mit den *Chaldäischen Orakeln*, die Proklos und Damaskios zitieren. Obwohl die Orakel ein Produkt der römischen Kai-

---

[59] Marinos, *Vita Procli* § 38.15-20, übersetzt von I. Männlein-Robert.
[60] SAFFREY / SEGONDS / LUNA 2002 zur Stelle.
[61] BRISSON 2005 786-87.

serzeit sind, erlangen sie im späteren Neuplatonismus eine gleichsam göttliche Autorität. Entsprechend sind die *Chaldäischen Orakel* als göttliches Buch oder Bibel der Neuplatoniker bezeichnet worden.[62] Durch ihr vermeintliches Alter und ihre vermeintliche Herkunft spielen sie eine wichtige Rolle in dem Projekt, das weiter oben erwähnt wurde, die Einheit der gesamten hellenischen Tradition gegenüber der christlichen Überlieferung zu plausibilisieren. Proklos benutzt die Orakel vor allem in seinen Kommentaren, um zu zeigen, dass bestimmte von ihm oder seinen Vorgängern herausgearbeiteten Platoninterpretationen im Einklang mit der alten Theologie stünden.

Doch kommen wir zurück zum *Timaios* und *Parmenides*. In ihrer Anmerkung zur Stelle schlagen Saffrey / Segonds / Luna vor, der *Parmenides* sei an unserer Stelle nicht von Proklos' erwähnt worden, weil seine Interpretation unter Platonikern sehr umstritten gewesen sei.[63] Das zeige sich nicht zuletzt daran, wie stark bereits Marinos von der Deutung Syrians und des Proklos abweiche.[64] Und tatsächlich bietet der Dialog seinen Lesern zwei Hauptschwierigkeiten. Zunächst müssen sie als Platoniker Antworten auf die von Parmenides formulierte Kritik an der Ideenlehre finden. Dann müssen sie versuchen, den zweiten, sehr enigmatischen Teil des Dialoges zu interpretieren. Es bestehen daher gute Gründe anzunehmen, dass der *Parmenides* für Proklos zu denjenigen Werken zählen dürfte, die unvorbereiteten bzw. nicht genügend ausgebildeten Lesern eher schaden als nützen.

Allerdings bleibt die Frage bestehen, ob nicht die Platonlektüre ohne den *Parmenides* tatsächlich unvollständig bliebe. Vermutlich war Proklos der Ansicht, dass der *Timaios* sich nicht nur auf die Physik beschränke bzw. sich nicht in der Physik erschöpfe. Wenn er im Vorwort zu seinem *Timaioskommentar* die platonische Naturwissenschaft als eine Art von Theologie (*theologia tis*) bestimmt, ist damit bereits gesagt, dass auch die metaphysischen Ursachen der Natur in der Darstellung eine Rolle spielen.[65] Daher könnte

---

[62] SENG 2016, 19-20.

[63] SAFFREY / SEGONDS / LUNA 2002, 181.

[64] Während Proklos und vor ihm Syrianos den zweiten Teil des Dialogs als Beschreibung des Hervorgangs aller Seinsstufen gedeutet hatten, nahm Marinos an, Platon beziehe sich dort auf die Ideenlehre. Siehe SAFFREY / SEGONDS / LUNA 2002, XVII-XX.

[65] Im späteren Neuplatonismus stand *theologia* für das, was wir heute als Metaphysik bezeichnen würden (STEEL 2005), und bekanntermaßen gibt es

man durchaus der Ansicht sein, der *Timaios* bilde die gesamte platonische Philosophie ab, insofern durch das Abbild, die sensible Welt, auch das Vorbild, die intelligible Welt, erkannt werden kann.⁶⁶

Doch welche Literatur hat Proklos im Sinn, wenn er darauf verweist, dass bestimmte Werke ihren Lesern schaden könnten? Wir haben bereits gesehen, dass damit z.b. der platonische *Parmenides* gemeint sein könnte. Auch Homer ist, weil er nach neuplatonischer Auffassung allegorisch gelesen werden muss, sicher ohne Anleitung kaum richtig zu verstehen. Eine weitere Schwierigkeit, und das geht aus Syrians Kommentar zur *Metaphysik* hervor, war der Umgang mit Aristoteles' Kritik an Platon. Auch hier, so Syrian, bestehe die Gefahr, dass sich ein unwissender Student zu rasch von der Reputation des Aristoteles beeindrucken lassen, und die Argumente gegen seinen Lehrer für zutreffend halten könne:

> Gleichwohl, da es eine Tatsache ist, dass er, warum auch immer, sowohl in anderen Teilen seiner theologischen Abhandlung [i.e. der *Metaphysik*] und insbesondere in den letzten zwei Büchern, also Buch 13 und 14, einen sehr heftigen Angriff gegen die Pythagoreische und Platonische Prinzipienlehre geführt hat, [...] erschien es vernünftig, um die schlichteren Studenten zu schonen, dass sie nicht eingenommen von seinem rechtmäßigen Ruhm dazu verführt würden, die göttlichen Dinge (*pragmata*) und die göttlich-inspirierte Philosophie der Alten zu verachten, seine Bemerkungen, nach unseren Möglichkeiten, einer kritischen und unvoreingenommenen Prüfung zu unterziehen und zu zeigen, dass die Lehren von Pythagoras und Platon über die ersten Prinzipien nicht widerlegt werden können.⁶⁷

---

dafür bereits eine Referenzpassage in Aristoteles' *Metaphysik* (E 1, 1026a18-19).

⁶⁶ „At its summit, philosophy of nature studies the natural world in order to obtain knowledge of its transcendent causes. At this level, it can be called theological or dialectical philosophy of nature. That does not imply, however, that philosophy of nature at this level turns into theology pure and simple. The proper subject matter of the discipline is and remains the natural world, which imposes certain limitations on it, e.g. that it will never be a study of the transcendent *per se*, but always *insofar as it is the cause* of the natural world." (M. MARTIJN, *Proclus on Nature. Philosophy of Nature and its Methods in Proclus' Commentary on Plato's Timaeus*. Philosophia Antiqua 121 [Leiden 2010] 299).

⁶⁷ Syrianos, *In met.* 80.16-27, meine Übersetzung.

7. Schlusswort

Das *Leben des Proklos* aus der Feder seines Schülers Marinos von Neapel ist ohne Zweifel eine interessante Quelle für seine Philosophie. Ebenso interessant ist allerdings, was Marinos alles nicht über Proklos berichtet. Hier bietet sich ein Vergleich mit der *Vita Plotini* des Porphyrios an. Im Gegensatz zum Plotinschüler und Editor seiner Werke gibt uns Marinos keine Werkliste des Proklos, er sagt auch nichts zur Herausgabe und Zirkulation seiner Schriften. Wenig erfahren wir über seine Arbeitsgewohnheiten, aber nichts über seinen Stil. Auch Proklos' Verhältnis zu anderen Philosophen (insbesondere zu Platon oder bekannten Platonikern/Neuplatonikern) oder Diskussionen aus der Schule werden nicht eigens zum Thema gemacht.

Zentral für den Biographen ist vielmehr, zu zeigen, dass Proklos seine menschlichen Anlagen soweit entfaltet hat, dass er erreicht hat, was ein Mensch erreichen kann. Dank seiner guten Anlagen und einem Leben in Fleiß und Askese sei es ihm gelungen, alle Tugenden bis zu den sogenannten theurgischen zu erwerben und auf diese Weise Dinge zu vollbringen, die nicht in der Macht gewöhnlicher Menschen stehen: Wetter- und Heilungswunder sowie ein ausgezeichneter Kontakt zu mehreren Gottheiten (wie Athene, Pan und die Göttermutter). Damit ist ein Grundmotiv benannt, das die gesamte Vita Procli wie ein roter Faden durchzieht: Proklos als „theios anêr", der die Einheit der durch seine umfassenden Kenntnisse und seine exegetische Brillianz der Einheit der hellenistischen Weisheitradition sichere Fundamente gibt und den scheinbaren Antagonismus von Philosophie und religiös-ritueller Theorie und Praxis in der Einheit der neuplatonischen Theurgie überwindet.

Philosophos oikonomos

Haushaltsethik in Porphyrios' *Vita Plotini* und in Marinos' *Vita Procli*[1]

Dominic J. O'Meara

Marinos hat seine Rede über Proklos' Leben, wie wir wissen, nach einer aufsteigenden Stufung der Tugenden gestaltet, um zu zeigen, wie Proklos das vollständige Glück erreicht hatte.[2] So werden zuerst die ‚natürlichen' Tugenden bei Proklos beschrieben, d.h. die körperlichen und seelischen Vorzüge, welche Proklos schon bei der Geburt besaß (Kap. 3-6). Dann werden die ‚ethischen' Tugenden des Proklos behandelt, also die tugendhafte Gestaltung seines Charakters, welche ihn auszeichnete, als er noch Kind und junger Mann war (Kap. 7-13). Dann erscheinen bei ihm, laut Marinos, die sogenannten ‚politischen' Tugenden, also eine rationale Ordnung der Seele in ihrem Zusammensein mit dem Körper (Kap. 14-17), sowie Tugenden, die zu einer höheren Stufe des Lebens führen, die ‚kathartischen' (reinigenden) Tugenden, welche die Seele vom körperlichen Leben befreien (Kap. 18-21). Somit steigt die Seele des Proklos hinauf und erreicht dann noch höhere Stufen eines göttlichen Lebens. Gemäß dieser Theorie einer Tugendhierarchie, die zum Teil schon bei Plotin vorkommt und dann bei Porphyrios und Iamblich weiter entwickelt wurde, befinden sich die vier Kardinaltugenden (Weisheit, Mut, Besonnenheit, Gerechtigkeit) auf jeder Stufe der Hierarchie, werden aber verschieden bestimmt, nach der Verschiedenheit der Stufen. Somit gibt es, zum Beispiel, ‚natürlichen' Mut (man kann von Natur aus mutig sein), ‚ethischen' Mut (ein mutiger Charakter wird im Kind geformt), ‚politischen' Mut (die niedrigeren Seelen-

---

[1] Für freundliche Kritik und großzügige Hilfe bin ich I. Männlein-Robert, H.-G. Nesselrath und M. Becker sehr verpflichtet.
[2] BLUMENTHAL 1984; SAFFREY / SEGONDS / LUNA 2001, LI-C.

teile gehorchen der Vernunft der Seele), ‚kathartischen' Mut (die Seele fürchtet nichts Körperliches), usw.

Wenn wir uns nun den Kapiteln zuwenden, in denen Marinos die ‚politischen' Tugenden des Proklos beschreibt, stellen wir fest, dass Marinos nicht nur Proklos' Beziehung zur Politik, zum Staat, bespricht (Kap. 14-16), sondern auch sein Leben zu Hause, sein Verhalten gegenüber Frauen, Kindern, Dienern (Kap. 17). Ähnliches finden wir schon bei Porphyrios' Plotinbiographie: Auch hier wird nicht nur Plotins Verhältnis zur Politik erwähnt (Kap. 12), sondern auch sein Verhalten zu Hause dargestellt, sein Umgang mit Frauen, Kindern, Dienern und Geldverwaltung (Kap. 9 und 11). ‚Politische' Tugenden betreffen eben nicht nur die Politik (πόλις), sondern auch, wie wir es bei Proklos sehen können, das Leben zu Hause (οἶκος) sowie die seelische Ordnung des Individuums. Dadurch sind wir bei der Beziehung zwischen Tugendhierarchie und Wissenshierarchie im Neuplatonismus angelangt. Es gibt nämlich, ausgehend von den ‚politischen' Tugenden, eine Beziehung zwischen der Stufung der Tugenden und der Stufung der Wissenschaft: Den ‚politischen' Tugenden entspricht die praktische Philosophie (Ethik, Haushaltsethik [οἰκονομική], Politik); die ‚kathartischen' Tugenden führen noch höher zu den ‚theoretischen' Tugenden, welche der theoretischen Philosophie (Physik, Mathematik, Metaphysik) entsprechen. Im spätantiken Neuplatonismus werden diese Tugenden durch das Studium der entsprechenden Wissenschaften erworben: Der Aufstieg durch die Wissenschaften ist auch ein Aufstieg der Seele zum göttlichen Leben. Und das Studium der Wissenschaften heißt wiederum, die entsprechenden Texte zu lesen, hauptsächlich die von Aristoteles und von Platon.[3]

In diesem Beitrag möchte ich der neuplatonischen ‚Haushaltsethik' nachgehen, wie sie als Wissenschaft in den spätantiken neuplatonischen Schulen beschrieben wurde (Abschnitt 1) und wie sie, sowohl bei Porphyrios (*Vita Plotini*) als auch bei Marinos (*Vita Procli*), dargestellt wird, am Beispiel der Lebensweise Plotins und des Proklos (Abschnitt 2). Der spätneuplatonische Begriff der Haushaltsethik wird nur kurz skizziert: Wir betreten hier, was in der Forschung wohl als Neuland gelten kann. Doch wird die Skizze reichen, so hoffe ich, um die entsprechenden Kapitel bei Porphyrios (*Vita Plotini*, Kap. 9 und 11) und Marinos (*Vita Procli*,

---

[3] Siehe O'MEARA 2003, Kap. 3-5.

Kap. 17) etwas zu beleuchten. Beide Schriften stehen in einer spannenden Beziehung zueinander, oder besser: Marinos übernimmt vieles von Plotin und Porphyrios, distanziert sich aber auch, beim Porträt seines Helden Proklos, vom dem, was Porphyrios über Plotin erzählt.[4] Diese Spannung werden wir am Beispiel der Haushaltsethik beobachten können sowie auch beim Verhältnis zwischen Haushaltsethik und Politik.

1. Haushaltsethik (οἰκονομική) im Wissenschaftssystem des späten Neuplatonismus

Schon im Platonismus der frühen Kaiserzeit hat man die geläufige Gliederung der Philosophie (Logik, Physik, Ethik) mit einem Wissenschaftssystem aristotelischer Herkunft kombiniert, so dass der Physik eine dreigeteilte theoretische Philosophie entspricht (Physik, Mathematik, Metaphysik) und Ethik eine dreigeteilte praktische Philosophie umfasst (Ethik, Haushaltsethik, Politik). Nach dieser Teilung der praktischen Wissenschaften betrifft die Ethik die Tugend des Individuums, die Haushaltsethik die Verwaltung des Haushalts, die Politik die Sorge um den Staat.[5] Die Dreiteilung der praktischen Philosophie wird in den spätantiken neuplatonischen Schulen oft zu Beginn der Einführung in die Philosophie dargestellt, wenn es um die Beantwortung der Frage geht: Was ist die Philosophie? Was sind ihre Teile? Die Haushaltsethik wird auch etwas detaillierter beschrieben, auf Grund der entsprechenden Handbücher (ich komme bald zu diesem Punkt zurück). Die οἰκονομικὴ ἐπιστήμη beschäftigt sich mit dem Haushalt (οἶκος), wie der Haushalt gut verwaltet wird. Es geht um vier

---

[4] Siehe S. DIEBLER, „Panorama littéraire et vies de philosophes néoplatoniciens: le cas de la *Vie d'Isidore* de Damascius", in: P. BRUNET / M.-P. NOËL (eds.), *Vies anciennes d'auteurs grecs: mythe et biographie* (Tours 1998) 81-93, hier 84-85; MÄNNLEIN-ROBERT 2013, 245-246.251-255; siehe auch die Einleitung zu diesem Band, S. 13.

[5] Siehe Alkinoos, *Didaskalikos* 3,153,33-36; eine Spur dieses Systems findet man bei Plotin, *Enn.* V 9,11,22, wo οἰκονομία in Verbindung mit βασιλική erwähnt wird: Hier lässt sich noch der Einfluss des Wissenschaftssystems von Platons *Politikos* (258e; 259bc; 303e-305c) erkennen (βασιλική = πολιτική; Rhetorik und Kriegskunst werden auch in Plotins Text, wie im *Politikos*, erwähnt). Numenios (Fr. 26) erzählt eine lustige Geschichte über Lakydes (Nachfolger von Arkesilaos in Platons Akademie) als dummen Hausherrn.

Beziehungen im Haushalt: die Beziehung zwischen Mann und Frau (das Ehepaar); zwischen Eltern und Kindern; zwischen Hausherr und Diener; und schließlich zwischen Einkommen und Ausgaben. Es muss nämlich ein Gleichgewicht geben, weil zu wenige Ausgaben beim Hausherrn Geldgier, zu viele Verschwendung bedeuten.[6]

Unsere spätantiken neuplatonischen Philosophieprofessoren informieren uns auch, dass die Dreiteilung der praktischen Philosophie von gewissen Platonikern kritisiert wurde.[7] Die Dreiteilung ist nämlich nur (numerisch) quantitativ begründet (Individuum, mehrere Individuen im Haushalt, viele im Staat), was eine Unterscheidung zwischen Wissenschaften nicht rechtfertigt. Man solle eher von *einer* Wissenschaft reden, welche verschiedene Mengen betrifft, das Individuum (Ethik), den Haushalt (Haushaltsethik), den Staat (Politik). Diese Platoniker bevorzugten dagegen eine andere Teilung der praktischen Philosophie, welche in Platons *Gorgias* (464bc) vertreten wird: die Teilung in Gesetzgebung (νομοθετική) und richterliches Wissen (δικαστική). Die ‚politische' Wissenschaft besteht demzufolge erstens aus Gesetzgebungswissenschaft und zweitens aus dem richterlichen Wissen, das die Gesetze schützt und gesetzwidrige Handlungen bestraft. Unter diesen Philosophieprofessoren gab es aber das Bestreben, eine Einigung zwischen Platon und Aristoteles herzustellen, eine Einigung zwischen der Zweiteilung der praktischen Philosophie des *Gorgias* und der Dreiteilung der praktischen Philosophie der aristotelischen Tradition, wonach die Zweiteilung (Gesetzgeben/Richten) die (aristotelische) Dreiteilung durchdringt, wonach die Dreiteilung schon bei Platon festgestellt wird.[8] Folglich ist im Haushalt der Hausherr (οἰκονόμος) sowohl Gesetzgeber des

---

[6] Siehe Ammonios, *in Is.* 15,1-16; Olympiodoros, *in Alc.* 186,8-187,21; *in Grg.* 226,18-24; Elias, *Prol.* 31,27-32 und 33,3-7; Pseudo-Elias, *in Is.* 22,4-11; Elias [David], *in Cat.* 115,19-20 und 116,23-28; David, *Prol.* 74,11f. Die vier Beziehungen bilden den Inhalt des pseudopythagoreischen Werks des Bryson mit dem Titel *Oikonomikos*, wie aus der arabischen Fassung des Werkes ersichtlich ist (Siehe S. SWAIN 2013).

[7] Ammonios, *in Is.* 15,1-8; Olympiodoros, *in Alc.* 186,20-187,4; Elias, *Prol.* 32,1-25; Pseudo-Elias, *in Is.* 22,12-21; David, *Prol.* 75,3-76,31.

[8] Siehe Ammonios, *in Is.* 15,11-16,4; Elias, *Prol.* 32,27-34,25; Pseudo-Elias, *in Is.* 22,12-21; David, *Prol.* 75,32-76, 28. Man meint, in Platons *Gorgias* (520e) sowie im *Alkibiades* I (126c-e) die Dreiteilung zu finden; siehe Olympiodoros, *in Grg.* 226,19-24; *in Alc.* 186,10-187,23.

Hauses als auch Richter: Er bestraft Kinder und Diener, die die Hausordnung verletzen.⁹

Was soll nun der Schüler lesen, um sich die Haushaltsethik anzueignen? Die Philosophieprofessoren erwähnen als Handbuch den *Oikonomikos* (oder die *Oikonomika*) des Aristoteles.¹⁰ Bei Platon meint man, wie wir gesehen haben, die Haushaltsethik im *Alkibiades* und im *Gorgias* finden zu können, also in den Dialogen, die im neuplatonischen Lehrplan für die Aneignung der ‚politischen' Tugenden bestimmt wurden. Dafür hätte man auch Platons *Staat* lesen können, was wohl zu politischer Wissenschaft, aber kaum zur Haushaltsethik passte: Im *Staat* ist die Gemeinschaft der Philosophen-KöniglInnen dadurch gekennzeichnet, dass sie eben *keine* Haushalte bilden; keine Ehen (im normalen Sinn), keine eigenen Kinder, kein Eigentum. Über die Haushalte der anderen Bürger des Staats hören wir so gut wie nichts. Haushalte findet man eher in Platons *Gesetzen*. Aber auch hier herrscht eher die Politik.

Um weiter zu kommen, lohnt es sich meiner Meinung nach, die *Anthologie* des Iohannes Stobaios in den Blick zu nehmen. Um den Anfang des 5. Jahrhunderts zusammengestellt, bietet diese Anthologie gewissermassen eine einleitende Enzyklopädie der Philosophie: Die drei Teile der Philosophie (Physik, Logik, Ethik) sind vertreten und, im Rahmen der Ethik, sowohl Politik (Buch IV, Kap. 1-8) als auch Haushaltsethik (IV 22-33) behandelt. Stobaios scheint einen privilegierten Zugang zur neuplatonischen Literatur zu haben (besonders Porphyrios und Iamblich), und es lässt sich zeigen, dass er, im Bereich der Ethik, oft Prosatexte benutzt (Pythagoreische Texte, Isokrates, Platon, Epiktet), die in den neuplatonischen Schulen zur Aneignung der ‚ethischen' und ‚politischen' Tugenden gelesen wurden.¹¹ Wenn wir nun das Kapitel ‚Οἰκονομικός' (IV, 28) durchgehen, finden wir eine passende

---

⁹ Ammonios, *in Is.* 15,14-16.
¹⁰ Elias, *Prol.* 33,2-7; Elias [David], *in Cat.* 116,23-28; David, *Prol.* 74,11f.; Pseudo-Elias, *in Is.* 22,6. Die (etwas formelhafte) Beschreibung des Inhalts des Buches (die vier Beziehungen im Haushalt) bei diesen Quellen entspricht nicht dem (pseudo-aristotelischen) *Oikonomikos* (Buch I), der uns noch erhalten ist, sondern dem *Oikonomikos* des Pseudo-Pythagoreers Bryson (oben Fußnote 6). Siehe NATALI 1995, 102-103.
¹¹ Siehe O'MEARA, „Tracking the Sources of the Fragments of Heraclitus in Stobaeus' Anthology", in: E. FANTINO / U. MUSS / C. SCHUBERT / K. SIER (Hrsgg.), *Heraklit im Kontext* (Berlin 2017) 443-445.

Literaturliste: Exzerpte u.a. aus Hesiod (*Werke und Tage*), Theophrast, Plutarch, den Sieben Weisen sowie aus den (Pseudo-) Pythagoreern Bryson (IV, 28, Exzerpt Nummer 15: *Oikonomikos*), Kallikratidas (16-18: *Über das häusliche Glück*), Periktione (19: *Über Frauenharmonie*),[12] aus Musonius (20: *Über Hausgeräte*) und aus Xenophon (22-23: *Memorabilia* und *Oikonomikos*). Wir wissen, dass die Pythagoreische Literatur seit Iamblich eine wichtige Rolle im Neuplatonismus spielte und dürfen wohl vermuten, dass diese Literatur sowie auch Plutarch und Xenophon passende Lektüren zur Haushaltsethik in den neuplatonischen Schulen darstellen konnten.

Das Vorkommen der *Werke und Tage* des Hesiod im Kapitel ‚Οἰκονομικός' bei Stobaios bekräftigt diese Vermutung. Wir können noch die Auslegungen des Proklos zu diesem Werk Hesiods lesen und merken, dass Proklos gerade in der Einleitung seiner Auslegungen das Werk der οἰκονομία zuteilt.[13] Proklos bespricht das Verhältnis zwischen Hesiods *Theogonie* und den *Werken und Tagen*. In der *Theogonie*, meint Proklos, geht es um die göttliche Fürsorge für die Welt:

> Das Buch *Werke und Tage* schrieb er hingegen, weil er die Menschen weg von einem betriebsamen und vulgären Leben hin zur Verwaltung des eigenen Hauses (οἰκονομία) und zu einem unbetriebsamen Leben rufen möchte. Dabei blickt er nicht lediglich auf das Vergnügen seiner zukünftigen Leser, sondern er sieht dieses als Nebensache an und setzt sich vielmehr den Nutzen für den Charakter (ἦθος) als vorrangiges Ziel, damit wir zunächst unser eigenes Leben ordnen und dadurch in den Stand versetzt werden, auch der Erkenntnis der göttlichen Dinge teilhaftig zu werden. Aus diesem Grund ist es sinnvoll, mit diesem Werk anzufangen; denn es ist ganz unmöglich, dass diejenigen, die in ihrem eigenen Charakter ungeordnet sind, die Weltordnung erkennen.[14]

Hesiods Werk soll also dazu dienen, den Charakter zu formen, und zwar im Rahmen der οἰκονομία. Durch die tugendhafte Ordnung der Seele, durch die praktische Philosophie, kann die Seele zur Erkenntnis der göttlichen Ursachen der Welt gelangen, also zum Ziel der theoretischen Philosophie. Die sittliche Erziehung der Seele erfolgt, in Hesiods Werk, im Bereich der Haus-

---

[12] Zu diesen pseudo-pythagoreischen Texten (bei THESLEFF 1965 abgedruckt), siehe F. WILHELM, „Die Oeconomica der Neupythagoreer Bryson, Kallikratidas, Periktione, Phintys", *Rheinisches Museum* 70 (1915) 161-223; SWAIN 2013.
[13] Bert van den Berg hat mich darauf aufmerksam gemacht.
[14] Proklos, *In Hes.* I,4-12; Übersetzung von MARZILLO 2010 (leicht geändert).

haltsethik, der οἰκονομία. Wir können folglich Hesiods Werk, wie es von Proklos gedeutet wird, als Handbuch der Haushaltsethik betrachten.¹⁵ In der Tat kommen in Hesiods Werk Themen vor, die zur Haushaltsethik gehören, wie diese Wissenschaft im späten Neuplatonismus bestimmt wurde: Es geht u.a. um die Ehefrau, Kinder, Geschwister, Gelderwerb und Besitzverwaltung. Wir werden also den Kommentar des Proklos zu Hesiods *Werken und Tagen* in Anspruch nehmen können, wenn wir zur Darstellung des Plotin bei Porphyrios und des Proklos bei Marinos als musterhaften Hausherren kommen.

2. Plotin zu Hause

Grundlegend für den Haushalt, könnte man meinen, ist die Beziehung zwischen Mann und Frau als Ehepaar und ihren Kindern. Doch scheint Plotin unverheiratet geblieben zu sein und keine Kinder gehabt zu haben. Das ist sicher der Fall bei Proklos, wie Marinos berichtet:

> Aufgrund seiner eigenen Entscheidung unternahm [Proklos] es niemals zu heiraten oder Kinder zu zeugen, obgleich ihm freilich viele an Herkunft und Reichtum herausragende Ehen angetragen wurden, und er daher, wie er sagte, von all diesen Dingen frei war. (*Vita Procli* 17,3-7)

Marinos betont es mehrmals: Proklos war eine begehrte Partie, hat sich aber davon frei gehalten. Wie Plotin hat er sich lieber höheren Tätigkeiten gewidmet, denen des Lebens des Geistes. Dafür dürfte wohl auch die Keuschheit, eine hochgeschätzte Tugend (σωφροσύνη im engeren Sinn), ein Grund gewesen sein, wie wir zum Beispiel im Fall der Philosophin Hypatia erfahren.¹⁶ Doch das Weiterleben der philosophischen Schulen war so eng mit Familiendynastien verbunden, dass die Philosophen manchmal auch geheiratet, Kinder gezeugt und dann weiter in ehelicher Keuschheit gelebt haben.¹⁷ Plotins Schüler Porphyrios hat als alter Mann

---

¹⁵ MARZILLO 2010, L-LIII, hat leider den Platz des Kommentars im neuplatonischen Lehrbetrieb nicht gesehen.

¹⁶ Damaskios, *Vita Isidori* F102 ZINTZEN = 43A ATHANASSIADI.

¹⁷ Damaskios, *Vita Isidori* F110 (= 46E): Theosebios; SAFFREY / WESTERINK 1968, XXVI-XXXV (Familiendynastien im Neuplatonismus). Andere verheiratete Philosophen im spätantiken Neuplatonismus waren z.B. Chrysanthios (Lehrer des Eunapios) und Isidoros (Lehrer des Damaskios).

auch Marcella, die Witwe eines gestorbenen Freunds, eine viel jüngere Frau, geheiratet, um sie und ihre Kinder zu schützen und zu betreuen.[18] Plotin und Proklos sind aber unverheiratet geblieben: Wie sollen sie dann als Vorbilder der Haushaltsethik wirken? Wir können hier zwischen dem normalen Fall und dem Fall des Philosophenlebens unterscheiden. Im normalen Fall sind Heirat (wie man sich die richtige Frau aussucht) und Fortpflanzung wichtig. Es kann aber auch eine Haushaltsethik geben, welche gerade das unverheiratete Leben des Philosophen betrifft, wie Carlo Natali im Umfeld der hellenistischen Philosophie treffend zeigt:

> Many [...] sources insist on the fact that the wise Epicurean should neither marry nor have children. But this did not forbid the wise man from exercising his own particular *oikonomia*, probably in common with other men of wisdom; indeed, Epicurus [...] confirmed that one should have a laugh, philosophize and *oikonomein* all together, with cheerful und unoppressive management of one's own property.[19]

Plotin und Proklos lebten nicht wie christliche Eremiten in der Wüste: Sie lebten in der Stadt, in größeren Häusern, wo auch Frauen, Kinder und Diener ihr Leben teilten. Was berichtet nun Porphyrios über Plotins häusliches Leben?

Plotin lebte in Rom, im Hause einer wohlhabenden Frau, Gemina, wo auch Geminas Töchter sowie noch eine andere junge Frau, Amphikleia, wohnten (*Vita Plotini* 9,1-5). Plotins Platz war wahrscheinlich etwa vergleichbar mit dem des Hausphilosophen, der oft im Hause eines gebildeten Römischen Adligen anwesend sein sollte. Plotin selbst nahm ziemlich viele häusliche Verpflichtungen an:

> Viele Männer und Frauen aber aus den vornehmsten Kreisen, denen der Tod nahe bevorstand, brachten ihre Kinder, Knaben sowohl wie Mädchen, und übergaben sie mitsamt ihrer Habe ihm als einem heiligen, göttlichen Hüter (φύλαξ). Daher war sein Haus immer voll von Jünglingen und Jungfrauen. Zu ihnen gehörte auch Polemon, dessen Erziehung er leitete, und so manches Mal hörte er ihm zu wie er Stilübungen machte. Er ließ es sich auch nicht verdrießen, die Abrechnungen entgegenzunehmen, die ihm von den Betreuern der jungen Menschen abgelegt wurden; dabei ach-

---

[18] Siehe auch Simplikios, *in Epict.* XLIV 116,49-52 (Epiktet).
[19] NATALI 1995, 109-110. Es handelt sich gewissermaßen um einen Haushalt ohne (Ehe)Frau! Der Stoiker Musonios spricht hingegen vom vorbildlichen Philosophen Krates, der Frau, aber kein Haus hatte (ἄοικος), bei Stobaios, *Anth.* IV 22,20 (498,4-7); Simplikios, *in Epict.* XLIV 116,4-5.

tete er auf Genauigkeit, er sagte, solange sie noch nicht Jünger der Philosophie seien, müssten ihre Besitzungen und Renten unangetastet bleiben.[20] Plotin wirkte also als guter Vater, begleitete die Erziehung der Kinder (und hörte geduldig bei Hausaufgaben zu!) und verwaltete ihre Erbschaft mit großer Sorgfalt. Die gerechte Behandlung von Waisen wird bei Hesiod erwähnt (*Werke und Tage* 330) und so bei Proklos erklärt:

> [Man nannte Zeus] ‚Homognios' als Hüter (φύλαξ) vor allem der Blutverwandten und der Pflichten den Verwandten gegenüber; ebenso bezeichnete man ihn nämlich sowohl als den, der sich um die kümmert, die im Stand der Waisen leben, weil man ihn für den Vater aller hielt, auch derer, die keine Menschen als Väter haben...Denn die Väter sind Bilder des Zeus, des Vaters von allen.[21]

Plotin hat also stellvertretend die väterliche Verantwortung übernommen und damit als „heiliger, göttlicher Hüter" gewirkt.

> Und obgleich er [Plotin] so vielen Menschen in den Geschäften des Alltags fürsorgend (φροντίδας) zur Seite stand, ließ er doch niemals, solange er wachte, die auf den Geist gerichtete Anspannung locker werden.[22]

Porphyrios kommt im Kapitel 11 erneut auf Plotins häusliches Leben bei Gemina zu sprechen:

> Auch hatte er [Plotin] ein ganz ungewöhnliches Übermaß von Fähigkeit der Menschenkenntnis; als einmal der Chione, einer ehrwürdigen Witwe, welche mit ihren Kindern bei ihm wohnte, ein kostbares Halsband entwendet wurde, rief man die Dienerschaft zusammen und führte sie dem Plotin vor; er sah allen in die Augen, dann wies er auf einen und sagte: „das ist der Dieb"; der wurde gepeitscht, leugnete zunächst hartnäckig, wurde aber schließlich geständig, schaffte das Gestohlene herbei und gab es zurück.[23]

Plotin durfte also auch als Richter im Hause wirken. Witwen, Kinder, Diener, auch Schüler und Freunde wurden von ihm betreut:

> Und mir, dem Porphyrios, merkte er es eines Tages an, dass ich mit dem Gedanken umging mich umzubringen (ἐξάγειν ἐμαυτόν); da trat er, während ich in seinem Hause war, einmal plötzlich zu mir her und sagte, diese Absicht komme nicht aus einer geistbedingten Verfassung, sondern aus

---

[20] *Vita Plotini* 9,5-16 (Übersetzung Harder)
[21] Proklos, *In Hes.*141,10-14 (Übersetzung Marzillo).
[22] *Vita Plotini* 9,16-18.
[23] *Vita Plotini* 11,1-8.

einer bestimmten Art krankhafter Melancholie, und gebot mir fortzureisen. Ich gehorchte ihm und ging nach Sizilien.[24]

Was Plotin so bewegte, im Hause als Hüter, Richter, Heiler zu wirken, kann wohl eine Erklärung bekommen auf Grund seiner eigenen Worte:

> Die Sorge um Kinder, das Trachten nach der Ehe wirkt ja sichtlich mit magischem Zwang, und so alles, was die Menschen ködert, da es den Begierden angenehm ist [...]; die [Handlungen] schließlich, die um der notwendigen Bedürfnisse willen getan werden und die natürliche Notdurft zu erfüllen trachten, stehen offensichtlich unter dem Zwang der Natur, die uns den Trieb zum Leben als wesenseigen (οἰκειώσασαν) gegeben hat [...] durch die Macht der Menschennatur und die Aneignung (οἰκειώσει) zum Leben, sei es das Leben anderer oder das eigene – denn es scheint sinnvoll, wegen dieses Aneignungstriebs (οἰκείωσιν), den Freitod (ἐξάγειν ἑαυτόν) nicht zu begehen [...].[25]

In diesem körperlichen Leben kann man durch irrationale Begierden bewegt werden (etwa Ehe, Kinder, aber auch Machtsucht). Von den Begierden bewegt zu werden, will uns Plotin abraten. Doch gibt es auch die Macht der Natur, unserer menschlichen Natur, die uns bewegt, indem sie eine Aneignung zum Leben fördert: Insofern als wir verbunden mit dem Körper leben, wird unsere Natur eine Aneignung zum Leben, dem Leben der anderen, sowie seinem eigenen Leben, fördern. Porphyrios' Hang zum Selbstmord ist also naturwidrig und unvernünftig und bedeutet eher eine seelische Krankheit. Der Philosoph wird sich also, gemäß der Natur, um das Leben der anderen kümmern sowie um sein eigenes Leben. Seine Haltung unterscheidet sich stark von der, die durch irrationale Begierden getrieben wird.

Im folgenden Kapitel der *Vita Plotini* (Kap. 12) kommt Porphyrios zu Plotins politischen Tätigkeiten. Porphyrios erzählt die Geschichte von Plotins Vorhaben, eine Stadt zu gründen, Platonopolis, wo er und seine Freunde (ἑταίρων) gemäß Platons Gesetzen leben würden. Trotz Plotins guter Beziehung zum Kaiser wurde das Projekt vom kaiserlichen Hof blockiert. Das Kapitel zur Politik ist im Vergleich zur Behandlung von Plotins Haushaltsethik in den Kapiteln 9 und 11 sehr kurz gehalten.

---

[24] *Vita Plotini* 11,11-16.
[25] *Enn.* IV 4,44,7-24 (Übersetzung Harder, leicht geändert).

3. Ein prächtiger Hausherr: Proklos

Im Abschnitt zu Proklos' ‚politischen' Tugenden (*Vita Procli*, Kap. 14-17) beginnt Marinos mit Proklos' politischen Tätigkeiten und kommt nach mehreren Kapiteln erst am Ende (Kap. 17) zur Darstellung seines Haushalts, die im Vergleich zu den entsprechenden Kapiteln bei Porphyrios' *Vita Plotini* relativ knapp ausfällt. Die Reihenfolge Politik–Haushalt wird am Ende des Abschnittes, beim Übergang zur Behandlung der kathartischen Tugenden, deutlich gemacht:

> Nachdem wir zuletzt nun auch den Kapiteln über seine politische Tugend, die weniger (zahlreich) waren als das in Wahrheit der Fall war, das Familiäre hinzugefügt und auf die Freundschaft das Schlusssiegel gesetzt haben, wollen wir zu den kathartischen Tugenden übergehen.[26]

Eigentlich hält sich Proklos frei von der Politik (14,3-7) wie von der Ehe. Nichtsdestotrotz ist Proklos politisch sehr präsent. Er fordert seinen Mitschüler und Schüler Archiadas auf, sozusagen stellvertretend,[27] in der Politik tätig zu werden und hat ihn dazu auch ausgebildet (Plotin dagegen hat Schülern abgeraten, sich mit der Politik zu beschäftigen).[28] Proklos wirkt als großzügiger Gönner seiner Heimat sowie der Stadt Athen (14,19-22). Er nimmt teil an politischen Beratungen und Versammlungen (15,1-4) und setzt sich bei den Regierenden im Dienst der Gerechtigkeit ein (15,4-8). Politische Weisheit, Gerechtigkeit, aber auch politischen Mut hat er gezeigt, als er in politische Gefahr geraten war (15,14-38). Proklos' politische Wohltätigkeit wird dann auch weiter beschrieben (15,38-Ende).

Im Kapitel 17 wird endlich Proklos' Haushalt in Athen beschrieben. Obwohl er nicht verheiratet war und keine Kinder hatte,

> kümmerte er sich (ἐκήδετο) also um alle Schüler (ἑταίρων) und Freunde und deren Kinder und Frauen, wie wenn er ein gemeinsamer Vater und ihnen die Ursache des Seins wäre; denn in jeder Hinsicht kümmerte er sich um das Leben jedes einzelnen. (17,7-11)

Diese väterliche Fürsorge erinnert uns an das, was Proklos in seinem Kommentar zu Hesiod über Zeus als ‚Hüter' und ‚Vater aller'

---

[26] *Vita Procli* 18,1-3.
[27] Siehe unten den Beitrag von SCHORN in diesem Band, S. 350.
[28] Porphyrios, *Vita Plotini* 7,17-21 und 31-46.

sagt.²⁹ Das ‚Sein', das er für seine Schützlinge schafft und hütet, ist ihr Wohlergehen, wie man gleich sieht, als Proklos sich um kranke Bekannte kümmert (17,11-18), durch Beten, Beirat bei den Ärzten und sogar durch seine eigene ärztliche Kompetenz. Dann wird die Dienerschaft erwähnt:

> Wie groß aber bei ihm auch die Menschenliebe (φιλάνθρωπον) mit Blick auf die Dienstfertigeren/Fähigeren unter seinen Hausklaven war, das ist jedem, der will, ersichtlich aus dem Testament dieses seligen Mannes. (17, 18-21)

Proklos wirkt also im Haushalt, wie in der Politik, als Wohltäter, als Philanthrop, Gönner (εὐεργέτης). Dazu hat er auch im Kommentar zu Hesiods *Werken und Tagen* Interessantes zu sagen:

> „Eine Gabe ist gut" [Hesiod 356]: das Geschenk erweise sich als etwas Gutes für den Geber [...] derjenige, der freiwillig schenkt, auch wenn er etwas Großes schenkt, sich über das, was er schenke, als Wohltäter (εὐεργέτην) freue [...] So ist es nämlich klar, dass man, nicht um das Lob der anderen zu bekommen, gegeben hat, sondern dass die Tat um des Schönen an sich willen geschehen ist, das am Geben ist.³⁰

Schließlich kommt Marinos zurück zu Proklos' enge Beziehung zu Archiadas (17, 21-31). Unter seinen Bekanntschaften ist Archiadas dem Proklos besonders lieb, nicht nur wegen der Familie (Archiadas war der Enkel von Plutarchos, Proklos' erstem Lehrer in Athen), sondern auch weil Archiadas sowohl sein Mitschüler (bei Syrianos) als auch sein Schüler war: Proklos war, wenn man es so sagen will, philosophisch sowohl Vater als auch Bruder des Archiadas. Besser: Sie waren miteinander durch eine enge pythagoreische Freundschaft verbunden. Hierzu lässt sich ein Exzerpt aus dem Werk des Pseudo-Pythagoreers Kallikratidas *Über das häusliche Glück* zitieren:

> Wenn aber das, was bei Freunden gut ist, dem Haus zugebracht wird (das Haus wird dadurch größer und prächtiger, nicht nur indem es durch Reichtum und Verwandtschaft vergrößert wird, sondern auch durch die Vielheit der Freunde), dann ist klar, dass, indem die gesellige Form der Freundschaft das Haus größer macht, sie zur Vervollkommnung des Hauses mitgezählt sein soll.³¹

---

[29] Siehe oben. SAFFREY / SEGONDS / LUNA 2001, 123, weisen auf den Demiurgen der Welt und das Eine hin.
[30] Proklos, *In Hes.* 151,1-10.
[31] Exzerpt bei Stobaios, *Anth.* IV 28 (683,12-17) = THESLEFF 1965, 104,19-24.

Proklos' größter Erfolg als Hausherr kommt aber etwas später bei Marinos, im Kapitel 30, zum Vorschein. Es geht um die Zeit, als die Statue der Athena auf der Akropolis weggeschleppt wurde (wahrscheinlich nach Konstantinopel):

> Es schien dem Philosophen [Proklos] im Traum wiederholt eine schöne Frau zu kommen und ihm zu befehlen, dass er schnellstens sein Hause vorbereiten (προπαρασκευάζειν) solle: „Denn", sagte sie, „die Herrin von Athen will bei dir bleiben". (30,7-11)

Die Göttin wollte umziehen und bei Proklos Quartier beziehen; er sollte sein Haus entsprechend vorbereiten und einrichten![32] Welcher Hausherr darf solch einen Gast beherbergen?

4. Proklos und Plotin als Hausherren im Vergleich

Zwischen Porphyrios und Marinos hätten wir noch die Darstellung des pythagoreischen Lebens in Iamblichs *De vita pythagorica* aufnehmen können. Auch hier ist die Haushaltsethik vertreten: Pythagoras belehrt die Mitglieder des Staatsrats von Kroton, wie sie ihren Haushalte zu führen haben (IX, 47-48), und zeigt es auch vorbildlich in seiner eigenen Hausverwaltung (οἰκονομία) (XXX, 169-170). Pythagoras hatte ja Frau (Theano) und Kinder (Damo und Telauges) (XXVIII,146).[33] Aber in diesem Beitrag wird an erster Stelle die Darstellung der Haushaltsethik bei Marinos' *Vita Procli* behandelt, wie sie im Vergleich mit der entsprechenden Darstellung bei Porphyrios' *Vita Plotini* erscheint, wie das Porträt von Proklos bei Marinos durch diesen Vergleich schärfere Konturen bekommen kann.

Proklos wirkt bei Marinos als großer Hausherr. Er stammt aus einer reichen Familie, und auch die platonische Schule in Athen ist sehr reich. Proklos regiert als prächtiger Hausherr, als Hüter und Gönner vieler Menschen, sogar als Gastgeber der Göttin.[34] Seine häusliche Gönnerschaft setzt, in seinem Haus, die politische

---

[32] Ich gehe davon aus, dass es um den Umzug der Göttin, nicht um den Umzug ihrer Statue, geht. Die Göttin darf ihre Stadt nicht verlassen, muss dort aber eine neue Unterkunft finden.

[33] Zur neuplatonischen Haushaltsethik siehe weiter Simplikios, *In Epict.* XLIV 116,4-52; LVIII 127,14-30.

[34] Zu Proklos' Haus in Athen siehe den Beitrag von HARTMANN in diesem Band, S. 274.

Gönnerschaft, die er in Athen und auch anderswo ausübte, fort. Auf der Stufe der politischen Tugenden werden Proklos' politische Tätigkeiten zuerst und detaillierter dargestellt, seine häusliche Wirkung danach und vergleichsweise knapp behandelt. Plotin dagegen ist nicht Herr im Haus – er ist eher Gast – und scheint nicht besonders wohlhabend zu sein. Porphyrios bespricht kurz Plotins politisches Engagement und beschreibt eher, und zuerst, seine häuslichen Aufgaben als Vormund, Erzieher, Richter. Zwar spiegeln diese Unterschiede unterschiedliche soziale Stände bei Plotin und bei Proklos wider. Marinos will aber vermutlich auch eine gewisse philosophische Überlegenheit des Proklos gegenüber Plotin andeuten: Im größeren Umfeld der Politik hat es Proklos geschafft, im höheren Maß die praktische Philosophie auszuüben.

Es hat sich gezeigt, wie ich meine, dass die besprochenen Kapitel in der *Vita Plotini* und *Vita Procli* tatsächlich eine Haushaltsethik darstellen, wie sie als praktische Wissenschaft im späten Neuplatonismus thematisiert wurde. Bei Porphyrios und Marinos, wie im neuplatonischen Wissenschaftssystem, erscheint die Haushaltsethik zusammen mit einer anderen praktischen Wissenschaft, der Politik. Der vollkommene Philosoph heiratet am besten nicht und erzeugt keine Kinder. Er lebt aber nicht allein, in der Wüste, sondern führt ein städtisches Leben, in einem Haus, zusammen mit Freunden, Schülern, Frauen, Kindern, Dienern. Der Philosoph kann auch heiraten und keusch bleiben (Porphyrios) oder heiraten, Kinder erzeugen und dann keusch leben (Theosebios): es gibt offensichtlich verschiedene Möglichkeiten. Doch bieten Plotin und Proklos, unverheiratet und kinderlos, anscheinend das beste Vorbild.

Was die Haushaltsethik betrifft, wie sie durch Plotin und Proklos vertreten wird, lassen sich gewisse Unterschiede spüren. Plotin kümmert sich relativ viel um die Mitglieder des Haushalts: Waisenkinder, Schüler, Dienerschaft, Erbschaftsverwaltung. Im Vergleich ist sein politischer Einsatz eher beschränkt. Die Sorge um die anderen lässt sich durch Plotins Theorie der naturgegebenen Aneignung zum Leben erklären, eine Aneignung die uns betrifft, insofern wir in der Welt leben und ein körperliches Leben führen. Diese Fürsorge für sich selbst und für andere stört, in seinem Fall, sein unkörperliches Leben als Geist, also sein Glück, nicht: Der Philosoph lebt sowohl jenseits der Welt, als Geist, als auch in der Welt, als Teil der Welt. Bei Proklos hingegen wird mehr die Politik als die Haushaltsethik betont: Proklos' häusliche

Tätigkeit scheint Teil seiner politischen Wirkung zu sein. Seine Gönnerschaft, seine Ausstrahlung, durchdringt die Stadt sowie sein Haus. Seine Beziehung zum Haushalt scheint eher transzendent zu sein im Vergleich mit Plotins Verhalten, was keineswegs die Immanenz seiner Güte, seiner Gaben, vermindert. Sein Haus ist sogar Tempel der Göttin geworden, und er, was er sowieso schon längst war, ihr Priester.

Kaiserliche Politik und Lokalpolitik des Marinos

Ein Beitrag zur Geschichte des heidnisch-christlichen Konflikts im Athen des 5. Jahrhunderts

Stefan Schorn

1. Einleitung

Marinos spricht an kaum einer Stelle von kaiserlicher Politik oder Maßnahmen der kaiserlichen Verwaltung. Nicht einmal die regierenden Kaiser werden namentlich genannt. Allerdings berichtet er von Ereignissen, die vielleicht eine Folge von Entscheidungen der kaiserlichen Administration waren. Zudem ist ein Aspekt kaiserlicher Politik, die antipagane Gesetzgebung, als Hintergrund überall dort präsent, wo Marinos von der Ausübung heidnischer Kulte durch Proklos berichtet, und dies ist ein Thema, das sich wie ein roter Faden durch die gesamte Schrift zieht. Politik findet in der *VPr*. weitgehend auf der lokalen Ebene statt. Die politischen Aktivitäten des Proklos als Scholarch in Athen, die Marinos in ihren Grundzügen beschreibt, stellen sich bei ihm als Kampf für die heidnische Sache gegen eine feindliche Umwelt dar, die zwar nie explizit als christlich benannt, aber deutlich als solche charakterisiert wird.

Im Folgenden will ich zweierlei versuchen: Zum einen möchte ich darstellen, welches Bild Marinos von den politischen Aktivitäten seines Protagonisten und dem politischen und gesellschaftlichen Kontext, in dem sie stattfinden, zeichnet. Zum anderen möchte ich die Entwicklung des Verhältnisses der neuplatonischen Schule in Athen zu ihrem politischen Umfeld in der Zeit von Proklos' Scholarchat rekonstruieren. Neben archäologischen Zeugnissen, die in ihrer zeitlichen Einordnung und Interpretation oft schwierig sind, stellen die *VPr*. und Damaskios' *Vita Isidori* (im folgenden *VIs*.) beinahe unsere einzigen Quellen hierfür dar. Dies

ist insofern problematisch, als beide Werke eindeutig Tendenzschriften teils enkomiastischen und teils polemischen Charakters sind. Vieles, was ihre Verfasser über Proklos und andere Neuplatoniker zu berichten hatten, war zudem illegal, was dazu führte, dass sie sich in ihrer Darstellung oft mit Anspielungen begnügten und vieles offensichtlich unerwähnt ließen. Außerdem beschreibt Marinos das Leben seines Helden in systematischer Weise, da er anhand von Proklos' Charakter und Taten aufzuzeigen versucht, dass dieser es in den sechs neuplatonischen Tugendgraden zur Arete gebracht hat. Dies führt dazu, dass viele Ereignisse nur schwer zu datieren sind und Entwicklungen nicht deutlich werden.

Bevor allerdings die genannten Fragen in Angriff genommen werden können, ist es geraten, den allgemeinen Hintergrund zu skizzieren, d.h. die kaiserliche Heidengesetzgebung des 4. und 5. Jh.s und ihre Umsetzung sowie den Stand der Christianisierung der Gesellschaft und v.a. der politischen Klasse an den beiden Orten, an denen Proklos als Erwachsener lebte, in Alexandreia und Athen.

2. Die kaiserliche Heidengesetzgebung und die Christianisierung des Reiches

Die Gesetzgebung gegen pagane Kulte hatte im 5. Jahrhundert bereits eine lange Geschichte. Wir können davon ausgehen, dass sie zumindest in ihren Grundzügen den Lesern der *VPr.* bekannt war, sie die Ausführungen des Autors vor diesem Hintergrund lasen und das Verhalten des Protagonisten auf dieser Grundlage beurteilten. Für uns ist hier die Gesetzeslage in den Teilen des Reiches relevant, in denen Proklos lebte und sein Heidentum aktiv praktizierte, d.h. in Alexandreia und Athen. Etwas problematisch ist hierbei die Frage, inwieweit Gesetze, die für bestimmte Reichsteile erlassen wurden, auch für andere gültig waren. Darauf kann hier nicht eingegangen werden. Wichtig ist, dass alle Gesetze, die später in den *Codex Theodosianus* des Jahres 438 aufgenommen wurden, reichsweite Geltung erlangten.[1]

---

[1] Zum Folgenden siehe die ausführliche Diskussion aller entsprechenden Gesetze in TROMBLEY 1993/1994, I 1–97; eine gute Übersicht in NOETHLICHS 1986, v.a. 1151–1169 für die uns interessierende Zeit; ausführlich NOETHLICHS

Es empfiehlt sich, ein Gesetz des Theodosios I., Arkadios und Honorius vom 8.11.392 (*CTh*. 16,10,12) zum Ausgangspunkt zu nehmen, da es die Gesetzgebung der vorangehenden Zeit zusammenfasst und auch in den folgenden Jahrzehnten die Grundlage weiterer Gesetzgebung darstellt. Es untersagt öffentliche und private Opfer der Heiden in gleicher Weise: Tieropfer und Eingeweideschau, aber auch einfache Opfer wie Feuer für die Laren, Weinlibation für den Genius, Rauchopfer und Feuer für die Penaten, Weihrauch für die Götterbilder, Binden in Bäumen und Rasenaltäre mit schlichten Opfergaben. Dies stellt im Grunde ein Verbot jeglichen Opfers dar. Dabei sollen Tieropfer und Eingeweideschau als *crimen maiestatis* erachtet werden, was Todesstrafe und Einziehung des Vermögens bedeutet, die übrigen Kulthandlungen lediglich mit der Beschlagnahmung des Hauses oder Grundstücks, auf dem sie stattfanden, geahndet werden, sofern der Täter der Eigentümer ist, andernfalls mit einer hohen Geldstrafe für den Täter und ebenso für den Eigentümer, wenn die Tat mit dessen Duldung geschehen war.[2] Ein Gesetz vom 16.6.391, u.a. an den *praefectus Augustalis* Ägyptens adressiert (*CTh*. 16,10,11), hatte bereits alle Tieropfer in Tempeln, den Zutritt zu diesen überhaupt und die Verehrung von Schreinen verboten.[3] Theodosios' Nachfolger Arkadios und Honorius bekräftigten diese Regelung durch ein in Konstantinopel erlassenes Gesetz und drohten Provinzstatthaltern bei Sorglosigkeit in der Umsetzung mit dem Tod (7.8.395; *CTh*. 16,10,13).[4] Ein Gesetz vom 10.7.399 befiehlt die Zerstörung von Heiligtümern auf dem Land, wenn dies ohne Unruhen zu erregen möglich ist (*CTh*. 16,10,16).[5] Eine Verschärfung der antipaganen Gesetzgebung bringt die Regierungszeit Theodosios' II. Ein in Rom am 15.11.408 für den *praefectus praetorio* erlassenes Gesetz fordert u.a. die Zerstörung von

---

1971; vgl. z.B. auch GAUDEMET 1990 und (in größerem Kontext) DEMANDT 2007, 494–514 (mit weiterer Literatur). Die Gesetze in *CTh*. 101,6 und *CIust*. 1,11.

[2] Zu diesem Gesetz siehe NOETHLICHS 1971, 177–180 (allgemein zu Theodosius' I. antipaganer Gesetzgebung: 166–182); GAUDEMET 1990, 459–460; TROMBLEY 1993/1994, I 13–17. 95–97; NOETHLICHS 1986, 1161; LEPPIN 2003, 175–177 (169–181 zur Religionspolitik dieses Kaisers allgemein).

[3] NOETHLICHS 1971, 174–176; GAUDEMET 1990, 459; TROMBLEY 1993/1994, I 21–22. LEPPIN 2003, 175 hält es für möglich, dass es auch für andere Teile des Reichs erlassen wurde.

[4] TROMBLEY 1993/1994, I 23f.

[5] GAUDEMET 1990, 461; TROMBLEY 1993/1994, I 26f.; NOETHLICHS 1986, 1164.

Götterbildern und Altären, ordnet die anderweitige Nutzung noch existierender Tempel an und verbietet *convivia* und andere Riten auf Friedhöfen (*CTh.* 16,10,19) und somit den heidnischen Totenkult,[6] ein weiteres vom 7.12.415 schließt Heiden vom Dienst in Militär und hoher Administration aus (16,10,21), ein anderes (9.4.423; *CTh.* 16,10,22) stellt hingegen gesetzestreue Heiden unter staatlichen Schutz vor Übergriffen christlicher Eiferer. Schließlich befiehlt ein Gesetz vom 14.11.435 die Zerstörung aller Heiligtümer und verbietet erneut *sacrificia* bei Androhung der Todesstrafe (*CTh.* 16,10,25).[7] Diese strenge Bestrafung war aber offensichtlich nicht praktikabel. Die Novelle 3,8 vom 31.1.438 zeigt, dass stattdessen das Gesetz vom 8.6.423 (*CTh.* 16,10,23) angewandt wurde und des Tieropfers Überführte enteignet und verbannt wurden.[8] Das letzte für die Lebenszeit des Proklos relevante Gesetz, erlassen von Valentinianus III. und Markianos (*CIust.* 1,11,7 vom 14.11.451), verschärft die existierende Gesetzgebung noch einmal. Von nun an stehen Tod und Einziehung des Vermögens auf das Eindringen in geschlossene Tempel und die dortige Ausübung von Kulthandlungen; auch Mitwissern galt dieselbe Strafe, nachlässigen Beamten drohte eine empfindliche Geldstrafe.[9] Zahlreiche Gesetze aus der Zeit zwischen 319 und 409 betreffen Magie und Wahrsagerei. Zur Zeit des Proklos waren der Besitz eines Horoskops und Schadenszauber ein todeswürdiges Vergehen, während Heilungszauber und gutartiger Wetterzauber (wenn nicht im Widerspruch zu anderer Gesetzgebung) nicht sanktioniert waren.[10]

Die wiederholten Gesetzgebungen, die noch bis Justinianos I. weitergingen, und die oft ratlos klingenden Worte der Kaiser in ihnen zeigen, dass heidnische Kulte, heimlich praktiziert, trotz fortschreitender Christianisierung nicht auszurotten und im 5. Jh.

---

[6] TROMBLEY 1993/1994, I 27–30. Vgl. schon das Gesetz vom 9.9.364 (*CTh.* 9,16,7) mit TROMBLEY 1993/1994, I 68f.

[7] GAUDEMET 1990, 462. 465; TROMBLEY 1993/1994, I 11; NOETHLICHS 1986, 1166. Zum Ausschluss der Heiden aus dem hohen Staatsdienst siehe auch VON HAEHLING 1978, 601–605.

[8] NOETHLICHS 1986, 1166f.; vgl. TROMBLEY 1993/1994, I 32. 75–78.

[9] Zu TROMBLEYS 1993/1994, I 81–94 angeblichen „quasi-Justinianic Laws of Zeno", die er ca. 481–485 datiert, siehe unten, S. 370 mit Anm. 163.

[10] Die verschiedenen Gesetze bespricht TROMBLEY 1993/1994, I 59–72.

noch an zahlreichen Orten zu finden waren.[11] Von Haehling hat allerdings gezeigt, dass "[d]as Ziel der religiösen Gleichschaltung [...] unter den Führungskräften der östlichen Reichshälfte im 5. Jahrhundert weitgehend erreicht worden" ist.[12] Er zählt dort zwischen 395 und 491 nur vierzehn Männer, die mit Sicherheit Heiden in hohen staatlichen Funktionen waren. Dies war vor allem eine Folge des Gesetzes von 415, das Heiden den Zugang zu diesen Stellen verschloss. Ab diesem Zeitpunkt war die Lage heidnischer Amtsträger wohl von ständiger Unsicherheit gekennzeichnet: Im Jahr 467 wurde der *quaestor sacri palatii* Isokasios in Konstantinopel des Heidentums angeklagt,[13] und noch zwischen 482 und 490 beschwerten sich die kirchlichen Würdenträger Alexandreias über das Heidentum eines Assessors des *praefectus Augustalis* Entrechios, was den Assessor zur Flucht veranlasste. Beide waren offensichtlich Heiden. Diese und weitere Fälle machen deutlich, dass Heiden trotz des Verbots zwar noch immer hohe Ämter innehaben konnten, zugleich aber auch, dass ihre Situation stets prekär war. Von Haehling betont daher zu Recht, dass sie ihre Überzeugung im allgemeinen nicht nach außen trugen. Für keinen von ihnen ist Kulttätigkeit bezeugt, und ihr Heidentum manifestiert sich in den Quellen vor allem in ihrem Festhalten an traditionellen Bildungsinhalten. Anders als im Westen waren es Einzelpersonen und keine Gruppen, die Einfluss auf den Kaiser ausüben und ihn zu Zugeständnissen bewegen wollten. Fünf der vierzehn Heiden in dieser Gruppe entstammten „rhetorisch-philosophischen Kreisen" und waren zuvor im Bildungsbereich tätig gewesen.[14] Allerdings, so Haehling, sei mit einer hohen Dunkelziffer von Heiden in hohen Positionen zu rechnen.

Betrachten wir kurz den Grad der Christianisierung der Orte, an denen Proklos studierte und lehrte, zur Zeit seines Aufenthalts.[15] Während Proklos' Studienzeit in Alexandreia (ca. 426/7 bis

---

[11] Detailliert zu den verschienden Orten TROMBLEY 1993/1994; vgl. GREGORY 1986; knapp: DEMANDT 2007, 507f. 510f.

[12] Von HAEHLING 1982, 63–66 mit Anm. 68 zum folgenden (Zitat S. 63). Für die Zeit von 324–450/455 umfassend VON HAEHLING 1978.

[13] Zu diesen beiden Fällen mit Quellen und Literatur VON HAEHLING 1982, 61–63.

[14] VON HAEHLING 1982, 65.

[15] Das Folgende zu Alexandreia greift einige wichtige Punkte in WATTS 2006a, 168–205 heraus; vgl. auch FOWDEN 1982, 45–48; HAAS 1997, 128–172. 295–316; HARTMANN (in diesem Band), S. 257-266. Zu Kyrillos siehe auch J.

Ende 430/Anfang 431; s. unten) war ein Großteil der Bevölkerung Christen. Die meisten Lehrer der Rhetorik und der Philosophie waren zwar noch immer Heiden, doch wurden ihre Schulen auch von Christen besucht. Obwohl die heidnischen Tempel geschlossen waren, scheint die heimliche Ausübung heidnischer Kulte durch die intellektuelle Elite weitverbreitet gewesen zu sein. Seit 412 war Kyrillos Patriarch der Stadt, ein energischer Gegner der Heiden, Juden und Novatianer. Er konnte gleich zu Beginn seiner Amtszeit den Kompetenzstreit mit dem christlichen *praefectus Augustalis* Orestes, dem zivilen Oberbeamten Ägyptens, für sich entscheiden und hatte seit den frühen 420er Jahren den Stadtrat unter seiner Kontrolle. In seine Amtszeit fällt der einzige gewaltsame Konflikt zwischen Christen und Heiden in der ersten Hälfte des 5. Jh.s, die Ermordung der Philosophin Hypatia durch einen christlichen Mob im Jahr 415. Ob Kyrillos dafür die Verantwortung trägt, ist umstritten.

In Athen ging die Christianisierung der lokalen Elite und der Bevölkerung allgemein sehr langsam voran, was daher rührt, dass die Stadt noch im 4. und zu Beginn des 5. Jh.s das renommierteste Zentrum der rhetorischen und philosophischen Ausbildung im griechischen Osten war.[16] In den letzten Jahrzehnten des 4. und den ersten des 5. Jh.s finden wir dort eine lokale Elite, die über großen Reichtum verfügte und offensichtlich weitgehend heidnisch war. Sie war euergetisch sehr aktiv und scheint daran interessiert gewesen zu sein, dezidiert heidnische Gebäude und Feste zu finanzieren, bisweilen auch in Zusammenarbeit mit Heiden in der Reichsverwaltung. Auch die ansässigen Lehrer taten sich hierbei hervor.[17] Die Christianisierung der breiten Bevölkerung scheint erst seit dem Anfang des 5. Jh.s nennenswert gewesen zu sein. Christliche Motive auf Terrakottalampen zeigen gut die Entwicklung:[18] Sie beginnen in der ersten Hälfte des Jahrhunderts und dominieren gegenüber heidnischen in der zweiten, was auf

---

ROUGE, „La politique de Cyrille d'Alexandrie et le meurtre d'Hypatie", *Cristianesimo nella Storia* XI (1990) 485-504.

[16] Das Folgende nach WATTS 2006a, 79–87; siehe auch DI BRANCO 2006, 183–190.

[17] Siehe dazu unten zu Plutarchos, S. 346f.

[18] Siehe KARIVIERI 1995, 898 und umfassend A. KARIVIERI, *The Athenian Lamp Industry in Late Antiquity*. Papers and Monographs of the Finnish Institute at Athens 5 (Helsinki 1996); zu Athen siehe auch TROMBLEY 1993/1994, I 282–332 (aber siehe Anm. 52).

eine rasche Christianisierung weist. Der Bruch kam allem Anschein nach während der Regierung Theodosios' II., dessen aggressive antiheidnische Gesetzgebung oben deutlich wurde. Für Athen kommt hinzu, dass die Athenerin Eudokia, eine eifrige Christin, seit 421 seine Gattin war und offensichtlich Einfluss auf den Glauben ihrer Heimatstadt zu nehmen versuchte, wie ein Kirchenbauprogramm zeigt, das wohl auf sie zurückgeht. In diesem Zusammenhang ist wichtig, dass ihr Bruder Gessios irgendwann zwischen 421 und 437 *praefectus praetorio Illyriae* war und für ihn wohl der sogenannte Palast der Giganten auf der Agora errichtet wurde.[19] Der Einfluss der Familie vor Ort endete wahrscheinlich erst mit der Verbannung der Kaiserin im Jahr 441 oder 443.[20] Die Machtverhältnisse in der Zeit danach sind schwer einzuschätzen. Darauf wird im Folgenden noch einzugehen sein.

3. Proklos' Zeit in Ägypten

Eine erste, wenn auch nur indirekte Involvierung des Proklos in die Reichspolitik erwähnt Marinos in der Darstellung von dessen Aufenthalt in Alexandreia, wohin sich Proklos zunächst zu rhetorischen Studien begab. Da man eine solche Ausbildung mit etwa 14 oder 15 Jahren begann und Proklos "mit nicht einmal ganz 20 Jahren" (*VPr.* 12,3–4) nach Athen kam, kann man seine alexandrinische Periode von etwa 426/7 bis Ende 430/Anfang 431 festsetzen.[21] Proklos kam dorthin, da er wie sein Vater Patrikios eine

---

[19] WATTS 2006a, 85 weist auf Theodosios II. und Eudokia hin. Die Wichtigkeit der Anwesenheit des Gessios vor Ort betont aber zu Recht DI BRANCO 2006, 187–190; er datiert die Magistratur zwischen 421 und 423. Zu Gessios siehe auch *PLRE* II 510–511, s.v. Gessius 2; VON HAEHLING 1978, 108 (von dort die Datierung). Zu Eudokia und Athen siehe auch J. BURMAN, „The Athenian Empress Eudocia", in: P. Castrén (Ed.), *Post-Herulian Athens: Aspects of Life and Culture in Athens, A.D. 267-529*. Papers and Monographs of the Finnish Institute at Athens 1 (Helsinki 1994) 63-87, hier: 81–87; zur Identifizierung des Palastes der Giganten mit der Residenz der Familie der Eudokia und speziell des Gessios siehe die Literatur in DI BRANCO 2006, 188 Anm. 45; MARCHIANDI 2006, 106 Anm. 36. CASTRÉN 1994, 14 spekuliert, der Palast sei später vielleicht von Theagenes bewohnt worden (zu ihm siehe unten, S. 353).

[20] Der Zeitpunkt ist umstritten; siehe die Literatur in HAFFNER 1996, 220 mit Anm. 25, der für 441 plädiert.

[21] Vgl. SAFFREY / SEGONDS / LUNA 2001, 88 Anm. 16: Studienbeginn in Alexandreia spätestens 427–428; vgl. SAFFEREY / WESTERINK 1968, XIII. Die Berech-

Laufbahn als Rechtsanwalt einschlagen wollte. Marinos nennt die Familien seiner Eltern „an familiärer Abstammung und Tugend herausragend" (*VPr.* 6,4–5). Der Beruf des Rechtsanwalts, zumal in der Hauptstadt, in der Patrikios tätig war, galt als sehr angesehen.[22] Wenn man ihn mit Erfolg praktizierte, was Marinos von Proklos' Vater behauptet,[23] konnte man es zu einigem Reichtum bringen. Zudem bot er die Chance zu weiterem gesellschaftlichen Aufstieg und zum Einstieg in die hohen Ämter der Reichsadministration. Warum Proklos' Vater zurück nach Lykien ging,[24] ist unbekannt, doch muss dies nicht als beruflicher Abstieg interpretiert werden.[25] Er konnte es sich leisten, dem begabten Sohn die teure Ausbildung zum Anwalt zu finanzieren, die mit rhetorischen Studien begann.[26] Der geradezu begeisterte Empfang des jungen Proklos in Alexandreia, der zuerst vom Sophisten Leonas (*VPr.* 8,8–10) und dann vom Philosophen Olympiodoros (*VPr.* 9,24–25) in ihr Haus aufgenommen wurde, wobei ihn letzterer sogar mit seiner Tochter verloben wollte, lässt mehr als nur mittelmäßigen Wohlstand der Familie vermuten. Marinos führt diese Ehren, wie zu erwarten, auf die außerordentliche Begabung des Proklos zurück, doch könnten persönliche oder politische Beziehungen hier ebenfalls von Bedeutung gewesen sein. Proklos' Behandlung in Alexandreia und später in Athen sowie die Protektion, die er während eines Großteils seines Scholarchats in Athen genossen zu haben scheint, werden verständlicher, wenn eine Vermutung von LUNA und SEGONDS das Richtige trifft, nach der Patrikios der Sohn des Fl. Eutolmios Tatianos und der Bruder des

---

nung dort wie hier auf der Grundlage der Geburt des Proklos am 7.2.412; anders z.B. SIORVANES 1996, 1–2: geboren ca. Anfang 411. Normalerweise beginnt der Unterricht in der Rhetorik mit ungefähr 14 oder 15 Jahren; siehe PETIT 1957, 85; R. CRIBIORE, *Gymnastics of the Mind: Greek Education in Hellenistic and Roman Egypt* (Princeton 2001) 56.

[22] Zum folgenden vgl. JONES 1964, I 507–515; vgl. die Bemerkungen und die weitere Literatur in SAFFREY / SEGONDS / LUNA 2001, 87 Anm. 8.

[23] *VPr.* 8,22–25.

[24] *VPr.* 6,15–16.

[25] Vgl. SAFFREY / WESTERINK 1968, XI, die an eine Beförderung denken. Anders SIORVANES 1996, 2f., der an eine Amtsentfernung des Heiden auf der Grundlage des Gesetzes von 415 denkt.

[26] Hierzu JONES 1964, I 512f.; danach wäre eine juristische Ausbildung in Beirut, Konstantinopel oder Rom gefolgt.

Fl. Proklos/Proculus war.²⁷ Ersterer war von 367–370 *praefectus Augustalis* in Ägypten und zeichnete sich durch seine Bautätigkeit aus. Am Ende seiner Karriere war er von 388–392 *praefectus praetorio orientis*. Er und sein Sohn, der zu diesem Zeitpunkt *praefectus urbis Constantinopolitanae* war, fielen 392 einer Intrige zum Opfer. Beide wurden zum Tod verurteilt, der Sohn hingerichtet, der Vater begnadigt und nach Lykien ins Exil geschickt. 396 wurden sie rehabilitiert. Eine ältere Schwester des Hingerichteten hatte einen Sohn Tatianos, der 466 Konsul im Osten war und zuvor viele hohe Ämter innegehabt hatte.²⁸ Leider muss die genealogische Einordnung des Philosophen in diese Familie hypothetisch bleiben, so dass wir nicht wissen, ob die sehr zuvorkommende Behandlung mit den ‚ägyptischen Beziehungen' des Großvaters und der Bedeutung des Cousins zu tun hatte, aber man sollte diese Möglichkeit nicht ausschließen.

Marinos erklärt, Proklos' Lehrer der Rhetorik Leonas habe ihn „mit denen bekannt gemacht, die die Zügel Ägyptens halten", was sich auf die Vertreter der Reichsadministration bezieht. Diese habe er durch seinen Scharfsinn und vortrefflichen Charakter für sich gewonnen.²⁹ Wenn mehr hinter dieser Behauptung steckt als die wenig später erzählte Gesandtschaftsreise nach Konstantinopel,³⁰ die Leonas im Auftrag seines Freundes, des *praefectus Augustalis* Theodoros, durchführte und auf die er Proklos mitnahm, konnte Proklos hier Kontakte mit wichtigen Persönlichkeiten

---

²⁷ LUNA / SEGONDS 2012, 1548 erklären in ihrem *DPhA*-Eintrag zu Proklos nur lapidar: "Patricius est probablement le fils de Tatianus ... et le frère de Flavius Proclus". DELMAIRE 1989, 62–67.104–108, auf den sie für diese Personen verweisen, diskutiert nur die Karriere beider Männer, ohne die Verwandtschaft mit dem Vater des Philosophen zu erwägen. In SAFFREY / SEGONDS / LUNA 2001, 77 Anm. 3 und 4, findet sich noch kein Hinweis auf diese Identifizierung, ebenso wenig in *PLRE* I s.v. Tatianus 5 und Proculus 6 und *PLRE* II s.v. Patricius 3 und Proclus 4. Da von den Eltern des Proklos nichts weiter bekannt ist, scheint die angenommene Verwandtschaft nur auf der Namensgleichheit Proklos / Proculus und der lykischen Herkunft zu beruhen. Die Tätigkeit des Patrikios in Konstantinopel mag man ebenso als stützendes Argument dafür erachten. Chronologisch möglich ist der so gewonnene Stammbaum. Er scheint bisher in der wissenschaftlichen Literatur vor LUNA / SEGONDS 2012 nicht vertreten worden zu sein. Dagegen HARTMANN (in diesem Band), S. 254 mit Anm. 12.
²⁸ Vgl. *PLRE* II, s.v. Tatianus I; vgl. DELMAIRE 1989, 105.
²⁹ *VPr.* 7,11–14.
³⁰ *VPr.* 9,1–11.

knüpfen, die ihm später vielleicht von Nutzen waren.[31] Was der Zweck der Mission des Leonas war, wissen wir nicht. Man vermutet die Verteidigung der Belange Ägyptens am Kaiserhof[32] oder einen Zusammenhang mit der Reform der Universität von Konstantinopel im Jahr 425.[33] Bei der Entscheidung, Proklos mitzunehmen, mögen die frühere Anwaltstätigkeit seines Vaters und die daraus resultierenden Verbindungen nach Konstantinopel eine Rolle gespielt haben, und wenn er zur Familie des Tatianos gehörte, war sie geradezu naheliegend. Aber nicht nur diese Reise ermöglichte Proklos den Aufbau eines Netzwerks. Vom Unterricht beim Elementarlehrer bis hin zu dem beim Philosophen stellte die Schule einen zentralen Ort für das Knüpfen und die Pflege von Freundschaften dar, die in einer Gesellschaft, in der Erfolg und Misserfolg in hohem Maße von solchen Beziehungen abhingen, unabdingbar waren.[34] Gemeinsame Herkunft und Lehrer spielten hierbei eine wichtige Rolle. Auch die Freundschaft mit dem Lehrer, bei der gegenseitige Unterstützung über die Schulzeit hinaus obligatorisch war, ist nicht zu unterschätzen. Welche wichtigen Freundschaften Proklos in der Zeit seiner Ausbildung knüpfte, lässt Marinos allerdings im Dunkeln.[35]

Liest man die Darstellung von Proklos' Aufenthalt in Alexandreia, fällt auf, dass die Existenz des Christentums mit keinem Wort erwähnt wird. Dies überrascht angesichts der Mehrheit der Christen in der Bevölkerung und der christlichen Studenten in den Schulen. Man kann nicht erahnen, dass während Proklos' gesamtem Aufenthalt in der Stadt Kyrillos Patriarch war.[36] Die Ermordung der Hypatia (415) lag erst wenige Jahre zurück und war gewiss noch Thema in den Schulen. Dennoch ist schon in diesem Teil der Biographie Religion ein wichtiges Thema im Hin-

---

[31] Zur etwas ungenauen Amtsbezeichnung bei Marinos siehe SAFFREY / SEGONDS / LUNA 2001, 88 Anm. 15; vgl. *PLRE* II s.v. Theodorus 15. Der Mann ist sonst nicht bekannt.

[32] So SAFFREY / SEGONDS / LUNA 2001, 88 Anm. 15 mit Parallelen für derartige Missionen lokaler Rhetorikprofessoren.

[33] So SIORVANES 1996, 4 mit Verweis auf SAFFREY / WESTERINK 1968, XI f.

[34] Dies legt sehr anschaulich WATTS 2006a, 7–14 dar. Dort siehe auch zum Folgenden; vgl. WATTS 2005. Das Networking des Proklos in Alexandreia betont auch LEPPIN 2002, 252.

[35] Ulpianos (*VPr.* 9,31–33) mag ein solcher Freund gewesen sein, doch ist er nur aus unserem Text bekannt.

[36] Vgl. SAFFREY / SEGONDS / LUNA 2001, 88 Anm. 16.

tergrund, da die meisten Lehrer des Proklos in unterschiedlicher Weise als rechtgläubig charakterisiert werden. Der Grammatiker Orion ist „aus der ägyptischen Priesterkaste",[37] was suggeriert, dass Proklos bei ihm nicht nur eine sprachliche Ausbildung erhielt; bei Olympiodoros und seiner philosophischen Tochter macht eben die philosophische Aktivität den Glauben deutlich, zudem der Umstand, dass der Philosoph sie mit Proklos verloben wollte.[38] Am deutlichsten ist Marinos beim Mathematiker Heron, der nicht nur als „gottesfürchtig" (θεοσεβεῖ) apostrophiert wird, sondern der „es wagte" (θαρρῆσαι), Proklos auch „den ganzen Modus seiner eigenen Götterverehrung anzuvertrauen".[39] ‚Gottesfürchtig' ist einer der typisches *code phrases* der Neuplatoniker für altgläubig.[40] Nur bei Leonas fehlt ein deutlicher Hinweis auf den Glauben, doch war er wohl Heide, da er Proklos in sein Haus aufnahm.[41] Man hat nicht den Eindruck, als spielten für diese Personen die Gesetze, die die heidnische Kultausübung einschränkten, irgendeine Rolle. Dass die Welt nicht mehr ganz in Ordnung war, zeigt nur das eine Wort θαρρῆσαι: Es war ein Wagnis, den jungen Mann im alten Glauben zu instruieren. Alles beim Alten war bei der Zusammenarbeit zwischen der intellektuellen Elite und der römischen Administration, so jedenfalls suggeriert Marinos: Der *praefectus Augustalis* Theodoros bittet seinen Freund Leonas, für ihn auf diplomatische Mission nach Konstantinopel zu gehen. Der Rhetor oder Philosoph, der im Auftrag seiner Stadt oder Region bei der Zentralregierung vorstellig wird, ist seit dem Hellenismus Standard,[42] weshalb die Erwähnung dieser Gesandtschaft Normalität suggeriert. Der Beamte wird zudem als „gebil-

---

[37] *VPr.* 8,15–16.
[38] *VPr.* 9,15–17. 20–23.
[39] *VPr.* 9,17–19. 23–25.
[40] Vgl. SAFFREY / SEGONDS / LUNA 2001, 90 Anm. 5; zu anderen *code phrases* siehe unten, S. 345.350.364; zu ihrer Verwendung bei Proklos siehe SAFFREY 1975 = 1990; HOFFMANN 2012; vgl. DI BRANCO 2006, 141f. Der Term geht auf CAMERON 1969, 15 u.ö. zurück.
[41] SAFFREY / SEGONDS / LUNA 2001, 84f. Anm. 19 sehen in der Bezeichnung als Isaurier einen Hinweis auf Heidentum, da dieses Volk kaum christianisiert gewesen sei; dies ist möglich, doch siehe auch die relativierenden Bemerkungen von FELD 2005, 44–55. Der überzeugte Heide Proklos hätte kaum einen Christen als Hauptlehrer gewählt.
[42] Parallelen aus dem 4. und 5. Jh. erwähnen SAFFREY / SEGONDS / LUNA 2001, 88 Anm. 15; vgl. WATTS 2006a, 7.

deter und edler Mann und Liebhaber der Philosophie" apostrophiert, worin man mit den Kommentatoren der Budé-Ausgabe wohl einen Hinweis auf sein Heidentum zu sehen hat.⁴³ Wenn Leonas den jungen Proklos zudem mit „denjenigen, die die Zügel Ägyptens halten", zusammenbringen konnte, macht dies deutlich, dass er nicht nur mit Theodoros ein gutes Verhältnis pflegte. Man gewinnt den Eindruck, als sei sowohl die intellektuelle als auch die politische Elite der Stadt heidnisch und in gutem Einverständnis miteinander.⁴⁴ Die Einseitigkeit dieses Bildes, das durch die Parallelüberlieferung als irreführend entlarvt wird, macht deutlich, wie vorsichtig wir mit den Angaben des Marinos über Proklos' Zeit in Athen umgehen müssen, für die uns eine parallele Überlieferung nicht zur Verfügung steht.

4. Plutarchos und die zeitgenössische Politik

Zum Verständnis der Politik des Proklos und der Situation der Schule unter seiner Leitung ist zunächst ein Blick auf das Scholarchat des Plutarchos erforderlich.⁴⁵ Aus dessen Zeit sind keinerlei Probleme für die Schule bekannt, sie florierte und zog Schüler von überall her an. Diese Lage erklärt sich nicht zuletzt dadurch, dass Plutarchos einer alteingesessenen vornehmen Familie entstammte, die seit Generationen in der Lokalpolitik aktiv war, auch in der Rolle von Euergeten. Der Scholarch übernahm das so entstandene Netz an Beziehungen, das weit über Athen hinausging und auch Vertreter der Zentralverwaltung einschloss, und baute es seinerseits aus. In zwei inschriftlich erhaltenen Epigrammen ehrt ihn die Stadt, in einem davon dafür, dass er dreimal den Transport des Heiligen Schiffs an den Panathenäen finanziert hatte (sie existierten also noch!). Auch er beteiligte sich also an der Pflege der heid-

---

⁴³ SAFFREY / SEGONDS / LUNA 2001, 88f. gegen VON HAEHLING 1982, 55 Anm. 21. Weniger wahrscheinlich ist, dass er wie später Illos ein Christ war, der Interesse an heidnischer Philosophie hatte.

⁴⁴ Dies zeigt gut, dass Marinos eine literarische „Gegenwelt" zur Wirklichkeit entwirft, wie BECKER (in diesem Band), S. 199-234 zeigt. Diesen Begriff verwendet schon HARTMANN 2014 im Hinblick auf die Biographien des Eunapios.

⁴⁵ Zum Folgenden siehe die sehr guten Charakterisierungen in WATTS 2006a, 90–100; DI BRANCO 2006, 115–129.

nischen Kulte, die diese Zeit kennzeichnet.[46] In einem anderen Epigramm, das zu einer Statue gehört, ehrt Plutarchos selbst den *praefectus praetorio Illyriae* Herkulios (408–410), der Bauten in Athen finanziert hatte[47] und wohl Heide war.[48] Auch der Sophist Apronianos ehrt ihn in Athen mit Statue und Epigramm, was sehr anschaulich macht, wie aktiv Vertreter der Schulen zum Wohl der Stadt die Beziehungen mit der römischen Administration pflegten.[49]

5. Die politische Aktivität des Proklos als Scholarch und das politische Umfeld in Athen nach Marinos

Einen Großteil dessen, was Marinos als politische Tätigkeit des Proklos und der Neuplatoniker klassifiziert, finden wir konzentriert im Abschnitt über die politische Tugend des Protagonisten (14–17), während die Aktivitäten seiner Gegner an verschiedenen Stellen der Biographie erwähnt werden. Aber schon in einer der ersten Handlungen des Proklos nach seiner Ankunft in Athen macht der Biograph deutlich, wie er seinen Helden verstanden wissen will: als mutigen Verfechter des alten Glaubens, der diesen offen praktiziert und sich so von den anderen Heiden abhebt.[50] Das Klima der Angst und Gefahr, das die Heiden im Griff hält, ist von Anfang an präsent, wenn es Lachares und Syrianos nicht wagen, in Anwesenheit des jungen Fremden den Mond anzubeten.[51] Dies erstaunt, da ein solcher Akt des Gebets, wenn

---

[46] *IG* II/III² 3818 = 13281 = SIRONEN 1997, Nr. 20; das zweite Epigramm ist sehr fragmentarisch und lässt den Anlass nicht mehr erkennen: *IG* 13286 = SIRONEN 1997, Nr. 25. Zur Identifizierung des Plutarchos in den drei Inschriften mit dem Scholarchen siehe WATTS und DI BRANCO (s.o. Anm. 45) sowie LUNA / SEGONDS 2012, 1081–1088; vgl. CARUSO 2013, 165–167. SIRONEN unterscheidet den Scholarchen vom in Nr. 20 und 22 erwähnten Mann, in dem er einen sonst nicht bekannten Sophisten sieht; so auch HARTMANN (in diesem Band), S. 268. Zu diesen und den im Folgenden genannten Inschriften siehe auch SIRONEN 1994, 46–52.

[47] Die Identifizierung dieser Bauten ist strittig; siehe SIRONEN 1994, 50 mit Anm. 198.

[48] *IG* II/III² 4224 = 13283 = SIRONEN 1997, Nr. 22. Siehe VON HAEHLING 1978, 104–106; DI BRANCO 2006, 128 mit Anm. 81.

[49] *IG* II/III² 4225 = 13284 = SIRONEN 1997, Nr. 23.

[50] Vgl. DI BRANCO 2006, 140.

[51] *VPr.* 11,10–23. Vgl. LEPPIN 2002, 255–266.

nicht von Opfern begleitet, nicht unter die oben skizzierten Verbote zu fallen scheint. Hier wird auch deutlich, dass kein staatlicher Kult mehr existierte.[52] Proklos' Verhalten in der gesamten Biographie ist ein ständiges Übertreten nahezu aller Gesetze, die den heidnischen Kult verbieten.[53] Hier seien nur einige Punkte angesprochen, die zum Verständnis der politischen Lage und des politischen Handelns des Proklos relevant sind:[54] Die Akropolis, d.h. die dortigen Tempel, waren allem Anschein nach unzerstört. Ob der Türwächter dort Dienst tat, um Diebe abzuhalten oder Gläubigen den Zugang zu verwehren, bleibt unklar.[55] Proklos besuchte diesen Ort sofort nach seiner Ankunft, doch lässt Marinos offen, was er dort tat. Bei gemeinsamen Treffen und Opfermahlzeiten gewann Proklos die Anwesenden für sich und entließ sie besseren Mutes.[56] Da er seine Anhänger nicht mehr für sich gewinnen musste, scheint Marinos hier in verklausulierter Form zwar wohl nicht sagen zu wollen, dass er versuchte, Christen zu bekehren, aber doch, dass er Heiden, die in ihrem Glauben schwankten, darin zu festigen versuchte. Dass er allen Beteiligten auch Mut machte, zeigt erneut ihre schwierige Lage. Hier und anderswo macht Marinos deutlich, dass sich Proklos regelmäßig sogar über das strengste Verbot, das des Tieropfers, hinwegsetzte. Er tut bisweilen sogar so, als wären solche Opfer selbst noch zu seiner ei-

---

[52] *VPr.* 11,9–23. Zu optimistisch hinsichtlich des Weiterbestehens heidnischer Kulte im 5. Jh. in Athen ist TROMBLEY 1993/1994, I 307–324, der zu stark das Verhalten des Proklos verallgemeinert, um Rückschlüsse auf die Entwicklung in Athen zu ziehen.

[53] Zu Proklos' Kultpraxis siehe TROMBLEY 1993/1994, I 307–324.

[54] Zur Ausübung der heidnischen Religion durch Proklos siehe in diesem Band die Beiträge von DILLON, S. 235-249, HELMIG, S. 312-314 und MÄNNLEIN-ROBERT, S. 27-35.

[55] TROMBLEY 1993/1994, I 79 interpretiert *VPr.* 10,37–44 so, dass Tempel, hier speziell der Parthenon, für Gläubige geschlossen waren. Später nimmt er an (310), dass die Priesterschaft des Parthenon noch existierte. Auch KALDELLIS 2009, 34 schließt aus der Episode, dass „the pagan priesthood was in full control of the site". Es ist DI BRANCO 2006, 140 zuzugeben, dass Marinos mit der Darstellung ein bestimmtes literarisches Ziel verfolgt, d.h. Proklos als den Kämpfer für das Heidentum zu präsentieren. Dies und die allgemeine Angst der Heiden passen nicht zu einer Interpretation, die davon ausgeht, in den heidnischen Tempeln habe sich nichts geändert.

[56] *VPr.* 5,14–18.

genen Zeit normal, doch ist hier Vorsicht geboten.⁵⁷ Proklos sei außerdem während seines gesamten Lebens regelmäßig zu rituellen Waschungen an den Strand gegangen, habe theurgische Zeremonien durchgeführt, um das Wetter und Erdbeben zu beeinflussen, und habe den Totenkult in großem Umfang praktiziert.⁵⁸ Wie öffentlich er dies tat und wie bekannt dies in der Öffentlichkeit war, lässt Marinos bewusst in der Schwebe, wohl um zum Ruhm seines Helden mehr Publizität zu suggerieren, als in Wirklichkeit der Fall war. Ganz verborgen konnte und sollte dieses Treiben allerdings nicht bleiben.⁵⁹ Wie Leppin zu Recht betont, war Theurgie „der Euergetismus der Machtlosen" und Teil der politischen Aktivität des Proklos.⁶⁰ Wunder zum Wohl der ganzen Stadt dürfte man daher in der Öffentlichkeit bekanntgemacht haben. Kein Zufall ist, dass beinahe nie deutlich wird, wer außer Proklos noch an den Kulthandlungen teilnahm, was wohl dem Schutz Lebender dient.⁶¹ Im Zusammenhang mit der theurgischen Zeremonie zur Heilung der Asklepigeneia, zu der auch ein Opfer gehörte, sagt Marinos explizit, dass Proklos hier und auch sonst derartige Dinge heimlich tat, um „denen, die gegen ihn intrigieren wollten, keinen Vorwand zu bieten".⁶² Selbst private Tieropfer waren demnach zu diesem Zeitpunkt nicht mehr möglich, auch nicht Kulthandlungen in einem Tempel. Der Bericht von Proklos' Beerdigung zeigt aber, dass eine traditionelle Beerdigung noch 485 stattfinden konnte. Ob sie allerdings wirklich so traditionell war, wie Marinos uns glauben lassen will, also auch Tier- und Trankopfer beinhaltete, ist schwer zu sagen.⁶³

---

⁵⁷ Etwa gleich zu Beginn *VPr*. 1,9–21; DEMANDT 2007, 507 schließt daraus auf das Weiterexistieren von Stieropfern. Proklos opfert nicht wie andere, um (Fleisch) essen zu können: *VPr*. 19,17–19. EDWARDS 2000, XLIV Anm. 117 ist zu Recht vorsichtig.

⁵⁸ Siehe den Beitrag von DILLON in diesem Band. Auch der Besitz eines Horoskops (35) war ein todeswürdiges Verbrechen; siehe oben S. 338.

⁵⁹ Siehe WATTS 2006a, 104.

⁶⁰ LEPPIN 2002, 257.

⁶¹ Eine Ausnahme ist Perikles in *VPr*. 29,16–18, der Proklos überlebte; zu ihm siehe SAFFREY / SEGONDS 2012: Er wird wohl erwähnt, da er einer der besten Freunde des Proklos war; vgl. Rufinos' Proskynese in *VPr*. 23,21–29.

⁶² Ich verstehe οὐκ ἄλλως ἢ κἀνταῦθα in *VPr*. 24,29 mit EDWARDS 2000 als „in this as in every other case"; anders SAFFREY / SEGONDS / LUNA 2001, 35.162 Anm. 7 „cette fois encore". Zum Opfer bei dieser Zeremonie siehe z.B. TROMBLEY 1993/1994, I 309f.

⁶³ Optimistisch ist, wie es scheint, TROMBLEY 1993/1994, I 320.

Was Proklos' politische Aktivitäten im engeren Sinne betrifft, so zeigen sie Kontinuität und Diskontinuität gegenüber der Zeit des Plutarchos.[64] Der frühe Tod des Syrianos war insofern ein Problem, als Proklos noch sehr jung war (etwa 25 Jahre), sich erst wenige Jahre in Athen aufhielt und kein Athener war. Ihm fehlte daher das große Netzwerk des Plutarchos, das dieser wohl an seinen langjährigen Mitarbeiter Syrianos hatte weitergeben können, jener aber nicht in der kurzen Zeit an Proklos.[65] Proklos war zudem nicht bereit, seine Position durch eine geschickte Heiratspolitik zu verbessern, und ebenso wenig, sich direkt in der Politik zu engagieren, da er sich mit Höherem beschäftigen wollte.[66] Es war daher ein cleverer Schachzug, seinen besten Freund Archiadas, einen Enkel des Plutarchos und Mitglied der Schule, zum ‚politischen Arm' der Schule zu machen,[67] da er so dessen Beziehungen und Einfluss für ihre Repräsentation und die Verteidigung ihrer Interessen nutzbar machen konnte. Über Archiadas' genaue Tätigkeiten bleibt Marinos recht vage,[68] vielleicht da er sich auf das Lob des Proklos konzentrieren will. Archiadas, so Proklos, solle sich „um alle Belange der Stadt kümmern".[69] Des Weiteren solle er in großem Umfang als Euerget aktiv werden, sowohl für Privatleute als auch für die Stadt. Dies habe auch Proklos getan.[70] Beide führten also eine Politik fort, wie wir sie auch bei Plutarchos gesehen haben und wie sie für zahlreiche Philosophen und Rhetoren des 4. Jh.s bezeugt ist und, so muss man hin-

---

[64] Vom kurzen Scholarchat des Syrianos ist in dieser Hinsicht nichts bekannt.
[65] Vgl. WATTS 2006a, 98. 104–105. 107–108.
[66] Keine nützliche Heirat: *VPr.* 17,3–6; keine aktive Politik: *VPr.* 14,5–7.
[67] Zur Sache siehe WATTS 2007, 107f.; DI BRANCO 2006, 143 (dort die Formulierung).
[68] TROMBLEY 1993/1994, I 325: Archiadas war Archon (zwischen 438 und 450), was ohne Rückhalt in den Quellen ist; auch dass er die Panathenäenprozession finanziert habe, geht aus Damasc. *VIs.* F 105 ATHANASSIADI = F 273 ZINTZEN nicht hervor; *VPr.* 12,20–21 bezieht sich auf Proklos, nicht Archiadas, wie TROMBLEY a.a.O. 326 irrtümlich meint. Ebenfalls nicht belegbar ist die Ansicht TROMBLEYS 1993/1994, I 290. 293, nach der die Panathenäenprozession ohne Tieropfer bis 481/4 weitergegangen sei.
[69] So ist wohl ὅλης τε τῆς ἑαυτοῦ πόλεως προΐστασθαι (*VPr.* 14,11) zu verstehen; eine Alternative ist, Archiadas solle sich an die Spitze der Politik stellen (so EDWARDS 2000, 77). Da diese Stellung später aber Theagenes einnahm und Marinos Proklos kaum einen Auftrag erteilen lässt, den sein Freund nicht erfüllte, ist wohl erstere Interpretation richtig; vgl. SAFFREY / SEGONDS / LUNA 2001, 17.
[70] *VPr.* 14,12–22.

zufügen, wie sie von der reichen Elite der Stadt erwartet wurde.[71] Dass die Menschen noch zur Zeit der Entstehung des Werkes (486) von Archiadas als dem „frömmsten" sprächen, wie Marinos behauptet,[72] ist wohl nur eine freundliche Geste gegenüber dem noch Lebenden. "Fromm" war eine *code phrase* für einen Heiden,[73] weshalb sich die inzwischen christliche Mehrheit der Stadtbewohner, wenn überhaupt, in anderer Weise positiv über den Wohltäter geäußert haben dürfte.

Was Proklos selbst tat, wenn er gelegentlich doch aktiv in die Lokalpolitik eingriff, bleibt weitgehend im Dunkeln. Er habe den öffentlichen Versammlungen beigewohnt und vernünftige Vorschläge gemacht,[74] woraus zu erschließen ist, dass er das Bürgerrecht erworben hatte.[75] Da Marinos keine Erfolge vermeldet, gab es wohl keine. Nicht weniger allgemein ist die Aussage, Proklos habe sich mit den Vertretern der römischen Administration getroffen und sie mit philosophischem Freimut zu gerechtem Handeln aufgefordert.[76] Denkt man an Interventionen anderer Philosophen oder Rhetoriklehrer in Sachen Gerechtigkeit, sieht man, dass es oft nur darum ging, eigenen Schülern in Rechtsstreitigkeiten zu helfen oder für Freunde und Bekannte Vergünstigungen zu erlangen.[77] Aber es könnte sich auch um Gesandtschaften im Auftrag der Stadt handeln, die ebenso für andere spätantike Philosophen, auch Neuplatoniker, bezeugt sind.[78] Zudem habe Proklos Briefe an römische Beamte geschrieben und so ganzen Städten,

---

[71] Zur Kontinuität und für Parallelen siehe WATTS 2006a, 29. 32f. 81f. 93–96; für Parallelen und Literatur siehe auch FOWDEN 1982, 51; SAFFREY / SEGONDS / LUNA 2001, 114 Anm. 6. Zum Euergetismus in der Spätantike und den Erwartungen der Menschen siehe P. R. L. BROWN, „Art and Society in Late Antiquity", in: K. WEITZMANN (ed.), *Age of Spirituality. A Symposium* (New York / Princeton 1980) 17-27.

[72] *VPr.* 14,22–27.

[73] Vgl. SAFFREY / SEGONDS / LUNA 2001, 114 Anm. 8.

[74] *VPr.* 15,1–3.

[75] Zu dieser Möglichkeit für reiche Ausländer in der Kaiserzeit siehe WATTS 2006a, 84. Anders LEPPIN 2002, 254.

[76] Zur Bedeutung von ἄρχοντες als römische Funktionäre siehe SAFFREY / SEGONDS / LUNA 2001, 115 Anm. 11.

[77] Belege für derartiges Engagement bei WATTS 2006a, 11f. 18; vgl. zum Engagement der Lehrer auch SAFFREY / SEGONDS / LUNA 2001, 115 Anm. 11. 120 Anm. 4.

[78] Belege in FOWDEN 1982, 50. Allerdings spricht Marinos vom Dienst für die Stadt gegenüber der Reichsverwaltung erst in *VPr.* 16,38–43, wo er erwähnt, dass Proklos in diesem Zusammenhang Briefe schrieb.

wie z.B. Athen und Andros, geholfen.[79] Dies erinnert an die Tätigkeit anderer Lehrer, die sich besonders häufig für die Lebensmittelversorgung Athens einsetzten und Privilegien von römischen Beamten erhielten.[80] All dies liegt im Rahmen dessen, was man von einem prominenten Philosophen oder Rhetor erwartete. Zudem habe Proklos für das gute Verhalten seiner Schüler in der Öffentlichkeit gesorgt, womit wohl die Erinnerung an die Krawalle zwischen Studenten verschiedener Schulen in der Zeit vor Proklos evoziert werden soll.[81] Sie sind während seines Scholarchats nicht mehr bezeugt, gehörten aber wohl ohnehin der Vergangenheit an, da Athen als Bildungsstandort an Bedeutung verloren hatte. Die Begründung, warum Proklos sich auch für die Rhetoren in Athen stark machte, indem er sich bei den Behörden dafür einsetzte, dass die staatlichen Lehrer ihren Lohn in Form von Lebensmitteln und Geld erhielten,[82] ist bezeichnend: Rhetorik sei nötig, um im Dienst der Stadt Zugeständnisse von den Behörden zu erlangen. Ein gutes Verhältnis zwischen Philosophen und Rhetoren in Athen bezeugt Marinos schon für die Zeit vor Proklos, und es wird auch aus anderen Quellen deutlich.[83] Hier hat es sogar den Anschein, als organisiere Proklos den gesamten Widerstand Gleichgesinnter gegen die feindliche Umwelt und schaffe daher eine Allianz zwischen der neuplatonischen Schule und den Rhetorenschulen. Die fehlenden Lohnzahlungen zeigen den Niedergang des Schulstandorts Athen und lassen vermuten, dass sie von der Reichsadministration als Mittel eingesetzt wurden, um diese Entwicklung zu beschleunigen.

In dunkel erscheinenden Worten spricht Marinos von Stürmen und „typhonischen Winden" im Leben des Proklos, die das rechtmäßige Leben, d.h. das Leben nach der traditionellen Religion, behinderten, und davon, dass ihn „Gigantengeier" durch eine gerichtliche Untersuchung in Gefahr brachten, die ihn zum Ausweichen nach Lydien zwangen, wo er sich ein Jahr lang aufhielt.[84]

---

[79] VPr. 15,38–44.
[80] Beispiele in WATTS 2006a, 32f. 60f. Vermutungen zur Hilfe für Andros in EDWARDS 2000, 81 Anm. 162; SAFFREY / SEGONDS / LUNA 2001, 121 Anm. 5.
[81] Zu diesen siehe WATTS 2006a, 42–47.
[82] VPr. 16,1–23. Richtig verstanden von SAFFREY / SEGONDS / LUNA 2001, 121f. Anm. 8f.; EDWARDS 2000, 81 Anm. 163; falsch WATTS 2006a, 109.
[83] Zu dieser Tendenz im 4. und 5. Jh. siehe LUNA / SEGONDS 2012, 1085f. mit Literatur.
[84] VPr. 15,14–35.

Auf dieses Ereignis wird unten noch einzugehen sein. Es zeigt, dass das ‚System Archiadas' wohl nicht immer funktionierte. An zwei Stellen wird deutlich, dass die Schule des Proklos nicht nur aus eigener Kraft in diesem feindlichen Umfeld überlebte: Ein gewisser Rufinos, ein Mann, der eine hohe Position im Staat innehatte, soll Proklos nach der Rückkehr aus Lydien eine hohe Summe Geld als Hilfe angeboten haben, was der Philosoph aber abgelehnt habe.[85] Identität und Position des Mannes sind unklar. Manche sehen in ihm einen hohen Reichsbeamten,[86] andere einen Römer, der das athenische Bürgerrecht erworben hatte und dort politisch aktiv war,[87] und wieder andere einen einheimischen *decurio*.[88] Von existentieller Bedeutung war für die Schule die Verbindung zu Theagenes. In der Erzählung von der Heilung der Asklepigeneia wird diese eingeführt als „die Tochter des Archiadas und der Plutarche, die Gattin unseres Wohltäters Theagenes".[89] Er war auch der Vater des Hegias, der Proklos' Licht am Ende seines Lebens gewesen sein soll.[90] Beide werden wohl lobend hervorgehoben, da sie 486 noch in einem guten Verhältnis zu Marinos standen, was sich wenig später ändern sollte. Die *Suda* hat aus der *VIs.* einen biographischen Abriss des Theagenes erhalten, der zeigt, dass er einer der führenden Politiker seiner Zeit in Athen war:[91] Er war Archon, Patrizier und Mitglied des Senats von Konstantinopel, extrem reich und ein großzügiger Wohltäter, der Lehrer und Ärzte unterstützte und Maßnahmen zum Nutzen Athens finanzierte. Ein Papyrus hat Fragmente eines Enkomions auf ihn erhalten, das von manchen Interpreten dem Proklosschüler Pamprepios zugeschrieben wird.[92] Die Verschwägerung dieses Mannes mit Archiadas dürfte die Schule des Proklos vor manchen

---

[85] *VPr.* 23,23–33.
[86] SAFFREY / SEGONDS / LUNA 2001, 28 Anm. 2. VON HAEHLING 1978 behandelt ihn nicht.
[87] WATTS 2006a, 84.
[88] SAFFREY / WESTERINK 1968; HARTMANN (in diesem Band), S. 291f. *PLRE* II 954, s.v. Rufinus 10 sagt nichts zu seiner Stellung.
[89] *VPr.* 29,5–7.
[90] *VPr.* 26,46–55.
[91] Damasc. *VIs.* F 100 ATHANASSIADI = F 257–261 ZINTZEN. Zu ihm siehe neben den Bemerkungen in WATTS 2006a und DI BRANCO 2006 auch SAFFREY / WESTERINK 1968, XXXI–XXXV; *PLRE* II 1063f., s.v. Theagenes.
[92] LIVREA 1979; zur Diskussion um die Autorschaft siehe die Literatur in FELD 2002, 274f. Anm. 17.

Problemen bewahrt haben. Allerdings überwarf sich Theagenes später mit Marinos, und sein Sohn geriet mit Isidoros in Konflikt, was zur Folge hatte, dass die *VIs.* von Theagenes und Hegias ein wohl zu negatives Bild zeichnet. Auch scheint Theagenes später Christ geworden zu sein.[93] Solange Proklos lebte, stand er aber auf dessen Seite.

Neben dem freiwilligen Exil des Proklos als Folge des genannten Konfliktes erwähnt Marinos noch andere Ereignisse, die für die Rekonstruktion der Geschichte des Verhältnisses zwischen der Schule des Proklos und den lokalen Machthabern von Wichtigkeit sind: die Entfernung der Statue der Athena Parthenos (?) aus dem Parthenon und die Zerstörung des Asklepieions.[94] Aus der *VIs.* wissen wir außerdem, dass Archiadas irgendwann einen Großteil seines Vermögens verlor, was nicht ohne Einfluss auf das 'System Archiadas' bleiben konnte.

6. Die politische Aktivität des Proklos als Scholarch und das politische Umfeld in Athen: Rekonstruktionen

Watts und Di Branco haben in ihren Monographien zur Geschichte der neuplatonischen Schule zwei in weiten Teilen konträre Rekonstruktionen ihrer Politik und des Konflikts zwischen Christen und Heiden im Athen des 5. Jh. vorgelegt. Beide berufen sich dabei vor allem auf die *VPr.*, die sie in unterschiedlicher Weise in-

---

[93] Die Formulierung in Damasc. *VIs.* F 100, Z. 13–16 ATHANASSIADI = F 258, Z. 7–10 ZINTZEN ist umstritten; für Konversion: FELD 2002, 275 Anm. 17; ZINTZEN 1967, 209 zur Stelle; gegen eine Konversion SAFFREY / WESTERINK 1968, XXXII f.; WATTS 2006a, 120 Anm. 42. In *PLRE* II 1064, s.v. Theagenes, nur Hinweis auf sein Heidentum; W. ENßLIN, „Theagenes 7", RE V A 2 (1934) coll. 1346-1347, hier 1346 spricht von ihm als einem Christen. Die Konversion muss nach dem Entstehen der *VPr.* stattgefunden haben.

[94] *VPr.* 30,4–7. 29,19–21. Es ist umstritten, ob es sich bei der entfernten Statue um die der Parthenos oder der Promachos handelte. Sprachlich legt Marinos die erstgenannte Interpretation nahe. Dagegen wird von einigen Interpreten eingewandt, dass diese Statue nicht transportiert werden konnte und für die Promachos bezeugt ist, dass sie in Konstantinopel vor dem Senat stand. Aber auch die Zeusstatue aus Olympia wurde dorthin verbracht (Hinweis H.-G. Nesselrath). Promachos: FRANTZ 1988, 77 Anm. 143; SAFFREY / SEGONDS / LUNA 2001, 164 Anm. 15. Parthenos: SAFFREY / WESTERINK 1968, XXIII; MARCHIANDI 2006, 106; KALDELLIS 2009, 334 u.ö.

terpretieren. Ihre Interpretationen seien im Folgenden vorgestellt und besprochen.[95] Nach der Interpretation von Watts wurde die religiöse Verwendung von Tempeln wohl in den 420er Jahren eingeschränkt, in den späten 430er oder frühen 440er Jahren wurden dann die Kultstatuen entfernt. Dies geschah auf Veranlassung der kaiserlichen Administration, wobei in den 420er Jahren an eine Initiative der Kaiserin zu denken ist. Dass die Tempel in der zweiten Hälfte des 5. Jh.s unzerstört, aber geschlossen waren, zeigt *VPr.* 29–30 (Asklepigeneiageschichte).[96] Watts unterscheidet verschiedene Phasen im Verhältnis Proklos-Athen:[97] Eine erste ist die des jugendlichen Heißsporns, der durch einen Richtungswechsel in der philosophischen Ausrichtung der Schule, d.h. die Fokussierung auf Theurgie, bei Christen und nur an allgemeiner philosophischer Bildung interessierten Heiden, die seinen ‚Grundkurs' besuchten, auf Ablehnung stieß. Er machte seine Studenten durch das Tragen des Tribon in der Stadt sichtbar und unterschied sie vom Rest der Bevölkerung.[98] Einige seiner Kultaktivitäten müssen bekannt geworden sein. Zudem trat er im Rat und bei den Mächtigen auf und machte sich dabei durch seinen reizbaren Charakter zur „self-appointed social gadfly" Athens, was die Christen verärgerte.[99] Er war jung, unerfahren und ohne Netzwerk, so dass er dort kein Gehör fand. Die Folge war das Exil, das ihm seine christlichen Feinde aufzwangen. Es ist früh in seiner Karriere zu datieren.[100] Dieses Exil war für ihn eine schockierende Erfahrung, wes-

---

[95] Die Rezensionen der Bücher sind durchgehend äußerst positiv. Niemand scheint bisher an einer der beiden Darstellungen Anstoß genommen zu haben. Lediglich LUNA / SEGONDS / ENDRESS 2012, 1550 nennen DI BRANCOS Arbeit „excellente" und WATTS' Interpretationen „pas toujours judicieuses", ohne näher darauf einzugehen. Dies ist korrekt, aber auch DI BRANCOS Rekonstruktion ist in weiten Teilen problematisch. Von den älteren Darstellungen sind wichtig SAFFREY / WESTERINK 1968, IX–LIV; FOWDEN 1982, bei dem schon einige Interpretationen zu finden sind, die dann bei WATTS noch mehr akzentuiert werden. Ich verzichte auf eine Diskussion der Darstellung in SCHMIDT 2010, 161–194, die oberflächlich und fehlerhaft ist.
[96] WATTS 2006a, 85f. mit Anm. 33.
[97] WATTS 2006a, 100–110.
[98] Dies mit Hinweis auf Damasc. *VIs.* F 59B ATHANASSIADI = F 135 ZINTZEN.
[99] WATTS 2006a, 104 mit Verweis auf *VPr.* 15 und 16; vgl. SCHMIDT 2010, 174.
[100] Argumente für die Frühdatierung: Er hatte später in seinem Leben politischen Einfluss (*VPr.* 16) und wurde in Quellen des 6. Jh.s wie Malalas äußerst positiv dargestellt; WATTS 2006a, 105.

halb er nach der Rückkehr seine Politik änderte: Er suchte externe Unterstützer, die er in Rufinos, Asklepiodotos von Aphrodisias und Theagenes fand, was zu einer Beruhigung der Lage führte. Zudem ließ er Archiadas die Rolle des Vertreters der Schule nach außen spielen, wobei dieser an die Tätigkeit seines Großvaters anknüpfen konnte. Proklos selbst hielt sich nun mit offener Religionsausübung zurück, wie die Heilung der Asklepigeneia in den 450er Jahren zeigt. Als das neue System etabliert war, betätigte er sich selbst weniger politisch und nur noch zur Verteidigung der Rechte seiner Studenten in der Volksversammlung,[101] ansonsten beschränkte er sich auf Korrespondenz.[102] Die Schule wurde sehr populär, obwohl sie fern der christlichen Realität stand, so dass Proklos sogar öffentliche Finanzierung der Mahlzeiten seiner *hetairoi* beantragen konnte.[103] Probleme hatte er in dieser Phase nicht mehr.

Di Branco geht davon aus, dass die Familie der Eudokia, und hier v.a. Gessios, der als *praefectus praetorio Illyriae* und in der Folgezeit in Athen residierte, zwischen 421 und 443 Maßnahmen zur Zwangschristianisierung durchführte, was zu Konflikten mit der lokalen, weitgehend heidnischen Elite führte.[104] In diesen Kontext gehören Archiadas' Vermögensverlust und einige Anspielungen auf Gegner der Neuplatoniker in der *VPr*.[105] Nach dem Sturz der Eudokia (443 nach Di Branco) übernahmen wieder die alten Eliten die Macht, unter denen nun Theagenes die führende Figur war. Ökonomisch geriet Athen im 5. Jh. in eine schwere Krise, da die Reform der Universität in Konstantinopel im Jahr 425 innerhalb von 25 Jahren zum Ruin des Bildungsstandorts Athen führte. Die Ausschaltung gefährlicher Schulen wie derjenigen in Athen war die Intention dieser Reform gewesen. Proklos wollte zeit seines Lebens seine politische Philosophie realisieren, sowohl mit Hilfe des Archiadas als auch durch eigenes politisches Engagement, bei dem er mit *parrhesia* und großem Mut kämpfte. Di Branco sieht in ihm einen zweiten Platon. Bei beiden führte *parrhesia* zum Exil. Der Konflikt, der das Exil zur Folge hatte, sowie andere Konflikte

---

[101] Mit Verweis auf *VPr*. 16.
[102] Ähnlich schon FOWDEN 1982, 53: Proklos führt nach seiner Rückkehr „a less conspicuous life".
[103] Mit Verweis auf *VPr*. 16,1–3.
[104] Zum folgenden DI BRANCO 2006, 131–157. 160f. 187–192. Ein anderes Bild von Eudokia in HAFFNER 1996.
[105] Er nennt keine Belegstelle. Die Konflikte im Zusammenhang mit Proklos' Exil können nicht gemeint sein, da er letzteres später datiert.

hatten keine religiösen, sondern politische Hintergründe; religiöse Motive spielten allenfalls eine untergeordnete Rolle. Proklos organisierte die Schule in Athen nach dem Modell der pythagoreischen Gemeinschaft Krotons als politische Parallelgesellschaft innerhalb des Staates, was auf Widerstand bei der führenden Schicht stieß.[106] Beide pythagoreischen Gemeinschaften wurden daher aus politischen Gründen angefeindet. Aber auch Personen außerhalb der Schule wie Rufinos und Theagenes unterstützten Proklos.

Die Schlussphase des Scholarchats war eine Phase heftiger Konflikte zwischen Christen und Heiden, weshalb Proklos die Heilung der Asklepigeneia heimlich durchführen musste, während er zu Beginn seines Aufenthalts noch durch offene Praktizierung der Religion beeindrucken konnte. Die Zerstörung des Asklepieions, die Umwandlung des Parthenons in eine Kirche und das Exil des Proklos gehören erst in die letzten Jahre von Proklos' Scholarchat und waren politisch bedingt. Es handelte sich um Strafaktionen der kaiserlichen Zentrale gegen die Schule des Proklos wegen der Unterstützung des Aufstandes, den Pamprepios in Ägypten im Rahmen der Revolte des Illos hatte anzetteln wollen. Pamprepios war zuvor Schüler des Proklos gewesen, musste aber 476 aufgrund einer Anzeige beim Archon Theagenes Athen verlassen. Anlass waren damals wohl politische Aktivitäten, in die vielleicht auch Proklos verstrickt war. In Ägypten versuchte Pamprepios 481/2 vergeblich, die Heiden zum Aufstand gegen Zenon zu mobilisieren. Sein Scheitern führte zu einer Verfolgung heidnischer Philosophen in Alexandreia und zu einer reichsweiten umfassenden antiheidnischen Gesetzgebung. Die Maßnahmen in Athen gehören in diesen Kontext und sollten die neuplatonische Schule für die Unterstützung des Pamprepios strafen (daher die Zerstörung des Asklepieions, des wichtigsten Tempels für die Neuplatoniker).[107] Die „ty-

---

[106] Für diese Pythagorisierung verweist DI BRANCO 2006, 145–147 v.a. auf die Solidarität innerhalb der Gemeinschaft und die pythagoreische Freundschaft zwischen Proklos und Archiadas.

[107] Schon TROMBLEY 1993/1994, I 342–344 sieht die Zerstörung des Asklepieions und die Entfernung der Statue der Athena (nach ihm die chryselephantine Statue der Parthenos) als eine Strafe für die Unterstützung des Illos seitens der Schule des Proklos und heidnischer Lokalpolitiker. Auch die umfassende Gesetzgebung gegen Heiden zur Zeit Zenons ist seine Hypothese, der DI BRANCO folgt; siehe S. 370 mit Anm. 163.

phonischen Winde" in *VPr.* 15,16 sind eine Anspielung auf Pamprepios, der von Damaskios als "typhonisch" bezeichnet wird.[108] Betrachten wir zunächst die Rekonstruktion von Watts. Beinahe nichts, was er über die Entwicklung der politischen Aktivität des Proklos sagt, hat Rückhalt in den Quellen. Schon Syrianos gab der Theurgie und den *Chaldäischen Orakeln* einen wichtigen Stellenwert in seiner Philosophie, so dass man nicht von einer Richtungsänderung unter Proklos sprechen kann.[109] Es gibt auch keinen Hinweis darauf, dass sich unter seiner Leitung die Kurse für ‚Gasthörer' wie Rhetoren und allgemein Interessierte änderten. Der enorme Zulauf, den er hatte, spricht dagegen. Man muss hier auch die literarische Strategie des Marinos bei der Interpretation berücksichtigen. Er will zeigen, dass sein Held auch die höchste, die theurgische, Tugend in Vollendung besaß, weshalb er diese Seite seines Wirkens besonders betonen muss. Den Christen galten Theurgen als Zauberer, und so wohl auch die Neuplatoniker. Dies war allerdings keine neue Entwicklung in der Zeit des Proklos. Der Tribon war schon seit Jahrhunderten das Symbol der Philosophen, und die Tribonübergabe an Studenten erfolgte allgemein nach ihrer Aufnahme in eine Schule.[110] Auch Damaskios scheint Derartiges zu erwähnen sowie einen Tribon des Redners.[111] Mit derartiger Kleidung waren die Athener seit Jahrhunderten vertraut, weshalb sie darin nichts Auffälliges gesehen haben dürften. Die ‚Sokratisierung' des Proklos zur „gadfly" widerspricht Marinos' Darstellung. Wo er von Proklos als politischem Ratgeber berichtet, ist dessen aufbrausender Charakter kein Thema. Er erwähnt lediglich, dass er mit *parrhesia* zu den Amtsträgern sprach und sie zu Gerechtigkeit aufforderte. Wenn dahinter mehr steckt als ein Topos des Enkomions und Proklos wirklich im Gespräch und in Briefen offen forderte, was er wollte, so entspricht dies dem klassischen Bild von der Kommunikation zwischen Philosoph und Herrscher (im weiten Sinne). Es war ein

---

[108] Damasc. *VIs.* F 112A ATHANASSIADI = F 287 ZINTZEN.

[109] Siehe die Belege in DI BRANCO 2006, 130. Die Belege für eine Richtungsänderung der Schule und für den Unmut mancher Schüler darüber, die WATTS 2006a, 103, anführt, geben dies nicht her.

[110] WATTS 2006a, 104 Anm. 120 zitiert diese selbst; vgl. WATTS 2005, 237–239 zur Tribonübergabe.

[111] Damasc. *VIs.* F 86F ATHANASSIADI = F 211 ZINTZEN; F 122D ATHANASSIADI = F 323 ZINTZEN. Zum Tribon als Philosophenmantel siehe die Stellen in E. SCHUPPE, „Tribon", RE VI A 2 (1937) coll. 2415-2419, hier: 2417.

ritualisiertes Agieren, bei dem die Freimütigkeit klar kalkuliert war. Zum Ritual gehörte auch, dass sich der Herrscher gegenüber dem Philosophen oder Rhetor, als dem Vertreter der intellektuellen Elite, als offen präsentierte.[112] Dass Proklos damit irgendjemand zur Last fiel – den Christen, wie Watts meint –, ist ohne Beleg.[113] Vielmehr soll er vielen Privatleuten und Städten geholfen haben. Den schroffen Charakter erwähnt Marinos bei der Darstellung von Proklos' Umgang mit den Rhetoren, die sich an ihn um Hilfe wandten, da sie ihren staatlichen Lohn nicht erhalten hatten. Um diese ungewöhnliche Unterstützung zu legitimieren und nicht den Eindruck zu erwecken, der Philosoph unterstütze Unwürdige, behauptet Marinos, Proklos habe diejenigen Rhetoren gescholten, die ihrer Pflicht nicht nachkamen.[114] Die öffentliche Speisung, die er für seine *hetairoi* beantragt haben soll, verdankt ihre Existenz nur einer Fehlinterpretation dieser Passage über den Lohn der Rhetoren.[115]

Die Veränderungen im Verhalten des Proklos auf politischer Ebene sind gänzlich hypothetisch und widersprechen der Darstellung des Marinos. Letzterer erklärt, Proklos habe sich mit Höherem beschäftigen wollen und daher die politische Tätigkeit weitgehend Archiadas übertragen. Von einer intensiven eigenen politischen Betätigung zu Anfang seines Scholarchats weiß er nichts. Vielmehr macht er deutlich, dass Proklos immer schon der Philosophie den Vorzug gab. Eine Zeit aktiver Politik hätte unser Lobredner kaum unerwähnt gelassen.[116] Welchen Eindruck das Exil auf Proklos machte, wissen wir nicht, und es ist ebenso möglich, dass das ‚System Archiadas' schon davor eingeführt wurde. *VPr.*

---

[112] Dazu, im Hinblick auf die Kommunikation Philosoph–Kaiser, S. SCHORN, „Die Vorstellung des xenophontischen Sokrates von Herrschaft und das Erziehungsprogramm des «Hieron»", in: L. ROSSETTI / A. STAVRU (eds.), *Socratica 2005: Studi sulla letteratura socratica antica presentati alle Giornate di studio di Senigallia*. Le Rane 52 (Bari 2008) 177-203.

[113] In diese Richtung schon FOWDEN 1982, 53, der in Proklos' politischem Engagement vor allem eine Verteidigung des Heidentums sieht.

[114] *VPr.* 15,9–23.

[115] Diese Fehlinterpretation schon in FOWDEN 1982, 52; anders falsch über diese Passage TROMBLEY 1993/1994, I 328.

[116] Ebenso falsch TROMBLEY 1993/1994, I 327, der Proklos erst nach Archiadas' Tod in der Lokalpolitik aktiv werden lässt. Dies ist eine Folge seiner falschen Datierung des Archiadas (siehe Anm. 126); seine Vermutung, dass Proklos *Archon eponymos* war (S. 327f.), ist ohne Rückhalt in den Quellen.

16 zeigt nicht, dass Proklos ab einem bestimmten Zeitpunkt nur noch in Versammlungen auftrat, um die Rechte seiner Studenten zu verteidigen. Es geht dort um sein Engagement für Rhetoren und dies, so unterstellt Marinos, gehörte nicht einer bestimmten Phase seines Lebens an. Es ist in der Tat korrekt, dass Proklos die Heilung der Asklepigeneia heimlich durchführte, um Feinden keine Handhabe gegen ihn zu liefern. Dies stellt aber keine neue Entwicklung der 450er Jahre dar, wie hier gleich im Hinblick auf Di Branco gesagt sei. Marinos erklärt *VPr.* 29,28-32 vielmehr, Proklos habe solche Tätigkeiten *immer* heimlich ausgeführt. Man kann diese Zeremonie, zu der ein Tieropfer gehörte – das Hauptverbrechen in den Augen der christlichen Behörden –, nicht mit der harmlosen Mondanbetung nach der Ankunft des Philosophen in Athen vergleichen. Marinos spricht nie von öffentlichen Tieropfern des Proklos, und solche hat es wohl nicht gegeben. Er behauptet allerdings, Proklos habe bis ins hohe Alter regelmäßig religiöse Waschungen am Meer ausgeführt.[117] Hier änderte sich sein Verhalten also nicht. Von Rufinos ist nicht bekannt, dass er effektiv die Schule unterstützte (den Vorschlag in *VPr.* 23,29–33 lehnt Proklos ab). Asklepiodotos von Aphrodisias, den Watts als weiteren externen Förderer nennt, hatte vielleicht erst spät Kontakt mit der Schule des Proklos. Der Adressat des Kommentars zum *Parmenides* ist zudem wohl sein Schwiegersohn, der Philosoph Asklepiodotos von Alexandreia, nicht jener Mann, wie Watts meint. Vor dessen Eheschließung (die in eine Zeit gehört, als Proklos vielleicht schon alt war)[118] ist kein Kontakt zwischen dem Aphrodisier und der Schule wahrscheinlich zu machen und auch für die Zeit danach ist keine Unterstützung nachweisbar.[119] Ab wann Theagenes als ihr Förderer in Frage kommt, hängt mit seinen Lebensdaten zusammen, die wiederum mit der Biographie des Archiadas, der Frage nach dem Zeitpunkt des Verlustes von Archiadas' Vermögen und der Schließung des Asklepieions verknüpft sind. Da eine Klärung dieser Punkte auch für die Beurtei-

---

[117] *VPr.* 18,1–34.

[118] ROUCHÉ 1989, 91 datiert die Ankunft des Alexandriners in Aphrodisias „perhaps in the late 470s".

[119] Zum Problem der Scheidung der beiden Personen und ihrer Biographie siehe GOULET 1989c. Nach SAFFREY / WESTERINK 1968, LII war auch der Aphrodisier Proklos' Schüler; zurückhaltend zu Recht GOULET 1989c, 627f., der zeigt, dass kein philosophisches Interesse für ihn nachweisbar ist. Anders noch ROUECHÉ 1989, 90.

lung der Rekonstruktion von DI BRANCO von Wichtigkeit ist, sei die Berechnung der Daten etwas ausführlicher dargelegt, auch um zu zeigen, wie groß oft der Spielraum für Datierungen ist. Asklepigeneia, die Tochter des Archiadas, wurde aufgrund theurgischer Handlungen des Proklos im Asklepieion von einer als unheilbar erachteten Krankheit geheilt, als sie noch ein kleines Mädchen war, ἔτι κόρη οὖσα καὶ ὑπὸ τοῖς πατράσι τρεφομένη, d.h. im Alter von ca. 5–10 Jahren.[120] Damals war der Tempel unzerstört. Sie heiratete später Theagenes, und beide hatten einen Sohn, Hegias, den Proklos in seinen letzten Lebensjahren, als er schon krank war (d.h. 481–485), als sehr begabten Schüler erachtete. Marinos bezeichnet ihn zu diesem Zeitpunkt als μειράκιον und führt aus, Proklos habe ihn in platonischer Philosophie und „der übrigen Theologie" unterwiesen. Dies bestätigt die VIs., die Ähnliches über ihn als μειράκιον berichtet.[121] Wenn Hegias demnach zwischen 481 und 484 ca. 18–23 Jahre alt war,[122] wurde er zwischen 458 und 466 geboren. Seine Mutter kann zu diesem Zeitpunkt theoretisch etwa zwischen 18 und 35 Jahre alt gewesen sein, so dass sie zwischen ca. 428 und 458 ein kleines Mädchen gewesen sein konnte. Die Heilung wird dadurch näher eingegrenzt, dass Proklos schon Scholarch war, was ab etwa 437/8 der Fall war,[123] und ihn die Erzählung als schon etablierte Institution vorstellt. Die Episode illustriert seine theurgischen Fähigkeiten und diese musste er erst von Asklepigeneia der Älteren lernen

---

[120] *VPr.* 29,7–8. Zum Lebensalter siehe SAFFREY / SEGONDS / LUNA 2001, 160f. Anm. 12. Falsch TROMBLEY 1993/1994, I 310.

[121] Damasc. *VIs.* F 145B,2–5 ATHANASSIADI = 351,8–10 ZINTZEN.

[122] Das letzte Lebensjahr des Proklos scheidet aufgrund seines Gesundheitszustandes wohl aus. Zum Alter eines μειράκιον siehe BRYANT 1907, 75: „μειράκιον includes the later ‚teens' and early ‚twenties', being nearly convertible with νεανίσκος"; weiteres in SCHORN 2012 zu *FGrHist* 1028 F 1 Anm. 119. Dass er ihn auch (*VPr.* 26,54) τὸν παῖδα nennt, weist kaum auf ein noch jüngeres Alter hin, was angesichts des Lehrinhaltes schwer möglich wäre, allenfalls darauf, dass er eher 18 als 23 war, als er sich als vielversprechendes Talent präsentierte. Aber dies ist nicht sicher, und die Formulierung wiederholt vielleicht nur die Worte des Proklos, die dann aufgrund des großen Altersunterschieds verständlich sind und aufgrund der Tatsache, dass er den jungen Mann seit frühester Kindheit kannte.

[123] Das genaue Datum ist nicht bekannt; siehe aber SAFFREY / WESTERINK 1968, XVI–XIX; WATTS 2006a, 100 Anm. 102; DI BRANCO 2006, 130; LUNA / SEGONDS / ENDRESS 2012, 1549.

und vervollkommnen.[124] Dies liefert als *terminus post quem für die Zerstörung des Asklepieions* den Zeitraum einige Jahre nach 438 *(etwa 443)/458*. Geht man weiterhin von der Hypothese aus, dass Mädchen relativ früh heirateten und Asklepigeneia etwa 18–20 Jahre bei der Geburt des Hegias war, führt dies ebenfalls auf ihre Geburt zwischen ca. 438 und 448 und eine *Heilung zwischen 443 und 458*.[125] Die Heilung gehört also, anders als DI BRANCO meint, nicht in die Schlussphase von Proklos' Scholarchat.

Archiadas dürfte etwa gleichaltrig oder jünger als Proklos gewesen sein,[126] da ihn sein Großvater Plutarchos bei seinem Tod zusammen mit Proklos seinem Nachfolger Syrianos empfahl. Dies legt nahe, dass er schon philosophisch aktiv war, allerdings eher ‚in der Ausbildung'. Er überlebte Proklos, da er von ihm zum Erben eingesetzt wurde. Dies führt auf ein Geburtsdatum von ca. 410–415. Damaskios berichtet von einem Gespräch zwischen Theagenes als παῖς und Archiadas, als letzterer gerade den Großteil seines Vermögens verloren hatte.[127] Er war zu diesem Zeitpunkt also ca. 8–14 Jahre alt,[128] während Archiadas als erwachsen vorgestellt ist. Nimmt man einen Altersunterschied von einer Generation (25 Jahre) an, kommt man auf eine Geburt des Theagenes zwischen ca. 435 und 440, so dass sich der *Verlust des Geldes zwischen etwa 443 und 454 ereignet* haben kann. Nimmt man ferner an, Archiadas habe im Alter von 25 bis 30 Jahren geheiratet, passt dies zur Geburt des Hegias zwischen 458 und 466. Im Hinblick

---

[124] Siehe *VPr.* 28; die dort zitierten Verse, die in denselben theurgischen Kontext gehören, hörte Proklos im Traum, als er im 40. und 42. Lebensjahr stand.

[125] Etwas anders rechnet WATTS 2006a, 107 Anm. 136: „If one assumes that he was eighteen in 480 (an exceptionally early age to begin the study of high-level philosophy), his mother was likely born sometime between 440 and 450. When Proclus cured her she was a girl who still lived with her Parents (*VPr.* 29). This suggests that her illness occurred sometime in the late 440s or (more probably) in the mid-450s." TROMBLEY 1993/1994, I 309 datiert die Heilung in die 450er Jahre wegen des Traums des Proklos im Kapitel davor (*VPr.* 28,28–32). Doch steht dieser in keiner Verbindung zur Heilung im Folgenden. SAFFREY 1975, 555–556 = 1990, 203–204 datiert die Heilung 440–450; SAFFREY / WESTERINK 1968, XXI mit Anm. 3 datiert um 450.

[126] SAFFREY / WESTERINK 1969, XXXI; anders TROMBLEY 1993/1994, I 325 (nicht überzeugend).

[127] Damasc. *VIs.* F 105A ATHANASSIADI = F 273 ZINTZEN. Theagenes hatte sein Vermögen nicht verloren; falsch CASTRÉN 1994, 13.

[128] Siehe BRYANT 1907, 74–75: „παῖς ordinarily measures the period we call ‚boyhood' – up into the early ‚teens'".

auf die Interpretation von Di Branco ist gleich hier festzuhalten, dass Theagenes also nicht sofort nach dem Ende des Einflusses der Familie der Eudokia (441/443) der führende Politiker Athens war, sondern frühestens ab 470.

Die genaue Datierung des Verlusts von Archiadas' Vermögen ist in zweierlei Hinsicht relevant. Zum einen dürfte er das zumindest vorläufige Ende seiner Tätigkeit als Euerget in Athen bedeutet haben, was sicherlich Auswirkungen auf seine Funktion als politischer Arm der neuplatonischen Schule hatte, wenn er diese zu diesem Zeitpunkt schon innehatte. Wenn er diese Funktionen auch danach ausübte, dann nicht mehr mit Hilfe seines eigenen Geldes. Zahlreiche Interpreten sehen die Ursache des Verlusts in einem Vandaleneinfall in Griechenland im Jahr 467.[129] Di Branco hat die Historizität dieses Einfalls bestritten.[130] Wie dem auch sei, eine so späte Datierung des Verlusts ist ausgeschlossen (s. oben). Di Branco sieht hier, wie erwähnt, Gessios am Werk. Chronologisch ist dies gerade noch möglich, aber nicht sonderlich wahrscheinlich. Sollte diese Erklärung aber zutreffen, stand die Schule in dieser Zeit unter starkem Beschuss, und man versuchte, sie sowohl finanziell zu schädigen als auch in ihrer Außenwirkung massiv zurückzudrängen. Allerdings passen die Formulierungen der VIs. nicht zu einer solchen Interpretation. Die verwendeten Verben (χρημάτων διηρπασμένων, ἀπολωλόσι καὶ πεπορθημένοις) weisen auf Raub, Plünderung und Zerstörung. Eine andere Möglichkeit ist, die Plünderungen im Zusammenhang mit dem Zug der Hunnen unter Attila nach Griechenland im Jahr 447 zu sehen, der bis an die Thermopylen kam. Wenn Archiadas einen Großteil seines Besitzes nördlich dieser Linie hatte, kann er durch die Plünderungen ruiniert worden sein.[131] Aber dies ist für einen

---

[129] CASTRÉN 1994, 13 mit Anm. 134; ders. 1999, 221; FOWDEN 1990, 495 Anm. 11 (der im Ereignis aber nicht das Ende seiner Tätigkeit als Euerget sieht); ATHANASSIADI 1999, 251 Anm. 277.

[130] DI BRANCO 2006, 132f. Anm. 114. 189 Anm. 50 und ders., 2009, 315 gegen FRANTZ 1988, 78f.; CASTRÉN 1999, 220 (467 oder 470er Jahre). Es ist DI BRANCO zuzugeben, dass sich die Zerstörungen auf der Agora besser durch das Erdbeben von 477 erklären lassen und dass SEG 14,379 keine Beweiskraft hat. Allerdings bleibt Procop. Bell. (Vand.) 3,5,23, wo von einer Verwüstung ganz Griechenlands gesprochen wird.

[131] Diese Erklärung in ASMUS 1911, 180 (zu 96,13); TROMBLEY 1993/1994, I 322; SAFFREY 1994, 336; als eine mögliche Erklärung auch in ATHANASSIADI 1999, 251 Anm. 277. Zu diesem Feldzug siehe z.B. O. J. MAENCHEN-HELFEN, Die

alteingesessenen Athener nicht sonderlich wahrscheinlich. Da wir von keinen Kriegseinwirkungen in dem in Frage kommenden Zeitraum wissen und Damaskios von einem Gewaltakt spricht, ist ein antiheidnischer Angriff (durch einen christlichen Mob?) in der Zeit nach der Dominanz der Familie der Eudokia nicht auszuschließen. Eine weitere wichtige Information in der Anekdote ist, dass die Familien des Archiadas (Plutarchos) und des Theagenes schon sehr früh eine enge Beziehung zueinander gehabt zu haben scheinen. Man kann daher vermuten, dass schon der (wohl nicht minder reiche) Vater des Theagenes zu den Unterstützern der Schule gehörte.

Kommen wir zu Di Brancos Interpretation. Abgesehen von den bereits oben deutlich gewordenen Problemen chronologischer Art bereitet seine Rekonstruktion auch in anderer Hinsicht Schwierigkeiten, da in ihr zu wenig zwischen literarischer Stilisierung und historischer Realität geschieden wird. Man kann keineswegs davon sprechen, Proklos habe in Athen seine politische Philosophie umsetzen wollen. Er war vielmehr zu einem gewissen politischen Engagement gezwungen, um seine Schule zu retten. Wenn Marinos behauptet, er habe seine politischen Überzeugungen Platons *Politeia* und *Nomoi* sowie Aristoteles' *Politik* entnommen,[132] mag dies auf seine politische Theorie zutreffen, sicher aber nicht auf die Praxis seines (ohnehin zumeist indirekten) politischen Handelns. Es ging ihm nicht um die Verwirklichung eines Ideals. Auch lässt sich aus Marinos' Darstellung nicht herauslesen, „er habe sich in den politischen Kampf gestürzt und dabei bemerkenswerten Mut gezeigt".[133] Diese Lesung scheint eine Folge der unzulässigen 'Platonisierung' des Mannes zu sein, die Di Brancos Interpretation des Proklos kennzeichnet. Zur *parrhesia*, die Marinos ihm dabei zuschreibt, wurde oben schon das Nötige gesagt. Im Übrigen behauptet Marinos nicht, Proklos' Exil sei eine Folge seiner *parrhesia* gewesen – auch hier eine problematische Parallelisierung mit Platons Schicksal –, Marinos behauptet nicht einmal, sie sei eine Folge politischer Aktivitäten gewesen, wie Di Branco meint. Marinos behandelt die Episode zwar im Abschnitt über die

---

Welt der Hunnen. Eine Analyse ihrer historischen Dimension (Wien 1978) 89; E. A. THOMPSON, *The Huns. Revised and with an Afterword by Peter Heather* (Oxford / Cambridge, Mass. 1996) 102.

[132] *VPr.* 14,1–3.

[133] DI BRANCO 2006, 144: „Proclo non esita a lanciarsi nell'agone politico, manifestando un notevole coraggio."

politische Tugend des Protagonisten. Er erklärt aber nur, der Philosoph habe den Anfeindungen seiner Gegner zum Trotz sein Leben entsprechend dem alten *nomos* weiterzuführen versucht. Dies ist eine der üblichen *code phrases* für das Leben nach der alten Religion (siehe unten).[134] Proklos griff nur gelegentlich in die Lokalpolitik ein oder wandte sich an die römischen Beamten. Er engagierte statt dessen Archiadas, um sich selbst der Philosophie widmen zu können. Dies alles spricht gegen eine exponierte oder besonders aktive politische Rolle. Wenn Marinos dieser Rolle ein eigenes Kapitel widmet und nicht ohne interpretatorische Härten für Proklos die politische Tugend in ihrer Vollendung postuliert, so ist dies dadurch bedingt, dass ihr Besitz zum Selbstbild des neuplatonischen Philosophen gehörte und durch irgendwelche politischen Taten dokumentiert werden musste. Bei genauerem Hinsehen wird aber deutlich, dass abgesehen von einem strikten Festhalten an heidnischen Praktiken, einem nicht weiter spezifizierten Euergetismus, einem gelegentlichen, nicht näher kenntlichen politischen Einsatz auf lokaler und Reichsebene und dem ‚System Archiadas' nicht viel Konkretes bleibt. Man muss hier daher mit Fowden schon die Marginalisierung des heidnischen Philosophen diagnostizieren, die diese Zeit kennzeichnet.[135] Die zusätzlich angenommene ‚Pythagorisierung' der neuplatonischen Schule ist Folge derselben Überbetonung der politischen Arbeit des Proklos. Marinos spricht nicht davon, sondern nur von der pythagoreischen Freundschaft zwischen Proklos und Archiadas. Hier hat schon Rohde erkannt, dass eine literarische Stilisierung auf der Grundlage einer Passage in Iamblichs *De vita Pythagorica* vorliegt.[136] Die Sorge für die Schüler und ihre Familien bringt Marinos nicht mit einem pythagoreischen Charakter der Gemeinschaft in Verbindung.[137] Eine derartige Sorge war im Schulwesen

---

[134] Siehe SAFFREY / SEGONDS / LUNA 2001, 117 Anm. 4. Siehe dazu auch unten. Gegen DI BRANCOS politische Interpretation des Exils auch MARCHIANDI 2006, 109 Anm. 52 ohne nähere Begründung.

[135] FOWDEN 1982, 51–59. Anders in diesem Band BECKER, S. 220-231. Die diagnostizierte Marginalisierung bezieht sich auf die historische Wirklichkeit. In ihrer Eigendarstellung sind diese Philosophen nicht marginalisiert, doch ist dies Teil der literarischen Gegenwelt.

[136] E. ROHDE, *Kleine Schriften. 2 Bände* (Tübingen 1901) 151 Anm. 2. DI BRANCO 2006, 146 Anm. 202 erwähnt diese Interpretation, nimmt aber die Pythagorisierung der Schule auch für die Wirklichkeit an.

[137] *VPr.* 17,1–21.

der Kaiserzeit die Regel und wurde erwartet, und auch sonst findet man die Vorstellung von der Schulgemeinschaft als einer Familie.[138] Proklos handelte also lediglich entsprechend den Erwartungen seiner Schüler, wenn das Berichtete den Tatsachen entspricht. Zudem darf nicht übersehen werden, dass Proklos als ‚Vater' in diesem Abschnitt Züge des Demiurgen trägt,[139] so dass mit einer erheblichen Stilisierung zu rechnen ist. Überhaupt hinkt der Vergleich mit den Pythagoreern des 5. Jh.s v.Chr. Diese waren eine politische Hetairie, die die traditionellen Strukturen der Polis untergrub, um selbst die Macht auszuüben. Proklos' Schule kämpfte ums Überleben und versuchte, durch großzügigen Euergetismus Sympathien zu kaufen. Die alten Pythagoreer wurden bekämpft, da sie ein politischer Machtfaktor waren, die Neuplatoniker, weil sie Vertreter der alten Ordnung waren, Heidentum propagierten und als Zauberer galten. Zur Interpretation der Schule des Proklos als pythagoreischem Zirkel passt auch wenig, dass wichtige Förderer wie Theagenes offenkundig nicht zum *inner circle* gehörten. Proklos selbst wird von Marinos zweifellos nach dem Ideal des Pythagoras stilisiert.[140] Dies resultiert aber daher, dass dieser für die Neuplatoniker das Ideal des ‚göttlichen Menschen' darstellte. Wieviel Realität und wieviel Fiktion das Bild enthält, wissen wir nicht. Und auch wenn Proklos wohl selbst dem Ideal des (neuplatonischen) Pythagoras nacheiferte, sagt dies angesichts fehlender Zeugnisse noch nichts über die Struktur seiner Gemeinschaft oder ihre Politik und noch weniger über ihre Außenwirkung.

Es bleibt die entscheidende Frage nach der Datierung und den Ursachen des einjährigen freiwilligen Exils in Lydien.[141] Marinos spricht von einer längerdauernden Phase von Anfeindungen. Er ist hierbei bewusst vage und verwendet die Metaphern des

---

[138] Siehe die Belege in WATTS 2006a, 11 mit Hinweis auf PETIT 1957, 33–36; vgl. E. J. WATTS, „Doctrine, Anecdote, and Action: Reconsidering the Social History of the Last Platonists (c. 430-c. 550 C.E.), *Classical Philology* 106, 3 (2011) 226-244, hier 231–234. Dies war auch unter dem Scholarchat des Plutarchos nicht anders; siehe SAFFREY / WESTERINK 1968, XIV. Vgl. auch in diesem Band BECKER, S. 228f.

[139] Siehe SAFFREY / SEGONDS / LUNA 2001, 123 Anm. 3.

[140] Hierzu siehe z.B. BUBLOZ 2003, 133–147. Zu Pythagoras' Rolle in der Gestaltung des Jamblich und des Porphyrios innerhalb des Konzepts des ‚göttlichen' oder ‚heiligen' heidnischen Mannes im Neuplatonismus siehe FOWDEN 1982, 33–38.

[141] *VPr.* 15,14–35.

Sturms und der „typhonischen Winde", denen Proklos ausgesetzt war. Letzteres wird von den meisten Interpreten als *code phrase* für die Christen interpretiert.[142] Typhon ist das Symbol des Bösen und der Feind der Weltordnung und der olympischen Götter, so dass eine solche Deutung in der Tat naheliegt. Sie wird dadurch bestätigt, dass diese ungenannten Feinde Proklos daran hindern wollten, eine ἔννομος ζωή zu führen, und dies kann nur ein Leben nach den alten Sitten, d.h. der alten Religion, sein.[143] Dies passt nicht zu Schwierigkeiten, die Proklos aufgrund irgendwelcher Verstrickungen in die Aktivitäten des Pamprepios bekommen konnte, auch wenn dieser bei Damaskios „typhonisch" genannt wird.[144] Ebenso ist nicht zu sehen, wie im Folgenden die „Gigantengeier" damit in Verbindung zu bringen wären. Auch hier liegt wieder ein Bezug auf die Christen nahe. Der Geier als Symbol der Gier passt hierzu ausgezeichnet, da Geldgier zu den Standardvorwürfen gegen die Christen zählte, vor allem gegen die Mönche.[145] Die Flucht war für Proklos mit finanziellem Schaden verbunden, wie aus *VPr.* 23,29–44 deutlich wird, wo Rufinos ihm Geld anbietet.[146] Athanassiadi sieht in den Geiern nicht nur eine Anspielung auf die Christen, sondern auch auf den Palast des Gessios in Athen, dessen Front mit riesigen Tritonen und Giganten geschmückt war.[147] Diese Deutung wäre sehr attraktiv, wenn man das Exil in die Zeit vor 441/443 datieren könnte, was allerdings problematisch ist (s. unten). Es scheint bei dieser Aktion gegen Proklos gegen ihn ermittelt worden zu sein (ἐξετασθείς),[148]

---

[142] Z.B. SAFFREY 1975, 555 = 1990, 203; VON HAEHLING 1982, 74 Anm. 127; SAFFREY / SEGONDS / LUNA 2001, 117 Anm. 3; HOFFMANN 2012, 184 Anm. 79.

[143] Siehe CAMERON 1969, 16–17; SAFFREY / SEGONDS / LUNA 2001,117 Anm. 4; HOFFMANN 2012, 184 mit Anm. 78f.

[144] Eine Erklärung bei FELD 2002, 269–272.

[145] Zur Identifizierung vgl. SAFFREY / SEGONDS / LUNA 2001, 118f. Anm. 8; zu dem Topos siehe z.B. Eunap. *vit. soph.* 6,11,4–5 mit BECKER 2013, 342f.; Lib. *or.* 30,11–12 (ich danke M. Becker für diese Belegstellen); WALLRAFF 2011, 172-174.

[146] Vgl. SAFFREY / SEGONDS / LUNA 2001, 145 Anm. 4.

[147] ATHANASSIADI 1993, 7.

[148] Diese konkrete Bedeutung des Verbs scheint hier vorzuziehen zu sein; vgl. M. LEBIEZ, *Éloge d'un philosophe resté païen: textes présentés, traduits et commentés.* Ouverture Philosophique (Paris 1998) 40: „Un jour qu'il était en butte à certains Géants-Vautours qui le soumettaient à une enquête"; SAFFREY / SEGONDS / LUNA 2001, 18: „comme on faisait une enquête à son sujet" und schon SAFFREY 1975, 555 = 1990, 203; anders ORTH 1938: „als er einmal in der Umgebung gewisser riesig raubgieriger Menschen auf seine Geduld geprüft

was auf eine Beteiligung der Behörden hinweist. Es ist eine naheliegende Vermutung, auch aufgrund des Kontexts, dass es beim inkriminierten Verhalten um das „gesetzmäßige Leben" ging, also um Opfer, die der Philosoph darbrachte.[149] Da dieses Vergehen gewöhnlich mit der Beschlagnahmung des Grundstücks bestraft wurde, auf dem es stattfand, könnte man mit Hinblick auf das Hilfsangebot des Rufinos an eine Konfiszierung denken, doch ist auch eine andere Erklärung möglich (siehe unten).

Proklos selbst spielt auf seine Zeit in Lydien in der Einleitung zur *Hypotyposis astronomicarum positionum* an.[150] Das Werk ist dem Mann gewidmet, der ihn in Lydien beherbergt hatte, und wurde ihm im Jahr nach Proklos' Rückkehr zugeeignet. Proklos schrieb es, „nachdem ich nun in Athen angekommen bin und eine gütige Gottheit mich von jenen vielfachen Anfeindungen, die kein Ende nehmen wollten, glücklich befreit hat" (Übers. Manitius). Hier wird bestätigt, dass es um einen lang andauernden Konflikt ging. Leider scheint das Werk nicht datierbar zu sein.[151] Westerink war wohl der erste, der das Exil mit einer weiteren Passage in *De providentia* in Verbindung brachte. Der Text liegt nur in Moerbekes lateinischer Übersetzung vor und ist in den Details problematisch.[152] Der allgemeine Sinn ist jedoch klar: "Die Geschehnisse, von denen du erwähntest, dass sie uns neulich (τρώην = πρώην *Schol. ad loc.*) von außen kommend gegen unseren Willen getroffen haben, welche die Mauern niederrissen und keinen Stein auf dem anderen ließen, alles vergängliche und brennbare Holz den

---

wurde"; GUTHRIE 1986, 30: „when he found himself the object of the suspicions and vexations": EDWARDS 2000: „and once when he was critically harassed".

[149] Ähnlich wie DI BRANCO auch TROMBLEY 1993/1994, I 327. TROMBLEY überschätzt aber die Bedeutung des Heidentums in Athen und die Sympathien der christlichen Oberschicht dafür.

[150] Procl. *hyp.* 1,5.

[151] MANITIUS 1909, 280 datiert es nur aufgrund der Erwähnung des Exils spät in Proklos' Leben.

[152] *De prov.* 22. Zur Textkonstitution siehe neben WESTERINK 1962, 162 die Editionen von ISAAC, *Trois études sur la providence, II: Providence, fatalité, liberté*, Coll. G. Budé (Paris 1979) 46 (mit den Apparaten) und BOESE, *Procli Diadochi Tria opuscula (De providentia, libertate, malo)*. Quellen und Studien zur Geschichte der Philosophie I (Berlin 1960) 130–133 sowie die Anmerkungen in der Übersetzung von M. ERLER, *Über die Vorsehung, das Schicksal und den freien Willen an Theodoros, den Ingenieur (Mechaniker)*. Herausgegeben von Th. Borger und Michael Erler. Beiträge zur Klassischen Philologie CXXI (Meisenheim 1980) 54f. Für Literaturangaben zur Diskussion über die Datierung des Werkes danke ich B. Strobel (Trier).

Flammen übergaben und das Vermögen vernichteten, die sind nur Äußerlichkeiten..." (Übers. Erler). An einer anderen Stelle lesen wir, dass Proklos schon alt war, als er die Schrift verfasste (*intellectum ... senilem*; 45). Dies würde das Ereignis spät datieren. Westerink bemerkt aber auch, dass Marinos nicht von Zerstörungen berichtet, und nimmt daher an, die Passage könne sich auch auf die Zerstörung des Asklepieions beziehen, „next-door to Proclus's own house, which he used as a sort of private chapel".[153] Es wird nicht deutlich, ob Westerink beide Ereignisse in einen Zusammenhang bringt oder zwei Interpretationen zur Wahl stellt. Andere meinen, bei der Zerstörung des Asklepieions sei auch das in der Nähe gelegene Haus des Proklos beschädigt worden.[154] Da Marinos nicht von Brand und Zerstörung spricht, leugnen wiederum andere einen Zusammenhang mit der Flucht und beziehen das Ereignis nur auf die Zerstörung des Asklepieions.[155] Ein solcher ist aber ausgeschlossen, da archäologisch nachgewiesen ist, dass der Tempel nicht mutwillig zerstört und niedergebrannt, sondern systematisch in eine Kirche umgebaut wurde.[156] Man hat demnach zwei Möglichkeiten der Rekonstruktion: Bezieht man alle drei Texte auf dasselbe Ereignis, geriet Proklos wohl wegen der Praktizierung heidnischer Kulte in Schwierigkeiten, die zu einer offiziellen Untersuchung führten und ihn zur Flucht zwangen. Damit ging die mutwillige Zerstörung und vielleicht Konfiszierung seines Besitzes einher (ersteres vielleicht durch einen aufgebrachten Mob). Nach einem Jahr hatten sich die Wellen geglättet, und er konnte zurückkehren; die Strafverfolgung scheint eingestellt worden zu sein (darum die „gütige Gottheit" in der *Hypotyposis*). Sieht man in dem in *De providentia* beschriebenen Ge-

---

[153] WESTERINK 1962, 162. Auf die Zerstörung des Asklepieions bezieht die Stelle auch mit Zurückhaltung SAFFREY 1975, 556–557 = 1990, 204–205.

[154] J. OPSOMER / C. STEEL (eds.), *Ten Problems Concerning Providence*. The Ancient Commentators on Aristotle (London / Bristol 2012) 158; J. Opsomer / C. Steel (eds.), *On the Existence of Evils*. The Ancient Commentators on Aristotle (London 2003) 3: beide Ereignisse als Alternativen vorgeschlagen.

[155] LUNA / SEGONDS 2007, XCII Anm. 0.

[156] ALESHIRE 1989, 19f.; KARIVIERI 1995, 898 gegen FRANTZ 1965, 194–196; vgl. DI BRANCO 2006, 152. Anders noch GREGORY 1986, 238. KARIVIERIS Vermutung (900), Proklos habe wegen seines Protestes gegen die Entweihung der Tempel oder ihre Umwandlung in Kirchen Athen verlassen müssen, lässt sich nicht in den Quellen belegen; dagegen schon WATTS 2006a, 106 Anm. 131. 144 Anm. 192.

schehen ein unabhängiges Ereignis, entfällt die Möglichkeit zur Datierung des Exils. Es kann sich dann um jeden Großbrand in Proklos' Haus oder Schule gehandelt haben, sei es durch ein Unglück, sei es durch Brandschatzung. Gegen eine solche Trennung spricht aber, dass Marinos das Ereignis, das auch für die Schule einschneidend gewesen sein muss, nicht erwähnt, obwohl es ein exzellentes Beispiel für Proklos' Geringachtung des Geldes gewesen wäre. Er suggeriert des Weiteren, dass Proklos mit Ausnahme der Situation nach dem Exil sehr vermögend gewesen sei.[157] Dies wäre etwas unpassend, wenn ihn wenige Jahre vor seinem Tod eine finanzielle Katastrophe durch einen Brand getroffen hätte. Alles in allem empfiehlt es sich daher, alle drei Texte auf das Exil zu beziehen.[158]

Wenn Proklos also schon alt war, als er nach Lydien ging, stellt sich die Frage, ob der von Di Branco erschlossene Zusammenhang mit den Ereignissen nach dem Scheitern der Revolte in Ägypten möglich ist. Dagegen sprechen aber zum einen chronologische Erwägungen. Die Aktivitäten des Pamprepios in Ägypten datieren ins Frühjahr 482.[159] Die Entsendung eines kaiserlichen Kommissars nach Pamprepios' raschem Scheitern, der dort die Untersuchungen führte und Philosophen verhaften ließ, gehört in dasselbe Jahr. Sollte eine ähnliche Untersuchung auch in Athen stattgefunden haben (belegt ist sie nicht) und zu Proklos' Flucht geführt haben, kann er frühestens Mitte/Ende 483 aus dem Exil zurückgekommen sein. Er starb aber am 17.4.485 und war nach der Aussage des Marinos in den letzten fünf Jahren seines Lebens gesundheitlich schwer angeschlagen. In dieser Zeit schrieb er nicht mehr viel und tat alles nur noch in weniger kraftvoller Weise.[160] Dem widerspricht die Einleitung der *Hypotyposis*, die einen literarisch produktiven Proklos zeigt, der im Jahr nach der Rückkehr diese komplexe Schrift verfasste. Auch Marinos zeigt einen

---

[157] Z.B. *VPr.* 2,11–14.

[158] Es ist anzumerken, dass in dem oft als „Haus des Proklos" identifizierten Gebäudekomplex keine Brandspuren zu finden sind; diese Identifizierung ist aber unsicher; außerdem ist nicht erwiesen (wenngleich wahrscheinlich), dass der Unterricht in Proklos' Haus stattfand. Zu diesem archäologischen Komplex und seiner Interpretation siehe nun CARUSO 2013, 165–190, v.a. 177–183 mit der älteren Literatur. Auch HARTMANN (in diesem Band), S. 274f. bezweifelt die Identifizierung des Hauses mit dem des Proklos.

[159] Diese Datierung, nicht Beginn im Herbst 481, favorisiert zu Recht FELD 2002, 276 Anm. 44; ders., 2005, 272 mit Anm. 192.

[160] *VPr.* 26,33–46.

aktiven Proklos, der das Hilfsangebot des Rufinos ablehnte. Er zeichnet seinen Aufenthalt in Lydien als Zeit intensiven Lernens und Lehrens.[161] Zum anderen sprechen auch sachliche Gründe gegen Di Brancos Deutung. Man kann für Ägypten nicht von einem bedeutenden heidnischen Aufstand sprechen, und die kaiserlichen Maßnahmen waren zudem lokal begrenzt.[162] Von einer reichsweiten Heidenverfolgung kann keine Rede sein, zumal die strengen antiheidnischen Gesetze, die Di Branco in der Nachfolge Trombleys in die Zeit Zenons datiert, erst von dessen Nachfolger Anastasios stammen.[163] Isidoros floh angesichts der Verfolgung in Ägypten nach Athen, was er offenkundig als sicheren Rückzugsort einschätzte.[164] Von politischer Tätigkeit des Pamprepios in Athen (in die Proklos verstrickt gewesen sein könnte), ist außerdem nichts bekannt. Sie beginnt erst nach seinem Weggang, nachdem er mit Illos in Kontakt gekommen war. Dass er mit Theagenes als Archon in Konflikt geriet, ist dem Fragment der *VIs.* nicht zu entnehmen, das dafür angeführt wird; alles klingt dort nach einem persönlichen Streit.[165]

Was bleibt also an Sicherem oder Wahrscheinlichem über die politische Situation in Athen zur Zeit des Proklos? Die Zeit des Einflusses der Kaiserin Eudokia (421/423 bis 441/443) scheint den entscheidenden Umschwung zur Christianisierung gebracht zu haben, wie v.a. die archäologischen Zeugnisse nahelegen. Als Proklos im Jahr 431 dorthin kam, waren die Tempel der Akropolis wohl schon geschlossen. Auch wenn die *VPr.* dies nicht zweifelsfrei bezeugt, wurde unter dem Einfluss der kaiserlichen Familie

---

[161] *VPr.* 18,23–29; auch der Besuch des Heiligtums in Adrotta (32) gehört in diese Zeit.

[162] Vgl. FELD 2002, 267f. (zur Rolle der Philosophen). 270.

[163] FELD 2002, 278 Anm. 86; ders., 2005, 297 mit Anm. 125 unter Hinweis auf LEE 2000, 50 Anm. 109 gegen TROMBLEY 1993/ 1994, I 81–83.

[164] Dies erwähnt auch DI BRANCO 2006, 192.

[165] Der Text von *Suda* Π 137, s.v. Παμπρέπιος (Malchus F 20 MÜLLER [FHG IV 131] = Pamprep. T 1 LIVREA) ist problematisch. Es ist dort von einer Verleumdung des Pamprepios bei Theagenes die Rede und dass Theagenes ihn schlecht behandelt habe. Da Theagenes dort Θεαγένην τινά genannt wird, hat man den Eindruck, es handle sich um einen privaten Streit zwischen den beiden. Vielleicht war Theagenes der Mäzen des Pamprepios, wie oft vermutet wurde. Die Idee von der Verleumdung beim Archon u.a. in ASMUS 1911, 325 (noch phantasievoller ASMUS 1913, 325f.); VON HAEHLING 1980, 93; FELD 2002, 262; DI BRANCO 2006, 160 mit Anm. 303; nur von einem Streit sprechen PLRE II 826, s.v. Pamprepius; KASTER 1988, 330.

vor Ort wohl zumindest dieser Teil der Gesetzgebung umgesetzt. Aber offenkundig konnte man als ‚Tourist' problemlos Zutritt erhalten, um Kunstwerke zu betrachten, was ebenso kaiserlicher Gesetzgebung entsprach.[166] Dass die Tempel nach 441/443 geschlossen blieben, ist ebenfalls nicht explizit bezeugt. Wenn dem so war, war es zumindest für Proklos kein Problem, das Asklepieion zu betreten und ein Tieropfer zu bringen. Allerdings spricht gerade dieses Opfer, da es unbemerkt geschehen musste, dafür, dass die Tempel nicht mehr geöffnet waren.[167] Die Macht der Christen in der Stadt scheint nach 441/443 nicht abgenommen, sondern zugenommen zu haben. Der Verlust von Archiadas' Vermögen (zwischen 443 und 454) kann auf eine antiheidnische Maßnahme zurückgehen, doch ist dies unsicher. Bei Proklos' Exil in den 470er Jahren, dem eine längere Zeit des Konflikts voranging, haben wir sicher eine solche Maßnahme vorliegen. Wenn Marinos nicht die Stimmung seiner Zeit auf das Jahr 431 zurückprojiziert, mussten Heiden allerdings schon damals Angst haben, wenn sie die Sonne anbeteten. Tieropfer, auch privater Art, konnten allem Anschein nach nur unter strenger Geheimhaltung dargebracht werden, während rituelle Waschungen, wie es scheint, noch zu Lebzeiten des Proklos toleriert wurden. Wie heimlich Trank- und Rauchopfer in der Realität zu sein hatten, wird aus dem Text nicht deutlich. Man muss sich davor hüten, auf der Grundlage der *VPr.* zu erschließen, wann in Athen *die* Tempel geschlossen oder zerstört und wann *die* Kultstatuen entfernt wurden, wie es mangels anderer Quellen oft geschieht. Marinos spricht nur von einem Tempel und einer Statue, und dies auch nur, weil sie die beiden Schutzgottheiten seines Helden betreffen: Asklepios und Athene. Was mit ihnen geschah, muss nicht repräsentativ sein. Sicher ist nur die Umwandlung des Asklepieions in

---

[166] *CTh.* 16,10,8 (30.11.382); vgl. TROMBLEY 1993/1994, I 20. 310; KALDELLIS 2009, 45.

[167] Proklos scheint im Asklepieion auch Inkubation praktiziert zu haben; so verstehe ich *VPr.* 31,1–25. Dies wird bestätigt durch Damasc. *VIs.* F 89 ATHANASSIADI = 218 ZINTZEN, das Inkubation im Asklepieion durch Plutarchos und Proklos' Mitstudent Domninos bezeugt. Nach TROMBLEY 1993/1994, I 290. 308–310. 322–324 wurden die Tempel Athens erst kurz vor Entstehung der *VPr.* geschlossen und man konnte dort ungestört den heidnischen Kult ausüben. Dies geht aber aus den Quellen nicht hervor. FRANTZ 1988, 70f. folgert aus der Episode, dass die Tempel Athens zugänglich und Opfer relativ frei möglich waren. Zu KALDELLIS 2009 siehe oben Anm. 55.

eine Kirche zwischen 443/458 und 486[168] und die Entfernung der Statue der Athena Parthenos vor 486[169] sowie, auf der Basis einer wahrscheinlichen Interpretation der *Tübinger Theosophie*, die Umwandlung des Parthenons in eine Kirche wohl noch in der zweiten Hälfte des 5. Jh.s.[170] Wir wissen nicht, was wann mit Tempeln und ihren Statuen geschah, die nicht in eine Kirche umgewandelt wurden. Noch Damaskios, der ca. 482/3 nach Athen kam,[171] war von einer Statue der Aphrodite im Odeion beeindruckt, die Herodes Attikos gestiftet hatte.[172]

Die Zeit des Einflusses der Eudokia scheint Proklos gut überstanden zu haben. Es ist zu vermuten, dass das ‚System Archiadas' schon früh installiert wurde. Mit dessen Verarmung (zwischen 443 und 459) muss es für einige Zeit in eine Krise geraten sein. Vielleicht waren Christen dafür verantwortlich.[173] Spätestens die Heirat mit der Tochter des Theagenes einige Jahre später dürfte ihn saniert haben, so dass er weiter für die Außenwirkung der

---

[168] SAFFREY 1975, 556 = 1990, 204 datiert die Zerstörung kurz nach 450, da er die Heilung der Asklepigeneia in die Zeit 440–450 datiert und οὐκ ἄλλως ἢ κἀνταῦθα als „cette fois encore" versteht, was auf eine Zerstörung kurz danach weise; doch siehe Anm. 62 und 125. Kurz vor dem Tod des Proklos: MARCHIANDI 2006, 106 mit Anm. 35; nach dem Tod des Proklos: CASTRÉN 1999, 221; BAUMER 2010, 40.

[169] Wenn es sich um die Statue der Athena Promachos gehandelt haben sollte (was aber sehr unsicher ist; siehe Anm. 94), ist es eine attraktive Vermutung – aber nicht mehr –, dass diese Figur, die später am Eingang des Senats in Konstantinopel stand, dorthin verbracht wurde, als das 462 niedergebrannte Gebäude wiederaufgebaut wurde (ca. 465–470); so FRANTZ 1988, 76f.

[170] DI BRANCO 2006, 191 und ders., 2009, 321–323 nach MANGO 1995. MANGO findet hier (§53f. Erbse) eine wahrscheinliche Anspielung auf die Umwandlung des Parthenons in eine Kirche. Da die *Theosophie* wahrscheinlich im letzten Viertel des 5. Jh.s entstand, schließt er auf eine Schließung in der zweiten Hälfte dieses Jahrhunderts. Trotz Kritik an MANGO im Detail akzeptiert auch KALDELLIS 2009, 47–53 dessen Datierung der Umwandlung. Es wäre also möglich, dass dies sogar zu Lebzeiten des Proklos geschah oder zeitgleich mit der Entfernung der Statue. Es ist vorstellbar, dass Marinos nur letzteres erwähnt, da nur dabei, wegen der Bitte um Aufnahme in sein Haus, ein Wunder geschah, das Proklos betraf.

[171] Nach Asmus 1911, 187 (zu 113,37) kam er ca. 482/3 nach Athen; nach ATHANASSIADI 1999, 34 Anm. 47. 39 erst 489/490 (aber mit anderer problematischer Chronologie der Heidenverfolgung in Alexandreia).

[172] Damasc. *VIs.* F 63A ATHANASSIADI = *Epit.* F 87 ZINTZEN; vgl. TROMBLEY 1993/1994, I 323f.

[173] Gegen die Unterschätzung des Anteils gebildeter Christen im Athen der Mitte des 5. Jh.s zu Recht FOWDEN 1990, 501.

Schule tätig sein konnte. Man darf wohl annehmen, dass Theagenes kaum im Alter von weniger als 30 Jahren eine so starke politische Macht erworben hatte, die es ihm ermöglichte, der Schule als Beschützer zur Seite zu stehen. Er wird sie daher erst ab 465/470 effektiv unterstützt haben können. In den 470er Jahren war er offenkundig nicht einflussreich genug, um Proklos eine lange Zeit des Konflikts mit den Christen und das Exil zu ersparen. Es gab nun offenkundig mächtige Christen in der Oberschicht. Die lobende Weise, in der Theagenes und sein Sohn in der *VPr.* erwähnt werden, lässt annehmen, dass er 486 noch immer eine wichtige Stütze der Schule war. Vielleicht datiert Marinos das Todesjahr des Proklos auch deshalb nach dem Archon Nikagoras, da dieser wohl praktizierender Heide war.[174] Gehörte auch er zu Proklos' Unterstützern? Was diese Unterstützer betrifft, darf man sich nicht vom Zeugnis der *VPr.* irreführen lassen. Marinos nennt Wohltäter nur anlässlich bestimmter Ereignisse. Es liegt ihm fern, alle Unterstützer zu benennen, deren es viele gab. Denn eine große Einnahmequelle für die Schule des Proklos waren Erbschaften. Durch sie betrug das jährliche Einkommen der Schule zur Zeit des Proklos 1000 *solidi*.[175] Dies zeigt die große Unterstützung vor Ort, v.a. seitens der Begüterten. Wie groß und stark das heidnische Element im 5. Jh. noch war und wie sich die Christianisierung dieser Gruppe entwickelte, d.h. wieviel Rückhalt Proklos in dieser Gruppe hatte, ist allerdings nicht mehr feststellbar.[176] Ehemalige Schüler oder verbliebene Heiden in Ämtern der Reichsadministration dürften außerhalb Athens die Schule unterstützt und protegiert haben, und bei ihnen ist am ehesten vorstellbar, dass Proklos, wie Marinos erklärt, seinen Einfluss geltend machte. Man kann mit Di Branco in Severianos von Damaskos, der später Statthalter war, einen solchen vermuten.[177] Auch Pamprepios kann in seiner Zeit in Konstantinopel nützlich gewesen sein, und auch die Namen anderer Sympathisanten in hohen Positionen sind be-

---

[174] Siehe SAFFREY / SEGONDS / LUNA 2001, 175f. Anm. 11.

[175] Damasc. *VIs.* F 102 ATHANASSIADI = F 265 und *Epit.* F 158 ZINTZEN; vgl. WATTS 2006a, 108 Anm. 144.

[176] TROMBLEY 1993/1994, I 284–292 ist nicht in allem überzeugend, da er die Angaben in *VPr.* und *VIs.* zu stark verallgemeinert und zum Teil falsch interpretiert.

[177] DI BRANCO 2006, 163. 169; zu ihm siehe auch *PLRE* II 998f., s.v. Severianus 2; VON HAEHLING 1980, 88–91. Proklos' internationale Vernetzung mit der geistigen Elite betont auch LEPPIN 2002, 254–255.

kannt.¹⁷⁸ Die große Zahl der Schüler des Proklos, über die der Christ Christodoros von Koptos am Ende des 5. oder zu Beginn des 6. Jh.s ein Buch verfasste,¹⁷⁹ lässt vermuten, dass Proklos überall im Reich Unterstützer hatte.

Es ist im Übrigen nicht sicher, dass das Verhältnis zwischen der Schule des Proklos und den Christen Athens andauernd von Konflikten gekennzeichnet war, wenngleich die *VPr.* dies zu suggerieren scheint, da es Hinweise gibt, dass dort auch Christen Schüler waren. Über ihre Anzahl und die Kurse, die sie dort besuchten, lassen die Quellen allerdings keine Aussagen zu.¹⁸⁰

---

¹⁷⁸ Listen in GROAG 1946, 77 mit Anm. 4; SAFFREY / WESTERINK 1968, LII f.; HARTMANN (in diesem Band), S. 288f. Oberflächlich ist SCHMIDT 2010, 182–183.

¹⁷⁹ *FGrHist* 283 = 1084 F 2.

¹⁸⁰ Ein Kandidat ist der unbekannte Autor, der als Ps.-Dionysios Areopagita bekannt ist; zu ihm siehe HARTMANN (in diesem Band), S. 291, der zu Recht aber auf die Unsicherheit dieser Interpretation hinweist. Er kann zum Zeitpunkt der Schülerschaft noch Heide gewesen sein. Allerdings zeigt die Einführung des Proklos bei Plutarchos (*VPr.* 11,10–15), als Plutarchos und Lachares ihn als vermeintlichen Christen wegschicken wollen, dass er trotz seines von ihnen für möglich gehaltenen Christseins als Schüler in Frage kam.

Das Horoskop des Proklos

Benjamin Topp

Horoskope historischer Persönlichkeiten aus der Antike sind eine einigermaßene Besonderheit:[1] Während rund die Hälfte der 353 Horoskope, die aus der griechisch-römischen Antike auf uns gekommen sind, Originalhoroskope sind, die, in der Regel auf Papyrus überliefert, zu Personen gehören, von denen – wenn überhaupt – allenfalls der Name bekannt ist,[2] gibt es andererseits eine geringe Zahl von literarischen Horoskopen, die – in andere Literatur zu Lehrzwecken oder zur Veranschaulichung eingebettet – historischen Personen explizit zugeordnet werden oder zumindest zugewiesen werden können.[3] Hierzu zählen insbesondere die

---

[1] Als Horoskop gelten im Folgenden Texte, die die Positionen (also die ekliptikalen Längen) von Sonne, Mond sowie der Planeten und des Aszendenten zu einem gegebenen Zeitpunkt, in der Regel den Geburtsmoment des Nativen, also der Person, für die das Horoskop gestellt wurde, angeben; vgl. zu dieser Definition insbes. HEILEN 2015, 522 sowie JONES 1999a, 4: „Horoscopes record the positions of the sun, moon, planets, and ascendant point of the ecliptic computed for the birthdate of a person, who is often named." Zur oftmals formal anonymen Präsentation der literarischen Horoskope bedeutender Persönlichkeiten vgl. insbes. HEILEN 2015, 528–532.

[2] Vgl. D. BACCANI, *Oroscopi greci. Documentazione papirologica*. Ricerca Papirologica 1 (Messina 1992) 40: „[I]l nome del destinatario è frequentemente omesso" sowie JONES 1999a, 4. Bereits in babylonischen Horoskopen wurde statt des Namens nur von einem geborenen Kind gesprochen, vgl. F. ROCHBERG, *Babylonian Horoscopes* (Philadelphia 1998) 4.

[3] Zur Unterscheidung zwischen Originalhoroskop und literarischem Horoskop vgl. NEUGEBAUER / VAN HOESEN 1959, 1 sowie HEILEN 2015, 523. Die Originalhoroskope sind größtenteils ediert bei NEUGEBAUER / VAN HOESEN 1959 (die auch einige literarische Horoskope aufgenommen haben, unter anderem auch das Proklos-Horoskop des Marinos als L 412 [ebd., 135f.]) sowie JONES 1999a (Papyri aus Oxyrhynchus). Eine aktuelle Übersicht aller aus der Antike überlieferten Horoskope (bis zum Jahre 641 n.Chr.) findet sich bei HEILEN 2015, 204–333; von den insgesamt 353 Horoskopen (345 griechische, 8 lateinische), sind 168 griechische Originalhoroskope.

Horoskope wichtiger historischer (politischer) Persönlichkeiten wie das Horoskop des Kaisers Hadrian durch Antigonos von Nikaia oder das Horoskop des Kaisers Nero, welche, trotz fehlender Nennung des Namens des Nativen, dieser historischen Persönlichkeit mit einiger Sicherheit zugeordnet werden können.[4] Daneben finden sich auch einige wenige Fälle von Horoskopen, die nicht zu politischen Persönlichkeiten gehören, sondern Astrologie-Schriftstellern (beispielsweise das Horoskop des Vettius Valens) oder anderen literarischen Persönlichkeiten zuzuordnen sind, wie das wahrscheinlich autobiographische Horoskop des Aelius Aristides, welches dieser im 4. ἱερὸς λόγος nennt.[5] Darüber hinaus finden sich auch zwei Horoskope, die Philosophen zugeordnet werden können, das (allerdings unsicher zugeschriebene) Horoskop des Porphyrios sowie das Horoskop des Proklos, welches Marinos im 35. Kapitel seiner *Vita* anführt.[6] Obwohl dieses Horoskop seit der Renaissance das Interesse vieler Gelehrter weckte, konnte es erst im Jahre 1999 von Alexander Jones korrekt datiert und interpretiert werden.[7] Dies ist nicht nur auf überlieferungsbedingte Fehler in den Daten des Horoskopes selbst zurückzuführen, sondern in vielen Fällen auch auf methodische und

---

[4] Vgl. die umfassenden Erläuterungen zur Zuordnung des Hadrian-Horoskopes bei HEILEN 2015, 562–1030. Das Horoskop von Nero (Hor. gr. 37. XII. 15 = Vett. Val. V 7,20–35), wird u.a. besprochen von NEUGEBAUER / VAN HOESEN 1959, 78f. sowie HEILEN 2015, 220. Die Benennung der Horoskope folgt der von HEILEN 2015 (vgl. insbes. ebd., 204–206).

[5] Aristid. *Or.* 50,58 (p. II 440,21–28 KEIL = Hor. gr. 117. XI. 26); eine Besprechung bieten NEUGEBAUER / VAN HOESEN 1959, 113f. Vgl. hierzu auch HEILEN 2015, 19[73].

[6] Proklos: Marin. *vit. Procl.* 35 = Hor. gr. 412. II. 07; Porphyrios: Frg. 489 F (pp. 562–563 SMITH) = Heph. II 10 (p. I 112,16–32 PINGREE).

[7] JONES 1999b, 84f. Seit FABRICIUS' Edition von 1700 (nachgedruckt 1703) galt der 08. Februar 412 als das Geburtsdatum des Proklos, was beispielsweise noch NEUGEBAUER / VAN HOESEN 1959, 135 widerspruchslos akzeptiert hatten: „At first Fabricius [...] computed as date of birth 412 February 8 [...]. The same result was obtained by Delambre and independently by Stein. It can be immediately confirmed by computing with the approximate tables used throughout in this work" (zum inhärenten methodischen Fehler siehe JONES 1999b, 84). Erst Alexander Jones konnte stichhaltig belegen, dass das korrekte Geburtsdatum mit größter Wahrscheinlichkeit bereits der 07. Februar 412 war.

rechnerische Irrtümer seiner Exegeten.[8] In diesem Sinne soll im Folgenden zunächst versucht werden, die Daten selbst zu erläutern und ihre Richtigstellung (insbesondere durch Alexander Jones) deutlich zu machen; im Anschluss daran soll eine vorsichtige Interpretation der Daten und ihrer Besonderheiten erfolgen.

1. Die Daten des Proklos-Horoskopes

Die Präsentation der Daten des Geburtshoroskops des Proklos in der *Vita* des Marinos gestaltet sich als trockene, eher technische Aufzählung der wichtigsten Konstellationen von Planeten und anderer astronomisch wichtiger Informationen. Leider findet sich nirgends ein Hinweis auf das Datum oder den Zeitpunkt des Horoskopes, aus welchem sich das Geburtsdatum des Proklos ergeben könnte.[9] Zusammengefasst ergeben sich – ohne Korrekturen – folgende Daten:

Planet	*Symbol*	*Position*		*Symbol*
Sonne	☉	16°26′	Widder	♈
Mond	☾	17°29′	Zwillinge	♊
Saturn	♄	24°23′	Stier	♉
Jupiter	♃	24°41′	Stier	♉
Mars	♂	29°50′	Schütze	♐
Venus	♀	23°	Fische	♓
<Merkur>[10]	☿	04°42′	Wassermann	♒
Aszendent	ASC	08°19′	Widder	♈
Himmelsmitte	MC	04°42′	Steinbock	♑

---

[8] Vgl. JONES 1999b, 84 sowie HEILEN 2015, 613–615, der das vorliegende Horoskop als Beispiel anführt für eine grundsätzliche Tendenz, der handschriftlichen Überlieferung zu sehr Vertrauen zu schenken.

[9] Allerdings geben einige Daten, die dem Horoskop selbst sowie dem Kapitel über die Sonnenfinsternisse (37) entnommen werden können, Aufschluss, um das Geburtsdatum mit einiger Plausibilität angeben zu können.

[10] Das Symbol für den Merkur ist in den Handschriften ausgefallen und wurde von FABRICIUS in seiner Ausgabe ergänzt. Dass es sich bei dem Ausfall des Planetensymbols lediglich um einen (überlieferungsbedingten) Fehler handelt, ergibt sich aus der traditionellen Planetenreihenfolge, wie sie auch aus anderen Horoskopen bekannt ist (s.u.).

Planet	Symbol	Position	Symbol
Aufsteigender Mondknoten	☊	24°33′ Skorpion	♏
Vorhergehende Konjunktion (Neumond)		08°51′ Wassermann	♒

Dass diese Daten in der gegeben Form nicht korrekt sein können, ergibt sich auf den ersten Blick:[11] Während sich die meisten Himmelskörper auf ihrer festgegeben Bahn (scheinbar) relativ unabhängig voneinander bewegen und grundsätzlich jede Position zueinander einnehmen können, gilt stets, dass Venus und Merkur nur ca. 50° bzw. 20° von der Sonne entfernt sein können.[12] Diese Voraussetzung erfüllt Merkur im vorliegenden Fall eindeutig nicht, der ungefähr 72° westlich der Sonne steht; die gegebene Konstellation muss also mindestens in einem Fall (Sonne oder Merkur) falsch sein. Auch der Abstand zwischen Sonne und der vorhergehenden Konjunktion mit dem Mond kann nie mehr als ca. 31° betragen, da die Sonne sich im Laufe eines Monats um 31° Richtung Osten bewegt bis zur nächsten Konjunktion: hier beträgt sie jedoch mehr als 67°.[13]

Wann diese Fehler entstanden, ist unklar. Sicher ist, dass sie nicht von den Kopisten der handschriftlichen Überlieferung bemerkt – oder zumindest nicht verbessert – wurden. Einem astronomisch bzw. astrologisch geschulten Auge konnte die Fehlerhaf-

---

[11] Das verkürzte Venus-Notat könnte auf den Ausfall von Grad (bzw. Minuten) zurückzuführen sein und muss nicht unbedingt falsch sein; zur Tatsache, dass das Zeichen für ‚Null' bisweilen ausgefallen ist, vgl. JONES 1999a, 61.

[12] Der für den Beobachter zu sehende Winkelabstand zwischen Planet und Sonne wird als *Elongation* bezeichnet, der maximale Abstand zur Sonne als *größte Elongation*. Die im Verhältnis zu den anderen Planeten begrenzte größte Elongation von Venus und Merkur war bereits in der Antike bekannt; die Angaben ihrer Werte schwanken jedoch: Während beispielsweise Plinius (Plin. *nat.* II 38f.) die größte Elongation der Venus (nach Timaios) mit 46° und die des Merkur mit 22° angibt, findet sich bei Porphyrios die Angabe 47° bzw. 23° (Porph. *isag.* 2 pp. 194,22–195,1) und bei Paulus Alexandrinus 48° bzw. 22° (Paul. Alex. 15 p. 32,28 bzw. 33,4–5). Daneben finden sich bisweilen die gerundeten Werte 50° und 20°, zum Beispiel bei Martianus Capella (Mart. Cap. VIII 882 bzw. 881). Einen umfassenden Überblick bietet NEUGEBAUER 1975, 803f. [zu Plinius]).

[13] JONES 1999b, 83 spricht davon, dass die Sonne „impossibly more than 71° east of the conjunction" sei – wohl eine Verwechslung mit dem Abstand zwischen Sonne und Merkur.

tigkeit indessen bei näherer Betrachtung nicht lange verborgen bleiben: So ergab es sich, dass Vincenzo Renieri (1606–1647), ein Schüler und Freund Galileo Galileis, das Problem in einem Brief an Lucas Holste dadurch zu lösen versuchte, dass er das Zeichen der Sonne von „Widder" zu „Wassermann" korrigierte[14] – eine relativ einfach zu erklärende Verschreibung und eine astronomisch notwendige Korrektur.[15] Dadurch ließen sich nicht nur die

---

[14] Brief an Holstenius vom Juni 1647 (GALLUZZI / TORRINI 1975, 376–380 sowie MOGENET 1962, 289–293; hier ist der Brief allerdings auf den 5. Dezember 1644 datiert): *suspicatus sum itaque signum Solis depravatum fuisse, et nomen τοῦ κριοῦ in ὑδρηχοῦ* [!] *vertendum esse* (GALLUZZI / TORRINI 1975, 377). Die französische Übersetzung in der Version von MOGENET 1962 ist auch zu finden in der Appendix bei SAFFREY / SEGONDS / LUNA 2002, 190–194; vgl. hierzu auch JONES 1999b, 83. Lukas Holste (latinisiert: *Holstenius*; 1591–1661) bereitete eine Ausgabe der *Vita Procli* vor, konnte sie jedoch niemals realisieren, da ihm das im Text befindliche Horoskop unverständlich war – er selbst bezeichnet es als Gordischen Knoten; vgl. den Brief an Vincenzo Renieri vom 12. Februar 1645 (GALLUZZI / TORRINI 1975, 198 [Nr. 149]): ζήτημα *illud astronomicum ... quod aliis nodo gordio intricatius visum fuit.* Ähnlich hatte er sich auch schon einige Jahre ähnlich gegenüber Nicolas-Claude Fabri de Peiresc in einem Brief vom 10. Februar 1634 (J. F. BOISSONADE, *Lucae Holstenii Epistulae ad diversos, quas ex editis et ineditis codicibus collegit atque illustravit Jo. Franc. Boissonade* [Paris 1817] 474f.) geäußert: *Ab eruditissimo Gassendo responsum expecto, et <u>Gordii illius nodi</u>* [...] *resulotionem* – hatte er versucht, die fachkundige Meinung astronomisch gelehrter Kollegen einzuholen und hatte Renieri als Unterstützer gewinnen können.

[15] Obschon die Korrektur allgemein Zustimmung findet, lässt sich bei den Editionen des Textes seit Fabricius ein konsequenter Umgang hiermit vermissen. So druckt Fabricius in seiner Ausgabe von 1703 zwar in der lateinischen Übersetzung nach den Gradangaben der Sonnenposition das Zeichen für den Wassermann (☉ 16° = 26′ ♒), lässt jedoch im griechischen *textus receptus* Κριῷ, μορίῳ - ις′=κς′ stehen (FABRICIUS 1703, 72); in seiner drei Jahre älteren Fassug des Textes hatte er noch das Zeichen für den Widder ♈ bei der Sonnenposition gedruckt (FABRICIUS 1700, 87). Auch Boissonade lässt den überlieferten Wert unverändert (auch in der lateinischen Übersetzung) und verweist in den Anmerkungen auf Delambre, der die Verbesserung zum Wassermann angemerkt habe (BOISSONADE 1814, 138f.): *„DeLambrius vir graecaram literaram* [sic!] *et astronomiae inter paucissimos aeque peritissimus hoc Marini thema et illud quod in Prolegomenis Fabricii invenitur, ad calculos revocare mei causa, cuius studiis benigne favet, non recusavit, notavitque, cum solis sedes in textu Marini non vera detur, esse legendum* ☉ Ὑδροχόῳ κ. κς. *quod habent Prolegomena Fabriciana."* Der Verweis bezieht sich auf die Abbildung des Horoskopes in den Prolegomena der zweiten Ausgabe des Fabricius (FABRICIUS 1703, vi), wo die Länge der Sonne mit 20°26′angegeben wird; diese Angabe findet sich jedoch weder im weiteren Text, noch wird sie genauer erläutert, sodass JONES 1999b, 84 von einem mögli-

oben genannten Probleme beseitigen, auch die Datierung war nun möglich; unter Rückgriff auf die Tafeln des Almagest von Ptolemaios konnte Renieri errechnen, dass am 29. Januar 412 eine Konjunktion von Sonne und Mond (also ein Neumond) stattgefunden hatte, und zwar genau an der Position, die das Horoskop vorgibt, nämlich 08°51′ Wassermann.[16] Ebenso konnte er errechnen, zu welchem Zeitpunkt des folgenden Monats die im Horoskop gegebenen Daten am besten passten, und schlussfolgerte, Zeitpunkt der Geburt müsse der 8. Februar 412, 21 Stunden nach Mittag (also gegen 09.00 Uhr) gewesen sein.[17] Darüber hinaus

---

chen „oversight" ausgeht. Diese vermeintliche Korrektur (vgl. NEUGEBAUER / VAN HOESEN 1959, 135: „diagram which shows the emended data") von Fabricius erkennt Otto Neugebauer in der ersten Bearbeitung dieses Horoskopes zusammen mit van Hoesen als notwendig an (ebd.: „At first Fabricius in his edition [...] computed as date of birth 412 February 8, emending the solar latitude to ♒20;26 as is obviously necessary"). In seiner späteren Erläuterung der Daten (NEUGEBAUER 1975, 1032–1037 [insbes. 1032f.]) jedoch bezieht er sich – ohne weiteren Kommentar – auf den überlieferten Wert 16°26′. Auch moderne Herausgeber der *Vita* lassen einen konsequenten Umgang mit der notwendigen Verbesserung vermissen; so druckt z.B auch Rita Masullo in ihrer Edition (MASULLO 1985) Κριῷ und verweist weder im Apparat noch in den Anmerkungen auf die Korrektur (ebd., 91); auch die sorgfältige Ausgabe von SAFFREY / SEGONDS / LUNA 2002, 40f. druckt sowohl im Griechischen Text Κριῷ als auch „Bélier" in der französischen Übersetzung und verweist weder im kritischen Apparat *ad loc.* auf die astronomisch notwendige Konjektur, noch in den *Notes complémentaires* zur Stelle (SAFFREY / SEGONDS 2002, 178f.); erst die beigefügte Appendix zum Horoskop des Proklos (ebd., 185–201) macht auf die notwendige Korrektur aufmerksam. Zu diesem schwer nachvollziehbaren Vorgehen auch kritisch HEILEN 2015, 614f.

[16] Renieri berichtet, seine Berechnung nach Tafeln des Ptolemaios habe ergeben, dass am 29. Januar 412 gegen 18.49 Uhr Sonne und Mond dieselbe ekliptikale Länge (♒8°51′) gehabt hätten (GALLUZZI / TORRINI 1975, 377: *inveni anno Christi Dei 412, currente die 29 januarii, h.p.m. Alexandriae 6.49, ambo luminaria in gr. 8.51´Aquarii [...] convenisse*); das Datum wird bestätigt durch GOLDSTINE 1973 (= 1994), 118. Dass Renieri die Tafeln des *Almagest* genutzt hatte (vgl. JONES 1999b, 83; Renieri selbst spricht nur von den „Tafeln des Ptolemaios" [GALLUZZI / TORRINI 1975, 377: *adhibitis Ptolemei tabulis*]) ergibt sich auch aus der etwas zu frühen Uhrzeit. Eine Berechnung mit den *Handlichen Tafeln* des Ptolemaios führt zum selben Datum, allerdings erst gegen 19.13 Uhr, was dem wahren Zeitpunkt (GOLDSTINE 1973 = 1994), 118: 19.44 Uhr) sehr nahekommt.

[17] GALLUZZI / TORRINI 1975, 377: *Sole igitur aliquantisper promoto, fiet ut die 7 februarii comperta in gradu 17.35´ Aquarii reperiatur, Luna vero* (im Original falsch interpungiert [GALLUZZI / TORRINI 1975, 377: *reperiatur Luna, vero*]) *in 4.19 Geminorum, ac propterea credibile sit octava februarii Proclum Bizantii in luminis auras*

konnte er Holste korrigieren, der den Wert ♑4°42′ nicht der oberen Himmelsmitte (*medium caelum*, μεσουράνημα) zugeordnet hatte, sondern dem Glückslos (*pars fortunae*).[18] Ähnlich, und wohl unabhängig davon, bestimmte auch Gian Domenico Cassini (1625–1712) den Wassermann als das korrekte Zeichen der Sonne, änderte jedoch die Werte in ♒18°26′;[19] als korrektes Venus-Notat erklärte er ♓0°23′.[20] Als Geburtszeitpunkt errechnete er 20 Stunden und 57 Minuten nach dem Mittag des 07. Februar 412 (Byzanz).[21] Fabricius übernahm in seiner Ausgabe von 1703 das korrigierte Venus-Notat (♓0°23′) sowie den korrigierten Wert der Sonne (♒16°26′).[22]

---

pervenisse. Da er als Venuswert 1°58′ Fische errechnet hatte, schlug er als Verbesserung des Venus-Notates 2°3′ Fische vor, was zwar dem eigentlichen Wert näherkommt, paläographisch hingegen nicht plausibel ist, da eine Verwechslung zwar mit arabischen Ziffern schnell passiert ist, im Griechischen jedoch eher unwahrscheinlich ist (23 = κγ; 2° 3′ = β γ); vgl. MOGENET 1962, 291[5] sowie JONES 1999b, 9 allgemein zu Zahlen in antiken Horoskopen. Ebd., 62 findet sich auch ein Überblick zur Darstellung der Ziffer „Null" in antiken (Papyrus-) Horoskopen.

[18] Vgl. den Brief an Holste vom Juni 1647 (GALLUZZI / TORRINI 1975, 377): *Hinc ut horam investigemus ad horoscopum necesse est confugiamus, quem quidem optime in gr. 8.19′ Arietis dispositum esse, vel ex eo liquet quod coeli medium in gr. 4.42′ Capricorni, prout in [...] gr. 43 poli constantinopolitani esse debet, adinvenitur τὸ enim μεσουράνιον coeli medium, non vero fortunae partem ut recte suspicaris opportet intelligi.* MOGENET 1962, 290[1] weist darauf hin, dass das korrekte Zeichen für das Glückslos ⊗ sein müsste, statt des im Text befindlichen ♀. Zum Glückslos im Horoskop des Proklos siehe unten.

[19] Zur Berechnung des korrekten Zeichens siehe oben. Cassini hatte berechnet, dass die Sonne ca. 10° seit der letzten Sonne-Mond-Konjunktion vorangeschritten sein müsse; da er die überlieferten Minutenangaben nicht ändern wollte, korrigierte er lediglich die Gradangabe zu 18° statt 16° (vgl. MOGENET 1962, 301f.).

[20] Seine eigenen Berechnungen hatten als korrekten Venus-Wert ♓0°18′ ergeben (MOGENET 1962, 306). Da er im Gegensatz zu Renieri erkannte, dass es sich beim überlieferten Venus-Wert schwerlich um eine Verschreibung von 2°3′ handeln konnte (*Neque enim dici potest legendum esse gr. 2. 3. Gręcus enim codex habet κγ, quod omnino vertitur 23* [MOGENET 1962, 302]), kam er zu dem Schluss, 0°23′ müsse der im Text überlieferte Wert sein (ebd., 307: *evidens est Locum Veneris apud Marinum fuisse in ♓ 0.23, non in gr. 23. 0, quę diversitas a solo puncto a scriptoribus relicto orta est*).

[21] Vgl. MOGENET 1962, 307f. sowie JONES 1999b, 84 und SAFFREY / SEGONDS / LUNA 2002, 196.

[22] Vgl. FABRICIUS 1703, 72; der griechische Text bietet Κριῷ statt Ὑδροχόῳ. Im Diagramm in den *Prolegomena* findet sich (ohne weiteren Kommentar) der

Die mehr als ein Jahrhundert später erschienene Edition von Jean-François Boissonade (1814) fällt erneut hinter die Verbesserungen von Fabricius zurück und druckt entlang der handschriftlichen Überlieferung im griechischen Text das fehlerhafte Sonnen-Notat (♈16°26′) sowie den Venus-Wert ♓23°0′;[23] auch in der lateinischen Übersetzung übernimmt der französische Gelehrte, in dieser Hinsicht jedenfalls konsquent, diese Werte.[24] In seinen angefügten *Notae in Marinum* verweist Boissonade unter Rückgriff auf DeLambre auf die notwendige Korrektur des Sonnen-Notates zu ♒20° 26′, welche sich auch in den *Prolegomena* der Edition des Fabricius finde.[25]

Auf diesem Stand blieben die Daten des Proklos-Horoskopes, bis fast 150 Jahre später Otto Neugebauer, einer der bedeutendsten Spezialisten für antike Astronomie seiner Zeit, dieses Horoskop in seine Sammlung griechischer Horoskope aufnahm, die er mit H.B. van Hoesen zusammen herausgab.[26] Dabei kommt er, auf Grund seiner Berechnungen mit Hilfe der von ihm benutzten modernen Tafeln,[27] beim Nachvollziehen der Daten auf leicht abweichende Werte.[28] In Folge dessen wird die vermeintliche Korrektur des Sonnen-Notates in der Edition bei Fabricius als „obviously

---

Wert ♒20°26′ (ebd., vi). Seine Edition von 1700 bietet im griechischen Text und lateinischer Übersetzung die Sonne im Widder (FABRICIUS 1700, 87), als Venus-Notat findet sich hier ♓23°0′. In den *Prolegomena* im Diagramm jedoch ebenfalls ♒20°26′ als Sonnenwert (ebd., nicht paginiert). Hier findet sich jedoch eine Anmerkung, dass das Zeichen der Sonne im Text auf S. 87 zum Zeichen des Wassermannes korrigiert werden müsse, der falsche Venus-Wert hingegen als ♓0° 23′ gelesen werden müsse: *In vita Procli pag. 87 pro* ☉ *in* ♈, *legendum in* ♒. *Et* ♀ *in* ♓2°3 [der Text auf S. 87 bietet *re vera* 23°] – *legendum in* ♓ – 23.

[23] Vgl. BOISSONADE 1814, 28.
[24] Vgl. BOISSONADE 1814, 66.
[25] BOISSONADE 1814, 138f: *DeLambrius* [...] *notavit* [...] *cum solis sedes in textu Marini non vera detur, esse legendum* ☉ Ὑδροχόῳ κ. κϛ. *quod habent Prolegomena Fabriciana.* Er orientiert sich also an den im Diagramm bei Fabricius (s.o.) genannten Werten, nicht jedoch den Werten in dessen Text.
[26] NEUGEBAUER / VAN HOESEN 1959, 135f. (L 412).
[27] Vgl. ebd., 2.
[28] Vgl. ebd., 135: ☉ (♒20°16′); ☾ (♊16°48′); ♄ (♉27°33′); ♃ (♉24°45′); ♂ (♑3°9′); ♀ (♒23°45′); ☿ (♒6° 47′); ☊ (♏26°58′). Der Aufgangspunkt wird mit ♈8°19′ für 09.00 Uhr bestätigt, die obere Himmelsmitte mit ♑4°42′ für Rhodos; die vorangegangene Konjunktion wird mit ♒9° berechnet. Die Daten stimmen also bis auf eine Abweichung von maximal ca. 3° mit den überlieferten Werten überein.

necessary"[29] bezeichnet; als korrektes Geburtsdatum führen Neugebauer / van Hoesen ebenfalls den 8. Februar 412 an. Zu ähnlichen Ergebnissen gelangte Otto Neugebauer ebenfalls, als er das Horoskopes im Rahmen seiner monumentalen Darstellung „A History of Ancient Mathematical Astronomy" erneut einer genaueren Untersuchung unterzog.[30] Hier konnte er zunächst einmal beweisen, dass die im Horoskop gegebenen Daten für die obere Himmelsmitte und den Aszendenten für die geographische Breite von Rhodos berechnet anhand der *Handlichen Tafeln* des Ptolemaios übereinstimmen.[31] Darüber hinaus konnte er zeigen, dass man, die im Horoskop angegebene verbesserte Länge der Sonne (♒16°26′) für Rhodos als Ausgangspunkt nehmend, den überlieferten Aszendenten berechnen kann mit Hilfe eines (astronomisch nicht ganz korrekten) Verfahrens des Astrologen Paulus Alexandrinus.[32] Die Tatsache, dass das Geburtshoroskop für die geographische Breite von Rhodos erstellt wurde, überrascht insofern, als Marinos in seiner *Vita* (6) ausdrücklich Byzanz als Geburtsort für Proklos angibt, die Breite von Rhodos jedoch für Athen noch als Ausgangspunkt genommen werden könnte, keinesfalls jedoch für einen in Byzanz Geborenen.[33] Ungeachtet dessen gelang es Otto Neugebauer nicht, die im Horoskop überlieferten Planeten-Positionen mit Hilfe der *Handlichen Tafeln* des Ptolemaios zu errechnen, so dass er zu dem Schluss kam: „As a result it seems that the positions of sun and moon and of the inner planets were very carelessly computed."[34] Die Positionen von Mars und Aufsteigendem Mondknoten hingegen ließen sich laut Neugebauer korrekt berechnen, allerdings für den Mittag des 07. Februar 412, also fast

---

[29] Vgl. ebd., 135.
[30] NEUGEBAUER 1975, 1032–1037.
[31] NEUGEBAUER 1975, 1032f.: Da für die genormte Rektaszension für die obere Himmelsmitte (♑4°42′) $α' = 5°10′$ gelte, müsse für *sphaera obliqua* der Aszendent denselben Wert haben; dies trifft genau für das IV. Klima (Rhodos) zu; vgl. hierzu auch N. HALMA, *Tables manuelles astronomiques de Ptolemée et de Théon* (Paris 1823), 27.
[32] Vgl. Paul. Alex. 30 pp. 81–82 BOER sowie den Kommentar von Neugebauer in der Edition von BOER (140–145).
[33] Vgl. NEUGEBAUER 1975, 1033: „It is certain that H [= der Aszendent] and M [= die obere Himmelsmitte] were computed for the latitude of Rhodes. This is perhaps permissible for an astrologer in Athens but excludes Alexandria as well as Byzantium."
[34] NEUGEBAUER 1975, 1034.

einen ganzen Tag vor der berechneten Geburt, was seinen Schluss, das Horoskop müsse falsch berechnet worden sein, zu bestätigen schien. Seinem apodiktischen Urteil folgten seitdem auch die Herausgeber der Proklos-*Vita*.

Erst Alexander Jones konnte fast ein Vierteljahrhundert später schlüssig aufzeigen, dass es Neugebauer nicht gelungen war, die korrekten Werte nach den Regeln der *Handlichen Tafeln* des Ptolemaios zu errechnen, da er seiner Berechnung einen Rechenfehler zu Grunde gelegt hatte.[35] Mit korrigierter Gleichung ermittelte Jones folgende Werte für den Mittag des 07. Februar 412 für die Breite von Rhodos:

	Werte Jones (07. 02. 412, 12.00 Uhr)	Überlieferte Werte
☉	17°36' Wassermann	16°26' Widder
☾	04°16' Zwillinge	17°29' Zwillinge
♄	24°22' Stier	24°23' Stier
♃	24°41' Stier	24°41' Stier
♂	29°52' Schütze	29°50' Schütze
♀	0°21' Fische	23° (?) Fische
☿	04°42' Wassermann	04°42' Wassermann
ASC	08°19' Widder	08°19' Widder
MC	04°42' Steinbock	04°42' Steinbock
☊	24°31' Skorpion	24°33' Skorpion
Vorhergehende Konjunktion	08°52' Wassermann	08°51' Wassermann

Bereits auf den ersten Blick wird evident, dass die von Jones errechneten Werte gradgenau, weitgehend sogar minutengenau mit den überlieferten Werten übereinstimmen – dass es sich hierbei schwerlich um einen Zufall handeln kann, liegt auf der Hand.

---

[35] Für Gleichung 4 (NEUGEBAUER 1975, 1003) muss als Korrekturbetrag der Prosthaphairesis des Epizykels gelten $k_7 \leq 0$ statt $k_7 \geq 0$. Otto Neugebauer selbst hatte bei der Besprechung des Horoskopes des Proklos darauf hingewiesen, dass die korrekten Werte für Jupiter und Saturn zu erzielen seien, wenn man einen einfachen Fehler korrigiere und den entsprechenden Wert mit negativem Vorzeichen hinzufüge (ebd., 1034). Dass sich der Fehler in seine eigene Gleichung eingeschlichen hatte, hatte er jedoch übersehen.

Lediglich die Werte von Sonne und Mond zeigen deutliche Abweichung: Im Falle der Sonne bleibt selbst nach der Korrektur des Tierkreiszeichen-Symbols ein Unterschied von mehr als einem Grad, die Mondposition weicht sogar um mehr als 13° von den überlieferten Werten ab.

Dies erklärt Jones (unzweifelhaft korrekt) mit der Tatsache, dass die Werte für Sonne und Mond überlieferungsbedingt verdorben sind, nicht jedoch falsch berechnet, da die anderen Werte exakt mit den zu erwartenden Werten übereinstimmen.[36] Daraus ergibt sich für Jones, dass der Verfasser des Horoskopes ein erfahrener Astrologe war, der für die geographische Breite von Rhodos ein Horoskop für den Mittag des 07. Februar 412 berechnet hatte.[37] Daraus ergibt sich konkret, dass die Daten im Horoskop des Proklos nicht, wie Neugebauer noch vermutet hatte, falsch berechnet wurden, sondern dass die überlieferten Planetenpositionen nach den *Handlichen Tafeln* des Ptolemaios korrekt ermittelt wurden; lediglich die Positionen von Sonne und Mond sind – überlieferungsbedingt? – fehlerhaft und müssen daher entsprechend geändert werden. Mit den korrigierten Werten hingegen ergibt sich eine korrekte Planetenkonstellation, anhand derer die folgenden Überlegungen expliziert werden sollen.

2. Interpretation der Daten des Horoskopes

Betrachtet man die im Horoskop des Proklos gebotenen Daten, so fallen hierbei einige Punkte aus astrologischer bzw. astronomischer Sicht auf. Zunächst einmal ist es auf den ersten Blick überraschend, dass weder Ort noch Zeitpunkt der Geburt angegeben sind.[38] Obschon Alexander Jones dies mit der These erklären konnte, dass das Horoskop nicht von Marinos selbst, sondern von einem professionellen Astrologen berechnet worden war, der – so

---

[36] JONES 1999b, 86.

[37] Dass dieses Vorgehen auch für eine Geburt nicht unstatthaft ist, die drei Stunden vor Mittag stattfindet, erklärt sich aus der Tatsache, dass die meisten Planetenpositionen innerhalb eines Tages nur einen zu vernachlässigenden Weg zurücklegen. Lediglich die Position des Mondes (und eingeschränkt der Sonne) müsste entsprechend neu berechnet werden; vgl. hierzu auch JONES 1999b, 86f.

[38] Vgl. hierzu u.a. JONES 1999a, 47: „The standard horoscope is a terse document consisting of [...] regnal year, date, and seasonal hour of the geniture".

erklärt sich die falsche Lokalisierung des Geburtsortes – eine geographische Breite als Ausgangsposition angenommen hatte, die nicht mit dem bei Marinos (6) klar identifizierten Byzanz übereinstimmt, ist das Fehlen eines Geburtszeitpunktes eher ungewöhnlich.[39]

Die Reihenfolge der im Horoskop angegebenen Planetendaten entspricht hingegen der traditionellen Anordnung, wie sie in (literarischen) Horoskopen üblich ist.[40] Während die Angabe der oberen Himmelmitte in auf Papyrus überlieferten Horoskopen sowie früheren literarischen Horoskopen eher selten vorkommt, scheint sie seit Ende des vierten Jahrhunderts die Regel zu sein.[41] Der aufsteigende Mondknoten findet sich laut der Darstellung von Neugebauer / van Hoesen zwar nie in nicht literarisch überlieferten Horoskopen und nur dreimal bei Vettius Valens, häufiger jedoch in Horoskopen aus dem fünften Jahrhundert, wie es auch das bei Marinos überlieferte Horoskop des Proklos darstellt.[42]

---

[39] Vgl. JONES 1999b, 87f. Dort findet sich auch die Vermutung, das Horoskop könnte sich auf Xanthos als Geburtsort beziehen, wo sich Proklos in seiner Jugend aufhielt (Vita 6), da dies in das im Horoskop zu Grunde gelegte 4. Klima fällt (ebd. 87f.).

[40] Vgl. NEUGEBAUER / VAN HOESEN 1959, 164.

[41] Vgl. NEUGEBAUER / VAN HOESEN 1959, 164. Bei den bei Vettius Valens überlieferten literarischen Horoskopen findet sich die Angabe nur viermal. Des Weiteren weisen nur zwei der bei JONES 1999a gesammelten Papyrus-Horoskope die Angabe der oberen Himmelsmitte auf: Nr. 4257 sowie 4238 (Angabe verloren).

[42] Vgl. NEUGEBAUER / VAN HOESEN 1959, 165. Zu ergänzen ist das – bisher noch nicht edierte – Horoskop des Pap. Berlin. 9825 (Hor. gr. 319. XI. 18–19), welches neben allen vier Kardinalpunkten auch Angaben zu den Mondknoten sowie zum vorangegangenen Vollmond bietet (vgl. HEILEN 2015, 290). Bei dem aufsteigenden Mondknoten handelt es sich um jenen Schnittpunkt der Ekliptik mit dem ca. 5° gegen sie geneigten Mondorbit, bei dem der Mond von der südlichen in die nördliche Seite der Ekliptik wechselt (analog von der nördlichen auf die südliche Seite der Ekliptik beim absteigenden Mondknoten). Findet ein Voll- oder Neumond in der Nähe dieser Punkte statt, kommt es zu einer Mond- oder Sonnenfinsternis (vgl. HARTNER 1938, 122). Die Bezeichnung als Drachenpunkt (caput draconis bzw. cauda draconis) geht auf die Vorstellung eines die Sonne oder den Mond verschlingenden Drachens zurück (vgl. BOUCHÉ-LECLERCQ 1899, 122f. sowie HARTNER 1938, 121). Da die Mondknoten keinen festen Punkt auf der Ekliptik einnehmen, sondern ebenfalls einer Bewegung unterliegen, die derjenigen von Sonne und Mond entgegenläuft, wurden sie bisweilen wie eigenständige Planeten betrachtet (vgl. HARTNER 1938, 131f. sowie HEILEN 2015, 644[1264]).

Auch die Benennung der ekliptikalen Länge der der Geburt vorangegangenen Konjunktion der Luminare (d.h. des pränatalen Neumondes) ist in literarisch überlieferten Horoskopen, im Gegensatz zu solchen auf Papyrus, keine ausgewiesene Besonderheit.[43] Es lässt sich also erkennen, dass die Auswahl der dargebotenen Parameter zunächst einmal, abgesehen von fehlender Datierung und Uhrzeit, keine Besonderheit darstellt.

Auffällig auf den ersten Blick hingegen ist aus astrologischer Sicht die gradgenaue Jupiter-Saturn-Konjunktion in ♉24°;[44] diese Konjunktion der beiden oberen (großen) Planeten Jupiter und Saturn, welche auf Grund der verhältnismäßig langen Umlaufzeiten dieser beiden Planeten nur ungefähr alle 20 Jahre stattfindet,[45] wurde als *magna* (bzw. *maior* und *maxima*) *coniunctio* bezeichnet und avancierte später zu einem der bedeutendsten astrologischen Ereignisse der westlichen Astrologie.[46] Doch dieses ursprünglich

---

[43] Vgl. HEILEN 2015, 1092–1096. Die Erwähnung ist so häufig, dass das erläuternde Partizip προγενομένη (bzw. das äquivalente προγεγονυῖα) oftmals gar nicht mehr ausgeschrieben wird, so z.B. Val. II 27,7 (vgl. HEILEN 2015, 1095). Auch der vorangegangene Vollmond findet nicht selten Erwähnung; oftmals wird auch einfach von einer προγενομένη συζυγία gesprochen, die sowohl den letzten Neu- als auch den Vollmond vor der Geburt bezeichnen kann (vgl. ebd., 1092f.). NEUGEBAUER / VAN HOESEN 1959, 165 weisen darauf hin, dass die Angabe des vorangegangenen Neu- bzw. Vollmondes oftmals (wie im Falle des Proklos-Horoskopes) mit der des aufsteigenden Mondknotens in Verbindung steht.

[44] Zum Begriff der Konjunktion (griech. συναφή, vgl. z.B. Ptol. *apotel.* I 24 sowie Porph. *isag.* 11 pp. 198,26–199,6 BOER / WEINSTOCK), also der „scheinbare[n] Berührung zweier Himmelskörper auf derselben ekliptikalen Länge" (HEILEN 2015, 750) vgl. HEILEN 2015, 749–759 sowie BOUCHÉ-LECLERCQ 1899, 245f.

[45] Jupiter benötigt für einen Umlauf um die Sonne ca. zwölf Jahre, Saturn sogar beinahe 30 (vgl. NEUGEBAUER 1975, 782f. sowie NORTH 1980, 185); vgl. zur annähernden Periodizität NORTH 1980, 185: „Roughly speaking, Saturn and Jupiter meet every twenty years, while Mars meets with Jupiter about every two years and with Saturn marginally more often."

[46] Je nachdem, in welchen Sternbildern die Konjunktion stattfindet bzw. welchem der vier Elemente dieses Sternbild zugeordnet ist, ergibt sich neben der ‚normalen' großen Konjunktion eine Folge von 240 Jahren (*maior coniunctio*: alle Konjunktionen nacheinander in Zeichen, die demselben Element zugeordnet sind) bzw. 960 Jahren (*maxima coniunctio*: nach Durchlaufen der Konjunktionen aller Zeichen aller vier Elemente steht ein Neubeginn); vgl. hierzu insbesondere auch L. A. SMOLLER, *History, Prophecy, and the Stars. The Christian Astrology of Pierre d' Ailly, 1350-1420* (Princeton 1994) 21–23.

wohl der sassanidischen Astrologie zuzurechnende Element gelangte erst spät durch die Schriften insbesondere des Albumasar (8./9. Jh.) sowie die Interpretationen von Roger Bacon (13. Jh.) und Pierre d'Ailly (14./15. Jh.) ins westliche Abendland;[47] in diesem Sinne kann es sich also bei dem Horoskop des Proklos schwerlich um einen Rückgriff auf dieses astrologische Phänomen handeln.[48] Andererseits jedoch wird klar, dass die astronomischen Implikationen, die die Jupiter-Saturn-Konjunktion in den Fokus der Astrologie haben rücken lassen (annähernde Periodizität mit verhältnismäßig großen zeitlichen Abständen)[49], sicherlich auch dem astronomisch geschulten Verfasser des Proklos-Horoskopes (bzw. dem Proklos-Biographen Marinos) geläufig waren; insofern kann davon ausgegangen werden, dass dieses alle ca. 20 Jahre auftretende astronomische Phänomen auch im vorliegenden Fall als Zeichen ausgewiesener Besonderheit verstanden werden soll.

Ergänzt wird dies durch die Erwähnung der (allerdings nicht explizit zum Horoskop gehörigen) Sonnenfinsternisse, die Marinos für den Zeitpunkt des Todes des Proklos bzw. das darauffolgende Jahr notiert und deren Bedeutung der Biograph *expressis verbis* erwähnt (37). Eigentlich spielen kosmische Ereignisse wie Sonnenfinsternisse in der antiken Astrologie im Rahmen der Horoskopie keine nennenswerte Rolle;[50] insbesondere Ptolemaios

---

[47] Vgl. NORTH 1980, 184f. sowie D. PINGREE, „From Alexandria to Baghdad to Byzantium. The Transmission of Astrology", *IJCT* 8 (2001) [3-37], 5. Albumasars wohl wirkmächtigste Abhandlung, der *Liber introductorius in astronomiam*, die im Jahre 848 abgefasst wurde, wurde zum ersten Mal 1133 von Johannes von Sevilla ins Lateinische übersetzt; einem breiteren (gelehrten) Publikum wurde sie erst im späten 15. Jahrhundert im Druck zugänglich (*editio princeps*: Augsburg 1489). Seine Lehre von den großen Konjunktionen entwickelte er hingegen insbesondere in seiner Abhandlung *De magnis coniunctionibus*. Zu Albumasar vgl. auch S. J. TESTER, *A History of Western Astrology* (Woodbridge 1987) 157–171.

[48] Bereits Renieri hatte allerdings erkannt, dass die Geburt des Proklos und eine große Konjunktion zusammenfielen (Brief an Holste vom Juni 1647 [GALLUZZI / TORRINI 1975, 378]): *Accidit autem huiusmodi ortus in magnam Saturni et Jovis coniunctionem, ut vel hinc solum antecedentis geniturae tempus optime restitutum esse dignoscatum, neque enim nisi sexaginta annis ante vel post consimilis <...> superiorum syzigia contingere potest.*

[49] Vgl. etwa auch die Sothis-Periode sowie das – damit in Zusammenhang stehende – platonische bzw. stoische große Jahr; vgl. NEUGEBAUER 1975, 618.

[50] Vgl. insbes. HEILEN 2015, 533, der darauf hinweist „dass die meisten griechisch-römischen Horoskope […] keine Hinweise auf kosmische Ereignisse

macht in seinen *Apotelesmatika* deutlich, warum dies so ist: Sonnen- und Mondfinsternisse sind nicht zur Geburtshoroskopie (γενεθλιακή) zugehörig, sondern firmieren als ein Teil der Universalastrologie (καθολική) und sind daher kein eigentlicher Teil von Horoskopen.[51] Dass Finsternisse, die, da sie die regelmäßige Abfolge von Tag und Nacht (und somit hell und dunkel) in Unordnung bringen, indessen seit jeher Eindruck auf den Menschen gemacht haben, jedoch auch bei der astrologischen Bewertung von Geburten und Todesfällen eine Rolle spielten, ergibt sich daraus, dass bereits Nechepsos und Petosiris, jene sagenhaften ägyptischen Verfasser des ersten astrologischen Handbuches, deren Bedeutung beschrieben haben sollen.[52] Abgesehen davon ist das Motiv, dass die Verfinsterung der Sonne als dem wichtigsten Gestirn übertragen auf die Menschen den Tod eines Königs oder

---

universalastrologischer Relevanz wie Finsternisse oder Kometenerscheinungen enthalten." Darüber hinaus gibt es jedoch vereinzelte Indizien für die Bedeutung von Finsternissen wie beispielsweise ein Horoskop des 2. Jh. n.Chr. (= Hor. gr. 100-200a), Nr. 4281 bei JONES 1999a, 288: „The eclipse mentioned in line 1 may have been an event that took place within a month of the date of nativity." Leider ist von der Kolumne nur das Wort ἐγλίψεως erhalten und somit zu wenig, um eindeutige Schlussfolgerungen zu ziehen. Auch in der Sammlung von NEUGEBAUER / VAN HOESEN 1959, 148 (= Hor. gr. 486. III. 17) findet sich außer dem Proklos-Horoskop ein weiteres Horoskop, das nicht nur evtl. mit Mondfinsternissen in Verbindung steht, sondern u.a. auch auf jene Sonnenfinsternis rekurriert, welche Marinos für das Jahr nach dem Tode des Proklos anführt (19.05.486). Bei beiden erwähnten Sonnenfinsternissen handelt es sich um totale (und somit gut sichtbare) Finsternisse; die des Jahres 484 war für das Gebiet von Athen sogar eine der bedeutendsten Finsternisse überhaupt; vgl. GINZEL 1899, 15.

[51] Vgl. Ptol. *apotel*. II 5,1: ἡ μὲν οὖν πρώτη καὶ ἰσχυροτάτη τῶν τοιούτων συμπτωμάτων αἰτία γίνεται παρὰ τὰς ἐκλειπτικὰς ἡλίου καὶ σελήνης συζυγίας καὶ τὰς ἐν αὐταῖς παρόδους τῶν ἀστέρων. Zur Unterscheidung von Universal- und Geburtsastrologie vgl. ebd. II 1.

[52] Vgl. Nech. et Pet. fr. 6 und 7 (RIESS) = Heph. I 21 bzw. I 22. Bedeutsam sind dabei insbesondere das Zeichen, in welchem die Finsternis stattfindet, sowie ihre Farbe; dies findet auch Berücksichtigung bei Ptolemaios (*apotel*. II 10). Ein frühes Zeugnis für die literarische Verarbeitung von Sonnenfinsternissen ist der 9. *Päan* Pindars, wo die Sonne in der Epiklese als ἄστρον ὑπέρτατον (2) angerufen wird. Auch in diesem Gedicht werden – passend zur astrologischen Theorie (vgl. 21: ὀλοφύ<ρομαι οὐ>δέν, ὅ τι π ά ν τ ω ν μ έ τ α πείσομαι) – universelle Katastrophen angesprochen, deren Auftreten das Sich-wegstehlen der Sonne (3: ἐν ἁμέρᾳ κλεπτόμενον) anzeigt (13–21), darunter Krieg, Verderben der Saaten, politischer Aufruhr oder Sintflut.

einer wichtigen Person begleiten müsse, ein altes, insbesondere in literarischen Kontexten oft tradiertes – dies dürfte auch auf die vorliegende Darstellung Einfluss genommen haben.[53]

Geht man davon aus, dass das in die Vita des Proklos eingefügte Horoskop nicht nur die Absicht hat, universalastrologisch auf die hervorgehobene Stellung des Philosophen zu verweisen (Sonnenfinsternisse, Saturn-Jupiter-Konjunktion), sondern auch nach den Regeln der Geburtshoroskopie die Qualitäten des Proklos zu Tage zu fördern, scheint es ratsam, einige wichtige Punkte aus astrologischer Perspektive zu untersuchen. Dies scheint insofern gerechtfertigt, als Marinos das Horoskop *expressis verbis* als einen Beleg dafür anführt, dass Proklos „das Los seines Schicksals nicht in seinen letzten Gestirnskonstellationen zufiel, und auch nicht irgendwie in den mittleren, sondern in den ersten" (35). Obschon die Bedeutung dieser Formulierung des Biographen Marinos nicht ganz klar wird, scheinen insbesondere die Begriffe κλῆρος und αἵρεσις eine Brücke zu astrologischen Dogmen zu schlagen;[54]

---

[53] Vgl. bereits bei Homer den Tod des Sarpedon (*Ilias* XVI 567f.) sowie den Tod des Patroklos (*Ilias* XVII 268f.); vgl. dazu auch BOLL 1909, 2336 sowie GÄRTNER 2000A, 43. Zur Sonnenfinsternis in der Antike und deren Wirkungen siehe insbesondere BOLL 1909, 2334–2337 sowie den Sammelband von KÖHLER / GÖRGEMANNS / BAUMBACH 2000. Dass auch der Tod eines Philosophen von einer Finsternis (hier allerdings des Mondes) begleitet werden kann, zeigt Diog. Laert. IV 64 zum Tod des Karneades: τελευτῶντος δ᾽ αὐτοῦ φασιν ἔκλειψιν γενέσθαι σελήνης, συμπάθειαν, ὡς ἂν εἴποι τις, αἰνιττομένου τοῦ μεθ᾽ ἥλιον καλλίστου τῶν ἄστρων. Der Eintrag zu Karneades im Suda-Lexikon (K 400 ADLER) weist hingegen auch auf eine Sonnenfinsternis beim Tod des Philosophen hin: φασὶ δὲ τελευτήσαντος αὐτοῦ τὴν σελήνην ἐκλιπεῖν καὶ τὸν ἥλιον ἀμυδρὸν γενέσθαι.

[54] Insbesondere die Junktur κλῆρος τῆς αἱρέσεως, deren astrologische Bedeutung allerdings unklar bleibt, scheint zunächst auf einen astrologischen Kontext zu verweisen. Die Bezeichnung κλῆρος könnte auf die astrologische Lehre der sieben Lose hinweisen (Los des Glücks, des Daimon, des Eros, der Notwendigkeit, des Wagemuts, des Sieges sowie der Vergeltung), die Paulus Alexandrinus im 23. Kapitel seiner *Elementa Apotelesmatica* darlegt (Paul. Alex. 23 pp. 47–53 BOER; vgl. hierzu auch HEILEN 2015, 1158–1182). So verstehen die Stelle NEUGEBAUER / VAN HOESEN 1959, 135, die übersetzen: „… how the Lot (of Fortune) fell to him not in the lowest place but in the very best." Dass diese Lehre alt ist, belegt ihr Vorkommen bereits in den Darstellungen von Nechepsos und Petosiris (z.B. Val. II 3,1–2). Insbesondere das Los des Schicksals kann als besonders bedeutsam gelten, welches auch in zahlreichen überlieferten Horoskopen explizit angegeben wird (vgl. HEILEN 2015, 1167f.). Es errechnet sich (bei Tag; vgl. NEUGEBAUER / VAN HOESEN 1959, 174 sowie HEILEN 2015,

andererseits ist es klar platonische Terminologie und Gedankenwelt, die Marinos' Formulierung zu inspirieren scheinen.[55] Nicht nur die sprachliche Analogie, auch die inhaltliche Übereinstimmung könnte ein Hinweis darauf sein, dass es Marinos an dieser Stelle weniger um astrologische Implikationen geht als vielmehr darum, lediglich die Außergewöhnlichkeit des Proklos zu belegen, da sich seine Seele ein außergewöhnliches Leben ausgesucht habe – umso mehr, als dies mit bei Platon entlehnter Terminologie geschieht. Im Hinblick darauf scheint es lohnenswert zu überprüfen, ob die im Horoskop des Proklos notierten Konstellationen

---

1168–1170) dadurch, dass man die Distanz der ekliptikalen Länge der Sonne zum Mond berechnet und diesen Wert zur Länge des Aszendenten addiert. Im Falle des Proklos-Horoskopes würde sich für das Glückslos die Position ♈08°19′ + (♊4°16′ − ♒17°36′) = ♋24°59′ ergeben. Fraglich bleibt allerdings, warum diese Position im vorliegenden Fall besonders günstig sein soll. Untersucht man beispielsweise einer Methode des Vettius Valens folgend den Hausherren des ermittelten Zeichens (im vorliegenden Fall also den Mond), findet man diesen in keiner besonders günstigen Position. Auch der Begriff der αἵρεσις findet sich als astrologischer Terminus: Hierbei handelt es sich um zwei nach antiker Lehre unterschiedene Parteien des Tages bzw. der Nacht, je nachdem, ob es sich um eine Tag- oder Nachtgeburt handelt. Beiden Parteien sind dabei unterschiedliche Planeten zugeordnet: Sonne, Jupiter und Saturn dem Tag, Mond, Venus und Mars der Nacht; Merkur kann zu beiden Parteien gehören, als Morgenstern zum Tag, als Abendstern zur Nacht (vgl. z.B. Ptol. apotel. I 7 sowie Vett. II 1; einen knappen Überblick bietet HEILEN 2015, 702f.). Im Proklos-Horoskop steht keiner der vier zum Tag gehörigen Planeten (Sonne, Jupiter, Saturn und Merkur als Morgenstern) in seinem Haus oder seiner Erhöhung, lediglich Merkur und Jupiter in einem ihnen zugehörigen Planetenbezirk sowie nur Merkur in seinem Trigon (Wassermann); auch hier lässt sich also keine außergewöhnlich gute Konstellation im Horoskop erkennen. Insofern scheint es fraglich, ob, und wenn ja, auf welches astrologische Konzept hier hingewiesen wird.

[55] Es scheint daher nicht unwahrscheinlich, dass die Junktur κλῆρος τῆς αἱρέσεως nicht auf astrologische Konzepte zurückzuführen ist, sondern an einer philosophischen Vorlage orientiert ist. So lässt Platon im letzten Buch seiner Politeia den Pamphylier ‚Er' im Rahmen dessen Darstellung des Jenseitsmythos vom Los der Seelen erzählen; dabei müssen die Seelen im Rahmen der Seelenwanderung erneut inkorporiert werden. Bei der Zuteilung der zukünftigen Rollen erhält jede Seele ein Los, welches über die Reihenfolge entscheidet, in der die Seelen aus der Anzahl der vorhandenen Lebensrollen jeweils eine für sich auswählen können (Plat. Rep. 617d–619e). Dabei heißt es von den Seelen beim Los (Rep. 619d8–e2): ἐπεὶ εἴ τις ἀεί, ὁπότε εἰς τὸν ἐνθάδε βίον ἀφικνοῖτο, ὑγιῶς φιλοσοφοῖ καὶ ὁ κλῆρος αὐτῷ τῆς αἱρέσεως μὴ ἐν τελευταίοις πίπτοι, κινδυνεύει...

sich in der biographischen Beschreibung des Marinos wiederfinden lassen.

Betrachtet man die Positionen der Planeten aus astrologischer Sicht, also mit Blick auf eventuell besonders günstige oder ungünstige Stellungen, so fällt zunächst einmal auf, dass kein Planet im Horoskop des Proklos in seinem Haus steht;[56] lediglich Venus steht mit den Fischen zumindest in ihrer Erhöhung (ὕψωμα).[57] Darüber hinaus finden sich mehrere Planeten in ihren Planetenbezirken (z.B. Saturn und Venus), Saturn immerhin in seinem Dekan; Mond und Saturn stehen in guter Position (Gedrittschein) zueinander, Sonne und Merkur hingegen im Geviertschien zu Jupiter und Saturn und daher ungünstig. Kein Planet steht grad- oder zeichengenau im Aszendenten oder in der oberen Himmelsmitte. Bereits hier lässt sich also feststellen, dass die im Proklos-Horoskop dargestellten Konstellationen zunächst einmal wenig Merkmale außergewöhnlicher Qualität aufweisen. Dennoch lassen sich darüber hinaus einige Informationen in Analogie setzen zu der in der Biographie geäußerten Darstellung.

Insbesondere zu Beginn seiner Biographie hebt Marinos die körperlichen (3) und seelischen Qualitäten des Proklos hervor: Er habe über eine außergewöhnliche Sinneswahrnehmung (φρόνησις σωματική), große körperliche Kraft (ἰσχὺς σωματική), körperliche Tüchtigkeit, die sich in wohlgeratener Symmetrie seiner Glieder (συμμετρία τῶν ὀργανικῶν μορίων) äußere, sowie gute Gesundheit (ὑγίεια) verfügt. Dass sich körperliche Qualitäten ebenfalls anhand des Horoskopes ablesen lassen, lehrt Ptolemaios;[58] hierbei gelte es, den Planeten am östlichen Horizont (also im Aszendenten) zu beachten sowie dessen Stellung zu den Luminaren. Allerdings findet sich im Proklos-Horoskop kein Pla-

---

[56] Zum Begriff des Hauses vgl. u.a. Ptol. *apotel.* I 18. Hierbei werden die Zeichen des Zodiakus auf die fünf Planeten und zwei Luminare aufgeteilt und als sog. Haus (griech. οἶκος) zugewiesen. Da für die zwölf Zeichen nur sieben Planeten zur Verfügung standen, teilte man den beiden Luminaren jeweils ein Haus zu (der nur am Tag sichtbaren Sonne ein Taghaus, dem zur Nacht gehörigen Mond ein Nachthaus), den restlichen fünf Planeten je zwei Häuser, ein Tag- und ein Nachthaus. So bekommt die Sonne den Löwen, der Mond den Krebs, Merkur Jungfrau und Zwilling, Venus Waage und Stier, Mars Skorpion und Widder, Jupiter Schütze und Fische sowie Saturn Steinbock und Wassermann.

[57] Zum Begriff der Erhöhung vgl. u.a. Ptol. *apotel.* I 20 sowie Firm. *math.* II 3.

[58] Ptol. *apotel.* III 12.

net im Tierkreiszeichen des Widders, der den Aufgangspunkt (♈8°19′) einnimmt. In dieser Hinsicht bietet sich ein Vergleich mit den astrologischen Prognosen also nicht an.

Doch Marinos führt auch die seelischen Qualitäten des Proklos an (4), wobei es von Proklos heißt, er habe – es folgt ein Zitat aus Platons *Staat* – „ein gutes Gedächtnis und lernte leicht und hatte eine edle Gesinnung und war liebenswürdig, ein Freund und sogar Verwandter der Wahrheit, Gerechtigkeit, Tapferkeit und Besonnenheit".[59] Auch diese seelischen Qualitäten eines Menschen lassen sich laut Astrologie anhand seines Horoskopes ablesen: Für sie sind in der Geburtsastrologie insbesondere Mond und Merkur ausschlaggebend.[60] Tatsächlich steht Merkur im Horoskop des Proklos nicht ungünstig: Er befindet sich zwar nicht in seinem Haus (Jungfrau oder Zwilling) oder in seiner Erhöhung (ebenfalls Zwilling), doch mit ♒4° immerhin in seinem Planetenbezirk (♒1°–7°).[61] Hinzu kommt, dass Merkur und Mond in gradgenauem Gedrittschein zueinander stehen und jeweils einen sextilen Aspekt zum Aszendenten bilden – ebenfalls ein gutes Zeichen.[62] Des Weiteren befindet sich der Mond in den Zwillingen und damit im (allerdings Nacht-)Haus des Merkur; dieser steht hingegen im Wassermann, dem Nachthaus des Saturn, in dessen Bezirk wiederum sich der Mond mit ♊4° befindet. Saturn selbst steht mit ♉24° sowohl in seinem eigenen Planetenbezirk als auch in seinem eigenen Dekan;[63] daher sollten diese drei Gestirne für die seelischen Qualitäten des Proklos ausschlaggebend sein.

---

[59] Vgl. Plat. *Rep.* 487a3–5 sowie 485c3.

[60] Vgl. Ptol. *apotel.* III 14,1: τῶν δὲ ψυχικῶν ποιοτήτων αἱ μὲν περὶ τὸ λογικὸν καὶ νοερὸν μέρος καταλαμβάνονται διὰ τῆς κατὰ τὸν τοῦ Ἑρμοῦ ἀστέρα θεωρουμένης ἑκάστοτε περιστάσεως, αἱ δὲ περὶ τὸ αἰσθητικὸν καὶ ἄλογον ἀπὸ τοῦ σωματωδεστέρου τῶν φώτων (τουτέστι τῆς σελήνης). Auch beispielsweise Vettius Valens (I 1,37) spricht vom Merkur als dem „Geber von Einsicht und Vernunft" (δοτὴρ καὶ διανοίας καὶ φρονήσεως).

[61] Zumindest nach Ansicht der Ägypter (vgl. Ptol. *apotel.* I 21); nach dem von Ptolemaios selbst vorgeschlagenen System handelt es sich hierbei um einen Saturn zugehörigen Bezirk (vgl. Ptol. *apotel.* I 22). Vgl. zu den Planetenbezirken (ὅρια; *fines*) auch Firm. *math.* II 6,12 sowie Paul. Alex. 3 p. 12,1–15 BOER.

[62] ♒4°42′ zu ♊4°16′; zur positiven Bedeutung dieser Konfiguration vgl. z.B. Ptol. *apotel.* I 14,3.

[63] Vgl. zu den Dekanen (πρόσωπα) Ptol. *apotel.* I 23 sowie Firm. *math.* I 4 (mit Aufteilung der Tierkreiszeichen zu je dreimal 10° und Zuweisung des jeweiligen Dekans zu einem Planeten).

Tatsächlich bewirkt Merkur als Herr der Geburt laut Ptolemaios Männer „die weise sind, clever, tiefsinnig, sehr gebildet, erfindungsreich, erfahren, gute Rechner, Naturforscher, kontemplativ, begabt, eifrig, großzügig, klug, gut in Vermutungen, mathematisch begabt, interessiert in Mysterien und erfolgreich."[64] Insbesondere die Großzügigkeit sowie die Betonung geistig-logischer Fähigkeiten lassen eine gewisse Verbindung zwischen Proklos und dem in der astrologischen Typologie des Ptolemaios dargestellten, unter Einfluss des Merkur geborenen, Charakter erkennen.[65] Auch Saturn bewirkt Menschen, die über einen starken Verstand verfügen und tiefsinnig sind;[66] in Verbindung mit Merkur als Herr der Geburt hingegen werden die Menschen neugierig, sorgfältig, wissbegierig, interessiert in Gesetzesfragen, Liebhaber von Medizin und Mystik, Teilnehmer an geheimen und verbotenen Zeremonien oder Zauberer aber auch Lügner und Menschen, die in den Tag hinein leben.[67] Auch die Berufswahl zum Philosophen überrascht nicht, wenn man an die exponierte Stellung des Merkur denkt; so belegt beispielsweise Vettius Valens, dass insbesondere dieser Planet für die Berufung von Philosophen verantwortlich sei.[68]

Andererseits könnten auch diese Implikationen deutlicher sein; so würde zum Beispiel die philosophische Natur klar bestärkt werden, wenn Saturn und Venus bei den seelischen Qualitäten

---

[64] Ptol. apotel. III 14,36: ὁ δὲ τοῦ Ἑρμοῦ ἀστὴρ [...] ποιεῖ τοὺς γεννωμένους συνετούς, ἀγχίνους, νοήμονας, πολυίστορας, εὑρετικούς, ἐμπείρους, λογικούς, φυσιολόγους, θεωρητικούς, εὐφυεῖς, ζηλωτικούς, εὐεργετικούς, ἐπιλογιστικούς, εὐστόχους, μαθηματικούς, μυστηριακούς, ἐπιτευκτικούς.

[65] Vgl. zur Großzügigkeit die Charakterisierung des Proklos im neunten Kapitel der *Vita* als großzügig und großherzig sowie seine Geringschätzung des ererbten Vermögens mit der Eigenschaft εὐεργετικός bei Ptol. apotel. III 14,36. Zu den geistigen Anlagen vgl. insbesondere die Betonung der μαθήματα (*Vita* 4) sowie die Darstellung des Studiums des Proklos (9) mit Ptol. apotel. III 14,36 (μαθηματικούς) sowie die dort durch Merkur als Herrscher der Geburt bezeichneten Eigenschaften der Nativen als λογικός, θεωρητικός, ἐπιλογιστικός und εὔστοχος.

[66] Vgl. Ptol. apotel. III 14,10: ὁ μὲν οὖν τοῦ Κρόνου ἀστὴρ [...] ποιεῖ ἰσχυρογνώμονας, βαθύφρονας...

[67] Vgl. Ptol. apotel. III 14,18.

[68] Vgl. Val. I 1,39; dieselbe Vorstellung auch Firm. math. III 7,1 (hier allerdings Merkur im Aszendenten). Ptolemaios hingegen schreibt den an der Philosophie interessierten eine von Saturn in Verbindung mit Venus dominierte Geburt zu), vgl. Ptol. apotel. III 14,16.

zusammen wirksam wären – dies ist bei Proklos allerdings nur eingeschränkt der Fall; immerhin ist Venus in ihrer Erhöhung und steht im Sextil zu Saturn.[69] Auch der Planet Jupiter, der laut Ptolemaios die Geborenen μεγαλοψύχους, χαριστικούς, θεοσεβεῖς, τιμητικούς ... μεγαλοπρεπεῖς ... δικαίους, μεγαλόφρονας, σεμνούς ... εὐεργετικούς und ἡγεμονικούς machen würde, spielt im Horoskop des Proklos keine bedeutsame Rolle; insbesondere Großzügigkeit, wie sie vom Biographen explizit erwähnt wird, lässt sich laut astrologischer Lehrmeinung vornehmlich auf diesen Planeten zurückführen.[70]

Man könnte diesen Vergleich von astrologischen Wirkungen und der Beschreibung des Proklos sehr viel weiter und genauer fortführen; dennoch soll dies an dieser Stelle genügen um deutlich zu machen, dass sich *in summa* ein gemischtes Bild ergibt; zum einen scheint das Horoskop des Proklos seine Berufung zum Philosophen *in nuce* zu prädestinieren und somit – aus Sicht des Biographen und des Lesers – zu bestätigen. Andererseits muss man konstatieren, dass, zumindest aus geburtsastrologischer Sicht, das Horoskop des Proklos wenig Hinweis auf die exponierte Position des Nativen bietet, die der Autor zweifellos bestätigt wissen will. Mögen auch einige Befunde Andeutungen in Richtung der geistigen (kontemplativen wie philosophischen) Begabungen des bedeutenden Philosophen liefern, lässt sich im Horoskop dennoch nur wenig finden, was klar und deutlich die außerordentliche Besonderheit des Proklos bestätigen würde – ganz im Gegensatz zu den universalastrologischen Phänomenen, wo die seltene Saturn-Jupiter-Konstellation ebenso eine Besonderheit darstellt, wie die referierten Sonnenfinsternisse, die den Tod des Philosophen begleiteten. Dieses ambivalente Bild wird dadurch verstärkt, dass der Biograph keinerlei Anstalten macht, die im Horoskop sicherlich vorhandenen Anknüpfungspunkte mit der biographischen Deskription in einen Kontext zu bringen. Diese Tatsache könnte als Indiz dafür gewertet werden, dass Marinos als Biograph weniger am eigentlichen Horoskop und seinen Implikationen interessiert ist, als vielmehr daran, den beschriebenen Proklos als Paradebeispiel eines – im platonischen Sinne – vollendeten Philosophen zu charakterisieren. Dies wird etwa durch den fehlenden Hinweis auf den Tag der Geburt sowie die inkorrekte Annahme

---

[69] Vgl. Ptol. *apotel.* III 14,16.
[70] Vgl. u.a. Val. I 1,17:

des Geburtsortes bestätigt. Auch die gewählte Terminologie bei der Einführung des Geburtshoroskopes sowie das vollkommene Fehlen interpretatorischer Details lassen es nicht unwahrscheinlich erscheinen, dass der Biograph lediglich ein bereits vorhandenes, ihm überliefertes Geburtshoroskop in seinen Text einfügte, ohne den astrologischen Auswirkungen ausreichend Rechnung zu tragen; die Sonnenfinsternisse beim Tod des Proklos hingegen werden, zahlreichen literarischen Vorbildern folgend, als universalastrologische Ereignisse ersten Ranges entsprechend gewürdigt und interpretiert.

Es scheint daher nicht gewagt zu vermuten, dass sich der Schriftsteller und Philosoph Marinos auf diesem Terrain, in guter literarischer Tradition, die von Homer und anderen bedeutenden Vorbildern vorgezeichnet wurde, sicherer fühlt, als auf den schwierigen und verzweigten Pfaden der komplexen und detailreichen Geburtsastrologie. Dies dürfte auch der Grund sein für die fehlende Verknüpfung der eigentlichen Biographie mit dem Horoskop, welches ohne Rückbezug auf – wie gezeigt im Übrigen durchaus vorhandene – Analogien zu den beschriebenen Eigenschaften des Proklos mit platonischer, wohl nicht astrologischer, Terminologie eingeführt wird. Dies wiederum lässt zwei Optionen zu: Entweder der Autor konnte die Horoskopdaten des Proklos nicht auf ihre astrologische Bedeutung hin auswerten und so mit seiner Darstellung verbinden, oder er wollte es nicht – etwa, weil das Horoskop keine offensichtlichen Hinweise auf eine wie auch immer geartete außergewöhnliche Stellung des Geborenen bot.

All diese Ergebnisse lassen die Hypothese von Jones, dass der Biograph Marinos das vorgefundene Horoskop des Proklos in seine Darstellung des Lebens des Philosophen lediglich einbaute, an Wahrscheinlichkeit gewinnen; hinzukommt, dass der spätantike Autor das Horoskop nicht astrologisch deuten konnte oder wollte oder die – ihm eventuell noch vorliegenden – Interpretationen nicht in seine *Vita* übernehmen wollte; jegliche Begründung kann allerdings nur Spekulation bleiben. In diesem Sinne haftet dem Proklos-Horoskop der Charakter eines Fremdkörpers in der biographischen Darstellung an, der sich – insbesondere auch durch die mangelnde literarische Verknüpfung mit dem eigentlichen Text – nicht recht organisch in das Gesamtbild einfügen lassen will. Dass er dennoch vielleicht der am intensivsten rezipierte und die meisten Fragen aufwerfende Teil der Abhandlung ist,

dürfte zwar nicht im Sinne des Biographen sein – den Protagonisten der Biographie hingegen, Proklos selbst, der, wie man weiß, auch ein ausgewiesener Experte auf dem Gebiet von Astrologie und Astronomie war, dürfte dies wenig verwundern: Er muss um die zahlreichen Schwierigkeiten dieser Wissenschaft zweifellos gewusst haben, und so nimmt es kein Wunder, wenn es in dem, immerhin ihm zugeschriebenen, ansonsten anonymen Kommentar zur Tetrabiblos des Ptolemaios heißt:

> ἑωρακότες γὰρ τίνες εἰς τὰ δυσδιάγνωστα τῶν θεωρημάτων [sc. τῆς ἀστρολογίας], ᾠήθησαν πάντα τοιαῦτα. ἰστέον γὰρ ὥσπερ καὶ περὶ τῶν νοσημάτων ἐστί τινα δυσκαταγώνιστα συμπτώματα, τὸν αὐτὸν τρόπον καὶ περὶ ἀστρολογίας ἐστὶν εὑρεῖν τινα δυσκατάληπτα

> „Einige glaubten, nachdem sie die Schwierigkeiten der Lehren [der Astrologie] erkannt hatten, dass alle so sein müssten. Man muss nämlich wissen, dass bei der Astrologie ebenso wie bei der Medizin, bei der einige Krankheitsbilder schwer zu bekämpfen sind, einiges zu finden ist, was nur schwer zu verstehen ist."[71] (Übersetzung Topp)

---

[71] A. WOLF, *In Claudii Ptolemæi Quadripartitum enarrator ignoti nominis, quem tamen Proclum fuisse quidam existimant* (Basel 1559) 2.

D. Anhang

Literaturverzeichnis

1. Abkürzungen

DPhA	R. GOULET (Hrsg.), *Dictionnaire des philosophes antiques* (Paris 1989–)
HWRh	G. UEDING (Hrg.), *Historisches Wörterbuch der Rhetorik I–XII* (Tübingen / Berlin 1992–2015)
LGPN	P. M. FRASER / E. MATTHEWS, *A Lexicon of Greek Personal Names* (Oxford 1987–)
LIMC	*Lexicon Iconographicum Mythologiae Classicae* (1981-1999)
OGIS	W. DITTENBERGER (Hrg.), *Orientis Graeci Inscriptiones Selectae I–II* (Leipzig 1903–1905)
PLRE	A. H. M. JONES / J. R. MARTINDALE / J. MORRIS, *The Prosopography of the Later Roman Empire I–III* (Cambridge 1971–1992)
RGVV	*Religionsgeschichtliche Versuche und Vorarbeiten* (1903–)
FGrH	F. JACOBY, *Die Fragmente der griechischen Historiker* (Berlin / Leiden 1923–58); *Die Fragmente der griechischen Historiker. Continued* (Leiden 1998–)
FRH	H. BECK / U. WALTER (Hrsgg.), *Die frühen römischen Historiker. 2 Bde. Texte zur Forschung 76/77* (Darmstadt 2001/2004)

2. Ausgaben, Kommentare und Übersetzungen

ARRIGHETTI 1973	G. ARRIGHETTI (ed.), *Epicuro, Opere*. Biblioteca di cultura filosofica XLI (Torino 1973)
ATHANASSIADI 1999	*Damascius, The Philosophical History*. Text with Translation and Notes by P. ATHANASSIADI (Oxford 1999)
BECKBY 1958	H. BECKBY (Hg.), *Anthologia Graeca*, Griechisch-Deutsch. Buch IX-XI (München 1958)
BOISSONADE 1814	*Marini Vita Procli Graece et Latine [...] recensuit adnotationesque et indices addidit Ioh. Franc. Boissonade* (Leipzig 1814)
BRISSON 2005	L. BRISSON (ed.), *Porphyre Sentences* (Paris 2005)

BUSSE 1891	*Ammonius: In Porphyrii Isagogen sive V voces.* Herausgegeben von A. BUSSE (Berlin 1891)
BUSSE 1900	*Eliae in Porphyrii Isagogen et Aristotelis Categorias commentaria.* Herausgegeben von A. BUSSE (Berlin 1900)
BUSSE 1902	*Olympiodori prolegomena et in categorias commentarium.* Herausgegeben von A. BUSSE (Berlin 1902)
BUSSE 1904	*Davidis prolegomena et in Porphyrii Isagogen commentarium.* Herausgegeben von A. BUSSE (Berlin 1904)
DES PLACES 1973	*Numenius, Fragments.* Texte établi et traduit par E. DES PLACES (Paris 1973)
FABRICIUS 1700	J. A. FABRICIUS, *Procli philosophi Platonici vita scriptore Marino Neapolitano* (Hamburg 1700)
FABRICIUS 1703	J. A. FABRICIUS, *Bibliotheca Latina* [...] *adiecta praeterea ad calcem Procli Philosophi Platonici vita a Marino Neapolitano Graece Scripta, altera parte auctior & nunc primum integra* (London 1703)
HADOT 1996	*Simplicius, Commentaire sur le Manuel d'Épictète.* Introduction et edition critique du texte grec par I. HADOT (Leiden 1996)
LUNA / SEGONDS 2007	C. LUNA / A.-PH. SEGONDS (eds.), *Commentaire sur le «Parménide» de Platon* (Paris 2007)
MANITIUS 1909	C. MANITIUS, *Procli Diadochi Hypotyposis Astronomicarum Positionum* (Leipzig 1909)
MASULLO 1985	R. MASULLO (ed.), *Vita di Proclo.* Speculum (Napoli 1985)
SAFFREY / SEGONDS / LUNA 2001 UND 2002	*Marinos, Proclus ou sur le bonheur.* Texte établi, traduit et annoté par H. D. SAFFREY et A.-PH. SEGONDS. Avec la collaboration de C. LUNA (Paris 2001; 2002²)
SEGONDS 1986	*Proclus, In Platonis Alcibiadem. Sur le Premier Alcibiade de Platon.* Texte établi et traduit par A.-PH. SEGONDS (Paris 1986)
WACHSMUTH / HENSE 1884-1923	*Ioannis Stobaei Anthologium.* Recensuerunt C. WACHSMUTH et O. HENSE. 6 Bde. (Leipzig 1884-1923)
WESTERINK 1967	*Pseudo-Elias (Pseudo-David), Lectures on Porphyry's Isagoge.* Introduction, Text and Indices by L. G. WESTERINK (Amsterdam 1967)
WESTERINK 1970	*In Platonis Gorgiam,* hrsg. von L. G. WESTERINK (Leipzig 1970).
WHITTAKER / LOUIS 1990	*Alcinoos, Enseignement des doctrines de Platon.* Introduit, texte établi et commenteé par J. WHITTAKER, traduit par P. LOUIS (Paris 1990)
ZINTZEN 1967	C. ZINTZEN (ed.), *Damascii vitae Isidori reliquiae* (Hildesheim 1967)

3. Sekundärliteratur

AGOSTI 2008 — G. AGOSTI, „Dal cielo alla terra: un epigramma epigrafico su Siriano", in: L. CRISTANTE / I. FILIP (eds.), *Atti del III convegno 'Il calamo della memoria. Riuso di testi e mestiere letterario nella tarda antichita'*. Incontri triestini di filologia classica 7 (2007–2008) / Polymnia 10 (Trieste 2008) 103–115

AGOSTI 2009 — G. AGOSTI, „La *Vita di Proclo* di Marino nella sua redazione in versi. Per un'analisi della biografia poetica tardoantica", *CentoPagine* 3 (2009) 30–46

ALESHIRE 1989 — S. B. ALESHIRE, *The Athenian Asklepieion. The People, their Dedications, and the Inventories* (Amsterdam 1989)

ASMUS 1910 — R. ASMUS, „Der Kyniker Sallustius bei Damascius", *Neue Jahrbücher für das klassische Altertum, Geschichte und deutsche Literatur und für Pädagogik* 25 (1910) 504–522; Neudruck in: M. BILLERBECK (Hrsg.), *Die Kyniker in der modernen Forschung. Aufsätze mit Einführung und Bibliographie* (Amsterdam 1991) 207–229

ASMUS 1911 — R. ASMUS (Hrsg.), *Damaskios aus Damaskos, Das Leben des Philosophen Isidoros* (Leipzig 1911)

ASMUS 1913 — R. ASMUS, „Pamprepios, ein byzantinischer Gelehrter und Staatsmann des 5. Jahrhunderts", *ByzZ* 22 (1913) 320–347

ATHANASSIADI 1993 — P. ATHANASSIADI, „Persecution and Response in Late Paganism. The Evidence of Damascius", *JHS* 113 (1993) 1–29

ATHANASSIADI / FREDE 1999 — P. ATHANASSIADI / M. FREDE (eds.), *Pagan Monotheism in Late Antiquity* (Oxford 1999)

BALTUSSEN 2008 — H. BALTUSSEN, *Philosophy and Exegesis in Simplicius. The Methodology of a Commentator* (London / New York 2008)

BALTZLY 2017 — D. BALTZLY, „The Human Life", in: D'HOINE / MARTIJN 2016, 258-275

BANCHICH 1998 — Th. M. BANCHICH, „Nestorius ἱεροφαντεῖν τεταγμένος", *Historia* 47 (1998) 360–374

BAUMBACH 2000 — M. BAUMBACH, „Verhüllt, verschluckt, verschwunden: Sonnenfinsternis in Mythos, Mantik und Magie der Antike", in: KÖHLER / GÖRGEMANNS / BAUMBACH 2000, 13–34

BAUMER 2001 — L. E. BAUMER, „Klassische Bildwerke für tote Philosophen? Zu zwei spätklassischen Votivskulpturen aus

Athen und ihrer Wiederverwendung in der späten Kaiserzeit", *AK* 44 (2001) 55–69

BAUMER 2010 — L. E. BAUMER, *Mémoires de la religion grecque* (Paris 2010)

BAUMER 2011 — L. E. BAUMER, „La christianisation de l'Attique. Quelques observations archéologiques", *Desmos* 44 (2011) 3–7

BECKER 2011 — M. BECKER, „Der schlechtere Weg ist das Ziel. Zum Leitbild des Philosophen in den Biographien des Eunapios", *Zeitschrift für Antikes Christentum* 15 (2011) 450–475

BECKER 2013 — M. BECKER, *Eunapios aus Sardes: Biographien über Philosophen und Sophisten. Einleitung, Übersetzung, Kommentar* (Stuttgart 2013)

BECKER 2016a — M. BECKER, „Depicting the Character of Philosophers – Traces of the Neoplatonic Scale of Virtues in Eunapius' Collective Biography", in: M. BONAZZI / S. SCHORN (eds.), *Bios Philosophos. Philosophy in Ancient Greek Biography* (Turnhout 2016) 221-258

BECKER 2016b — M. BECKER, „Bildung als Distinktionsmerkmal hellenischer Eliten im Osten um 400 n.Chr. Das Zeugnis der Kollektivbiographie des Eunapios", in: C. FÖLLER / F. SCHULZ (Hrsgg.), *Osten und Westen 400–600 n.Chr. Kommunikation, Kooperation und Konflikt* (Stuttgart 2016) 37-53

BECKER 2016c — M. BECKER, *Porphyrios: Contra Christianos. Neue Sammlung der Fragmente, Testimonien und Dubia mit Einleitung, Übersetzung und Anmerkungen* (Berlin / Boston 2016)

BERGER 1980 — K. BERGER, „Hellenistisch–heidnische Prodigien und die Vorzeichen in der jüdischen und christlichen Apologetik", *ANRW* II 23.2 (1980) 1428-1469

BERGMANN 1998 — M. BERGMANN, *Die Strahlen der Herrscher: Theomorphes Herrscherbild und politische Symbolik im Hellenismus und in der römischen Kaiserzeit* (Mainz 1998)

BERNARD 1997 — H. BERNARD (Hrsg.), *Hermeias von Alexandrien, Kommentar zu Platons „Phaidros"* (Tübingen 1997)

BERRENS 2004 — S. BERRENS, *Sonnenkult und Kaisertum von den Severern bis zu Constantin I. (193-337 n. Chr.)*. Historia-Einzelschriften 185 (Stuttgart 2004)

BEUTLER 1951 — R. BEUTLER, „Plutarchos 3", *RE* XXI,1 (1951) 962–975

BEUTLER 1957 — R. BEUTLER, „Proklos 4", *RE* XXIII,1 (1957) 186–247

BIELER 1976 — L. BIELER, *Theios anēr: das Bild des ‚göttlichen Menschen' in Spätantike und Frühchristentum* (Darmstadt 1976)

BILLOT 1989	M.-F. BILLOT, „Annexe: Académie (topographie et archéologie)", DPhA 1 (1989) 693–789
BLANK 2010	D. BLANK, „Ammonius Hermeiou and his School", in: GERSON 2010, 654–666
BLUMENTHAL 1984	H. J. BLUMENTHAL, „Marinus' Life of Proclus. Neoplatonist Biography", *Byzantion* 54 (1984) 469–494 [Neudruck: H. J. BLUMENTHAL, *Soul and intellect. Studies in Plotinus and Later Neoplatonism* (Aldershot 1993) Nr. XIII]
BOLL 1909	F. BOLL, „Finsternisse", RE VI,2 (1909) 2329-2364
BOUCHE-LECLERCQ 1899	A. BOUCHE-LECLERCQ, *L'astrologie grecque* (Paris 1899)
BRANDT / KOLB 2005	H. BRANDT / F. KOLB, *Lycia et Pamphylia. Eine römische Provinz im Südwesten Kleinasiens* (Mainz 2005²)
BREITENBACH 2003	A. BREITENBACH, *Das „wahrhaft goldene Athen". Die Auseinandersetzung griechischer Kirchenväter mit der Metropole heidnisch-antiker Kultur* (Berlin / Wien 2003)
BREMMER 2017	J. BREMMER, „From Heroes to Saints and from Martyrological to Hagiographical Discourse", in: R. G. ASCH / B. KORTE / R. VON DEN HOFF (Hrsgg.), *Helden – Heroisierungen – Heroismen. Sakralität und Heldentum* 6 (Würzburg 2017) 35-66
BRISSON 1987	L. BRISSON, „Proclus et l'orphisme", in : J. PEPIN / H. D. SAFFREY (eds.), *Proclus lecteur et interprète des anciens. Actes du Colloque international du CNRS, Paris, 2-4 octobre 1985* (Paris 1987) 43-104
BRISSON 2005	L. BRISSON, „Oracles chaldaïques", in: R. GOULET (ed.), *Dictionnaire des philosophes antiques* IV (Paris 2005) 784-792
BRISSON 2008	L. BRISSON, „Famille, Pouvoir Politique et Argent dans l'École Néoplatonicienne d'Athènes", in: *L'enseignement supérieur dans les mondes antiques et médiévaux: aspects institutionnels, juridiques et pédagogiques. Colloque international de l'institut des traditions téxtuelles* (ed. H. HUGOMARD-ROCHE), Paris 2008, 29-42
BRISSON 2016	L. BRISSON, „The Intellect and the Cosmos : The Demiurge in the «Timaeus»", *Methodos* 16 (2016) *non paginé*
BRISSON 2017	L. BRISSON, „Proclus' Theology", in: D'HOINE / MARTIJN 2016, 207-222
BRYANT 1907	A. A. BRYANT, „Boyhood and Youth in the Days of Aristophanes", *HSCP* 18 (1907) 73-122
BUBLOZ 2003	Y. BUBLOZ, „Ascèse et acquisition de pouvoir: la réalisation de l'idéal de l'homme divin chez le philosophe

	néoplatonicien Proclus", *Dialogues d'Histoire Ancienne* 29, 2 (2003) 125-147
BURGESS / DIJKSTRA 2013	R. W. BURGESS / J. H. F. DIJKSTRA, "The ‚Alexandrian World Chronicle', its *Consularia* and the Date of the Destruction of the Serapeum (with an Appendix on the List of *praefecti Augustales*)", *Millennium* 10 (2013) 39–113
BURKERT 2011	W. BURKERT, *Griechische Religion der archaischen und klassischen Epoche*. Die Religionen der Menschheit 15 (Stuttgart 2011[2])
BURKHARDT 2010	N. BURKHARDT, „Zwischen Erhaltung und Gestaltung – Das Straßenbild Athens in der Spätantike", in: BURKHARDT / STICHEL (2010) 120–136
BURKHARDT / STICHEL 2010	N. BURKHARDT / R. H. W. STICHEL (Hrsgg.), *Die antike Stadt im Umbruch. Kolloquium in Darmstadt, 19. bis 20. Mai 2006* (Wiesbaden 2010)
BUSSE 1892	A. BUSSE, *Die neuplatonischen Ausleger der Isagoge des Porphyrius*. Friedrichs-Gymnasium zu Berlin, Programm-Nr. 54 (Berlin 1892)
CAMERON / LONG 1993	A. CAMERON / J. LONG, *Barbarians and Politics at the Court of Arcadius* (Berkeley u. a. 1993)
CAMERON 1969	A. CAMERON, „The Last Days of the Academy at Athens", *PCPhS* 195 (1969) 7–29 [Neudruck: Al. CAMERON, *Literature and Society in the Early Byzantine World* (London 1985) Nr. XIII; französische Kurzfassung: „La fin de l'Académie", in: *Le néoplatonisme. Actes du Colloque de Royaumont, 9–13 juin 1969* (Paris 1971) 281–290
CARDULLO 1995	L. Cardullo, *Siriano – Esegeta di Aristotele I: Frammenti e Testimonianze dei Commentari all'Organon. Introduzione, testo, traduzione, note e commento*. Symbolon 14 (Firenze 1995)
CARDULLO 2000	L. Cardullo, *Siriano – Esegeta di Aristotele II: Frammenti e Testimonianze del Commentario alla Fisica. Introduzione, testo, traduzione, note e commento*. Symbolon 15 (Catania 2000)
CARRARA / MÄNNLEIN-ROBERT 2018	L. CARRARA / I. MÄNNLEIN-ROBERT (Hrsgg.), *Die Tübinger Theosophie. Eingeleitet, übersetzt und kommentiert von Laura Carrara und Irmgard Männlein-Robert. Mit einem Nachwort von Helmut Seng* (Stuttgart 2018)
CARUSO 2013	A. CARUSO, *Akademia. Archeologia di una scuola filosofica ad Atene da Platone a Proclo (387 a.C. – 485 d.C.)* (Atene u. a. 2013)

CASTRÉN 1994	P. CASTRÉN (ed.), *Post-Herulian Athens. Aspects of Life and Culture in Athens A.D. 267–529* (Helsinki 1994)
CASTRÉN 1999	P. CASTRÉN, „Paganism and Christianity in Athens and Vicinity during the Fourth to Sixth Centuries A.D.", in: G. P. BROGIOLO / B. WARD-PERKINS (eds.), *The Idea and Ideal of the Town Between Late Antiquity and the Early Middle Ages* (Leiden et al. 1999) 211–223
CHADWICK 2006	H. CHADWICK, *Studies on Ancient Christianity*. Variorum Collected Studies Series 832 (Aldershot 2006)
CHIARADONNA 2002	R. CHIARADONNA, *Sostanza, movimento, analogia. Plotino critico di Aristotele* (Napoli 2002)
CHLUP 2012	R. CHLUP, *Proclus: An Introduction* (Cambridge 2012)
CIVILETTI 2007	M. CIVILETTI, *Eunapio di Sardi. Vite di Filosofi e Sofisti. Testo greco a fronte. Introduzione, traduzione, note e apparati di M. Civiletti* (Mailand 2007)
CONTI 2016	S. S. CONTI, „Ende des Herrschers – Ende der Welt? Naturkatastrophen und der Tod des Kaisers", in: J. BORSCH / L. CARRARA (Hrsgg.), *Erdbeben in der Antike. Deutungen – Folgen – Repräsentationen* (Tübingen 2016) 61–72
CÜRSGEN 2002	D. CÜRSGEN, *Die Rationalität des Mythischen: Der philosophische Mythos bei Platon und seine Exegese im Neuplatonismus*. Quellen und Studien zur Philosophie 55 (Berlin 2002)
CUMONT 1906 (=⁴1963)	F. CUMONT, *Les religions orientales dans le paganisme romain* (Paris 1906 = ⁴1963)
DEFOREST 2011	D. DEFOREST, „Between Mysteries and Factions: Initiation Rituals, Student Groups, and Violence in the Schools of Late Antique Athens", *Journal of Late Antiquity* 4, 2 (2011) 315-342
DE HAAS 2001	F. A. J. DE HAAS, „Simplicius. On Aristotle, Categories 5", in: F. A. J. DE HAAS / B. FLEET (eds.), *Simplicius, On Aristotle, Categories* 5–6 (London 2001) 1-92
DE HAAS 2004	F. A. J. DE HAAS, „Introduction", in: CH. H. LOHR (ed.), *Johannes Philoponus, Commentaria in libros De generatione et corruptione Aristotelis* (Stuttgart-Bad Cannstatt 2004) 5-15
DELMAIRE 1989	R. DELMAIRE, *Les responsables des finances impériales au Bas-Empire romain (IVe-VIe s.). Études prosopo-graphiques*. Collection Latomus 203 (Bruxelles 1989)
DEMANDT 1970	A. DEMANDT, *Verformungstendenzen in der Überlieferung antiker Sonnen- und Mondfinsternisse*. Abhandlungen der Geistes- und Sozialwissenschaftlichen Klasse / Akademie

	der Wissenschaften und der Literatur Mainz, 1970, 7 (Wiesbaden 1970)
DEMANDT 2007	A. DEMANDT, *Handbuch der Altertumswissenschaft. 3, 6: Die Spätantike. Römische Geschichte von Diocletian bis Justinian: 284-565 n. Chr.* (München 2007)
DEMARGNE / METZGER 1967	P. DEMARGNE / H. METZGER, „Xanthos 33", RE IX A,2 (1967) 1375–1408
DERDA u. a. 2007	T. DERDA / T. MARKIEWICZ / E. WIPSZYCKA (eds.), *Alexandria. Auditoria of Kom el-Dikka and Late Antique Education* (Warsaw 2007)
D'HOINE / MARTIJN 2016	P. D'HOINE / M. MARTIJN, *All from One: A Guide to Proclus* (New York / Oxford 2016)
DI BRANCO 2006	M. DI BRANCO, *La città dei filosofi. Storia di Atene da Marco Aurelio a Giustiniano. Con un'appendice su „Atene immaginaria" nella letteratura bizantina* (Firenze 2006)
DI BRANCO 2009	M. DI BRANCO, „La metamorfosi del Partenone: da Atena alla Theomētōr", *Annuario della Scuola Archeologica di Atene e delle Missioni Italiane in Oriente* Ser. 3a 9 (1) (2009) 313-327
DIEBLER 1998	S. DIEBLER, „Panorama littéraire et vies de philosophes néoplatoniciens: le cas de la *Vie d'Isidore* de Damascius", in: P. BRUNET / M.-P. NOËL (eds.), *Vies anciennes d'auteurs grecs: mythe et biographie* (Tours 1998) 81-93
DILLON 2000	J. M. DILLON, „I 3, Iamblichos de Chalcis", in: *DPhA* 3 (2000) 824-836
DILLON 2004	J. M. DILLON, „Philosophy as a Profession in Late Antiquity", in: S. SWAIN / M. EDWARDS (eds.), *Approaching Late antiquity* (Oxford u. a. 2004) 401–418; Neudruck in: A. SMITH (ed.), *The Philosopher and Society in Late Antiquity. Essays in Honour of Peter Brown* (Swansea u. a. 2005) 1–17
DILLON 2007	J. M. DILLON, „The Religion of the Last Hellenes", in: J. SCHEID (ed.), *Rites et croyances dans les religions du monde romain.* Entretiens Hardt 53 (Vandœuvres-Genève) 117–138 (139–147: Discussion)
DODDS 1991	E. R. DODDS, *Die Griechen und das Irrationale* (Darmstadt ²1991 = unveränd. Nachdr. Darmstadt 1970 = deutsche Übers. der Ausg. Berkeley ⁵1966)
DÖRNEMANN 2003	M. DÖRNEMANN, *Krankheit und Heilung in der Theologie der frühen Kirchenväter.* Studien und Texte zu Antike und Christentum 20 (Tübingen 2003)
DÖRRIE 1974	H. DÖRRIE, „Die Solar-Theologie in der kaiserzeitlichen Antike", in: H. FROHNHOFEN / U. W. KNORR (Hrsgg.),

Kirchengeschichte als Missionsgeschichte I: Die Alte Kirche, (München 1974) 283-292

DZIELSKA 1995   M. DZIELSKA, Hypatia of Alexandria (Cambridge, Mass. u. a. 1995)

DZIELSKA 2013   M. DZIELSKA, „Once more on Hypatia's Death", in: DZIELSKA / TWARDOWSKA 2013, 65–73

DZIELSKA/TWAR-   M. DZIELSKA / K. TWARDOWSKA (eds.), Divine Men and
DOWSKA 2013   Women in the History and Society of Late Hellenism (Kraków 2013)

EDELSTEIN /   E. J. EDELSTEIN / L. EDELSTEIN, Asclepius. A Collection and
EDELSTEIN 1945 I   Interpretation of the Testimonies. Publ. of the Institute of the History of Medicine I (Baltimore 1945)

EDELSTEIN /   E. J. EDELSTEIN / L. EDELSTEIN, Asclepius. A Collection and
EDELSTEIN 1945 II   Interpretation of the Testimonies. Publ. of the Institute of the History of Medicine II (Baltimore 1945)

EDWARDS 2000   M. EDWARDS (ed.), Neoplatonic Saints. The Lives of Plotinus and Proclus by their Students (Liverpool 2000)

ERLER 2002   M. ERLER, „Epicurus as «deus mortalis»: «homoiosis theoi» and Epicurean Self-Cultivation", in: D. FREDE / A. LAKS (eds.), Traditions of Theology: Studies in Hellenistic Theology, its Background and Aftermath. Philosophia Antiqua 89 (Leiden / Boston, Mass. 2002) 159-181

ÉVRARD 1960a   É. ÉVRARD, „La date de la naissance de Proclus le néoplatonicien", AC 29 (1960) 137–141

ÉVRARD 1960b   É. ÉVRARD, „Le maître de Plutarque d'Athènes et les origines du néoplatonisme athénien", AC 29 (1960) 108–133 u. 391–406

FARAGGIANA   C. FARAGGIANA DI SARZANA / G. REALE, I manuali. Ele-
DI SARZANA 1985   menti di Fisica. Elementi di teologia. I testi magico-teurgici. -- Marino di Napoli, Vita di Proclo, ed. by C. FARAGGIANA DI SARZANA and G. REALE, I classici del pensiero. Sez. 1ª Filos. class. e tardo-ant. - (Milano 1985)

FELD 2002   K. FELD, „Pamprepius: Philosoph und Politiker oder Magier und Aufrührer?", in: GOLTZ u. a. 2002, 261–280

FELD 2005   K. FELD, Barbarische Bürger: Die Isaurier und das Römische Reich. Millennium-Studien zu Kultur und Geschichte des Ersten Jahrtausends n. Chr. 8 (Berlin / New York 2005)

FESTUGIERE 1966   A.-J. FESTUGIÈRE, „Proclus et la religion traditionelle", in : Mélanges A. Piganiol (ed. R. CHEVALLIER) (Paris 1966) 1581-1590 (repr. in : id., Études de philosophie grecque, Paris 1971, 575-584)

FOWDEN 1982	G. FOWDEN, „The Pagan Holy Man in Late Antique Society", *JHS* 102 (1982) 33–59
FOWDEN 1990	G. FOWDEN, Review of A. Frantz, *The Athenian Agora XXIV: Late Antiquity: A.D. 267-700* (Princeton 1988): "The Athenian Agora and the Progress of Christianity", *Journal of Roman Archaeology* 3 (1990) 494-501
FOWDEN 2005	G. FOWDEN, „Sages, Cities, and Temples: Aspects of Late Antique Pythagorism", in: A. SMITH (ed.), *The Philosopher and Society in Late Antiquity: Essays in Honour of Peter Brown* (Swansea 2005) 145-170
FRANCIS 2003	J.A. FRANCIS, „Living Icons: Tracing a Motiv in Verbal and Visual Representation from the Second to Forth CE", *AJPh* 124/4 (2003) 575-600.
FRANTZ 1965	A. FRANTZ, „From Paganism to Christianity in the Temples of Athens", *DOP* 19 (1965) 185–205
FRANTZ 1975	A. FRANTZ, „Pagan Philosophers in Christian Athens", *PAPhS* 119 (1975) 29–38
FRANTZ 1988	A. FRANTZ, *Late Antiquity: A.D. 267–700. The Athenian Agora XXIV: Late Antiquity: A.D. 267-700* (Princeton 1988)
FUCHS 1926	F. FUCHS, *Die höheren Schulen von Konstantinopel im Mittelalter* (Leipzig u. a. 1926)
GALUZZI/TORRINI 1975	P. GALLUZZI / M. TORRINI, *Le opere dei discepoli di Galileo Galilei. Volume primo: Carteggio 1642-1648* (Florenz 1975)
GÄRTNER 2000a	H. GÄRTNER, „Politische Deutungen von Sonnenfinsternissen in der Antike", in: KÖHLER / GÖRGEMANNS / BAUMBACH 2000, 35-48
GÄRTNER 2000b	H. GÄRTNER, „‚Finsternisse' und die Heidelberger Klassische Philologie: Franz Boll", in: KÖHLER / GÖRGEMANNS / BAUMBACH 2000, 83-98
GAȘPAR 2009	C. GAȘPAR, „The Emperor Who Conversed with the Angels: The Making of a ‚Pagan' Saint in the Fourth Century', in: M. NEAMȚU / B. TĂTARU-CAZABAN (ed.), *Memory, Humanity, and Meaning. Selected Essays in Honor of A. Pleșu's Sixtieth Anniversary* (Bucharest 2009) 233–248
GAUDEMET 1990	J. GAUDEMET, „La législation antipaïenne de Constantin à Justinien", *Cristianesimo nella Storia*, XI (1990) 449-468
GAVRAY 2007	A.-M. GAVRAY, *Simplicius, lecteur du Sophiste* (Paris 2007)
GELZER 1966	Th. GELZER, „Die Epigramme des Neuplatonikers Proklos", *MH* 23 (1966) 1–36
GEORGE 2002	M. GEORGE, „Tugenden im Vergleich. Ihre soteriologi-

	sche Funktion in Jamblichs *Vita Pythagorica* und in Athanasios' *Vita Antonii*", in: M. VON ALBRECHT / J. DILLON / M. GEORGE (eds.), *Jamblich. Pythagoras: Legende, Lehre, Lebensgestaltung.* SAPERE 4 (Darmstadt 2002) 303-322
GERSH 2014	S. GERSH, *Interpreting Proclus: From Antiquity to the Renaissance* (Cambridge / New York 2014)
GERSON 2006	L. P. GERSON (rec.), G. E. KARAMANOLIS, *Plato and Aristotle in Agreement? Platonists on Aristotle From Antiochus to Porphyry*, Notre Dame Philosophical Reviews (2006.10.12)
GERSON 2010	L. P. GERSON (ed.), *The Cambridge History of Philosophy in Late Antiquity*, 2 Bde. (Cambridge u. a. 2010)
GILLMAYER-BUCHER 2013	S. GILLMAYER-BUCHER, *Erzählte Welten im Richterbuch. Narratologische Aspekte eines polyfonen Diskurses* (Leiden 2013)
GINZEL 1899	F. K. GINZEL, *Spezieller Kanon der Sonnen– und Mondfinsternisse für das Ländergebiet der klassischen Altertumswissenschaften und den Zeitraum von 900 vor Chr. bis 600 nach Chr.* (Berlin 1899)
GLUCKER 1978	J. GLUCKER, *Antiochus and the Late Academy* (Göttingen 1978)
GÖRGEMANNS 2000	H. GÖRGEMANNS, „Sonnenfinsternisse in der antiken Astronomie", in: KÖHLER / GÖRGEMANNS / BAUMBACH 2000, 61-81
GOLDSTINE 1973 (=1994)	H. H. GOLDSTINE, *New and Full Moons, 1001 B.C. to A.D. 1651*. Memoirs of the American Philosophical Society XCIV (Philadelphia 1973, Nachdruck 1994)
GOLITSIS 2008	P. GOLITSIS, *Les commentaries de Simplicius et de Jean Philopon à la ‚Physique' d'Aristote: tradition et innovation*. Commentaria in Aristotelem Graeca et Byzantina. Quellen und Studien 3 (Berlin / New York 2008)
GOLITSIS 2018	P. GOLITSIS, „Simplicius, Syrianus and the Harmony of Ancient Philosophers", in: B. STROBEL (Hrsg.), *Die Kunst der philosophischen Exegese bei den spätantiken Platon- und Aristoteles-Kommentatoren. Akten der Tagung der Karl und Gertrud Abel-Stiftung vom 4. bis 6. Oktober 2012 in Trier*. Die Philosophie der Antike. Veröffentlichungen der Karl und Gertrud Abel-Stiftung 36 (Berlin / Boston 2018)
GOULET 1989a	R. GOULET, „A 31. Agapius d'Athènes", *DPhA* 1 (1989) 63
GOULET 1989b	R. GOULET, „A 446. Asclépiadès d'Alexandrie", *DPhA* 1 (1989) 620–621
GOULET 1989c	R. GOULET, „A 453. Asclépiodote d'Alexandrie", *DPhA* 1 (1989) 626–631

GOULET 1989d	R. GOULET, „A 493. Athénodore", *DPhA* 1 (1989) 653
GOULET 2000a	R. GOULET, „E 15. Élias", *DPhA* 3 (2000) 57–66
GOULET 2000b	R. GOULET, „H 67. Héraïscus", *DPhA* 3 (2000) 628–630
GOULET 2000c	R. GOULET, „H 78. Hermeias d'Alexandrie", *DPhA* 3 (2000) 639–641
GOULET 2000d	R. GOULET, „H 122. Hiérios d'Athènes", *DPhA* 3 (2000) 684–686
GOULET 2000e	R. GOULET, „H 165. Horapollon (Flavius –) de Phénébythis", *DPhA* 3 (2000) 806–808
GOULET 2000f	R. GOULET, „I 31, Isidore d'Alexandrie", *DPhA* 3 (2000) 870–878
GOULET 2012a	R. GOULET, „Mais qui était donc le gendre de la sœur de Priscus? Enquête sur les philosophes d'Athènes au IVe siècle après J.-Chr.", *Studia graeco-arabica* 2 (2012) 33–77
GOULET 2012b	R. GOULET, „P 18. Pamprépius de Panopolis", *DPhA* 5 (2012) 116–125
GOULET 2012c	R. GOULET, „P 282. Priscus de Thesprotie", *DPhA* 5 (2012) 1528–1539
GOULET 2014	R. GOULET (ed.), *Eunape de Sardes, Vies de philosophes et de sophistes*, 2 Bde. (Paris 2014)
GOULET 2014/1	R. GOULET, *Eunape de Sardes. Vies de philosophes et de sophistes. Tome I. Introduction et prosopographie. Texte établi, traduit et annoté par R. Goulet* (Paris 2014)
GOULET 2014/2	R. GOULET, *Eunape de Sardes. Vies de philosophes et de sophistes. Tome II. Édition critique, traduction française, notes et index. Texte établi, traduit et annoté par R. Goulet* (Paris 2014)
GOULET-CAZE 1982	M.-O. GOULET-CAZÉ, „L'arrière-plan scolaire de la Vie de Plotin », in : L. BRISSON ET AL. (édd.), *Porphyre, La Vie de Plotin, I: Travaux préliminaires et index grec complet*. Histoire des Doctrines de l'Antiquité Classique VI (PARIS 1982) 229-327
GOULET-CAZE 1990	M.-O. GOULET-CAZE, „Le cynisme a l'époque impériale", *ANRW* II 36.4 (1990) 2720–2833
GREGORY 1986	T. E. GREGORY, „The Survival of Paganism in Christian Greece: A Critical Essay", American Journal of Philology, CVII (1986) 229-242
GRIFFIN 2014	M. GRIFFIN, „,Pliable Platonism?' Olympiodorus and the Profession of Philosophy in sixth-century Alexandria", in: R. C. FOWLER (ed.), *Plato in the Third Sophistic* (Berlin u. a. 2014) 73–97

Literaturverzeichnis 411

GRIFFIN 2015 — M. GRIFFIN, *Olympiodorus: Life of Plato and On Plato First Alcibiades 1–9. Translated with Scholarly Introduction and Notes* (London u.a. 2015)

GRIFFIN 2016 — M. GRIFFIN, *Olympiodorus: On Plato First Alcibiades 10–28. Translated with Scholarly Introduction and Notes* (London u.a. 2016)

GUTHRIE 1986 — K. S. GUTHRIE, *The Life of Proclus or Concerning Happiness. Being the Biographical Account of an Ancient Greek Biographer Who was Innately Loved by the Gods, by Marinus of Samaria*. Translated from the Greek by K. S. GUTHRIE. Edited with Notes by D.R. FIDELER. Including Five Hymns of Proclus translated by T. TAYLOR. With an Introduction by J. MITCHELL (Grand Rapids 1986)

HAAS 1997 — C. HAAS, *Alexandria in Late Antiquity. Topography and Social Conflict* (Baltimore u. a. 1997)

HADOT 1978 — I. HADOT, *Le problème du néoplatonisme alexandrin. Hiéroclès et Simplicius* (Paris 1978)

HADOT 2000 — I. HADOT, „H 126. Hiéroclès d'Alexandrie", *DPhA* 3 (2000) 690–701

HAFFNER 2001 — M. HAFFNER (ed.), *Das Florilegium des Orion* (Stuttgart 2001)

HAHN 2006 — J. HAHN, „*Vetustus error extinctus est* – Wann wurde das Sarapeion von Alexandria zerstört?", *Historia* 55 (2006) 368–383

HAHN 2008 — J. HAHN, „The Conversion of the Cult Statues. The Destruction of the Serapeum 392 A.D. and the Transformation of Alexandria into the 'Christ-loving' City", in: J. HAHN / S. EMMEL / U. GOTTER (eds.), *From Temple to Church. Destruction and Renewal of Local Cultic Topography in Late Antiquity* (Leiden u. a. 2008) 335–365

HARTMANN 2002 — U. HARTMANN, „Geist im Exil. Römische Philosophen am Hof der Sasaniden", in: M. SCHUOL / U. HARTMANN / A. LUTHER (eds.), *Grenzüberschreitungen. Formen des Kontakts zwischen Orient und Okzident im Altertum* (Stuttgart 2002) 123–160

HARTMANN 2006 — U. HARTMANN, „Spätantike Philosophinnen. Frauen in den Philosophenviten von Porphyrios bis Damaskios", in: R. ROLLINGER / C. ULF (Hrsgg.), *Frauen und Geschlechter. Bilder – Rollen – Realitäten in den Texten antiker Autoren zwischen Antike und Mittelalter*. Unter Mitarbeit von K. SCHNEGG (Wien u. a. 2006) 43–79

HARTMANN 2014 — U. HARTMANN, „‚...Und die Pronoia hat die Menschheit noch nicht verlassen.' Die Konstruktion der Geistesgeschichte als pagane Gegenwelt in Eunaps *Philosophenvi-*

	ten", in: B. BLECKMANN / T. STICKLER (Hrsgg.), *Griechische Profanhistoriker des fünften nachchristlichen Jahrhunderts* (Stuttgart 2014) 51–84
HARTMANN 2018	U. HARTMANN, *Der spätantike Philosoph. Die Lebenswelten der paganen Gelehrten und ihre hagiographische Ausgestaltung in den Philosophenviten von Porphyrios bis Damaskios* (Bonn 2018)
HARTNER 1938	W. HARTNER, „The Pseudoplanetary Nodes of the Moon's Orbit in Hindu and Islamic Iconographies", *Ars Islamica* 5,2 (1938) 112-154
HEATH 2004	M. HEATH, *Menander. A Rhetor in Context* (Oxford u. a. 2004)
HEILEN 2015	ST. HEILEN, *‚Hadriani genitura' – Die astrologischen Fragmente des Antigonos von Nikaia* (Berlin / Boston 2015)
HEITSCH 1961	E. HEITSCH (Hrsg.), *Die griechischen Dichterfragmente der römischen Kaiserzeit*, [Bd. 1] (Göttingen 1961)
HEITSCH 1964	E. HEITSCH (Hrsg.), *Die griechischen Dichterfragmente der römischen Kaiserzeit*, Bd. 2 (Göttingen 1964)
HELMIG / VARGAS 2014	CH. HELMIG / A. L. C. VARGAS, „Ascent of the Soul and Grades of Freedom. Neoplatonic Theurgy between Ritual and Philosophy", in: P. D'HOINE /G. VAN RIEL (edd.), *Fate, Providence and Moral Responsibility in Ancient, Medieval and Early Modern Thought. Studies in Honour of Carlos Steel*. Ancient and Medieval Philosophy – Series 1 (Leuven 2014) 253-266
HELMIG 2012	Ch. Helmig, *Forms and Concepts. Concept Formation in the Platonic Tradition*. Commentaria in Aristotelem Graeca et Byzantina 5 (Berlin / Boston 2012)
HELMIG / STEEL 2015	CH. HELMIG, C. STEEL, „Proclus", in: E. N. Zalta (ed.), *The Stanford Encyclopedia of Philosophy* (Summer 2015 Edition [http://plato.stanford.edu/ archives /sum2015/entries/proclus/])
HELMIG / VARGAS (FORTHC.)	CH. HELMIG / A. L. C. VARGAS, *Reconsidering Neoplatonic Theurgy* (forthcoming)
HENRY 1938	P. HENRY, Etudes plotiniennes, I: Les états du texte de Plotin (Paris: Desclée de Brouwer, 1938)
HERZOG 1931	R. HERZOG, Die Wunderheilungen von Epidauros, Ph Beihefte, XXII (Leipzig: Dieterich, 1931)
HOFFMANN 1994	Ph. HOFFMANN, „D 3. Damascius", *DPhA* 2 (1994) 541–593
HOFFMANN 1998	Ph. HOFFMANN, „La fonction des prologues exégétiques dans la pensée pédagogique néoplatonicienne",

	in: J.-D. DUBOIS / B. ROUSSEL (eds.), *Entrer en matière. Les prologues* (Paris 1998) 209–245
HOFFMANN 2006	Ph. HOFFMANN, „What was Commentary in Late Antiquity? The Example of the Neoplatonic Commentators", in: M. L. GILL / P. PELLEGRIN (eds.), *A Companion to Ancient Philosophy* (Oxford u. a. 2006) 597–622
HOFFMANN 2012	PH. HOFFMANN, „Un grief anti-chrétien chez Proclus : l'ignorance en théologie", in: A. Perrot (éd.), *Les chrétiens et l'hellénisme. Identités religieuses et culture grecque dans l'Antiquité tardive*. Collection ‚Études de littérature ancienne' 20 (Paris 2012) 161-197
HOSE 2008	M. HOSE, „Konstruktion von Autorität: Julians Hymnen, in Kaiser Julian « Apostata » und die philosophische Reaktion gegen das Christentum", in: C. SCHÄFER (Hrsg.), Millennium-Studien zu Kultur und Geschichte des Ersten Jahrtausends n. Chr., 21 (Berlin / New York 2008): 157-176
HÜBNER 2017	W. HÜBNER, *Athena am Sternhimmel bei Proklos. Astrologie im Dienste neuplatonischer Philosophie* (Sitzungsbericht der Bayerischen Akademie der Wissenschaften 2017.1), München 2017
JOHNSTON 1990	S. I. JOHNSTON, *Hekate Soteira. A Study of Hecate's Roles in the Chaldean Oracles and Related Literature* (Atlanta 1990)
JONES 1964	A. H. M. JONES, *The Later Roman Empire 284-602. A Social, Economic and Administrative Survey*, I (Oxford 1964)
JONES 1999a	A. JONES, *Astronomical Papyri from Oxyrhynchus (P. Oxy. 4133-4300a). Ed. with Translations and Commentaries by Alexander Jones* (Philadelphia 1999)
JONES 1999b	A. JONES, „The Horoscope of Proclus", *CPh* 94 (1999) 81-88
JUDEICH 1905	W. JUDEICH, *Topographie von Athen*. Handbuch der Altertumswissenschaft III 2. 2 (München ²1931)
KALDELLIS 2009	A. KALDELLIS, *The Christian Parthenon: Classicism and Pilgrimage in Byzantine Athens* (Cambridge ; New York: Cambridge 2009)
KARAMANOLIS 2006	G. KARAMANOLIS, *Plato and Aristotle in Agreement? Platonists on Aristotle from Antiochus to Porphyry* (Oxford 2006)
KARIVIERI 1994	A. KARIVIERI, „The ‚House of Proclus' on the Southern Slope of the Acropolis. A Contribution", in: CASTRÉN 1994, 115–139
KARIVIERI 1995	A. KARIVIERI, „The Christianization of an Ancient Pilgrimage Site. A Case Study of the Athenian

Asklepieion", in: E. DASSMANN / J. ENGEMANN (Hrsgg.), *Akten des XII. Internationalen Kongresses für Christliche Archäologie*. JAC 52. Ergänzungsband 20,2 (Münster 1995) 898–905

KARIVIERI 2015 A. KARIVIERI, „Tradition and Renewal: The Archaeology of Magic and Theurgy in Athens and Rome in Late Antiquity", Acta Hyperborea, 14 (2015) 181-194

KASTER 1988 R. A. KASTER, *Guardians of Language. The Grammarian and Society in Late Antiquity* (Berkeley u. a. 1988)

KLITENIC WEAR 2011 S. KLITENIC WEAR, *The Teachings of Syrianus on Plato's Timaeus and Parmenides*. Ancient Mediterranean and Medieval Texts and Contexts. Studies in Platonism, Neoplatonism and the Platonic tradition 10 (Leiden / Boston 2011)

KNOLL / LISI 2017 M. KNOLL / F. LISI (Hrsgg.), *Platons Nomoi. Die politische Herrschaft von Vernunft und Gesetz* (Baden-Baden 2017)

KÖHLER / GÖRGE- H. KÖHLER / H. GÖRGEMANNS / M. BAUMBACH, *,Stürmend*
MANNS / BAUMBACH *auf finsterem Pfad…'. Ein Symposion zur Sonnenfinsternis*
2000 *in der Antike* (Heidelberg 2000)

KRÖHNERT 1897 O. KRÖHNERT, *Canonesne poetarum scriptorum artificum per antiquitatem fuerunt?* Diss. (Königsberg 1897)

LAMBERTON 1986 R. LAMBERTON, *Homer the Theologian. Neoplatonist Allegorical Readings and the Growth of the Epic Tradition* (Berkeley 1986)

LAMBERTON 2001 R. LAMBERTON, „The Schools of Platonic Philosophy of the Roman Empire. The Evidence of the Biographies", in: YUN LEE TOO (ed.), *Education in Greek and Roman Antiquity* (Leiden u. a. 2001) 433–458

LEE 2000 A. D. LEE, *Pagans and Christians in Late Antiquity: A Sourcebook* (London / New York 2000)

LEPPIN 2002 H. LEPPIN, „Proklos – Der Philosoph als Theurg", in: GOLTZ u. a. 2002, 251–260

LEPPIN 2003 H. LEPPIN, *Theodosius der Grosse, Gestalten der Antike* (Darmstadt 2003)

LINGUITI 2013 A. LINGUITI, „The Neoplatonic Doctrine of the Grades of Virtue", in: PIETSCH 2013, 131–140

LONGO 2005 A. LONGO, *Siriano e i principi della scienza* (Napoli 2005)

LONGO 2010a A. LONGO, „L'elogio di Siriano e i proemi dottrinali procliani", *Ktema* 35 (2010) 385–392

LONGO 2010b A. LONGO, „Plutarch of Athens", in: GERSON 2010, 608–615

LONGO 2010c A. LONGO, „Syrianus", in: GERSON 2010, 616–629

LUNA / GOULET 2016	C. LUNA / R. GOULET, „Syrian", *DPhA* 6 (2016) 678-707
LUNA / SEGONDS 2012	C. LUNA / A.-Ph. SEGONDS, „P 209. Plutarque d'Athènes", *DPhA* 5 (2012) 1076–1096
LUNA / SEGONDS / ENDRESS 2012	C. LUNA / A. PH. SEGONDS / G. ENDRESS, „Proclus de Lycie", in: *DPhA* 5 (2012) 1564–1674
LYNCH 1972	J. P. LYNCH, *Aristotle's School. A Study of a Greek Educational Institution* (Berkeley 1972)
MÄNNLEIN-ROBERT 2001	I. MÄNNLEIN-ROBERT, *Longin: Philologe und Philosoph. Eine Interpretation der erhaltenen Zeugnisse.* Beiträge zur Altertumskunde 143 (München / Leipzig 2001)
MÄNNLEIN-ROBERT 2002	I. MÄNNLEIN-ROBERT, „Biographie, Hagiographie, Autobiographie – Die *Vita Plotini* des Porphyrios", in: T. KOBUSCH / M. ERLER (Hrsgg.), *Metaphysik und Religion. Zur Signatur des spätantiken Denkens* (München / Leipzig 2002) 581–609
MÄNNLEIN-ROBERT 2010	I. MÄNNLEIN-ROBERT, „Umrisse des Göttlichen: Zur Typologie des idealen Gottes in Platons ‚Politeia II'", in: D. KOCH / I. MÄNNLEIN-ROBERT / N. WEIDTMANN (Hrsgg.), *Platon und das Göttliche.* Antike Studien 1 (Tübingen 2010) 112-138
MÄNNLEIN-ROBERT 2013a	I. MÄNNLEIN-ROBERT, „Tugend, Flucht und Ekstase. Zur ὁμοίωσις θεῷ in Kaiserzeit und Spätantike", in: PIETSCH 2013, 99–111
MÄNNLEIN-ROBERT 2013b	I. MÄNNLEIN-ROBERT, „Platonismus als ‚Philosophie des Glücks'. Programm, Symbolik und Form in der *Vita Procli* des Marinos", in: F. KARFÍK / E. SONG (eds.), *Plato Revived. Essays on Ancient Platonism in Honour of Dominic J. O'Meara* (Berlin / Boston 2013) 241–257
MÄNNLEIN-ROBERT 2015	I. MÄNNLEIN-ROBERT, "Iamatika", in: *Der Neue Poseidipp, Text – Übersetzung Kommentar, griechisch und deutsch.* Verfasst von F. Angiò, S. Bär, M. Baumbach, A.-M. Gasser, M. Hose, I. Männlein-Robert, E. M. Mateo Decabo, A. Petrovic, B. Seidensticker, A. Stähli und A. Wessels. Mit einem Anhang von M. Baumbach und U. Müller. Herausgegeben von B. Seidensticker, A. Stähli und A. Wessels (Darmstadt 2015) 343-374
MÄNNLEIN-ROBERT vorauss. 2019	I. MÄNNLEIN-ROBERT, „Vom Piräus zur Akropolis oder das spätantike Athen der Hellenen: Zur Bedeutung von Wegen und Räumen in der Vita Procli des Marinos", in: I. TANASEANU-DÖBLER / S. ANGHEL (eds.), *Athens in Late Antiquity* (vorauss. 2019)
MAGNELLI 2004	E. MAGNELLI, „Memoria letteraria in carmi epigrafici greci del Vicino Oriente", *Zeitschrift für Papyrologie und Epigraphik* 147 (2004) 51-55

MAJCHEREK 2007	G. MAJCHEREK, „The Late Roman auditoria of Alexandria. An Archaeological Overview", in: DERDA u. a. 2007, 11–50
MANGO 1995	C. MANGO, „The Conversion of the Parthenon into a Church: the Tübingen Theosophy", *DCAE* XVIIII (1995) 201-203
MANSFELD 1994	J. MANSFELD, *Prolegomena: Questions to be Settled before the Study of an Author or a Text*, Philosophia Antiqua, 61 (Leiden ; New York: Brill, 1994)
MARCHIANDI 2006	D. MARCHIANDI, „Tombe di filosofi e sacrari della filosofia nell'Atene tardo-antica: Proclo e Socrate nella testimonianza di Marino di Neapolis", *ASAA* 84, ser. 3, 6 (2006 [2008]) 101–130
MARZILLO 2010	P. MARZILLO, *Der Kommentar des Proklos zu Hesiods ‚Werken und Tagen'. Edition, Übersetzung und Erläuterung der Fragmente* (Tübingen 2010)
MASPERO 1914	J. MASPERO, „Horapollon et la fin du paganisme égyptien", *BIAO* 11 (1914) 163–195
MASULLO 1980	R. MASULLO, „Gli ἅπαξ λεγόμενα della Vita Procli di Marino", Κοινωνία IV (1980) 119-127
MCKENZIE 2007	J. S. MCKENZIE, „The Place in Late Antique Alexandria ‚Where Alchemists and Scholars sit (...) was like Stairs'", in: DERDA u. a. 2007, 53–83
MEIER 2007	M. MEIER, „Naturkatastrophen in der christlichen Chronistik: das Beispiel Johannes Malalas (6. Jh.)", *Gymnasium* 114, 6 (2007) 559-586
MILIADIS 1955	I. MILIADIS, „Ἀνασκαφαὶ νοτίως τῆς Ἀκροπόλεως", *PAAH* (1955) 36–52
MILLER 1983	P. COX MILLER, *Biography in Late Antiquity. A Quest for the Holy Man* (Berkeley et al. 1983)
MILLER 2002	M. C. J. MILLER, „A Lost Monument Containing a Summary of the Life of Proklos", *The Ancient World* 33, 1 (2002) 71-77
MOGENET 1962	J. MOGENET, „Holstenius et l'horoscope de Proclus", in: *Collectio Vaticana in honorem Anselmi M. Card. Albareda a Bibliotheca Apostolica edita*. Vol. 2 (Vatikan 1962) 281-308
NATALI 1995	C. NATALI, "*Oikonomia* in Hellenistic political thought", in: A. LAKS / M. SCHOFIELD (eds.), *Justice and Generosity. Studies in Hellenistic Social and Political Philosophy* (Cambridge 1995) 95-128
NELSON 1940	G. W. NELSON, „A Greek Votive Iynx-Wheel in Boston", *American Journal of Archaeology* (1940) 443-456
NESSELRATH 2010	H.-G. NESSELRATH, „Libanios", *RAC* XXIII (2010) 29–61

NESSELRATH 2012	H.-G. NESSELRATH, *Libanios: Zeuge einer schwindenden Welt*, Standorte in Antike und Christentum, 4 (Stuttgart: Hiersemann, 2012)
NESSELRATH 2013	Th. NESSELRATH, *Kaiser Julian und die Repaganisierung des Reiches. Konzept und Vorbilder* (Münster 2013)
NEUGEBAUER / VAN HOESEN 1959	O. NEUGEBAUER / H. B. VAN HOESEN, *Greek Horoscopes* (Philadelphia 1959)
NEUGEBAUER 1975	O. NEUGEBAUER, *A History of Ancient Mathematical Astronomy*. Studies in the History of Mathematics and Physical Sciences 1 (Berlin / Heidelberg / New York 1975)
NOË 1938	A. R. NOË, *Die Proklosbiographie des Marinos*, Diss. (Heidelberg 1938)
NOETHLICHS 1971	K. L. NOETHLICHS, *Die gesetzgeberischen Massnahmen der christlichen Kaiser des vierten Jahrhunderts gegen Häretiker, Heiden und Juden* (Köln 1971)
NOETHLICHS 1986	K. L. NOETHLICHS, „Heidenverfolgung", *Reallexikon für Antike und Christentum*, XIII, 104 (1986) col. 1149-1190
NORTH 1980	J. NORTH, „Astrology and the Fortunes of the Churches", *Centaurus* 24 (1980) 181-211
O'MEARA 1989	D. J. O'MEARA, *Pythagoras Revived. Mathematics and Philososophy in Late Antiquity* (Oxford 1989)
O'MEARA 2003	D. J. O'MEARA, *Platonopolis. Platonic Political Philosophy in Late Antiquity* (Oxford 2003)
O'MEARA 2006	D. J. O'MEARA, „Patterns of Perfection in Damascius' Life of Isidore", *Phronesis* 51 (2006) 74-90
OBRYK 2012	M. OBRYK, *Unsterblichkeitsglaube in den griechischen Versinschriften* (Berlin u. a. 2012)
OPSOMER 2010	J. OPSOMER, „Olympiodorus", in: GERSON 2010, 697–710
ORTH 1938	E. ORTH, *Proklos, Liber des Causis. Marinos, Leben des Proklos* (Rom 1938)
PEEK 1955	W. PEEK, *Griechische Vers-Inschriften*, Bd. 1: *Grab-Epigramme* (Berlin 1955)
PEEK 1960	W. PEEK, *Griechische Grabgedichte* (Berlin 1960)
PEEK 1980	W. PEEK, *Attische Versinschriften* (Berlin 1980)
PENELLA 1990	R. J. PENELLA, *Greek Philosophers and Sophists in the Fourth Century A.D. Studies in Eunapius of Sardis* (Leeds 1990)
PEPIN 1992	J. Pépin, „L'épisode du portrait de Plotin: (VP 1. 4-9)", in: L. BRISSON ET AL (ed.), *La Vie de Plotin, II: Études et introduction, texte grec et traduction française, commentaire, notes*

	complémentaires, bibliographie. Histoire des Doctrines de l'Antiquité Classique XVI (Paris 1992) 301-330
PERKAMS 2006	M. PERKAMS, *Das Prinzip der Harmonisierung verschiedener Traditionen in den neuplatonischen Kommentaren zu Platon und Aristoteles*, in: J. MÜLLER / M. VAN ACKEREN (Hrsgg.), *Antike Philosophie verstehen – Understanding Ancient Philosophy* (Darmstadt 2006) 332-347
PERNOT 1993	L. PERNOT, *La rhétorique de l'éloge dans le monde gréco-romain*, Collection des Études Augustiniennes. Série Antiquité, 137-138 (Paris 1993)
PETIT 1957	P. PETIT, *Les étudiants de Libanius*, Univ. de Paris, Fac. des Lettres, Études prosopographiques, I (Paris 1957)
PETZL 1995	G. PETZL, „Ländliche Religiösität in Lydien", in: E. SCHWERTHEIM (Hrsg.), *Forschungen in Lydien* (Bonn 1995) 37–48
PIETSCH 2013	C. PIETSCH (Hrsg.), *Ethik des antiken Platonismus. Der platonische Weg zum Glück in Systematik, Entstehung und historischem Kontext*. Akten der 12. Tagung der Karl und Gertrud Abel-Stiftung vom 15. bis 18. Oktober 2009 in Münster (Stuttgart 2013)
PRAECHTER 1926	K. PRAECHTER, Das Schriftenverzeichnis des Neuplatonikers Syrianos bei Suidas, ByzZ 26 (1926): 253-264
PRAECHTER 1927	K. PRAECHTER, „Simplikios" in: RE III A 1 (1927) 204-213
PRAECHTER 1932	K. PRAECHTER, „Syrianos 1", *RE* IV A 2 (1932) 1728–1775
PUECH 2005	B. PUECH, „L 3. Lacharès d'Athènes", *DPhA* 4 (2005) 64–65
PULLEYN 1997	S. J. PULLEYN, *Prayer in Greek Religion*, Oxford Classical Monographs (Oxford / New York 1997)
RADICKE 1999	J. RADICKE, *Biography, Fascicle 7: Imperial and Undated Authors*, in: G. SCHEPENS (ed.), *F. JACOBI, Die Fragmente der griechischen Historiker. Continued*. Vol. 4 A (Leiden / Boston, Mass. 1999)
REDONDO 2016	J. M. REDONDO, „The Transmission of Fire: Proclus' Theurgical Prayers", in: J. DILLON / A. TIMOTIN (edd.), *Platonic Theories of Prayer. Ancient Mediterranean and Medieval Texts and Contexts*. Studies in Platonism, Neoplatonism, and the Platonic Tradition 19 (Leiden / Boston, Mass. 2016) 164-191
RICHARD 1950	M. RICHARD, „ΑΠΟ ΦΩΝΗΣ", *Byzantion* 20 (1950) 191–222; Neudruck: M. RICHARD, *Opera minora*, Bd. 3 (Turnhout u. a. 1977) Nr. 60

RIEDLBERGER 2013	P. RIEDLBERGER (ed.), *Domninus of Larissa, Encheiridion and Spurious works. Introduction, Critical Text, English Translation, and Commentary* (Pisa u. a. 2013)
RIETHMÜLLER 2005	J. W. RIETHMÜLLER, *Asklepios. Heiligtümer und Kulte*, 2 Bde. (Heidelberg 2005)
RITTER 2000	A. M. RITTER, „Dionysios Pseudo-Areopagites und die ‚Sonnenfinsternis während der Kreuzigung des Erlösers'", in: KÖHLER / GÖRGEMANNS / BAUMBACH 2000, 49-59
ROBERT 1948	L. ROBERT, *Épigrammes du Bas-Empire*. Hellenica 4 (Paris 1948)
ROMANO 2000	F. ROMANO (ed.), *Domnino di Larissa, La svolta impossibile della filosofia matematica neoplatonica. Manuale di introduzione all'aritmetica. Introduzione, testo e traduzione* (Catania 2000)
ROQUES 1989	D. ROQUES, *Études sur la correspondance de Synésios de Cyrène* (Bruxelles 1989)
ROSÁN 1949	L. J. ROSÁN, *The Philosophy of Proclus. The Final Phase of Ancient Thought* (New York 1949)
ROUECHÉ 1989	Ch. ROUECHÉ, *Aphrodisias in Late Antiquity* (London 1989)
SAFFREY 1954	H. D. SAFFREY, „Le chrétien Jean Philopon et la survivance de l'École d'Alexandrie au VIe siècle", *REG* 67 (1954) 396–410
SAFFREY 1975 (= 1990)	H. D. SAFFREY, „Allusion antichrétiens chez Proclus", *Revue des sciences philosophique et théologiques* 59 (1975) 553-563 (= *Recherches sur le néoplatonisme après Plotin*, ed. by H.-D. SAFFREY, Histoire des Doctrines de l'Antiquité Classique, 14 (Paris 1990)
SAFFREY 1981	H. D. SAFFREY, „Les Néoplatoniciens et les Oracles chaldaïques", Revue d'Études Augustiniennes et Patristiques, XXVII (1981) 209-225
SAFFREY 1984	H. D. SAFFREY, „La dévotion de Proclus au Soleil", Annales de l'Institut de Philosophie et de Sciences Morales (1984) 73-86
SAFFREY 1987	H. D. SAFFREY, „Proclus, diadoque de Platon", in: J. PEPIN / H. D. SAFFREY (eds.), *Proclus. Lecteur et interprète des anciens* (Paris 1987) XI–XXVIII; Neudruck: H. D. SAFFREY, *Recherches sur le néoplatonisme après Plotin* (Paris 1990) 141–158
SAFFREY 1989a	H. D. SAFFREY, „A 314. Archiadas", *DPhA* 1 (1989) 335–336

SAFFREY 1989b	H. D. SAFFREY, „A 451. Asclépigéneia", *DPhA* 1 (1989) 625–626
SAFFREY 1992	H.-D. SAFFREY, „Accorder entre elles les traditions théologiques: une caractéristique du néoplatonisme athénien", in: E. P. BOS / P. A. MEIJER (eds.), *On Proclus & his Influence in Medieval Philosophy*. Philosophia Antiqua 53 (Leiden 1992) 35-50
SAFFREY 1994	H. D. SAFFREY, „C 115. Christodoros de Coptos", *DPhA* 2 (1994) 319–320
SAFFREY 2000a	H. D. SAFFREY, „H 22. Hégias d'Athènes", *DPhA* 3 (2000) 530–531
SAFFREY 2000b	H. D. SAFFREY, „H 30. Héliodore d'Alexandrie", *DPhA* 3 (2000) 534–535
SAFFREY 2005a	H. D. SAFFREY, „M 42. Marinus de Néapolis", *DPhA* 4 (2005) 282–284
SAFFREY 2005b	H. D. SAFFREY, „N 27. Nestorius", *DPhA* 4 (2005) 661–662
SAFFREY 2005c	H. D. SAFFREY, „O 15. Olympiodoros d'Alex-andrie l'Ancien", *DPhA* 4 (2005) 768
SAFFREY 2005d	H. D. SAFFREY, „O 17. Olympiodoros d'Alex-andrie", *DPhA* 4 (2005) 769–771
SAFFREY 2005e	H. D. SAFFREY, „O 44. Orion d'Alexandrie", *DPhA* 4 (2005) 842–843
SAFFREY / MAHÉ 1989	H. D. SAFFREY / J.-P. MAHÉ, „A 141. Ammonios d'Alexandrie", *DPhA* 1 (1989) 168–170
SAFFREY / SEGONDS 2001	H. D. SAFFREY / A.-PH. SEGONDS, *Marinus, Proclus ou sur le Bonheur* (Paris 2001)
SAFFREY / SEGONDS / LUNA 2002	H. D. SAFFREY / A.-Ph. SEGONDS (eds.), *Marinus – Proclus ou sur le bonheur*. Texte établi, traduit et annoté par H. D. SAFFREY et A.-PH. SEGONDS avec la collaboration de C. LUNA. Deuxième tirage (première édition 2001) (Paris 2002)
SAFFREY / SEGONDS 2012	H. D. SAFFREY / A.-Ph. SEGONDS, „P 80. Périclès de Lydie", *DPhA* 5 (2012) 230–231
SAFFREY / WESTERINK 1968	H. D. SAFFREY / L. G. WESTERINK, *Proclus, Théologie Platonicienne I* (Paris 1968)
SALAMON 1996	M. SALAMON, „Pamprepiusz z Panopolis – pisarz, profesor, polityk, obrońca pogaństwa w cesarstwie wschodnim", in: M. SALAMON (ed.), *Studia classica et byzantina Alexandro Krawczuk oblata* (Kraków 1996) 163–195

SCHELSKE 2011	O. SCHELSKE, *Orpheus in der Spätantike: Studien und Kommentar zu den « Argonautika » des Orpheus : ein literarisches, religiöses und philosophisches Zeugnis*. Beiträge zur Altertumskunde 296 (Berlin / Boston, Mass. 2011)
SCHEMMEL 1908	F. SCHEMMEL, „Die Hochschule von Konstantinopel im IV. Jahrhundert p. Ch. n.", *Neue Jahrbücher für das klassische Altertum, Geschichte und deutsche Literatur und für Pädagogik* 22, Abt. 2, *Neue Jahrbücher für Pädagogik* 11 (1908) 147–168
SCHEMMEL 1912	F. SCHEMMEL, *Die Hochschule von Konstantinopel vom V. bis IX. Jahrhundert*. Wissenschaftliche Beilage zu dem Jahresbericht des Königlichen Wilhelms-Gymnasiums in Berlin, 1912 (Berlin 1912)
SCHIBLI 2002	H. S. SCHIBLI, *Hierocles of Alexandria* (Oxford u. a. 2002)
SCHIBLI 2010	H. S. SCHIBLI, „Hierocles of Alexandria", in: GERSON 2010, 437–456
SCHISSEL 1926	O. SCHISSEL, „Der Stundenplan des Neuplatonikers Proklos", *ByzZ* 26 (1926) 265–272
SCHISSEL 1928	O. SCHISSEL, *Marinos von Neapolis und die neuplatonischen Tugendgrade*. Texte und Forschungen zur byzantinisch-neugriechischen Philologie 8 (Athen 1928)
SCHLANGE-SCHÖNINGEN 1995	H. SCHLANGE-SCHÖNINGEN, *Kaisertum und Bildungswesen im spätantiken Konstantinopel* (Stuttgart 1995)
SCHMIDT 2010	B. J. SCHMIDT, *Utopian Communities of the Ancient World. Idealistic Experiements of Pythagoras, the Essenes, Pachomius, and Proclus* (Lampeter / Lewiston / Queenston 2010)
SCHNIEWIND 2003	A. SCHNIEWIND, *L'éthique du sage chez Plotin. Le paradigme du spoudaios* (Paris 2003)
SCHULZE 2005	C. SCHULZE, *Medizin und Christentum in Spätantike und frühem Mittelalter: christliche Ärzte und ihr Wirken*, Studien und Texte zu Antike und Christentum, 27 (Tübingen 2005)
SEGONDS 1994	A.-PH. SEGONDS, „D 219. Domninus de Larissa", *DPhA* 2 (1994) 892–896
SENG / TARDIEU 2010	H. SENG / M. TARDIEU (Hrsgg.), *Die Chaldäischen Orakel. Kontext – Interpretation – Rezeption* (Heidelberg 2010)
SENG 2016	H. SENG, *Un livre sacré de l'Antiquité tardive: les Oracles Chaldaïques*. Bibliothèque de l'École des hautes Études Sciences Religieuses 170 (Turnhout 2016)
SHEPPARD 1980	A. SHEPPARD, *Studies on the 5th and 6th Essays of Proclus' Commentary on the Republic* (Göttingen 1980)

SHEPPARD 1982	A. SHEPPARD, „Proclus Attitude to Theurgy", *Classical Quarterly* 32 (1982) 212-224
SIORVANES 1996	L. SIORVANES, *Proclus. Neo-Platonic Philosophy and Science* (Edinburgh 1996)
SIORVANES 2014	L. SIORVANES, „Proclus' Life, Works, and Education of the Soul", in: S. GERSH (ed.), *Interpreting Proclus. From Antiquity to the Renaissance* (Cambridge u. a. 2014) 33–56
SIRONEN 1994	E. SIRONEN, „Life and Administration of Late Roman Attica in the Light of Public Inscriptions", in: CASTRÉN 1994, 15–62
SMITH 2004	A. SMITH, „The Neoplatonic Socrates", in: V. KARASMANIS (ed.), *Socrates. 2400 years since his death (399 B.C. – 2001 A.D.)* (Athens 2004) 455–460; Neudruck: A. SMITH, *Plotinus, Porphyry and Iamblichus. Philosophy and religion in Neoplatonism* (Farnham u. a. 2011) Nr. XIII
SORETH 1988	M. SORETH, „Zum infiniten Prädikat im zehnten Kapitel der Aristotelischen Hermeneutik", in: S. M. STERN / A. HOURANI / V. BROWN (eds.), *Islamic Philosophy and the Classical Tradition. Essays Presented by his Friends and Pupils to Richard Walzer on his Seventieth Birthday* (Oxford 1972) 389-424 [reprint with corrigenda in A. MENNE / N. ÖFFENBERGER (Hrsgg.), *Zur modernen Deutung der aristotelischen Logik III: Modallogik und Mehrwertigkeit* (Hildesheim 1988) 154-190]
STAAB 2014	G. STAAB, „Der hymnische Nachruf des Proklos auf seinen Lehrer Syrianos (IG II/III² 13451) im Lichte des Athener Neuplatonismus", *ZPE* 190 (2014) 81–96
STEEL 2003	C. STEEL, "Why should we prefer Plato's Timaeus to Aristotle's Physics? Proclus Critique of Aristotle's Causal Explanation of the Physical World", *Bulletin of the Institute of Classical Studies* 46. Suppl. 78 (2003) 175–187
STEEL 2005	C. STEEL, „Theology as First Philosophy. The Neoplatonic Concept of Metaphysics", *Quaestio* 5 (2005) 2-21
STEEL 2011	C. STEEL, „Proclus", in: L. GERSON (ed.), *The Cambridge History of Philosophy in Late Antiquity, vol. 2* (Cambridge 2011) 630–653
STENGER 2009	J. STENGER, *Hellenische Identität in der Spätantike. Pagane Autoren und ihr Unbehagen an der eigenen Zeit* (Berlin / New York 2009)
STÖCKLIN-KALDEWEY 2014	S. STÖCKLIN-KALDEWEY, *Kaiser Julians Gottesverehrung im Kontext der Spätantike* (Tübingen 2014)

STURZ 1820	F. W. STURZ (ed.), *Orionis Thebani Etymologicon* (Leipzig 1820)
SUCHLA 2008	B. R. SUCHLA, *Dionysius Areopagita. Leben, Werk, Wirkung* (Freiburg i. Br. u. a. 2008)
SWAIN 2013	S. SWAIN, *Economy, Family and Society from Rome to Islam. A Critical Edition, English Translation and Study of Bryson's „Management of the Estate"* (Cambridge 2013)
SZABAT 2007	E. SZABAT, „Teachers in the Eastern Roman Empire (fifth-seventh centuries). A Historical Study and Prosopography", in: DERDA u. a. 2007, 177–345
SZLEZÁK 2010	T. A. SZLEZÁK, „Freundschaft zwischen Gott und Mensch. Zur Bedeutung von theophiles bei Platon", in: D. KOCH / I. MÄNNLEIN-ROBERT / N. WEIDTMANN (Hrsgg.), *Platon und das Göttliche*. Tübinger phänomenologische Bibliothek. Antike Studien 1 (Tübingen 2010), 216–232
SZIDAT 2010	Joachim Szidat, *,Usurpator tanti nominis'. Kaiser und Usurpator in der Spätantike (337-476 n. Chr.)*. Historia Einzelschriften 210 (Stuttgart 2010)
SZOKA 2013	A. I. SZOKA, „Salustios – Divine Man of Cynicism in Late Antiquity", in: DZIELSKA / TWARDOWSKA 2013, 113–122
TANASEANU-DÖBLER 2012	I. TANASEANU-DÖBLER, „Gibt es eine pagane communio sanctorum? Personale und kollektive Heiligkeitsvorstellungen im spätantiken Heidentum", in: P. GEMEINHARDT / K. HEYDEN (Hrsgg.), *Heilige – Heiliges – Heiligkeit in spätantiken Religionskulturen* (Berlin / New York 2012) 327-368
TANASEANU-DÖBLER 2013	I. TANASEANU-DÖBLER, *Theurgy in Late Antiquity: The Invention of a Ritual Tradition*. Beiträge zur Europäischen Religionsgeschichte (Göttingen 2013)
TAORMINA 1989	D. P. TAORMINA (ed.), *Plutarco di Atene. L'uno, l'anima, le forme. Saggio introduttivo, fonti, traduzione e commento* (Catania 1989)
TARDIEU 1990	M. TARDIEU, *Les paysages reliques. Routes et haltes syriennes d'Isidore à Simplicius* (Louvain u. a. 1990)
TARRANT 1997	H. A. S. TARRANT, „Olympiodorus and the Surrender of Paganism", in: L. GARLAND (ed.), *Conformity and Non-Conformity in Byzantium*. Byzantinische Forschungen 24 (Amsterdam 1997) 181–192
TARRANT 1998	H. A. S. TARRANT, „Olympiodorus and History", in: T. W. HILLARD / R. A. KEARSLEY / C. E. V. NIXON / A. M. NOBBS (eds.), *Ancient History in a Modern University,*

	Bd. 2: *Early Christianity, Late Antiquity and Beyond* (Grand Rapids u. a. 1998) 417–425; Neudruck: H. A. S. TARRANT, *From the Old Academy to Later Neo-platonism. Studies in the History of Platonic Thought* (Farnham u. a. 2011) Nr. XXI
THESLEFF 1965	H. THESLEFF, *The Pythagorean Texts of the Hellenistic Period* (Åbo 1965)
THIEL 1999	R. THIEL, *Simplikios und das Ende der neuplatonischen Schule in Athen* (Stuttgart 1999)
TIHON 1976	A. TIHON, „Le calcul de l'éclipse de Soleil du 16 juin 364 p. C. et le Petit Commentaire de Théon", in: *Bulletin de l'Institut historique belge de Rome* 46-47 (1977/1976) 35-79
TISSONI 2000	F. TISSONI, *Cristodoro. Un'introduzione e un commento* (Alessandria 2000)
TRABATTONI 1985	F. TRABATTONI, „Per una biografia di Damascio", *RSF* 40 (1985) 179–201
TRAVLOS 1971	J. TRAVLOS, *Bildlexikon zur Topographie des antiken Athen* (Tübingen 1971)
TROMBLEY 1993/94	F. R. TROMBLEY, *Hellenic Religion and Christianization, c. 370–529*, 2 Bde. (Leiden u. a. 1993/94)
TURNER 2012	P. TURNER, *Truthfulness, Realism, Historicity. A Study in Late Antique Spiritual Literature* (Farnham u. a. 2012)
URBANO 2013	A. P. URBANO, *The Philosophical Life. Biography and the Crafting of Intellectual Identity in Late Antiquity* (Washington, D.C. 2013)
VAN DEN BERG 2001	R. M. VAN DEN BERG, *Proclus' Hymns. Essays, Translations, Commentary* (Leiden u. a. 2001)
VAN DEN BERG 2005	R. M. VAN DEN BERG, „Live Unnoticed! The Invisible Neoplatonic Politician", in: A. SMITH (ed.), *The Philosopher and Society in Late Antiquity: Essays in Honour of Peter Brown* (Swansea 2005) 101-115
VAN DEN BERG 2017	R. M. VAN DEN BERG, „Theurgy in the Context of Proclus' Philosophy", in: D'HOINE / M. MARTIJN 2017, 223-239
VAN LIEFFERINGE 1999	C. VAN LIEFFERINGE, *La Théurgie. Des Oracles Chaldaïques à Proclus* (Liège 1999)
VAN RIEL 2010	G. VAN RIEL, „Damascius", in: GERSON 2010, 667–696
VAN UYTFANGHE 2001	M. VAN UYTFANGHE, „Biographie II (spirituelle)", *RAC* Suppl. I (2001) 1088–1364
VANCOURT 1941	R. VANCOURT, *Les derniers commentateurs alexandrins d'Aristote. L'École d'Olympiodore. Étienne d'Alexandrie* (Lille 1941)

VIANO 2006	C. VIANO, *La matière des choses. Le livre IV des* Météorologiques *d'Aristote et son interprétation par Olympiodore* (Paris 2006)
VINZENT 2000	M. VINZENT, „,Oxbridge' in der ausgehenden Spätantike, oder: Ein Vergleich der Schulen von Athen und Alexandrien", *ZAC* 4 (2000) 49–82
VON HAEHLING 1978	R. VON HAEHLING, *Die Religionszugehörigkeit der hohen Amtsträger des Römischen Reiches seit Constantins I. Alleinherrschaft bis zum Ende der Theodosianischen Dynastie (324-450 bzw. 455 n. Chr.)*, Antiquitas. Reihe 3, Abhandlungen zur Vor- und Frühgeschichte, zur Klassischen und Provinzial-Römischen Archäologie und zur Geschichte des Altertums, XXIII (Bonn 1978)
VON HAEHLING 1980	R. VON HAEHLING, „Damascius und die heidnische Opposition im 5. Jahrhundert nach Christus", *JbAC* 23 (1980) 82–95
VON HAEHLING 1982	R. VON HAEHLING, „Heiden im griechischen Osten des 5. Jahrhunderts nach Christus", *Römische Quartalschrift* 77 (1982) 52–85
VÖSSING 2008	K. VÖSSING, „Alexandria und die Suche nach den antiken Universitäten. Alte Fragen und neue Funde", in: F. BELLANDI / R. FERRI (eds.), *Aspetti della scuola nel mondo romano* (Amsterdam 2008) 221–251
WALLRAFF 2001	M. WALLRAFF, „,Christus uerus Sol': Sonnenverehrung und Christentum in der Spätantike", in: Jahrbuch für Antike und Christentum. Ergänzungsband 32 (Münster 2001)
WALLRAFF 2011	M. WALLRAFF, „Rabiate Diener Gottes? Das spätantike Mönchtum und seine Rolle bei der Zurückdrängung paganer Kulte", in: H.–G. NESSELRATH (Hrsg.), *Für Religionsfreiheit, Recht und Toleranz. Libanios' Rede für den Erhalt der heidnischen Tempel, eingeleitet, übersetzt und mit interpretierenden Essays versehen* (Tübingen 2011)
WATTS 2004	E. J. WATTS, „Student Travel to Intellectual Centers: What was the Attraction ?", in: L. ELLIS / F. L. KIDNER (edd.), *Travel, Communication and Geography in Late Antiquity: Sacred and Profane* (Aldershot / Burlington, Vt. 2004) 13-23
WATTS 2005	E. J. WATTS, „The Student Self in Late Antiquity", in: D. BRAKKE / M. L. SATLOW / S. WEITZMAN (ed.), *Religion and the Self in Antiquity* (Bloomington, Ind. 2005) 234-251
WATTS 2006a	E. J. WATTS, *City and School in Late Antique Athens and Alexandria* (Berkeley u. a. 2006)

WATTS 2006b	E. WATTS, „The Murder of Hypatia. Acceptable or Unacceptable Violence?", in: H. A. DRAKE (ed.), *Violence in Late Antiquity. Perceptions and Practices* (Aldershot u. a. 2006) 333–342
WATTS 2010	E. J. WATTS, *Riot in Alexandria. Tradition and Group Dynamics in Late Antique Pagan and Christian Communities* (Berkeley 2010)
WEINREICH 1909	O. W. WEINREICH, *Antike Heilungswunder: Untersuchungen zum Wunderglauben der Griechen und Römer*, Gießen 1909
WESTERINK 1962	L. G. WESTERINK (ed.), *Anonymous Prolegomena to Platonic Philosophy* (Amsterdam 1962)
WESTERINK 1977	L. G. WESTERINK, *In Phaedonem: The Greek Commentaries on Plato's Phaedo, Volume II: Damascius*. Verhandelingen der Koninklijke Nederlandse Akademie van Wetenschappen, Afd. Letterkunde, Nieuwe Reeks, deel 93 (Amsterdam / Oxford / New York 1977)
WESTERINK / COMBÉS 1986	L. G. WESTERINK / J. COMBÉS (eds.), *Damascius, Traité des premiers principes*, Bd. 1: *De l'ineffable et de l'un* (Paris 1986)
WESTERINK / TROUILLARD 1990	L. G. WESTERINK / J. TROUILLARD (eds.), *Prolégomènes à la philosophie de Platon* (Paris 1990)
WILDBERG 2017	C. WILDBERG, „Proclus of Athens: A Life", in: D'HOINE / M. MARTIJN 2017, 1-26

Stellenregister (in Auswahl)

Aelianus, *VH* V 17: 240[27]

Aelius Aristides, *Or.* 50,58 (p. II 440,21-28 Keil) [=4. ἱερὸς λόγος]: 374, 374[5]

Alkinoos, *Didaskalikos* 3, 153, 33-36: 317[5]

Ammianus Marcellinus, *Res gestae*
XVII 5, 15: 219[140]
XVII 14: 219[140]

Ammonios (Hermeiou)
In Is.
15, 1-8: 318[7]
15, 1-16: 318[6]
15, 11-16, 4: 318[8]
15, 14-16: 319[9]
In de int.
p. 1, 6-11: 286[174]
p. 1, 8: 268[85], 281[149]
In anal. pr.
p. 31,24: 292[206]

Anon. Prol. in Plat. Phil. 6, 9-13: 185[319], 271[99]

Anthologia Graeca
VII 341: 49, 186[324], 250[8], 280[142], 290[201]
IX 196: 46
IX 197: 15, 46, 47, 152[184]

Apuleius, *De Vita et eius Dogmate (incl. Vita Platonis)*: 10

Aristoteles
Analytica Posteriora: 294[6]
De caelo
I 9, 278b12: 144[149]
De anima: 275, 296-297
Metaphysik: 313[65]
Oikonomikos (-a): 319
Nikom. Ethik: 8
I 5: 19
I 8 1098b26: 116[22]
I 9 1099a33-b8: 116[22]
IV 7f. 1122b34-1125a16: 112[3]
VI 13 1144b6: 117[25]
X 8 1178b21f.: 34[119]
X 8 1178b26f.: 34[123]
Physik IV 1-5: 307[43]
Politik: 360

Asklepios
In Met.
p. 92,29-30: 286[174]
p. 142,34-37: 294[6]

Athanasius, *Vita Antonii:* 35[127]

Bryson, *Oikonomikos:* 318[6], 319[10]

Christodoros, Περὶ τοῦ μεγάλου Πρόκλου (Über die Schüler des Proklos) [=FGrH 1084 (= 283) F 2]: 44

Codex Coislinianus 249: 46

Codex Iustinianus
1, 11: 332[1]
1, 11, 7: 36[128], 334
11, 19, 1: 253[27]

Codex Theodosianus: 332
9, 16, 7: 334[6]
14, 9, 3, 1: 253[27]
15, 1, 53: 253[27]
16, 10, 8: 368[166]
16, 10, 11: 333
16, 10, 12: 32[110], 36[128], 333
16, 10, 13: 333
16, 10, 16: 36[129], 333
16, 10, 19: 334
16, 10, 21: 334
16, 10, 22: 334
16, 10, 23: 334
16, 10, 25: 334
101, 6: 332[1]

Damascius
De principiis: 268⁸⁵
In Phil. 33,5: 279¹³⁵
In Parm.: 268⁸⁵
In Phaed.: 308
  I 144: 309⁵¹
  I 167,2: 235¹¹
  I 172: 234⁹
  I 239, 3: 279¹³⁵
Vita Isidori (inkl.
  Epit. Phot.)
  [= *Philosophos historia*]: 4, 4⁵, 10, 45, 197⁹, 202³⁴, 205⁴⁷, 224¹⁶⁷, 227-228, 229, 248, 248², 289, 331, 349, 350, 357, 359, 367, 370¹⁷⁶

Epitoma Photiana:
ZINTZEN →
  ATHANASSIADI
38 Zi. = 36A A.: 228¹⁸⁵
42 Zi.= 38A A.: 268⁸⁵, 285¹⁶⁶
79 Zi. = 57C A.: 286¹⁷⁴
80 Zi. = 59A A.: 285¹⁶⁶
84 Zi. = 62A A.: 264⁶³
87 Zi. = 63A A.: 369¹⁷²
88 Zi. = 63B A.: 263⁶⁰, 286¹⁷²
125 Zi. = 84J A.: 289¹⁸⁹.¹⁹²
134 Zi. = 89A A.: 275¹¹⁵
139 Zi. = 96B A.: 285¹⁶⁵
141 Zi. = 97A A.: 5⁷.⁹, 268⁸⁵
144 Zi. = 97F A.: 7²²

147 Zi. = 66 A.: 202³⁴
150 Zi. = 98C A.: 291²⁰⁵
151 Zi. = 98E A.: 267⁸⁰
154 Zi. = 99B A.: 285¹⁶⁷
155-156 Zi. = 100A A.: 266⁷⁵
157 Zi. = 100B A.: 266⁷⁴·⁷⁵
158 Z. = 102 A.: 269⁸⁸, 370¹⁷⁵
179 Zi. = 118B A.: 260⁵³
188 Zi. = 125B A.: 290¹⁹⁹
221 Zi. = 145A A.: 266⁷⁷, 268⁸⁶
226 Zi. = 148C A.: 268⁸⁵·⁸⁷
228 Zi. = 151B A.: 228¹⁸⁹
248 Zi. = fr. 59A A.: 285¹⁶⁶
249 Zi. = 59A A.: 285¹⁶⁶
258 Zi. = 100 A.: 202³⁴, 350⁹³
276 Zi = 100A A.: 266⁷⁵
278 Zi. = 103C A.: 285¹⁶⁶
285 Zi. = 108 A.: 287¹⁷⁸
292 Zi. = 118B A.: 260⁵³
297 Zi. = 125A A.: 289¹⁸⁹, 290¹⁹⁹
298 Zi. = 127A A.: 286¹⁷⁶
306 Zi. = fr. 152: 267⁸², 291²⁰⁴

Fragmenta:
ZINTZEN (z.T. →
  ATHANASSIADI)
90 Zi. = 38A A.: 285¹⁶⁶
102 Zi. = 43A A.: 321¹⁶
102/105 Zi. = 43E A.: 257⁴¹
110 Zi. = 46E A.: 321¹⁷
124 Zi. = 56 A.: 260⁴⁹·⁵¹, 286¹⁷⁴
127 Zi. = 57B A.: 286¹⁷⁴
129/129a Zi. = 59A A.: 285¹⁶⁶
131-133 = 59A A.: 285¹⁶⁶
134 Zi. = 59E A.: 285¹⁶⁶
135 Zi. = 59B A.: 285¹⁶⁶, 351⁹⁸
136 Zi. = 59D A.: 285¹⁶⁶
137 Zi. = fr. 59C A.: 285¹⁶⁶
140 Zi. = 62A A.: 264⁶³
142 Zi. = 65 A.: 275¹¹⁵
143 Zi. = 68 A.: 285¹⁶⁹·¹⁷⁰, 286¹⁷³
145 Zi. = 66G A.: 36¹³², 286¹⁷¹
160 Zi. = 71B A.: 260⁵⁰
218 Zi. = 89 A.: 272¹⁰³·¹⁰⁴, 275¹¹⁵, 279¹³⁸, 368¹⁶⁷
221 Zi. = 90D A.: 281¹⁴⁶
227 Zi. = 89A A.: 278¹³⁰, 280¹³⁸·¹³⁹
239 Zi. = 67 A.: 286¹⁷³

Stellenregister 429

252 Zi. = 98C A.: 291[205]
257 Zi. = fr. 100A A.: 266[74]
257-261 Zi. = 100 A.: 349[91]
258 Zi. = 100A A.: 266[75]
261 Zi. = 100A A.: 266[74.75]
262 Zi. = 100A A.: 266[75]
265 Zi. = 102 A.: 269[88], 370[175]
268 Zi. = 103C A.: 285[166]
273 Zi. = 105 A.: 266[73], 346[68], 358[127]
276 Zi. = 106B A.: 286[175]
277 Zi. = 107 A.: 286[175]
278/278a Z. = 108 A.: 287[178]
284 Zi. = 109 A.: 286[175]
287 Z. =112A A.: 353[108]
289 Zi. = 112B A.: 287[180]
316 = 118B A.: 260[53]
327 = 125A A.: 289[189], 290[199]
328 Zi. = 126C A.: 286[176]
330 Zi. = 107 A.: 286[176]
331 Zi. = 127A A.: 286[176]
332 Zi. = 127B A.: 286[176]
351 Z. = 145B A.: 266[77], 267[78], 278[127], 357[121]
368f. = 152 A.: 267[82]

369 Zi. = 152 A.: 291[204]

Fragmenta:
ATHANASSIADI
(ohne Angabe von ZINTZEN)
38 A.: 5[8]
38A A.: 5[10]
45B A.: 37[132]
56 A.: 241
63B A.: 236[15]
97 A.: 5[8.9]
98/98F A.: 5[14]
100 A.: 5[8]
101C A.: 5[8], 6[20]
117B-C A.: 37[132]
142B A.: 239[23]
145 A.: 37[132]
241 A.: 5[14]

David,
Prolegomena
74,11-12: 318[6]
75,3-76,31: 318[7]
75,32-76,28: 318[8]

Dio Chrysostomos,
or. 18, 14: 218[135]

Diogenes Laertius
III 41.43-44: 271[99]
III 41-43: 185[319], 147[164]
III 44: 188[328]
IV 21: 186[324]
IV 64: 388[53]

Dionysius
Areopagita, *ep.* 7, 2
PG III, col. 1081 A-B
= 169, 1-10 Ritter: 44[160]

Elias
Prolegomena
31, 27-32: 318[6]

32, 1-25: 318[7]
32,27-34,25: 318[8]
33, 3-7: 318[6]
[David], *In cat.*
115, 19-20: 318[6]
116, 23-28: 318[6]

Ps.-Elias
In Is.
22,4-11: 318[6]
22, 12-32: 318[7.8]

Epiktet, *Encheiridion*: 276

Epikur, *ep. Men.* 135
p. 117 Arrighetti: 24[81]
fr. 106-107 Us. (= fr. 98 Arr.²): 145[152]

Eunapios
Historien: 198[15]
fr. 15 Blockley: 220[143]
Vitae Sophistarum:
10, 25[85], 195, 196[4.9], 199, 204, 209
Priskos-Vita: 224
[Stellenangaben der *VS* nachfolgend nach GOULET, in (Klammern) nach GIANGRANDE]
1,1-2 (1,1-2): 218[136]
1,2-3: 218[133]
2,15 (2,2,6): 199[18], 200[25]
4,8-9 (4,1,8-9): 223[162]
4,10 (4,1,10): 210[82]
4,11-12 (4,1,11-12): 211[85]

4,12 (4,1,12): 211[86.88]
4,17 (4,2,5): 223[164]
5,6 (5,1,6): 223[161]
5,7-10 (5,1,7-10): 211[83]
5,8 (5,1,8): 211[91]
5,12 (5,1,12): 210[82]
5,12-13 (5,1,12-13): 211[91]
5,13-15 (5,1,13-15): 211[83]
5,16-22 (5,2,1-7): 211[89]
5,29-33 (5,3,5-9): 196f.9
6,4-5 (6,1,4-5): 212[93]
6,7-8 (6,2,1-2): 219[137]
6,9-13 (6,2,3-7): 219[139]
6,13 (6,2,7): 205[48]
6,32 (6,4,1): 201[29], 211[91]
6,32-36 (6,4,1-5): 211[85]
6,32-38 (6,4,1-7): 209[75]
6,35 (6,4,4): 210[77]
6,36 (6,4,5): 223[160]
6,44-46 (6,5,6-8): 220[141]
6,65-67 (6,7,3-5): 211[83]
6,76-79 (6,8,3-6): 211[87]
6,80-81 (6,9,1-2): 224[165]
6,86 (6,9,7): 211[91]
6,86-87 (6,9,7-8): 210[82]
6,91-92 (6,9,12-13): 211[83]
6,93 (6,9,14): 211[84]

6,95 (6,9,16): 211[91], 223[160]
6,105 (6,10,9): 211[91]
6,107-108 (6,11,1-2): 203[37]
6,111 (6,11,5): 203[39]
6,114 (6,11,8): 203[38]
6,117 (6,11,11): 211[83]
7,3,1-5 p. 475-476: 264[67]
7,3,7-9 p. 476: 264[67]
7,5-9 (7,1,5-9): 220[145]
7,7-8 (7,1,7-8): 223[160]
7,11 (7,1,11): 210[82]
7,20-24 (7,2,6-10): 211[90]
7,23 (7,2,9): 212[91]
7,33-34 (7,3,6-7): 220[146]
7,34 (7,3,7): 201[28], 212[91]
7,36-41 (7,3,9-14): 221[151], 224[167]
7,43 (7,3,16): 212[91]
7,45 (7,4,2): 221[148]
7,46-52 (7,4,3-9): 221[151]
7,50 (7,4,7): 221[150]
7,66 (7,5,6): 201[27]
7,73-75 (7,6,3-5): 211[87]
7,83 (7,6,13): 201[29]
8,1-4 (8,1,1-8): 224[166]
8,5 (8,1,5): 224[161]
8,5-6 (8,1,5-6): 224[169]

8,6 (8,1,6): 224f.[170.171]
8,7 (8,1,7): 225[172]
8,14-15 (8,2,3-4): 199[17]
9,1 (9,1,1): 223[160]
10,8,1-2: 264[67]
10,17 (10,2,3): 201[28]
10,59 (10,6,3): 208[70], 212[92]
10,64 (10,6,8): 212[92]
10,85 (10,8,1): 204[44]
10,87 (10,8,3): 223[161]
23,10 (23,1,10): 211[83]
23,11-15 (23,1,1-5): 221[151], 224[167]
23,16-19 (23,2,6-9): 222[153]
23,17 (23,2,7): 222[155]
23,20 (23,3,1): 225[173]
23,23-27 (23,3,4-8): 223[161]
23,26 (23,4,1): 202[33]
23,29 (23,3,11): 212[91]
23,31 (23,3,12): 223[161], 225[173]
23,33 (23,3,14): 222[156], 225[173]
23,34 (23,3,15): 223[161]
23,36 (23,4,1): 212[92], 222[157]
23,36-44 (23,4,1-9): 206[51], 212[92], 223[159]
23,37 (23,4,2): 222[158]

Stellenregister 431

23,37-44 (23,4,2-
9): 212[91]
23,48 (23,5,1):
212[91]
23,49 (23,5,2):
211[83]
23,50-51 (23,5,3-
4): 211[87]
23,54 (23,6,1):
200[23]
24,2 (24,2): 200[22]

FGrH
257 F 16: 43[158]
1084 F 2: 284[164],
287[177]
FGrHist
283 = 1084 F 2:
371[179]
1028 F 1 Anm. 19:
357[122]

Firmicus Maternus
Mathesis
I 4: 391[63]
II 3: 390[58]
II 6,12: 391[61]
III 7,1: 392[68]

Hermeias, *in Phaedr.*
(Lucarini /
Moreschini)
p. 25, 27-29:
279[137]
p. 154, 18-20:
279[137]
p. 161, 13-15:
279[137]
p. 176, 22: 279[137]

Herodot
II 118, 1: 114[12]
II 119, 3: 114[12]
VI 134,2: 174[272]

Hesiod
Theogonie: 320

50: 143[146]
184-186: 143[146]
869-880: 142[144]
Erga: 320
141: 34[119]
171: 34[119]
330: 323

Homer
Ilias
I 339: 115[15]
III 222: 157[210]
VIII 19: 267[80]
VIII 19-26: 163[232]
XVI 567f.: 388[53]
XVII 268f.: 388[53]
Odyssee
IV 559-569: 34[119]
XI 24: 121[53]
XIV 162: 132[112]
XIX 307: 132[112]

Horoscopi Graeci (Hor.
gr.)
37. XII. 15: 374[4]
117. XI. 26: 374[5]
412. II. 07: 374[6]
319. XI. 18-19: 384[42]

Iamblich
De mysteriis: 30
III 14: *132*: 235[11]
III 13: *131*: 235[11]
VII: 236[12]
De vita pythagorica:
10, 327, 361
IX, 47-48 (Nauck):
327
XXVIII, 146: 327
XXX, 169-170: 327
§ 153 p. 86,11-13
(Deubner): 159[218]

Inscriptiones
IG
II² 4831: 237[18]

II/III² 3818 = 13281
(= Nr. 20 Sir.):
343[46], 263[60]
II/III² 4224 = 13283
(= Nr. 22 Sir.):
343[48], 263[60]
II/III² 4225 = 13284
(= Nr. 23 Sir.):
343[49], 263[61]
II/III² 13286 (= Nr.
25 Sir.): 343[48]
II/III² 13338 (Nr.
369 Sir.): 270[95]
II/III² 13451: 281[148]
II/III² 13452: 290[201]

LREBIAA (Sironen)
Nr. 20: 343[46], 263[60]
Nr. 22: 343[48], 263[60]
Nr. 23: 343[49], 263[61]
Nr. 25: 343[46]
Nr. 82: 290[201]
Nr. 369: 270[95]

Ioannes Lydus
mag.
2, 14 (p. 70, 18):
126[79]
3, 26: 284[164], 287[177],
292[206]
mens.
2, 6 (p. 23, 9-12):
150[179]
4, 35: 268[85]
4, 154: 292[206]

Ioannes v. Nikiou 84,
87–103: 257[41]

Julian (Apostata),
Hymnen: 238
hymn. ad Hel.:
42[152], 238[20]
146A: 238[20]
150D: 244[35]
154D: 233, 233[8]

Hymnus an die Göttermutter: 233

Julian (Theurgos), *Orakel in Versen*: 311

Kallikratidas, *Über das häusliche Glück*: 326

Libanios
Antiochikos Logos (or. 2): 17[63]
Reden
or. 2, 30: 32[112]
or. 16, 50: 32[112]
or. 18, 12: 32[112]
or. 18, 123: 203[37]
or. 18, 306: 271[99]
Briefe
ep. 1119, 1: 203[37]
ep. 1411, 1: 32[112]
ep. 1518, 5: 203[37]

Lukas (Evangelist), 23, 44-45: 43

Lukian, *Pisc.* 15-16: 29[97]

Malalas, Ioannes, *Chronographiae*
14, 31 Thurn: 205[48]
X c. 14 (240 Dindorf), p. 182, 60-72 (genauer: 59-64) Thurn: 43[158]
14, 12 p. 280, 68-70 Thurn: 257[41]
XVI c. 16 (403 Dindorf), p. 330f., 32-48 Thurn: 46

Malchos, fr. 23 Blockley: 287[180]

Marinos
Vita Procli [Mehrfachnennungen in Fußnoten möglich]: 3-4, 7-11, 13-19, 26-32, 33-37, 41, 43-49, 195-198, 201, 205, 217, 231, 265, 293-295, 297-299, 301, 305, 309, 310-311, 314, 316, 321, 325, 328, 350, 352, 356-363, 366-369, 371, 374, 375, 381-382, 384, 386, 392
§1: 47
§1, 2-3: 13[45]
§1, 9-18: 19
§1, 9-21: 214[112], 343[57]
§1, 26: 249[5]
§1, 33-37: 249[5]
§2: 18f.[66.68.69]
§2, 3-4: 19[72], 34
§2, 4: 18
§2, 7-16: 19
§2, 11-14: 366[157]
§2, 40-43: 251[13]
§§3,8-5,18: 23
§§3-6: 315
§3: 14, 18[66]
§3. 1-6: 308[50]
§3, 1-7: 23
§3, 4-6: 24, 308[50]
§3, 4-7: 213[97]
§3, 10: 19[72], 34
§3, 23-24: 282[154]
§3, 36-39: 14
§3, 56-60: 289[189]
§4: 18[66], 391
§4, 28-31: 251[13]
§5

§5, 14-15: 32
§5,14-16: 214[112]
§5, 14-18: 344[56]
§§6-36: 9
§6: 23, 384[39]
§6, 2-5: 250[11]
§6, 4: 250[7]
§6, 4-5: 338
§6, 5-8: 250[9], 252[21]
§6, 5-11: 205[50]
§6, 6: 16, 252[24]
§6, 5-8: 205[48]
§6, 6-8: 205[49]
§6, 8-14: 252[22]
§6, 10-11: 27, 214[100]
§6,15-16: 251[16], 338[24]
§6, 15-23: 250[10], 251[16]
§§7-13: 24, 315
§7: 39, 239
§7, 1: 231[1]
§7, 1-2: 33[117]
§7, 6: 39
§7, 12: 231[1]
§8: 9
§8, 5-10: 253[28]
§8, 11-14: 217[126]
§8, 11-16: 253[29]
§8, 14-19: 254[31]
§8, 15-16: 341[37]
§8, 22-25: 338[24]
§8, 24: 252[24]
§8, 22-25: 251[15]
§§9,12-10,5: 252[23]
§9: 241
§9, 1-6: 217[127]
§9, 1-11: 254[30]
§9, 12-15: 254[33]
§9, 2-3: 16, 252[24]
§9, 8-11: 27, 252[23]
§9, 15-17: 341[38]
§9, 17-19: 341[39]
§9, 20-23: 341[38]
§9, 23-25: 341[39]
§9, 31-33: 341[35]
§9. 33-36: 294[4]
§10: 18[66], 27

§10, 1-8: 295[8]
§10, 5-10: 252[23]
§10, 7: 16, 252[24]
§10, 17-44: 263[58]
§10, 22-23: 250[7]
§10, 23-37: 272[102]
§10, 37-38: 29
§10, 37-44: 252[26], 273[108], 344[55]
§10, 41-42: 28
§11: 38, 316
§11, 1-2: 279[132]
§11, 3-4: 274[113]
§11, 9-23: 344[52]
§11, 10-15: 371[180]
§11, 10-23: 343[51]
§11, 10-26: 32[109]
§12
§12, 1-3: 264[67], 274[113]
§12, 1-11: 275[116]
§12, 3-4: 337
§12, 9-15: 297[12]
§12, 15-27: 275[117]
§12, 18-26: 32
§12, 20-21: 346[68]
§12, 24: 33[118], 48
§12, 26-29: 275[116]
§12, 26-31: 275[118]
§12, 29-30: 268[85]
§12, 34-35: 268[85], 280[141]
§13
§13. 1-4: 298[16]
§13, 1-6: 277[123]
§13. 4-6: 298[18]
§13, 6-10: 277[125]
§13. 14-17: 297[14]
§§14-16: 35, 316
§§14-17: 24, 315, 325, 343
§14: 226[177]
§14, 1-3: 360[132]
§14, 1-14: 216[123]
§14, 3-7: 325
§14, 5-7: 346[66]
§14, 7: 265[70]

§14, 7-27: 265[70]
§14, 11: 346[69]
§14, 12-22: 346[70]
§14, 14-22: 251[14]
§14, 19-22: 291[202], 325
§14, 22-27: 347[72]
§15: 38, 238[22*], 351[99]
§15, 1-3: 347[74]
§15, 1-4: 325
§15, 1-8: 217[124]
§15, 4-8: 325
§15, 8-13: 217[129]
§15, 9-23: 355[114]
§15, 14-35: 34[124], 348[84], 362[141]
§15, 14-38: 325
§15, 15-19: 199[23]
§15, 16: 203[37], 354
§15, 16-17: 204[37]
§15, 19: 204[37]
§15, 19-35: 288[183]
§15, 21-29: 288[184]
§15, 34-35: 201[32], 205[49], 214[110]
§15, 38-41: 217[125]
§15, 38-44: 348[79]
§15, 38-Ende: 325
§§16-17: 217[130]
§16: 351[99.100], 352[101], 355-356
§16, 1-3: 352[103]
§16, 1-4: 217[124]
§16, 1-23: 348[82]
§16, 6: 218[132]
§16, 18: 217[131]
§16, 23: 217[131]
§16, 38-43: 347[78]
§17: 316, 325
§17, 1: 217[131]
§17, 1-21: 361[137]
§17, 3-6: 346[66]
§17, 3-7: 321
§17, 3-10: 283[157]
§17, 7-11: 325
§17, 18-21: 251[14], 291[203], 326

§17, 20: 217[131]
§17, 21: 19[72], 34
§17, 21-31: 326, 265[70]
§17, 26-27: 265[70]
§§18-21: 315
§18: 34
§18, 1-3: 325[26]
§18, 1-34: 356[117]
§18, 5-11: 276[120]
§18, 8-9: 33[117]
§18, 19: 34[121]
§18, 21-34: 283[158]
§18, 23-29: 367[161]
§18, 32: 367[161]
§19: 232[5]
§19, 1-32: 283[158]
§19, 4-5: 32
§19,4-7: 214[112]
§19, 7-30: 27[89]
§19, 10-15: 32[109]
§19, 17-19: 345[57]
§19, 28-30: 33
§19, 30: 8[30], 15, 27[89], 243
§20
§20, 4-17: 289[189.190]
§20, 13-14: 290[193]
§21: 18[66]
§21, 1-4: 33[117]
§21, 2: 19[72]
§§22-25: 24
§22: 233[8]
§22, 5-8: 234[10]
§22, 8-9: 19[72]
§22, 12: 33[118]
§22, 15-21: 276[121], 299[27]
§22. 21-29: 301[32]
§22, 29-32: 282[151], 283[159]
§22, 29-37: 282[150]
§22, 32-37: 282[152]
§22, 34-37: 32[109]
§23: 38, 243
§23, 12-14: 249[5]
§23, 16-17: 268[83]

§23, 23-29: 287[181], 345[61]
§23, 23-33: 349[85]
§23, 28: 244
§23, 29-33: 288[182], 356
§23, 29-44: 363
§23, 31-32: 288[184]
§24
  §24, 15-19: 283[156]
  §24, 29: 345[62]
§25
  §25, 8-13: 35[117], 35
§§26-33: 24
§26: 7[29], 32, 241, 244[34], 300[31], 306[40], 309[53]
  §26, 1-6: 299[24]
  §26, 1-14: 278[127]
  §26, 3-4: 278[128]
  §26, 7-14: 280[140]
  §26, 14-15: 299[24]
  §26, 14-28: 214[99]
  §26, 20-23: 31[104], 299[21]
  §26, 27-3: 298[20]
  §26, 28-36: 214[100]
  §26, 33-46: 366[160]
  §26, 36-41: 283[158], 288[186]
  §26, 36-44: 289[187]
  §26, 39-41: 290[193]
  §26, 42-43: 214[103]
  §26, 46-55: 267[78], 349[90]
  §26, 46-57: 289[188]
  §26, 48: 284[162]
  §26, 54: 266[77], 357[122],
§27: 242, 299[24], 300[31], 306[40]
  §27, 7-11: 214[100]
§§28-33: 234
§28: 235, 309[53], 358[124]
  §28, 10-15: 264[67], 265[69]
  §28, 15-17: 214[101]

§28, 15-24: 278[129]
§28, 17-19: 214[102]
§28, 19-21: 214[107]
§28, 19-24: 309[54]
§28, 24-36: 214[100]
§28, 28-32: 358[125]
§28: 31[104], 38
§28, 34-36: 45
§28, 34-36: 267[81]
§28, 35-36: 278[131]
§§29-30: 351
§29: 30, 31[107], 40, 309[53], 358[125]
§29, 2-3: 214[109]
§29, 4-31: 265[71]
§29, 4-39: 214[108], 273[105]
§29, 5-6: 265[71]
§29, 5-7: 349[89], 265[72]
§29, 5-31: 269[91]
§29, 6-7: 266[76]
§29, 7-8: 357[120]
§29, 9-11: 265[70]
§29, 11-24: 27[89]
§29, 14: 41
§29, 16-18: 285[168], 345[61]
§29, 17: 284[162]
§29, 19-21: 202[36], 272[103], 273[106], 350[94]
§29, 21: 41[146]
§29, 21-22: 214[103]
§29, 28-31: 34[124]
§29, 28-32: 356
§29, 29: 202[34]
§29, 30: 38
§29, 31-39: 270[92]
§29, 32ff.: 238[19]
§29, 32-34: 251[13]
§29, 32-39: 6[16], 17
§29, 34-35: 279[133]
§29, 36-39: 6
§29, 38-39: 205[49]
§30: 39, 239, 240[28], 327

§30, 1-4: 214[104]
§30, 1-11: 36[129], 252[26]
§30, 4-7: 350[94]
§30, 4-11: 214[102], 273[109]
§30, 6-7: 203[37], 273[110]
§30. 9-11: 239
§30, 12-13: 214[104]
§30, 12-21: 27[89], 289[189.191]
§30, 16-17: 290[193]
§31: 39, 214[106], 240
§31, 1-2: 249[4]
§31, 1-25: 368[167]
§31, 22: 178[285]
§32: 18[66], 206[51], 244
§32, 1-4: 214[102]
§32, 1-42: 288[185]
§32, 24-30: 214[100]
§32, 2: 231[1]
§32, 30: 39
§32, 31ff.: 245
§32, 31-42: 214[105]
§32, 38: 19[71]
§33: 237, 245
§33, 5: 31
§33, 1-8: 214[104]
§33, 6-7: 214[103]
§34: 18[66], 18[68]
§34, 9-28: 26
§34, 11-13: 214[110]
§34, 18: 251[13]
§34, 20-24: 26[87]
§34, 28: 26
§35: 9[34], 29, 374[6], 388
§35, 1-12: 250[9]
§36: 8, 237[18], 242
§36, 1-2: 16, 220[143]
§36, 1-4: 290[196]
§36, 2-3: 16
§36, 5-6: 43[157], 290[197]
§36, 7: 19[72]
§36, 15-23: 271[98]
§36, 18-20: 271[100]

§36, 24-28: 290[198]
§36, 24-42: 290[200]
§36, 26-30: 281[147]
§36, 34-42: 290[201]
§36, 37: 250[8]
§36, 37-42: 290[201]
§36, 39: 280[142]
§37: 245, 386
§37, 1: 41
§37, 1-5: 290[195]
§37, 9: 41
§37, 10-12: 290[194]
§37, 11: 42
§37, 11-12: 43
§38: 311
  §38, 2-7: 284[161]
  §38, 8-11: 214[110]
  §38, 10: 33[118]
  §38, 10-11: 29[99]
  §38, 15-20: 311[59]
In Arist. anal. pr.: 7
In Arist. de an.:: 7
In Eucl. dat.: 7
In Plat. Parm.: 7
In Plat. Phil.: 5, 7
In Ptol. Almag.: 7
In Theon. Alex.: 7

Markus (Evangelist)
15, 33: 43

Matthäus
(Evangelist)
27, 45-52: 43

Numenios, Fr. 26: 317

Olympiodoros (d. J.)
In Alc.: 269
  186,8-187,21: 318[6]
  186,10-187,23: 318[8]
  186,20-187,4: 318[7]
  141,1-3: 269[89]
In Grg.
  § 24,2 (p. 129-130): 286[174]

(§ 43,8) p. 226,18-24: 318[6]
(§ 43,8)p. 226,19-24: 318[8]
In meteor. p. 50,30: 190[332]
In Phaed.
  9, 2: 279[135]
  9, 5: 279[135]
  10,3: 279[135]

Olympiodoros (Hist.)
fr. 28 Blockley = fr. 28, FHG IV 63f.: 263[61]

Oracula Chaldaica: 7[29], 24, 30, 32, 32[114], 137[128], 167[247], 213, 241, 244, 244[34], 257, 259, 267, 275, 277-278, 298, 298[20], 300[31], 306[40], 309[53], 311-312, 325, 300, 354

Origenes
Contra Celsum
  2, 33.59: 43[158]
  8, 49: 199[18]

Orion, Anthologion: 254

Orosius, in adv. pag.
  VII 4, 14: 43[158]

Orphica: 7[29], 24, 32, 241, 277-278, 289, 298, 300[31], 304, 305, 306[40], 309[53]

Orph. Arg.
  21-23: 180[294]

Ovid
Met. VI 339-381: 123[63]

Paulus Alexandrinus,
Elementa Apotelesmatica
3 p. 12,1-15 Boer: 391[61]
15 p. 32,28 bzw. 33,4-5: 376[12]
23 pp. 47-53 Boer: 388[54]
30 pp. 81-82 Boer: 381[32]

Pausanias 1, 30, 3: 271[99]

P.Cair.Masp. III
67295, I 14f: 261[55]

PGM (Papyri Graecae Magicae)
III 197-198: 235[11]
IV 778-779: 235[11]
VII 505ff.: 235[11]

Philon v. Alexandria
Abr. 50: 231[1]
Mos. II 67: 231[1]

Philoponos, Ioannes
aet. mund. p. 59,24-25: 292[206]
Κατὰ τῶν Πρόκλου
περὶ ἀϊδιότητος
κόσμου
ἐπιχειρημάτων:
38[138]

Philostorg, hist. eccl.
8, 9: 257[41]

Philostrat, Vita
Apollonii: 10

Phlegon v. Tralleis: s.
FGrH 257 F 16: 43[158]

Photios, *Bibl.*
  cod. 181 (II p. 192
    Henry: 268[85],
    278[130], 285[167]
  cod. 214 (III p. 129-
    130 Henry): 274[114]
  cod. 346a p. 37,30-
    38,34 Henry: 170[258]

Platon
  (Gr.) Alkibiades: 269,
    277, 319
  Charmides 155b9-
    156b7: 40[144]
  Gorgias: 277, 303,
    318, 319
    464b-c: 318
    497c3-6: 137[129]
    520e: 318[8]
  Kratylos: 277
  Leges: 216, 233, 319,
    360
    660c : 142[143]
    711d6-e7 : 158[211]
    713c3 : 115[15]
    716a-d: 26[88]
    811c8f. : 157[209]
    921c1f.: 142[145]
    947e1: 34[119]
  Parmenides: 277,
    293[2], 303, 311-313
  Phaedon: 275, 277,
    296, 297
    67c5-7 : 148[170]
    69b-c: 20
    69c: 234[10]
    69c8-d1 : 154[194]
    82a: 20
    107d6f. : 191[338]
  Phaedrus: 277, 303
  Phaedrus 250c3-6 :
    117[26]
  Philebos: 277
  Politeia: 5, 8, 20, 22[77],
    27[90], 28[96], 216,
    268, 302, 303,
    304, 304[37], 310,
319, 360, 389[55],
    391
  266e10: 125[74]
  380d5-381e7: 25[84]
  428a-434c: 20
  441c-444a: 20
  459e3: 119[38]
  470b5: 119[38]
  485c3: 120[45], 391[59]
  487a3-5: 391[59]
  487a4f.: 120[45]
  491e1-6: 134[118]
  496b3-5: 112[3]
  507a1-509c11: 42
  556e: 199[18]
  597e: 302
  613a7-b1: 26[88]
  617d-619e: 389[55]
  619d8-e2: 389[55]
  621a4-b1: 122[57]
  Politikos: 277, 303
    258e: 317[5]
    259b-c: 317[5]
    303e-305c: 317[5]
  Protagoras 322d:
    199[18], 303
  Sophistes: 277, 303
  Symposion: 14, 277,
    303
  Theaetet: 277, 301[33]
    148e-151d: 301[33]
    157c-d: 301[33]
    176a-b: 20, 26[88]
    176b1-2: 33, 148[169]
  Timaios: 277, 293[2],
    303, 308, 311-313
    28c3-5: 156[204]
    47b6: 118[28]
    47c4f.: 118[28]
    53c1f: 127[87]
    90d1-7: 26[88]

Plinius, *nat.* II 38f.:
  376[12]

Plotin
  Enneaden: 218[134]

I 2 [19]: 20, 34,
    139[134]
  1,22: 20
  1,24: 20
  1,26: 20
  1,31-52: 20
  2,4-10: 20
  2,18-20: 20
  2,26: 20
  3,7-10: 20
  3,8: 20
  3,23-24: 20
  3,31: 20-21
  4: 21
  5,7-9: 149[174]
  5,9-11: 153[186]
  5,11-14: 153[189]
  6,14-15: 21
  6,17: 21
  7,3: 21
  7,24-28: 34[122],
    160[220]
  17f.: 149[174]
I 3,6,18: 22[77]
I 4,3: 23
I 4 [46]: 181[305]
III 4 [15] 3, 22-27:
    34[121]
IV 4,44,7-24: 324[25]
V 9, 11, 22: 317[5]
VI 1-3 [42-44]:
    307[44]

PLRE
  I s.v. Tatianus 5 und
    Proculus 6: 339[27]
  I 383, Nr. 2: 256[39]
  I 435, Nr. 10: 223[158]
  I 626, Nr. 2: 264[67]
  I 626, Nr. 3: 264[67]
  I 708, Nr. 5: 264[66]
  I 730, Nr. 5: 265[68]
  I 746f., Nr. 6: 250[12]
  I 812: 254[32]
  I 876-878, Nr. 5:
    250[12]

Stellenregister

II s.v. Patricius 3
und Proculus 4:
339[27]
II s.v. Tatianus I:
339[28]
II 10f.: 260[51]
II 32, Nr. 2: 286[176]
II 32f., Nr. 3: 286[175]
II 71f., Nr. 6: 260[52]
II 110, Nr. 3: 256[39]
II 124, Nr. 1: 263[61]
II 134, Nr. 1: 265[70]
II 158f., Nr. 2: 260[50]
II 159, Nr. 1: 265[69]
II 159, Nr. 2: 265[71]
II 161f., Nr. 3: 285[165]
II 178, Nr. 1: 286[171]
II 293: 284[164]
II 342f., Nr. 2: 261[54]
II 373, Nr. 4: 280[138]
II 510-511, s.v.
Gessius 2: 337[19]
II 528f.: 266[77]
II 532, Nr. 6: 260[51]
II 539: 263[62]
II 543f.: 260[50]
II 547f., Nr. 3: 259[48]
II 552, Nr. 1: 255[37]
II 558, Nr. 5: 286[172]
II 559f., Nr. 1: 259[47]
II 569f., Nr. 2: 260[50], 261[55]
II 575f., Nr. 1: 257[41]
II 582f., Nr. 3: 289[192]
II 603, Nr. 38: 256[39]
II 628-631, Nr. 5: 261[54]
II 629: 260[50]
II 652f., Nr. 2: 264[63]
II 666: 253[28]
II 668f., Nr. 6: 263[61]
II 707, Nr. 2: 250[11]
II 725f., Nr. 3: 247[1]
II 762: 264[64]
II 783, Nr. 2: 262[58]
II 790: 275[115]
II 799, Nr. 2: 255[34]

II 800, Nr. 5: 258[44]
II 812, Nr. 1: 254[31]
II 825-827: 287[180]
II 826, s.v.
Pamprepius: 367[165]
II 838, Nr. 3: 250[11]
II 860: 285[168]
II 893: 265[71]
II 893f., Nr. 2: 263[60]
II 915-919, Nr. 4: 248[3]
II 954, s.v. Rufinus
10: 287[181], 349[88]
II 972f., Nr. 7: 285[169]
II 998f., Nr. 2/s.v.
Severianus: 287[178], 370[177]
II 1020, Nr. 3: 256[39]
II 1041: 264[64]
II 1051, Nr. 3: 274[112]
II 1063f., s.v.
Theagenes: 349[91], 265[72]
II 1064, s.v.
Theagenes: 350[93]
II 1088, Nr. 15: 217[127], 254[30], 340[31]
II 1107, Nr. 4: 256[39]
II 1113, Nr. 4: 256[39]
II 1197, Nr. 1: 285[167]
II 1198, Nr. 1: 286[173]
II 1198, Nr. 2: 285[170]
II 1326: 260[50]
III 438, Nr. 6: 258[44]
III 1193f., Nr. 51: 258[44]

Plutarch v. Athen
In Arist. de an.: 297, 297[15]
In Plat. Phaed.: 297[15]
In Plat. Parm.: 297[15]
In Plat. Tim. (?): 297[14]

Plutarch v.
Chaironeia

De sera 11,555E: 130[100]
Dion 24: 189
Pelopidas 31,4: 189

Porphyrios
Frg. 489 F (pp. 562-563 Smith): 182[309], 374[6]
Ad Marc. 1: 223[164]
Contra Christianos: 227[180]
De abstinentia
2, 12-15 : 113[7]
2, 32-37 : 113[7]
2, 45: 207[59]
2, 49,1 : 152[184]
In Arist. Cat. (= CAG 4, 1 Busse)
p. 70, 14-24: 218[134]
p. 135, 21: 218[134]
Isagoge: 277, 294[6]
2 pp. 194,22-195,1: 376[12]
11 pp. 198,26-199,6
Boer /
Weinstock: 385[44]
Sententiae:
32: 21
32 p. 31, 5-6
Lamberz: 218[132]
Vita Plotini: 10, 11[38.39], 13, 13[46], 14, 25[85], 29, 34 196, 197[9], 198, 198[14], 207[59], 208, 212-213, 223, 225-227, 293, 308, 314-316, 325, 327, 328
1: 119[37]
1,1: 112[4]
1-2: 34[120]
2,23-31: 176[275]
4,1-14: 164[234]
7: 225[174]
7,1f.: 191[336]

7, 17-21: 226[177], 325[28]
7, 29-32: 225[175]
7, 31-46: 226[177], 325[28]
8, 19-23: 159[217], 208[61]
8, 21-23: 208[63]
9: 225[174], 316, 324
9, 1-5: 322
9, 1-10: 226[176]
9, 5-10: 223[163]
9, 5-16: 323[20]
9, 8-9: 208[68]
9, 16-18: 323[22]
10: 113[7], 208[64]
10, 13, 14: 25[85]
10, 14-15: 208[60]
10, 33-36: 29
10, 33-38: 208[70]
10, 35-36: 34
11: 13[45], 316, 323, 324
11, 1-8: 323[23]
11, 1-15: 208[65]
11, 11-16: 324[24]
12: 226[178], 316, 324
12, 1-3: 226[175]
12, 9: 227[178]
13-14: 225[174]
14, 10: 128[90]
15, 5f.: 152[184]
15, 19: 136[124]
16, 1-2: 202[33]
22: 208[67]
23, 3-7: 208[63]
23, 4-5: 208[62]
23, 7-18: 33
23, 7-28: 208[66]
23, 28-40: 208[67]
Vita Pythagorae: 10

Proklos
  De providentia: 364-365
  20-22: 172[262]
  22: 364[152]
  45: 365
  Elementatio theol.
  211: 34[121]
  Hymni: 283[156], 289
    hymn. ad Hel. 1, 1: 42, 42[152], 156[203]
    hymn. 5, 13: 250[8]
    hymn. 6: 180[294]
  Hypotyposis astronomicarum positionum: 364, 365-366
    hyp. prooem. 4, p. 2,14-16: 171[260]
    1, 5: 364[150]
  In Alc.
    27, 16-28, 12: 121[56]
    103a: 188[328]
    171, 15-20: 121[56]
    206, 11-14: 118[33]
    238, 20-27: 121[56]
  In Crat.
    p. 33,14-16: 168[248]
    p. 67,19: 165[241]
  In Hes.: 321, 326
    1, 4-12: 320[14]
    141, 10-14: 323[21]
    151, 1-10: 326[30]
  In Parm.: 279[134], 284, 296, 356
    col. 617: 112[3]
    col. 618,1-13: 154[195]
    col. 618,6f.: 141[141]
    col. 618, 16-20: 285[165]
    col. 805. 1-2: 237[16]
    col. 872, 18-32: 171[260], 285[168]
    col. 948, 12-30: 34[121]
    col. 1058,22: 279[133]
    col. 1142,11: 279[133]
  In remp.: 5, 278, 296, 301
    I p. 1, 2: 250[8], 268[85]
    I p. 17, 3-25: 28[96]
    I p. 39,1-40,5: 167[247]
    I p. 39,9-17: 158[213]
    I p. 40,21f.: 162[227]
    I p. 69,20-71,17: 268[84]
    I p. 80,20-23: 277[125]
    I p. 271, 8: 42[151]
    I p. 276,23-281,7: 42[151]
    I p. 292,18: 42[151]
    II 64,5–66,3: 236[13]
    II 64, 5-66, 21: 264[67]
    II 64, 6-8: 264[67], 274[113]
    II p. 96, 2-4: 5[12]
    II 108. 17-30: 236[16]
    II p. 200, 30-201, 6: 5[12]
    II p. 213,1: 168[248]
    II p. 318, 4: 279[133]
    II p. 324, 11-325,10: 166[244], 264[67]
    II 347, 20-350, 22: 122[57]
    II p. 359, 9-10: 250[8]
  In Tim.: 284, 293, 297[14], 308, 312
    I p. 20, 27f.: 138[131]
    I p. 87,19-88,8: 169[253]
    I p. 109,31-110,1: 162[225]
    I p. 165,30-169,21: 174[271]
    I p. 169,10-11: 236[16]
    I p. 218,13: 138[131]
    I p. 315,1-2: 278[127]
    I p. 383, 20: 120[43]
    I p. 388, 23: 120[43]
    I p. 441,15f.: 138[131]
    I p. 455,13f.: 179[291]
    II p. 89, 16-20: 235[11]

Stellenregister

II p. 253,31: 173²⁶⁸,
279¹³³
III p. 35,25-26:
279¹³³
III p. 108, 17f.:
146¹⁶²
III p. 223,16: 164²³⁹
Inst. Phys.: 294
p. 1, 1: 250⁸
In Tim.: 312
Metroake biblos: 238
Theol. Platonica:
236¹⁴, 278, 279,
279¹³⁴, 284-285
1, 1 I p. 5, 6-7:
285¹⁶⁸
1, 1 I p. 5, 17: 138¹²⁹
1, 1 I p. 5,16-6,7:
277¹²⁵
1, 1 I p. 6,12: 138¹²⁹
1, 1 I p. 6,19: 176²⁷⁶
1, 1 I p. 7, 1-8:
279¹³⁴
I 1 = I 1 Abbate: 13
I 4: 303
I 4, 21,3f.: 155¹⁹⁷
I 4, 21. 13-28: 304³⁷
1 5 I p. 23, 22-23:
267⁷⁹
I 6 p. 28,19f.: 155¹⁹⁷
I 23 p. 105, 20-23:
121⁵⁶
II 4 p. 32, 5-12:
42¹⁵¹
IV 10, p. 31.18-19:
236¹⁶
Über die Übereinstimmung von Orpheus, Pythagoras und Platon mit den Chaldäischen Orakeln: siehe Syrianos

Prokop, *Bell. (Vand.)*
3, 5, 23: 359¹³⁰

Psellus, *In Or. Chald.*,
Philos. Minora II,
Opusc. 38, 126-146:
236¹¹

Ptolemaios
Almagest: 7, 378
Tetrabiblos: 395
Apotelesmatika: 387
I 7: 388⁵⁴
I 14,3: 391⁶²
I 18: 390⁵⁶
I 20: 390⁵⁷
I 21: 391⁶¹
I 22: 391⁶¹
I 23: 391⁶³
I 24: 385⁴⁴
II 5,1: 387⁵¹
II 10: 387⁵²
III 12: 390⁵⁸
III 14,1: 391⁶⁰
III 14,10: 392⁶⁶
III 14,16: 392⁶⁸,
391⁶⁹
III 14,18: 392⁶⁷
III 14, 36: 392⁶⁴.⁶⁵

Pythagoras, *Goldenes Gedicht*: 276

Rufinus, *hist. eccl.* 11,
22-23: 257⁴⁰

SEG
14,379: 359¹³⁰
51,298: 281¹⁴⁸
55,323: 281¹⁴⁸

Simplikios
in cat. p. 6, 15-18:
277¹²³
in de an. p. 260, 1:
264⁶⁷
in de cael.
p. 640, 24: 250⁷
p. 640, 24-25: 268⁸⁵
in phys.

I p. 404, 16: 250⁷
I p. 601, 15: 250⁷
I p. 611, 11-12:
250⁷, 286¹⁷⁴
I p. 795, 4-5: 250⁷,
286¹⁷⁴
I p. 795, 13-15:
285¹⁶⁵
in Epict.
XLIV 116,4-5: 322¹⁹
XLIV 116, 4-52:
327³³
XLIV 116, 49-52:
322¹⁸
LVIII 127, 14-30:
327³³

Sokrates
hist. eccl.
5, 16-17: 257⁴⁰
7, 15: 257⁴¹
7, 21, 8: 263⁶¹

Sozomenos, *hist. eccl.*
7, 15, 2-10: 257⁴⁰

Stephanos v. Byzanz
s.v. Ἀδροττα, p. 29,
6-7: 288¹⁸⁵
s.v. Ἀδροττα, p. 29,
6-11: 177²⁸⁴

Suda (allg.): 5, 300,
300³¹, 306, 306⁴⁰,
349
Υ 166 s.v. Ὑπατία:
257⁴¹
Ζ 82 s.v. Ζήνων:
286¹⁷³
Κ 400 Adler: 388⁵³
Λ 165 s.v. Λαχάρης:
263⁶², 264⁶³
Λ 269 s.v. Λεωνᾶς:
253²⁸
s.v. Μαρῖνος, p.
324, 12-15 Adler
III: 7²⁷

s.v. Μαρῖνος, p.
    324, 16-35 Adler
    III: 5¹⁰
M 198 s. v.
    Μαρῖνος: 268⁸⁵
O 606 s.v.
    ὁρμώμενος: 286¹⁷⁶
s.v. Πρόκλος,
    p. 210, 13-14 Adler
    IV: 39¹³⁸
O 216 s.v.
    Ὀλυμπιόδωρος:
    250⁷
Π 137, s.v.
    Παμπρέπιος
    (Malchus F 20
    Müller [FHG IV
    131] = Pamprep. T
    1 Livrea): 367¹⁶⁵,
    287¹⁸⁰
Π 1794 s.v.
    Πλούταρχος,
    Νεστορίου: 264⁶⁷,
    268⁸⁵, 274¹¹³
Π 2473 s.v.
    Πρόκλος, ὁ
    Λύκιος: 250⁷
Π 2473 s. v.
    Πρόκλος: 268⁸⁵
Σ 1662 s.v.
    Συριανός: 268⁸⁵
Ω 188-189 s.v.
    Ὠρίων: 254³²

Stobaios, Ioannes
  Anthologie: 319
    IV, 1-8: 319
    IV 16-18: 320
    IV 19: 320
    IV 20: 320
    IV 22,20: 322¹⁹
    IV 22-23: 320
    IV 22-33: 319
    IV 28: 319, 326³¹

Synesios, *epist.* 136,6-
    22 Garzya: 264⁶⁵

Syrianos
  Kommentar zur
    Metaphysik: 295⁶,
    307, 313
  In met. 80,16-27:
    313⁶⁷, 136¹²⁶
  Über die
    Übereinstimmung
    von Orpheus,
    Pythagoras und
    Platon mit den
    Chaldäischen
    Orakeln: 300
  Kommentar zu den
    orphischen
    Schriften: 305, 306⁴⁰

Tabula Montefalconii
    12-13: 254³²

Theodoret, *hist. eccl.*
    5, 22, 3-6: 257⁴⁰

Theoph. I p. 82, 16-17
    (a. 5906): 257⁴¹

Theosophia
    Tubingensis: 32¹¹⁴,
    373, 369¹⁷⁰
    §13: 169²⁵³
    §15: 169²⁵³
    §16: 169²⁵³
    §53f. Erbse: 368¹⁷⁰

Vettius Valens
    I 1, 17: 393⁷⁰
    I 1, 37: 391⁶⁰
    I 1, 39: 392⁶⁸
    II 1: 388⁵⁴
    II 3, 1-2; 392⁵⁴
    II 27,7: 385⁴³
    V 7, 20-35: 374⁴

Zacharias Rhet.
    (= Scholasticus)
    v. Sev.

PO II p. 1,46-47:
    259⁴⁵
PO II p. 11,14-12,1:
    256³⁹
PO II p. 12,1-2:
    256³⁹
PO II p. 23,14-24,2:
    256³⁹
PO II p. 25,3-4:
    256³⁹
Amm. (Minniti
    Colonna)
    p. 95, 20-21: 286¹⁷⁴
    p. 107,367-368:
    261⁵⁵
    p. 107,371-125,940:
    261⁵⁵

Zosimos, *Hist.*
    (Mendelsohn)
    IV 18, 2-4: 264⁶⁷
    IV 18, p. 172, 27 –
    173, 20: 236¹³
    V 6: 36¹³²
    V 18, 4-5: 201²⁷

Namensregister (in Auswahl)

Abraham: 231
Achilleus: 236, 264
Adrianopel: 199
Adrotta: 177[284], 178[288], 206, 244, 288, 367
Ägypten, ägyptisch: 151-152[183], 236, 253-254, 259-260, 284, 333, 336-337, 339-342, 353, 366-367, 391
Aelian: 240
Aelius Aristides: 114[8], 374
Agapios: 6, 286
Agdamia: 204
Agora (Athen): 359
Aidesia: 7, 113[8], 241, 260, 279, 286
Aidesios: 11, 209, 210-212, 222-226, 228, 265
Aidesios (Sohn des Chrysanthios): 229
Akademie (Ort): 7, 17, 185[319], 186[321], 188[328], 271-272
Akropolis: 6, 9, 17, 27-29, 36-37, 232, 237, 269-270, 272-273, 327, 344, 367
Alarich: 199, 200, 263
Albumasar: 385
Alexander d. Gr.: 218
Alexandria: 9, 17, 24-25, 27-28, 199, 202, 204, 206, 215, 217, 231-232, 241, 247-248, 252-263, 274-276, 279, 281, 284-286, 290-291, 294-296, 332, 335, 337-338, 340, 353, 356, 381
Amelios: 208
Ammonios (Hermeiou): 257-260, 262, 276, 286
Amphikleia: 322
Amphilochios: 204
Amynon/Amyneion: 173-174[269]

Anastasios (Kaiser): 44, 45, 284, 367
Anatolios: 37, 208[70]
Andros: 348
Anteros: 211
Antigonos: 374
Antiochia, antiochenisch: 17, 256
Antoninos: 211-213, 228
Aphrodisias: 285, 352, 356
Aphrodite (Statue): 369
Aphthonios: 256
Apollon: 42, 124[68], 206, 208, 251
Apostata: s. Julian
Apollonios von Tyana: 168[249], 209
Apronianos: 263, 343
Apuleius: 10
Archiadas: 16, 136[125], 140[136], 144[146], 147[156.167], 216, 226, 239, 265-266, 272, 275, 287, 291, 325-326, 346-347, 349-353, 355-361
Areios Didymos: 117[27]
Areopag: 270
Ares: 244
Aristoteles, aristotelisch: 8-9, 19, 22, 28, 32, 112[3], 126[82], 216, 255, 258-260, 275-277, 293-298, 300, 306-308, 313, 316-319, 360
Arkadios (Kaiser): 32, 36, 333
Arkesilaos: 317
Artaxerxes II.: 218
Artemis: 233, 251
Asklepiades: 119[39], 260-261
Asklepieion: 17, 39-41, 172[261], 206, 239, 269, 272-273, 350, 353, 356-358, 365, 368
Asklepigeneia d.Ä.: 136[125], 166[243], 170[257], 236, 265,
Asklepigeneia d.J.: 24, 30, 39-40, 140[139], 147[163], 170[257], 171[258], 214,

239, 249, 266, 269, 309, 345, 349, 351, 352, 353, 356-358, 369
Asklepiodotos: 5, 284, 285, 352, 356
Asklepios (Gottheit): 14, 27, 31, 39-41, 114[8], 124[67], 166[243], 171[259], 172[264], 174[270], 176[275], 177[278], 178[285], 206, 214, 236, 239-240, 244-245, 270, 272-273, 288-289, 368
Asklepios (Philosoph): 131[106], 295, 306
Asklepios Leontouchos: 151[181]
Athanasios von Alexandrien: 35
Athanasios I.: 37
Athanasios II.: 260
Athena (Göttin): 27-29, 36-37, 122[61], 123[62], 126[81], 128[92], 131[107], 145[151], 174[271], 177[279], 205-206, 213, 233, 238, 241, 252-253, 270, 273, 288, 314, 368
Athena (Standbild): 36, 175-176[273], 202, 238, 273, 327, 350, 353, 368
Athena (Tempel): 174[270], 272
Athen: *passim* (4-8, 9-10, 16-19, 24-25, 27-29, 32, 35-41, 45, 140[137], 157[208], 159[214], 196, 200, 202-206, 214, 218, 228-229, 231-232, 236-237, 239, 241, 243-244, 247-252, 255-258, 259-278, 280-281, 284-291, 294-296, 298, 325-326, 328, 331-332, 336-338, 342-343, 344, 346, 348-353, 356, 359-360, 363, 364, 365-371, 381, 387)
Athenodoros: 285
Attika, attisch: 202, 236, 242-243, 272, 309
Attila: 359
Attis: 238
Augustinus: 40
Azizos: 244

Babylon, babylonisch: 373
Bacchus: 234
Bacon: s. Roger Bacon
Basilius d. Gr.: 203
Berytos, Beirut: 259, 338
Bibliothek des Hadrian: s. Hadrian (Bibliothek des)

Bosporos: 286
Bryson: 318-320
Byzanz, Byzantion: 9, 16, 23, 25, 123[61], 205, 238, 252, 295, 296, 379, 381, 384

Chaldäer, chaldäische Orakel: 153[187], 161[223], 162[226.227], 163[229], 165[240], 167[247], 169[251], 192[340.341], 298-302, 309
Chione: 323
Christodoros von Koptos: 44, 191[336], 284, 371
Christus (inkl. Jesus): 40-41, 43
Chrysanthios: 11, 197, 200, 210-213, 222-225, 228
Chrysostomos: 204
‚Code Phrases': 141-142[143], 157[207], 171[258], 173[265]

Damaskus: 248, 256, 287, 370
Damaskios: 4-7, 10, 22-23, 37, 45, 113[8], 136[125], 167-168[248], 197, 203, 205, 224, 227-229, 232, 234-236, 241, 247-248, 256, 259, 261, 263, 266-269, 271, 279-280, 285-287, 289, 297, 300, 308, 311, 321, 331, 354, 358-360, 363, 369
Damian: 40
Damo: 327
Dies aegyptiaci: 149[177]
Diokletian: 145[153]
Dionysios Areopagita: 232, 287
Dionysios Areopagita (Ps.): 44, 287, 371
Dionysos (Gott, Tempel, Theater): 154[194], 174[269.270], 206, 270-271
Dioskuren: 178[287], 244
Diotima: 14
Domninos: 122[59], 161-162[225], 274-275, 277, 280-281, 368
Ekdikios: 256
Eleusis (inkl. Eleusinische Mysterien): 137-138[129], 166[244], 235-236, 264
Elias: 258
Entrechios: 335

Namensregister

Epidauros: 6, 39, 145[152], 173[264], 177[281], 240
Epikur: 24, 160[221], 322
Epiktet: 319
Er (myth.-plat.): 122[57], 155[197], 387
Erdbeben: 168[249]
Eros: 186[321],211
Euboulos: 136[124]
Eudokia (Kaiserin): 36, 143[146], 254, 337, 352, 359-360, 367, 369
Euklid: 278
Eunapios: 10, 17, 25, 29, 35, 140[135], 143[146], 158[213], 170, 195-216, 218-229, 321, 342
Eusebios: 143[146]
Eustathios: 219
Eustochios: 176[275]

Flavius Eutolmius Tatianus: 250, 338
Flavius Proculus: siehe Proculus

Gaia: 142[144]
Gadara: 211
Gainas (Aufstand): 199-201
Galienus: 225
Gaza: 150[180]
Geiergiganten: 143-144[146]
Gemina: 226, 322-323
Ges(s)ios: 261, 337, 352, 359, 363
Giganten: 143[146]
Glaukos: 117[26]
Göttermutter: 149[176], 206, 214, 237-238, 245, 314
Gregor v. Nazianz: 203

Hades: 121[53]
Hadrian (Kaiser): 150[180], 374
Hadrian (Bibliothek des): 37
Haran: 151[182]
Haus des Proklos: s. Proklos (Haus)
Hegias: 6, 37, 93, 163[231.232], 171[258], 261, 265-268, 284, 286, 289, 349-350, 357-358
Hekate: 24, 30, 134[117], 167[247], 206, 211, 213, 233, 236, 252, 278

Heliodoros: 260, 286
Helios: 41-42, 156[203], 189f.[331], 190[332], 233
Hemerographoi: 190-191[332]
Heraiskos: 37, 228, 260
Herakleon: 263
Herakles: 141[142]
Heraklit: 319
Herkulios: 343
Hermeias: 142[144], 241, 257-260, 262, 279, 286
Hermes: 39, 45, 169[255], 206, 237, 244
Herodes Attikos: 270, 369
Heron: 127[86], 215, 254-255, 294, 341
Hesiod: 319-321, 323, 325-326
Hierios: 236, 286
Hierokles: 257, 259, 274
Hierophant: 152[184], 166[244]
Hilarios: 212, 222
Himerios: 195
Homer: 268, 296, 298, 300-303, 311, 313, 388, 394
Honorius (Kaiser): 32, 36, 333
Horapollon: 37, 261
Hunnen: 359
Hypatia: 257-259, 262, 321, 336, 340

Iakobos Psychristos: 289
Iamblich: 10-11, 21-22, 25, 29-30, 153[187], 163[228], 169[255], 178[288], 196[9], 209-211, 213, 215, 219, 223, 228, 234-236, 238, 244, 257, 265, 274-275, 277, 293, 299, 301, 305-307, 309, 315, 319-320, 327, 361-362
Ikarus (myth.): 225
Ikonion: 204
Illos: 125[72], 257, 287, 342, 353, 367
Ioannes Chrysostomos: s. Chrysostomos
Ioannes Lydus: 284, 287
Ioannes Malalas: s. Malalas
Ioannes Philoponus: s. Philoponos
Ioannes (smgrpws): 256
Ioannes Stobaios: s. Stobaios
Isaurien: 256, 264, 341

Isidoros: 4-6, 11, 45, 227-228, 236, 248, 258, 261, 267-268, 285, 290-291, 321, 350, 367
Isis: 31, 151-152[183], 206
Isokasios: 335
Isokrates: 319
Iustus (vicarius Asiae): 212, 223
Iynx: 165[241], 167-168[248]

Jesus: s. Christus
Julian (Kaiser; inkl. Apostata): 16, 36, 42, 114[8], 134[117], 183[314], 195, 199, 201, 204, 212, 220-222, 225, 233-234, 238, 244, 290
Julian (Vater und Sohn, Theurgen): 161[223], 311
Justinian I. (Kaiser): 229, 269, 334

Kaisareia: 254
Kallikratidas: 320, 326
Kapitol: 253
Karneades: 388
Karterios: 119[37]
Kausatha: 211
Kelsos: 38, 199
Kleinasien: 244, 274, 284, 288
Konstantin (Kaiser): 36, 42, 199, 219
Konstantios II. (Kaiser): 199, 219
Konstantinopel: 9, 16, 123[61], 126[79], 127[86], 171[258], 175[273], 205, 238, 241, 248, 250-254, 266, 281, 286, 296, 327, 333, 335, 338-341, 349-350, 352, 369-370
Koptos: 284, 371
Kosmas: 40
Krates: 186[324], 322
Kroisos: 115[17]
Kroton: 327, 353
Kūm ad-Dikka: 262
Kybele: 31, 123[61], 134[117], 145[153], 180[294], 181[300], 233, 237-238, 270
Kyrene: 264
Kyrillos (Alexandria): 257, 335, 336, 340
Kyros d. J.: 219

Lachares: 38, 132[110], 134[118], 150[178], 263-264, 274, 343, 371
Lakydes: 317
Laodikeia: 279-280
Larissa: 279
Leo (Kaiser): 16
Leonas: 124[70], 125[72], 217, 241, 252-253, 256, 338-341
Leontios: 263
Lethe: 121[57]
Leto: 251
Letoon: 251
Libanios: 17, 114[8], 143[146], 195, 203-205
Longin: 157[208]
Lukas (Evangelist): 43

Lydien: 24, 38, 144[146.150], 145[153], 200, 222, 244, 284-285, 288, 348-349, 362, 364, 366-367
Lykabettos: 17, 186[323], 281, 290
Lykien, Lykier, lykisch: 9, 17, 23, 25, 39, 231-232, 239, 242-243, 248, 250-251, 253-254, 262, 275, 280, 290, 338-339

Machaon: 39, 119[39], 179[289], 244
Marc Aurel: 136[124]
Magna Mater: s. Göttermutter und Kybele
Maieutik: 121[56]
Malalas: 43, 45, 351
Marinos: *passim* (3-11, 13-19, 22-49, 195-198, 200-210, 213-218, 220, 226-229, 231-245, 247-256, 261, 265-273, 275-284, 288-291, 293-302, 304-306, 308-309, 311-312, 314, 315-316, 321, 325, 328, 331-332, 337-350, 354-357, 360-362, 365-366, 368-370, 373-375, 381, 383-391, 393-394)
Mark Aurel (Kaiser): 311
Markella: 122[60], 224, 250-251, 322
Markian (Kaiser): 16, 36, 334
Markus (Evangelist): 43
Marnas: 150-151[180]
Matthäus (Evangelist): 43

Maximus: 201, 211-213, 220-224, 228
Melampus: 132[108]
Metrophanes: 264
Mithras: 43, 235
Modestos: 37
Monimos: 244
Moses: 231
Museion: 257, 261-262
Musonios: 320, 322
Mysterien: 154-155[196]

Nablus: 5, 151[180]
Neapolis: 4, 5, 247, 284, 314
Nechepsos: 387-388
Nero (Kaiser): 42, 374
Nestor: 158[211]
Nestorios: 134-135[120], 168[249], 236, 264-265
Nikaia: 374
Nikagoras d.J.: 16, 184[314], 237, 290, 370
Nikolaos: 129[98], 131[103], 232, 262-263, 272
Nikomachos: 38, 170[256], 278
Nimbus: 118[35], 158-159[213]
Noumenia: 132[112], 134[119], 150[178]

Odainathos: 274-275
Odeion: 270, 369
Odysseus: 127[85], 157[210], 158[211]
Olympiodor: 22, 127[84], 146[161], 254-255, 258, 269, 279, 294, 338, 341
Olympios: 208
ὁμοίωσις θεῷ: 114[14], 148[169], 149[174], 153[186], 176[276]
Optimus: 204
Orion (Gramm.): 125[75], 254, 341
Orpheus, Orphiker, orphische Gedichte: 160-161[222.223], 162[227], 164[232], 165[240], 298-302, 305
Oxyrhynchos: 373

Palästina: 5
Paian/Paion: 177[279]
Pamprepios: 142[144], 287, 349, 353-354, 363, 366-367, 370

Pan: 179[292.293], 184[314], 206, 214, 237, 245, 314
Panopolis, Panopolites: 261, 287
Pappos: 7
Parmenides: 312
Parnass: 237
Parthenon: 17, 29, 36-37, 131[107], 175[273], 202, 238, 273, 344, 350, 353, 369
Patrikios: 250-251, 337-339
Patroklos: 388
Paulus (Alexandria): 376, 381, 388
Pergamon: 224, 225
Perikles aus Lydien: 40, 171[260], 239, 284, 285, 345
Periktione: 320
Petosiris: 387-388
Phenebythis: 261
Phidias: 175[273]
Philae: 151[183]
Philon von Alexandria: 231
Philoponos: 232
Philostrat: 10
Philoxenos: 275
Phlegon von Tralleis: 43
Pierre d'Ailly: 386
Piräus: 17, 27-28, 129-130[99], 232, 262, 272
Platon: *passim* (6-8, 11, 14, 17, 20-22, 25, 26, 32, 42, 112[3], 114[14], 126[82], 129[96], 154[194], 169[255], 185[319], 186[321], 188[328], 217, 231, 233-234, 255-256, 259-260, 266-268, 271-272, 274-280, 293, 294, 296-298, 300, 302-304, 306-308, 310-314, 316-319, 324, 352, 360, 389, 391)
Platoneia: 157[208]
Platonopolis: 324
Plinius d.Ä.: 376
Plotin: 8, 10-11, 13-15, 20-23, 25-26, 29, 33-35, 113[5], 118[32], 122[60], 139[134], 148[171], 157[209], 158[213], 159[217], 160[221], 164[232], 170[255], 184[315], 191[335], 197-198, 200, 207-209, 211, 215-216, 218, 223, 225-226, 233-235, 293-294, 307-309, 315-317, 321-325, 327-329

Plutarche: 239, 265, 349
Plutarchos von Athen: 5, 9-10, 17, 129[96], 134-135[120], 169[255], 173[268], 236, 239, 241, 259, 262-272, 274-275, 279, 286, 289, 293, 296-298, 326, 342-343, 346, 358, 360, 362, 368, 371
Plutarchos (Sophist): 263-264, 286
Plutarchos von Chaironeia: 320
Podaleirios: 40, 119[39], 179[289], 244
Polemon: 186[324], 322
Polles: 132[108]
Porphyrios: 10-11, 13-15, 21-22, 25-26, 29-30, 33-35, 38, 112[4], 113[7], 120[42], 122[60], 149[174], 152[184], 157[209], 158[213], 159[217], 161[223], 164[232], 169[255], 176[275], 181[299], 182[309], 184[315], 191[335], 196-198, 207-211, 213, 216, 218, 223, 225-228, 234-235, 277, 293-295, 301, 306-307, 309, 314, 315-317, 319, 321-324, 327-328, 362, 374, 376
Poseidippos: 173[264]
Priskos: 221, 224, 265
Proculus: 250, 339
Prohairesios: 201, 203-205, 224
Proklos: *passim* (3-11, 13-19, 22-49, 112[3], 113[8], 197, 200-203, 205-206, 210, 213-215, 217-218, 220, 226, 228-229, 231-245, 247-256, 259-262, 265-291, 293-317, 320-323, 325-328, 331-332, 334-335, 337-358, 360-371, 373-375, 378-384, 386-388, 390-395)
Proklos (Haus des): 6, 17, 36, 134-135[120], 172[261], 174[270], 180[294], 270-271, 327
Prokopios (Usurpator): 199
Proskynese: 131[104], 132[113]
Psellos, Michael: 22, 311
Ptolemaios: 7, 182[308], 278, 376, 378, 381, 383, 386-387, 391-393
Pythagoras, Pythagoreer: 10-12, 32, 159[218], 191[335], 298, 300, 307, 313, 318-320, 326-327, 353, 361-362

Rhea: 252
Rhodos: 381-383
Rhombos: 165[241], 167-168[248]
Rogatianus: 226
Roger Bacon: 386
Rom: 202, 226, 322, 333, 338
Rufinus: 143[146], 158[212], 159[214], 243-244, 287-288, 345, 349, 352-353, 356, 363-364, 367

Salustios: 285
Sallustios: 181[299]
Samaritaner: 5, 19
Sapor II.: 219
Sarapion: 228, 256-257
Sardes: 10, 145[153], 196, 200-202, 206, 212, 223
Sarpedon: 388
Selbstepitaph: 187-188[328]
Selene: 233
Seleukos: 222
Serapeion: 199, 202, 204, 206
Severos: 259
Severianos: 256, 287, 370
Sieben Weise: 320
Simplikios: 167[247], 300, 306-307
Sizilien: 224, 324
Sokrateion: 17, 28, 129-130[99], 272
Sokrates: 17, 28-29, 33, 40, 120[49], 121[52], 131[104], 148[172], 155[199], 219-220, 225-226, 231, 234, 267-268, 272, 301, 303-304, 354
Sol (Invictus): s. Helios
Solon: 115[17], 163[232], 266
Sonne: s. Helios
Sonnenfinsternis: 189-190[331]
Sopatros: 201, 219-220, 256
Sophokles: 173-174[269]
Sosipatra: 210-211, 213, 215, 224, 228
Stephanos: 258
Stobaios: 319-320
Sulla: 6
Superianos: 264
Symbolon: 128[95]
Symmetrie: 118[33]
Synesios: 263-264

Syrianos: 6, 9-10, 17, 38, 132[109], 134[119], 135[120], 136[125], 138[131], 147[167], 150[178], 152[184], 162[227], 164[232], 173[268], 185[317], 186-187[324], 188[328], 231, 232, 234, 241, 242, 259, 262-264, 268-269, 271, 274-281, 290-291, 293, 295-303, 305-307, 309, 312-313, 326, 343, 346, 354, 358
Syrien: 46, 274, 280-281

Tartaros: 142[144]
Tatianos (=Fl. Eut. Tatianos?): 338-340
Telauges: 327
Telesphoros: 24, 39, 124[67], 144[150], 239
Testament: 147[164]
Theagenes: 6, 16, 140[139], 144[146], 170-171[258], 173[266], 239, 265-266, 287, 337, 346, 349-350, 352-353, 356-357, 358-360, 362, 367, 369-370
Theano: 327
Theben (Ägypten): 254
Themistios: 195
Theodoros (Präfekt): 217, 253, 339, 341-342
Theodorus (Schüler des Maximos): 222
Theodosius I. (Kaiser): 32, 36, 199-200, 212, 214, 247, 256, 333
Theodosius II. (Kaiser): 16, 36, 253, 333, 337
Theon von Alexandria: 7, 137[129], 256, 258
Theophrast: 320
Theosebios: 328
Thermopylen: 359
Theurgie: 165[241]
Thomas (Gaza): 256
Thyandrites: 151[182]
Tieropfer: 113[7], 122[59]
Timaios: 127[87]
Troja: 244
Tyche: 116[21]
Typhon: 142[144], 203

Ulpianos: 127[89], 340

Valens (Kaiser): 202, 212, 247
Valentinianus III. (Kaiser): 36, 334
Vandalen: 359
Vegetarismus: 135[122], 149[175]
Vettius Valens: 374, 384, 389, 391-392

Xanthos: 9, 23-25, 123[63], 140[137], 183[309], 250-251, 253, 291, 384
Xenophon: 218, 320, 355

Zacharias (Scholastikos): 256, 259, 261
Zenodotos (Diadochos): 268, 285
Zenon (Alexandria): 285-286
Zenon (Kaiser): 16, 125[72], 260, 273, 334, 353, 367
Zenon (Pergamon): 285
Zethos: 226
Zeus: 142[144], 162[232], 188[329], 203, 244, 323, 325
Zeus (Statue): 350
Zosimos: 265

Die Autoren dieses Bandes

Prof. Dr. Irmgard Männlein-Robert ist Inhaberin des Lehrstuhls für Griechische Philologie an der Universität Tübingen. Ihre Forschungsschwerpunkte sind Platon, kaiserzeitlicher und spätantiker Platonismus (in literarischer wie philosophischer Hinsicht) sowie hellenistische Dichtung, griechische Religion, Poetik und Ästhetik.

Schriftenauswahl: *Longin: Philologe und Philosoph. Eine Interpretation der erhaltenen Zeugnisse.* Beiträge zur Altertumskunde Band 143 (München/Leipzig 2001); *Stimme, Schrift und Bild. Zum Verhältnis der Künste in der hellenistischen Dichtung.* Bibliothek der Klassischen Altertumswissenschaften, N.F. 2. Reihe, Band 119 (Heidelberg 2007); Platonismus als ‚Philosophie des Glücks': Programm, Symbolik und Form in der *Vita Procli* des Marinos, in: F. KARFIK / E. SONG, *Plato Revived. Essays on Ancient Platonism in Honour of Dominic J. O'Meara*, Berlin/Boston 2013, 241–257; „Zeichen deuten – Zeichen setzen. Porphyrios, die alten Götter und die Christen in Περὶ ἀγαλμάτων / *De imaginibus*", in: I. MÄNNLEIN-ROBERT, *Die Christen als Bedrohung? Text, Kontext und Wirkung von Porphyrios' „Contra Christianos"*. Roma Aeterna Band 5 (Stuttgart 2017) 177-206.

Dr. phil. Dr. theol. Matthias Becker ist wissenschaftlicher Mitarbeiter am Sonderforschungsbereich 1136 „Bildung und Religion" (Georg-August-Universität Göttingen). Seine Forschungsschwerpunkte liegen im Bereich des Neuen Testaments und seiner griechisch-römischen Umwelt sowie der kaiserzeitlichen und spätantiken Literatur, Rhetorik und Philosophie.

Schriftenauswahl: *Eunapios aus Sardes. Biographien über Philosophen und Sophisten. Einleitung, Übersetzung, Kommentar* (Stuttgart 2013); *Porphyrios. Contra Christianos. Neue Sammlung der Fragmente, Testimonien und Dubia mit Einleitung, Übersetzung und Anmerkungen* (Berlin/Boston 2016); „Der Vergleich des Lebens mit einem Gastmahl als Verhaltensanweisung. Lk 14,7–11 und 22,26–27 im Lichte von Texten Epiktets und Dions von Prusa", *Zeitschrift für die neutestamentliche Wissenschaft* 107 (2016) 206–231; *Die Bedrohung der Polis. Hesiods ‚Werke und Tage' als Zeugnis literarischer Bedrohungskommunikation* (Tübingen 2018).

Prof. Dr. John Dillon war bis 2006 Regius Professor of Greek (jetzt Emeritus) am Trinity College Dublin. Seine Forschungsschwerpunkte sind Platon und die Platonische Tradition der Philosophie im Europäischen Denken.

Schriftenauswahl: *The Middle Platonists* (London 1977, 2nd ed. Ithaca/New York 1996); *Iamblichus, De Anima* (zusammen mit John Finamore) (Leiden 2000); *Alcinous: The Handbook of Platonism* (Oxford 1993); *The Heirs of Plato: A Study of the Old Academy, 347-247 B.C.* (Oxford 2003); *The Roots of Platonism. The Origins and Chef Features of a Philosophical Tradition* (Cambridge 2018); dazu kommen drei weitere Bände mit gesammelten Schriften.

PD Dr. Udo Hartmann ist wissenschaftlicher Mitarbeiter in der Alten Geschichte an der Friedrich-Schiller-Universität Jena. Seine Forschungsschwerpunkte sind die Soldatenkaiserzeit, die Spätantike, der römische Orient, die Beziehungen zwischen Rom und den Reichen des Alten Iran sowie die Lebenswelten griechischer Philosophen, insbesondere in der Spätantike.

Schriftenauswahl: *Das palmyrenische Teilreich*. Oriens et Occidens. Band 2 (Stuttgart 2001); *Der spätantike Philosoph. Die Lebenswelten der paganen Gelehrten und ihre hagiographische Ausgestaltung in den Philosophenviten von Porphyrios bis Damaskios*. Antiquitas I, Band 72, 3 Bde. (Bonn 2018); „… und die Pronoia hat die Menschheit noch nicht verlassen". Die Konstruktion der Geistesgeschichte als pagane Gegenwelt in Eunaps Philosophenviten, in: B. BLECKMANN / T. STICKLER, *Griechische Profanhistoriker des fünften nachchristlichen Jahrhunderts* (Stuttgart 2014), 51–84; „Auf der Suche nach Platons Politeia? Neuplatoniker an den Kaiserhöfen der Tetrarchen und Constantins", in: I. MÄNNLEIN-ROBERT, *Die Christen als Bedrohung? Text, Kontext und Wirkung von Porphyrios' Contra Christianos*. Roma Aeterna Band 5 (Stuttgart 2017) 207–235.

Prof. Dr. Christoph Helmig ist Professor für Philosophie mit dem Schwerpunkt Antike Philosophie an der Universität zu Köln. Seine Forschungsschwerpunkte sind Platon, der Neuplatonismus (vor allem Proklos), die griechischen Aristoteleskommentatoren (insbesondere Simplikios) und antike Theorien der Begriffsbildung (concept formation).

Schriftenauswahl: *Forms and Concepts. Concept Formation in the Platonic Tradition*. Commentaria in Aristotelem Graeca et Byzantina, 5 (Berlin / New York 2012); „Proclus", *The Stanford Encyclopedia of Philosophy* (Summer 2015 Edition), in: E. N. ZALTA, https://plato.stanford.edu/archives/sum2015/entries/proclus (gemeinsam mit Carlos Steel); „Proclus on Epistemology, Language and Logic", in: P. D' HOINE/M. MARTIJN, *All From One. A Guide to Proclus* (Oxford 2017) 183-206; „Hierokles", „Eutokios", „Proklos" (Werke), „Priskianos Lydos", „Elias und David", in: C. HORN / C. RIEDWEG / D. WYRWA, *Die Philosophie der Antike, Band 5: Philosophie der Kaiserzeit und der Spätantike*. Grundriss der Geschichte der Philosophie, begründet von Friedrich Überweg, völlig neubearbeitete Ausgabe (Basel 2018).

Prof. Dr. Dominic J. O'Meara ist Professor emeritus für Philosophie an der Université de Fribourg (Schweiz). Seine Forschungsschwerpunkte sind Geschichte des Platonismus in der Antike und in Byzanz, neuplatonische Ethik, Politik und Metaphysik.

Schriftenauswahl: *Pythagoras Revived. Mathematics and Philosophy in Late Antiquity* (Oxford 1989); *Michaelis Pselli Philosophica minora*, Bd. II (Leipzig 1989); *Plotinus. An Introduction to the Enneads* (Oxford 1993); *The Structure of Being and the Search for the Good: Essays on Ancient and Medieval Platonism* (Aldershot 1998); *Plotin traité 51(I, 8)* (Paris 1999); *Platonopolis. Platonic Political Philosophy in Late Antiquity* (Oxford 2003); *Sur les traces de l'Absolu: Etudes de philosophie antique* (Fribourg/Paris 2013); *Cosmology and Politics in Plato's Later Writings* (Cambridge 2017); *Plotin traité 19 (I, 2) Sur les vertus* (Paris 2019).

Prof. Dr. Stefan Schorn ist Associate Professor für Alte Geschichte an der KU Leuven und Leiter von *Die Fragmente der Griechischen Historiker Continued. Part IV: Biography and Antiquarian Literature*. Seine Forschungsschwerpunkte sind griechische Biographie, Historiographie, politische Theorie und Religion sowie lateinische Epigraphik.

Schriftenauswahl: *Satyros aus Kallatis. Sammlung der Fragmente mit Kommentar* (Basel 2004); *Studien zur hellenistischen Biographie und Historiographie*. Beiträge zur Altertumskunde 345 (Berlin, New York 2018); (als Hrsg. mit Geert Roskam) *Concepts of Ideal Rulership from Antiquity to the Renaissance*. LECTIO. Studies in the Transmission of Texts and Ideas 7 (Turnhout 2018).

Dr. Benjamin Topp ist wissenschaftlicher Mitarbeiter am Institut für Romanistik und Latinistik (Latein/Neulatein) der Universität Osnabrück. Zu seinen Forschungsschwerpunkten gehören insbesondere Astrologie und Astronomie der Antike und der frühen Neuzeit, der Neuplatonismus sowie die Rezeption der Antike in der Renaissance. In seiner Dissertation hat er sich mit den *Disputationes adversus astrologos* des italienischen Humanisten Giovanni Pico della Mirandola (Einleitung, Edition und Übersetzung der ersten vier Bücher) beschäftigt.

Schriftenauswahl: Deutsche Übersetzung von Joh. Lyd. *de mens.* 4,26 pp. 84-86 Wünsch, in: S. HEILEN, *„Hadriani genitura" – Die astrologischen Fragmente des Antigonos von Nikaia. Edition, Übersetzung und Kommentar* (Berlin u.a. 2015) 975-979; „Sanus Orestes? – Emendation einer Korruptel in Picos Disputationes (cap. 3,16 vol. I p.330 G.", *Neulateinisches Jahrbuch* 21 (2019) (zusammen mit Stefan Heilen; zum Druck angenommen); „σύμβολον τοῦ κόσμου". Astronomisch-astrologische Vorstellungen in Porphyrios *De antro nympharum*", in: M. BAUMBACH, *Die Seele im Kosmos. Porphyrios, Über die Nymphengrotte in der Odyssee* (Tübingen 2019) 117-139.

Scripta Antiquitatis Posterioris
ad Ethicam REligionemque pertinentia

Herausgegeben von
Reinhard Feldmeier, Rainer Hirsch-Luipold
und Heinz-Günther Nesselrath

Wissenschaftlicher Beirat:
Barbara E. Borg, Maximilian Forschner, Dorothee Gall,
Reinhard Gregor Kratz, Gustav Adolf Lehmann,
Jan Opsomer und Ilinca Tanaseanu-Döbler

Griechische und lateinische Texte der späteren Antike (1.–4. Jh. n. Chr.) haben lange Zeit gegenüber den sogenannten ‚klassischen' Epochen im Schatten gestanden. Dabei haben die ersten vier nachchristlichen Jahrhunderte im griechischen wie im lateinischen Bereich eine Fülle von Werken zu philosophischen, ethischen und religiösen Fragen hervorgebracht, die sich ihre Aktualität bis heute bewahrt haben.

Die Reihe *SAPERE (Scripta Antiquitatis Posterioris ad Ethicam REligionemque pertinentia, Schriften der späteren Antike zu ethischen und religiösen Fragen)* hat sich zur Aufgabe gemacht, gerade solche Texte über eine neuartige Verbindung von Edition, Übersetzung und interdisziplinärer Kommentierung in Essayform zu erschließen.

ISSN: 1611-5945
Zitiervorschlag: SAPERE

Alle lieferbaren Bände finden Sie unter *www.mohrsiebeck.com/sapere*

Mohr Siebeck
www.mohrsiebeck.com